박인태의
자연과
생활풍수

마당

박인태

- 경북 지리교육연구회 강사
- 대구 향교 명륜대학 풍수지리 교수
- 신라오능보존회 대구광역시 본부 부회장
- 영남대학교 평생교육원 교수
- 대구대학교 사회교육원 초빙강사
- 매일행정신문사 편집위원
- 대한민국 국민화합연합운동 종교부위원장
- 계명대학교 평생교육원 풍수지리학 교수
- 주산풍수지리학연구원 원장

〈저서〉
- 풍수지리자연과학대사전(명문당)
- 자연과 풍수지리 – 양택요결(마당)
- 자연과학 풍수지리 – 음택요결(마당)
- 풍수지리학 실기개론(마당)
- 생활속 풍수이야기(마당)
- 풍수지리학 실기해설(마당)
- 성공한 사람들의 생활상(마당)

박인태의 자연과 생활풍수

인쇄	2023년 11월 10일
발행	2023년 11월 20일
지은이	박인태
펴낸이	조태현
펴낸곳	**마당**
우편번호	03115
주소	서울, 종로구 종로66길 20, 502호 (숭인동)
전화	02-762-2113
팩스	02-745-9921
출판등록	1977-000016
ISBN	979-11-91571-22-6-03180

※ 값은 뒤표지에 표시되어 있습니다.
※ 잘못된 책은 구입처에서 교환해 드립니다.

머리말

오랜 세월동안 체험에서
터득한 지혜가 생활풍수이다

    풍수지리란 사람이 생활하는데 좋은 환경 조건과 우리네 인생의 사망 후에까지 좋은 땅에 묻힐 수 있는 터를 가려잡는 한 방법이다. 자연 속에서 살아가는 동물들도 그들의 종족을 번식 시키면서 생존하기 위해 적합한 곳에 터를 가려잡기 위하여 나름대로 살기 좋은 곳을 찾기 위해 수천리 수만리를 이동하면서 그들의 보금자리를 정하는 것이다.
    우리들 인간 역시 오랜 옛날부터 터를 가려잡아서 먹고 쉬며 농사를 지으며 정착생활을 하고 부족사회와 씨족사회를 이루고 오랜 세월동안 조상으로부터 체험 터득한 대자연의 이치로 좋은 터를 가려잡아 삶의 터전으로 삼고 문화와 역사를 창조해 온 것이 다 돌아가신 조상의 시신역시 효도사상과 대자연이치의 체험바탕으로 좋은 모터를 가려잡아 조상의 체백 영혼을 편안하게 하는 것이 자손의 도리라는 효의 사상과 돌아가신 조상의 양호한 환원 기氣의 동조로 보다 건강한 정신과 신체를 유지하여 자신의 발전적인 생활은 물론이려니와 사회의 이익에 기여케 하고자 생활 지혜의 풍수지리를 생각하게 된 것이다.

우리는 흔히 죽어서 땅속에 묻혀 썩어지면 그만이지 무엇을 안다는데 무슨 소용이 있느냐 한간의 무상함을 푸념으로 늘어놓지만 이러한 생각들은 대자연의 법칙을 인식하지 못한 잘못된 생각들이다. 좋지 못한 환경에 자리한 모터에 조상의 유골은 물과 바람의 침입을 받음과 동시에 주변 환경의 온갖 간섭의 기氣로 인하여 조상의 유골이 소명되면서 자손에게 피해를 주는 상당한 간섭의 기가 발산된다.

생전에 조상과 부모의 기氣가 자손의 기에 연결되어 간섭작용을 일으키는 것이다. 생전에 부모와 조상은 분별심이 있어서 자손의 잘못이라도 애정으로 용서할 줄도 알지만 자연으로 돌아가신 부모와 조상은 분별심이 없으므로 자연법칙의 진실만을 나타낸다. 그리하여 그 자손은 아무리 부모와 조상의 산소에 정성을 다하여도 속수무책이 되는 것이다.

따가운 햇볕이나 차가운 바람은 피하면 되지만 부모와 조상의 환원의 기氣는 우리가 감지할 수 없는 전파이기 때문에 이 세상 어떠한 곳으로 가서 살아도 피할 수 없기 때문이다. 부모와 조상의 간섭기를 받는 자손들은 정신적 육체적 온갖 질병 재산 명예 등에서 환란에 시달리고 또는 병사를 하거나 비명횡사를 해도 어느 귀신이 잡아 가는지도 모르고 운명타령 팔자타령 하다가 낙오자가 되어 한가정의 가장으로서 소임도 다하지 못하고 허무하게 된다.

부모와 조상의 유골이 고통을 받으면 그 자손도 정신적 육체적으로 고통을 받게 되며 그러나 그 반면 조상의 유골이 좋은 명당길지에 안장되어 있으면 대자연의 정기가 응축되어 잘 보전되고 그 환생처인 그 자손에게 환원 동조되면서 서서히 양호한 종성 인자로 후손에 태어날 뿐만 아니라 정신적 육체적 건강이 원만하고 왕성하게 된다. 그러하므로 풍수지리학은 그 진리와 원칙으로 잘못된 조상의 묘소를 시정하여 보다 많은 자손들이 이 사회와 나라에 훌륭히 기여하는 동량棟梁이 된다면 그 얼마나 복된 사회와 나라가 되겠는가. 이러한 소망으로 필자는 독자가 알기 쉽게 묘터 집터를 가려잡을 수 있는 지식을 독자들에게 부분적이나마 전수 하고자 이글을 쓰게 된 것이다.

- 상세 목차 -

머리말 - 오랜 세월동안 체험 터득한 지혜와 풍수지리 / 3

• 풍수지리학은 전통학문이며 생활소의 요체이다 / 18
• 풍수지리는 자연환경공학이다 / 21
• 풍수지리란 자연의 이치에 연구된 학문이다 / 24
• 자연과 풍수지리 / 27
• 풍수지리는 과학적으로 입증이 가능한가? / 30
• 구름 잡는 풍수, 이론만 낭자히 세상을 떠돌게 한다 / 33
• 풍수지리는 자연과학이며, 일상생활의 지혜이다 / 40
• 풍수지리학 중요성은 이론이 아니라 지기地氣를 알아차리는 기감氣感과 실무체험이다 / 43
• 풍수지리를 신봉하고 선택하는 예지를 가져야한다 / 46
• 조상터·생인生人의 집터 잡는 데는 풍수지리학이 요체 / 49
• 고려조에는 풍수지리사 자격을 과거시험으로 등용하였다 / 52
• 아무리 좋은 자연 환경이라도 순리에 맞게 이용해야 / 55
• 월형月型은 가능한 하지 않는 게 좋다. 뒤가 낮고 골이 지면 장자長子에게 해害 / 66
• 맥이 크고 토질이 좋은 곳에는 쌍분雙墳 가족묘지도 가능하다 / 69
• 장사葬事날이 좋으면 자손이 길吉하다 / 72
• 묘지는 아래와 같은 흉살 범하면 주로 재물이 없고 자손이 번창하지 못한다

／75
- 묘지나 주택이나 앞이 높고 뒤가 낮은 곳은 피한다 / 78
- 혈穴이 뚜렷하지 못하고 큰 돌이 있으면 묘를 쓰지 마라 / 81
- 부혈富穴에는 나지막한 사砂가 많으면 비만肥滿함을 요要한다 / 84
- 묘 앞이 훤하게 열린 곳은 수입보다 지출이 많게 된다 / 87
- 묘지 조성 잘못하면 그 가문의 흥망성쇠가 결정된다 / 90
- 묘 봉분이 지저분하면 명당明堂이 아니다 / 93
- 조상묘祖上墓에 생장生葬, 합장合葬은 금물禁物이다 / 96
- 아무리 좋은 명당이라도 묘지 조성 잘못하면 불명당이 된다 / 99
- 음양 오행 법칙을 순응해야 / 102
- 오행五行의 상생상극相生相剋이란 / 105
- 산형山形을 오행五行으로 구분하여 혈墓을 찾는다 / 107
- 대명당 터는 알기가 어려운 것이다 작은 명당터는 얼마든지 있다 / 110
- 대명당은 한 사람에게 한번 밖에 보이지 않는다 / 113
- 대명당大明堂은 아직도 70% 이상이 생생하게 남았다 / 116
- 모든 사람들이 명당을 느낌으로 찾을 수 있다 / 119
- 명당의 힘은 같으나 받는 사람에 따라 천차만별이다 / 122
- 명당은 찾는 이의 마음을 포근히 감싸준다 / 125
- 명당은 의식주 세 가지 일이 있어 일생을 안락하게 하고 풍수여관상이라 풍수법은 관상을 보는 법과 같은 것이다 / 128
- 계룡산 도읍에서 정씨鄭氏가 가야산 도읍에서는 조씨趙氏가 / 131
- 시골 향촌鄕村 마을은 남향南向을 고집한 집이 아니다 / 134
- 살기 좋은 곳이란 지리적인 조건은 어떤 방법으로 살펴 볼 수 있을까 / 137
- 향向을 어떻게 정하는가 / 140

- 음택의 풍수지리는 한없이 어려운 학문이다 / 143
- 묘터란 풍수에서 가장 중요하게 살펴야 되는 장소이다 / 146
- 묘자리 좋은 곳 찾는 법 / 149
- 번창繁昌의 묘자리를 얻고자 하면 / 152
- 3대에 묘 1기만 명당을 얻으면 그 가문 번창한다 / 155
- 묘자리는 평소 본인이 살아온 대로 얻게 된다. 선행을 쌓고 덕을 베풀어야 한다 / 158
- 묘자리는 이렇게 찾는다 / 161
- 좋은 묘자리는 이렇게 보고 찾는다 / 164
- 묘는 어떻게 써야 하는가 / 167
- 명당은 이러한 곳에서 찾아야 한다 / 170
- 명당과 명혈 무해지지와 망지는 어떠한 곳을 말함인가! / 173
- 묘지에 알맞는 경관을 조성하면 금상첨화錦上添花라 / 176
- 조상 산소에 석물 또는 사토를 함부로 하면 자손들이 해를 입을 수 있다 / 179
- 묘역의 석물상石物像들은 잡귀를 물리치는 수호신이다 / 182
- 물고기 모양의 장식은 수호신의 상징이다 / 187
- 잡초목雜草木 심산深山에 묘를 쓸 수 없다 / 190
- 산소 옆에 왜 큰 소나무를 심고 석상을 세우는가? / 193
- 양수陽水와 음수陰水 - 초목을 보고 산소 자리를 찾는다 / 196
- 사람과 동물 닮은 암석은 흉석이다 / 199
- 묘주변에 암석은 위치에 따라 길흉吉凶이 다르다 / 202
- 묘 주위에 잡석雜石이 많이 깔려 있으면 비천자卑賤子가 출생한다 / 205
- 묘 근처에 검고 추한 큰 바위가 있으면 자손이 가난하다 / 208
- 묘자리 암석은 둥글고 황색이 비치면 귀격으로 부귀겸전富貴兼全한다 / 211

- 귀암석은 꺼풀이 벗겨지며 썩비래로 변하여 가는 암석이다 / 214
- 받쳐 주는 산이 높으면 자손들이 장수長壽한다 / 217
- 안산에 쉬지 않고 샘물이 나면 자손의 눈물이 마르지 않는다 / 220
- 생용을 찾아 기氣가 모이는 곳에 혈穴을 정定해야 한다 / 223
- 백호 끝이 안산案山으로까지 돌면 재물財物 발복이 끝이 없다 / 226
- 청룡은 본本 뒷산에서 내려온 용맥이 최고最高이다 / 229
- 백호 봉峰이 둥글게 일어나면 외손外孫이 등과登科하게 된다 / 232
- 眞穴은 靑龍 白虎가 아름답다 포옹하듯 다정한 모양이다 / 235
- 좌향坐向은 산山의 형세形勢를 보고 정한다 / 238
- 주산主山은 둥글면 결혈結穴은 가까운 곳에서 찾고 길면 먼 곳에 혈穴이 있다 / 241
- 청룡 백호가 단절斷切되면 다리를 다치는 자손이 난다 / 244
- 산이 많은 곳에서 높이 솟은 산에 결혈되면 비룡상천혈이 되고 야산에서 높이 솟은 산에 결혈되면 매화락지혈이다 / 247
- 청룡과 백호를 보고 혈을 정하다 / 250
- 명당 대지혈은 산의 열매이다 금력과 권력으로 얻을 수 없다 / 253
- 안산의 길흉은 이러하다(1) / 256
- 안산의 길흉은 이러하다(2) / 259
- 청룡백호와 안산이 없고 穴자리만 좋은 곳을 괴혈壞穴이라 한다 / 262
- 산이 높아도 높은 줄 모르고 평지에 있는 듯하다 이러한 형태를 괴혈이라 한다 / 265
- 높은 산에는 평평한 곳에 길지가 있으면 혈穴을 정하면 부귀겸전 富貴兼全 268
- 용천수湧泉水 혈穴 주위에 자생自生으로 솟아나는 물 / 271
- 광중에 샘물이 나면 패가 절손絶孫하게 되고 패배財敗 인패人敗 병패病敗가

- 있게 된다 / 274
- 득수처得水處는 멀어야 吉하고 파구破口는 가까워야 길하다 / 277
- 혈穴자리에 물이 드는 것은 묘지 조성에 문제 자손에 흉사 / 280
- 옛말에 혈전穴前에 금빛 같은 양명한 보국이 두른 것이 물이 두른 것만 못하고 / 283
- 묘자리에 흙은 어떤 것이 좋은가! / 286
- 혈토穴土는 강유剛柔를 막론하고 색이 밝은 것은 속발速發 한다 / 290
- 진흙 땅에는 묘를 쓰지 말라 부득이 한 경우 혈토穴土를 환치換置하라 / 293
- 명당이란 여러 날 비가 와도 땅이 꺼지지 않고 신발에 흙이 묻지 않는다 여러 날 가물어도 먼지가 나지 않는다 / 296
- 대삼자리와 토와土瓦는 체백體魄에 금상첨화錦上添花라 / 299
- 흙과 사람이 어떻게 올바른 관계를 유지할 수 있는가? / 302
- 황골黃骨만은 아니다 백골도 있다 / 305
- 화장과 납골당 및 납골묘지 현실과 미래 / 308
- 사람은 죽으면 혼비백장魂飛魄葬이라 하는데 화장火葬을 하면 양지 바른 곳 땅 속에 묻어야 한다 / 311
- 묘혈墓穴 자리는 오악五嶽으로 찾아야 하며 화장火葬을 하면 양지바른 땅 속에 묻어라 / 314
- 도선국사道詵國師의 전설傳說 / 317
- 풍수학에 능한 세종대왕 자기의 신후지지 답산 이야기 / 320
- 칠삭둥이 한명회의 발복 / 328
- 일인지하 만인지상 一人之下萬人之上의 황희 정승을 태어나게 만든 명당 이야기 / 326
- 방랑시인 김삿갓 묘지유지앵소형 삿갓 쓰고 죽장 짚은 사연 이야기 / 328

- 머슴의 아들이 중국의 천자가 된 이야기 / 332
- 토정비결 이지함 선생의 묘이야기(인물 나고 묘를 쓰나 묘를 쓰고 인물 나나) / 335
- 흥선대원군 선친 남연군 묘 이대천자지지二代天子之地 이야기 / 338
- 부처님의 공덕으로 명당 집터를 얻은 이야기 / 341
- 조상祖上 묘를 잘 써 왕이 된 이성계 이야기 / 344
- 조선조 태조 이성계의 생가 이야기 / 347
- 작제건作帝建이 용궁에 용녀와 결혼을 하게 된 이야기 / 350
- 고려 태조 왕건 조부 작제건作帝建 출생 이야기 / 353
- 아들 3형제 죽고 유복자가 큰 인물 된 이야기 / 356
- 풍수지리는 모든 종교를 초월한다. 윤보선 전 대통령 조상 묘 이야기 / 359
- 암행어사 박문수가 직접 잡은 신후지지 장군대좌 형국 / 362
- 이율곡 선생의 다섯 살 되던 해 굴밤나무가 나 도 밤나무요놀란 호랑이가 도망간 이야기 / 365
- 풍수지관이 명당 못 차지하는 이야기 / 368
- 경북 안동 임하면 천정동 의성김씨 종가댁 육부자등과지처六父子登科之處 / 371
- 열 두개의 둘레석으로 묘를 치장하고 웅덩이를 메운 이야기 / 374
- 큰 명당에 신분이 낮으면 관위官位를 추증하여 매장장사을 해야 한다 / 377
- 묘지 이장移葬은 이렇게 하며 옛날에도 이렇게 하였다 / 380
- 주택에서는 이사移徙드는 날일日과 시時가 중요하고 장사葬事에 연월일시年月日時가 중요하다 / 383
- 편리함을 위한 묘지 이장은 현재보다 2배 이상 좋은 자리여야 한다 / 386
- 묘지 이장移葬은 어느 한 자손이라도 반대하면 하지 말아야 하며 묘지墓地

11

조성造成은 조상祖上 위주로 해야 한다 / 389
- 청오경의 묘지 이장 천장법 이러하다 / 392
- 무고한 묘지 이장을 하지 말라 / 395
- 청명 한식에 성묘를 하고 묘지 이장을 왜 하는가? / 398
- 묘지 이장移葬은 이렇게 함이 좋다 / 401
- 장례葬禮와 수묘修墓 묘지 이장移葬 택일擇日은 이렇게 한다 / 404
- 묘 앞에 도로가 있더라도 멀리 있어야 한다 / 407
- 혈처용세穴處龍勢에 오솔길은 해害가 없다 / 410
- 옛말에 삼대三代 가난없고 삼대三代 부자집 없다 / 413
- 명당에 묘를 써도 덕인德人이어야 발복發福을 다 받는다 / 416
- 사람은 일생동안 부지런히 살려고 노력하다 돌아간다 돌아가는 곳이 어디인가 / 419
- 조상묘는 민족의 전통문화 유산이며 효의 교육장이다 / 422
- 뼈대 있는 명문가란? / 425
- 조상에 대한 효행을 근본으로 하면 자신과 자손은 발복을 받는다 / 428
- 조상 산소에 성묘를 가면 / 431
- 명당에는 딸이든 아들이든 발복에 상관없다 부모님을 편안히 모시는 자손이 발복을 받는다 / 434
- 조상이 꿈에 보이면 / 437
- 사람은 죽으면 혼비백장魂飛魄葬이라 하는데 화장을 권장하는 이유와 배경을 제대로 알아야 한다 / 440
- 조상祖上의 무덤과 제사에 효도를 행하면 행복하고 창성昌盛한다 / 443
- 조상祖上은 자손의 근본으로 나무의 뿌리와 같다 자손子孫은 조상의 기氣를 받는다 / 446

- 하는 일이 잘 안될 경우에는 조상 산에 성묘하고 빌어야 한다 / 449
- 조상의 영혼이 고통스럽고 불편하면 자손에게 주파수를 보낸다 / 452
- 초혼장招魂葬과 매장埋葬은 이렇게 한다 / 455
- 음덕蔭德이란 선대先代의 후광後光이다 / 458
- 동기同氣 감응感應은 어떻게 후손後孫에게 전해지는가 / 461
- 해마다 청명 한식 때면 왜 조상 묘소를 돌아보아야 하나 / 464
- 천광穿壙은 얼마나 깊이 파야 하나 / 467
- 천광穿壙을 할 때 북소리처럼 울려야 좋을 혈穴자리이다 / 470
- 칠성판七星坂은 잡귀를 막아 준다 / 473
- 명주는 썩지 않는다 대쌈자리와 토와土瓦는 체백體魄에 금상첨화라 / 476
- 합장은 이렇게 한다 / 479
- 물이 없으면 명당이 될 수 없다 / 482
- 물맛이 달면 사람이 건강하고 미인이 많고 물이 깊은 속에 부자가 많다 / 485
- 명당은 주택 좌에서 볼 때, 물의 흐름은 서출 동류가 길상이다 / 488
- 배산임수背山臨水원칙에 따라 집을 지어야 한다 / 491
- 득수처得水處에 샘물이 보이면 성현聖賢이 나고 得水는 次子가 富貴한다 / 494
- 파구 앞에 깊은 연못이 있으면 대대로 부귀가 연連이어 난다 / 497
- 욕실 공간은 건조하게 하고 배수와 환기가 잘 되어야 한다 / 500
- 깨끗한 물이 있는 곳엔 훌륭한 인물이 부유하고 건강하게 성장한다 / 503
- 수맥水脈은 인체에 어떻게 영향이 미치는가? / 506
- 주택에 물[河]과 길[道]이 어떻게 미치는가 / 509
- 주택 밑의 수맥이 있으면 잠자는 위치만 바꾸어 주면되는 손쉬운 방법이 있다 / 512
- 조상 산소와 주택에 수맥과 지표수는 임산부에도 영향을 받는다 / 515

- 상가에 손님이 북적거리는 가게로 만들고 싶다면? / 518
- 주택 상점 주어진 현실 여건 속에서 비보神補法을 한다면 행복한 생활에 도움이 될 것이다 / 521
- 돈을 많이 버는 금전 운은 이러하다 / 524
- 집안에 환경을 깨끗하게 장식하면 돈이 많이 벌린다 / 527
- 돈을 모으자면 기氣가 빠지지 않아야 한다 / 530
- 자연 소재 공간에는 항상 좋은 일이 머리 속에 그려진다 / 533
- 신혼 초에는 평탄한 지대에 주택을 갖고 있어야 아들 얻고 재물을 모을 수 있다 / 536
- 돈을 많이 벌게 하는 풍수비법은? / 539
- 인간의 후천적後天的 운명殞命은 풍수지리로 / 542
- 집터와 주택은 조금만 신경 써서 살펴보면 좋은 주택을 찾을 수 있다 / 545
- 풍수는 비를 못 오게 할 수 없지만 우산을 쓰면 비를 맞지 않듯 흉함을 피할 수 있다 / 548
- 좋은 주택의 배치는 어떻게 활용되는가? / 551
- 주택 건물 풍수지리로 볼 때에 남향배치 건물보다 더 좋은 배치가 있다 / 554
- 양택은 주변 자연환경과 잘 조화돼야 / 557
- 주택 풍수는 가족의 평생 행복을 좌우한다 / 559
- 주택住宅은 지형중심地形中心과 안방, 거실, 대청, 마루를 주主로 삼고 집을 지었다 / 562
- 가상학家相學은 주택 위치에 따라 생활문화가 변하고 주택구조에 따라 길흉화복을 초래한다 / 565
- 처음 와본 곳인데도 내 집처럼 편안하고 아늑하다는 느낌을 받는 곳이 명당 집터이다 / 568

- 우리 조상들은 집 한 채를 새로 지을 때도 반드시 풍수지리학에 근거를 둔 명당 길지를 찾았다 / 571
- 주택 가상家相 배치의 길흉吉凶 주택 개보수改補修 절대금물絶對禁物 / 574
- 운명을 개선할 최적지는 이러한 곳이다 / 577
- 인간이 영혼을 갖고 있는 숭고한 생명체이듯 아파트도 혼을 갖고 있는 거대한 생명체이다 / 580
- 별장과 전원주택지는 음택陰宅 풍수로 보아야 한다 / 583
- 주택과 대지가 음양조화를 이루어야 … / 586
- 집을 고를 때 알아 두어야 할 기본적인 사항과 바람직한 집의 구조를 통해 명당을 만들어 보자 / 589
- "5실五實"취하고 "5허五虛" 버려야 좋은 주택 / 592
- 초승달형 집터에 집 짓고 왕위에 오름 / 594
- 길가와 흉가에 살면서 길흉화복을 겪는 것을 주택운이라 한다 / 597
- 최적의 집터는 水口가 닫히고 들이 펼쳐진 곳 / 600
- 주택과 주택지에 따른 길흉吉凶(1) / 602
- 주택과 주택지에 따른 길흉吉凶(2) / 605
- 양택지陽宅地는 지세地勢가 넓어야 하고 집터가 좁으면 좋은 주택지가 아니다 / 608
- 택지宅地와 택상宅相의 빈부貧富를 선별選別하는 요령 / 611
- 주택지를 상세히 살펴야 한다 / 614
- 좋은 집터 자리 고르기 / 617
- 주택에도 빈부상貧富相이 이러하다 / 620
- 주택은 묘 앞 뒤 양옆 물소리 바람소리 고압선을 피해야 한다 / 623
- 방의 배치는 사람들의 건강에 막대한 영향을 미칠 수 있다 / 626

- 방의 크기는 사람의 성격을 변화시키며 방은 이렇게 나누어 쓰면 좋다 / 629
- 공부방에서 가장 중요한 것은 책상의 위치이다 / 632
- 사무실 책상 배치와 최고 경영자의 방은 이렇게 배치한다 / 635
- 거실은 늘 맑고 밝아야 하고 어떻게 꾸미면 좋은가! / 638
- 흙으로 된 방바닥은 만병통치약 - 온돌방은 건강을 지켜준다 / 641
- 실내 공간 형태와 평면의 비율은 이렇게 하면 좋다 / 644
- 잘 이은 지붕에는 비가 새지 않는다 / 647
- 신혼부부는 이렇게 잠자리를 하면 / 650
- 침실의 침대는 어떻게 놓는 것과 방위가 좋은가 / 653
- 황토黃土 흙으로 된 온돌방은 건강을 지켜준다 / 656
- 좋은 주택은 편안한 상태로 잠을 미루게 해준다 / 659
- 창문과 출입문 어떤 방향에 있어야 좋은가! / 662
- 대문은 집의 얼굴이다 대문은 이러한 방위 위치에는 흉하다 / 665
- 주택 현관 배치와 청결하고 깨끗해야 길吉하다 / 668
- 아파트 세대마다 이중현관문으로 설치해야 / 671
- 대문은 집의 부속물이 되면서 집의 지체와 주인의 신분을 나타낸다 / 674
- 주택과 정원은 남편과 아내에 비유 될 수 있다 / 677
- 정원과 마당은 네모반듯해야 길하다 / 680
- 맹사성 이야기 집안에 큰 나무는 영기靈氣를 머금어 사람에게 해를 준다 / 683
- 새 집을 지을 때 헌 나무를 쓰면 패가망신하게 된다 / 686
- 마당은 주택 연면적의 3배 적당하다 / 689
- 집안에는 어떤 나무가 좋은가 / 691
- 이러한 주택은 흉가이다 / 694
- 나쁜 집은 이렇게 가려내는 몇 가지 요령이다 / 697

- 좋지 않은 집터에 생활하다 보면 제아무리 사주와 관상을 타고 태어났다고 해도 흉기의 영향력을 받는다 / 702
- 흉한 집터와 주택은 이러하다 / 705
- 자기가 하는 일마다 잘 풀리지 않는다는 동네 터와 집터는 어떠한 곳인가 / 708
- 주택에 이와 같은 방위에 구조와 결함이 있으면 재앙災殃이 빈번하다 / 711
- 가택풍수 금기사항家宅風水 禁忌事項 / 714
- 주택은 실내가 골고루 밝아야 하고 채광과 환기가 잘 되어야 한다 / 717
- 좋은 집은 마침 햇볕을 잘 받아야 / 720
- 내 집보다 좌 우 전 이웃집들이 높아 흉함을 받으면 길하게 할 수 있다 / 723
- 좋은 주택단지는 배산임수背山臨水 산수회포山水回抱된 곳이라야! / 726
- 남향집 보다 더 좋은 건물은 배신임수 배지가 우선이다 / 729
- 주택건물은 마당 대문보다 지형地形상 높은 곳에 배치되어야 배산임수背山臨水 배치가 이상적이다 / 732
- 아파트 단지 야산이 두르고 하천河川이 흐르는 곳이 최적지 / 735
- 아파트는 5~9층이 로열층이다 / 738
- 양택은 주변 자연환경과 잘 조화돼야 / 741
- 주택 건물 풍수지리로 볼 때에 남향배치 건물보다 더 좋은 배치가 있다 / 743
- 비석비토非石非土의 토질에는 고귀한 인물이 배출된다 / 746
- 산과 인간은 어떤 관계를 맺고 있을까 / 749
- 태조 왕건이 좋은 집 터에서 태어나 임금이 되었다는 이야기 / 752
- 만석꾼 집 며느리 소원 / 757
- 반 풍수의 재주로 칠삭동이를 낳은 사람을 구한 이야기 / 760
- 전통이사 풍속은 이러했다 / 763
- 택일擇日은 인간만사에 꼭 필요한 것이다 / 766

- 풍수지리로 아파트나 단독주택을 고르는 방법은 이러하다 / 769
- 생활의 곤경困境에서 헤매는 사람이 개운開運이 트이려면 이사移徙를 잘 하는 것이 최선책이다 / 772
- 이사 갈 집은 오전에 물색하라 / 775
- 오랫동안 살면서 해害가 없었다면 이사移徙를 하지 않는 것이 좋다 / 778
- 윤달에는 송장을 거꾸로 세워도 탈이 없고 손 없는 날에 이사하면 탈이 없다는 속담이 있다 / 781

박인태의
생활풍수

풍수지리학은 전통학문이며, 생활소의 요체이다

　풍수지리학은 일상 생활속의 요체이며 전통 학문이다. 이 학문은 우리 조상祖上들을 비롯해서 중국 일본 홍콩 대만 등지에 많은 영향을 미쳤다.

　우리 주변에서 볼 수 있는 묘지뿐만 아니라 집터 사찰 그리고 마을 앞에 서 있는 장승이나 논두렁에 서 있는 남근석男根石하나까지도 풍수지리적 사고에 입각해 세워지고 배치된 것들이다.

　따라서 풍수지리에 대한 이해에는 상당한 지식이 필요한 것이다. 그리고 풍수지리는 갈수록 심각해지는 국토파괴 자연파괴 환경오염 등을 저지하고 새로운 대안을 제시해 줄 수도 있다. 이처럼 풍수지리는 소중한 가치를 갖고 있으며 이제는 단순히 미신이나 술수 정도로 생각하는 사고에서 벗어나 대학에서도 학과를 개설하여 가르치고 있으며 정도로 관심이 확산되어 있다. 이미 중국이나 일본 그리고 미국에서도 그 중요성을 인식하고 정부 차원에서 풍수지리 연구 단체를 만들어 대대적인 지원을 하고 있는 실정이다.

풍수지리학은 고유의 풍수지리 학문뿐만 아니라 관련 학문인 국문학 역사학 조경학 민속학 건축학 등 다양한 분야에 기여 할 수 있는 학문이다.

우리가 풍수라고 하면 기껏 좋은 명당이나 묘터에 조상을 모셔서 후손들이 부귀영화를 누리게 되는 정도로만 여겨왔다. 그러나 조상의 산소 뿐만 아니라 우리의 실생활에 맞는 집터와 집 구조 및 대문 부엌 화장실의 배치나 수맥이 인체나 각종 사물에 미치는 영향 등에 대해서도 살펴야 한다.

자연에 순응하며 자연의 섭리대로 살아가는 식물들도 토질이 좋고 기온이 온화해야 잘 성장하지만 능선이나 바람이 몰아치는 장소에서는 잘 자라지 못한다. 동물도 마찬가지서 날아다니는 날짐승이나 노후 꿩 같은 동물도 땅속의 기氣가 통하는 따뜻한 곳을 찾아 보금자리를 치는데 유독 인간만이 자연의 순리를 무시하고 아무 곳이나 마구잡이식 개발을 하여 스스로 화를 자초하는 일을 저지르고 있다. 우리가 살아가는 생활환경속에서 일어나는 자연 현상에는 현대과학으로도 설명을 못하는 자연의 신비가 너무나도 많다. 몇 년 전에 합천 해인사 성철스님이 산은 산이로되 물은 물이로다 라는 말씀을 남기셨다.

한평생 풍수지리학만을 공부해 온 필자의 경험에 비추어 봤을 때에도 정말 그렇다 라고 고개가 끄덕여진다. 산은 산이로되 물은 물인 것이다. 흙과 돌 나무와 잡초 모든 동식물 곤충 등이 수 억만년 동안 한 치의 흐트러짐 없이 자기 본래의 습성 그대로를 나타내주고 있는데 우리 인간은 이것이 무엇인지 조차 모르고 자기들의 생각대로 살아간다.

우리는 흔히 죽어서 땅 속에 썩어지면 그만이지 그 외의 무상함을 푸념으로 늘어놓지만 이러한 생각들은 대자연의 법칙을 인식하지 못한 잘못된 생각들이다. 좋은 집터는 이러하다.

산의 주맥이 내려오다가 산 가로놓여 남향으로 앉은 듯하고 집터가 넓고 평탄하며 흙색이 빛이 나고 배수가 잘 되는 곳이 명당이다. 집터의 왼쪽으로 낮은 산이 병풍처럼 펴지고 오른쪽 또한 이와 같이 펼쳐져 있으며 앞에는 강물이나 야트막한 구릉이 있고 솥뚜껑 같은 산이 보이며 뒤쪽은 산에 고랑이 없으며 최상의 귀지貴地라 하여 큰 부자와 인재가 태어날 곳이다. 또 사방이 평탄하면 보통 좋은 집터라고 보면 된다.

풍수지리는
자연환경공학이다

　풍수는 자연과학의 한 분야이다. 풍수는 미신이 아니라 사실 매우 과학적이고 합리적이며 과학문명이 극치에 달한 서양에서 매우 심취되어 자연환경공학의 분야로 자리잡아가고 있다.
　풍수란 본래 살신성인까지 못하여도 국가와 민족의 운명을 마음속에 간직하고 큰 일을 위해 봉사하는 직업이다. 모름지기 혈穴의 감별에만 전념하고 두 번 세 번 검토한 다음에 결정을 내려야 하되 냉정하게 사실을 밝혀주어야 한다. 오직 혈에만 마음을 전일하게 하여야 한다. 명사名師는 손수 장지葬地를 잡을 때는 진룡眞龍의 혈을 만나면 비록 작더라도 반드시 쓰고 단지 진기眞氣기 모이면 귀할 뿐이다. 억지로 대지大地를 구하려고 하면 그 대지는 스스로 주인이 있다.
　풍수지리에서는 혈墓을 주인으로 삼고 사沙를 호위하는 시종侍從으로 삼기 때문에 사의 태또에서 길흉吉凶이 결정되는 것이다.

따라서 용혈龍이 좋아야 함은 물론이지만 사가 흉하면 아무리 혈墓이 좋아도 소용이 없게 되는 것이다. 양택陽宅에서도 마찬가지여서 산이 밝으면 사람이 현달顯達하고 어두우면 사람이 수복壽福하고 산이 첨악尖惡하면 살상殺傷을 좋아하고 산이 수水를 따라 달아나면 사람이 오랫동안 안정安定하고 살지 못하는 것이니 이 모두가 사沙의 작용하는 바인 것이다.

또 둥글고 피부가 곱고 다정하며 광채光彩가 나는 것을 길사吉沙로 치고 깨지고 폐이면 기울어지고 추악하고 무정한 것을 흉사라 한다. 또 용혈은 좋은데 사가 따르지 못하면 사람은 똑똑하나 출세가 없고 혹 귀貴를 한다 해도 이름을 내지 못한다. 풍수지리 공부를 하다 보면 명당明堂이 아닌 곳을 명당으로 알면 알수록 어렵게 느껴지는 것이다. 풍수지리 이기理氣에 중도에 포기하는 사람도 상당히 많다. 그것이 전통 풍수지리의 한계이다.

풍수라고 칭한 유례는 옛날 지리법의 대명사大明師로 불리는 권위자 곽임종이 말하기를 장사葬事를 바르게 행하려면 땅의 생기를 취해야 하는데 생기가 오는 곳은 수水가 인도하고 기운이 그치는 곳은 수水가 함께 한다. 그리고 기운 모이는 곳에는 바람이 닿지 않은 것이니 수水도 인도하고 바람이 감춰야한다 하였으므로 바람과 물은 지리법의 요체가 되어 풍수라 칭한 것이다. 명당明堂은 지관의 마음이 밝아야 찾는다.

용혈龍과 장법藏法의 이치가 눈으로 잘 보이는 데에만 있는 것이 아니다.

이치를 연구하여 깨달은 다음에 마음대로 분별 할 수 있어야 한다. 이치를 깨달아도 마음이 밝지 못하면 현묘玄妙하고 미묘微妙한 장법을 올바로 행할 수는 없다.

풍수는 자신의 언행言行에 끝까지 책임을 져야하며 지관은 과거를 알아 맞히는 것보다 좋은 자리를 잡아 줌으로서 그 사람의 운명과 살아가는 모습을 지켜보며 연구하는 자세를 가져야 한다. 동물이 쉬어가거나 집을 지어 사는 곳은 바람도 피하고 수맥도 피한 곳이다.

동물은 동물적 감각으로 찾는 곳이다. 고목나무가 서 있는 곳은 대명당大明堂지이다. 오랜 세월 동안 바람과 수맥을 피하였다 큰 소나무는 함부로 훼손하지 말라 신이 있다고 한다. 사람이 죽으면 골로 간다라고 말한다. 이 말은 풍수에서 나온 말인데 양택이나 음택 모두 골짝이에다 집을 짓거나 묘를 쓰면 망하는 것이다.

풍수지리란 자연의 이치에
연구된 학문이다

　풍수란 자연의 이치에 따라서 우리 생활에 더욱더 이로운 것을 찾아 잘 살 수 있는 방법이 연구된 학문이다.
　우리 인간은 조상묘지든 우리가 살고 있는 집터든 어느 한곳만이라도 잘 선정選定하면 그의 자손은 3대를 잘 살 수 있고 그 집에 사는 사람은 모두 하는 일들이 잘 풀리고 온 가족이 건강하게 살아간다.
　양택주택은 명당택지에 건축의 제반사이며 또 양택은 각 점포와 사무실에 출입문과 좌석 배치 인테리어를 주역周易 8괘卦와 오행의 그 원리로 하는 것이다. 앞서 저의 글에 여러 차례 밝힌 바 있어 생략한다.
　옛말에 명당이 무엇이냐는 질문에 도선국사께서 답하기를 명당자리라고 하는 것은 산의 꽃이니 나무의 열매와 같은 것이라는 말씀을 하셨다. 명당의 모양은 개구리를 먹은 뱀의 모양이나 사람이 잉태하여 만삭이 된 배의 모양과 같다라고 비유해 말했다.

그래서 명당은 결응結凝이 되는 것이다. 산천정기가 음양으로 결합해 응거하여 명당 덩어리로 뭉친다는 뜻이다. 비유하면 꽃 몽우리가 수액을 받아 뭉치는 이치와 같다. 줄여서 말하면 바람, 물, 기의 조화의 이치에 있을 따름이다.

필자가 묘지선정을 위해 출장을 가보면 부모의 묘자리 찾는데는 형제가 일심동체가 되는데 형제끼리 본인들의 묘자리를 정하는데는 서로가 신경전을 벌이는 것을 보았다. 부모의 명당 묘를 쓰게 되면 형제들의 부로 간주하는 것이다. 밝은 것은 부귀세도 하게 된다. 또 명당은 높은 곳에서 결혈된 것은 부귀가 겸전한다. 묘자리가 낮으면 대개 귀는 없고 부의 발복이다.

묘터의 양변兩邊 작은 능선이 있으면 자손을 많이 둔다. 또한 토질에서도 생기와 사기死氣가 있다. 생토生土는 윤기있는 토질로서 적색과 황색이 서로 조화를 이룬 것이 생기의 근본이요 황색이 사라져 가는 것은 지기가 시기로 변하는 것이다. 명당혈토穴土는 비석비토非石非土에 있다. 마사토, 석비례를 말한다. 잔디가 잘 살아야 진토이다.

필자가 경험한 여러 가지 혈토가 많았다. 묘자리 흙에 가장 좋은 것은 미세할수록 좋았다. 색상이 밝은 곳에서 유골이 이상적으로 속발速發하는 것을 여러번 경험했다. 천년千年을 유지한 곳은 모두 흙이 밝은 곳이었다. 혈토穴土가 미세한 곳의 토질이 강强하여서 파여 나오는 것이 돌덩어리 같지만 손으로 꽉 쥐어도 콩가루 같이 부서지며 미세하고 혈토는 삽으로 팔 수 있게 부드럽다.

혈토가 강한 것이 부서져 부드러운 것은 귀貴로 간주한다.

삽이 들어 갈 정도로 시작부터 유柔한 것은 부富로 보는 것이다.

강유强柔를 막론하고 색이 밝은 것은 속발하는 것으로 본다. 또한 고서에 이르기를 묘자리의 흙이 강하고 결혈結穴봉분된 입수에 귀석貴石이 있으면 자손 모두에게 권세지지로 금시발복하고 귀석貴石이나 귀암貴岩은 황색을 띠면서 몽골몽골하게 마모된 것이다. 장사 후 속히 복을 받는 것이다.

또한 묘 주위의 흉암검은바위석은 그 자손들이 비천자卑賤者가 출생하고 묘 바로 뒤에 흉석이 있으면 이금치사以金致死로 교통사고로 자손들이 일조파산하고 당판 밑에 보기 좋은 암석이 깔리면 장군이 나온다.

자연과 풍수지리

　우리는 요즈음 같이 도시의 혼탁한 환경과 복잡한 생활에서 잠시라도 탈피 하고자 여행이나 등산을 하는 사람이 많아진다. 경치가 좋고 옛 모습이 간직된 산중에 들어서면서 입구에서부터 마음이 상쾌해 지는데 공해를 잊은 우리의 몸과 마음이 자연의 품에 안기는 순간부터 맑은 공기 깨끗한 천연수가 흐르고 물소리와 함께 새소리 들짐승 소리 들리는 푸른 자연이 인간을 무공해의 품에 안고 지기地氣의 감응感應을 받으며 대자연의 신비속에 우리는 잠시라도 쉬어가기 위해 아무데나 앉는 것이 아니라 적절한 자리를 골라서 휴식을 취하는 슬기로운 삶이 사람의 보편적인 심정心情이며 자신의 소중함을 무언 중에도 스스로 표현하게 되니 이것이 바로 인간과 만물이 자연에 의한 영향을 받은 것이다.

　자연은 하늘과 땅 양자로부터 물자를 얻는다. 물론 하늘의 태양이 아니면 이러한 자원의 공급이 원활하게 이루어 질 수는 없다. 자연에 의존하여 삶을 유지하고 주택을 길지吉地에 지어 행운을 구하는 일과 조상의 묘소를 정성껏 모셔서 번영을 꾀하려는 우리 조상들의 풍습이다. 풍수지리는 풍風수水지地기氣 음양오행과 주역의 이론의 기초로 하는 우리 생활에 바탕을 두고 있다.

우주만물은 음양오행의 기氣로서 이루어져 있으며 길흉화복은 환경의 영향과 자신의 노력에 근거를 두고 말하는데 자연이 좋은 환경이라 하는 것은 산용세山龍勢가 좋고 수세가 조화롭고 장풍藏風 회수回水 하는 곳으로 음양오행의 천기天氣가 상합相合하여 생기가 충만한 곳에 사는 우리 인간의 생활은 자연의 바탕 위에서 이루어지고 필요한 자원은 자연의 산물에 의지하니 인간은 자연과 더불어 동화작용同化作用을 하고 있다.

또한 산을 바라보고 사는 자는 마음이 깊어지고 물을 바라보고 사는 사람은 마음이 넓어지듯이 사람은 환경의 지배와 영향에서 벗어날 수 없다. 자연은 이와 같은 생명체이기 때문에 섭리에 따라 슬기롭게 보호하면 우리 생활에 큰 혜택을 주지만 함부로 훼손 하거나 그 기능을 외면하고 역기능을 제공한다면 본래의 생태계를 파괴함으로써 인간 생활에 악영향을 미친다.

자연 숭배 사상의 풍수지리는 과학적인 잠재력이 충분히 내재되어 있기 때문에 오늘날 환경 파괴의 영향을 받고 있는 것이다. 인간은 땅을 떠나서 살 수 없고 자연과 함께 그 섭리를 따라 삶의 가치 창조와 영화를 얻고자 하는 것인데 풍수지리는 땅을 인간의 생모生母로 간주하여 우리를 낳은 어머니처럼 보은報恩의 심정으로 본다. 인간은 자연을 떠나서 존재 할 수가 없다. 자연속의 한 구성체인 공기가 단 몇 분만 공급되지 않는다면 인간은 대지坌地의 포근함도 태양의 따사로움도 결코 느낄 수가 없게 된다. 이와 같이 자연 앞에 나약한 자신의 존재를 망각한 채 요즘은 우리 모두가 자연의 가해자로 전락하고 있다. 가해자인 우리 모두의 삶의 터전에 풍요로운 정기精氣를 받기 위해 주말이면 등산을 하는 사람이 많아진다.

경치가 좋고 맑은 모습이 간직된 산중山中에 들어서면서 산 입구부터 마음이 상쾌해지고 공해公害잊은 채 우리의 몸과 마음이 자연의 품에 안기는 순간부터 맑은 공기 깨끗한 산천에 물소리 바람소리 새소리를 들리는 푸른 자연이 인간을 품에 안고 산천의 감응을 받으며 자연의 신비 속에 잠시라도 쉬어간다.

풍수지리는 과학적으로 입증이 가능한가?

조선일보 1996년 9월 2일자 문화란에 실린 수맥 위의 묘에 대한 수맥피해 발생이란 제목의 기사 내용을 보면 풍수지리학의 핵심 원리에 속하는 동기감응에 대한 설명을 과학적 실험을 통한 접근방법으로 풀고 있다.

그 중요한 줄거리를 간추려 보면 다음과 같다.

수맥 위의 조상유골祖上遺骨이 방사하는 전자기파가 후손에게 영향을 끼친다는 것은 과학적으로 입증이 가능한가? 동기감응이란 무엇일까?

실험 ① 일본의 한 섬에 사는 마캭원숭이 중 하나가 흙이 묻은 고구마를 바닷물에 씻어 먹으면 좋다는 것을 알고 그 섬의 원숭이들이 모두 고구마를 씻어 먹게 되었다. 그러자 얼마 안가 멀리 떨어진 다른 섬의 원숭이들도 고구마를 씻어 먹게 되었다. 누가 이 정보를 어떻게 전달했을까?

실험 ② 영국의 푸른 박새가 가정집에 배달된 우유병 뚜껑을 부리로 쪼아 먹는 법을 알게 되자 이것이 순식간에 다른 박새들에게 전달돼 전 유럽에 파급되었다. 누가 어떻게 정보를 전달했을까? 학자들은 이 같은 예를 들어 같은 종족끼리는 보이지 않는 형태의 공명장共鳴場이란 연결선이 있어 이를 통한 상호작용 속에 스스로 발전 진화하는 것이라고 주장한다.

실험 ③ 예일대학 버 교수는 미세한 전압 측정계를 개발 측정한 결과 난자 주위에 미약한 전자장이 있다는 것을 발견했다. 이 전자장의 힘에 의해 수정란이 제멋대로 자라는 것이 아니라 조상의 특성을 닮은 일정한 형태로 분열 성장한다는 것이 버 교수의 주장이다.

위 실험으로 보아 후손은 어떻게 조상의 시신에서 방사되는 미약한 신호를 주위 전자파의 잡음과 구분하여 감지할 수 있을까?

실험 ① 북미산 나방에 대한 캘러한의 연구에서 암나방을 찾아오는 수나방은 암컷의 성분비물에서 나는 냄새를 맡는 것이 아니라 거기서 방사되는 미약한 전자기파를 더듬이로 감지 한다는 것이다.

실험 ② 꽃가루 알레르기 환자가 실험관 속에 밀폐된 꽃가루 근처에만 가도 알레르기 반응을 일으키는 것을 발견했다. 꽃가루와 직접 접촉이 없어도 거기서 방사 되는 전자파게 의해 알레르기 반응을 일으킬 수 있다는 것이다. 이 모든 실험 결과들은 모든 생물체들이 전자파를 이용하여 교신하고 있다는 사실이다.

후손들이 조상의 시신에서 발산되는 전자파의 위해로부터 벗어나는 길은 무엇일까? 가장 간단한 방법은 길지吉地로 묘지 이장하는 것이라고 답할 것이다. 그러나 길지를 골라 부모나 조상의 체백體魄을 옮긴다는 것이 그렇게 쉬운 일은 아니다. 어려운 일이기 때문에 자손들의 정신자세가 더욱 중요하다. 인간의 전자기장은 다른 동물과는 전혀 다르다. 사람은 영적 동물이기 때문이다. 인간은 고정된 주파수를 갖고 있는 송수신 장치가 아니라 마음정신 에너지을 어떻게 작동하느냐에 따라 인체 전자파가 전혀 다른 주파수를 갖게 된다는 사실이다. 조상님께 감사드리는 마음을 가진 자손과 그와 반대인 자손은 동기감응에서 전혀 다른 주파수를 갖게 된다는 것이다. 조상의 유골 에너지 자손의 생명 에너지육체에너지+정신에너지 즉 좋은 자리에 조상의 유골을 모시면 뼈와 넋이 뭉쳐진 천기와 지기가 질이 좋은 자리에 조상의 체백을 모시면 뼈와 넋이 뭉쳐진 천기天氣와 지기地氣가 질이 좋은 에너지 인자로 변하여 유전인자가 같은 자손들에게 도움을 주는 에너지 인자로 변하여 유전인자가 같은 자손들에게 도움을 주는 에너지로 공급 수신된다.

구름 잡는 풍수 이론만 낭자히
세상을 떠돌게 한다

달에 대한 내용을 가리키는 사찰寺刹 한 스님 선생은 손가락으로 달의 내용을 가르침을 받는 신도들은 마당뜰에서 내려와 달을 바라보면서 달에 대한 이치를 배워야 하는데 선생님은 뜰에 내려와 달을 바라보고 열심히 가리키며 달에 대한 내용의 설명을 "달아 달아 밝은 달아 이태백이 놀던 달아 저기저기 저달속에 계수나무 박혔으니 천년만년 살고지고 천년만년 살고지고" 하며 열심히 가리키는데 달의 내용을 알고자 배우러온 신도 학생들은 절집 마루에 들어앉아서 대웅전 지붕에 가리워진 달은 쳐다 보지도 못하면서 쳐다보아도 보이지도 않는 것이지만 스님의 손가락만 바라보며 달의 내용을 알고자 한다. 선생님이 아무리 절묘하게 달을 설명해 준들 무슨 소용이 있겠는가. 달을 보지도 못한 신도 학생들이 어찌 달을 알았다 할 수 있겠는가. 풍수에 중요성은 이론이 아니라 실기 실무 지기地氣를 체험 해야 한다.

그런데 그 중요한 기감氣感이 되지를 않으니 문제다. 마루에서 내려와 뜰에 발을 내 디디면 이제 달을 가리키고 있던 지붕이 사라지고 청명한 밤 하늘에 쟁반 같이 둥근 달이 떠 있음을 보게 될 터인데 그러지를 못한다. 문지방만 넘어서면 되는데 말이다.

마루 위가 바로 그들 사고 체계의 전부다. 마루를 떠난다는 일은 감히 염두에 두지 않는다. 아니 어쩌면 마루 밖에 뜰이 있다는 생각조차 못하고 있는지도 모른다. 그런데 달을 배우려 한다 해도 천년이 지나도 지붕 아래 마루위에서는 달을 보지도 못하고 달에 대해 배운다 한들 가장 중요한 달을 바라보지도 않으니 달에 대한 설명이라는 것이 무슨 소용이 있겠는가.

그까지것 한번 보면 되고 뻔한 건데 하는 생각을 바꾸지를 못하고 공연한 생각으로 달에 대해 공부를 하는 셈이다. 여하튼 달에 대한 수많은 논리들이 생겨나서 사람들을 현혹 시키는 온갖 종류의 이론들이 난무하게 되는 것이다. 이렇게 달은 생겼다 저렇게 생겼다, 계수나무는 몇 나무다, 토끼는 몇 마리다, 토끼는 붉은 띠를 두르고 있다가 없어졌다, 또 나타났다 하는데 달이야 하늘의 형편과 날짜에 따라 끝없이 변하는 것이니 달을 보고 있는 사람은 수시로 다르게 설명 할 수 밖에 그러나 듣는 사람이야 어디 그런가. 한마디 한마디 모두 옳은 말일 것이니 귀담아 듣지 않을 수 없다. 풍수에서의 풍수지리학을 전공하는 제현들도 마찬가지다. 사고의 틀을 한 발짝만 내밀면 바로 그것을 느낄 수 있는데 그것이 되지를 않는다. 그러니 이제 그에 관한 무수한 이론들이 만들어지게 되는 것이다. 그 많은 이론들은 어느 것 하나 틀렸다고 할 수도 없지만 또 어느 것 하나 제대로 되었다고 할 것도 없다. 그저 지기地氣는 땅속에 덮힌 채로 구름 잡는 풍수 이론만 낭자히 세상을 떠돌게 한다.

땅은 만물을 길러 자라게 하는 활력이 있는데 그 활력의 포괄적 지칭은 생기生氣이며 생기는 땅에 따라 다르다는 생각들을 가지고 있다. 풍수지리적으로 보며 땅위의 특정 장들은 생기를 지니고 있으며 풍수사가 지닐 수 있는 경험 과학 기술의 전부는 바로 그런 지기地氣가 있는 혈장들을 찾아내는 일이다. 만약 지기가 있는 혈장을 감지할 수만 있다면 풍수의 모든 이론들은 소용이 없다고 할 정도로 기氣를 찾는 것은 풍수에서 중요한 것이다.

※ 풍수지리용어

- 용龍 : 산의 전체
- 맥脈 : 산의 줄기
- 현무玄武 : 혈穴 뒤에 있는 산주산
- 입수入首 : 는 현무에서 혈로 내려오는 용맥
- 두뇌頭腦 : 혈의 바로 뒤에 머리, 이마 모양과 같이 두두룩하게 솟은 곳
- 혈穴 : 묘자리 광중壙中
- 사砂산 : 청룡 백호 안산 주산 등
- 득수 : 물이 시작되는 곳
- 파구破口 수구水口 거수去水 : 물이 나가는 곳

- 낙산 : 묘 바로 뒤의 낮은 山을 받쳐 주는 산
- 좌향 : 시신의 머리와 발쪽
- 국局 : 청룡 백호 주산 안산 혈자리 5국 사신사四神砂
- 생룡生龍 왕룡旺龍 : 살아잇는 용맥 산의 능선 줄기
- 사룡死龍 : 죽은 맥 묘자리가 아니다.
- 은룡隱龍 : 주산이 받쳐 주어야 총명한 자손이 출생 아니면 절손絶孫된다.
- 산룡散龍 : 맥이 흩어지는 산 재물財物이 자손이 없다.
- 편룡 : 산의 끊어진 듯한 산 장애자가 출산
- 직룡直龍 : 곧게 내려온 산 묘를 쓸 수 없다.
- 명당 : 내명당묘자리 소명당절을 하는 곳 외명당묘 주변 중명당
- 오악五嶽 : 입수入首 전순氈脣 좌우 선익左右 蟬翼 혈六을 말한다.
- 원훈圓暈 : 땅이 바르고 단단하고 소복이 솟아있는 곳으로 좋은 땅이다.
- 입수入首 : 혈 뒤의 능선 감꼭지 부분
- 선익蟬翼 : 묘 좌우의 매미 날개처럼 생긴 얕은 형태 사砂 우선익右蟬翼은 딸 며느리 좌선익左蟬翼은 아들로 한 쪽이 없으면 보완補完해야 좋다.
- 전순氈脣 : 상석 앞 절하는 자리와 그 앞의 평평한 자리 계절 바로 밑에 물이 나면 자손이 익사溺死할 수 있고 약 15m~16m 밑에 용천수湧泉水가 있으면 자손에 부귀관운富貴官運이 發福한다.
- 귀성鬼星 : 묘 뒤에 다른 산이 솟은 봉우리
- 관성官星 : 청룡 백호 낮은 쪽에 다른 산이 받쳐주는 산안보이면 암요暗曜 보이면 명료明曜 같은 모양으로 청룡 백호 양쪽에 있어야 그 안에 길지吉地가 있다.
- 금성禽星 : 라성羅星은 혈 앞 파구破口 쪽에 작고 두른 섬처럼 있는 산봉우리
- 한문 : 청룡 백호가 혈을 감아 돌아 파구破口가 막힌 곳
- 화표華表 : 청룡 백호 바깥쪽에 솟은 봉우리로 혈에서 보이지 않아야 좋다
- 취수聚水 : 묘 앞에 모여 있다 나가는 곳
- 태을太乙 천을天乙 : 안산이 삼봉인 경우 좌우의 산 장관급이 난다.
- 요도橈棹 : 돛대처럼 능선에 군데군데 우뚝 솟은 봉우리

- 요풍凹風: 허虛한 요凹한 곳 골짜기에서 혈장으로 불어오는 거센 바람 凹風 方位에 따라 吉凶이 있다.
- 암석暗石: 땅 속에 박혀 있는 바위 둥글고 깨끗하고 작은 바위의 吉砂로 보고 검고 뾰족하고 험석險石에 크고 길며 깊히 박힌 것은 凶石으로 본다
- 입석立石: 서 있는 바위 솟은 바위
- 천광穿壙: 구덩이를 파는 것 풍수의 고유권한으로 상주도 간섭 못한다.
- 박환剝煥: 돌산에 내려오다 흙산으로 소나무가 많고 굵은 모래에 풀이 적은 곳
- 과협過峽 결인結咽 봉요蜂腰 속기맥束氣脈: 산 능선이 잘록 한 곳 장자가 안 좋다.
- 학슬鶴膝: 학의 무릎 좋은 자리다.
- 두뇌頭腦 뇌두腦頭: 봉분 뒤 흙을 모은 곳 물이 옆으로 빠지도록 만든다.
- 승금乘金: 묘자리가 될 만한 표시 태극太極의 원운圓暈이 돌突 한 곳 꼬불꼬불한 나무 잎이 넓은 풀물이 있다 쪽쪽 곧고 마디가 긴 나무 잎이 좁은 풀물이 없고 흙이 깊다.
- 충살沖殺: 능선이 혈을 찔러 오는 곳 상처喪妻하게 된다.
- 파살破殺: 도로 등 끊기는 산세 모든 것이 무너진다.
- 곡살谷殺: 물이 없는 빈 골짜기 바람이 찬다. 재물이 다 빠져 나간다.
- 조읍朝揖: 안산이 절하는 산세
- 환포環抱: 둥글게 감아주는 듯 한 산세 수세水勢
- 궁포弓抱: 환포의 반대
- 환류還流: 물이 안고 돌아 흐르는 것
- 취회聚會: 앞 쪽에 산도 물도 모이는 곳
- 중사衆砂: 산이 겹겹이 둘려 있는 산세山勢
- 점혈點穴: 광중 혈을 정하는 것
- 관쇄關鎖: 파구破口를 청룡 백호를 감싸주는 산 제왕비帝王妃 장군將軍이 나고 큰 인물人物이 난다.
- 부봉사副峰砂: 가마솥을 엎어 놓은 듯 한 산 독산獨山은 재물이 없다.
- 독봉사獨峰砂: 산이 평평하게 가다가 불끈 솟은 봉우리로 예쁘고 크고 부귀겸전富貴兼全 미끈하게 솟으면 장상출將相出에 부귀겸전이다.

39

- 아미사蛾眉砂 : 누에 여성의 눈썹 모양의 산으로 관대사冠帶砂로 지방의 군수급이 나고 서기를 띄면 美人 王妃가 나온다
- 문필사 : 화산형으로 선생 교수 문장가가 나온다. 후덕한 문필봉이면 부귀겸전富貴兼 슌에 학문의 우두머리가 난다.
- 현군사賢君砂 : 일자문성一字文星과 같으나 바위로 이루어진 산 상격上格이면 왕후장 상열사王侯將相烈士가 나고 중격中格이면 지방장관地方長官 하격下格이면 부자富者가 난다.
- 현군사賢君砂 : 치마를 걸어 놓은 듯한 산곡山谷이 사방四方으로 패어 나간 듯 험하고 추醜한 흉사로 후손에 불구자가 많이 나고 음탕한 것으로 패가망신敗家亡身한다.
- 검살사劍撒砂 : 청룡백호가 어느 한 쪽으로 길게 겹쳐 내려 간 것을 말한다. 용이 길게 흘러간 사이가 보여야 한다. 이금치사以金致死 교통사고가 많다.
- 주비사走飛砂 : 달아나는 산 백호쪽 여자가 바람 청룡 쪽 남자가 타향살이 장자長子쪽 에 요절夭折하게 된다.
- 산산사散山砂 : 사砂의 가닥이 양兩쪽으로 갈라지거나 끊어져 달아나는 산으로 후손 後孫에 재산財産이 흩어지고 불효자不孝子에 우환이 끊이지 않아 결국 패가敗家하게 된다.
- 결항사結項砂 : 안산案山이 잘록한 곳 절맥絶脈된 곳도로, 광산으로 이곳으로 향向을 정하면 사고事故와 재패財敗가 생긴다. 목매어 죽는 자손이 난다.
- 절산사絶山砂 : 단기사斷氣砂 용맥이 끊어진 산고속도로 절손絶孫이 된다.
- 천옥사天獄砂는 높은 산이 사방을 에워 싼 곳으로 후손이 익사 옥사 하게 된다.
- 규봉사窺峰砂 : 규산窺山, 안산 넘어의 山이 서면 보이고 앉으면 안 보이는 산
  ① 형상形象에 따라 미형眉形 규봉이 보이면 도둑 사기로 재해財害를 당하게 된다.
  ② 귀형규봉貴形窺峰이면 관재구설官災口舌이 잦아 재패財敗를 당하게 된다.
  ③ 화형규봉이면 화재火災가 자주나고 사람이 상傷하게 된다.
  ④ 안산 뒤의 부봉형富峰形 규산은 재물財物이 따른다.
  ⑤ 청룡 뒤의 규산이 있으면 자손子孫이 성盛하지 못하다.
  ⑥ 백호 뒤의 규산이 있으면 장님이 생기고 음탕한 사람이 나온다.

⑦ 자축신방子丑辛方에 규산이 있으면 도적이 자주 든다.
⑧ 인寅방에 규산은 형옥刑獄신세를 지는 자손이 생긴다.
⑨ 건방乾方 간방艮方의 규산은 우환이 생기고
⑩ 묘방卯方 손방巽方의 규산은 부녀자 어린이에게 악질惡疾이 든다.
⑪ 손방巽方에 쌍봉雙峰의 규산은 자손에 장님이 나고
⑫ 사오미방巳午未方의 규산은 자손이 옥獄에서 죽게 된다.
⑬ 정방丁方의 규산은 문장가文章家가 많이 나고
⑭ 신방申方에 세봉우리의 규산이 있으면 5년 이내 富貴하게 된다.

풍수지리는 자연과학이며
일상생활의 지혜이다

땅은 살아있는 생명체다. 사람은 흙에서 나와 흙으로 돌아가야 한다. "사람은 흙에서 나와 흙으로 돌아간다."는 말이 있다. 흙이란 땅이요 땅은 우리네 인간뿐만 아니라 모든 생명체가 생장하는 바탕이며 죽어서 묻히는 곳이므로 죽으면 자기 스스로 묻히는 게 아니라 살아 있는 사람의 손을 빌려야 하며 죽은 체백을 땅속에 묻는 일을 장사葬事라 하여 그 자손이 부모의 체백새신을 안장安葬하기 위해 오랜 옛날부터 풍수사를 불러 그 부모의 만년유택을 부탁한다. 풍수사는 부탁을 받고 산에 오르면 멀리서 그 산천의 형세를 살펴보아 생각해보고 물이 들어오고 나가는 것을 보며 산에 대한 깊은 애정을 가지고 살아 있는 생명체로서 산을 대해야만 한다.

산을 보는 경험이 쌓이고 마음이 태고의 평정을 찾으면 산은 한갓 흙과 돌무더기가 아니라 풍운조화를 일으키는 용으로 보이게 되는 것이다. 그렇게 되어야 풍수라 할 수 있다.

풍수사는 남의 조상의 묘를 보고 이러 쿵 저러 쿵 해서는 안 된다. 자손이 없는 묘도 많이 보고 왜 이렇게 되었는지를 열심히 공부를 해야 한다. 살아있는 사람도 잘사는 사람보다 못사는 서민층이 더 많듯이 묘자리도 명당보다는 보통 길지의 묘가 더 많은 것이다.

묘자리를 찾을 때는 뒷산이 청룡 백호 안산 보다 너무 잘 생겨도 좋은 묘자리가 아니다. 또한 모든 주변사가 조화의 균형이 이루어야 생기生氣를 받는다. 이러한 명당에 앉아보면 이렇듯 안락하며 쾌적할 수가 없구나 하고 느껴지면 좋은 것이다. 결코 대지大地를 바라서는 안 된다. 그것은 욕심이며 땅의 기운인 지기地氣가 인간의 욕심을 허용치 않는다. 무릇 대지는 산신령이 맡은바 이기에 진실을 조상의 대대로의 음덕이 없다면 가히 엿 볼 수 없는 것이 그런 땅인 것이다.

필자는 경험에 의하면 한국인들의 부유층, 지식인층, 권력층, 서민층 차이를 불문하고 사람들이 풍수지리 사상을 믿고 있는 것으로 보았을 때 꼭 조상의 무덤의 탓이 아니라고 하여도 집안에 심각한 우환이 생기는 경우는 예외 없이 조상의 산소에 대해 이러니 저러니 말들이 오고간다. 이러한 경우에는 청오경靑烏經에서는 개장 묘지 이장 면례 하는 데는 다섯 가지 조건이 있다 하였다.

첫째. 아무 까닭 모르게 무덤이 가라앉으면 옮겨 쓴다.

둘째. 무덤위의 풀이 말라 죽으면 묘지 이장한다.

셋째. 그 묘를 쓴 뒤 집안에 간음죄를 지은 가족이 생기거나 소년이 변사하는일이 있으면 옮겨 쓴다.

넷째. 장사 지낸 뒤 가족 중에 패륜을 범하거나 중죄를 짓거나 크게 다쳐 불구자가 생기면 옮겨 쓴다.

다섯째. 가족의 사망 재산몰락 송사가 자주 일어나면 옮겨 쓴다.

이 밖에도 조건에 해당되지 않아도 부득이 옮겨 써야할 경우가 있다. 묘소에 국가시책으로 인한 개발 도로 주택단지 또는 붕괴될 우려가 있을 경우를 제외하고는 묘지 이장을 해서는 안 된다.

또한 오늘날에는 고관대작 부호 식자층 들은 명당길지를 찾아 호화분묘를 쓰는 일을 자제해 주었으면 한다.

못사는 서민층은 묘를 쓸 땅도 없고 살 돈도 없어 화장을 해서 물에나 산에 뿌리기도 한다. 아무리 묘지의 땅이 없어도 물이나 산에 뿌려서는 안 된다.

우리 사람은 화장을 납골당에 모시게 되면 벌레가 생기고 썩는다. 이것은 생명력이 있다는 증거이다. 이러하므로 화장한 유골을 양지바르고 배수가 잘되는 곳에 땅에 묻어주면 자손에게 해가 없을 것이다.

풍수지리학 중요성은 이론이 아니라 지기地氣를 알아차리는 기감氣感과 실무체험이다

뱃사람들은 배가 출항하기 직전 배에서 쥐들이 탈출하면 그 배는 난파한다는 뱃사람들의 경험에서 쥐들은 바다의 지진에서 생긴 진파를 사람보다 빨리 감지할 수 있는 본능이 있기 때문에 그 경험을 뱃사람들의 미신이 아니라 지혜였다고 설명 할 수 있다.

지기地氣는 풍수의 기본 출발점이 되는 개념이다. 땅속에 지기라는 것이 일정한 경로를 따라 흘러 다니고 있는데 이것을 찾아 추길피흉趨吉避凶하는 것이 풍수의 목적이 아니던가? 그러나 풍수에서는 지기地氣를 감지할 줄 아는 것이 즉 기감氣M이 가장 중요하며 또한 기감이 본질이며 기감이 처음이자 마지막이라고 말하는 것이다. 기감氣感만 된다면 풍수지리학의 그토록 나해하기 이를 데 없는 이론들도 필요가 없다. 한 예를 들면 달에 대한 내용을 가리키 는 사찰에 스님 선생은 손가락으로 달의 내용을 가르치기 위해 가리키고 있는데 달의 가르침을 받는 신도

들은 마당뜰에 내려와 달을 바라보면서 달에 대한 이치를 배워야 하는데 선생님은 뜰에 내려와 달을 바라보고 열심히 가리키며 달에 대한 내용의 설명을 "달아 달아 밝은 달아 이태백이 놀던 달아 저기 저기 저 속에 계수나무 박혔으니 천년만년 살고 지고 천년만년 살고지고" 하며 열심히 가리키는데 달의 내용을 알고자 배우러 온 신도 학생들은 절집 마루에 뜰에 앉아서 대웅전 지붕에 가려진 달은 쳐다보지도 못하고 보아도 보이지도 않는 것이지만 스님의 손가락만 바라보며 달의 내용을 알고자 한다. 선생님이 아무리 절묘하게 달을 설명해 준들 무슨 소용이 있겠는가? 달을 보지도 못한 신도 학생들이 어찌 달을 알았다 할 수 있겠는가? 풍수에 중요성은 이론이 아니라 지기地氣를 알아차리는 기감氣感의 체험이다. 그런데 그 중요한 기감 이 되지를 않으니 문제다. 마루에서 내려와 뜰에 발을 내디디면 이제 달을 가리고 있던 지붕이 사라지고 청명한 밤하늘에 쟁반같이 둥근달이 떠 있음을 보게 될 터인데 그러지를 못한다. 문지방만 넘어서면 되는데 말이다. 마루 위가 바로 그들 사고체계의 전부다. 마루를 떠난다는 일은 감히 염두에 두지 않는다. 아니 어쩌면 마루 밖에 뜰이 있다는 생각조차 못하고 있는지도 모른다. 그런데 달을 배우려 한다 해도 천년이 지나도 지붕아래 마루위에서는 달을 보지도 못하고 달에 대해 배운다한들 가장 중요한 달을 바라지도 않으니 달에 대한 설명이다는 것이 판을 치게 된다. 그 까짓것 한번 보면 되고 뻔한 건데 하는 생각을 바꾸지를 못하고 공연한 생각으로 달에 대해 공부를 하는 셈이다. 여하튼 달에 대한 수많은 논리들이 생겨나서 사람들을 현옥 시키는 온갖 종류의 이론들이 난무하게 되는 것이다. 이렇게 달을 생겼다, 저렇게 생겼다, 계수나무는 몇 그루다, 토끼는 몇 마리다, 토끼는 붉은 띠를 두르고 있다가 없어졌다 또 나타났다 하는데 달이야 하늘의 형편과 날짜에 따라 끝없이 변하는 것이니 달을 보고 있는 사람은 수시로 다르게 설명할 수밖에 없다. 그러나 듣는 신도들이야 어디 그런가? 한마디 모두 옳은 말일 것이니 귀담아 듣지 않을 수 없다. 풍수에서 지기도 꼭 마찬가지다. 사고의 틀을 한 발짝만 내밀면 바로 그것을 느낄 수 있는데 그것이 되지를 않는다. 그러니 이제 그에 관한 무수한 이론들은 어느 것 하나 틀렸다고 할 수도 없지만 또 어느 것 하나 제대로 되었다고 할 것도 없다. 구름 잡는 풍수 이론만 낭자하게 세상을 떠들게 한다.

풍수지리를 신봉하고 선택하는
예지를 가져야한다

　우리 조상님들은 죽은 사람의 시체를 아무레나 매장할 수 없다 하여 굳이 명당을 찾았다. 자손된 사람들은 가진 재산을 아끼지 아니하고 명지관을 찾아 불러 명당을 찾도록 했다. 부모의 시신을 명당에 모실 때 자손이 크게 번창 하기를 마음속에 자리한 관념이 얼마나 강열한 것이었나를 알 수 있다.
　산소자리가 좋다 나쁘다 하는 것은 어디에 근거를 두고 하는 말인가. 사망한 사람의 시체가 산 사람과 무슨 상관이 있기에 이렇게도 정신문화를 지배해 왔던가. 미신일까 아니면 무속 문화의 잔재일까. 과연 현대인들이 생각하는 것처럼 명당 운운하는 것은 쓸데없는 미신일까. 시체 앞에 서면 오골이 으시시 떨린다. 비 내리는 공동묘지를 지나치게 되면 죄지은 것도 없으면서 두렵고 떨린다. 한 많은 여인이 머리라도 풀고 일어나 달려들 것만 같아 두렵고 떨린다. 왜 그럴 까. 시체가 산 사람과 아무 상관이 없다면 왜 무섭고 떨리는 것일까. 무섭다는 것은 위험하고 좋지 못한 영향력이 있다는 것은 아닐까.

높은데서 내려다보면 어지럽고 떨린다. 떨어지면 죽든지 크게 상할 위험 때문이다. 자동차가 그렇게 많지만 서 있는 자동차를 보고 두려워 할 사람은 아무도 없다. 그런데 자가 앞으로 쏜살같이 달려오는 차를 보고 놀라지 않거나 피하지 않을 사람은 아무도 없다. 죽거나 다칠 염려 때문인 것이다.

죽은 짐승들이 피를 흘리고 죽어 있는 푸줏간에서 두려워 떠는 사람은 아무도 없다. 그런데 유독 인간의 시체만 보면 무섭고 떨린다. 영혼은 떠났지만 종말에 다시 부활할 육신인가 이렇듯 영물로서의 인간이기에 사후의 세계를 생각하는 것이고 그 육체의 매장지 까지도 생각하게 되는 것이다.

그러나 우리는 장례 지낸지 삼년이 되기 전 숱한 우환과 화를 당하는 이웃을 보면서 강 건너 불구경 하듯이 남의 일처럼 좌시만 할 수도 없는 것이다. 우리는 일단 풍수지리를 신봉하고 선택하는 예지를 가져야 한다. 조상의 시체가 명당에 묻혔다면 자손이 잘되고 부富를 누리고 가문家門이 빛나는 좋은 경사가 겹치지만 좋지 않은 곳에 매장이 되었을 때 자손에게 화禍가 임한다. 장례 지내고나서 좋은 일은 없고 우환이 겹치고 근심거리가 속출한다면 조상의 산소가 잘못된 것이라는 신호로 받아들여 감정해 볼 필요가 있다. 집 식구들이 앓게 될 때 근심 걱정을 하여 병원을 찾게 되고 치료를 하듯이 아파도 모른 척 정신을 못 차리게 고열이 나는데도 외면만 한다면 이처럼 무정한 사람이 어디에 있겠는가.

　마찬가지다 눈에 띄게 식구들이 아프고 이상한 징후가 나타나면 지체 하지 말고 산소에 가보면 잡초가 우거지고 흙이 습을 먹음고 있는 땅에 부모님의 시체가 묻혀 있으면 집안에 크고 작은 재물 손재나 병환들이 있게 되면 자손들 아무리 바쁜 일이 있어도 차일피일 미루지 말고 잘 아는 풍수를 초빙하여 감정해 보시기 바랍니다.

　 조상의 산소자리가 나쁘면 집터가 나빠서 생기는 질환 보다 더 다양하다.

　병의 원인이 집히지 않는 희귀한 질병이 발생하는데 미치고 머리가 쑤시고 괴상한 피부병이 발생하는 등 가지각색이다. 특히 무덤에 물이 차든지 나무 뿌리가 들어가 엉키면 좋지 못하여 뱀이나 쥐가 들어가 있어도 좋지 않다. 이런 경우 좋은 자리를 찾아 묘지 이장移葬하게 되면 신기하리만큼 깨끗하게 완치 되는 예가 허다하다.

조상터·생인生人의 집터 잡는 데는 풍수지리학이 요체

요즘 풍수지리라는 학문을 누구나 한번쯤은 생각해 보고 연구 하고 싶어 하는 분야라고 생각한다.

이는 예로부터 조상을 숭배하고 받드는 효도사상의 전통과 조상의 묘 생인生人의 주택을 명당에서 살면 조상과 그의 자손이 편안하고 더불어 국가와 사회에 이바지 할 인물을 얻을 수 있으리 라는 우리 민족의 깊고 높은 풍수지리 사상이기 때문이다.

그러나 지금까지 풍수지리학에 대한 전문적인 책들이 있지만 배우고 터득하기가 무척이나 어려워 미지의 학문으로 여겨 왔던 것도 사실이다. 이러한 이유로 풍수지리학은 그 원리와 목적에 깊이 접근하지 못하였다.

이제 배우고 터득하기 어려웠던 학문으로서의 풍수지리학을 여러 학자들이 쉽고 간결하게 터 득할 수 있게 많은 책이 있어 후예들이 끊임

없이 추구하고 탐구함으로써 연구·발전되고 있는 것은 참 좋은 현상이라 생각된다. 그동안 풍수지리 학문은 그러한 추상과 관념과 미지의 언저리에 서 맴돌던 장場을 벗어나서 학문으로서의 대구 경산대학교에서 정규 풍수지리학과로 신설되기에 이르렀다.

옛날 사대부 집안에서 풍수지리학은 정도가 아니라면서 주역周易만 관심을 가지고 학문을 익혀왔던 것이다. 주역은 과거와 현재를 통하여 미래未來를 예측하는 학문이고, 풍수지리학은 자연自然과 생기生氣를 통하여 융결融結하는 학문이다. 풍수지리학은 지처地處에 음양오행으로 다루어 우리 조상이나 살아있는 사람들의 살기 좋은 곳을 찾는 학문이다.

이러한 대자연속에 부모와 조상의 체백을 편안하게 안장함으로써 그 자손의 건강 개선과 종성개조種性改造 혈통개선에 획기적이며 절대적인 변화와 기여가 있다는 것이다. 이러한 사실이 바로 명당 조상의 묘를 3~4대만 감정하여 후손들의 현재까지의 내력을 조사하여 대조해 보면 증명될 수 있다.

또한 좋지 못한 묘터에 있던 조상을 좋은 묘터로 묘지 이장해 놓고 보면 좋지 못한 조상의 묘터로 인해 발생한 각종 난치병과 불행한 일들이 개선되는 것을 확인할 수가 있다.

그러므로 학문의 진리와 원칙이 얼마나 정확하고 과학적인가를 알 수 있으며, 인간의 근본을 형성하는 분야로써 조상의 체백유골의 보전 관리를 위한 묘터와 생인의 집터 잡기가 풍수지리학의 요체라 하겠다. 조상으로부터 아무리 좋은 생명에너지를 공급받는다 하더라도 생활환경이 열악하다면 건강에 큰 문제가 생긴다. 때문에 우리는 양질의 환경 에너지를 공급받기 위해 생활환경 개선에도 최선을 다해야 할 것이다. 요즘은 도시 인구의 폭발적인 증가로 인해 땅의 형태만 있으면 자연환경에 대한 평가도 없이 무작정 주택을 지어 공급하고 있다. 그러나 한 곳에 일정기간 살아 보면 좋은 곳과 나쁜 곳에 사는 사람들의 건강 운세의 차이가 현저하게 다름을 알 수 있다. 이렇게 환경의 영향도 크지만 그러나 조상에 비할 바가 아니다.

　조상의 묘터는 반드시 생기있는 좋은 묘터를 선택해서 안장해야 한다. 좋은 묘터의 조상 유골은 땅, 물, 태양, 바람의 균형있고 조화로운 작용으로 합성되어 생기 있는 양질의 응축이 돼야 조상의 체백에서 환원생명기還元生命氣로 인해 유전인자와 유존형질이 동일한 자손에게 기氣가 공급 되는 것이다.

고려조에는 풍수지리사 자격을 과거시험으로 등용하였다

　고려시대 때는 풍수사 자격을 과거시험을 통하여 등용된 것을 보면 왕실王室을 중심으로 하여 사회적으로 풍수지리가 널리 보급되어 있었는 듯 하며 그렇기 때문에 조정에서도 풍수를 담당하는 관청과 직제를 마련하였던 것으로 전해진다.

　그리고 풍수지리를 연구하는 사람에게 국가에서도 많은 혜택을 주었는데 성종 16년에는 명경明經으로서 열반이나 과거를 보아 급제하지 못한 학자와 지리학地理學 공부를 만 10년이 넘은 자는 모두 벼슬을 주어 마의麻衣를 벗게 하기도 하였다.

　그러나 이 같은 혜택이 한편으로는 사회적 병폐를 가져오기도 했다.

　관료 풍수사들은 주로 왕실의 릉陵을 만들고 임금 릉을 보수하는 일을 전담하는 외에도 왕명으로 국토를 답사하면서 궁궐터 큰 도시 터를 물색하기도 하였으며 성城을 쌓을 터를 잡는다든가 심지어는 왕의 피서지를 선정하는 역할도 하였다.

한편 관료 풍수사들은 산서山書…풍수지리학책을 편찬할 때도 왕명에 따라 항상 유학들도 풍수관료와 함께 행동하였기 때문에 자연스럽게 풍수지리에 관한 지식을 습득하게 되었을 뿐만 아니라 백관 모든 벼슬들에게도 국내 산천 형세를 연구하라는 왕명이 내려졌던 것으로 보아 대부분의 벼슬아치들이 풍수지리에 대해 관심을 가지게 했으며, 왕실과 신하들 모두 불교를 존숭하여 사탑을 건조하고 법회를 개최하는 일이 많았다. 민중이 불교를 믿고 승려를 존경하게 된 것은 불교가 나라를 지키고 집안의 재해를 막아주는 즉 호국과 방재 때문이었다. 사탑의 건설도 오로지 국운을 위한 것이었고, 그 건설지의 선정은 승려만이 할 수 있었던 것이니 자연의 땅을 선정하는 승려는 풍수지리를 터득하고 있는 사람으로 간주되어 존경과 신망을 얻고 있었다.

고려 500년 왕업도 승려 도선 국사의 풍수적 점지에 의해 이루어졌다고 믿어지는 것은 묘지, 집터, 관공서 터 어디건 일단 승려의 손길이 닿았다고 볼 수 있다. 고려시대에 너무나 숭불이 치우쳤기 때문에 망국의 변을 보게 된 것이다 해서 인심일신人心一新의 정책에 높은 선비와 불교를 억눌러 억불숭유 시정의 방침을 삼았다. 따라서 고려시대에 빛을 보지 못했던 유교가 흥하는데 반해서 불교의 세력은 날로 위축되어 승려의 권세는 사라져 산사山寺로 들어가 버렸다.

우리 조상들은 묘지에 대한 관념과 신앙은 풍수지리를 받아들이는

데에 적합했던 사람과 밀접한 교섭을 가진다는 신앙이 있다. 이 교섭은 크게 두 가지로 나뉜다. 죽은 뼈를 소중히 다루면 행운을 맞게 된다는 것이 그 하나요, 소홀히 다루면 재앙을 맞는다는 것이 그 둘이다. 이러한 관념 신앙은 한국의 고유의 것이었다. 불교와 대치했던 유교의 조상숭배와 효의 가르침이 압도적으로 보급됨에 따라 그때까지 단순한 민족신앙 이었던 것이 선왕의 가르침과 학자들의 지지를 얻어 뼈가 산 사람에게 행운 불 행운을 준다는 것을 여겨지게 되었다. 뼈를 길지에 묻으면 자손이 번영하고 그렇지 않으면 자손에게 재앙이 있어 완전히 망하는 일까지 있다고 하였다.

풍수가 선전되자 누구나 조상의 묘지를 풍수에 따라 정하여 행운을 부르고 재앙을 면하려고 하였다. 옛부터 풍수사를 초빙해서 조상 산소를 모신 가문은 지금도 번창하고 있는 것을 보면 풍수가 얼마나 소중한가를 알 수 있다.

아무리 좋은 자연 환경이라도
순리에 맞게 이용해야

　우리는 도시의 혼탁한 환경과 복잡한 생활에서 잠시라도 수양을 하는 사람이 많아진다. 경치가 좋고 옛 모습이 간직된 산중에 들어서면 마음이 상쾌해 지는데 공해를 잊은 우리의 몸과 마음이 자연의 품에 안기는 순간부터 맑은 공기 깨끗한 천연수가 흐르고 물소리 새소리 들리는 푸른 자연이 인간을 무공해의 품에 안고 지기의 감응을 받게 한다. 우리가 살고 있는 현상은 조화를 이루는 가운데 삼라만상의 피조물은 모두 어김없이 자연의 섭리를 따르고 있다.

　천지만물의 기를 공간적으로 파악하여 땅 속에 흐르는 지기의 덕을 얻고자 우리 조상님들은 전국 방방곳곳을 다니면서 살만한 곳을 찾았고 부모와 조상의 체백유골을 명당 길지에 모셔서 우리 후손들의 행복과 번영을 증진시키려는 지혜인 것이다.

　풍수의 실용적인 측면을 살펴보면 읍지를 정하는 중요한 일에서부터 국운 진흥의 요지를 전국의 명산에 있다고 보아 제단을 만들어 놓고 국태민안을 축원해 왔다.

우리조상들은 생활 양택에서 자연환경의 영향을 중요시 했으며 부모상의 음택을 길지에 모심으로서 숭조정신을 구현하고 그에 따른 음덕을 회구하는 슬기로운 지혜로 삶의 번영을 이어오고 있는 것이다. 풍수의 근본 목적은 천지간의 자연과 함께 행복과 번영을 받고자 하는데 있다. 인간과 만물이 자연에 의해 영향을 받는 것은 필연적이며 자연은 하늘과 땅 양자로 구분된다.

우리가 살아가는데 필요한 대부분의 물자는 땅에서 얻는다. 물론 하늘의 태양이 아니면 자원의 공급을 받을 수 없지만 생산과 보육은 땅에 의존하게 되니 하늘은 아버지 땅은 어머니 같이 땅의 직접적인 영향을 받는다.

풍수지리는 바람, 물, 땅의 기를 연구하는 학문으로서 자연 환경과학이며 음양오행과 주역을 기초로 하는 우리 생활 바탕을 두고 있다. 삼라만상은 음양오행의 기로서 이루어져 있으며 길흉화복은 환경의 영향과 자신의 노력에 근거를 두고 말하는데 자연의 좋은 환경이라 하는 것은 산의 용세가 좋고 수세가 조화롭게 장풍회수하는 곳으로 음양오행의 천기가 상합하여 생기가 충만한 곳이 된다.

이 때 땅의 생기는 바람을 타면 흩어지고 물에 닿으면 정지한다. 우리의 신체도 생기가 통하지 않는 부위에서 병이 나는 것처럼 산 그 형체를 갖추었다고 해서 모두 생기가 있는 것은 아니다.

자연과 사람을 비교해 보건대 그 사람이 지니고 있는 재주와 능력과 정신이 그 일에 잘 적응되지 않는 일을 시키거나 감당했을 때는 무능력자가 되고 버리는 것처럼 자연도 그가 소장하고 있는 능력에 맞지 않는 용도에 흘용한다면 그 일을 감당할 수 없을 것이며 크게 재해를 입게 되니 도리어 우리 인간에게 큰 화를 당할 것이다.

우리가 처음 상면해 그 사람의 인품을 보는 것처럼 자연도 지니고 있는 기가 다르니 순리에 맞게 찾아서 이용하는 것이 풍수의 참뜻이며 현대과학에 이용되는 하나의 실체가 되는 것이다.

※ 길흉화복론吉凶禍福論 길

- 당판當坂외의 8방위에 나타난 봉이 없으면 흉지이다.
- 백호가 배신背身해 가는데 장곡長谷이 되면 자손에 홀아비로 살게 되는 일이 있게 된다.
- 당판의 좌우에 긴 골짜기가 되었다면 자손이 흩어져 달아나는 일이 있다.
- 청룡 백호가 험하고 골짜기가 길면 자손 중에 상을 당하는 변이 있게 된다. 험한 것을 관재구설로 보고 긴 골짜기는 음란한 것과 도적 자손이 나서 칼을 들게 된다.
- 묘지 앞에 긴 골짜기가 보이는 것은 여자에게 음산한 구설이 있게 된다.

- 백호가 배신해 가는데 깊은 골짜기라면 여자손이 달아나게 된다.
- 전순氈脣의 좌우가 장곡이라면 집안에 재산이 이루어지지 않는다.
- 묘지 앞에 서 있는 돌이 차돌이라면 늙고 젊은 부인이 고독하게 살게 된다.
- 삼곡三谷에서 부는 바람이 긴 골짜기라면 벙어리자식이 나는데 유전된다.
- 묘소 앞이 허虛하고 돌이 난잡하면 지네와 쥐 같은 염廉이 생겨 관속에 가득하다.
- 묘소 주변에 잡석이 있으면 파산으로 본다.
- 묘지 좌우에서 여울 소리가 나면 반드시 혈육간에 서로 다투게 된다. 대개 벙어리 불구자가 난다.
- 앞에 넓은 바위가 있으면 박수무당이 집안에 난다. 또 대개는 광중에 수렴水廉이 많이 들게 되어 재패財敗 인패人敗 내장병이 많다.
- 묘 앞에 괴이한 암석이 있으면 삭발승이 난다.
- 청룡 백호가 높고 험석險石이라면 음주로 망녕되어 객사한다. 험석은 관재구설官災口舌 불구자 출산 음난 등으로 보는 것이다.
- 앞에 보이는 산꼬리에 암석으로 되어 충沖한다면 자손에게 상처가 있다. 입수용맥入首龍脈이 험한 돌이라면 심장병과 위장병의 아픔을 견디기 어렵다. 입수용맥의 험석은 재산도패와 처궁妻宮이 불길하고 음난과 질병이 생긴다.

- 세 골짜기에 바람이 길게 충하면 벙어리 자손이 유전된다.
- 적은 혈지묘지의 당판이라도 맑고 밝으면 고을살이의 벼슬이 잇달아 난다.
- 수구水口 하사下砂가 가까이 둘러주면 반드시 소년에 등과하게 된다. 또 부귀속발하여 자손은 모두 효도하게 된다.
- 물 흐르는 것과 곡성과 같은 소리가 그쳐지지 않으면 청상과부가 나게 된다. 또 벙어리 자손이 유전하게 된다.
- 파구의 물이 두번 나타나면 부부가 한날 한시에 같이 죽게 된다. 또 도적을 당하는 것과 사기로 파산을 당한다.
- 묘지 앞에 물이 곧게 달아나는 것은 천석 재산이 하루 아침에 흩어진다. 형제간에 불화하고 인패에 걸식자손이 난다.
- 양득수, 앙파구라면 집안이 불화하고 생이별이 있게 된다. 양수양파에 골육상정하게 된다.
- 엿보이는 물이 양쪽으로 보이면 여자 중에 눈뜨고 못 보는 장님이 난다. 또 재물에 손해가 많다.
- 당판 양변에 음침한 암석이 있으면 관중에 거미가 가득히 있다. 묘소 주변에 암석은 이금치사로 본다.
- 백호방에 물이 충하여 비치면 자손에게 위장병으로 복통이 있게 된다. 또 재패 인패를 급히 당하게 된다.
- 산이 음습하여 사토이면 목렴이 관속에 가득하다. 목렴 수렴에 재패

인패가 있음 특히 내장질환이 생긴다.

• 묘지 앞에 깨지고 함하여 낭떠러지가 되면 이에 입술이 일그러지고 이가 드러나는 병신이 난다. 재산도패하고 정신병자가 생긴다.

• 당판묘 뒤가 허하여 호수가 열려 넘겨다 보이면 몹쓸 병과 더불어 간질병 환자까지 있게 된다.

• 파구破口앞에 수답수답이 많이 보이면 자손이 조회朝會하는 벼슬이 많이 난다. 높은 벼슬에 오른다는 뜻이다.

• 파구破口앞에 깊은 연못이 있으면 대대로 부자의 이름이 잇달아 난다. 수구水口 심연深淵은 당대에 부귀속발 하게 된다.

• 파구 앞에 큰 봉우리가 있으면 대대로 과거에 이름이 나게된다. 수구 앞에 큰 봉우리가 있는 것은 혈의 국세國勢가 큰데 있는 것이니 크게 발복하는 것이다.

• 혈판穴坂 중심이 해목형蟹目形으로 윤곽輪廓을 둘렀다면 반드시 당대에 발복하게 된다. 혈상穴相이 해목형으로 생기면 금시발복에 부귀영화를 누리게 된다.

• 안산案山과 조산朝山의 형이 아름다운 눈썹과 같다면 도장을 차는 자손이 많이 난다. 미안眉案은 아미사蛾眉砂라 하여 미인자손이 나며 왕보도 난다.

• 소귀와 같은 봉우리에 광채가 나면 반드시 귀한 자손이 많고 많다. 우이형牛耳形은 귀봉사격貴奉砂格이고 광채는 귀한 것으로 보아 관직

에 나가면 세도하게 된다.

- 혈의 앞뒤에 부봉사富峰砂가 있으면 대대로 만석꾼이 난다.
- 안산의 정상이 일자문성一字文星이라면 장원급제가 분명하다. 요즈음은 일자문성사격을 장관 봉우리라 한다.
- 파구 밖에 부봉사격이 서 있으면 자손이 잇달아 결제하는 도장을 차게 된다. 원봉圓奉은 당봉사격當峯砂格이나 수려하면 귀하게 보는 것이다.
- 수구水口에 산과 바위가 쌍으로 대하여 문을 막아주며 수구에 독봉獨峯까지 있다면 화려한 벼슬과 임명서를 받는다. 수구를 막아주는 것은 재물이 모이는 것으로 보고 독봉사가 되는 것은 대국세大局勢에나 있는 형세이다.
- 비록 길지라 하더라도 첨사尖砂가 충沖가 충沖하는 것은 흉한 것이고 비록 비혈非穴이라도 수려秀麗하고 귀貴하면 길 한 것이다.
- 화형火形의 규봉窺峯이 묘基를 충沖하면 매년 화재火災를 보게 된다.
- 안산사가 갈라지는 산에는 거의 찢겨서 수행함이 가히 서글프다.
- 청룡 백호의 산형이 톱날과 같으면 자손이 칼날에 죽게 된다. 장사를 지낸 후에 가사불화家事不和 속패로도 본다.
- 안산 넘어 규사窺砂가 화형봉이면 형벌을 입고 화재를 보게 된다.
- 쌍칼의 규봉이 있으면 능히 타인에게 살해하는 바를 입는다. 쌍도형雙刀形은 이금치사以金致死로써 요즈음은 교통사고로 보는 것이다.
- 삼태봉三台峯이 쏘아서 엿보이면 무당이 나고 불구자가 나는 게 그치

지 않는다. 진혈眞穴이 삼태봉 사격은 삼공이 나는 것이다.

- 혈 앞에 암석이 뾰족하게 충 하면 주자 살인이 나게 된다요즘은 실습에는 상처를 당하는 것이 많았다.

- 용호龍虎의 꼬리가 배시해서 돌아가면 옥중에 갇혀서 죽게 된다. 또 자식들의 불효를 본다.

- 밝은 당판當板이 높으면 장원하고 귀한 사격이 높으면 영웅이 난다. 혈판이나 사격이 높은 것은 귀한 것으로 본다.

- 묘지 좌우에 돌이 서 있으면 장님이 나고 좁은 골짜기의 바람 머리는 벙어리가 난다.

- 칼날 같은 봉우리가 나타나 규사로 있으면 과거보는 마당 가운데서 도적에게 살해당한다.

- 톱날 같은 험석險石이 엿보이면 외눈박이 자식이 많이 난다. 또 화재가 잇달아 나게된다.

- 입수가 기울고 당판이 허虛하면 반드시 과부 홀아비가 나서 고독하게 된다. 당판이 허한 것은 기형아 출산이 많다.

- 안산과 조산이 가로놓은 시체형사라면 소년횡사를 견디기 어렵다. 또 재패財敗병폐 질병이 많아진다.

- 돌이 험난하게 있으면 휴애가 많고 평평하고 미끈한 것이 발현되고 후하고 귀하면 반드시 해가없다.

- 용 위가 험한 암석이라면 자손에게 해가 되는 것이고 묘 주변에 험한 돌이

산란하면 가세가 빈한하게 된다. 또 하루아침에 파산이 우려된다.

- 일자문성一子文星의 안산案山이 암석으로 서기瑞氣가 있으면 대대로 이어서 영의정 좌의정의 벼슬이 나게 된다.

- 혈판 밑에 넓은 암석이 깔리면 무관武官이 태어나고 혈판 좌우를 귀암貴岩이 두르면 장군이 날 대지大地이다.

- 묘지가 당처堂處가 낮은 곳에 험하고 높은 산이 안산案山이 되면 반드시 백골을 도적질하여 가게 된다. 낮은 당판은 비천자가 나고 험고안險高案은 관재구설로 본다.

- 묘지가 급경사가 되고 맥이 끊어졌다면 자손에게 목매여 죽는 일이 일어난다. 묘지 급사처急斜處는 파산으로 보고 절맥絕脈은 오사誤死와 요수夭壽하는 것으로 본다.

- 청룡 백호의 암석에 푸른 이끼가 난다면 문둥병이 대대로 나게 된다.

- 양쪽으로 갈라지는 파구에 개 모양의 두 암석이 있으면 초혼 혼인 한날 밤에 신랑과 이별한다. 또 동기간에 우애가 끊어져서 골육상쟁하게 된다.

- 청룡이 배신하고 물이 양쪽으로 갈라지면 부자가 서로 객지에서 이별하게 된다. 양수양파兩水兩破는 골육상쟁이요 청룡배신青龍背身은 자손들의 불효로 본다.

- 내룡來龍과 입수入首에 험석險石으로 줄이 있다면 흉복병胸腹病 심장병 위장병을 견디기 어렵다. 또 입수험석入首險石은 재산 도패와 중풍

질환이 많고 돌줄은 랭맥이라 시체가 썩지 않는다.

- 청룡 백호의 허리에 치석 같은 것이 있으면 소년에 이가 다 빠져 나온다. 또 가사불화로 파산이 두렵다.
- 주산에 칼날은 돌이 있으면 자손에게 목을 자르는 참형이 두렵다. 또 화재와 관재구설이 잇달아 나고 교통사고가 두렵다.
- 검게 쌓인 돌이 많이 나타나면 많은 거미가 관속에 가득히 차게 된다. 재패 인패가 나고 질병에 패하게 된다.
- 파구 안에 귀한 암석이 있으면 가문에 벼슬이 잇달아 끊어지지 않는다. 높은 벼슬에 오르게 되어 세도하게 되며 부귀속발로 본다.
- 장군 모습의 암석이 특이하게 서 있다면 무과급제가 많이 난다.
- 주산봉이 북과 같은 암석이라면 대대로 국왕이 태어나게 된다. 암석으로 일자문성一子文星이 되었을 때 국왕이 태어나고 장상이 된다.
- 청룡 어깨가 귀한 암석이라면 자손에게 역사가 난다. 요즈음은 장군이 많이 배출 한다.
- 눈썹 모양의 산에 눈썹같은 돌이 거뭇거뭇하게 있으면 묘를 쓰고 백일 내에 파산하게 된다.
- 왼쪽이 낮으면 홀아비가 많이 나고 오른쪽이 낮으면 과부가 많이 난다. 동이 높고 서가 낮으면 집에 노인이 없다.
- 묘판墓坂이 공허空虛하면 관이 뒤집히고 전순이 공허하면 수렴水廉목렴休廉이 든다.

- 청룡백호가 비면 충렴忠廉이 돌고 혈지당처穴地當處가 허하면 목렴이 든다.
- 팔방위가 공허하면 시신이 없어지고 사방위가 공허하면 뱀이 든다.
- 선익이 공허하면 화렴이 들고백골이 까맣게 탄 것과 같음 전순이 공허하면 토렴이 든다.
- 입수 부위가 공허하면 수렴이 관속에 가득함이 볼 것이다.
- 입수에 바람이 맞으면 두골이 이동하고 세 방향이 팔요풍살은 백골이 소골이 된다.
- 삼곡에서 바람이 들어오면 그 백골이 타버리고 당처에서 물이 쏘는 것 같이 흐르면 백골이 부 서져 무너진다,

월형月型은 가능한 하지 않는 게 좋다.
뒤가 낮고 골이 지면 장자에게 해

- 석물, 비석, 둘레석, 망두석, 면석은 하지 않는 게 좋다. 상석은 책상 밥상으로 너무 과하지 않게 하는 것은 무방하다.
- 基에 석물을 주변 산세山勢가 수성水星일 때 무방하다.
- 무인석武人石, 문인석文人石은 망인의 생전 관직에 따라 세우는 것이며 무인석은 병권의 상징으로 왕릉에만 세울 수 있다.
- 석물불구방石物不具方은 산세山勢의 용맥이 가늘고 약하여 석물을 올리면 무게의 부담을 받을 듯한 곳이나 새의 형국形局에는 석물을 하지 않는 것이 吉하다. 부득이 상석을 놓을 때는 적고 얕은 것으로 해서 밑을 묻는다.
- 비석은 봉분에서 삼합三合의 위치로 동남 간방에 세운다. 망두석은 명당이 작을 경우 세우지 않는 게 좋다. 밤에 달그림자가 봉분에 걸쳐지면 자손에게 몽둥이다. 망두석望頭石은 넘 어지면 그 자리에는 다시

세우지 않는다.
- 혈장 분방법은 명당이 대지大地냐 소지小地냐 하는 것은 모름지기 조종산祖宗山의 힘의 영향을 보고 귀천貴賤은 묘자리 本身 혈판穴板의 맺은 곳을 보는 것이다.
- 산이 맑고 교묘한 것은 귀貴를 나타내고 완만하고 후부厚富한 것은 富를 나타냄이다.
- 위가 살찌고 아래가 청수淸秀하면 장자長子가 부자富者가 되고 귀하게 된다.
- 위가 아름답고 아래가 추醜하면 장자는 좋은 일이, 막내는 흉한 일이 생긴다.
- 혈장을 3등분 하여 상부上部는 장자를 중간은 차자의 길흉 발복을 판단한다.
- 안산은 三男의 발복을 판단한다. 左右가 평형이 되어야 한다.
- 중간이 살찌고 넓으면 부자가 나고 혈이 단단하면 귀인이 출생한다.
- 윗부분은 귀천貴賤을 아랫부분은 빈부貧富를 판단하는 기준이다.
- 높은 산에는 평평한 곳에 吉지가 있으면 혈을 정하고 부귀겸전 낮은 산에는 높은 곳에 곧은 산에는 굽은 곳에 곡산曲山에는 곧은 곳에 급한 산에는 완만하고 평평한 곳에 평탄한 산에는 경사진 곳에 정혈定穴하여야 한다.
- 혈穴의 앞에서 求구하면 조안산朝案山이 아름답고 명당이 바르고 수세

水勢가 모였는가를 살펴야 한다.

- 혈의 뒤에서 구하면 낙산樂山과 귀성鬼星이 사귀어 있고 左右의 청룡백호가 유정有情하며 전호둘러주는 산가 있어 얽어 보호하는가를 살펴야한다
- 혈의 밑에서 구하면 전순이 반듯한가를 살펴야 한다.
- 사방에서 구하면 十道가 정확한가를 살펴야 한다.
- 분합에서 구하면 나누고 합한 것이 정확한가를 살펴야한다.
- 길혈삼증吉穴三證은 산천정기山川精氣가 멈추는 것이 첫번째 혈의 증거이고 맥이 멈추고 통통하게 살찐 것이 두 번째 증거이고 또 통통하게 살찐 다섯 발자국 아래 남은 여기餘氣가 전순을 이루는 것이 세 번째 혈의 증거이다.
- 가장 관계 할 것은 혈후穴後의 한마디가 오는 맥脈이 길고 짧음을 관찰하고 혈 아래 모든 사격砂格은 당연히 순기脣期가 단단한 자리인지 단단하지 못한 지리인가를 살펴야하고
- 혈후에 온전한 맥이 없으면 가문家門을 이어 갈수 없다.
- 혈하穴下 독산獨山이 있으면 다른 사람의 자식으로 代를 잇게 된다.
- 조안증혈朝案證穴은 멀리 있는 朝山보다 가까이 있는 안산이 유정有情한가를 위주로 해야 한다.
- 조산朝山이 높으면 혈穴도 높은 곳에 있고 낮으면 낮은 곳에 있다.

맥이 크고 토질이 좋은 곳에는
쌍분雙墳 가족묘지도 가능하다

- 광중壙中에 샘물이 나면 패가敗家절손絕孫하게 되고 광중壙中에 물이 들어가면 재패財敗병폐病敗하게 된다.
- 기지基地에 황천냉수黃泉冷水가 침입侵入하면 유체遺體가 늦게 부패腐敗되어 오랜 기간 자손들이 재패 인패 병폐를 당當하게 되고 빗물雨水이 침입하면 체백體魄이 빨리 소골消骨되어 자손에게 해害는 트나 화禍가 빨리 지나간다.
- 능선 꼭대기 자락에 묘를 쓰지 마라 넓은 곳 뭉친 곳 위는 괜찮다
- 맥脈이 크고 토질이 좋은 곳에는 쌍분雙墳 가족묘지도 가능하다.
- 능선 중앙에는 묘를 쓰면 안 된다. 자손이 소년 죽음하게 된다.
- 능선이 좁은 곳 묘가 잇는 곳에 더 묘를 쓰면 해가 미친다.
- 능선이 넓은 곳은 묘가 있는 곳은 여러 기의 묘를 써도 문제가 없다.
- 기는 좁은 곳에 있고 넓은 곳에는 없다고 본다.

- 능선이 올라가는 곳을 보고 묘를 쓰면 재물이 나가게 된다. 묘는 ∞이 내려가는 것을 보고 써야 한다.
- 혈이 높이 노출되어 바람이 닿으면 흉하다.
- 안산 끝이 혈을 충하면 자손에게 상처 당하는 일이 생긴다. 두 곳에서 충하면 두 번 상처하게 된다. 그러나 묘 앞에 물이 계속 흐르면 면할 수 있다. 만약 산에 바위가 있으면 면 할 수가 없다.
- 묘 앞에 연지수가 보이면 어릴 적부터 貧困하여 황색 나는 연지수면 자손들에게 내장(內臟)질환이 있다.
- 묘지 주위에 산사태가 나면 정신질환자 교통사고 칼 든 도적 자손이 난다.
- 묘 앞에 쌍생 암석이 있으면 쌍둥이가 출생한다.
- 묘 혈이 청룡 백호사보다 낮으면 위압을 받아 凶砂로 본다.
- 혈판에 겹 능선 있으면 여러 처를 거느린다. 축대로 만들면 장처하게 되고 비천자가 난다.
- 월형은 높아서도 안 되고 낮아서도 안 된다. 穴에 물이 들어간다.
- 혈처 바로 밑에 물이 있으면 익사자 과부가 나고 혈처 위쪽에 물이 나면 자손에 풍병이 난다.
- 연못의 물은 맑아야 길하고 탁하면 음란 자손들이 어린 시절 우환이 많다
- 당판좌우에 긴 계곡이 있다면 자손들이 흩어져 살게 된다.

- 혈의 앞뒤에 물 없는 계곡골이 있으면 음란자손 재물손해가 난다.
- 혈 자리의 앞이 급하면 자손들에게 급한 일이 생기고 재물이 빠져 나간다.
- 삼합에서 부는 바람이 길게 충해오면 벙어리 자손이 나고 유전이 된다.
- 명당 앞에 바위가 두 개 이상 포개져 있으면 흉석이 나란히 있으면 귀석이다.
- 좌우에 입석이 있으면 장님이 난다. 괴석 험석은 흉석으로 파묻어야 한다.
- 파구의 물이 두 번 나타나면 부부가 같은 때에 함께 사망한다. 또 도적을 당하거나 사기를 당해 파산한다.
- 엿 보이는 물이 양쪽으로 보이면 여자 중에 장님이 나고 재패가 있다.
- 파구는 혈에서 보이지 않는 것이 좋다. 재물이 빠져나간다. 나무심기둥으로 보완해야 한다.
- 파구는 혈에서 멀지 않아야 한다. 100보 이내에서 소수해야 좋다.
- 당판 내 팔방에 나타나는 귀봉이 하나도 없으면 흉지로 본다.
- ○○혜는 진흙이 많고 동남향은 거의 미사토이며 물이 없다.
- 석중토혈은 돌이 많은 곳에 묘를 쓰지 마라.

장사葬事날이 좋으면
자손이 길吉하다

장기란 죽은 날부터 묘지에 안장할 때까지의 기간을 가리킨다. 사람이 죽어 장례를 치루기 위해서는 상복을 마련하거나 장지를 물색하는 등 해야 할 일이 많다. 따라서 그에 따른 준비 기간이 필요한 법이다. 요즈음은 삼일장이 가장 보편적이다. 이것은 예전처럼 장삿날을 길흉에 따라 택하지 않더라도 사흘 정도의 시간적 여유는 있어야 장사를 제대로 치를 수 있기 때문이다. 바꾸어 말하면 최소한 사흘은 걸려야 예를 갖출 수 있다는 것이다. 조선 시대에는 왕은 오일 동안 입관하지 않고 두었다가 입관한 후 5개월 만에 장사지내며 대부大夫는 삼일 동안 입관하지 않고 두었다가 3개월만에 장사지내고 사대부士大夫는 일개월 만에 장사지내는 것이 법도였다. 이처럼 조선 시대에는 신분에 따라 장기를 정하여 장사를 치렀다. 그러나 이러한 신분에 따른 구분에도 불구하고 장기는 잘 지켜지지 않았다. 태종은 음양의 금기에 구애되어 해가 지나도 장사 지내지 않는 자가 많은 것은 풍수 관련 서적들이 난무하기 때문이라며 가장 긴요한 것만 빼놓고 모두 불태워 없애라는 명을 내리기도 하였다. 그러나 엄한 왕명에도 불구하고 여전히 장기에 맞춰 장사를 치르지 않는 사람들이 많았다. 태종 17년 1417년 6월 장기를 지키도록 하려는 조정의 노력을 왕조실록은 이렇게 적고 있다. 옛날에는 천자는 7개월 제후는 5개월 대부는 3개월 선비는 달을 넘겨 장사 지냈는데 이제는 간혹 해를 넘겨도 장사지내지 않는 자가 있으니 옛 제도에 어긋난다. 또 가장을 한다고 시신을 묻지 않고 들판에 두고는 아무 해 아무 달 아무 일은 어느 어들 어느 손자의 생일을 범하므로 그에게 해가 된다고 하면서 그 자손의 이해만을 헤아리니 자손의 많은 사람은 혹 이삼년이 지나도록 장사지내지 못한 자도 또한 많게 된다. 만약 선비는 유월해서 대부는 삼 개월에 장사지낸다면 상사가 미비할 것이니 이것 또한 염려된다. 그러나 전조의 말기에 삼일장을 행한 자도 있었으니 어찌 그 자손의 이해를 가림이 있었다 하겠는가? 이렇게 왕실에서도 정해진 장기 안에 장사지낼 것을 종용하는데도 민간 세속에서는 잘 지켜지지 않았다. 시신을 들어 가빈해 놓은 채 오로지 풍수설에 따라 자신의 이해득실만을 따져 이삼년 고사하고 심지어는 십년이 지나도록 장사를 지내지 않았다. 보다 못해 조정에서는 장삿날과 장지를 조정에 보고하도록 하고 만일 보고하지 않으면 상주와 택일을 한 사람 묏자리를 정해준 지관까지 모두 처벌하기도 하였다. 여기서 말한 가빈이란 현재도 일부 서남해 섬지방에서 볼 수 있는 초분과 같은 가매장의 한 형태이다. 초분은 적어도 삼년이 지나 육탈이 된 다음 길일에 뼈만 추려 이차장을 치르는 장법이다. 정해진 장기 안에 장사를 안 지내고 몇 년이고 계속 미루다가 장사를 지내는 것은 바로 음양설과 풍수설에 따라 금기일에는 장사를 지내지 않으려는 과행 때문이었다. 태어난 시가 좋으면 팔자가 좋고 장삿날이 좋으면 자손들이 좋다는 속설에 따라 길일을 택해 장사를 지내고자 너도 나도 장기를 지연시켰던 것이다. 그리고 때로는 길일을 잡기 위해 장기를 단축하기도 했다. 세조의 국상 때 임금은 오월장을 해야 함에도 불구하고 길한 날이 없다고 하여 장기를 앞당겨 삼월장으로 하였다.

묘지는 아래와 같은 흉살 범하면 주로 재물이 없고 자손이 번창하지 못한다

- 복월覆月 혈형穴形이 엎어진 반달같아 외롭게 드러나고 배부르고 단단하면 혈을 받지 못한다.
- 우비牛鼻 소의 코 모양 같음을 말하는 데 높고 외롭게 드러나 보호함이 없으므로 바람을 받는다. 이러한 것을 범하면 전지소 먹이는 논밭에 소 먹이 양식을 다 소모한다.
- 궁원 물의 근원이 궁진한 것이니 용이 머무르지 않고 큰 산이 처음 발족한 곳이 객산客山이 웅장하므로 핍박을 받아 물의 근원이 막힌 것을 말함이다. 주로 재물이 없다.
- 우각牛角 뾰족하여 노출되어 마치 소뿔과 같고 험한 돌이 많다. 이를 요曜로 알고 잘못 점혈點穴하면 대가 끊긴다.
- 차고 단단하고 들어난 비녀다리 모양인데 흉격이다.
- 대도帶刀 험준하고 단단하고 경사가 급하면 혈을 세울 곳이 없다.

- 도성倒城 물이 기울어져 급하게 쏟아져 나감이니 재물이 없어진다.
- 삼전三箭 세 주기의 물이 곧고 급하게 쏟아져 오거나 나가는 것이니 흉격이다.
- 단성斷城 오는 물이 끊어지니 재물이 없어진다.
- 당성撞城 물이 곧게 혈로 쏟아옴을 말한다.
- 견성堅城 물이 한편으로 비껴 이끌어 나가는 곳이다.
- 사조四부 사방의 물이 곧게 흘러 가서 한 곳으로 주입注入하지 않음이다.
- 사두 기가 사납고 살이 충한 가운데 와겸혈이 열리지 않는 땅이다.
- 과성寡城 물이 혈묘 앞으로 너무 가까이 와서 남은 기운을 뽑아 내지 못하는 땅인데 온역瘟疫이 발동한다.
- 당미螳尾 뾰족하고 작고 또 길어 맥이 다하고 기운이 끊어진 곳이다.
- 부패浮牌 너무 넓어서 기운이 흩어지므로 결혈묘자리 되지 않는다. 그러나 용이 있는 아래에 양택주택을 짓는 것은 좋다.
- 요강 얽어 두르는 사砂가 없이 바람이 닿고 물이 접하거나 혹은 지각이 없거나 혹은 큰길이 혈장을 옭아매듯 두르면 불길하다.
- 이벽 높고 가파르고 아래가 뾰족하여 여러 곳의 바람이 닿고 감춰주는 것이 없음이니 흉경이다.
- 교검交劍 칼끝처럼 날카롭고 뾰족한 산이 양쪽에서 서로 찌르거나 물이 칼모양으로 되어 서로 사귀면 크게 불길하니 주로 실상이 있고 귀양하고 형벌을 받는 흉혈이다.

- 사사死蛇 연약하게 가는 용이 굽어지지 않고 죽은 뱀처럼 곧게 뻗어 있으면 생기가 없는 땅으로 후손이 끊긴다.
- 수족垂足 사람이 다리를 꼬고 걸터앉은 형상이니 흉하다.
- 천패天敗 무너지고 푹 파인 곳은 기운이 패敗한 곳이므로 후손이 끊긴다.
- 현침懸針 큰 용이 내려와 다리를 늘어뜨린 것이 마치 달아맨 바늘처럼 뾰족하고 날카로운 것이니 결혈되지 않는다. 모르고 안장하면 절사한다.
- 혜첨 약간 일어났더라도 외롭게 들어나 바람이 겁하고 물이 베는 것을 말 함이니 흉격이다.
- 낭아狼牙 뾰족하게 들어난 땅이니 흉격이다.
- 이향離鄕 좌우의 산이 불길하다.
- 궁弓 양쪽으로 내려뜨린 것인데 흉하다.
- 궁현弓技 곧고 급한 것을 말함이니 흉하다.
- 서두鼠頭 뾰족하고 쪼그라진 혈성穴星을 칭하는바 흉격이다.
- 과궁過宮 기운이 이미 지나가서 융결치 못하는 것. 즉 과산이라 하여 흉격이다.
- 불축不蓄 음양이 사귀지 않고 계수나뉘어 나간 물와 합수合水가 분명치 않으므로 생기가 흩어지고 거두지 못한다.

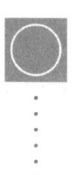

묘지나 주택이나 앞이 높고
뒤가 낮은 곳은 피한다

- 혈처에서 물소리가 들리면 곡소리가 나게 된다. 북을 울리는 소리가 들려오면 자손이 위세가 당당하다.
- 혈 앞의 암석에서 샘물이 나는 것은 부가 큰 것이고 혈 뒤의 암석에서 샘물이 나면 쌍둥이가 난다.
- 혈 앞에 물이 보이되 오는 물가는 물이 보이지 아니하면 백만거부가 부럽지 아니하다고 하였다
- 혈장에 환포되어야 할 물이 없어도 조산 안산이 중첩되면 혈은 이루어진다 하였다. 명당안의 마당을 물로 보기 때문이다.
- 혈 앞에 사협수가 있으면 뜻밖의 재앙으로 사이 죽거나 다른 사람을 살해하게 된다. 혹은 전사하거나 사형을 당하게 된다. 사협수는 충심수와 같이 이것이 보이는 곳에는 묘를 쓰거나 주택을 짓지 말아야 한다.
- 수래 조하면 재물이 불어나고 물이 혈묘을 에워싸면 기가 온전하고

명당에 모여 들면 후복하게 된다. 물이 현무에 모여 들면 자손이 영귀하고 장원하게 된다.

- 좌청룡에 바람을 많이 받으면 장자가 절손하게 되고
- 백호에 바람을 많이 받으면 차자둘째가 재앙을 당하게 되고
- 안산에 바람을 받으면 빈한하게 살게 된다.
- 암석이 누워있는 와우석이면 발복도 늦게 오고해도 적으며 암석이 서 있는 입석이면 발복도 빠르고 해도 크다. 모든 암석은 검고 모난 것은 흉석으로 밝고 둥근 것은 귀암석으로 본다.
- 혈 앞이 터진곳이 감싸지 않고 풍이 들고 수가 빠지는 것은 절대 재물이 모이지 않는다.
- 묘자리에 괴음이나 진동을 받으면 자손에게 정신질환이나 삭탈관직의 화가 미치게 된다.
- 혈전에 평평한 명당이 없으면 귀하여도 록이 약하게 된다.
- 안산과 주변의 사가 아무리 좋아도 혈 뒤의 맥이 온전히 이어가지 못하면 가문이 오래 존속하기 어렵다.
- 혈처에 길상의 암석이 비치는 것은 상적 입도가 되고 혈전에 작은 물이라도 감싸 안아 돌아주는 것이 명혈이 이루어지는 이치라고 하였다.
- 혈판 입수에 길암석은 장자에게 중부위에는 중손둘째이 전순에 황성은 말손이 길하다.
- 묘 뒤에 도로가 있거나 절맥이 된 곳은 오사 요수로 본다.

- 묘 주변에 험석이 깔려 있으면 가세가 빈한하게 된다.
- 묘지나 주택이나 앞이 높고 뒤가 낮은 곳은 피하라. 앞이 높으면 말자 불효 불충하고 뒤가 낮은 것은 장자 요절하게 된다.
- 묘지 앞이 차돌이라면 늙고 젊은 부인이 고독하게 살게 되고 청룡 백호에서 여울 소리가 나면 반드시 혈육간에 서로 다투게 된다. 그리고 불구자손이 난다.
- 묘지 앞에 기이한 암석이 있으면 삭발승 또는 교통사고를 당하는 자손이 난다.
- 묘 앞의 골이 좌나 우로 짧고 얕게 빠지면 우황으로 해가 적으나 깊고 길게 빠지면 큰 우환에 요절하게 된다. 좌로 빠지면 딸 며느리, 사위, 외손에 우로 빠지면 자손에 해가 미친다. 앞에 축을 쌓아 골이 보이지 않게 하면 약간의 비방은 된다.
- 묘지 주위가 잡석이면 파산이 있고 초토사진흙땅에는 정신질환자가 나고 편룡에는 불구자가 난다.
- 계곡 풍이 혈에 닿으면 여인이 음란하고 명혈이라도 안산이 너무 높으면 묘옥이라 하여 젊은 나이에 감옥가고 식복은 세를 누리기가 어렵다.

혈穴이 뚜렷하지 못하고
큰 돌이 있으면 묘를 쓰지 마라

- 혈이 기울어지고 넘어 진 곳 가업이 실패 우환이 생긴다.
- 청룡 백호사에 초목이 없고 흙이 바람에 날리는 곳
- 절 사당의 가까운 前後左右 묘를 쓰지 마라.
- 높은 언덕 위에 쓰지 마라. 묘가 무너지면 장애아가 난다.
- 물소리 바람소리 소음이 심한 곳에 묘를 쓰지 마라.
- 생룡은 양명황색으로 후부 통통하고 밝고 살이 찐 능선이다.
- 청룡 백호사가 뾰족이 하늘을 찌를 듯 한 곳에 묘를 쓰지 마라.
- 혈이 뚜렷하지 못하고 석층이 있으면 쓰지 마라.
- 병오이 공허하거나 또는 火星이 높아 혈을 누르면 火災로 죽게 된다.
- 심와는 천광을 얕게 파고 천와는 깊게 파고 써야 한다.
- 유혈은 여러 기의 기를 쓰게 되면 혈장파쇄로 쓸모 없는 진혈이 된다. 선익이 분명해야 하고 입수가 머리를 숙인 것 같아야 하고 여자의 잉태

한 모습 젖가슴 같은 모습 물에 뜬 거북이의 혈상 같아야 진혈이다.

- 돌혈은 둥근 야산의 정상에 돌이 있으면 돌 위의 불거진 곳을 파괴하지 마라. 무쇠 솥을 엎어 놓은 듯한 형상이며 돌 가운데 와한 곳 중앙에 재혈하고 쌍돌이면 둘 다 취하고 장단이면 단을 취하고 솥 같으면 변갓변을 취하고 종 같으면 윗부분을 취하라.
- 누에 혈 : 묏자리 또는 안산이 있으면 총명한 자손 남男자 자손이 많이 난다.
- 연소혈은 남향이면 명당이다제비집
- 괴등혈 남쪽이 가파르고 북이 평평한 곳
- 괴혈은 평평한 곳에서 볼록 솟은 곳 청룡백호가 없어도 바람이 없고 아늑한 곳
- 부혈은 대부분 와혈에 있다. 8면에 요풍이 안 보이고 금성수가 두르고 4위 팔방이 풍령하고 수가 천심으로 모이며 수가 유정하고 입수가 기왕하여 자라 등 같은 형상이면 부혈의 상격이다.
- 귀혈은 대부분 높은 곳에 있다. 기도앙앙하여 백관을 누르고 기고와 귀인사 좌우에 있고 면궁안산에 임관봉이 높고 솟고 3길육수에 천마가 있으면 귀혈의 상격이다.
- 빈혈은 대부분 용이 없고 사와 수가 흘러 환포하지 않으며 청룡백호가 배산하고 태식잉육 모두 찬바람을 받는다. 대대로 빈곤을 면하기 어렵다.

- 천혈의 대부분은 반궁이다. 도화수가 옆구리를 충하고 자오묘유가 목욕수가 되며 사가 모두 천상이다. 집안에 좋은 명성이 없다.
- 혈장을 측정할 대는 ① 혈장의 중심에서 ② 입수의 중심에서 ③ 전순 중앙 전에다 가는 실을 띄우고 일직선 밑에 나경을 고정 시키고 ④ 나경 제4선을 보면 일직선상의 실이 통과하는 방위를 보면 정배합인가 불배합인가를 측정 알게 된다.
- 용호 주작 현무봉의 길흉은 나경으로 방위를 측정하는 방법과 혈을 중심으로 좌를 청룡 동방으로 우를 백호 서방으로 앞을 주작, 남방으로 뒤를 현무 주산 북방으로 중앙은 혈 구진토성이라 지칭 감정 할 수도 있다.

부혈富穴에는 나지막한 사砂가 많으면 비만肥滿함을 요要한다

- 혈 전후의 산이 부봉이면 대대로 만석군이 나고 높은 벼슬도 난다.
- 혈에서 백사 이내 기다란 암석이 있으면 무관이 난다.
- 혈전에 천정수가 있으면 보화가 연출한다.
- 박환이 많으면 용기가 더욱 청수하여 발복됨이 끝이 없다.
- 대복력을 가진 혈은 반드시 대궁진처산의 맥이 끝진 곳에 있지 않는 것이다.
- 혈 후에 거북 등 같고 형상이 비윤풍만하여 광채가 있어 보이면 부귀가 발복하는 곳이다.
- 산이 높으면 낮은 곳을 살피고 야산에서는 높은 곳을 살펴야 한다. 또 평지에서는 우뚝한 곳에서 혈묘자리 찾고 둥근 금형산에서는 중층을 살피고 높은 산 밑 부위에는 결혈이 없다.
- 대강은 전이나 후라도 크게 돌아주면 대지에 결혈이다.

- 귀혈에는 높은 사가 많고 모두 수려하고 아름답다.
- 빈혈에는 반궁사가 많고 무정하다
- 밝은 당판이 높으면 자손이 장원하고 귀한 사격이 높으면 영웅이 난다 혈판이나 사격이 높은 것은 귀한 것으로 본다.
- 진혈의 명당에는 꼭 표석이 있다. 진혈의 혈상에는 기가 강하여 잡초가 나지 않고 또 토질이 부드러워 잔디가 잘 자란다.
- 혈장이 강하고 작국이 분명하면 발복이 연하여 나타난다. 혈판이 강한 것은 귀와 속발로 보는 것이니 부귀속발하게 된다.
- 혈자리는 좌우가 평형을 이루어야 하고 좌측 경사는 며느리 딸 여자에게 질환이 있고 우측 경사는 아들 남자에게 우환이 생긴다.
- 신유방에 규암석이면 불과 3년 이내에 도적이 출한다.
- 건곤간손방이 모두 흉하면 빈곤을 면하기 어렵다.
- 건술방에 돼지머리 같은 암석이 있으면 불치명 간질병이 생긴다
- 곤방에 노인 같은 암석이 있으면 과부가 생기고 걸식하게 된다.
- 묘 방에 큰 암석이 있으면 눈먼 자손이 생긴다.
- 곤방에 와우석이 있으면 소년 횡사할 우려가 있다.
- 신술오방이 요하면 화재를 당하게 된다.
- 을진방에 도로가 교차되면 목을 매어 죽는 자가 생긴다.
- 감진손방이 요하면 딸자식만 성하게 된다.
- 순전에 잡석이 많으면 혈에 지네 쥐 벌레들이 많다. 질환 가난하게

산다
- 눈썹 모양의 산에 눈썹 같은 돌이 거뭇거뭇하게 있으면 묘를 쓰고 난 백일 이내에 파산하게 된다.
- 파면 혈자리의 머리 부분이나 앞이 움푹 패고 빠지고 부서지고 흙과 돌이 썩히거나 토산으로만 된 곳으로 혈성이 온전하지 못한 곳으로 용맥이 귀하고 안산이 유정하고 명당수성 모두가 훌륭한 경우에도 혈이 파쇄되었다면 효용이 없는 것이다.
- 검고 흰 모래와 돌이 썩혀 초목이 자라지 않고 누런 띠풀과 가시만 우거져 용신이 여위고 기맥이 허약한 곳으로 재패 인패로 부와 귀도 없고 마침내는 인정이 쇠하고 자손이 끊어지게 된다.
- 묘지 앞 전이 깨어지고 함하여 낭떠러지가 되면 입술이 일그러지고 이가 드러나는 병신이 나고 재산도패 정신병자가 생긴다.
- 묘의 좌측이 낮으면 홀아비가 나고 우측이 낮으면 과부가 난다.
- 동쪽이 높고 서쪽이 낮으면 집에 노인이 없게 된다.

묘 앞이 훤하게 열린 곳은
수입보다 지출이 많게 된다

- 암하대혈 : 큰 바위 밑에 혈이 있지만 찾기가 어렵다.
- 파구에는 드러난 혈질 화표라도 혈에서 보이지 않는 것이 길하다
- 파구는 황천수라고 보지 않는다. 특수 처나 물이 보이는 곳이면 다 황천수라고 보지 않는다.
- 혈을 파서 보니 물이 나면 밤나무를 끊어 넣고 다시 묻어야 한다.
- 악산이 혈보다 높으면 자손에게 관직이 막힌다.
- 백색 왕사토의 비석비토용맥가 정상적인 변화를 못한 건조한 토지 잔디가 살지 못한다 묘를 못 쓴다 자손에 곱추가 난다.
- 묘 앞이나 뒤에 집을 짓고 살면 가족에게 우환이 떠나지 않고 재해가 나며 운이 없으면 가장이 죽는다.
- 초목이 전연 자라지 못하는 습기가 전연 없는 곳에는 묘를 쓰지 못한다. 뱃속 장애아가 출생한다.

- 녹음이 짙어서 멀리서도 검게 보이는 산형들은 지면이 습한 곳이다.
- 초목의 잎이 오글오글한 것은 토질이 암석으로 이루어진 곳이다.
- 용세가 잡초의 넝쿨로 우거진 곳은 토질이 잡석이거나 추악하고 음습한 곳이다.
- 묘지에 잡초가 많은 곳은 망지이다
- 묘지에 쑥이 나면 좋지 않다. 왕소금으로 제거한다.
- 묘지 좌우에 긴 골짜기가 되어 있다면 자손이 흩어져 살게 된다.
- 혈전에 단 한 번이라도 돌아주는 회룡이 있는 것은 천리대강이 돌아주는 것과 같다고 하였다.
- 혈전에 암석과 전 암석은 보기 흉한 바위이나 물이나 도로가 곧게 충살하고 폭포수가 흘러오거나 흘러가거나 물소리가 크거나 시끄럽게 들리면 이를 용이 부르짖는다하여 집안이 평안하여 단명하게 되고 자손이 귀하다. 울음소리가 자주 나는 재앙이 많게 된다.
- 청룡 백호 안산 너머로 물이 보이면 사에 해당되는 자손이 끊어진다
- 청룡 백호 안산에서 혈을 보고 산맥이나 수가 충해오면 사람이 죽어난 상하게 된다.
- 물이 용맥을 바로 치면 자손이 있어도 단명하고 그 사에 해당되는 자손이 절손된다.
- 묘 앞이 훤하게 열린 곳은 수입보다 지출이 많게 된다.
- 묘 앞이 골이 빠져 있어도 같다. 재물이 빠져 나간다.

- 당판와의 팔방위에 나타나 있는 봉이 없으면 흉기로 본다.
- 당판이 허한 곳모나고 찌그러진 곳 기형아 출산이 많다.
- 묘지 좌우에서 여울 물소리가 나면 반드시 혈육간에 서로 다투게 된다.
- 묘 좌측 청룡에 사람 닮은 입석이 있으면 남자가 죽고 우측 백호에 사람을 닮은 입석이 있으면 여자가 죽게 된다. 동물을 닮은 입석은 전부 흉석으로 본다.
- 묘지 주위에 잡석이 있으면 아침저녁으로 시비가 나고 일조 파산한다.
- 묘 주위에 차돌이 많으면 청상과부가 난다.
- 묘 주위에 사태자국이 있으면 정신질환자 교통사고 칼 든 도적자손이 난다.
- 당판 뒤가 허하여 호수가 열려 넘겨다 보이면 못쓸병, 간질병이 있다
- 명당의 발복은 수관재물이라 물이 모이는 곳이므로 주로 부와 관련이 깊다.
- 명당이 평탄하면 물이 모여들어 재물이 모이고 경사지면 물이 흘러나가 재물도 빠져 나간다.
- 후 혈 우 풍취면 장손이 요수하게 되고
- 묘 앞에 강물이 적게 보이면 길사로 본다.
- 묘 앞이 망망대해가 보이면 일조파산의 불가장지이다.
- 묘 앞이 연지수산골 작은 연못가 보이면 유아 때부터 질환으로 요수하고 빈한하게 산다.

묘지 조성 잘못하면 그 가문의 흥망성쇠가 결정된다

- 오악의 기상 : 혈 입수 전순 좌우 선익을 오악이라 한다. 오악이 분명해야 진혈이 될 수 있다.
- 내명당조성법
  ① 봉분 내에 물이 스며들지 않도록 봉분은 크게 주위를 경사지게 할 것
  ② 봉분 뒤의 물이 봉분 좌우로 흘러내리게 뒷부분을 약간 볼록하게 올릴 것
  ③ 봉분 앞의 절하는 곳은 물이 잘 내려가도록 경사를 지우되 중앙을 약간 높이고 좌우로 앞은 낮게 하고 맨 끝 부분은 약간 올려 물이 바로 흘러내리지 않고 좌우로 빠지게 할 것배로 내리면 재물 복이 빠져나간다.
  ④ 봉분 뒤는 절대로 담장처럼 바로 깎으면 안 된다. 비스듬히 긁어내

야 한다. 깎으면 기가 끊어진 것과 같다.

※ 생리론

- 장산비법에 하나로 줄여야 하는데 생기가 차야한다.
- 기가 많으면 용세가 기복하고 기가 적으면 용의 몸이 연약하다.
- 기가 순하면 주산이 후부하고 기가 역하면 거시한다.
- 기가 모이면 혈성이 단정하고 기가 거칠면 혈장이 거칠고 무디다.
- 기가 멈추면 와수가 횡형하고 기가 흉하면 원진수가 된다.
- 기가 무성하면 파구가 관쇄하고 기가가 흘러가면 오호파구가 광활하다.
- 기가 좋으면 길한 수가 앞으로 흘러오고 기가 약하면 흉한 수가 나타난다.
- 기가 아름다우면 요성과 관성이 생기고 기가 약하면 귀성과 낙산이 없다.
- 기가 왕성하면 혈에 전순이 있고 기가 짧으면 혈에 전이 있다.
- 기가 좋으면 명당이 좋고 기가 뒤섞이면 국면이 바르지 못하다.
- 기는 용을 따라 수백리를 오는데 불과한 자리이다.
- 와겸유돌 사상이 있는데 생기는 이곳에서 뭉친다.
- 풍수의 법은 모름지기 많은 말이 있는 것이 아니고 단지 생기를 취하는 데 있다.
- 천변만태로 형상이 기이하여 사람의 눈과 마음을 놀라게 하는데 속사는 이를 등한시 한다.

- 명사는 먼저 기를 살피고 일반적인 형상이나 기이한 형사도 잘 살펴 본다.
- 용이 비록 진용이라도 정혈을 잘못하면 끝내 하나의 발복도 없게 되는 정혈이 어렵다.
- 문무부귀의 발흥은 혹은 용신에 있고 혹은 사수에 관계된다.
- 용신은 창고 모양을 하고 왕수가 겹겹이 굴곡으로 보이고 사는 흙무더기 전대돈주머니책상, 원두막 등의 모양이 있으면 부자가 될 자리이다. 또 용신에 도장, 북 모양이 있고 앞에 물이 깊게 흘러가고 아홀이나 누대 등의 모양이 있는 곳의 땅이다.
- 용신에 난새와 봉의 모양이고 물은 손신방 위에서 오고 사는 문필봉이나 쾌등형이 있으면 문의 땅이다.
- 쾌등혈 : 등을 걸어 놓은 듯한 형상으로 오정좌 북향에 있는 혈로 흙이 부드럽고 수가 없다.
- 성면이 원만하고 풍부하면 부상이고 단정하고 앉은듯하면 귀상이고 청록하면 문의상이고 온건하고 삼엄하면 무상이다.
- 이는 속사는 눈이 멀고 명사의 눈은 열려 있는 것이다. 무릇 모든 발복은 모두 혈을 위주로 하는데 혈이 진혈이면 하나의 사와 하나의 水 족히 발복을 하고 가혈이면 만수천산이라도 모두 비어 있다.

묘 봉분이 지저분하면 명당이 아니다

- 개미와 땅벌은 지기를 알고 있다.
- 묘 주변에 험석이 많으면 관재구설 비천자, 불구자, 음주객사, 음난자, 이급치사교통사고 자손이 나고 가난하고 장자 쪽에 害가 많다.
- 묘 주위에 땅 가시가 많으면 자손이 감옥 가는 일이 생긴다.
- 묘 앞에 뾰족한 흉석이 있으면 크게 다치거나 살인 상처하게 된다.
- 묘 뒤에 깊은 골이 있으면 재물이 소리 없이 빠져 나간다.
- 물이 혈을 충하면 인패를 많이 당한다교통사고 병자.
- 묘 앞에 급한 낭떠러지면 교통사고 익사사고자가 난다.
- 묘 앞이 아래로 전순 앞이 급하면 재물이 모이지 O낳고 자손들에게 근심 걱정이 떠나질 않는다.
- 묘지가 급경사 되고 맥이 끊어졌다면 자손에게 목메어 죽는 일을 사모한다.

- 묘지 급사처는 파산으로 절맥은 요수 고사하는 것으로 본다.
- 묘지 당처가 낮은 곳에 험하고 높은 산이 안산이 되면 반드시 백골을 도적질하여 가느니라. 낮은 당판은 비천 자가 나고 높은 안산은 관재구설
- 묘 뒤가 낮고 전순의 앞이 높으면 노중에 술에 취해 객사하게 된다.
- 입수 뒤가 낮은 것은 장자 요수이고 묘 앞이 높은 것은 미자 불효 불충이다.
- 묘 입수 뒤쪽이 낮으면 장자에게 해가 미친다.
- 묘 앞자리가 묘보다 높으면 불효 불순자가 나온다.
- 묘 앞의 바위는 귀석은 吉砂로 암석은 凶砂로 본다. 귀석은 장군출 기이한 암석은 삭발승이 나고 이금치사가 생긴다.
- 바위산이 창 끝 같이 날카로움을 말하는데 묘에서 어느 곳에 보이거나 창은 흉살이라 하여 관재구설에 파산이 두렵다.
- 사람이 서 있는 모습과 같은 암석은 이금치사로 본다. 또 매사불성이 쏘아져 엿 보이면 무당이 나고 불구자가 연이어 나고 진혈에 삼태봉은 삼합이 난다.
- 혈 앞에 뾰족한 암석이 혈 충하면 자주 살인이 난다.
- 묘 봉분이 지저분하면 명당이 아니다. 개미와 땅벌은 지기를 알고 있다.
- 묘 주위에 표주박 모양의 사가 있으면 거지가 난다.

- 묘 바로 뒤에 도로가 나면 절손하기 쉽다.
- 묘 뒤에 도로가 있으면 아들이 없고 딸이 많으며 아들이 있어도 요수하게 된다. 특히 공원묘지도 주의할 것.
- 묘 가까이 도로 있으면 흉하다. 진동을 받으면 자손이 정신질환자. 괴음과 소음으로 삭탈관직의 화를 당한다.
- 묘 앞에 수건 모양의 사가 보이면 자손을 실패하게 된다.
- 묘 앞에 늙은 할미가 엎드린 모양의 암석이 있으면 부여자의 죽음이 많다.
- 묘 좌우에 선돌이 있으면 눈 먼 자손이 난다.
- 묘 뒤에 동북방에 흉석이 서 있으면 장자가 교통사고 재해를 당한다.
- 도로 밑에 있는 묘지는 후손 난마가 귀하다. 특히 공원묘지에 도로도 피해야 한다.
- 낙산귀성이 높으면 벼슬길이 막히고 가세가 기울어진다.
- 패가절손 하는 것은 광중에서 샘물이 나는 것이요 질병이 많은 것은 광중에 물이 들어가는 것이다.

조상묘祖上墓에 생장生葬, 합장合葬은 금물禁物이다

　부모가 돌아가시면 우리는 그제야 묏자리를 찾느라고 야단법석을 떠는 경우를 흔히 볼 수 있다.
　이런 현상은 거의 모든 사람에게서 공통적으로 니타나는 것이라 할 수 있다. 그러므로 언제 어느때 일이 일어날지 모르므로 미리 준비해야 한다. 얼마 전 우리는 자식된 자로서 슬픔을 금할 수 없는 일을 당했다. 자식이 치매에 걸린 어머니를 귀찮다고 하여 돌아가신 한 사건이 있었다. 이 뿐만이 아니라 돈 때문에 부모님을 여행을 시켜준다 합시고 멀리 울릉도에 가서 버리는 사람들에 대한 뉴스가 나오고 있다. 이런 일이 어디 생각이나 했던 일이던가? 이런 불효의 예는 우리가 흔히 접하는 잘못된 장례 예법에서도 찾아볼 수 있다.
　부모님이 돌아가시면 우선 장지를 구하고 장례 예법에 맞게 치루어야 하는데 묘자리를 구하지 못해 조상 묘에 합장合葬하는 예가 있는데 조상묘와 합장은 금하는 것이 좋다.

    요즈음은 부모님을 조상묘에 합장하는 경우가 흔히 있다. 부모님들이 저 세상에서도 같이 살게 하기 위한 조치이지만 이런 경우에 잘 생각해야 한다. 돌아가신 조상이 합장을 하는지 안하는지 어떻게 알까하고 무작정 시행했다가는 속된 말로 큰 코를 닥칠 수도 있다는 것을 명심해야 할 것이다. 합장은 풍수지리 연구가들은 금하는 것이 정설로 되어 있다. 아무리 딱한 사정이지만 아버지와 아들아 함께 합장은 옛날부터 하지 않았다. 이웃 일본에서 화장火葬을 한 유해는 한가족이 한테 모은다는 말은 있어도 실제로는 그렇지 않다고 한다. 아무리 사정이 딱하고 어렵지만 모든 것은 순리대로 풀어가야 한다. 순리대로 풀어가면 자연적으로 복이 따라 오지만 자기 할 일을 다하지 않고 복을 바란다면 누가 복을 내리겠는가? 그러니 좋은 묏자리를 구하기 전에 먼저 자신의 덕德을 충분히 쌓고 부모님께 효도를 다해야 할 것이다. 마음
을 바로 쓰면 원하지 않는 복까지 얻는 것이 하늘의 이치다.

    어느 집이고 부모님이 돌아가시면 주변에 있는 지관을 불러 묏자리를 보게 된다. 그리고 그가 시키는 대로 땅을 파고 하관을 하게 되는 것이다. 그러나 이것은 위험천만한 일이다.

    전문적으로 풍수를 연구하지 않고 그저 남이 하는 것을 어깨너머로 배운 사람들이 지관입네하고 나서는 것을 많이 보이왔다. 이런 지관들은 대개가 어느 집에 초상이 났다더라 하면 괜히 그집을 기웃 거리며

뭐가 어떻니 하면서 너스레를 떤다. 그리고 기회를 잡으면 스스로 묘토를 잡아주겠다고 나서기 한다. 명지관을 얻기는 그리 쉬운 일이 아니다. 평소 대인 관계를 잘 만들어 이런 음택 풍수의 대가들을 알아두는 것도 묘터를 잡는 하나와 빙법이다. 좋은 지관를 구하는 것은 땅을 구하는 일에 우선한다.

좋은 땅을 얻기는 쉬워도 좋은 지관은 만나기 어렵다는 말은 그것의 절반은 지관의 몫이라 생각해도 과히 틀린 말이 아님을 기억하자.

고대로부터 덕德을 쌓는 일은 사람의 근본根本에 해당한다고 전해지고 있다. 덕이 높은 사람일 수록 좋은 명당을 얻을 수가 있기 때문에 터를 구하는데 있어서 근본이 바로 덕에 있음을 기억해 둘 필요가 있다.

아무리 좋은 명당이라도
묘지 조성 잘못하면 불명당이 된다

　아무리 좋은 명당 혈장이라도 매장을 정확하게 이행하지 못하면 최선의 발복을 기대 할 수 없다.
　그러므로 재혈裁穴 천광 하관 석화다지기 봉분만들기 잔디심기 까지를 한치의 어긋남이 없이 진행해야 한다. 합천 해인사에 팔만대장경은 천년이 넘어도 원형 그대로 보존 되어있고 농협 협동조합 창고에 보관된 곡식들은 여러 해가 지나도 습기 하나 없이 건조 하다. 우리 사람도 죽어서 땅속에 들어가면 시체의 살은 물이 되므로 빨리 없어져야 하고 뼈만 남아 몇백년 천년이 가도 황골이 되어야 한다.
　이 황골에서 좋은 에너지 기氣를 발산하여 그의 자손들에게 발복을 주는 것이다. 또한 묘 봉분을 조성할 때도 이와 같이 해야 한다. 예를 들면 토란잎에 떨어진 물은 붙지 않고 바깥쪽으로 굴러가고 연못에 있는 연잎에도 이와 같이 물이 굴러간다. 묘지도 이와 같은 이치로 조성해야 한다.

대게 산소들을 보면 묘터에는 해가 없는 자리인데도 묘지 조성을 잘못하여 피해를 보는 수가 더 많다.

자연은 한치의 거짓도 없이 그대로 나타내기 때문이다.

첫째, 재혈이란 산의 능선이 왼쪽으로 내려오는 능선인가 오른쪽으로 내려오는 능선인가 바르게 내려오는 능선인가를 먼저 판단한다.

그런 다음 포크레인으로 나무와 풀로 묘 쓸 자리를 표시한다.

최소한의 넓이로 천광 구덩이를 파고 미리 분금分金을 넣어서 정밀하게 한다.

둘째, 산의 땅은 5개층이 있는데 첫 번째 층은 나무와 풀이 자라는 층이고 두 번째 층은 흙이 약간 붉으면서 비가 오면 빗물이 두 번째 층 아래로 흘러가는 층이다. 세 번째 층은 맥골층으로서 토색은 약간 황색을 띠고 모래 성분이 썩여 있다. 이 세 번째 층에까지 땅을 파고 체백을 모셔야 한다. 네 번째 층은 돌이 나오는 층이고, 다섯 번째 층은 지구가 한 덩어리가 되는 바위 층이다.

사랑의 시신을 땅속에 모실 때는 합천해인사 팔만대장경 보관하는 이치나 농협 창고에 곡식보관 하는 방법으로 매장을 해야 한다.

첫째, 하관을 할 때에는 분금을 잘 맞추어야 하고 묘지 이장일 경우에는 유골을 각기 제 부위에 정성껏 잘 맞추어야 한다. 그리고 혈심에서 나온 혈토를 얽이미에 처서 시신을 잘 덮어야 하고 석회는 석관일 경우 바깥쪽 바닥에 마른 석회를 깔아주고 내모서리 연결 부위에는 흙과 석회 50-50으로 썩어서 부어주고 두텁게 할 수록 좋다.

광중은 본 땅을 뚫어서 상처를 낸 곳이므로 물과 바람과 나무의 뿌리가 침입하지 못하도록 철저히 잘 봉합해야 한다.

둘째, 성분이란 묘의 봉분을 만드는 작업이다. 지켜야 할 가장 중요한 원칙 중 하나는 묘의 광중에 지상의 물이 절대로 스며들지 않게 해야 한다. 아무리 좋은 묘자리라도 물이 스며들어가면 체백은 썩게 마련이다. 그와 동시에 시신도 물에 잠겨 썩음으로써 그 에너지가 비정상으로 바뀌어 간접 에너지가 되고 자손에게 온갖 피해를 주게 되므로 산소의 경내 경사도를 잘 잡아서 비가 올 때 물이 고일 사이도 없이 빠져나가도록 해야 하고 산소의 경내 좌우로부터 위쪽 부분에 이르기까지 물이 고일 우려가 있는 움푹하게 팬 곳을 만들지 말아야 물이 고여서 스며들지 않는다.

음양오행 법칙을 순응해야

　인간은 누구나 행복하게 한 평생을 오래도록 살아가고 싶어 한다. 그러나 삶이 있으면 죽음이 있게 마련이다. 사람은 노년기에 들면 생리적인 모든 기능이 감쇠되고 개성이 극히 주관화 되어 불안 불만 저항의 경향이 현저하여지며 기억력 감퇴와 지능 수준 저하 현상이 나타나므로 늘 평소 가깝게 지내던 사람이 저세상으로 갔다는 전갈을 받았을 때 인간은 허무하구나 한참 일할 나인데 그만 아깝게 되었구나 그런 불안한 생각이 든다.

　사람은 누구나 오래살고 싶고 남보다 잘 살고도 싶다. 더구나 가족들이 평안하고 어린 아들 딸들이 무럭무럭 잘 자라고 공부 잘 해주었으면 오죽 좋을까? 인간은 누구나 욕심은 그 만큼 많아지고 강렬해지기 마련이다.

　그러나 만약 내일 내가 갑자기 죽는다 해도 인간은 오늘밤까지 행복하여질 자기를 저울질하기에 여념이 없다. 이것을 우리는 인간의 본능이라고 말한다.

만일 내일 죽을 줄만 정확하게 오늘 알 수 있다면 사람들은 과연 어떻게 할까? 체념하는 수도 있을 것이고 자기의 생명을 연장할 수 있는 방도를 강구하여 보기도 할 것이다.

그러나 아직 생명을 측정하는 기계는 발명되지 않아 자기의 삶이 언제까지 지속될 것인가를 스스로 알아낼 도리는 없다. 그래서 나는 풍수지리학이란 학문을 탐구하고 보니 사람은 시시로 변한다. 세상도 계속 변하여 가고 있으며 자기는 그 종류에 어떻게 하여야 되는가를 스스로 알아낸다면 크게 도움이 될 것은 당연하다.

사람이 살고 있는 대지에는 여러 가지 요소가 있다. 그것을 우리는 환경이라고 말한다. 그 환경의 생성과 변천에는 일정한 법칙이 있다. 이것을 보통 음양오행의 법칙이라고 하는데 이 법칙을 순응하면 그 사람은 크게 도움을 받게 되는 것이다. 그 법칙에 어긋나면 자연히 재화가 따른다. 이는 국가에서 법률을 정하고 사회를 운영하는 것이나 마찬가지 이치이다. 법률을 준수하면 아무 탈이 없고 법률에 어긋나면 처벌을 받는 고통을 당하게 되는 것과 같은 것이다.

보통 사람들은 눈앞의 법은 잘 알면서 대지의 풍수지리 법은 소홀히 하거나 믿지도 않으며 잘 모르고 사는 수가 많다. 인간은 정해놓은 법령도 마음데로 하는 수는 없다. 하물며 자연이 한치도 거짓없이 나타내고 있어도 인간이 알지 못하고 살아간다. 이 필자는 성철 스님이 남기신 말씀 중 이것을 기억하고 있다. 스님께서는 "산은 산이로되 물은 물이로다"라고 말씀하셨다.

바로 풍수지리학은 이와 같은 것을 연구하는 학문이다. 산천에 돌, 흙, 초목, 자생하는 곤충, 동물 물 등이 이는 이러한 곳에 살고 있노라고 하면 한치도 거짓없이 수억만년 동안 밝혀주고 있지만 우리 인간은 까마득하게 모르고 살아간다. 우주 자연법칙의 음양오행 상생상극의 순환지리에는 인간의 의지만으로는 극복할 수 없는 절대성이 있다. 사람은 대자연의 순환 법칙에는 삽입 될 수는 없기 때문이다.

사람은 잘 살고 오래 살기를 바란다. 그것은 현대 과학이라는 학문으로는 어쩔 수 없는 개개인의 문제이지만 그렇다고 운명이라는 미지의 섭리만도 아니다. 사람은 항상 정직하게 살아 가면서 적선積善 적득積德을 많이 하고 풍수지리학을 열심히 공부하게 되면 자기의 건강과 생활에도 어려움 없이 편안하게 살아갈 수 있으며 누구나 자기 자신도 모르게 환경의 지배를 받으며 살아가고 있다.

오행五行의 상생상극相生相剋이란

　　상생이란 서로 생해주는 뜻을 의미한다. 예를 들면 나무는 물을 먹고 자라나므로 수생목이라 하는 것은 수는 자기 몸을 받쳐 불을 만들어 주고 여름에 뜨거운 폭양이 땅에게 열을 주므로 화라고 한다. 화생토는 불이 타고 나면 남은 재가 흙이 되므로 토를 생하는 것이다. 토는 모든 만물이 흙에서 자라므로 중앙이다. 토, 생, 금은 토에서 금이 생하므로 금은 가을을 뜻하므로 열매인 것이다. 열매를 짜면 끈끈한 액이 나오는데 이것이 기름이다. 또 금을 만드는 과정에서 물이 나오므로 금생수라 하며 이것을 정오행이라 한다. 아울러 상생이란 평화적이고 합법적이며 전진적이고 순리적인 질서를 유지하며 서로 생해주는 뜻을 가졌으며 목생화 화생토 토생금 금생수 수생목으로 고정 하였다.

　　한편 상생이란 사람이 이 사회에 봉사 한다는 뜻이며 남을 도우는 것이다. 사람이 남에게 한 번 도움을 받고 나면 그 고마움이 연상이 되고 나도 그분에게 도우고 싶은 것이다. 상극이란 서로 지배 강약의 법칙으로 수극화 화극금 금극목 목극토 토극수로 고정되어 있다.

극이란 지배한다는 뜻으로 통하는데 물은 불을 지배하고 불은 쇠를 다스리고 쇠는 나무를 다스리고 흙은 물을 다스리는 뜻인데 한편으로 본다면 뛰어 넘는 월권을 뜻함이니 질서를 무시하고 파괴하는 뜻도 되는 것인데 강약으로 차이가 생긴다. 예를 들면 물이 강하면 불이 약하고 불이 강하면 금이 약하고 금이 강하면 나무가 약하고 나무가 강하면 토가 약하고 토가 강하면 물이 약하다.

상생相生은 길하게 보고 상극相剋은 불길하게 보는 법이다. 그러나 상생과 상극이 조화를 이루는 것은 우주만상의 조화원리이므로 상생과 상극의 반복 작용으로 생멸소장生滅消長이 있는 것이다.

생도 극도 불길이 없는 게 또한 진리이다. 양이 생하면 음이 사하고 음이 생하면 양이 사하고 상생상극相生相剋은 태극칙절太極則折이다.

상생병相生病 금金은 능히 생수生水하나 수水가 많으면 금金은 침沈하는 작용을 일으킨다.

금金 능히 생수生水하나 수다水多하면 금金은 물에 잠기고, 수水 능히 생목生木하나 목다木多하면 수水 물 줄어들고, 목木 능히 생화生火하나 화다火多하면 목木은 분焚 탄다. 화火 능히 생토生土하나 토다土多하면 화火는 회晦 희미하고 어둡다. 토土 능히 생금生金하나 금다金多하면 토土는 허虛약해진다.

산형山形을 오행五行으로 구분하여 혈墓을 찾는다

산형山形은 크게 다섯가지로 구분하는데 목산木山, 화산火山, 토산土山, 금산金山, 수산水山으로 이는 오행五行의 원리를 산에 적용시켜 사용하고자 하는 연유인데 실제로는 오행五刑의 확실한 형刑으로 구분되는 것은 아니고 여러 가지 복합형復合形을 이루는 경우가 많다.

- **목형산**木刑山: 목木은 동쪽이고 봄이기 때문에 만물萬物이 발생하고 모든 생물이 자라고 활동하는 때이니 목木이 맑고 깨끗하면 발전한다. 목형산은 곧고 모나지 않으며 견고하고 맑고 배어나면 고귀한 인품은 기대에 볼만하지만 재물은 약하고 명예는 멀리 떨치고 용기가 크며 문리文理에 밝다. 그러나 산세山勢가 흔들리고 비틀리고 흩어지고 늘어지며 패인 곳이나 무너진 곳이 있으면 흉하다.
- **화형산**火刑山 : 화형산은 속성속패速成速敗하고 타인과 정情이 없고 매정하며 일어날 때는 불꽃같이 발전하나 사양斜陽길에 들어서면 흔

적도 없이 사라지며 판단력이 예리하고 속성속패의 강한 힘은 어느 것으로도 막아낼 수 없다.

고산高山의 화형火刑은 빼어 나고 아름답고 뾰족하게 솟아 불꽃이 공중으로 타오르는 모양이 조祖, 종宗을 이루면 길吉하다 하겠다. 간혹 밭을 뚫고 물을 건너서 과협過峽이 중첩된 후에 결혈結穴하면 대단히 길하다. 화형산火刑山의 몸체는 둥글지 않고 성품은 활활 타오르는 격으로 정靜하지 않고 동動하니 불꽃이 움직이는 것 같으면 길吉하다.

- **토형산土形山** : 토형은 여성을 의미하며 왕후王候를 배출하며 편안하고 은혜를 베풀어 백성을 보살피는 혜택을 준다. 토형산土刑山은 재물財物과 전답田畓이 풍부하다는 의미를 포함하고 있다.

고산高山에서 통형산을 찾기는 쉽지 않으나 의외로 높이 솟은 산 위에 넓게 고원高原을 형성한 웅장한 터전도 간혹 발견된다. 토형산의 몸체는 모나지만 바르고 성품은 조용하고 느리다. 산세가 높고 웅장하면 길吉하고 기울고 패이면 흉하다.

- **금형산金形山** : 금金은 서쪽이고 계절은 가을 색은 백색白色이고 밝고 귀하고 구부러지거나 흔들림이 없고 맑고 깨끗하면 귀貴한 것이니 관官 즉 벼슬을 의미한다. 맑고 빼어나면 이름을 널리 떨치며 강하고 바르고 충성을 다하고 정직하지만 냉정하다는 뜻이 된다. 만일 금金이 탁濁하면 군적軍賊, 대도大盜 부랑아가 나온다. 산세山勢는 높은 산일 경우 종鐘과 같고 가마솥을 엎어놓은 모양이나 반달같고 살찌고 윤택

하면 금형산으로 좋다.

- **수형산**水刑山 : 수는 북쪽이며 계절은 겨울이고 인물人物 보다는 재물 쪽이 좋다. 높은 산의 수水는 산이 물결처럼 크게 굽어 세력이 옆으로 크게 벌어져야 길吉하고 보통 산의 수水는 낮은 구름으로 이어져 나가는 형태로써 혈묘이 형성되는데 주위에 명산明山과 이어져 있으면 인물이 출생한다. 그렇지 못하면 의식주가 풍부한 것으로 만족해야 한다. 수형산水刑山의 세력은 물결이 옆으로 충충첩첩 병풍처럼 이어지면 길吉하고 힘없고 약하게 늘어지고 산만散漫하면 흉하다.

그리고 명당明堂이 되려면 토질이 맑아야 하고 육산흙으로 큰 산이면 모두 커야하고 야산이면 고루 야산이어야 한다. 풍수지리에서는 산은 같은 산이 될 수 없고 물은 같은 물이 될 수 없다는 것을 명심하여 자연의 이치를 잘 적용할 수 있는 안목이 절대 필요하다.

대명당터는 알기가 어려운 것이다
작은 명당터는 얼마든지 있다

    명당은 높은 곳 낮은 곳이 복잡하게 섞이지 않고 명당전체가 똑같이 고루니 매우 깨끗한 기운이 서린다. 지극히 좋은 명당이다. 앞에는 평탄 명당平坦明堂이 있는 혈은 고귀한 인물을 배출한다.
    공후公候와 장상將相들이 출생한다. 또 명당明堂은 따뜻하고 밝은 기운이 가득 감도니 자손들이 편안하게 산다. 명당은 대소大小에 얽매이지 말라 비록 혈穴이 작더라도 발복發福하면 되는 것이다. 대명당만 생각하다가 진위眞僞를 분간치 못하고 잘못 가혈假穴에다 하장下葬하게 되면 부모의 체백에 물과 벌레에 시달리게 되는 것이다. 대명당大明堂 터는 알기가 어려운 것이다. 작은 명당터는 얼마든지 있다.
    길지吉地와 명당을 자기自己소견만 고집하여 혈穴을 이동시키고 좌향坐向을 바꾸고 지관地官은 줏대없이 상주喪主에게 맹종안 까닭에 법술法術을 집행치 못하고 그르치게 되는것이다. 이런 경우 흔히 볼 수 있다. 이것은 적덕積德하지 아니한데서 유래되는 것이다. 풍수란 자연自然에 이치理致에 따라 우리생활에 더욱더 이로운 것을 찾아 잘 살 수 있는 방법이 연구된 학문이다. 사砂에 대한 길흉吉凶 관계를 론論하고자 한다. 혈穴:묘봉분이란 옛말에 산지화山之花요 여수지실야如樹之實也라 했다.

위의 말과 같이 혈穴이란 산천의 정기가 음양陰陽으로 배합되고 생기가 있는 산수山水의 조화造化가 취회聚會되어 결혈結穴된 곳을 말한다. 혈보다 청룡 백호가 높으면 위압威壓을 받는다. 복록이 희박하고 자손이 쇠하고 재앙災殃이 따른다.

백호白虎로 작국作局이 되었다면 혈의 결응이 강하고 양명陽明하게 되는 것이다. 결응結凝이 강하면 세도勢道할 자손이 나오고 양명한 것은 귀한 인물이 나며 결응이 큰 것은 거부巨富가 난다. 백호가 곱게 포옹抱擁 대어 있으면 외손도 발복한다. 백호상부위白虎上部位가 기봉起峯하면 딸이 벼슬하고 백호가 후덕厚德하면 현모양처가 들어오고 백호 어깨에 귀암貴岩이 서기瑞氣하면 왕비王妃재왕비가 난다.

백호 끝이 배신背身하면 파산하고 며느리가 도망간다. 청룡靑龍 끝에 큰 암석이 있으면 큰 인물이 나고 백호내에 넓고 평평한 암석이 있으면 군수郡守급 벼슬을 하고 백호白虎 끝이 필봉筆峯이면 행정고시 사법고시 자손이 나고 백호 끝에 부봉둥근봉우리이 안산사로 되어 있으면 재산이 헤아릴 수 없이 많을 것이다.

또 백호 끝이 기봉起峯하면 딸 며느리가 불효하고 여자로 인하여 일가문이 망한다. 청룡靑龍이 순행順行 양명陽明하면 귀격貴格이다. 청룡 순행은 효자 충신으로간주看做한다. 청룡 어깨에 박환된 귀석貴石 귀암이 있으면 천하장사가 난다.

청룡이 단절斷切되어 규봉窺峯은 살짝 넘어다 보이는 것 보이면 묘 쓰고 3년 내에 남자가 절명한다. 청룡 상부위는 장자 중부위는 충자둘째가 요절한다 하였다. 청룡 백호산 능선에 화형석날카로운 돌이 줄을 이으면 안맹자(眼盲者:장님)가 연달아 태어난다.

청룡백호내면靑龍白虎內面이 험악險惡하면 음행자손淫行子孫이 많이 나고 관재구설官災口舌이 끊이지 않는다.

청룡 백호 끝 부위가 좌우로 돌아가면 골육상쟁骨肉相爭이 나고 백호白虎가 원고遠高하고 안대案對가 첩고하면 백세百歲를 향수하고 회혼례를 하는구나. 백호에 인마봉印馬峯은 여손들이 귀인貴人된다. 백호에 수성봉水星峯은 귀여貴女 미녀美女가 출생한다.

대명당은 한 사람에게
한번 밖에 보이지 않는다

　대명당大明堂의 진혈眞穴: 좋은 자리에 혈상穴相: 묘자리에는 기氣 강강하여 잡초가 나지 못한다. 또 토질土質이 유柔:부드럽고하더라도 보통 토질과 달라서 풀이 나지 않는다. 산이 높으면 묘자리를 낮은 곳에서 찾고 야산野山에서는 높은 곳에 묘자리를 살펴야 한다.

　옛터 진혈좋은묘터은 천장지비 일석지지天藏地秘一席之地: 하늘이 감추고 땅이 비밀이하고 명당자리는 한자리 뿐이다라 했고 삼년심룡 십년점혈三年尋龍十年占穴: 풍수공부 3년이면 터를 찾을 수 있고 십년공부를 해야 묘지조성 할 수 있다이라 하여 정혈定穴의 어려움을 나타냈다. 대명당은 한사람에게 한 번 밖에 보이지 않는다. 욕심내지 말라. 명당은 계란 눕혀 놓은 것같이 둥글어야 좋고 외명당外明堂은 넓게 펼쳐져야 좋다.

　둥글게 모이면 원진수元辰水 물이 묘 앞쪽에 모이고 안쪽의 기氣가

가두어 묶어주는 것이고 평정平正하고 멀리서 빼어나고 나열하여 모름지기 중요한 것은 넓고 좁음이 적당 하여야 한다.

또한 기울어 지지도 않고 낮지도 않아야 하고 흉凶한 돌石이 없으면 진혈의 증거가 된다. 내명당과 외명당은 모름지기 네모지거나 원형이면 격格에 합당하여 진룡정혈이다. 보통 진룡의 땅은 기상氣象이 너그러워 명당은 둥글게 모이고 넓게 펼쳐져 있다. 그러나 조화造化는 반드시 완벽하게 아름다운 것은 아니니 오로지 혈이 참 되느냐에 근본을 두어야 한다.

명당 혈토穴土는 돌이면서도 칼로 빚으면 무우 빚드시 삭 빚어지며 손으로 비비면 콩가루 같이 되어야 큰 명당 혈토라 명당은 대소大小를 가리지 말라 작은 혈이라도 발복 받는다.

용맥이란 산의 모양이 각양각색 대산소산 높은산 낮은산 모든 산의 형세形勢가 용과 같은 형상이다. 용세에 잡초가 안나고 황토, 마사토가 밝게 나타나고 토질이 강하고 양명한 곳이어야 주위에 결혈結穴하는 곳이다. 경經에 이르기를 용龍을 알면 혈을 안다고 하였다. 혈을 아는 것은 가장 중요한 것이다.

혈穴에 대對한 길흉吉凶은 이렇게 본 청룡, 백호 험석險石은 음주객사飮酒客死 또는 험석은 관재구설官災口舌 불구자不具者가 출생하고 음난淫亂으로 보는 것이다. 입수용맥入首龍脈 험석險石은 흉복통 심장병 위장병 또는 장자가 요절夭切한다. 묘소주변墓所周邊에 암석岩石은 이금치사以金致死: 교통살상이 많다 혈전穴前이 떠들인 것은 말자손末子孫이 불효불충 한다.

혈전은 갑부귀甲富貴요 혈후묘 뒤쪽 둥글고 색상이 흰색이나 황색으로 된 암석은 쌍생출雙生出 묘 뒤가 낮고 앞쪽이 약간 높은 듯하면 노중路中에서 술에 취하여 오사誤死하게 된다. 묘 뒤쪽 10m쯤 물이 나는 것이 보이면 장남이 질병이요 묘 바로 앞쪽 계절 밑에 물이나면 입정入井 사死요 백호하白虎: 묘 우측아래에 물이 나면 음난한 행위자가 난다. 묘 뒤쪽이나 주택 뒤쪽이 물없는 빈 계곡이라면 그의 자손이나 그 집에 사는 사람은 가난하게 살아간다. 산맥을 깎아 지은 주택은 흉한 주택이다.

대명당大明堂은 아직도 70% 이상이 생생하게 남았다

　작은 명당明堂은 복있는 사람들이 점유했지만 대명당大明堂은 아직도 70%이상이 생생하게 남아있다.

　작은 명당明堂은 대개 청룡靑龍 백호白虎가 다정하고 교과서적으로 형성되어 사람들이 쉽게 알아볼 수 있다. 그러나 대명당大明堂은 어딘가 부족한 것 같기도 하고 기기괴괴하거나 조잡하고 볼품없어 쉽게 알아볼 수 없다. 소위 천장지비혈天藏地秘穴이라 깊이 간직한 비혈秘穴이다. 명당은 신비의 개념이 아니라 생성 소멸과 음양교배의 대우주 대자연의 일반법칙에 의한 산과 물의 열매이다. 명당 대혈은 아무나 차지할 수 있는 것이 아니라 효자나 유덕군 자有德君子 또는 적덕지인積德之人만이 얻을 수 있다. 반드시 선의 존재가 되어야 하고 선한 행위는 반드시 선의 결과를 가져온다. 선행을 쌓지 않으면 제아무리 명당明堂을 쓰고 싶어도 대우주의 섭리가 절대로 허용하지 않는다. 선행자는 인간의 지보격인 명당을 우연이나 양사良師를 만나 점유할 수 있다. 전국에 산재해 있는 대소명당을 활용하여 세계 일등국가 만드는 것이 풍수지리학의 근원이요 기본정신일 것이다. 풍수지리학을 연구하는 학도들은 대자연의 심오한 원리를 탐구해야 풍수지리학의 진수를 깨닫고 체계가 정립된다. 근래에 지리학을 연구한다는 인사들의 학문내용은 대부분은 수법水法이나 향법向法 사법砂法 정도에서 그치니 극히 지엽적이고 피상적이다. 학문이란 근원적인 진리를 참되게 탐구하여 어디까지나 하나의 학문으로 손색이 없어야 할 것이다. 근원도 모르고 지엽枝葉만 논해서야 되겠는가. 천태만상의 대소혈이 지상산맥의 열매로 결혈結穴한다. 이것이 혈穴이요 명당明堂이다. 이 때 수법水法과 향법向法의 묘妙를 얻으면 대명당이면 대발복 할 것이고 소지小地는 소 발복할 것이니 입향立向이 잘못되면 발복하지 않으며 크게 잘못되어 황천대살黃泉大殺 용상팔살龍上八殺등을 범하면 재화를 면하지 못한다.

풍수지리학 연구를 하는 학도들은 정통적인 수법水法과 향법向法을 정확히 익혀 체계를 확립해야 하고 현장답사 및 실험을 통한 산악과 자신과의 융합 즉 혼연일체의 경지에 도달함으로써 비로소 개안한 양사良師가 될 것이다. 양사가 되면 우연하게도 깨닫게 되고 자연의 이치를 알게 된다. 내 자신도 깜짝 놀랄 정도이다. 이 경지에 이를 때 산천의 창조의 원리를 탐구하는 것이 학도의 본분이다.

학술적인 논리나 이론적인 연구가 이루어졌다고 하여 지리학이 성취되었다고 하면 대착오이며 이때부터 시작이다. 논리나 이론과 면전에서 전개되는 대자연의 실상과는 상당한 차이가 있으며 이때 창조의 원리를 발견하려는 육체적인 노력 진리탐구에 대한 끈질긴 집념을 가지고 각고의 노력을 한다면 학구적인 논리와 대자연의 실상과 조화의 실마리를 깨닫게 될 것이니 이 때 비로소 지리학의 대자연과 인간관계 인간과 윤리관 등의 섭리는 다소나마 알게 될 것이며 따라서 지리학에 관한 만권의 서적의 진가도 판가름 날 것이다.

혈穴은 무원칙하게 결실되는 것이 아니라 원리와 원칙에 따라 일정하게 이루어진다. 풍수지리학을 연구하는 사람은 반드시 산맥의 기본정신을 알아야하며 용맥의 변화무쌍하게 흘러갈 때 변화를 보아 주룡主龍의 흘러가는 행도行度를 정확히 파악해야 하며 혈을 찾는 것은 적중해야만 비로소 지리학의 일정한 경지에 도달한 것이다.

모든 사람이 명당을
느낌으로 찾을 수 있다

    명당을 찾는 사람들이 많고 명당에 대해 풍수 이론 강의를 하는 곳도 점점 늘어나고 있다.

    또한 풍수지리적인 명당 이론도 많이 나와 있지만 대부분의 독자들은 어려운 풍수, 그것도 명당론을 서적으로 배우거나 명당길지를 찾기보다는 포기하는 경우가 많다. 그러나 모든 이론에 앞서는 것이 사람들 각자에게 존재하는 느낌이다. 여기서의 느낌이랑 일종의 영감과도 같은 것이다. 명당 혈자리 하나 찾아서 조상을 모시고 주택을 앉히는 것 역시 같은 이치로 생각하면 될 것이다.

    가령 부모의 묘지를 찾을 때는 예를 들어보자. 부모와 자식은 동일한 기가 같은 파장의 기를 가지고 있다.

    따라서 부모와 자식 간의 기, 조상과 후손간의 기가 교감될 수 있는 땅 즉 동기감응이 일어날 수 있는 땅이야말로 명당이 된다. 자식은 우선 부모님의 체백을 모시고자 하는 위치의 땅 혹은 조상님의 묘지 위에 엉덩이를 붙이고 앉아서 오로지 돌아가신 그 분만을 생각하면서 약 10분 가량 있도록 한다. 그러면 그 자리가 부모님과 맞는 땅인지 아닌지 판단할 수 있는 기분영감이 떠오른다. 그 판단은 본능과 직관 그리고 부모님에 대한 사랑을 통하여 이루어진 영감에 의해서 본인 스스로가 알 수 있다.

첫째 어릴 때 본능적으로 느꼈던 어머니의 품속 같은 편안함과 따뜻함이 느껴지는 곳이라면 그 땅이야말로 부모님에게는 최적의 명당인 것이다. 둘째 이성에 따라 따져보고 계산한다거나 발복을 바라는 이기적인 욕심에서 벗어난 후 단순한 산과 흙을 마치 살아 있는 사람인양 바라보게 되면 사람의 혈기가 느껴지듯 산과 흙의 지기가 느껴질 것이다. 이때도 중요한 것은 순수한 마음을 바탕으로 한 직관력이다. 셋째 부모에 대한 지극한 효성심과 사랑이다. 그런 마음으로 앉아 있게 되면 그 땅이 효성에 감응하여 돌아가신 분을 받을 것인지 아닌지 의사 표명을 해 올 것이다.

이런 세 가지의 느낌을 거치게 되면 묘지 주변을 바라보았을 때 그 땅이 돌아가신 부모조상가 좋아할 명당인지 아닌지 판단이 서게 된다. 땅은 거짓도 없고 욕심도 없다. 그저 무대일 따름이다. 흔히 나무꾼이나 지게꾼이 명당을 잡는다는 것도 이러한 것이다.

산에 가서 겨울에 추우면 따뜻하게 쉴 수 있는 곳에서 옹기종기 모여 앉아 쉬다가 나무를 해서 지고 집으로 오는 길에 따뜻한 곳에서 쉬기도 한다. 이러한 곳이 대개 명당일 수도 있다. 그래서 나무꾼이 명당을 잡거나 부모를 모실 묘자리를 선택할 때 아늑한 느낌이 드는 곳은 부모의 같은 동기감응을 느끼기 때문이다. 또한 주택도 자신이 아늑한 기분이면 부모님에게도 아늑하기 마련이다. 밝고, 아늑하고 포근한 자리가 '집터'든 '묘터'든 명당이 되는 것이다.

명당의 힘은 같으나
받는 사람에 따라 천차만별이다

 가난한 거지가 애미 없는 어린 자식을 데리고 남의 집 곁방을 살았다.
 어느 해 흉년을 맞게 되어 근처 동리를 다니며 걸식을 하게 되었다. 그러나 두 부자 거지는 마음씨가 착하고 정직한 부자 거지로 소문이 나 있었다. 굶어 죽을망정 남의 것을 절대로 훔쳐 먹는 일이 없어서 착한 거지로 칭송을 받았다고 하는 것이다.
 그러다 어느 겨울날 아버지 거지는 나이도 많고 영양 부족으로 혹독한 추위를 못 이기고 양지바른 어느 산비탈에서 얼어 죽게 되었다는 것이다.
 시체를 발견한 동네 어른들이 모여들었다. 거지 아이는 죽은 시체를 흔들며 울어댔다. 그만 자고 일어나라고 추운데 어서 가자고 울어대는 어린 자식의 관경을 보는 이들의 눈시울을 적셨다. 이를 불쌍히 여긴 동네 사람들은 모두 모여서 죽은 백골이라도 따뜻이 지내게 하자고 명당을 찾아다녔으나 마지막 쓰러져 죽은 자리보다 아무리 찾아도 더 좋은 자리는 없었다.

자기가 명당자리 찾아 죽은 모양이라고 다들 한입같이 말했다. 그 곳에 다 깊이 파서 묻어주게 되었고 그 아들 거지는 자식 없는 집에서 장사가 끝나자마자 착하고 영특하다고 탐내어 양자로 데려가게 되었다.

그 자리가 명당이었는지 부잣집에 양자로 가게 되었으니 금시발복이 된 셈이다. 양자로 선택된 것은 아이의 착한 성품 때문에 선택이 되었을지는 모르나 명당의 발복도 착한 사람이어야 한다는 게 풍수적 이치가 아닌가 하는 생각도 들게 한다.

이 아이는 양자로 들어가서 부지런히 일하고 글도 배워서 마침내 아들딸 두고 더욱 잘 살게 되자 인근 마을 사람들은 그 묘소를 보면 거지 명당의 발복이라고 한다는 것이다.

요즈음도 그 묘소 앞을 지날 때는 거지 명당의 발복한 자리라고 말한다. 똑같은 명당이라도 받는 사람에 따라 많은 차이가 있다. 명혈의 발복이 되는 힘은 다 같으나 받는 자손에 따라 발복의 차이는 천태만별이다.

한 예를 들어 말한다면 명당의 발복이 사업에 열배쯤 뻗어나는 자리라고 볼 때 한 개의 회사를 가진 사람은 열개의 회사로 늘어날 것이나 서민의 열배는 별 것 아닐 것이다.

명당의 발복은 밀어주는 힘이라 생각하면 될 것이나 받는 사람의 환경은 가지각색일 것이다.

그래서 옛말 조상을 위선을 해서 명문을 세우자면 우선 풍수 이치를 숭상하고 적덕하며 효를 근본으로 하는 유교 사상에 지극했다고 한다.

옛날에는 풍수 도사가 명당을 발견하면 그 명당의 발복을 능히 받을 수 있는 위인을 찾아주노라 혹독한 덕망의 시험을 치러 보고 덕인에게 명당을 주었다는 일화는 오늘날 미담으로 전해지면서 많은 교훈이 되고 있다. 그래서 명당에는 임자가 있다는 말이 생겼고 또 그 명당의 임자가 아니면 다시 파여 나온다는 말이 생겼으나 큰 명당이더라도 쓰는 자의 덕이 높으면 크게 발복을 다 받을 수 있는 것이다. 또한 장관이 날 수 있는 한 명당에다 쓰는 사람에 따라 어떠한 차이가 있을까 생각해 본다면 이 명당에 군수급 되는 인격의 소유자가 부모를 모셨다고 보자면 당대에 군수급 인격자가 장관이 될 수도 있다. 그러나 만약 인격이 부족한 무식자가 그 명당을 쓰게 되었다면 부족한 아비로 가정환경이 부족하면 장관까지 이르게 길러내지 못하고 군수급 벼슬에 끝날 것이다.

명당은 찾는 이의 마음을
포근히 감싸준다

　풍수란 오랜 세월동안 자연의 변화을 보고 예측 경험 과학의 학문으로 발달된 것이다.
　풍수라는 것은 지리 혹은 감여라고도 하여 국토개발로부터 한 개인의 주택 분묘에 이르기까지 그 위치가 산천의 지상과 형세에 따라 길흉화복이 있다는 지리관 이다. 풍수에서는 땅에 만물이 화생하는 생활력이 있으므로 땅의 활력 여하에 따라 인생에 중대한 영향을 준다고 하여 우리 조상들은 그 생기生氣가 모인 명당자리를 찾아 자기의 만년유택을 삼고자 했던 것이다. 그러한 명당자리는 그 어느 곳을 가더라도 찾는 이의 마음을 포근히 감싸주고 우선 사방으로 바람을 막아주는 밝은 산이 있고 물이 나가는 곳이 보이지 않아야 하고 강물이 흘러가는 듯한 편안함을 만끽할 수 있는 곳에 묘를 쓰면 그 자손들이 발복을 받아 위대한 인물이 태어나고 부귀영화를 누린다고 믿어 왔다. 그러하지 못한 땅에 조상의 묘를 쓰면 발복 또한 그러하지 못하다고 믿어왔다. 그러나 명당은 미신이나 속설이 아니고 생명력을 가진 유기체로서 땅에는 제 나름대로의 기운인 지기를 가지고 있다. 인걸은 지영이라는 말이 있듯이 이는 훌륭한 사람이 태어나고 그렇지 못한 사람이 태어나고 그렇지 못한 사람이 태어나는 것은 모두 산천의 기상에 의하여 산이 높고 들이 넓으면 도량이 넓은 어진 인물이 나며 산과 물이 좁으면 대담하지 못한 인물이 태어난다고 하며 산세가 수려하고 아름다운 곳에 위대한 대인과 힘이 센 장수가 태어나고 산이 수려하고 물이 맑으면 그 고장이 윤택하고 인심이 좋으며 부자가 많이 난다고 한다.

풍수서에 보면 묘터는 장풍득수라야 한다. 이러한 곳은 바람을 만나면 흩어지고 물을 만나면 머문다. 따라서 묘자리는 물을 먼저 얻어야 하고 바람을 가두어야 한다. 산을 등지면 산은 병풍을 둘러 친 것처럼 아늑하고 묘 앞으로 흘러든 물은 깨끗할수록 좋으며 한동안 머물다가 천천히 빠져나가야 명당자리인 것이다.

오랜 세월 동안 우리 선조들의 지혜가 담긴 참다운 풍수지리 사상은 우리 삶에 적절히 응용했다면 도시의 과밀도 인구 해소도 됐을 터이고 권력의 분탕질도 막을 수 있었을 것이다.

우리의 전통사상에 인명은 재천이라 했다. 부와 명예는 하늘이 내려주는 것이다. 인자는 자신의 의를 굳게 하고 이利를 도모하지 않으며 자신의 도덕성을 드러내거나 장점을 내세우지 않는다.

아들이 부모님이 돌아가시면 만년유택에 평안히 안치시키는데 유의하는 것으로 만족하다고 한다. 풍수 응보설에 무엇인가 있다 하더라도 그것은 인자와 효자들이 의도적으로 추구해야 할 것은 아니다. 묘터 명당이란 평소에 남에게나 부에게 효모하고 적선 적덕을 해야 그 자리가 보인다고 하며 주인이 있다고 한다. 이러하니 아무리 명 풍수지관이라도 쉽게 명당자리를 발견하기가 어렵다. 그 자손의 효도 없이는 그 명당을 얻을 수가 없는 것이다.

효자는 부모에게 좋은 산천의 땅을 구해 드려야 하는데 그 이유는 장사葬事라는 것이 부모를 이승에서 마지막으로 보내 드리는 일이기 때문이다.

이렇게 하여 부모의 체백이 편안해지면 효자의 마음도 편안해지는 것이다. 부모님의 체백시신은 좋은 땅에 모셔짐으로서 음덕을 받는 것이 바로 땅의 이치인 것이다.

명당은 의식주 세 가지 일이 있어 일생을 안락하게 하고 풍수여관상이라 풍수법은 관상을 보는 법과 같은 것이다

　옛 선현들은 인륜 도덕으로 기강을 세우시니 즉 이것이 사서오경이요 다음에는 음양복서의 술로써 민생을 이롭게 하였으니 지리서 또한 그 가운데에 있는 것이다. 산 사람에게는 이미 의식주의 세 가지 일이 있어서 일생을 안락하게 하고 죽은 자도 또한 호산수좋은 산과 물에 길택을 가리어 천추에 그 체백을 평안케 하나니 이는 생사와 유명은 다르다 할지라도 이치는 즉 하나이다. 고로 그 조상의 체백으로 하여금 길지를 가리어서 영혼을 평안케 한즉 음덕이 또한 그 자손에게 응하게 되는 것이니 이는 자연의 이치라 하겠다.

　풍수여관상이라는 말과 같이 풍수법은 관상을 보는 법과 같으므로 거칠고 추악한 용모를 가진 사람은 그 마음도 역시 불량하고 흉악함이 많은 것과 같이 산형이 추악하면 사람이 태어나되 추악하고 악한 사람이 태어나고 산형이 수려하며 인물도 또한 아름다운 법이다. 이는 비록 혈을 맺는 산뿐만이 아니라 어떠한 고을이나 마을이든 간에 그 산천의 기에 영향을 받게 마련인 것이다.

풍수지리학은 사주나 관상에 비해 가변성이 많은 것이 특징이다. 사주와 관상은 기상개황을 알려주는 천기도와 같으므로 운기를 알려준다는 것에 주력점이 있으나 음택은 형편과 능력에 따라 마음대로 선택하거나 옮기면 되는 것으로 그만큼 개운의 가변성이 많다는 것이 중요하다. 고로 음택술의 보급이 곧 개운술의 보급이 되는 것으로 이것을 잘 활용만 한다면 한 가정의 가운을 융성하게 할 수 있는 것이다. 그런데 길지를 얻기는 어렵지 않으나 양사를 만나기가 더욱 어려운 것이니 지사풍수사를 잘 만나면 길지명당를 얻을 수 있으나 잘 못 만나면 눈 밑에 비록 명당이 있어도 이를 갈릴 수 없는 법이니 명당길지를 구하려면 먼저 지리에 밝은 지사를 구하는 것이 명당을 구하는 근본이요, 첩경이라 하겠다. 풍수지리학은 궁극에는 민생을 이롭게 하는 방술이므로 조상의 묘지를 길지에 모시는 것은 가문의 영달을 위한 천년대계인 동시에 인간이 할 수 있는 현명한 개운책이라 하겠다.

옛날부터 우리 조상들은 풍수지리학을 숭상하며 오랜 세월에 걸쳐 아름다운 산천의 길지를 찾아 살다보니 아름답게 가꿔 놓은 생활 터전은 만세에 유전되며 명당택지는 대소도시와 촌락을 이루었으니 학문적으로 보아도 대소의 명당지역이요 풍수지리의 진리이다. 우리 모두는 길지선택에 따라 인간의 흥망성쇠와 부귀빈천이 생기게 되는 것이다. 우리 인간은 풍수지리 자연을 벗어나서는 한시도 살 수 없는 게 진리인 즉 우선 내가 살고 있는 환경을 살펴 보금자리인 가상을 바로 하는 것은 나의 안적은 물론 후손의 장래희망이 약속되는 자연의 진리인 것이다. 다시 명당의 정의를 말한다면 주산뒤쪽 산과 행룡산 능선이 후부 산 능선이 큰 것하며 야산에 와서 양명밝고 깨끗한 산한 산이 순행으로 나성산이 빙 돌아준 것을 이룬 보국 내산 안쪽에 결혈묘터와 집터된 지점은 명혈(명당·큰 명당)이라 하며 명당지역이라는 것이다.

계룡산 도읍에서 정씨鄭氏가
가야산 도읍에서는 조씨趙氏가

 가야산은 소백산의 한줄기로서 솟아있다. 소백산맥이 영호남을 경계짓는 분수령임을 감탄할 때 가야산 줄기 역시 그러한 성격에서 벗어나지 못하고 있다. 산세가 경상남도 북도를 구분짓는 경계선으로 되어 있다. 또 군단위郡單位에서는 경남의 거창과 합천 경북의 성주와 고령이 가야산 줄기를 사이에 두고 맞닿아 있으므로 접경지대의 성격에서 벗어나지 못한다.

 풍수설로서 설명한다면 전자가 좌청룡이고 후자가 우백호이므로 이들을 나눈 가야산이 주산이 되는 셈이다. 이러한 형국에 세워진 것이 해인사海印寺인 관계로 해인사는 주산主山이 되는 가야산과 별개로서 생각할 수 없다.

 산사山寺는 배후산지를 등에 업고 창건되는 까닭에 산문山門으로서만 존재의미를 발휘하기 때문이다.

해인사의 절터는 뒤쪽북쪽방위를 말함이 높고 앞쪽남쪽방위를 말함이 낮으므로 명당의 전형적 형국인 후생전사後生前死의 모습이다. 이것은 주산이 되는 북쪽 좌청룡과 우백호로서 산줄기가 나누어진 동서쪽이 모두 산지로서 차단되어 있고 오직 남쪽만이 개방되어 있다. 남쪽을 향해서 물줄기가 흐르고 있다. 이것이 조수朝水로서 기능하는 가야천伽倻川이다.

  결국 한반도가 뻗어나간 방향으로 산세 물줄기가 흐르므로 어우러진 모습에서 산래수회山來水回의 형국을 이루는 곳이 해인사의 절터인 것이다. 불교의 성지인 길상지지吉詳之地로 표현하는 명당이다.

  해인사의 일주문一株門밖에는 지금도 길상탑이 남아 있어 길상의 땅임을 입증해 주고 있다.

  뿐만 아니라 해인사는 삼보사찰三寶寺刹의 하나이므로 보림寶林으로 표현하는 한국의 보배로운 터전으로 기능하는 곳임에 틀림 없다.

  가야산은 사른 이름으로 상왕산象王山으로도 통용해 왔다. 어쨌든 불불타를 봉안한 신성神聖의 땅이며 신비의 땅으로 취급해 온 것이 분명하다. 이것과 관련하여 현재 주변의 지명 가운데는 신묘한 산세의 뜻을 가진 묘산妙山 신선이 사는 흰구름 속의 동리란 뜻으로 백운동白雲洞이 실재한다.

  여기에다 만수동萬壽洞 십승지 가이면 일대 전설까지 얽혀 있으므로 이들은 곧 불노장생의 명당임을 암시 하고있다.

사찰풍수에 의하면 이곳의 명당유형을 행주형으로 분류했다. 큰 물줄기에 배가 지나는 형국이란 뜻이다. 행주형은 물 좋은 수변환경에서만 있다. 예부터 지목된 조씨왕조의 도읍지라고 밝히고 있다. 고구려의 평양 고려의 송도 조선의 한양으로 도읍지는 남쪽으로 내려왔다. 이러한 흐름의 연장선상에서 향후 계룡산 도읍에서 정씨 가야산 도읍에서 조씨가 도읍한다고 예견하고 있다.

가야산은 해동공자海東孔子의 호칭을 받은 최치원의 은둔지로 알려져 있다. 이러한 사실을 입증하듯 해인사의 경내에는 당시에 최치원이 심었다는 잣나무가 오늘날 고목의 모습으로 서 있다.

최치원이 왜 하필이면 해인사로 숨어들어 갔을까? 그것은 형승이 뛰어날 뿐 아니라 험준한 자연에 의해서 깊이 감출 수 있는 심장처深藏處에 알맞기 때문이다.

이와 같은 사실은 이후 팔만대장경으로 통용되는 고려의 경판이 몽골군이 쳐들어와 강토를 유린하는 상황에서도 이곳에 안전하게 보존된 사실로서 입증된다.

현재 대장경판은 국보로 지정되어 있으며 세계적으로 자랑할 수 있는 문화유산이다.

시골 향촌鄕村 마을은 남향南向을
고집한 집이 아니다

　우선 집터를 가려 매수買收할 때나 새 집을 지을 때 반드시 지켜야 할 3대 요소要所가 있다 하였다.

　중국의 양택삼요결陽宅三要決 저자인 조구봉이 말하기를 모든 주택住宅은 동사택東舍宅 서사택西乍宅 혼합混合 방위方位로 좌坐을 놓아서는 안된다라고 말하고 동사택이면 대문大門 안방부엌을 동사택 방위方位로 배치配置해야 하고 서사택 방위이면 대문 안방 부엌은 서사택 방위로 배치해야하고 화장실은 반대쪽 방위로 해야 길吉하다 하였다.

　첫째, 산을 등지고 낮은곳으로 향向을 하라는 배산임수背山臨水의 원칙原則이 있다 하였다. 이 원칙을 어겨 집을 짓거나 배치를 하면 흉가凶家로 보아야 한다 하였다.

　둘째, 주主 건물이 높은데 위치位置해야 하며 마당이 도로道路보다 낮아서는 안 되며 정원庭園과 해랑채는 주 건물 보다 낮은 곳에 위치해야 한다는 것은 전저후고前低後高의 원칙이다. 도시에서는 남향南向 집을 선호選好하다 보니 뒤가 낮고 앞이 높은 곳을 축대築臺를 쌓고 집을 짓는 사례가 많으나 이러한 경우 경사도에 따라 주위환경周圍環境도 불안하고 집자리도 불안정하게 되는 결과인데 이렇게 되면 햇볕을 받는데도 순조롭지 못하고 또 등받이 없는 책상의 의자에 앉아 있는 것처럼 불안정하다.

시골 향촌鄕村 마을을 보면 남향南向을 고집한 집이 아니다, 배산임수背山臨水 원칙으로 집이 지어져 있다.

  비록 앞이 낮고 뒤가 높다 해도 경사도가 급한 곳은 역시 좋지 않은 것으로 보고 있다. 따라서 평지平地에서도 부속건물과 담장이 주 건물을 보호하도록 설계 되어야 하고 행랑채가 주 건물보다 높아서도 안 되고 길이가 길고 커서도 안된다 하였다.

  셋째, 전착후관前窄後寬의 원칙으로 앞이 좁고 뒤가 넓어야 한다 하였다. 이를테면 출입하는 곳이 좁으면 집 안에 들어서면 건물에 비하여 마당과 정원庭園이 넓어 편안함이 감돌아야 하는 것이다. 이것은 마당을 항상 접하는 가족들에게 편안함을 주게 되므로 집 주위의 공기 순환이 순조롭고 부드러워 지면 땅의 정기精氣가 맑아 큰 인물이 태어나고 부유富裕하게 된다고 하였다.

  넷째, 풍수이론에서 보면 선이 막히지 않고 햇볕이 잘 들며 바람공기의 순환이 잘되고 흙의 빛깔이 좋으며 물이 맑고 깨끗한 곳이어야 한다고 하였다. 결국은 항시 신선한 공기를 마실 수 있어야 하고 적당한 햇빛이 잘 드는 집이라야 한다.

그래서 풍수에서 동쪽이 높고 서쪽이 낮은 집이나 남쪽이 높고 북쪽이 낮은 집은 흉가로 보는 이유는 바로 채광에 문제가 있기 때문이다.

이러한 상식을, 기본으로 풍수에서 피해야 할 조건을 살펴보면 막다른 골목집은 공기의 순환이 안되어 피하였고 생토生土가 아닌 매립지는 침하의 위험 때문에 기피했고 벽에 금이 가거나 물이 스며드는 집은 습기가 많아 위생상 문제와 수맥의 피해로 또한 어둡고 그늘진 집은 채광의 문제로 기피했다.

또한 자기집 뒤로 도로가 나 있으면 근심 걱정이 떠날 날이 없고 주택 주변에 바위돌이 있거나 공사로 인해 산을 깎아낸 것이 보이는 것도 좋지 않으며 집의 마당이 도로보다 낮으면 홍수나 장마에 침수의 위험이 있어 기피한다. 남의 집 집모서리가 내집을 향하거나 도로가 내 집을 공격하는 형상도 좋지 않다.

살기 좋은 곳이란 지리적인 조건은 어떤 방법으로 살펴볼 수 있을까

『택리지擇里志』의 저자로 알려진 사람은 이중환(1690~1752년)이다. 『택리지』는 조선조 사대부들이 남에게 보여주지 않고 자기들만 은밀히 숨겨놓고 터를 잡는데 활용했던 책으로서 이글에 의하면 첫째 먼저 지리적 조건을 보아야 하고, 두 번째 그 땅에서 얻어낼 수 있는 경제적인 이익이 있어야 하며, 세 번째 그 고장의 인심이 좋아야 하고 다음에는 아름다운 산과 물이 있어 야 한다. 이 네가지 조건을 하나라도 충족시키지 못한다면 살기 좋은 땅이 아니다 라고 하였다. 비록 지리적인 조건이 좋을 지라도 그곳에서 생산되는 이익이 모자라면 오래 살 곳이 못되고 이익이 있어도 지리적 조건이 좋지 않으면 또한 살기 좋은 곳이 못된다. 지리도 좋고 거기서 나는 이익도 풍부하다고 하더라도 인심이 후하지 않으면 반드시 후회할 일이 있게 되고 가까운 곳에 소풍할만한 산천이 없으면 정서를 맑게 할 수 없다.

풍수지리에서는 먼저 물이 흘러 나오는 곳 즉 수구水口를 보고 그 다음으로 들의 형세를 본다. 또 산의 모양을 보고 흙의 빛깔을 본다. 멀리 보이는 높은 산과 물 즉 조산朝山은 주산 主山 안산案山 청룡靑龍 왼쪽 산 백호白虎 오른쪽 산에서 멀리 떨어져 있는 산이 집터 나 묘터 주위를 둘러싸고 있는 고대高大한 산을 말한다.

물이 흘러나오는 곳이 엉성하고 넓기만 한 곳은 비록 좋은 밭과 넓은 집이 있다 해도 다음 세대까지 살지 못하고 흩어지게 된다. 그러므로 집터를 잡으려면 반드시 수구가 꼭 닫힌 듯하고 그 안에 들이 펼쳐진 곳을 골라야 한다. 그러나 산중에서는 수구가 닫힌 곳을 쉽게 구할 수 있지만 들판에서는 수구가 굳게 닫힌 곳을 찾기 어려우니 반드시 거슬러 흘러드는 물이 있어 야 한다. 이것은 마을이나 집 뒤는 높고 앞은 조금 낮고 평탄하며 양 옆도 평탄해야 한다는 뜻이다.

마을 앞에 큰 내川가 마을을 휘감아 돌고 물이 마르지 않고 계속 흐르는 곳은 항상 맑고 밝 은 기氣가 충만하다고 여긴다. 따라서 하늘은 맑고 밝은 빛이어야 하고 만약 하늘이 조금만 보이는 곳이 있으면 그곳은 결코 살 곳이 못된다. 그러므로 넓은 들이 펼쳐진 곳 일수록 그 터는 더욱 좋은 곳이라 말할 수 있다. 왜냐하면 해와 달과 별빛이 항상 환하게 비치기 때문이다. 그곳에 바람과 비 등의 기후가 고르고 알맞은 곳이면 인재도 많이 나고 질병도 적다. 사방의 산이 높아서 해가 늦게 뜨고 일찍 지며 밤에는 북두칠성마저 보이지 않는 곳은 가장 꺼려지는 곳이다.

그런 곳은 맑고 밝은 빛이 적고 음냉한 기氣가 쉽게 침입하여 잡귀가 모여들기도 한다. 또 아침저녁으로 산천을 뒤 덮는 안개와 잡귀가 사람을 병들게 하기 쉽다. 따라서 산골에 사는 것이 대체로 넓은 곳에 사는 것보다 못하다. 그래서 집터는 묘자리와는 달리 물이 있어야 한다. 물은 재물의 운과 관계가 깊어서 큰 물가에 부유한 집과 유명한 마을이 많다. 비록 산 중이라도 시냇물이 모여 있는 곳이면 대代를 이어 오래토록 살 만한 터다.

옛날부터 우리 선조들은 풍수지리학을 소중히 여겨왔으며 오랜 세월 동안에 아름다운 산천의 길지吉地를 찾아 살아오며 아름답게 가꿔 놓은 생활터전을 후세에 물려주며 살기 좋은 향촌을 이루었으니 학문적으로 보아도 명당 양택 지역이요 풍수지리의 진리이며 자연을 벗어나 한시도 살 수 없다.

향向을 어떻게 정하는가

건물 및 묘의 정면正面으로 앞을 바라보는 곳이 향向이다.

좌坐의 반대 옛사람이 향을 말한 사법砂法이 미묘한 바 원정圓淨하여 향을 맞이함은 길조吉兆요 추악한 것으로 향을 하면 흉함으로 달려가는 징조라 했다. 향의 산은 묘基를 향해 반가운 손님을 맞이하듯 안아 주어야 한다.

① 천연적으로 용혈사수龍穴砂水가 합법으로 어우러져 명당明堂이 이루어지고 합리적으로 국세와 입향立向이 섭리한대로 사람이 찾아 향을 세우는 방법 즉 천장지비天藏地秘된 명혈대지明穴大地를 자연히 섭리한대로 지사地師가 혈을 찾고 향을 세움을 말하는 것이다.

② 입수룡入首龍이 생왕生旺을 얻고 향이 생왕生旺을 얻어 생룡生龍에 생향生向 왕룡旺龍에 왕향旺向으로 순리배합 되도록 입향入向을 하는 방법 즉 이 향법은 입수의 생왕이 좌와의 이어짐이 아니요 향의 생왕

과 순리배합하며 명혈대지를 이루는 것이다.

③ 향을 정하고 나서 12운성으로 용혈사수龍穴砂水의 생왕을 취하고 사절死絕은 버려서 합법한 국세局勢와 생왕한 사수가 향을 더욱 아름답게 증거하는 방법 즉 이 향법은 아름다운 용혈사수의 조응배읍으로 향을 더욱 생왕케 하는 향법이다.

④ 향을 정함에 있어 수려한 원정봉을 선택 맞이하여 향을 정하는 방법 즉 아름다운 원정봉이나 나를 유익하게 하는 길사를 찾아 향을 세우면 흉조가 되는 향법을 말하는 것이니 향으로만 길흉을 삼고 타의 법에 구애받지 않는 법을 말한다.

⑤ 4대국 5행의 포태법胞胎法으로 파구에 의하여 좌坐와 향向을 정하고 생왕사절生旺死絕을 취사하는 방법 즉 용수龍水의 만법은 4대국에 있다 하였으니 포태법의 생왕묘生旺墓의 3합을 얻어 좌와 향을 정하는데 좌를 위주로 하는 방법과 향을 위주로 하는 방법과 향을 위주로 생왕을 얻는 방법 중 선택하는 법을 말한다.

⑥ 정음정양법淨陰淨陽法으로 좌와 향을 정하는 방법 즉 이기理氣에서 정음정양으로 좌향을 정하는 방법은 양입수陽入首는 양좌양향陽坐陽向을 하고 음입수陰入首는 음좌음향을 하는 방법으로 이기理氣의 정음정양의 좌향법을 참고 하기 바란다.

⑦ 용천팔혈龍天八穴 좌坐와 망인의 생년이 연운으로 용천지인혈龍天地人穴에 맞으면 길이 되고 패절귀혈敗絕鬼穴에 맞으면 불길不吉로 되는

법이다. 5산연운五山年運은 목화토금수木火土金水 5산에 각각 속하여 있는 산좌山坐는 홍범오행洪範五行으로 이우어져 있으며 그 산운은 행사년에 의하여 달라지는 바 그 달라진 산운의 오행이 행사년의 납음오행의 생을 받으면 길吉이요 극剋을 받으면 불길不吉이 되는 법이다. 이외에도 유사한 법이 많이 있으나 이 많은 법이 다 필요한 것이 아니다. 또 이 모든 법은 택일법이냐 택좌법이냐 할 때 두 가지 다라고 대답할 수 밖에 없을 것 같다. 왜냐하면 혈길장흉穴吉葬凶이면 여엽시동與葉屍同이라 했으니 택일과 택좌는 따로 할 수 없는 이치이기 때문이다. 즉 좌를 정하자면 행사하는 연월일시와의 운이 맞아야 유골이 혈의 생기를 받아 유골遺骨은 안식을 누리고 자손은 음덕을 받는 것이니 좌坐를 정하고 행사년과 운을 보아 운이 맞지 않을 경우 좌를 고수하자면 행사년을 변경해야 할 것이고 행사년이 불가피했을 경우 좌가 변경되는 수 밖에 없는 것이 이 모든 법의 활용이다.

물론 용천팔혈과 같이 좌와 망명에 생년태세와의 연운으로 좌를 택하는 방법도 있다.

그러나 이법은 구묘와 망명태세가 몇 년에서 수십년 수백년이 될 수도 있으니 망명의 생년태세를 알 수 있음은 그리 쉬운 일이 아니며 확실성도 부족할 것이니 합당한 방법으로 볼 수만은 없을 것이다.

음택의 풍수지리는
한없이 어려운 학문이다

사람이 죽어 땅에 묻히면 피와 살은 빨리 썩어져야 하고 뼈만 남아 그 뼈로 생가生氣를 받게 된다.

생존해 있는 사람은 근친 조상의 묘와 주택에서 생기를 받는다.

묘터와 집터에서 생기生氣를 받는 곳은 사람에 비유하면 한의사가 사람 몸에 마음 놓고 침을 놓을 수 있는 곳이 465여곳이 된다고 한다. 산에도 묘터가 작으면서도 아무리 깊이 파고 파내려 갈 수 있고 오른 명당 혈의 흙은 비석비토非石非土이다. 즉 흙도 아니고 돌도 아니다. 흙을 만져 보면 떡고물 같은 촉감이 있다. 이러한 묘자리가 너무 커도 진혈이 아니다. 생 존한 사람은 활동을 하기 때문에 터가 크고 넓어야겠지만 망자는 활동이 없으므로 혈 자리가 작은 것이 좋은 것이다.

대개 이러한 명당 묘혈자리에는 나무가 잘 자라지만 무성한 잡초는 잘 자라지 않는다. 이러한 묘자리를 찾아 묘를 쓸 때는 털 끝 만큼의 차이도 있어서는 안 된다. 털 끝 만큼이라도 좌향坐向이 틀리면 그의 자손에게 화복禍福의 변화가 있게 된다. 그러므로 혈穴의 상하를 정하되 일척一擲 높아도 용이 상하고 일척一擲만 아래로 내려도 맥脈을 벗어나는 것이며 좌우左右도 또한 어긋남이 없어야 하니 혈시체 드러가는 구덩이을 정하기가 매우 어려운 것이다.

묘자리를 제대로 찾지 못하면 생기生氣의 소응所應을 받을 수 없게 되어 생룡은 사룡이 어 결국 집안은 파멸에 이르게 된다.

요즘 보면 풍수지리학을 배우려고 하는 선비들이 늘어나는데 음택 묘 풍수지리란 한없이 어려운 학문이므로 수년 배워서는 아니 된다. 병원에 의사는 한번 오진하면 한 사람 생사만 좌우하지만 풍수는 한번 실수하면 한 가정을 멸망케 하는 것이니 매사에 조심하고 천천히 살펴서 털 끝 만큼이라도 차이가 없도록 주의하여야 한다.

옛날부터 전해오는 말에 의하면 반 풍수 얼 풍수 남의 집안 망친다는 말이 지금도 많이들 한다. 운전기사가 교통사고를 당하면 손님도 물론이거니와 운전사도 벌을 받듯 풍수사도 역시 벌을 받게 된다.

옛날부터 풍수 집 잘되는 것 못 봤다 하는 것은 남의 돈만 욕심을 내고 대충대충 묘터를 찾아 주다보니 풍수사 가정이 결국 후대에까지 재앙을 받기 때문에 잘 않되는 것이다. 풍수사는 적어도 풍수지리학 공부를 10년 이상은 해야 제대로 묘터를 찾을 수 있으리라 생각 된다. 혈묘자리의 생긴 형태는 천태만상으로 그 모양이 매우 다양한 것이니 자연의 본질에 접근시켜보면 음양설에서 말하는 태극太極 양의兩儀 사상 관념으로 좁힐 수 있다. 태극이란 묘의 승·생기에서 말하는 생기이고 두 가지 뜻은 음陰으로 오면 양陽으로 받고 양으로 오면 음으로 받고 음양을 말 하는 것인데 그 형체의 모양은 오목하고 볼록한 것과 같은 것인데 음 중에는 양이 있고 양 중에는 음이있는 고로 태양, 소양, 태음, 소음 사상이 생기게 되는데 그 형체가 혈형穴形에서는 와窩, 겸鉗, 유乳, 돌突 사격四格이 된다. 이것이 다시 36형, 82변, 365체 , 389상만큼 와, 겸, 유 들의 이해만으로도 혈형은 파악 할수 있다고 본다. 혈형은 도톰하고 튀어나오고 손바닥을 오무린 듯하고 오목한 제비집, 닭 둥지 쟁반 엎어 놓은 듯 동물의 유방, 학의 무릎 같은 곳에서는 낮은 곳을 찾고 낮은 곳에는 높은 곳을 찾고 굽은 곳에는 바른 곳을 찾고 물이 굽어 돌아가는 근처에서 묘자리를 찾는 것이다.

묘터란 풍수에서 가장 중요하게 살펴야 되는 장소이다

혈穴이란 음택陰宅의 경우 죽은 사람이 직접 땅에 들어가는 곳이다. 사람이 죽어 땅에 묻히면 피와 살은 빨리 썩어 없어져야 뼈만 남게 되어 그 뼈로골 骨 그 생기生氣를 얻을 수 있는 곳이다.

혈穴이란 사람 몸의 경혈經穴과 마찬가지인 기능과 역할을 하게 된다. 소위 정혈定穴의 법法이란 침구鍼灸에 비유 할 수 있는 것으로 사람에 비유하면 한의사가 사람 몸에 마음 놓고 침을 놓을 수 있는 곳이 365여 군데나 된다고 한다. 산에도 죽은 사람이 직접 묻힐 수 있는 좋은 곳은 자리가 작으면서도 아무리 깊이 파도 파내려 갈 수 있고 오른 명당 혈의 흙은 비석비토非石非土라고 한다.

즉 흙도 아니고 돌도 아니다. 여자 분들은 떡을 많이 해보아서 아시겠지만 흙을 만져보면 떡고물 같은 촉감이다. 이러한 자리가 너무 커도 진혈이 아니다. 산사람은 활동을 하기 때문에 터가 크고 넓어야겠지만 죽은 사람은 활동이 없기 때문에 혈穴자리가 적은 것이 좋은 것이다. 대개 이러한 명당明堂 혈자리는 나무는 잘 자라지만 무성한 잡초는 잘 자라지 않는다. 이러한 혈 자리를 찾을 때는 터럭 끝 만큼의 차이도 있어서는 안 된다. 털 끝 만큼이라도 틀리면 화복禍福이 천양天壤 지판의 차이가 있다. 그러므로 혈의 상하를 정하되 일척一尺 높아도 용龍이 상하고 일척만 아래로 내려도 맥脈을 벗어나는 것이며 좌우도 또한 틀림 없어야 하는 것이니 혈법穴法을 정하기가 매우 어려운 것이다. 묘자리를 제대로 잡지 못하면 생기의 소응所應을 받을 수 없게 된다.

요즘 풍수지리를 배우려고 하는 선비들이 늘어나는데 풍수지라란 한없이 어려운 학문이므로 어깨 넘어로 배워서는 아니 된다. 병원에 의사는 한번 오진하면 한 사람만 망치거나 죽거나 하지만 풍수는 한번 실수하면 여러 가정을 멸망滅亡케 하는 것이니 매사에 조심하고 천천히 살펴서 털끝만큼이라도 차이가 없도록 주의하여야 한다. 옛날부터 전해오는 말에 의하면 반풍수 얼풍수 남의 집안 망친다는 말이 지금도 많이들 한다.

운전기사가 교통사고를 당하면 손님도 물론이거니와 운전사도 벌을 받듯 풍수도 역시 벌을 받게 된다. 왜 옛날부터 풍수집 잘되는 집 못 봤나 하는 것은 남의 돈만 욕심을 내고 대충대충 묘터를 잡아주다 보니 풍수사 가정이 결국 후대後代에 까지 재앙災殃을 받기 때문에 잘 안 되는 것이다. 풍수사는 적어도 이론과 경험 실무답사 공부를 15년 이상 해야 제대로 묘터를 잡을 수 있으리라 생각된다.

  혈의 생긴 형태는 천태만상으로 그 모양이 매우 다양한 것이 사실이지만 사상四相 와窩 겸兼 유乳 돌突의 이해만으로도 혈형을 파악 할 수 있다고 본다. 혈형穴刑은 도톰하고 튀어 나오고 손바닥을 엎은 모양 오목하게 들어간 모양 손바닥을 오무린 모양 오목하게 들어가 제비집과 같은 모양 닭 둥우리 같은 모양 쟁반 엎어놓은 모양 동물의 유방 같은 모양 학 무릎 같은 모양 높은 곳에서는 낮은 곳을 찾고 낮은 곳에서는 높은 곳을 찾고 굽은 곳은 반대 방향에서 찾고 물이 굽어돌아가는 근처에 가서 찾고 좁은 곳에서는 넓은 곳을 찾고 넓은 곳에서는 좁은 곳을 찾고 산에 가서 묘자리 혈을 찾을 때는 이른 봄에 사과 꽃이 맺어 있을 때 사과 꽃이 어디에 맺혀 있는지 보면 혈을 찾기에 아주 쉬울 것이다. 산도 과일 나무처럼 대개 산 끝 부근에 혈 자리가 있다.

묘자리 좋은 곳 찾는 법

- 묏자리의 혈토묘자리 흙는 비석비토로 흙이 홍황색이고 맑고 단단해야 하고 누렇고 마디가 짧은 소나무가 많은 곳이어야 한다. 왕모래, 공기돌 같은 것이 둘러져 있으면 물기가 없다. 잡목이 많고 잎이 넓은 꿀밤나무, 초목억새풀이 많고 청태가 끼이면 물이 나거나 습기가 많은 곳이다.
- 묘 봉분에 잎이 넓은 풀이 있으면 물이 있고 잔디가 검게 타 죽은 곳은 땅 밑에 수맥이 있다. 자손에 질환이 있다. 봉분 작업을 할 때 진흙기가 있는 흙은 소나무 잎가지를 중간 중간에 놓아야 묘 봉분이 갈라지는 것을 방지한다.
- 구절초들국화가 피는 자리는 묘를 쓸 수 있다.
- 봄에 초목이 다른 곳보다 더디게 싹이 트는 것은 명당의 생기라 볼 수 있다.

- 봄에 다른 곳보다 잎이 연하게 보이는 곳은 명당의 생기로 볼 수 있다.
- 가을에는 먼저 잔디의 색이 노랗게 변하는 곳이 명당의 생기이고
- 겨울에는 잔디의 색이 노랗게 밝게 보이는 곳이 황금빛을 띈다. 라는 곳보다 습기기가 적기 때문이다.
- 산에 소나무가 밀집된 곳 주위가 잡목으로 둘러싸인 곳은 명당이다.
- 소나무 잎이 연푸른색이고 흙마사토가 빛이 나면 반드시 혈뫼자리이 있다.
- 소나무가 굽어 커고 껍질이 두꺼운 곳은 토질이 물을 머금고 있다.
- 소나무가 곧게 커고 껍질이 엷은 곳은 토질이 물이 없는 곳이다.
- 겨울철에 묏자리에 파란 풀이 있는 곳은 광중묘안에 물이 들어 있다.
- 겨울철에 묏자리를 볼 때 한 곳이 눈에 녹아 땅이 드러난 곳이 있으면 견장풍향양의 명당자리로 생각하기 쉽다. 또 겨울에 풀이 파랗게 자라 있으면 수맥이 있는 곳이다. 또 만약 그 곳이 지하수가 흘러 눈이 빨리 녹은 곳이라면 큰 일이 날 대흉지이다. 불치병을 고칠 수 없다. 병이 생긴다.
- 진형의 혈상에는 기가 강하여 잡초가 나지 못하며 또 토질이 부드럽고 보통 토질과 달라서 풍이 나지 않는다.
- 개미와 땅벌은 지기를 감지한다. 지기가 있는 곳은 가마솥을 어놓은 듯이 땅이 약간 솟아있는 듯 보이고 초목이 다른 곳보다 적게 자라고 있다. 겨울에 눈이 내리면 일찍 녹는다. 따뜻한 지기가 올라오기 때문

이다.

- 묏자리는 남자는 높은 곳 여자는 막아주는 것이 있는 자리가 좋다.
- 혈묘자리는 양배추를 쪼개 놓은 것 박을 타 놓은 것 같으면 명당자리다.
- 재물을 얻으려면 전순계절 밑 앞에 용천수 있는 곳을 찾아라
- 학자 교수 문장가를 원하면 청룡 백호 안상에 화성 문필봉을 찾아라.
- 자손들이 고루 잘 되려면 청룡 백호 안산 삼면이 고르게 높아야 한다.
- 혈묏자리 청룡백호 안산이 멀면 대국으로 발복이 늦게 나지만 계속된다.
- 문성이나 문필봉이 문을 창검이나 기깃대 고북 같은 사격은 무를 주장한다.
- 형은 찾을 때는 증좌가 없으면 명당이 아니다. 오악 양선익 전순 입수 혈 안산
- 주산이 하늘을 찌를 듯 높이서서 혈에 응기하면 자손이 장수하게 된다.
- 혈처에서 증조봉 소조봉이 다 보이면 효자 충신은 나나 높은 관직은 어렵다.
- 혈처에서 태조 회조산이 안보이면서 명혈이 되어야 동양귀재의 인물이 난다.
- 조는 크고 높아야 하고 래룡은 웅장하고 커야 하며 혈은 맺은 성봉봉우리은 수려해 한다.
- 맥이 좁고 적은 곳에서 쌍분을 하지 못하고 묘 봉분도 적개 해야 한다.

번창繁昌의 묘자리를 얻고자 하면

- 위가 단단하고 아래가 평평한 혈처묏자리에서는 구법이나 정법을 완급의 중문 사이에 적용하고 한편이 길고 한편이 짧은 적에서 짧은 쪽을 버리고 긴 쪽을 택하여라.
- 결혈 된 당처當處를 주위의 산 끝이 충沖하는가 또는 물이 충사沖射하여 들어오는 곳이 있는가를 보라 산의 끝이 묘를 충하면 자손에게 상처喪妻가 난다 예로 두 곳에서 충하면 두 번 상처하게 된다. 만약 묘 앞에 개천물이 끊기지 않고 계속 흐르면 상처를 할 수가 있다. 또 물이 흘러도 산 끝 주위에 암석이 있어 혈을 충하면 절대로 면免할 수가 없다.
- 번창繁昌의 혈을 얻고자 하면 힘써 물을 다스려야한다. 산山의 피해는 많은 자손에게 재앙이 미치지만 천산이 길吉함이 하나의 수살생水殺을 막을 수 없다. 즉 산의 흉한 殺보다 수살水殺이 더욱 두렵고 무섭기 때문에 혈을 求하려 할 때에는 먼저 수살을 피避해야 한다.

- 산체山體 오행법五行法이 칠인七人의 성씨姓氏를 극剋해서는 안 된다. 혈자리의 산山이 성姓에 상생相生이 되게 맞추어야 한다. 또한 망인년亡人年에 산山을 맞주고 귀천을 맞추어 살수失手가 없도록 해야 한다.

- 진룡眞龍대지大地란 공후장상지公候將相地라 한다. 진룡은 은隱하면서 씩씩하고 살아 등천登天하듯 날 듯하고 봉황鳳凰이 노닐 듯 하고 구름이 층층으로 옹위하듯 파도가 겹겹으로 물결치듯 기이奇異하고 신령神靈서린 자취가 있다.

- 수기受氣를 받는다는 것은 入首에서 혈에 이어지는 地氣의 축軸 기선氣旋과 시신屍身의 중심축과의 각도角度에 따른 구분이다. 일반적으로 지맥이 순하고 만慢하면 각도가 작고 지맥이 급하고 강하면 각도가 큰 것이 기본이다. 지맥을 조금도 편차가 있어서는 안 되는 것이다. 따라서 향向을 정하는데에도 자연自然으로 된 형태를 따라야 할 뿐이지 인위적으로 고칠 수 없다. 이 원칙을 바르게 알지 못하고 사람이 마음대로 향向을 고르는 것으로 착각하는 地師가 있다. 그러나 향을 정한다는 법칙도 따지고 보면 바른 혈자리를 찾는 기술에 불과하다는 점을 명심해야 한다. 바꾸어 말하면 입향도 정확한 혈심을 찾기 위한 정혈의 비법 秘法일 뿐이 지 地師의 마음대로 이렇게 저렇게도 할 수 있는 성질의 것이 아니다. 하나의 혈에는 오직 하나의 향이 있을 뿐이다. 혈이라고 하는 것은 자연으로 이루어진 것 천조지설天造地設임을 잊어서는 안 된다.

- 물水이 墓를 沖하면 人敗를 많이 당한다. 名穴일 때 산수山水가 충沖하면 속발로 일확천금 한다. 만약 귀판板板혈이라면 특진대과에 속히 발복 한다.
- 묏자리가 기울어지면 우右로 경사지면 남자가 우환만성질환, 좌左 로 경사 지면 여자가 만성질환이 있게 된다.
- 묏자리를 정할 때 산山과 물水이 沖을 하는가를 살펴야한다.
- 묘 안에 감아 돌아가는 물이 없으면 묏자리를 정하지 마라
- 물水 만약 굴곡하고 유정有情하면 성진星辰이 맞지 않아도 또한 吉하고 산이 만약 아름다워도 파쇄하면 하였으면 모든 수법水法에 합당合當 하다 하나 어찌 하리요
- 묘터가 혈穴이 맺었는가를 알고자 하면 만물의 근원인 입수의 유무有 無를 먼저 살펴보라
- 혈맥이 크면 작은 산맥을 의심하고 높은 곳의 결혈은 충사沖射를 논하 지 않는다.
- 넓은 강江 건너의 충사는 관계하지 않는다.

3대에 묘 1기만 명당을 얻으면
그 가문 번창한다

- 산 능선 꼭대기 끝자락에 묘를 쓰지 마라넓은 곳, 뭉친 곳 위는 괜찮다.
- 맥이 우선이며 좌선으로 좌선맥이며 우선으로 묘를 써야 한다.
- 산 능선 중앙에는 묘를 쓰면 안 된다. 자손이 단명하게 된다.
- 산 능선이 좁은 곳에 묘를 쓰면 자손에 해가 된다.
- 산 능선이 넓은 곳은 여러 기의 묘를 써도 문제가 없다.
- 능선이 칼날 같이 가늘면 절손하기 쉽고 비천하게 살게 된다. 편용산은 한 편이 급경사로 된 곳으로 불구 자손이 태어난다.
- 기룡이란 모든 산 능선이 기룡으로 불가 장지라 한다.
- 생룡 사룡을 막론하고 능선 정상을 타고는 장사를 아니 한다. 결혈도 없다. 골육상쟁, 이혼, 파산하게 된다.
- 산 능선이 올라가는 곳을 보고 묘를 쓰면 재물이 나가게 된다. 묘는 능선이 내려가는 것을 보고 써야 한다.

- 묘자리집터를 3대에 한 곳이라도 길지를 얻으면 발복 받는다.
- 아무리 소혈 자리라도 삼십년은 발복한다.
- 산의 용맥이 천간용이면 지지좌향으로 지지룡이면 천간좌향을 놓아야 한다.
- 묘의 좌를 놓을 때 정좌는 피해야 한다. 9층 분금을 사용한다.
- 8괘방위-자오묘유 건곤간손 기가 강하다.
- 묘는 본인생기 방위 중에 16방위는 못 쓰고 8방위만 묘를 쓸 수 있다.
- 좌와 향을 정할 때에는 용맥과 생기가 우선이다. 용맥에 따른 생기의 흐름 먼저 보고 좌향에 따라 맞추는 것이다. 기의 흐름을 무시하고 좌향을 먼저 정하면 자손 중에 무능한 사람이 나고 여러 어려움을 당하게 된다. 혈처를 어느 지점으로 정해 좌향을 잡을 것인가 세심함을 기울여야 한다.
- 혈처가 평원이나 넓은 광야에 있을 때에는 작은 산 능선과 지맥이 거듭 둘러쳐진 형세를 하고 있거나 혹은 물이 감아서 돌아 기가 그 가운데 모여야 하고 물을 관찰함에 있어 그 정의를 찾는다는 말은 곧 그 혈처에 물이 모여들고 둘러싸고 멈추어져 있는지 여부를 살펴보는 것을 말함이다.
- 옛날 묘터를 잘 보았던 사람들은 묘터를 보되 처음에는 자세히 보지 않고 다만 그 땅의 수水가 있는지 없는지 만을 살폈다. 아무리 안산이나 들어오는 물이 좋아도 혈장이 흉하면 그 좋은 안산 조산도 후하게

작용하며 나쁜 안산 조산이라 할지라도 혈장이 좋으면 길하게 작용함을 풍수지리에 능한 일부 지사들 가운데 다른 것은 일체 보지 않고 혈만 보고서 자리의 좋고 나쁨을 살피는데 그 까닭은 이와 같은데서 연유한다.

혈이 제대로 되면 그 나머지 주변의 것들 청룡, 백호, 조산, 안산, 물의 흐름이 모두 갖추기 지기 때문이다. 이러한 극소수의 전문가들은 혈상의 4가지 와겸유돌만 제대로 구분 할 줄 알면 개안을 한데 든다고 말할 정도이다. 그러므로 형세를 보는 것은 사람의 형체와 모습을 살피는 것과 같다. 그 형체 가운데 산수의 길흉을 판단함은 단순히 그것을 통해 취하고 버림을 정하는 것뿐 아니라 좌향을 정하고 완전한 것을 추구하고 모자라는 곳은 피하고 높여야 할 곳은 보태고 낮아야 할 곳은 낮추는 등의 모든 일이 바로 여기에서 행해 질 수 있는 것이다.

이것은 마치 어떤 사람의 착하고 악하고 어질고 그러지 못한 사람을 살핀 연후에 그것으로 친밀하게 지낼 것인지 말 것인지 여부를 정하는 것과 같다. 또한 눈으로 형세를 살피는 능력이 교묘하고 묘터 공사를 할 능력이 갖추어져 있어서 완전함을 추구하고 모자라는 곳은 더하고 보완하고 높여야 할 곳은 높이고 낮아야 할 곳은 낮출 수 있다면 이것이 길함이다.

묘자리는 평소 본인이 살아온 대로 얻게 된다. 선행을 쌓고 덕을 베풀어야 한다

묘자리는 평소 본인이 살아온 대로 얻게 된다. 선행을 쌓고 덕을 베풀어야 한다.

명당은 첫째 망인이 生前에 적선과 덕망을 쌓아야 하고 둘째 그 자손 또한 선덕과 효행을 쌓아야 하며 셋째 마음씨 바른 名地官 三位一體가 갖출 때 얻을 수 있다.

혈이란 옛말에 산지화야요 여수지실야라 이와 같이 山川의 정기가 음양으로 배합되고 生氣있는 山水의 조화가 취회되어 결혈된 곳을 혈이라 한다. 진혈은 덮여있어 쉽게 보이지 않고 하늘은 가려 있고 땅은 알 수가 없고 덕이 있는 사람을 기다리고 德이 있는 者만이 찾을 수 있다.

득명당지유난得明堂之有難란 명당을 얻기가 어려움이 있다 심정지란心定之難 마음으로 정하기가 어렵다.

지혈지란知穴之難 혈穴자리를 알기가 어렵다. 심혈지란尋穴之難 혈자리를 찾기가 어렵다. 점혈지란點穴之難 혈자리를 정하기가 어렵다. 재혈지란裁穴之難 묘를 재혈하기가 어렵다. 안장지란安葬之難 편안하게 좋은 자리에 묻기가 어렵다.

명당진혈明堂眞穴은 구득求得하고자 하면 심성心性 용단勇斷 재력양사財力良士 득인得人을 만날 수 있고 효성孝誠 양사良士를 만나야 입향立向 재혈裁穴하여 안장을 할 수 있다. 즉 후덕厚德한 양사良士를 만나야 명당을 얻을 수 있다.

풍수風水 비법秘法은 물을 얻어야 최상으로 친다고 하듯 예부터 강强 하류나 바닷가가 가장 번성한 것도 여기에 기인한다. 용혈의 전면全面에 물의 기氣가 놓여있고 열려있으면 명당이라고 하여 중시하고 있으므로 길혈에든 수가 불가결한 조건이 된다. 만일 수가 없으면 정룡正龍 진룡眞龍이 되기 어렵고 그 외의 생기생기를 살필 수가 없다. 바꾸어 말하면 정룡이나 진용이라면 반드시 용혈 곁에 물을 수반하고 있다. 물은 용의 혈맥血脈이다. 기氣가 물에 부딪쳐서 정지停止 할 수 있다. 그러므로 대부분의 풍수사風水師 들은 언제나 산을 보기 전에 먼저 수를 본다. 산과 강에 들락날락하는 물이 분류分流되면 기가 약弱해 진다. 또한 물은 소리가 나면 흉하고 소리가 나지 않으면 좋다고 한다. 물은 인공적인 것이 아닌 자연수自然水가 좋은 것이다.

정혈定穴은 정심성의正心誠意로 반복하여 살핀다면 알 수 있다. 정심성의로 정신수양靜身修養을 하여야 한다. 마음을 수양修養하지 않으면 수시로 여러 상황에 마음이 현혹되어 정확한 혈심穴芯을 찾을 수 없다. 뿐만 아니라 마음수양이 되어 있지 않는 풍수사들은 저마다 빈 깡통마냥 자기가 제일이라고 법석을 떨며 자기 과시에 여념이 없다. 그런 사람이 강평講評을 잘한다고 해도 강평과 정혈이 별개라는 사실을 아는 사람은 그리 많지 않다.

평가評價는 잘한다 해도 좋은 명당자리 잡는 능력은 없는 경우도 있다. 사람마다 사람 만나는 인연이 각기 다르기 때문에 세상에는 그런 저런 사람들이 있게 마련이다.

일반 사람들은 어떤 사람이 좋은 풍수사인가를 분별하기 어렵다. 속이 찬 사람은 요란한 소리를 내지 않지만 아무런 말을 함부로 하지 않는다. 현장에 그의 자손이 없다고 해서 함부로 강평을 하지 말아야한다.

묘자리는 이렇게 찾는다

　산에서 묘자리를 찾는 것이 산을 보는 궁극적 목표이며 농부가 봄에 씨앗을 뿌리고 여름에 땀을 흘리는 것이 가을에 그 결실을 수확하고자 함인데 바로 그 결실에 해당하는 것이다. 보다 세심한 자세를 필요로 하는 것이 묘자리를 찾는 방법이라 했기에 실제로 묘혈穴을 찾아내기 위해서는 다음과 같이 최소한 일곱 가지 이상의 사항을 점검해야 한다.
　묘혈을 찾고자 할 때는 무엇보다 먼저 산의 앞과 뒤를 구분한다. 이는 산의 안쪽앞쪽에 혈묘이 존재하기 때문이다. 사람도 생명체를 탄생시킬 때 등이 아닌 뱃속에서 아기를 잉태하고 있는 것과 같은 원리이다.
　산의 동쪽이 어둡고 암석으로 울퉁불퉁한 반면에 산의 안쪽은 광채가 있어 동쪽보다는 밝은 기운을 발하며 암석으로만 되어 있지 않고 많은 부분이 부드러운 흙으로 구성되어있다는 사실을 명심해야 한다.
　산을 처음 공부하는 경우는 산의 안과 밖을 정확히 구분할 줄만 알아도 대단히 큰 성과라 할 수 있다.

멀리서 보아 산봉우리가 부富한 상태의 산은 가마솥 엎어 놓은 것 같은 형상形象의 상태인가 빈약한가를 살피면서 산 전체를 보고 그 다음에 가까이 들어간다. 하나의 산을 볼 때에 는 최소한 원칠근삼遠七近三하라는 말이 있는데 이는 적어도 멀리서 일곱 번 이상 가까이서 세번 이상을 관찰하라는 뜻이기도 하다. 물론 이 말은 산을 어느 정도 공부한 수준에 해당하며 초보자의 경우는 여러번 되풀이하여 보는 자세가 필요하다.

용龍이라 부르는 산의 능선을 찾는다. 산에 있어서는 능선 위로 맥이 흐르고 있어 기氣가 전달되고 있기 때문이다. 능선을 대체로 산 전체 면적 중에서는 아주 작은 면적고 산의 윗부분에 해당되며 혈묘은 능선을 따라 열매를 맺는다. 이처럼 중요한 능선을 무시하고 향向:앞쪽만을 중시하여 우기雨期에는 휩쓸려 나갈 수도 있는 골짜기라도 남향이면 묘를 쓰는 일이 비일비재非一非再한 것은 참으로 크게 잘못된 것이다. 용산을 관찰할 때는 용산중에서도 굵은 쪽으로 찾아간다. 전기가 흐를 때 가느다란 전선에는 약한 전기가 흐르며 굵은 전선에는 강력한 전기가 흐르든 원리와 같기 때문이다.

용의 변화를 찾는다. 상하좌우로 변화를 하지 못하고 흐르는 용은 사룡死龍이며 일정한 변화를 갖고 굴곡과 기복의 움직임을 갖고 진행하는 용산이 바로 살아 움직이는 생룡生龍이기 때문이다.

사신사四神砂를 살핀다. 좌측의 산 청룡靑龍 우측의 산 백호白虎는 유정有情하게 혈묘을 감싸고 있어야 하고 앞쪽에 산들이 등을 들리고 배산背山하며 나아가지 않았는가 앞에 있는 안산案山 뒤에 놓여 있는 조산朝山 등의 모습을 제대로 갖추고 있는가를 본다.

입수(入首 : 묘 바로 뒤)위로 3절三絶이 살아서 변화 하는가 최소한 1절一節만이라도 살아 움직이는가를 보며 변화의 가도는 30도가 되는 가를 살핀다.

주변의 흙과 초목 등의 기氣가 살아있는가 흙은 윤기가 있으며 그 색이 황색 또는 백색 자황색 적색 등으로 밝은 빛을 띄는가 초목은 생동감이 있으며 , 연두색 빛으로 어둡지 않은가? 초목의 색상도 밝은 빛을 내야 하는 것 등을 살피고 묘자리에 무성한 잡초가 없어야 하고 흙이 단단하여야 하고 아무리 비가와도 신발에 흙이 묻지 아니하고 아무리 가물어도 먼지가 나지 않는 땅이 좋은 땅이다.

좋은 묘자리는
이렇게 보고 찾는다

　좋은 묘자리란 어떤 것인가. 그것은 좋은 기가 많아 모여 있는 곳이다. 우리 풍수사들은 좋은 묘자리를 주변 산세와 향(向) 그리고 앞에 보이는 물의 진행 방향 등을 주로 따져서 명당을 찾는다. 이와 같이 찾는 것은 모두 땅위의 상태이다. 그러나 묘자리는 땅속에 있는 것이다. 지상의 상태가 어떻든 가장 중요한 것은 지하의 상태인 것이다. 음택 묘지는 땅속의 상태를 100% 중시해야 한다. 바로 이 점이 기존 풍수사들이 강조하는 것이다.

　땅위의 상태가 아무리 천하의 명당이라고 자부할 수 있는 곳도 지하에 수맥이나 지전류가 흐른다거나 혈토흙가 좋지 않아 습기가 많다든지 지표수가 침투하기 쉬운 지형이든가 자갈이 많은 토질이라든가 주변에 큰 나무가 있어 뿌리가 뻗쳐 들어올 수 있다든가하면 그 자리는 더 이상 생각해 볼 필요도 없는 곳이다. 요약해 본다면,

첫째, 성토盛土된 곳이 아닌 생땅이어야 좋다.

원래의 땅은 자연적으로 비가 와서 땅이 다져지고 굳어져서 지반의 변화가 적으나 성토된 땅은 다른 곳의 흙을 가져다 부었기 때문에 지반 자체가 다져지지 않은 상태이다. 이런 땅은 언제 어떻게 변할지 모르기 때문에 묘를 쓰지 않는다.

둘째, 묘자리를 파 내려가는 도중에 큰 돌이 나오지 말아야 한다. 이런 경우에는 작업을 중지하고 다른 장소로 물색해야 한다.

셋째, 혈토穴土가 좋아야 한다.

땅속의 상태가 좋은 토질로 이루어져 있어 온화한 느낌이 들고 토질의 색상이 누렇고 마사토에 황토가 섞여 있는 것 같은 토질이 좋다. 토질이 검다든지 진흙은 좋지 않다. 땅속에 있는 토질을 알아낸다는 것은 일반적으로는 쉽지 않다. 조금 파본다고 하지만 묘자리는 최소 1미터 이상의 깊이로 묻어야 하기 때문에 그 이상의 깊이로 파보는 것 또한 어려움이 있다. 땅속은 약 30㎝ 정도만 위치를 달리 해도 완전히 다른 토질이 되어 있는 곳도 있으므로 알 수 없는 것이다.

넷째, 자갈이나 잡석雜石이 많이 나오는 땅은 좋지 않다. 자갈이나 잡석의 공간으로 인해 바람이 통하기 때문에 유골이 불편하다. 또한 관이 썩은 후에는 자갈이나 잡석이 체백으로 떨어지면 유골의 손상이 올수도 있다.

다섯째, 능선稜線 직선直線 위에는 묘를 써서는 안 된다. 능선 직선위에 묘를 쓰게 되면 장차 절손絶孫이 우려된다. 능선은 비바람이 가장 많이 몰아치고 또한 등산을 하다 보면 능선 바로 위에 있는 묘들은 고총 묵묘들이다.

여섯째, 나무뿌리가 묘소에 들어가면 자손에게 해가 있다.

나무는 흙을 파고들어야 자신이 지탱할 수 있다. 오행상으로도 목극토木剋土다 하여 나무는 흙을 극한다고 나와 있다. 나무는 자신이 살기 위해서는 아무리 단단한 토양도 뿌리를 내리려 한다. 나무뿌리가 체백의 뼈를 감거나 속에 들어가면 그 후손들은 각종 질병에 시달린다.

일곱째, 뱀이나 쥐, 지렁이, 벌레, 개구리 등이 들어가면 좋지 않다. 이럴 경우 후손은 정신질환이나 알 수 없는 각종 질병에 시달린다. 우선 외부 상태만 보아도 알 수 있다.

좋은 묘자리에는 잔디가 잘 자란다. 그리고 봉분 자체가 안정되어 있다. 또한 여러 가지 잡초가 뒤섞여 자라지 않는다. 좋지 않은 묘자리에는 억새풀이나 쑥과 같은 줄기 굵은 풀들이 자라지 않는다.

묘는 어떻게 써야하는가

수십리 또는 수백리 때로는 수천리를 달려온 용龍이 하나의 혈穴·묘자리을 맺고 혈의 형태와 주변의 여건과 망자亡者를 위주로 하는 장법葬法등을 참작하여 골해骨骸·망자의 뼈 최대한 생기生氣를 받기 위하여 마치 옷을 만드는 재단사가 양복지를 마름하는 것과 같다고 비유되기 때문에 재혈이라 한다.

아차하는 실수로 재혈을 잘못하여 애써 구한 좋은 명당 혈을 잘못 재단하여 망가뜨리면 도로 나무아미타불이 된다. 그러니 재혈裁穴은 순전히 지관地官의 능력이고 권한이며 막중한 책임이다.

구혈救穴은 잘했는데 재혈을 잘못하여 흉凶을 자초하는 예는 허다하다.

당판當坂·묘터혈에 혈심穴心·시신이 묻히는 곳을 바로 찾아 최적最適의 안좌安坐 지점에 금정金井 틀을 정확히 놓아 천광작업·시신이 들어갈 구덩이을 하도록 하는 것이 재혈의 방법이다. 재혈의 목적은 산천정기

169

山川精氣가 시신屍身에게 어떠한 방법이라도 몽땅 받을 수 있도록 재혈 묘를 쓰는 것하는 것이다. 이를 털끝만치라도 오차가 없도록 하기 위하여 입수중심점入首中心點묘 바로 뒤 즉 묘꼬리용미과 전순중심점氈脣中心點계절 하下에다 종선으로 실을 띄우고 다음은 양선익兩蟬翼 끝 부위에다 횡선橫線으로 실을 띄워서 종선과 횡선의 실의 교차지점에 관棺널에 하단下端이 닿도록 하는 것은 대략적 기본 방법으로 하고 재혈에 근본의 정밀방법은 입수정기 발초지처入首精氣 發初之處에 관棺이 닿도록 하는 것이다. 이상과 같이 천광 작업을 하자면 종토정從土精으로 작업을 해야 하며 산천정기山川精氣를 몽땅 받들 수 있는 이치와 기氣의 보류 변화현상은 분금법分金法에서 이해될 것이다. 산천정기를 몽땅 받도록 그 당판내의 어느 지점에다 좌座를 정定하느냐 하는 것이 제일 큰 문제이다. 그러므로 재혈의 정좌正坐란 예를 들면 성냥불이 초 심지에 닿도록 해서 불이 붙는 이치와 같이 입수취기入首聚氣 지점支點 바로 찾아서 취하는 것이다.

 재혈에는 자연산리自然山理의 정혈법을 기본으로 하되 명당에 모인 혈장의 진기를 찾는데는 많은 어려움이 따르게 되어 기맥봉 으로 지기맥地氣脈 파장 감지법을 개발하여 얻어진 지식을 바탕으로 장례 행사에 기맥봉으로 재혈하여 혈토를 확인하였을 때 오차없이 정확함을 이해하게 된다. 신기하리만큼 확신을 얻게 되면서부터 올바른 재혈을 알게 된다.

풍수지관은 많은 경험과 자연 환경을 정확히 알아야 한다. 의사는 한 사람의 생명을 다루고 풍수지관은 한가문의 운명을 다룬다.

명당은 이러한 곳에서 찾아야 한다

우리는 부모님이나 일가친척이 돌아가시면 가장 먼저 하는 것이 묏자리 잡는 일이다.

문중 선산이나 자기 소유의 산이나 밭이 있으면 최고의 명당 묘자리를 찾는 것이 우리네의 풍습이다. 마찬 가지로 집을 지을 때도 명당이라는 곳을 골라서 집을 짓는 것이 우리 민족의 선호사상이다.

우리는 왜 명당을 찾는 것일까. 이유는 간단하다. 바로 풍수지리의 이치 때문인 것이다.

좋은 터에 집을 짓거나 명당 묏자리를 잡는다는 것은 결코 쉬운 일이 아니다. 흔히들 풍을 바람으로 잘못 알고 장풍腸風 바람이 감추어지는 곳한 곳 즉 바람이 없는 곳을 가려 묘를 쓰면 좋은 것으로 판단하여 맥이 갈이는 분기점오목한 곳에 묘를 쓰고 있으나 이런 곳에는 대게 건수乾水 빗물가 들어 있기 마련이니 이러한 곳을 찾지 말고 따뜻한 양지 바른 곳을 찾아 묘를 쓰는 것이 좋다.

산도 앞과 뒤가 있고 올라가는 산 내려가는 산이 있다.

산의 앞쪽은 산세가 완만하고 부드럽고 재래종 소나무들이 많고 바위돌이 없다. 뒤쪽에는 바위 돌과 언덕이 심하고 나무들이 잡목이 많고 산세가 험살 굳고 경사도가 급하다.

올라가는 산 내려가는 산이란 것을 찾을 때 그 지방의 주산主山 제일 큰 산을 먼저 찾아야 한다. 주산 쪽에서 뻗어 오는 산을 보고 올라가는 산인가 내려가는 산인가를 보고 내려가는 산에 혈이 맺힌 곳에 묘자리를 찾아야 하고 만약 명당의 묘자리를 얻지 못하면 최소한도의 살을 피해야 하며 또한 정혈을 얻지 못할 바에는 양지지기陽地地氣 땅에 기가 있는 곳 양지바른 곳에 물을 피하여 장사해야 하고 그러나 북향의 대지가 남향만 못 하다는 말은 북쪽으로 뻗은 용은 대게 사룡이 많고 토질 자체도 습이 많고 단단하지 못하고 푸석푸석하고 생기 없는 부식토가 많다. 반드시 대지를 구하여 하지 말라.

조선 중엽에 남사고 도인이 자기 부친 무덤을 구천십장을 하였을 때 비몽사몽에 선인이 나타나 생사괘지 어디 두고 사사괘지 웬 말이냐 하면서 사라져 자기 친산을 살펴보니 죽은 용에 장사되었음을 알고 내복이 이뿐이었구나 하고 통탄 했다 한다. 결국은 지나친 과욕으로 자기 부친 무덤을 진지에 모시지 못 하고 화를 입은 것이다.

흔히들 집안이 번창하면 자녀가 잘된다. 사업이 잘된다. 가정에 우환이 없이 화목하면 그 집은 조상이 도와준다고 흔히들 말한다. 보통 어른들의 말씀이지만 여기에는 깊고 오묘한 영적이 통한 말씀이다.

우리는 자녀들이나 집안에 젊은이들에게 열심히 노력하면 노력한 만큼 반드시 대가가 있다. 그러나 대가가 많고 적음은 너희 분복에 맡겨라 라고 말한다. 그러나 풍수의 이치는 천인지 삼재가 융합된 가운데 완성된다. 조상이 가져다 준 운과 땅이 준 생기에다 인간의 주체적인 정심자의 노력이 결부되어야 명당을 얻을 수 있다.

명당과 명혈 무해지지와 망지는 어떠한 곳을 말함인가!

　명당明堂 명혈冥穴을 말하면 그 차이점이 현저하게 다르다. 명당은 양택지陽宅地를 말하고 명혈은 묘자리를 말한다. 명당이란 생활터전이다. 적고 넓은 들판들이고 우리가 살고 있는 환경의 생활터전인 것이다. 도시나 농촌일지라도 돈 많은 부자들이 살고 벼슬아치들이 살고 있는 동네들을 명당동네라고 말을 많이 한다. 또 어느 지역적 환경이 좋다고 할 때나 하나의 집터가 길지가 되었을 때도 명당 집터라고 한다.

　명당에서는 만물의 곡식도 결실이 잘 되는 것이다. 사람이 사는데도 그에 따라 좋은 환경의 공기 속에서 장수할 수 있고 오래 살다보면 좋은 운면을 받을 수 있게 된다. 인격의 격차나 부귀빈천富貴貧賤의 격차도 명당환경에 달려 있다. 인생의 사주팔자도 명당 환경에 따라 달라지는 것이다.

　명혈은 음택지陰宅地를 말한다. 즉 묘를 쓰는 길지라는 것이다. 명혈도 명당국세가 열렸을 때 묘자리의 명혈 길지도 그 안에서 생길 수 있는 것이다. 망지亡地란 명혈의 반대되는 자리를 말하며 망지 지역에 묘를 쓰게 되면 자손이 망하게 된다. 또 망지 지역에 살게 되면 건강도 약해지고 자기 수명을 다 살지 못하며 자식이 출생하면 기형아나 바보천지가 나게 된다.

망지란 묘를 써서는 안 되는 자리를 말하는데 묘를 쓰면 많은 해를 본다하여 망지라 한 것이다.

망지라 하는 곳은 햇빛이 적은 응달진 곳 흙이 습하고 색상이 검으며 잡석이 많은 곳이다. 그래서 잡목나무만 무성하게 자란다.

옛말에도 잡목 심산에 불가장이요, 잡초 음습산에 불가장이라 했다. 음습한 산에는 산맥山脈을 받지 못하여 자손이 요절夭折하게 되고 기형아나 바보가 많이 태어나는 수도 있으며 혹 정상으로 태어난다 해도 비천卑賤한 팔자를 타고나게 되어 일생을 비천하게 살게 된다.

최소한의 미음을 풍수 이치에 돌린다면 이와 같은 망지의 해는 면할 수 있을 것이다. 우리나라는 다른 나라에 비하여 산이 많으면서도 산천정기山川精氣가 충만 되어 묘를 쓰는 데는 무해지가 얼마든지 많은 것이다.

말하자면 양지 바르고 흙색이 밝으며 토질이 강해야 하고 사태가 난 자국이 없어야 하며 잡초가 무성하지 않은 곳이라야 무해지라 할 수 있다.

즉 살이 찐 산 능선 같으면 더욱 좋은 명당 길지라 할 수 있다.

우리가 명당이란 말은 자주 많이 들어도 반갑게만 들린다. 모든 고장이나 살기 좋은 곳에 명당집 자손 가문 모두 명당이다. 참으로 듣기도 좋은 말이다. 우리 생활과도 밀접한 말이라 하겠다. 우리나라의 산세는 세계에서도 산천정기가 가장 풍부한 산세이고 일조량의 조건이나 사계절이 뚜렷하여 사람살기에 가장 좋은 명당 지역이라고 한다. 또 명당 터에다 집을 짓고 살면 그 명당 집터에서도 좋은 발복을 하게 된다. 집터의 발복은 그 자체의 지기와 명당이 되는 환경적 운기가 사람에게 듬뿍 젖어서 건강하고 영리해져서 잘 살 수 있는 지역적 기질을 받는다.

명당터에서 이세가 태어날 때도 건강하고 명당이 기질을 몽땅 받아 좋은 사주팔자四住八字로 태어나 높은 인격으로 일생에 부귀영화를 누린다. 그러니 우리 인생의 운명이 살고 있는 지역적 환경 부모 성정의 환경 조상 명당의 환경을 받아가지고 태어나서 그 환경대로 살아가는 것이 운명의 팔자라는 것이다.

묘지에 알맞는 경관을 조성하면
금상첨화錦上添花라

묘지를 조성함에 있어서도 흔히 내실보다는 외관상보기 좋게 조성해야 한다는 그릇된 생각으로 장지葬地를 사전에 정리하면서 가장 중요한 혈처穴處를 파괴하는 사례가 너무나 많다.

먼저 지관地官으로 하여금 혈처를 찾아 이를 중심으로 벌안을 정리해야 하고 한 벌안 내에서도 토질이 좋은 곳을 잘 가려서 안장한 후에 이 묘지에 알맞은 경관을 조성함이 타당하다.

용법龍法에 의한 용상팔살龍上八殺이나 수법水法에 의한 황천살黃泉殺은 반드시 면해야 되지만 최소한 체백體魄의 상극相剋인 건수乾水를 피해서 무해지지無害之地에 용사用事하여 액운을 사전에 방지해야 할 것이다.

풍수이론에 입각하여 맥脈을 찾아 좋은 장소를 모색하는 것도 어렵지만 혈처穴處를 제대로 찾아 안장安葬 하는 것은 아무나 다 할 수 있는 일이 아니다.

　부모님을 묘지 이장하는데 지관인 나도 한 달 간 잠을 이루지 못했었다. 하물며 남의 손을 빌려 부모님을 묘지 이장한다는 것은 보통의 어려움이 아니다. 때문에 양식 있는 명지관名地官을 찾아 용사해야 한다는 것을 명심해야 할 것이다. 근래近來에 풍수지리학을 제대로 연구하지도 않은 사람들이 어쩌다가 한번 자기 부모를 모셔본 후에 패철 하나 구해 가지고 지관행세를 하는 분이 부지기수다. 이분들이 지리의 원리를 알지도 못하면서 말 못 하는 체백體魄에게 죄를 지음은 곧 큰 죄인이 되는 것이니 크게 깨달음이 있어야 할 것이다.

　조상의 체백유골을 명당에 모시게 되면 지기地氣를 받아 안장安葬이 되므로 이것이 효행의 최상이요. 이로 인하여 자손들이 자연히 복을 받는다면 금상첨화격錦上添花格으로 그 이상의 다행이 없을 것이다. 인걸人傑은 지령地靈이라 하듯 조상을 길지吉地에 용사함으로써 자손에게 영향이 미침은 주지하는 사실인데도 성묘하기에 편한 곳만 치중하여 길지吉地도 아닌 흉지凶地에 모신다는 것은 효행과 엄청난 괴리乖離가 있음을 숙지해야 할 것이다. 또는 조상의 묘지 이장여부移葬與否를 놓고 형제간에 타협을 많이 하게 되는데 그중에서도 근면과 성실로 좀 생활이 넉넉한 자손이 반대하는 예가 거의 많다. 그것은 현재 그 자리로 자기에게 해가 없으니 나쁘지 않다고 생각하기 때문에 굳이 묘지 이장할 필요가 없다는 것이다. 그러나 명당에 용사하면 더욱 생활이 나아지는 정도가 아니라 가문家門에 재벌가財閥家나 인물이 나오는 등 인정人丁이이 흥왕興旺해 지는 것을 모르는 소치이다.

또한 명당을 구해 놓고도 용사 일자日字를 정함에 있어 삼재三災가 들었느니 회갑이니 결혼이니 자녀들의 출산이니 또는 점占을 치니 어떤 재앙이 닥친다는 등의 이유로 왕왕 용사일用事日을 미루는 집안을 많이 보아 왔는데 이러한 사항들은 하나의 미신에 불과한 것이다.

묘지 이장이란 체백을 새로운 장소에 편안하게 모셔드리는 데에 그 목적이 있으되 후손에게 어떠한 복택福澤을 기대하는 것은 큰 잘못이다. 길일吉日을 택하여 안장安葬해야 하며 조상도 기뻐서 좋아하실 것이며 또한 조상이 좋아하시면 자손에게 복이 자연히 돌아오지 않겠는가. 효를 행함에 자신의 희생을 감수하는 미덕美德없이는 효를 행할 수 없는 것이다. 조상을 편하게 모시는데 자손들이 조금 고초를 받는 것은 자손으로서 감수해야 하는 것이 당연한 도리이며 또한 이것이 효행인 것임을 명심해야할 것이며 명당인 대지를 얻으려면 망인의 덕망과 적선이 있어야 명당을 얻는다.

조상 산소에 석물石物 또는 사토를 함부로 하면 자손들이 해를 입을 수 있다

옛날이나 지금이나 풍수지리 사상思想이라는 학문은 누구나 한 번쯤 연구하고 관심이 많은 학문이라 생각된다.

이는 예로부터 삶의 집터와 조상을 숭배하고 받드는 지극한 우리 민족의 효도사상孝道思想의 전통과 조상의 묘를 명당에 모시면 조상과 자손이 편안하고 더불어 국가와 사회에 이바지할 인물을 얻을 수 있으리라는 우리 민족의 깊고 깊은 신앙적 풍수지리사상으로 해마다 봄이 되면 돌아가신 부모와 조상에 대해 애석한 마음과 지극한 정성으로 그 은혜를 추모하며 엄숙한 마음의 효성으로 조상의 산소를 돌아보고 있다.

그러나 생전의 부모와 조상을 섬기는데도 효성과 정성을 다 해왔지만 돌아가신 부모와 조상을 섬기는 데 있어서 가장 중요한 효행은 그 묘를 자연의 진리에 맞는 안정된 묘터에 조상을 모시고 그 묘역을 잘 관리 보전 함으로서 유골 산화酸化썩지 않고 자연의 생명 에너지가 응축凝縮되어 순화원리醇化原理에 따라 순조롭게 환원작용還元作用을 하게 되어야만 조상의 유골이 편안하고 영혼도 편안하게 모셔 드리며 이것이 진실한 부모와 조상에 대해 효행이라 생각 됩니다. 팔풍 바람이 몰아치고 비오고 나면 물이 들락날락하고 나무 그늘에 습기가 차고 나무뿌리가 엉키고 개미와 뱀 쥐들이 들락거리고 썩은 땅 자갈, 모래, 반석위에 부모와 조상 산소를 모셔놓고 각종 호화로운 석물石物로 묘를 치장하며 법석을 떠는 일은 자손의 체면 치례에 불과한 노릇이라 생각 되며 물론 그런 정성도 부모와 조상에 참 효행이라 하겠으나 그런 공사 현장을 가보면 공사 잘못으로 인해 물과 나무뿌리 벌레 동물 바람이 묘에 침입하게 공사를 해두고 나면 그 결과로 유골이 썩어지거나 바람을 받아 고통 받게 되면 그 조상의 유골과 영혼은 괴롭게 되고 그 자손은 당장에 또는 수년 안에 건강 재산 명예 등에 상당한 해를 당하고 나면 석물石物 못할 산에 석물을 해서 해를 본다고 조상의 탓으로 돌리고하는 예가 종종 볼 수도 들을 수도 있다. 이것은 오히려 조상에게 불효를 저지르는 결과가 되고 마는 것이다.

    부모와 조상은 나무의 뿌리와 같으며 나무뿌리가 썩으면 나무는 당연히 말라서 죽어버린다. 그런데 우리는 이러한 진리를 알면서도 우리들은 먹고 살기가 바빠서인지는 몰라도 조상의 유골이 우리의 뿌리요 씨라는 진리에 대해서는 무감각하다.

부모와 조상의 체백이 소멸되면 그 자손도 따라서 차차 소멸되고 흩어진다는 사실을 알지 못하고 있으니 안타까운 일이다. 지난 9월12일 태풍 매미로 인해 조상 산소에 피해가 있었는데 잘 살펴 보고 비가 오고 나면 그 물이 묘 봉붙 곁으로 가지 않도록 흙과 잔디로 손도 보고 산소 가깝게 서 있는 나무나 벌 안에 있는 작은 나무들도 다 케 내거나 큰 나무는 베고 농약 건사미 또는 판벨을 잎이 필 때 뿌려주거나 나무끌턱에 발라두어도 차차 말라 죽는다. 옛날이나 지금이나 조상산소 관리 잘하여 온 후손들 문중이나 가문에 인물 또는 부자가 출생하는 것을 많이 보았다. 오랜 옛날부터 전해오는 말에 의하면 가장 큰 죄는 부모와 조상에 불효하는 것이고 가장 큰 적선 적덕은 부모와 조상에 효도하는 것이라 했다. 부모에 효도하는 자손은 그 자손도 좋은 명당에 살 수 있고 죽어서도 좋은 명당자리에 갈 수 있다.

묘역의 석물상石物像들은
잡귀를 물리치는 수호신이다

 옛 무덤들을 살펴보면 묘의 앞쪽을 제외한 뒤쪽 동쪽 서쪽의 삼면에 담을 둘러 바람을 막았다. 그리고 봉분 둘레에 열 두 조각의 판석을 둘러서 봉분이 흘러내리지 않도록 했는데 병풍처럼 둘렀다 하여 이를 병풍석 혹은 둘레석이라 한다. 둘레 석은 봉분과 주위를 경계 짖는 역할도 한다. 그리고 다시 둘레 석 주변을 난간석으로 둘러서 봉분을 보호 했다.
 특히 봉분의 둘레 석에 열두 방위를 담당하는 십이지신상을 해당 방위에 양각으로 조각 하는데 이는 우리나라 묘에서만 보이는 독창적인 기법이다. 십이지신상을 둘레 석에 새기는 것은 모든 방위로부터 침범하는 부정과 잡귀를 쫓아 묘를 보호하기 위한 것이다.
 그리고 봉분을 둘러싼 난간석 바깥쪽에는 돌로 만든 해태석과 양호랑이석 등은 각각 밖을 향하도록 세워 봉분을 호위 하도록 하였다.
 이 동물석은 묘를 지키는 수호신이며 사악한 것을 물리치는 파수꾼이다.

봉분 앞에는 사각형으로 된 돌이 있는데 이를 혼유석魂遊石이라 한다. 혼유석이란 혼이 노는 곳 이라 하여 붙인 명칭으로 일반 무덤에서는 이를 상석床石이라 하며 제물祭物받침으로 쓴다.

봉분 앞 양 옆으로는 망주석望柱石 망두석 한 쌍을 세웠다 망두석은 그 이름에 알 수 있듯이 멀리서 바라보아 쉽게 알아 볼 수 있도록 한 일종의 묘표墓表이며 이 망두석을 보고 찾아온다고도 하고 옛날에 남자 자손 기러기가 어려워 남자의 상징인 남근과 닮았다고 하여 자손이 번성하기를 위해 세우기도 하였고 망주석 달빛 그림자가 묘를 향해 걸쳐지면 그의 묘 자손에게 해가 있다고도 믿어왔다. 흔히 무덤에 문무석이나 장명등과 같은 석물石物은 세우지 않더라도 망주석 만은 빼놓지 않고 세운다. 망주석은 한 단 아래에 혼유석과 일직선이 되도록 세우기도 하고 삼합오행 방위로도 세우기도 하며 돌로 만든 등을 세우는데 이를 장명등長明燈이라 한다. 장명등은 그 이름이 말해주듯 무덤을 밝혀 신들이 놀 수 있도록 할 뿐만 아니라 잡귀를 막는 역할도 한다. 귀신이 가장 무서워하는 것이 불이기 때문에 잡귀를 쫓을 수 있다고 믿어 장명등을 무덤 앞에 설치한 것인데 조선 초기에는 팔각지붕이었다가 후기 로 오면서 차츰 사각 지붕으로 그 양식이 바뀌었다.

장명등長明燈 좌우左石에는 문인석文人石 한 쌍이 석마石馬를 대동한 채 서 있고 또 그 아래에는 장검을 차고 있는 장군석將軍石 한 쌍과 석마한 쌍을 세운다. 이러한 장군석은 무덤을 지키는 시종 역할을 하는데 중국 한 나라 때는 장승을 대신 세우기도 했다. 그 영향 인지 고려시대 무덤의 문무석은 그 조각 기법이 마치 장승처럼 조악해 보인다. 그러다가 차츰 세련되어 갔다. 마을 입구의 장승은 무덤의 이런 장군석에서 비롯된 것이 아닐까 생각 된다.

　이와 같이 임금의 릉陵(왕실 가족의 묘) 원園(일반 영의정 이하 묘) 등 주위에 석물을 세우는 제도는 중국의 전한시대부터 시작되었다고 한다.

　우리나라에는 경주에 김유신 장군의 묘를 보면 신라시대 때부터 석물을 세운 것으로 추정되며 김유신 장군의 묘소 둘레 석은 12지신 동물로 조각이 되어 12신 방위로 배열되어 있으며 조선시대의 왕릉 제도는 이를 기본으로 하여 발전된 듯 하다.

　비석碑石의 기능은 본래 무덤의 유실을 방지하는 것인데 석물石物을 세워서는 안 된다는 설은 옛날이나 요즘이나 갑자기 벼락부자가 되었거나 권세를 잡으면 제일 먼저 하는 것이 바로 조상의 무덤을 꾸미는 일이라 평소에는 잘 돌보지도 않던 조상의 무덤을 호화롭게 꾸며 과시하거나 무언가 남과 다름을 나타내려는 것이 작금의 세태이다. 무덤 주위에 거창한석물을 세운다거나 굳이 새길만한 이력이 없는데도 비석만 덩그렇게 세워 놓은 것도 볼 수 있다. 그것으로도 부족하여 무덤 앞에다 연못을 파 놓는 경우도 있다. 무덤 앞의 인공적인 연못은 풍수상 위험천만한 일이 아닐 수 없다. 연못을 파는 것은 앞에서 오는 흉기凶氣를 막기 위한 것인데 이를 둠으로써 오히려 무덤의 기氣를 손상 시킬 수도 있는 것이다.

비석이란 글을 새겨 무덤 앞에 세운 돌이라 할 수 있다. 비는 고래古來 사대부士大夫의 집이나 학교의 마당에 세워 마치 해시계처럼 그림자를 헤아리던 돌에서 유래되었다고 한다. 그러나 무덤 앞의 묘비는 엄밀히 말해 비석과 묘갈墓碣로 구분된다. 비석은 각이 진 네모난 형태의 돌에 비문을 새기고 위에 집 지붕 모양의 가첨석을 얹고 밑에는 받침 석으로 받침 석비石碑를 가리킨다. 묘갈은 비석처럼 가첨석을 얹지 않고 머리를 둥글게 만든 작은 모양의 비석으로 머리 부분이 호패처럼 둥글게 생겼다.

신도비神道碑-임금이나 고관의 무덤 남동쪽에 남쪽을 향하여 큰길가에 세우는 비석는 종2품 이상인 관원의 무덤에만 쓰이며 큰 길가에 세운다. 밑에 놓은 귀부龜趺-거북모양의 돌에 비신을 세우고 갓 석을 돌린 비이다. 요즘 생전에 자기가 들어갈 무덤을 만들고 죽은 날짜만 새기지 않은 비를 세워 두는 경우를 흔히 볼 수 있다. 이는 정상이 아니라 장차 자신이 들어갈 무덤을 신후지지身後之地라고 하는데 이를 수실壽室 수당壽堂이라고도 한다. 모든 풍수지리학서 마다 명당은 하늘이 숨겨 놓은 비밀스런 장소라 하여 천장지비처遷藏之秘處라 했다. 그것을 찾아 쓰는 것만 해도 황송스런 일이거늘 거기에다 요란스럽게 법석 떨며 비석을 세워 남의 눈에 띄게 하면 될 일도 안 된다.

그리고 무덤이라고 해서 다 비석을 세울 수 있는 것만은 아니다. 묘의 형국形局이 금계포란형과 같은 날짐승 즉 네 발 달린 짐승이 아닌 형국에서는 묘 앞에 비석을 세우면 날개를 누른다고 해서 비석을 세우는 것이 금기로 되어 있다. 오히려 비석이나 석물을 세워서 명당의 지기地氣를 눌러 화를 초래하는 경우가 있기 때문이다. 다시 말해 비금수飛禽獸 형국에 비석을 세우면 명당이 오히려 흉지로 변해 화를 입는다. 백조포란형이라든가 봉황이 알을 낳으려고 날아드는 형국인 비봉귀소형 비종포란형 학소포란형 등 비금수 형국에 석물을 갖다 놓으면 아무리 좋은 명당이라도 망한다는 것이다. 즉 새의 형국에서는 날개나 둥지 머리 부위가 명당자리에 해당되는데 그 주위에 무거운 돌을 갖다 놓으면 날개가 눌려 날지 못하기 때문에 명당을 얻고도 발복하지 못한다. 또 둥지인 경우 알이 깨질 염려가 있고 머리인 경우에는 날지 못할 뿐더러 새가 죽을 수도 있기 때문에 이러한 곳에 비석을 세워서는 안 된다. 게다가 봉분의 흙이 흘러내리지 않도록 밑에 두른 호석이 봉황의 날개를 칭칭 감아 놓은 격이라 자손이 오히려 화를 입을 가능성도 있다. 또한 묘를 쓰고 나서 발복한 경우 그 묘를 묘지 이장하거나 전에 없던 비석을 새로 세우면 도리어 해가 될 수도 있다.

물고기 모양의 장식은
수호신의 상징이다

절에 가면 대웅전 처마 밑 네 귀퉁이에서 언제나 정겨운 풍경소리를 들을 수 있다. 그런데 왜 풍경에는 어김없이 물고기 모양의 장식이 매달려 있는 것일까. 또 옛날의 반닫이 옷장 돈궤 등등의 자물쇠통에는 무엇 때문에 물고기 모양이 많으며, 전쟁터 장수의 갑옷은 무엇 때문에 비늘 모양의 무늬를 했는가. 그 뿐이 아니다. 민화에는 새가 물고기를 물고 날아오르는 장면이 많이 나온다. 자연현상의 묘사라면 살생의 의미가 있는 불교 신자들도 이런 그림을 즐겨 병풍으로 쓰는 이유는 무엇인가. 청동기 유물의 오리장식 수릿대의 새 고구려 고분벽화의 새 가야 신라의 오리 모양의 토기 백제 몽촌토성에서 나온 나무오리 등등 우리의 옛 선조들이 지겹게도 똑같은 내용의 그림들을 몇 천 년을 이어 즐기는 이유는 무엇인가. 이러한 모든 의문에 대한 해답을 명확하게 해주는 문헌은 없다.

그런데 엉뚱하게도 풍수지리서에서 많은 의문을 풀었다는 이야기가 심심찮게 나오고 있다.

풍수지리의 형국론形局論에 따라 묘지 즉 명당明堂자리를 잡을 때 지관들은 흔히 사람이나 동식물의 형체에 비유해 혈처穴處를 찾고 미래를 예측한다.

이를테면 풍수지리의 형국론이 바로 그것이다. 유어상탄형遊魚上灘形이니 어두형魚頭形이니 하는 것이 그러한 것들인데 물고기가 등장하면 과거에 합격하는 등용이거나 장군 또는 수호신守護神의 상징이 된다.

그러면 물고기는 왜 수호의 상징인가?

예로부터 사람들은 물고기는 잠을 잘 때도 눈을 뜨고 잔다고 알아 왔다.

그리하여 밤에도 도둑을 지켜준다고 믿어왔고 그것이 전해 내려오면서 신앙으로 되어 버렸다. 어쩌면 이런 연유에서 물고기 모양의 장식은 풍경에도 등장하게 되었고 자물통이나 장군의 옷에까지 물고기의 비늘 모양을 한 것은 너무나도 당연한 발전인지도 모른다.

해군들이 전쟁터에서 나갈 때 물고기가 배에 뛰어 오르면 적장이 투항한 길조로 받아들여 군사들의 사기가 충천한다.

그런데 물기라 해도 물에서 사는 높이에. 따라서 3양3음三陽三陰의 여섯 가지로 구분한다. 맨 위는 용이요 맨 아래 흙탕물 속에는 미꾸라지 또는 모래무지를 예로 든다. 그리하여 1음一陰에서 3음三陰은 비천한 물고기요. 1양一陽에서 3양三陽은 등용문을 통과한 물고기로 비유된다. 이런 상징적 얘기에서 나온 속담이 미꾸라지 용 됐다는 것으로 3음에서 3양으로 5계급 승진했다는 내용이다. 즉 비천한 사람이 훌륭한 인물이 되었다는 뜻이다. 또 메기는 투구를 쓴 모습이라 하여 장수로, 철갑상어는 경대부卿大夫로 송사리 때는 다산多産을 상징한다. 민화에서 물고기를 물고 나는 새의 그림은 새하늘가 물속의 고기초야에 묻힌 인재를 집어 올리는 즉 천거하는 것으로 비유된다.

  이는 백미고사 등과류白眉古事 登科類에 나오는 얘기로 악천顎薦이라고 하는데 초야에 묻힌 서민들은 아들이나 손자가 특별히 등과하기를 기원하는 뜻으로 그런 그림을 그려 걸어 놓거나 병풍을 만들어 사용하기도 했다. 또한 소낙비가 갑작스레 올 때는 연못이나 강물에 물고기들이 거품을 품으면 물방울이 생기는 것을 보고 오늘은 소낙비가 온다는 것을 알고 우리 조상들은 미리 비를 맞지 않게 준비를 해두고 들에 나가 농사일 준비를 하였다.

잡초목雜草木 심산深山에 묘를 쓸 수 없다

옛 고서에서는 불가장지不可葬地란 말이 있다. 1잡목심산雜木深山에 불가장不可葬 잡목산雜木山은 거의 잡석雜石이 많이 있고 음습陰濕한 산이며 또 심산深山은 깊은 산이다. 깊은 산에는 묘지자리가 없다. 있다 하더라도 산꼭지 주변에 바람이 없는 곳이라야 묘를 쓸 수 있다. 또 이와 같은 곳은 전혀 묘를 쓸수 없는지라 아무리 고관대작이라도 이런 곳에 장사하면 천민賤民으로 변하여 가게 된다. 잡목 나무가 무성한 곳에는 습濕이 많은 곳이니 묘자리가 아니다. 산 밑 기슭에 보면 교통관계로 후손자손들이 산소山所를 돌보는 문제 등을 들어 밭에 산소를 많이 드리는데 이와 같은 곳에는 흙이 밝고 맑아야 하고 깨끗하고 곡식이 잘 안되는 곳이라 가능하다. 묘를 써놓고도 벌초하러 갔을 때 산소에 잡초가 무성하지 않아야한다. 2잡초심산雜草深山에 불가장不可葬 잡초가 무성茂盛한 산은 정기精氣가 소멸되어 음습陰濕하게 되었으니 장사葬事할 수 없는 곳이고 또 심산深山으로 들어갈수록 자생음풍自生陰風으로 망지亡 地가 되는 곳이다.

　요즘 같이 산소 자리를 얻기가 심각한 시대이지만 밭 같은데 표면이 청태가 끼어 있어서는 안되며 산이라도 왕새풀들이 흩어져 자라는 곳에는 물이 나거나 물이 나지 않으면 습기가 많은 곳이다. 우리가 차를 타고 가다보면 연못 둑 같은데 보면 많은 잡초들이 있는데 이와 같은데서 잘 자라는 풀들이 산에도 많이 볼수 있다. 이와 같은 잡풀들이 자라고 있는 곳은 묘자리가 아니니 잘 살펴 보고 취해야 한다. 3초목草木으로 보는 명당은 춘하추동 사시절四時節로 보는 색상色相이 이러하다.

　봄철에는 풀잎이나 나뭇잎이 다른 곳의 초목에 비하여 더디게 새싹이 트는 곳이 명당明堂의 생기生氣라 볼 수 있다. 여름에는 초목의 모든 잎의 색상이 연두색으로 보이는 곳을 명당明堂의 생기로 본다. 초가을에는 명혈明穴을 보면 잔디가 먼저 노랗게 변한다. 겨울에는 잔디의 색상이 눈이 부실 정도로 밝게 보인다. 잡초는 겨울에는 검게 보인다 또 묘지에 습기가 있는 곳에는 잡풀들 파랗게 살아있으면 산소 안에 물이 있다. 토종소나무가 무성한 산 속에 참나무가 있는 곳은 땅이 물을 머금고 있는 곳이다. 또한 초목의 잎이 좁고 오골오골한 곳은 암석岩石으로 이루어진 곳이라 불가장지不可葬地이다. 용세龍勢가 잡초의 넝쿨로우거진 곳은 잡석으로 이루어졌거나 음습陰濕하고 추악한 곳이라 묘를 쓸 수 없다. 잡초가 많이 나는 곳도 음습하여 묘를 쓸 수 없는 자리이다.

또 묘를 쓸 때 광중을 팔 때도 토지가 검거나 어두운 색상으로 되어 있으면 장사후葬事後 묘 광중에 물이 날 염려가 있다. 천광穿壙 시체를 모실 광중을 파는데 혈토穴土가 오색五色토가 가장 좋다고 하는 것은 세상만사世上萬事가 오행五行의 작용이라 그리 말하는 것이다. 혈토는 단색이 제일이다.

천광空廣의 오색토가 강하면 장사후 물水이 모여들어 물이 고인다.

오색토五色土가 부드러우면 절대 물이 생기지 않는다. 천광을 팔때 흙을 손에 쥐어보아 흙이 갈라지면 묘를 쓸 수 있는 자리이고 흙을 손에 쥐고 놓았을 때 송편 반죽해 놓은 것과 같으면 묘를 쓸 수 없는 곳이다. 즉 말하자면 진흙이 섞여 있는 곳은 묘를 쓰면 광중에 물이 고인다. 묘지 조성을 잘하면 피할 수 있다.

산소 옆에 왜 큰 소나무를 심고 석상을 세우는가?

　무덤 주위에 소나무나 잣나무를 심은 것을 흔히 볼 수 있다. 또 석호를 세워 놓기도 한다. 무슨 이유일까?
　홍만선의 『산림경제』에 의하면 무덤 속에는 죽은 사람의 간과 뇌를 파먹는 망상罔象과 온이라는 벌레가 있다고 한다.
　그런데 이들은 호랑이와 잣나무를 가장 무서워 한다는 것이다.
　특히 죽은 사람의 뇌를 잘 먹는다는 온이라는 벌레는 잣나무로 그 머리를 뜯으면 죽는다고 한다. 고구려에서는 돌을 쌓아 봉분을 만들고 소나무와 잣나무를 주위에 심었다. 지금도 서남해 도서 지방에서는 초분에 소나무 가지를 꽂아 놓은 것을 종종 볼 수 있다. 초분에 솔가지를 꽂아 놓으면 들쥐나 잡귀가 침범하지 못해 유골을 잘 보존할 수 있다는 믿음 때문이다. 또 남해의 청산도 같은 곳에서는 초분에 솔가지를 꽂으면 물이 잘 빠진다고 믿는다. 그리고 자손들이 성묘를 하고 갔다는 표시로 솔가지를 꽂아 놓기도 한다. 무덤 주위에 소나무를 심고 초분에 솔가지를 꽂는 이유는 잡귀와 부정을 막아 유골을 잘 보존하기 위한 것이다. 음양오행설에 의하면 나무는 오행의 목청에 해당되며 목은 방위 개념으로 볼 때 동방을 뜻한다. 동방은 해가 뜨는 곳이자 만물의 소생을 의미한다. 즉 창조 신생 생식을 상징하며 적색과 같이 양을 의미한다. 양은 음을 구축할 수 있기 때문에 양의 색을 지닌 청솔가지로 잡귀를 막고자 한 것 이다. 또한 솔잎은 그 모양이 뾰족하여 이것으로 찌르면 귀신이 무서워 감히 침범하지 못 할 것이라고 생각하였다. 성현의 용재총화에는 2월 초하룻날 화조라 하여 이른 새벽에 솔잎으로 물을 문간에 뿌리는데 냄새 나는 벌레가 무서워서 솔잎으로 찔러 사邪를 없애는 것이다 라는 대목이 있다.

　귀신도 인간과 비슷해서 송곳같이 뾰족한 것으로 찌르면 아플 것이라고 생각한 것이다. 칼을 가진 사람과 바늘을 가진 사람이 싸우면 과연 누가 이기겠는가 사람들은 대부분 칼을 가진 자가 이긴다고 생각한다. 그러나 막상 싸움을 해 보면 칼을 가진 자는 단 한번만 찔러도 상대가 죽을 수 있기 때문에 섣불리 찌르지 못하고 엄포만 놓지만 바늘을 가진 자는 아무리 찔러도 죽지 않는다고 믿기 때문에 맘 놓고 찌를 수가 있다. 결국 칼을 가진 자는 한번 찔러 보지도 못하고 바늘에 찔려 녹초가 되고 만다. 그래서 바늘 가진 자가 이긴다. 이는 물론 우스게 소리라지만 바늘의 위력은 귀신에게도 마찬가지 일거라고 여겼던 것이다.

또 손각시천연두에 걸려 죽은 처녀는 관 속에 소나무 가지를 채워 몰래 네거리 한복판에 묻기도 한다. 이는 원귀의 탈출을 막고 사내들이 지나가면서 밟아주면 원귀를 달랠 수 있을 거라는 생각에서 나온 것이다. 이외에도 민간 습속에 나타난 소나무의 벽사적 기능을 보여 주는 예는 많다. 딸을 낳으면 금줄에 숯과 소나무 가지를 꽂아 둔다. 간장이나 술을 담근 뒤 장독 주위에 치는 금줄에도 솔가지를 끼운다. 징티푸스가 유행할 때 청솔가지를 세워 두면 예방이 되고 가뭄이 심힐때 문 앞에 병을 걸어 놓고 솔가지를 꽂아 두면 비가 내린다고 한다.

바닷가에 사는 뱃사공은 정초에 뱃고사를 지낼때 당집 주위에서 긁어 모은 솔가지를 배 앞에서 지핀 다음 선주가 재물을 들고 연기를 쏘이면 넘어간 다음 배에 오른다. 그렇게 하면 부정아 없어진다고 믿는다.

한편 소나무가 영혼을 성장시키는 힘이 있다고 믿어 왔다.

양수陽水와 음수陰水
초목을 보고 산소 자리를 찾는다

양수와 음수 초목을 보고 산소묘자리를 찾는다. 양수는 비가 오면 무덤속으로 빗물이 스며들고 비가 개이면 물이 빠져나가는 현상이 반복된다. 이것이 양수에 의한 수렴이다. 수렴은 무덤 관속에서 시신이 7~8년 사이에 흐지부지 녹아버리고 그의 자손들이 크고 작은 흉화를 당하게 된다. 수렴이 든 무덤을 보면 머리가 발끝에도 가 있고 머리뼈가 뒹구는 수도 있다. 이 렇게 되면 후손들은 하고자 하는 일이 제대로 되지 않는다. 음수란 수맥이 지나가는 수맥 위에나 땅 속에서 물이 나는 곳이다. 이와 같은 곳은 잡목 나무가 많다. 잡목 나무는 수분을 좋아한다. 이러한 곳에서 묘를 쓸 수 없다. 물이 나는 곳이나 수분이 많은 곳에는 잡초들이 무성하고 나무도 마디가 길쭉길쭉하게 잘 자라 있다. 물을 좋아하는 수목은 물이 있는 곳에서 자라고 물이 크게 필요치 않는 수목은 메마른 곳에서 자란다. 이와 같이 자연이 알려주는데도 우리들은 모르고 어디가 좋은지 어디가 나쁜지조차 모른다. 산에 가보면 습기가 많은 곳에는 습기를 좋아하는 풀이 자라고 습기가 적은 곳에서는 고사리 풀이나 밀세 같은 풀들이 자란다. 묘를 쓸만한 곳을 보면 흙도 모래 비슷하고 배수가 잘 되며 흙도 즉 비석비토 썩비례 같은 흙이 좋은 흙이다. 이와 같은 곳에서 잡초들이 덤심덤심 있고 잔디가 잘 자라고 습이 많은 풀들은 자라지 않고 벌초하러 가서 벌초를 해보면 별 잡초들이 없는 곳들이고 비가 온후에도 땅을 밟아도 단단하다. 또한 소나무 색깔이 누렇고 소나무 마디가 짧다. 묘를 쓸 수 있는 자리는 다른 나무는 거의 찾아 볼 수 없고 재래식 우리나라 소나무만 오목하게 자라고 있다. 이와 같은 곳에 묘혈자리를 찾아야 한다.

잡목 나무가 무성한 곳에는 습이 많은 곳이니 묘자리가 아니라 산 밑 기슭에 보면 교통 관계로 후손들이 산소를 돌보는 문제 등을 들어 밭에 산소를 많이 드리는데 이와 같은 곳에는 흙이 밝아야 하고 깨끗하고 곡식이 잘 안되는 곳이라야 가능하다. 묘를 써놓고도 벌초하러 갔을 때 산소에 잡초가 무성하지 않아야 한다.

요즘 같이 산소 자리를 얻기가 심각한 시대이지만 밭 같은데 표면이 청태가 끼어 있어서는 안 되며 산이라도 왕새 윽새 같은 물들이 흩어져 있는 곳은 물이 있는 곳이다. 이 풀만이 아니라도 모든 산에 있는 잡초들이 집중 있는 곳에는 물이 나거나 물이 나지 않으면 습기가 많은 곳이다. 우리가 차를 타고 가다 보면 연못, 둑 같은데 보면 많은 잡초들이 있는데 이와 같은 데서 잘자라는 풀들이 산에도 많이 볼 수 있 다. 이와 같은 잡풀들이 자라고 있는 곳은 혈 자리가 아니니 잘 살펴보고 혈을 취해야 하며 또한 납골당이나 납골 묘지에도 위의 내용과 같은 곳에 설치해서는 안된다. 묘를 쓰지 못하는 곳은 이러하다.

　초목이 나지 않는 붉은 산을 말하고 무너지거나 끊어진 산을 뜻하며 홀로 외롭게 노출되어 있는 무정한 산에 점혈을 해서 안된다.

　물이 빠져서 나가는 곳을 취용하면 패가하고 세찬 바람이 닿는 곳에 점혈하면 자손이 끊어지고 안산이 없는 곳에 정혈을 하면 의식이 곤궁하고 묘터가 기울거나 넘어지면 가업을 패하고 청룡백호가 등을 돌리고 달아나며 가족이 이별하고 칼등과 같은 곳에서 정혈하면 지사를 해친다고 한다.

사람과 동물 닮은 암석은 흉석이다

- 창 끝과 같이 날카로운 바위산이 혈상의 어느 곳에 보이거나 창 충살이라 하여 관재구설과 파산이 두렵다.
- 사람 서 있는 모습의 암석이 백호 쪽에 있으면 여자 쪽이 이금치사로 죽음에 이르고 청룡 쪽이면 본손이 당하고 전순쪽이면 말자가 당하게 된다.
- 짐승같이 생긴 암석은 모두 흉한 것이다. 묘지에 이상과 같은 암석이 보이면 대개 관재구설에 이금치사가 많으며 매사가 불성하고 비천하게 살게 된다.
- 혈판입수에 길암석은 장가에게 중부위에는 중손이 전순에 왕성은 말손이 吉하다.
- 암석에도 길흉의 기가 있다. 귀암은 꺼풀이 벗겨지며 석비례로 변하여 가는 암석이며 둥근 암석이다 모나고 검은색으로 이기가 끼고 보기

에 흉한 것은 모두 흉석으로 보고 해로운 것이다.
- 귀암의 분별은 지면으로 적게 부서지며 노출되기도 하고 마모된 암석으로 노출되면 황색 빛이 섞여야 귀암석이다.
- 백색의 차돌은 근본이 흉석이다. 부서지면서 황색이 비쳐야 귀석으로 간주하는 것이다.
- 혈상 좌우에 귀암석이 있으면 차손들에게 좌의정이 난다. 전순에 귀암석은 셋째 외손에게도 영의정이 난다고 하였다. 청룡 백호 어깨에 병풍 같은 암석은 장사가 나고 장군이 난다.
- 묘 주위에 흉석은 관재구설에 차자둘째손이 많은 해를 당하게 되고 심하면 죽게 되고 말자셋째는 파산하게 된다.
- 검게 쌓인 돌이 나타나면 관 속에 거미가 가득하게 된다. 재패, 인패, 병폐 등으로 패가하게 된다.
- 혈 주위에 장군의 모습을 한 특이한 암석이 서 있다면 무과급제자가 많이 난다. 사람이나 동물형상의 암석은 흉석으로 보나 소나 개가 누워 있는 형상의 암석은 귀암으로 본다.
- 묘 주변이 바위로 널따랗게 둘려 쌓여 있음녀 세도가 난다.
- 혈판 밑에 넓은 암석이 깔려 있으면 무관이 나고 좌우에 귀암이 둘러 있으면 장군이 날 대지이다.
- 혈장에 사석잔잔한 돌이 있으면 부귀겸전에 황색이 비치면 귀격이다.
- 혈 뒤에 거북 형상의 바위는 높은 벼슬이 난다.

- 묘 뒤에 북과 같은 바위가 있으면 왕 재상 높은 관직이 난다.
- 묘 앞의 바위는 귀석은 길로 암석은 흉으로 본다. 귀석은 장군이 난다.
- 묘 앞 우미방에 삼족석이 있으면 성현이 나고 둥근 바위가 있으면 관록이 당년에 속발한다.
- 혈에서 백보 이내 기다란 암석이 있으면 무관이 난다.
- 건술방에 돼지머리 같은 암석이 있으면 불치병 간질병이 생긴다.
- 곤방에 노인같은 암석이 있으면 과부가 생기고 걸식하게 된다.
- 묘방에 큰 암석이 있으면 눈 먼 자손이 생긴다.
- 곤방에 와우석이 있으면 소년 횡사 할 우려가 있다.
- 묘 앞에 뾰족한 흉석이 있으면 크게 다치거나 살인 상처하게 된다.
- 묘 주변에 험석이 많으면 관재구설, 비천자, 불구자, 음주객사, 음난자, 이금치사교통사고 자손이 나고 가난하고 장자 쪽에 해가 많다.
- 여창암석이란 바위산이 창 끝 같이 날카로움을 말하는데 혈장에서 어느 곳에 보이거나 창은[凶殺]이라 하여 관재구설에 파산이 두렵다.
- 묘지 주위에 잡석이 있으면 조석으로 시비가 나고 일조 파산한다.

묘 주변에 암석은 위치에 따라 길흉吉凶이 다르다

- 여인암석은 사람이 서 있는 모습과 같은 것인데 이금치사로 쇠붙이도 죽음에 이르게 된다. 백호 쪽에 있으면 여자가 당하고 청룡 쪽에 있으면 장자가 당하고 전순쪽이면 말자셋째가 당한다.
- 여수암석은 짐승같이 생긴 암석으로 모두가 흉한 것이다. 묘지에서 이와 같은 검은 암석은 이금치사로 본다. 또 매사 불성하고 비천하게 살게 된다.
- 묘 좌측 청룡에 사람을 닮은 입석이 있으면 남자가 죽고 우측 백호에 사람을 닮은 입석이 있으면 여자가 죽게 된다. 동물을 닮은 입석은 전부 흉석으로 본다.
- 묘 주위에 차돌이 많으면 청상과부가 난다.
- 묘 앞에 늙은 할미가 엎드린 모양의 암석이 있으면 부녀자의 죽음이 많다.

- 묘 좌우에 선돌이 있으면 눈 먼 자손이 난다.
- 묘 뒤 동북방에 흉석이 서 있으면 장자가 교통사고 재해를 당한다.
- 묘 앞에 쌍생 암석이 있으면 쌍둥이가 나온다.
- 초목의 잎이 오글오글한 것은 토질이 암석으로 이루어 진 곳이다.
- 용세가 잡초의 넝쿨로 우거진 곳은 토질이 잡석이거나 추악하고 음습한 곳이다.
- 암석이 누워있는 와우석이면 발복도 늦게 오고해도 적으며 암석이 서있는 입석이면 발복도 빠르고 해도 크다. 모든 암석은 검고 모난 것은 흉석으로 밝고 둥근 것은 귀석으로 본다.
- 혈 앞의 암석에서 샘물이 나는 것은 부가 큰 것이고 혈 뒤의 암석에서 샘물이 나면 쌍둥이가 난다.
- 명당 앞에 바위가 두 개 이상 포개져 있으면 흉석으로 파묻어야 한다.
- 묘지 앞에 기이한 암석이 있으면 삭발승 절손 또는 교통사고를 당하는 자손이 난다.
- 암석이 험난하게 있으면 흉패가 많고 평평하고 미끈한 것이 발현하고 후부하다면 반드시 해가 없다.
- 용상이 험한 암석이라면 자손에게 해가 되는 것이요. 묘 주위에 험한 돌이 산재해 있으면 가세가 빈한하게 된다.
- 안산이 암석으로 이자문성에 서기가 있으면 대대로 삼합의 벼슬에 연하여 오르게 된다.

- 안산이 암석으로 이루어진 독봉이라면 옥토망월의 형상은 아니다.
- 귀격의 안산이다. 옛 말에 얕은 곳의 암석은 태산같이 간주하라 했으니 장사와 장군이 많이 난다.
- 안산에 호랑이 같은 암석이 있으면 교통사고를 당할 위험이 있다.
- 안산의 광평석에 물이 흘러내리는 형상이면 맹목사라 하고 맹인 자손이 난다.
- 안산이 바위로 둘러싸인 곡수유하면 삼년이내 우환이 생기고 자손이 멸망하게 된다.
- 안산에 흉암석은 도병으로 패망하게 되고 미방의 흉석은 셋째 딸이 음란하게 된다.
- 청룡 어깨에 귀한 암석이 있으면 자손에 역사가 나고 무관장군이 많이 출생한다.
- 고사에 청룡 백호의 능선이 암석으로 톱날 같으면 장님이 나고 관재구설로 인하여 재패 인패 등의 화를 당한다.
- 청룡 백호 허리가 치석이면 소년에 이가 다 빠진다. 또 가사에 파산이 우려된다.
- 청룡 어깨 쪽에 동물상 암석이 있으면 소년사가 있다.
- 청룡 명당 변은 유세인석은 자손이 허리에 도장을 차고 다닌다높은 벼슬.
- 청룡 끝에 큰 입석암이 있으면 큰 인물이 난다.

묘 주위에 잡석雜石이 많이 깔려 있으면 비천자卑賤子가 출생한다

- 당처가 낮은 곳에 높고 험한 산이 되면 비천자가 태어난다.
- 안산이 높고 험하면 혈을 위압하게 되며 혈 주위에 잡석이 많이 깔려 있어도 비천자가 난다.
- 묘지가 급경사가 되고 맥이 끊어진다면 목메어 죽는 자손이 난다.
- 명당이 광활한 것은 백성신하 많은 부하를 거느린다.
- 명당이 협소하고도 대지가 결혈되는 것은 고산 결혈로서 부하는 적으나 높은 관직에 오르고 부귀세도한다.
- 혈후만두 봉우리가 비만하면 장손이 왕성하고 낮은 담이 와구하면 중손둘째이 왕성하고 주맥이 세교하면 계손이 왕성하고 또 생방이 충만하면 장손이 왕성하고 왕방이 충만하면 중손둘째이 왕성하고 고장이 충만하면 계손이 왕성하다.
- 왕용은 직맥으로 굵고 강하고 힘 있게 생기는 것이다.

- 명당에는 한 여름이라도 개미가 없다.
- 비혈이라도 혈장이 수려하고 깨끗하면 길지이다.
- 혈장에 사석잔잔한 돌이 있으면 부귀겸전에 황색이 비치면 귀혈이다.
- 혈토가 부드러우면 자손에 부자가 난다. 억세면 벼슬이 난다.
- 혈 뒤의 산봉우리가 광채가 나면 반드시 귀한 자손이 난다.
- 혈 뒤에 거북형상의 바위는 좋은 벼슬이 난다.
- 묘자리가 낮은 곳 앞에 논밭이 있고 물이 있는 곳은 자손에 재물이 있다.
- 묘자리가 높은 곳은 인물은 나지만 재물은 없다.
- 묘 뒤를 받쳐 주고 뒤로 강이 감아 돌면 자손이 장수한다.
- 묘 뒤에 북과 같은 바위가 있으면 왕 재상 높은 관직이 난다.
- 묘 앞의 바위는 귀석은 길사로 검은 암석을 흉석으로 본다.
- 득수지점에 샘물이 보이면 성현이 나고 둘째 집 전순 밑에 샘물이 나면 크게 발복한다.
- 당판묘 밑 암석에서 물이 나면 당귀가 크고 혈묘 뒤 암석에서 물이 나면 쌍둥이를 출산하게 된다.
- 묘 앞 우미방에 삼척석이 있으면 성현이 나고 둥근 바위가 있으면 관록이 당년에 속발한다.
- 묘 앞의 큰 강물이 적게 보이면 길격이고 많이 보이면 흉격이다.
- 묘 뒤를 받쳐주고 뒤에 강물이 환포하면 자손이 장수한다.

- 산이 뾰족하고 물이 깊으면 발복한다.
- 동물들이 쉬는 자리 잠자는 자리는 길지이다.
- 묏자리가 제비집과 같은 모습이면 큰 인재가 출생한다.
- 파구 앞에 수답논이 많이 보이면 높은 관직 자손이 많이 출생한다.
- 파구 앞에 깊은 연못이 있으면 대대로 관직에 크게 이름이 나게 된다.
- 파구 앞에 목형의 화표의 큰 봉우리가 보이면 대지의 결혈이다.
- 파구 앞에 둥글고 후덕한 부봉사가 있으면 높은 관직의 자손이 난다.
- 혈판 중심의 해목형으로 윤관을 둘렸다면 반드시 당대 발복하게 된다.
- 작은 혈처의 당판이라도 맑고 밝으면 작은 관직 군수 급이 연이어 난다.
- VX당판이 밝고 높으면 장원하고 사격이 귀하고 높으면 영웅이 나고 혈판 사격이 높은 것은 귀한 것으로 본다.
- 혈장이 혜목형으로 생기면 금시발복에 부귀영화를 누리게 된다.

묘 근처에 검고 추한 큰 바위가 있으면
자손이 가난하다

- 물소리가 심하고 경사가 많이 진 곳
- 신전 사찰 교회 문중재실 있는 곳에 묘를 쓰지 말라.
- 검고 추한 큰 돌이 묘 주변에 있으면 자손이 가난하다.
- 바람 물소리가 슬픈 소리처럼 들리는 곳에 집도 묘도 쓰지 말라.
- 물이 곧게 흐르는 곳 자손이 가난하다. 조산朝山있고 가까운 안산이 없는 곳 자손이 가난하다.
- 청룡 백호가 너무 가까운 곳 묘를 쓰지 말라.
- 산이 무너져 깨어진 곳 절맥한 곳 주택도 묘도 쓰지 말라
- 혈穴의 한쪽에 바람이 닿는 곳 자손이 끊어진다.
- 안산이 없는 곳에 재물財物 의식이 궁핍해진다. 물이 고인 듯 보이면 재물이 불어난다. 또 명당明堂이 기울어진 곳에는 가업家業이 패망敗亡한다.

- 묘터 좌左로 기울면 女子가, 右로 기울면 男子가 만성질환이 생기고
- 집터 左로 기울면 남자가 右로 기울면 女子가 만성질환이 있게 된다.
- 혈전穴前 어느 곳에서나 뾰족하게 冲하는 것으로 특히 자손이 끊긴다.
- 규봉 넘어 보이는 산으로 도적자손 도난의 피해被害가 있게 된다.
- 혈전穴前 후後에 난이상한 암석이 보이면 흉사이다.
- 양쪽에 찌르는 형상形象 전후좌우前後左右의 암석岩石이 충沖해도 흉사이다.
- 혈전穴前에 안산 없이 큰 산이 막혀있는 것으로 천옥天獄의 흉사이다.
- 산이 감싸지 않고 배반背反하여 가는 것으로 흉사이다. 백호사가 길게 배반하면 홀아비가 생긴다.
- 혈전穴前의 물이 곧바로 흘러가 버리면 흉사이다.
- 용맥이 끊어진 것으로 특히 주맥主脈이 끊어지면 흉사이다. 절손
- 산이 무너진 곳 끊어진 곳도로광산에 묘를 쓰지 말라. 모든 것이 다 무너진다.
- 초목草木이 없거나 자라지 않는 산에 쓰지 마라.
- 높은 언덕 위에 묘를 쓰지 마라. 묘가 무너지면 장애인이 出한다.
- 물소리 바람소리 괴음이 심한 곳에 묘를 쓰지 마라.
- 생룡生龍은 양명황색亮明黃色으로 후부後部가 통통하고 밝고 살이 찐 능선이다.
- 혈이 뚜렷하지 못하고 석층石層이 있으면 묘를 쓰지 마라.

- 병오방丙午方이 공허空虛하거나 또는 화성이 높아 혈을 누르는 火災로 죽게 된다.
- 혈지穴地형의 지질구조地質構造에 따라 걸의 흙을 걷어내고 생토를 찾는다.
- 다시 혈토인 진토眞土가 나올 때까지 파낸다. 조장造葬은 진토眞土에 해야 한다. 이 때 未及하면 허장虛葬이 되고 지나치면 파혈破穴이 되니 신중愼重해야 한다. 이 때에 첫 생토生土는 별도로 모아 관에 넣어 채워 주면 좋다.
- 천광穿壙하기 前에 分金을 맞추어 놓고 천광 재혈裁穴해야 오차誤差가 없어야 한다.
- 성분成墳을 하기 전 시신屍身의 무릎부분을 中心으로 해서 봉분封墳을 만들어야 한다. 뒤는 봉토封土가 可하나 앞은 잘못하면 시신이 밖으로 나오게 된다. 나무를 중심에 꽂아두고 봉분을 만들면 오차가 없다.
- 하관시에 좌우는 수평을 맞추어라. 자손에 재앙이 있다.
- 上下는 위를 약찬 높게 하라. 체백體魄의 水分이 아래로 빠지게 한다.
- 천광 할 때 혈심토穴深土 맨 마지막에 향向쪽을 한 번 더 파내고 부드러운 흙으로 채워 체백의 수분이 빠질 때 향向 쪽으로 빠지게 한다.
- 천광한 후에 부드러운 흙으로 15cm정도 위에 깔아준다. =요의 역할
- 천광을 할 때 지맥이 드러나면 엷게 파고 地脈이 숨으면 깊게 파며 지맥이 여위어서 얕거든 1~2尺 지맥이 평구平丘하면 한길 넘게 천광 한다.

묘자리 암석은 둥글고 황색이 비치면 귀격貴格으로 부귀겸전富貴兼全한다

- 혈상에 사석이 있고 황색이 비치면 귀격으로 부귀겸진의 귀격혈이 된다.
- 혈장이 백색 마사토는 자손에 꼽추가 나고 왕사토는 두루 뭉실 자손이 난다.
- 물 가운데 암석은 금성이라고 하며 기타 파구에는 합문 화표 나성 북신 등으로 요약한다.
- 길사는 반드시 멀리 있으면 맑게 깨어나 보이고 가까이 있으면 밝고 깨끗하여 사람이 한 번 보아도 기쁨을 느끼며 울퉁불퉁한 밉상스런 모양이 없으면 길한 사격이다.
- 길사는 특수하게 수미한 산을 말함이고 흉사는 높고 가파르고 험준한 산이다.
- 삼길방 : 진 해경방의 산이 풍만하고 수려하면 부귀장수를 누린다.

- 육수방 : 손태정 간병신방이 산이 수려하고 높으면 부귀의 땅이다. 마봉이 있으면 최관귀인이 되어 속기한다. 진묘방은 성공 경방-득명 해방-평화 간방-득명-손방-성공 병방-득명-정방-성공 태방 - 평화 신방- 평화
- 삼길 육수방의 산이 가장 높으면 흉한 바위가 있더라도 그 흉함을 이길 수 있고 흉한 바위가 가장 높으면 길한 방위에 산이 있더라도 그 흉함을 이길 수 없다.
- 길한 바위의 산과 흉한 방위의 산이 고저가 비슷하면 길흉이 함께 있고 고저가 약간이라도 차가 있으면 길흉이 서로 앞서거니 뒤서거니 하면서 나타난다.
- 삼길육수방이 작고 둥글거나 모나면 귀대신 부를 얻게 되고 또한 멀리 떨어진 산봉우리들이 수려한 모습으로 줄지어 늘어서 있으면 박학한 학자 재사가 나온다.
- 삼길육수방에 아미사 눈썹처럼 생긴 봉우리가 있거나 꽃처럼 생긴 봉오리가 있으면 남자는 고귀한 가문의 사위가 되고 여자는 명문가로 시집을 가게 된다.
- 팔장비 간병손신유정보경 여덟 방위에 수려한 산봉이 높이 솟아 올라 서로 어울리는 것을 팔장비라 부른다.
- 팔장비가 있으면 자손들은 대부귀를 얻는다. 또 한두개가 빠져도 복록은 대단하다.

- 손사방에 입마봉이 있으면 연하여 대사마국방부장관가 난다.
- 혈처에서 사방을 보아 천지 태지가 크게 높이 솟아 있으면 귀혈이다.
- 곤방에 창고사가 있으면 여러 대에 걸쳐 부귀한다.
- 간방에 고루사가 4,5개 있고 진방의 사砂가 높아 혈을 누른 듯 하면 호걸이 난다.
- 곤미방에 겸손한 듯 산이 구름위로 솟으면 신동이 난다.
- 병정방에 산이 높고 수려하며 도포자락 같고 신방에 삼각봉이 높고 수려하면 장원급제자가 난다.
- 축손방에 맑고 깨끗한 강물이 넘실넘실 흘러오면 학자가 난다.
- 손방에 아미산이 있고 손방에서 물이 흘러오면 태음성이 구름위로 솟으면 왕비가 난다.
- 간건방의 산봉우리가 솟으면 록마공이라 하여 귀격이다.
- 간방의 산이 높고 풍후하면 녹방이라 재물이 풍족하다.
- 사신방에 인사도장같은 사砂가 있으면 금대라 하여 귀격이다.
- 건곤간손방이 모두 높고 풍후하면 사신전이라 하여 귀격이다.
- 손신방이 문필봉이 빛이 나지 않아도 영제가 날 수 있다.

귀암석은 꺼풀이 벗겨지며 썩비래로 변하여 가는 암석이다

- 백호 내에 흉석이 있으면 불손한 자손이 나온다.
- 백호 내에 쌍립석 검은 바위가 있으면 호사교통사고, 전사 당한다.
- 백호 내에 작은 바위가 있으면 간부 生
- 백호의 상부가 험석이면 가난을 면 할 수 없다.
- 백호 상부위가 귀암석에 서기하면 제왕비가 난다.
- 백호 안에 넓고 평평한 암석이 있으면 군수급이 난다.
- 청룡 백호에 있는 암석에 푸른 이끼가 난다면 자손에게 문둥병이 대대로 나게 된다.
- 주산에 칼날 같은 암석이 있으면 자손에게 목을 자르는 참형이 있을까 두렵다. 또 관재구설이 연이어 나고 교통사고도 두렵다.
- 래룡과 입석에 험석이 줄을 이었다면 특히 장자에게 흉병 복병 심장병을 견디기 어렵다. 입수에 험석은 재산도피 중풍 질환이 있다.

- 감방북쪽에 입석은 벼슬, 암석은 음란여 과부가 난다.
- 간방동북간에 입석은 효자 충신이 나고, 축방북쪽에 가까운 동북간에 입석은 부귀를, 암석은 단명하고 대흉석이다.
- 청룡에 우뚝 솟은 입석은 무관이 나고 백호에 우뚝 솟은 입석은 사기를 당하게 되는 흉석이다.
- 인신사현방동서남북 가까운 곳에 입석은 흉사로 후사가 끊기게 된다.
- 손방 입석은 길사로 문필가가 난다.
- 당혈 바로 아래 입석은 당대발복과 관직을 얻게 된다.
- 신방남서간 서쪽에 입석은 문장가가 나고 암석은 음란녀가 난다.
- 묘 바로 뒤에 입석이면 쌍둥이가 난다.
- 경태방서쪽에 입석이면 길로 보며 삼봉이면 충신이 난다.
- 술해북서간 방위에 입석도 길사로 자손이 번성하고 높이 출세한다.
- 암석이 평평한 바위를 말하는데 결혈 주위가 너럭바위로 둘러싸여 있다면 그 혈장은 세도 할 수 있는 명혈이다.
- 여병암병풍을 두른 것처럼 생긴 바위를 말함인데 병풍 암석은 결혈에 응기사에 있을 수 있다. 만약 용처에 생기면 장사에 있을 수 있다. 만약 용처에 생기면 장사가 출생한다.
- 여와우암은 소가 누워있는 것 같은 모양의 암석을 말하는데 결혈된 주위에 와우형은 귀사로 삼공좌우의 정이 출出할 자리이다.
- 여원암은 둥근 바위를 말하는데 결혈 주위에 둥근 암석이 있는 것은

혈상에 대해 더욱 귀한 사격이 되어 큰 벼슬에 오를 수 있다.
- 검은색 암석이 혈상 입수부위에 있으면 장손이 요절하고 전좌우에 있으면 있는 방위에 따라 요수하게 된다.
- 혈전의 귀한 암석은 갑부귀요 혈후묘 뒤에 있는 암석은 쌍둥이 出
- 묘지에 암백이 구로 지나가면 음행으로 측자가 태어나고 측 입수 암맥도 이와 같다.
- 암맥으로 인해 광중에 물이 들면 인패, 재패, 병폐가 난다.
- 귀암석은 꺼풀이 벗겨지며 썩비래로 변하여 가는 암석이다.
- 지면으로 적게 노출 되고 부서지기도 하고 마모된 암석으로 노출되는 것이 황색 빛이 섞여야 귀암이다.
- 암석이 모가 나고 색상이 검은색으로 이끼가 끼고 보기가 흉한 것은 흉석이다.
- 청룡에 귀암은 장손에서 좌의정이 나고 백호의 귀암이면 차손에서 우의정이 나며 전순축대 앞쪽이면 말자셋째와 외손에서 영상이 난다.
- 청룡백호 어깨에 병풍 같은 귀암석이면 장성이 출생 한다.
- 묘 주위에 길흉이 있으면 관재구설이요 차자둘째가 다치고 죽게 되며 셋째는 파산 한다.
- 혈장 주위에 병풍 같은 암석이 흩어져 있으면 귀격이다.

받쳐 주는 산이 높으면
자손들이 장수長壽한다

- 부귀발복은 크지만 시작이 늦고 끝이 없다.
- 잠룡과 은룡의 입수맥이 밑으로 가라앉았다가 다시 솟으면 입수취기를 하는 것이다.
- 용세 보기가 어려우나 그 기상은 양명하다. 위기된 입수 기상은 대개 강하게 돌출되나 그 형상이 적어서 세밀히 살펴야 한다.
- 입수맥이 약하면 전순쪽으로 당겨서 하고 전순이 약하면 입수 쪽으로 청룡 쪽이 약하면 백호 쪽으로 백호 쪽이 약하면 청룡 쪽으로 당겨서 기를 보완 조성하여야 한다.
- 입수용이 생왕을 얻고 향이 생왕을 얻어 생룡에 생왕 왕룡에 왕향으로 순리 배합되도록 입향을 하는 방법 즉 이 향법은 입수의 생왕이 좌와의 이어짐이 아니요 향의 생왕과 순리 배합하며 명혈대지를 이루는 것으로 지기에서 혈 성을 모으는 데는 출생이 제일 중요하다. 주산은 혈 뒤에

가장 가까이 있는 산으로 그리 높을 필요가 없으며 그리 넓지 않아도 된다. 아무리 종가가 명망이 높고 후덕도 자신이 병들고 약하면 부귀공명도 다 부질없는 것이다. 설사 조산이 아름답고 수려하면 자손의 덕으로 부모가 안위되듯이 첫째 주산이 아름다워야 하는 것이다.

- 내룡 입수에 주름이 잡힌 곳에 묘 바로 뒤에 여러 골이 생겨 소의 갈비 같은 주름이 잡힌 것 묘를 쓰면 법을 범하면 지관이 징역의 형벌을 받는다. 혈자리의 흙이 마사토로 맑고 홍황색이 나오면 길지이나 검은색이 나오면 기를 쓸 수 없는 곳이다. 주름이 잡혀 흙이 단단하고 무른 곳은 수맥이 있다.

- 용과 입수의 좌: 혈처에 이르러 내룡을 분별 못하고 좌향을 경시하여 크나 큰 과오를 범하고도 지관이 그 책임을 느끼지 못하지만이를 두고서 필요화란 말은 그 지관에게 재화가 미친다는 것이다.

- 천기를 논하는 것도 좋고 정기를 논하는 것도 당연하지만 긴요한 것은 내룡의 생향이 잘못되면 용액이 손상되어 체백이 불면하므로 자손에게 각종의 재화가 이른다는 것이다.

- 주산겸 입수가 되는 것이 있고 주산에 바짝 붙어서 결혈 하는 곳도 있다.

- 주산봉이 아름다우면 영웅호걸이 난다.

- 주봉 후부 하면 재벌이 난다.

- 주봉이 산재해 있느면 천한 자손이 난다.

- 주봉이 산란하면 자손들이 불화하다.
- 주봉이 험악하면 흉한 자손이 난다.
- 주봉이 약하면 약한 자손이 난다.
- 주산이 둥글고 후덕하면 부귀겸전한다.
- 주산이 밝으면 귀격혈이 생긴다. 또 자손들이 권세이다.
- 주산이 낮으면 소지의 건혈이다.
- 주산겸 입수가 되는 것이 있고 주산에 바짝 붙어서 결혈 하는 곳도 있다.
- 기 뒤의 주산이 높으면 천지의 결혈이다. 자손이 장수하게 된다.
- 고산에는 와혈을 취하고 풍이 감추어져야 맥이 머문다.
- 야산에는 돌을 취하고 수를 얻어야 맥이 머물게 된다.
- 용맥이 3개 내려 왔으면 중출맥이 좋고 그게 내려 왔을 때에는 우출맥에 그리고 짧은 쪽이 좋은 자리이다.
- 주산이 하늘을 찌르듯 높이서서 혈에 응기하면 자손이 장수하게 된다.
- 주산이 높고 둥글고 후덕하고 청룡백호가 안산까지 길게 감아주어야 발복이 끝이 없다.

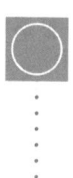

안산에 쉬지 않고 샘물이 나면 자손의 눈물이 마르지 않는다

- 안산이 바위로 둘러싸인 곡수유하면 삼년 이내 우환이 생기고 자손이 멸망하게 된다.
- 안산 청룡 백호 너머로 물이 보이면 사에 해당되는 자손이 끊어진다.
- 안산 청룡 백호에서 혈을 보고 산맥이나 수가 바로 충해 오면 사람이 죽거나 상하게 된다.
- 안산에 쉬지 않고 샘물이 나면 자손의 눈물이 마르지 않는다.
- 안산이 무수 물이 없으면 청상과부 출⽥에 자손이 빈한하고 이향 걸식한다.
- 안산에 쉬지 않고 샘물이 나면 자손의 눈물이 마르지 않는다.
- 묘 앞에 강물이 적게 보이면 길사로 많이 보이면 흉사로 본다.
- 묘 앞에 연지수가 보이면 유아 때부터 질환으로 요수하고 빈한하게 산다.
- 호수 연못과 같이 고인 물은 죽은 물로 흉으로 본다.

- 내수가 길하고 거수가 흉하면 처음은 길하고 뒤는 흉하다. 또한 내수가 흉하고 거수가 길하면 처음은 흉하나 후에는 길하다.
- 거수가 순하면 자손이 효순하고 다 거칠고 역하면 거역하는 자손이 난다.
- 혈판에 비치는 수가 정면을 비껴서 일부분만 보이면 길사로 보고 혈 뒤에 서서 전부 다 보이면 흉사로 보는 것이다.
- 혈에서 흘러가는 물이 보이면 재산의 손재가 있다 고인 듯이 물 꼬리가 보이는 것이 길하다.
- 직수로 혈을 충하는 물이 보이면 자손 중에 여자 쪽이 더 많이 죽게 된다.
- 혈 앞에 논에 고여 있는 물은 평전수 창판수라 하여 길하고 경사가 심해 급히 흐르면 흉수이다.
- 파구 앞에 수답이 많이 보이면 높은 관직 자손이 많이 난다.
- 파구 앞에 깊은 연못이 있으면 대대로 부자가 연이어 난다.
- 파구 앞에 목형의 화표의 큰 봉우리가 보이면 대지의 결혈이다.
- 파구 앞에 둥글고 후덕한 부봉사가 있으면 대대로 높은 관직의 자손이 난다.
- 파구의 물이 두 번 나타나면 부부가 같은 때에 함께 죽게 된다. 또 도적을 당하거나 사기를 당해 파산한다.
- 엿보이는 물이 양쪽으로 보이면 여자중에 장님이 나고 재물에 손해가

있다.
- 파구는 혈에서 보이지 않는 것이 좋다. 재물이 빠져 나간다 나무심기 등 보완해야 한다.
- 파구는 혈에서 멀지 않아야 한다. 100보 이내에서 소수해야 좋다.
- 파구에는 드러난 형질 화표라도 혈에서 보이지 않는 것이 길吉하다.
- 파구는 황천수라고 보지 않는다.
- 득수처나 물이 모이는 곳이면 황천수라고 한다.
- 혈장에서 수 사가 많이 보이면 부귀의 발복도 그만큼 크지만 반대로 손재구설도 그만큼 많아진다.
- 혈전에 광활하게 보이는 물은 충이라 하지 않는다. 작은 물이 충하는 것이다.
- 혈처에서 물소리가 들리면 곡소리가 나게 된다. 북을 울리는 소리가 들려오면 자손이 위세 당당하다.
- 혈 앞의 암석에서 샘물이 나는 것은 부가 큰 것이고 혈 뒤의 암석에서 샘물이 나면 쌍둥이가 난다.
- 혈 앞에 물이 보이되 오고 가는 물이 보이지 아니하면 백만 거부가 부럽지 아니하다고 하였다.
- 혈장에 환포되어야 할 물이 없어도 조 안산이 중첩되면 혈은 이루어진다고 하였다. 명당 안의 마당을 물로 보기 때문이다.
- 물은 지자현자처럼 구곡수로 흘러야 吉하며 나누어지면 흉하다.

생용을 찾아 기(氣)가 모이는 곳에
혈(穴)을 정(定)해야 한다

- 산의 봉우리는 갓 피어나는 꽃 봉우리처럼 원형이고 탐스러운 형태가 가장 길상이다.
- 주산 현무 당혈 용호가 좋고 안산이 멀면 자손들이 멀리 객지에 나가 살아야 발복을 빨리 받는데 주산봉이 왕기하면 임금을 낳고 서기하면 자손이 태평재상이 되고 고기하면 문관에 오르고 장엄하면 무관에 오른다.
- 주산이 우뚝하면 용사 달사가 되고 주산이 후부하면 자손이 거부가 되고 양명하면 자손이 명인지사가 되고 주산이 수려하면 자손이 영웅호걸이 나고 주산이 충천하면 자손이 문장명필가가 나고 주산봉이 북과 같은 암석이 나면 대대로 장군이 나고 주산봉이 아름답고 둥글면 복록을 겸하고 장수하며 큰 인물이 많이 나고 관직에 나가 세도하게 된다.

- 주산의 맥은 은은하게 내려와야 하고 이마처럼 솟이 있는 곳에 생룡을 찾아 기가 모이는 곳에 혈을 정해야 한다.
- 주산에 봉산이 있고 옥인이 있으면 군에 봉함을 받는다.
- 주산에 천갑이 있고 안산에 삼합이 있고 청룡이 삼태봉이면 삼대에 정승이 난다.
- 주산 뒤 협사이에 천각과 삼태형이 있으면 삼대에 정승이 난다.
- 입수에 정기를 보내 취기되면 후손이 삼합의 영화를 보게 된다.
- 입수에 아름다운 암석이 있으면 정승서열의 자손이 난다. 문필봉이 멀리 있으면 어사 사위를 보게 된다.
- 봉우리가 많이 보이면 자손들이 왕성 한다.
- 주봉이 맑은 기운이 발산되면 자손에 고위관직이 난다.
- 주산이 높고 둥글고 후덕하면 부귀겸전에 큰 인물이 난다.
- 주산이 둥글고 높으면 장수에 부귀한다. 둥근 것은 부요 높은 것은 귀이다.
- 주산이 수려하게 솟고 혈장이 밝으면 귀한 자손이 난다.
- 산의 능선이 크면 기도 많이 받는다.
- 주산봉이 고귀하면 자손이 문관에 오르고 충천하면 자손이 문장명필이 되고 량명하면 자손이 명인지사가 되고 우뚝하면 용사 달사가 되고 파산이면 조상을 욕보이는 불효 자손이 난다.
- 주산이 병풀을 사방으로 두른 듯 하면 애첩이 생기고 장자가 좋다.

또 중앙에 우뚝 솟은 모습이면 왕후가 난다.

- 입수 일절은 30년 발복으로 보고 혈상도 일절로 본다.
- 입수 맥에 암석이 노출되었다면 작은 묏자리라도 장자에게 판검사가 난다.
- 속기 입수는 장자보다 차자, 딸의 발복이 크다.
- 취기 입수는 장자의 발복이 직 입수는 말자의 발복이 크다.
- 입수일절이 수려해야 길하다. 오행도 일절만 상생하면 길한 것이다.
- 입수 2절은 혈상 1절과 합쳐 3절로 도관급 벼슬난다.
- 상맥 입수에 취기가 왕하면 장자가 발복에 장상 출이고 안산이 일자문 성이면 쌍둥이가 장상이 된다.
- 정돌 입수에는 자손 모두가 크게 부귀 발복하는 대지가 결연되는 것이다.
- 장자는 조금 작고 차자는 속기발복하고 외손이 받는다.
- 취기 없는 입수의 결혈에도 산형 산세에 따라 대소지의 결혈은 있는 것이다.
- 입수가 밝은 것은 귀로 보고 암석의 돌출은 권세로 본다.

백호 끝이 안산案山으로까지 돌면
재물財物 발복이 끝이 없다

- 혈장과 안산 조산 청룡 백호 모든 사격이 근재하면 당대발복이요 원재하면 발복이 늦게 나아 오래 지속된다.
- 청룡 어깨에 귀한 암석이 있으면 자손에 역사가 나고 무관장군이 많이 난다.
- 백호 봉우리가 붓처럼 생기면 명필에 급제하게 된다.
- 백호 안에 넓고 평평한 암석이 있으면 군수급 난다.
- 백호 봉우리가 넓고 둥글게 생겼으면 무관으로 출세한다.
- 백호가 높고 쌍으로 뻗어 안산이 되고 대명당과 통하면 대장이 되어 출세한다.
- 백호방으로 안대가 열리고 청룡과 대치하여 큰물이 들어오면 자손이 왕성하다.
- 백호가 둥글게 감기면 여손에서 벼슬이 나온다.

- 백호가 춤추는 도포자락 같으면 자손에 재물이 있고 부귀를 누린다.
- 백호가 후덕하면 현모양처가 들어온다.
- 백호 허리 부분에 도장 같은 바위가 있으면 현달 인재자손이 난다.
- 백호 밖에 7봉이 있으면 문무 관직이 끊이지 않는다.
- 백호사가 순하게 기복하고 밝고 수려하며 둘러 안아주면 자손이 영귀 도장을 차고 다닌다. 결재자가 난다.
- 백호 끝이 안산으로까지 돌면 재물 발복이 끝이 없다.
- 백호가 곱게 호응 되어 있으면 외손도 발복하고
- 백호 상부위가 귀봉이면 딸도 관직에 오른다.
- 백호 상부 위가 귀암석에 서기하면 제왕비가 난다.
- 청룡이 낮으면 자손이 귀하다절손 독자
- 청룡의 허리가 낮아 바람을 받으면 혈이 맺지 못해 딸을 많이 둔다.
- 청룡 머리가 크고 아래쪽이 가늘면 장자가 요절 양자가 봉제사하게 된다.
- 청룡이 역하면 달아나는 형국이면 역적 걸식 자손이 나온다.
- 청룡이 혈을 배반하면 장남이 가난하고 고독하다. 백호사는 차자 딸이 재물 손재를 본다.
- 청룡 어깨가 끊어지면 장자 쪽에 대가 끊긴다.
- 청룡 밖의 산이 눈썹처럼 생겼으면 자손의 눈이 멀게 된다.
- 청룡 어깨 쪽에 입석동물상이 있으면 소년사가 많다.

- 청룡의 허리가 잘리면 자손 중에 참수형을 당한다.
- 청룡 뒤의 규산이 있으면 자손이 성하지 못하다.
- 청룡 쪽에 규산이 보이면 자손이 귀하다.
- 청룡에 쌍봉이 보이면 쌍둥이가 출생한다.
- 외청룡에 쌍태 봉이 있으면 일대 후에 쌍둥이가 난다. 쌍맥 합취는 대대로 쌍둥이가 출생한다.
- 청룡무릎 아래 두 가지가 생겨 가늘고 둥글면 부부가 함께 죽게 된다.
- 청룡의 끝이 끊어지고 뾰족하게 솟으면 자손들이 객사하게 된다.
- 청룡 끝 부위에 화형산이 충살로 보이면 관재구설이 많이 난다.
- 청룡 백호 안에 양두사사람머리 같은 봉우리나 암석이 쌍으로가 있으면 풍병과 간질병이 생긴다.
- 청룡과 백호 끝 부위가 좌우로 돌아가면 골육상쟁에 여자, 불효, 불충이 난다.
- 청룡의 끝자락이 백호에게 찔리면 여자에게 배신당하게 된다.
- 좌선익 외청룡이 낮던지 없으면 절손 외자를 두게 된다. 청룡백호가 온전해도 혈 앞에 골이 깊게 빠지면 재물이 나간다. 흉지이다.
- 청룡사가 바늘처럼 가늘다면 매일 조석으로 시비가 끊이지 않는다. 빈곤하다.
- 청룡 앞이 단절되고 암석이 겨우 보이면 한쪽 눈을 잃게 된다.
- 청룡 백호 끝이 혈을 치고 오면 청상과부가 난다. 아들이 요절한다.

청룡은 본_本 뒷산에서 내려온 용맥이 최고_{最高}이다

- 백호작국 청룡이 없이 백호만 있는 곳으로 반드시 백호득수에 청룡쪽으로 수가 흘러야 쓸 수 있다.
- 결혈 작국이란 둥글게 환포 되어야 한다.
- 백호작국이면 청룡이 증조봉이나 태조봉에서 어병사로 내려와 큰 국세가 되었다면 대지혈이 되는 것이다. 어병사는 가까울수록 좋은 것이다.
- 청룡이나 백호 중 어느 한쪽이던 향을 넘어서야 명당이 될 수 있다. 이러한 곳은 극귀격으로 삼합이 날 수도 있다.
- 산세가 밝으며 단정하고 엄숙하면 군자가 귀한 관직에 오르고 산수가 거칠고 혼탁한 기운이 들여 모였으면 서민들에게 재산이 많아진다.
- 백호로 작국이 되었다면 혈의 결응이 크고 강하고 양명하게 되는 것이다. 결응이 큰 것은 거부가 난다.

- 백호가 곱게 포옹되어 있으면 외손도 발복하고 백호 상부위가 외손도 발복하고 백호 상부위가 기봉하면 딸이 벼슬하고 후덕하면 현모양처가 들어오며 백호 어깨에 귀암이 서기하면 재왕비가 난다.
- 백호사가 크게 걸쳐 작국 되면 복록이 스스로 오는 것이 있음이라 백호 작국으로 결혈되면 부의 혈장이 스스로 오는 것이 있음이라 외손 발복으로도 보는 것이다.
- 청룡은 본 뒷산에서 뻗어 내려온 용맥이 최고이다.
- 청룡이 향을 감고 돌면 극귀 사격이 되어 삼합 정승 서열이다. 자손이 고위 관직에 오르게 된다. 향을 간신히 넘어도 향리의 군수 하급관직이 난다.
- 청룡이 쌍으로 되어 가늘면 영전사로 자손이 영귀하게 된다.
- 쌍 청룡 안에 쌍우물 호수연못 같은 것이 있으면 크게 부귀 한다.
- 청룡이 유기하고 기다란 암석이 있으면 큰 인물이 난다.
- 청룡 위에 진 술 축 미방에 삼봉이 벌려 솟아 있으면 대대로 충신이 난다.
- 청룡 밖에 삼봉에 보이면 횡재수가 있다.
- 청룡방에 침같이 뾰족한 산이 엿보고 있으면 의사가 난다.
- 청룡에 입석이 있으면 선비 문필가 나온다.
- 청룡 끝에 큰 입석이 있으면 큰 인물이 난다.
- 청룡 백호에 일자문성은 극 귀격으로 간주하며 전면이 아니더라도 반

드시 발복한다.

- 청룡이 순행 귀격이면 효자 충신이 나고 입신양명한다.
- 청룡에 우뚝한 봉우리가 있으면 장자가 귀하게 되고 백호사에 우뚝한 봉우리가 있으면 차자둘째가 귀하게 된다.
- 청룡 어깨부위에 귀암이 있으면 천하장사 장군이 난다.
- 청룡 상부위 끊어지면 장자가 요절하고 백호 작국이 되었다면 혈의 결응이 크고 강하고 양명하게 되는 것이다. 결응이 강하면 세도할 자손이 나고 양명한 것은 귀한 인물이 나며 결응이 큰 것은 거부가 난다.
- 외 청룡이 다고맥이면 길하고 백호보다 산세가 약하면 불길하다.
- 청룡 끈체 말개구 독서사 자손이 연이어 문장재사가 난다.
- 청룡 명당 변은 유세 사인석은 자손이 허리에 도장을 차고 다닌다.
- 쌍천수의 큰 못물이 청룡 끝에 보이면 자손이 부귀가 유명하게 된다.
- 청룡백호 주산 당혈이 좋고 안산이 멀면 자손들이 멀리 나가 살면 발복을 받는다.
- 청룡의 끝 부위가 안산으로 되면 금시발복에 장관급이 난다.
- 내 청룡이 낮고 외청룡이 높으면 선빈 후부 한다.
- 청룡 백호사가 인장형이면 군수급이 난다.
- 청룡 백호가 혈장 가까이서 작국하면 속발하고 효자 충신이 난다.

백호 봉峰이 둥글게 일어나면
외손外孫이 등과登科하게 된다

- 백호가 험하게 굴곡이 심하면 목메어 죽는 자가 나온다.
- 백호방에 회귀한 암석이 있으면 눈 먼 사람이 난다.
- 백호에 물이 나면 사위 중에 눈 먼 자가 나온다.
- 백호 바로 밑에 물이 나면 음란여가 난다.
- 백호 측면에 봉우리가 솟으면 대낮에 음행하는 가족이 생긴다.
- 백호방에 괘목사가 있으면 목매어 죽는 사람이 생긴다.
- 우선익 외 백호가 낮던지 없으면 재물이 딸 차자둘째가 없다.
- 백호 뒤의 규산이 있으면 장님이 생기고 음탕한 사람이 나온다.
- 백호 끝이 기봉하면 딸 며느리가 도망가고 가문이 망하게 된다.
- 백호 능선에 화형사가 줄을 이어지면 맹인이 연이어 출생한다.
- 백호 내면이 험악하면 음행 자손에 관재구설이 끊어지지 않는다.
- 백호 봉이 둥글게 일어나면 외손이 등과하게 된다.

- 백호 안에 솟은 능선이 있으면 자부 손부 중에 과부가 생긴다.
- 백호사의 허리가 끊어지면 비참한 형벌을 당하게 된다.
- 백호사가 거칠고 들쑥날쑥하면 고부 간의 갈등이 심하다.
- 백호 끝이 참두석끊어진 암석이면 참두 당하는 자손이 생긴다.
- 백호 쪽에 물이 충하여 비치면 자손에게 위장병이 있고 또 재패 인패가 있다.
- 백호 너머로 큰 도로가 보이면 우선은 흥하나 후에 망함을 면하기 어렵다.
- 백호허리 사이로 규봉이 멀리서 보이면 가장 상사를 당하게 된다.
- 백호 사에 역수가 외면에 응하면 일명 망신사라 한다. 가장이 노사 과부가 난다.
- 백호 내에 횡사는 타인에 의해 칼 맞아 죽게 된다.
- 백호사 청룡사에 푸른 이끼가 나 있다면 문등이 병자가 난다.
- 백호 끝이 배신하면 파산하게 되고 며느리가 도망간다.
- 백호 끝이 기봉하면 파산하게 되고 며느리가 도망간다.
- 백호 끝이 기봉하면 딸 며느리가 불효하고 여자로 인해 가문이 망하게 된다.
- 백호 청룡 능선에 화형석이 줄지어 있으면 눈 먼 자가 연이어 난다.
- 백호사가 좋으면 며느리들이 가정을 좌지우지 하게 된다.
- 백호사가 단절되면 자손에게 비참하고 끔찍한 형벌이 있게 된다.
- 백호가 낮으면 과부가 많이 나고 청룡이 낮으면 과부가 많이 나고 청룡

이 낮으면 홀아비가 많이 나고 동쪽이 높고 서쪽이 낮으면 집에 노인이 없게 된다.

- 수형산은 부드러워 구불구불하게 흐르는 물결이 층층이 중첩되면 길한 것이고 힘없이 늘어지면 흉하고 수형산에서 안산 중심에 귀봉이 보이면 과거 급제 부귀 금시발복이다.

- 목형산은 곧게 높이 솟은 용맥에 혈은 가슴 배꼽 음부 부분이고 방위는 동이며 봄이기 때문에 맑고 깨끗하면 발전한다. 인물은 기대하지만 재물은 약하다.

- 목산에 둥글고 귀봉이 있으면 군수급 자손이 많이 나온다.

- 황형산은 불꽃처럼 뾰족뾰족 솟은 용맥은 혈의 위치는 가슴 배꼽 음부 이고 속성속패하고 타인과 정이 없으며 판단력이 예리하다.

- 토형산은 평평하고 묵직한 일자문성 용맥의 혈은 모양에 따라 다르다. 재물과 전답이 풍부하다. 산세가 높고 웅장하면 길하고 기울고 패하면 흉하다.

- 금형산은 맑고 둥글고 지룡이 많은 용맥으로 철모를 엎어 놓은 모습과 같다. 結穴의 위치는 중간쯤에 있고 경사가 두 번째 진 곳에 있다.

진혈은 청룡 백호가 아름답다
포옹하듯 다정한 모양이다

- 용의 변화를 찾는다. 상하좌우로 굴곡과 기복이 있는 생룡을 본다.
- 사신사를 살핀다. 청룡 백호 안산 현무사의 유 무정을 살핀다.
- 입수 위로 3절최소 1절만이 살아 변화하는가. 각도는 30도가 되는가.
- 주변의 흙과 초목들의 기가 살아 있는가. 흙은 윤기가 있고 황색 자황색으로 초목은 잎색이 연하고 생동감이 있고 밝은가.
- 좌우 선익에 잡풀이 없고 토출되고 밝은 빛이 있는가.
- 혈 자리 주위의 암석들이 귀석인가. 흉석은 없는가.
- 당판은 기울지 않았는가. 평탄하고 단단하고 밝아야 한다.
- 진혈 앞에는 아름다운 조안산이 있다. 주산과 대면하고 있는 산과 수
- 진혈은 혈 앞 쪽의 명당이 평탄하고 빠르다.
- 진혈의 뒤에는 낙산이 솟아 올랐고 귀가 뻗어 나갔다.
- 진혈은 청룡백호가 아름답다. 포옹하듯 다정한 모양

- 물이 합하고 나누어지는 경계가 분명해야 한다.
- 묘자리는 용맥 입수유무를 먼저 살펴야 한다.
- 묘자리는 단란하고 밝고 빠르고 깨끗해야 한다. 기가 모이는 곳이다.
- 비석비토 공기돌 왕모래 같은 누런 빛이 물기가 없고 귀하다.
- 둥글고 윤기 있는 돌과 소나무 곧은 나무가 있는 곳은 길하다.
- 명혈은 장사 후 3년 이내에 시신의 육탈이 모두 되고 유골은 황금색으로 깨끗하게 변하여 있는 곳이 명혈이다. 또 묘지 이장 時에 검은 색이 된 유골을 혈에다 다시 묻고 일년 후에 다시 파보면 황골로 변하여 있다.
- 밋밋한 산의 룡을 찾지 마라. 지관이 해를 당한다.
- 혈으 한쪽에 바람이 닿는 곳 자손이 끊어진다.
- 안산이 없는 곳 재물 의식이 궁핍해 진다. 물이 고인 듯 보이면 부가 온다.
- 명당이 기울어 진 곳 가업이 패한다.
- 묘터 좌로 기울면 여자가 우로 기울면 남자가 우환이 생기고
- 집터가 좌로 기울면 남자가 우로 기울면 여자가 만성질환이 있게 된다.
- 규봉사는 넘어 보이는 산으로 도적자손 도난의 피해가 있게 된다.
- 혈전 후에 난 이상한 암석동물현상이 보이면 흉사이다.
- 양 쪽에서 찌르는 형상 전후좌우의 암석이 충해도 흉사이다.
- 압사는 혈전 안산 없이 막혀 있는 것으로 천옥의 흉사이다.

- 반사 는 산이 감싸지 않고 배반하여 가는 것으로 흉사이다. 백호사가 길게 배반하면 홀아비가 생긴다.
- 주사는 혈전의 물이 곧바로 흘러가 버리면 흉사이다.
- 단사는 용맥이 끊어진 것으로 특히 주맥이 끊어지면 흉사이다.
- 돌산에는 묘를 쓰지 마라. 청오경에 풍수에서 말하는 기는 흙에서는 잘 통하나 돌 암석에서는 흐르지 않는다. 그래서 암석 돌이 많은 곳에 쓰지 말라고 한다.
- 산이 무너진 곳 끊어진 곳 도로 광산에 쓰지 마라.
- 초목이 없거나 자라지 않는 산에 쓰지 마라.
- 과산에도 묘를 쓰지 마라다른 산이 산을 끌고 가는 곳
- 독산 청룡 백호사 없이 홀로 있는 산에 쓰지 마라.
- 산은 있으나 혈이 없는 곳에 쓰지 마라.
- 혈은 있으나 산이 없는 곳에 쓰지 마라.
- 물이 흘러간 자리에 쓰지 마라
- 칼 등 같은 산에 쓰지 마라. 지관이 해를 당한다.
- 혈은 있지만 풍이 충하는 곳에 쓰지 마라.
- 안산이 없는 곳에 쓰지 마라. 가난하게 된다.

좌향坐向은 산山의 형세形勢를 보고 정한다

명당은 자연스레 어우러진 산과 물의 형세를 보고 정한다. 그러나 거기에 들어서는 혈의 방향은 산수山水가 갖고 있는 24방위의 음양陰陽과 오행五行의 기氣 맞도록 하지 않으면 안 된다. 쉽게 말해 무덤의묘 방향은 흐르는 물의 위치와 궁합이 맞아야 한다는 말이다. 여기에서 소위 풍수를 구성하는 세勢 요소인 산수山水 방위가 생겨나게 됐다. 좌향론坐向論은 바로 이 방위에 관한 술법이다. 정해진 혈묘자리에 어떤 방위로 안치할 것인가를 다루는 것 그것이 자향론인 것이다.

이제 문제는 잡아놓은 혈묘자리에 어떻게 안치하느냐 하는 것이다.

예컨대 음택에서는 시신을 어느 방향으로 안치할 것이며 양택에서는 궁궐 중에서도 택에 속하는 정전 사찰의 대웅전 일반 가옥의 안채 등의 배치 방향을 어느 쪽으로 할 것인가를 정하지 않으면 안된다. 이렇게 방위를 따지는 좌향론에서는 방위를 분별하는 나침반이 필수 도구가 될 수 밖에 없다. 이 나침반의 등장은 감각이나 눈으로 판단하던 풍수에서 과학적인 풍수로의 전환을 이루는 계기가 되었다. 그러나 이는 또한 각종 낭설을 유포한 주범이 되기도 하였다. 좌향坐向이란 혈의 중심을 이른다. 음택에서는 관을 묻는 곳을 좌坐라 하고 이좌가 정면으로 향하는 방위를 향向이라 한다. 곧 좌와 향은 일직선상에 놓이게 된다. 예를 들어 시신이 자좌오향子坐午向으로 안치되었다고 하자 자좌오향이란 좌가 정북방에 있고 그 향이 정남향인 것을 말한다. 즉 머리 방향이 좌로 정북방이 되며 이를 쓸 때는 자좌라하고 발쪽이 정남향이 되어 오향이라 하며 이를 합쳐 자좌오향이라 부른다. 좌라는 것은 결국 중심이고 향은 좌의 정면에 해당하는 방위를 가리키는 것이다. 풍수에서는 방위를 말할 때 동서남북이라는 명칭을 쓰지 않고 4괘8간, 12地를 결합한 24방위의 명칭을 사용한다. 즉 자오묘유子午卯酉가 동서남북인 셈이다. 이러한 방위는 나경반이라 부르는 나침반으로 알 수 있다. 그러나 나침반을 보는 사람에 따라서 그 방위가 달리 해석되었다.
그래서 소위 나침반을 풍수학이라 할만한 나경론이 생겨날 정도로 기기묘묘한 설이 백출하기도 했다.

예를 들어 자타가 공인하는 천하의 대명당에 묘를 썼는데도 발복하지 못하고 오히려 패가망신하였다 치자. 그러면 으레 자리는 그만인데 좌향을 잘못 써서 그렇다며 좌향 탓으로 돌려 버린다. 속담에 상주는 지관한테 속고 지관은 나경판패철에 속는다 하였다.

좌향론이 풍수 술법 중 가장 어렵다고 해도 과언이 아니다. 그러나 어쩌면 이것이 바로 풍수의 묘미인 것이다. 좌향을 볼 때 가장 중시하는 것은 음양의 배합이다. 그러면 향의 음향배합은 어떻게 이루어질까?

- 서북쪽이 높고 수려하면 부귀하고 무궁하다.
- 북방에 깊은 우물이 있으면 대대로 충효가 나온다.
- 동북쪽 봉우리가 풍부하고 수려하면 열녀와 효자가 대대로 나온다.
- 서북쪽이 풍부하고 수려하면 당대에 발복한다.
- 동남방에 긴 골짜기가 있으면 자손이 연달아 죽는다.
- 서남방이 뾰족하면 자손이 서로 다툰다.
- 서북방에 깊은 샘이 있으면 음란한 자손이 생긴다.
- 주산 밖에 바위가 있으면 힘센 역사가 나온다.

주산主山이 둥글면 결혈結穴은 가까운 곳에서 찾고 길면 먼 곳에 혈穴이 있다

- 혈상이 수려하고 빛이 나고 유정하면 길하고 깨지고 이그러지고 무정하면 흉하다.
- 사의 형상은 일정하기 때문에 바뀔 수가 없다. 주산이 둥글면 결혈은 가까운 곳에서 찾고 길면 먼 곳에 혈이 있다.
- 지자와 같이 굴곡이 있으면 가까이에서 혈을 찾아라. 길룡은 생기가 있다 봉이 3~4개 있다.
- 높은 곳 혈자리 충을 논하지 말라 낮은 곳은 충을 받는다.
- 래룡산세 래룡맥이 왕성하면 기세가 좋은 자손이 나고 후부하면 부자 자손이 나고 맥의 가지가 많으면 자손이 만당하고 광채나면 귀한 자손을 두고 보룡하면 후원자가 있게 된다. 순룡이면 자손이 충효하고 장룡이면 자손이 길게 복을 받고 주왕하면 장손 쪽이 지왕이면 지손이 잘되며 미약하면 세력이 없고 빈약하면 자손들이 곤궁하다. 무기하

면 빈천하고 흩어지면 거지가 나고 산만하면 축첩하는 자손이 있고 편룡이면 불구자가 단룡이면 절손하게 된다. 용이 나란히 다두면 골육상쟁하게 된다.

- 흙에도 생기가 있는 흙은 붉은색 황색 백색 자황색 등으로 토질이 강한 편이다.
- 조종산은 크고 높아야하고 래룡은 웅장하고 혈맺는 성봉은 수려해야 한다.
- 래룡이 조종산에서 꺾어지고 방향을 바꿀 때에는 오행의 상생이 되어야 한다.
- 좌향을 잡을 때에는 용맥과 생기가 우선이고 용맥과 생기의 흐름을 먼저 보고 좌향을 따라 맞추는 것이다. 어느 지점을 혈처로 해서 좌향을 잡을 것인가 세심한 주의를 기울여야 하는 것이다.
- 기복 입수는 바가지를 엎어 놓은 듯 볼록해야 정돌취기로 최고의 명혈이 되는 것이다. 기복의 형상은 짧을수록 입수 변화가 강하고 역량이 많아 명혈이다.
- 기복 입수는 바가지를 엎어 놓은 듯 볼록해야 정돌취기로 최고의 명혈이 되는 것이다. 기복의 형상은 짧을수록 입수 변화가 강하고 역량이 많아 명혈이다.
- 기복의 색상은 서기와 광채가 나야하고 서기는 강한 썩비례로 형성되어 잡초가 나지 못하고 밝은 황색을 내는 토질을 말한다. 광채는 볼록

한 형상의 박환된 암석이 섞여 있으면서 자연의 황색의 광채가 나는 것이다.

- 기복이 짧을수록 강한 명혈이 되는 것이다.
- 정돌취기 입수에 광채가 나면 삼합이 출하고 암석돌출 입수는 자손 모두 권세지기로 금시발복한다.
- 용맥이 크게 오고 봉이 서로 미끌리듯 크게 흘러 왔으면 능히 영웅이 출하고 맥이 조금 일어나고 적게 엎드려 왔으면 겨우 넉넉한 소부가 출한다.
- 입수 취기가 적게라도 취기가 되어야 명혈이라 할 수 있고 부귀겸전하게 되고 자손 모두에게 발복한다.
- 비룡상천이라 한다.
- 비룡상천 혈형은 속기처에서 수를 바라보면 좌우로 양기가 올라간 곳이 보인다. 좌우선이 분별되고 양기선은 잡초가 없고 통통하다.
- 래용 입수 과협지처에 나경을 놓고 어떠한 용맥이 입수인가를 분간할 적에 토색도 결정 지워지는 것이다.
- 은룡은 대개 금계 포란형으로 정기가 많아서 부의 발복이 크고 장손쪽에 큰 벼슬세도가 있고 차손말자쪽에 거부가 난다.

청룡 백호가 단절斷切되면
다리를 다치는 자손이 난다

- 청룡사가 낮고 청룡사 밖에 물이 보이면 또 백호사가 낮고 밖으로 물이 보이면 청춘과부를 어찌 밖으로 물이 보이면 청춘과 부를 어찌 막을꼬. 남자 손이 요절하게 된다.
- 청룡 백호사에 푸른 이끼가 나 있다면 문둥이 병자가 난다.
- 청룡이 배신하고 물이 양쪽으로 갈라지면 부자가 객지에서 이별하게 된다. 양수 양파는 골육상쟁이요 청룡사의 배신은 자손들의 불효이다.
- 후룡이 약하고 전사각 앞에 흙 같은 산이 좋으면 서손이 대를 잇게 된다.
- 청룡 백호 안산이 배면 사 뒤로 돌아가거나 주비사 향을 향에 달아나면 대흉하다.
- 청룡 백호 안산 너머로 물이 보이면 사에 해당되는 자손이 끊어진다.
- 청룡 백호 안산에서 혈을 보고 산맥이나 수가 바로 충해 오면 사람이

죽거나 상하게 된다.

- 청룡 백호가 배신하면 아들 딸 며느리가 배신하고 불효하게 된다.
- 청룡백호 허리가 치석이면 소년에 이가 다 빠지고 또 가사불화에 파산이 우려된다.
- 청룡 백호사가 단절되면 다리를 다치는 자손이 난다.
- 청룡백호의 산형이 톱날과 같으면 장사 지낸 후에 가시불화로 속패를 보고 자손이 칼날에 죽게 된다.
- 청룡은 장남 궁으로 후고에 전이 옆으로 기울어지면 형제 모두 해가 있으나 장자에게 가장 먼저 화가 미친다. 백호는 차자요 전고후저하면 요수하고 패절하게 된다. 앞쪽이 좌우가 낮으면 형제 모두가 빈궁하게 된다. 자손이 고루 잘 되려면 삼면이 고루 높아야 하고 중간부터 좌우로 높아지면 형제가 반드시 모두 같이 등과한다.
- 고사에 청룡백호의 산 능선이 암석으로 톱날 같으면 장님이 출생한다. 또 관재구설로 인하여 재패인패등의 화를 급히 당하게 된다.
- 청룡 허리에 산사태가 나면 좌우 다리에 절름발이가 나게 된다. 또 남자들이 음란한 일이 많이 나고 여러 가지 불구자가 날까 염려된다. 묘지에 물이 날 수도 있다.
- 청룡백호의 꼬리가 배신해서 돌아가면 옥중에 갇혀 죽게 되고 자식들이 불효하게 된다.
- 청룡이 낮으면 홀아비가 나고 백호가 낮으면 과부가 나고 동쪽이 높고

서쪽이 낮으면 집에 노인이 없게 된다.
- 외 백호사에 다고맥이 너무 많으면 그 가정은 내주장에 남자가 슬퍼한다. 재물이 있다.
- 외 백호에 나성맥 파구 앞을 막아 주는 산세라면 비정의 자손이 난다.
- 백호 끝이 배신하면 본처를 버리게 되고 며느리가 달아난다.
- 백호방에 두 다리 모양의 뻗은 가지가 있으면 부녀자가 간부를 두게 된다.
- 백호 끝이 뭉치면 딸 며느리 여자가 불효한다.
- 백호가 수성형이면 고부간에 불화가 생긴다.
- 백호 내에 흉석이 있으면 불손한 자손이 나온다.
- 백호 내에 쌍입석 검은 바위가 있으면 호사(虎死:교통사고), 전사당한다.
- 백호의 끝이 갈라져 있으면 참수형을 당한다.
- 백호가 관널과 같은 형상이면 상처를 당한다.
- 백호 내에 작은 바위가 있으면 간부가 생긴다.
- 백호의 상부가 힘석이면 가난을 면할 수 없다.
- 백호가 미약하고 가늘면 굶어 죽는 자손이 생긴다.
- 백호가 좋고 청룡사가 약하면 외손 차손에게 좋다.
- 백호의 허리가 잘리고 머리가 끊어지면 사위가 해를 당한다.
- 백호가 웅장하여 혈을 누르면 과부가 어린 것을 업고 식모살이 하게 된다.

산이 많은 곳에서 높이 솟은 산에 결혈되면 비룡상천혈이 되고 야산에서 높이 솟은 산에 결혈되면 매화락지혈이다

- 비룡상천혈이란 많은 산중에서 우뚝 솟고 당처입수가 잘 속하게 속기 되면서 힘차게 올라 입수취기가 되면서 결혈되면 飛龍上天의 대지결혈이다.
- 비룡상천 형국은 많은 산중에 높이 솟은 산을 말하고 상운산 대해안 은하안이 제격이다.
- 생사형국 생와사가 개구리사 초지사가 있어야 명당으로 제격이다.
- 비룡형국은 오동 안산 상운안산이 있어야 명당으로 제격이다.
- 맹호형국은 면구 안산 사슴 안산이 있어야 명당으로 제격이다.
- 와우형국은 적초 안산 경전 안산이 있어야 명당으로 제격이다.
- 금계포란 형국은 주란 안산 회원사 계사사 밝은 별 같은 사가 있어야 명당으로 제격이다.

- 복구 형국은 밥통 안산 복토 안산이 있어야 명당으로 제격이다.
- 반월 형국은 삼태봉 안산 은하 안산이 있어야 명당으로 제격이다.
- 연소혈 형은 횡량대들보 안산 초충사 연작사가 있어야 명당으로 제격이다.
- 비룡상천혈이 야산에서 결혈되면 매화락지혈이라고 한다. 산이 많은 곳에서 결혈되면 비룡상천혈이 된다. 야산에서 솟은 산 입수취기가 되는 곳 중앙 좌우 또는 향 순을 살펴서 결혈인가를 판정해야 한다. 발복은 부귀겸전으로 발복이 끝이 나도 무해하다.
- 비룡상천혈의 용세가 가라앉았다가 다시 일어나는데 마치 비행기가 이륙하는 각도30도로 수평선을 잡을 때 입수취기하고 그 앞에 결응되어 결혈되는 것을 비룡상천이라 한다.
- 매화락지 혈형은 상석 위치에서 입수 양 어깨를 쳐다보아 후덕하고 양명한 곳으로 좌우선을 분별한다.
- 매화락지형은 평지 돌처로 속기 입수되어 결혈이 매화낙지 형이다. 높은 곳에 속기입수는 비룡상천혈형이라 한다.
- 고산 고처에 속기입수는 연소혈인데 유혈 돌혈에 결혈된다.
- 연화부수형은 환포수회로 호위하여 결혈하게 된다. 연꽃 한 송이가 물에 떠 있어 아름답다. 명혈이다 강물이 돌아야 대지이고 개천물이 흐르는 것은 소지小地이다.
- 금환낙지 혈형은 금시발복이라는 특징이 있다. 외운 내운 혈상이 생

겨서 해목형의 결혈과 같다. 속발에 부귀겸전의 대지大地이다. 또한 금반지처럼 노란 돌줄이 황색이 있어서 금시발복이라 하는 것이다. 또한특징은 토질의 색이 황금색이며 광채 삼색이 섞여 있는 밝은 것이 금환낙지혈이다.

- 저지대에서 결혈이 되어도 고지대의 결혈과 같다. 또 조금 나쁜 곳의 금환낙지형이라도 주택지로 사용하면 대를 물려가면서 발복하게 된다.
- 오공형에는 지렁이가 안산으로 사가 되어 혈장이 길어 배움이 약한 자는 잘 알지 못한다.
- 미녀 분통 비녀가 있으면 옥녀 형국이다.
- 금고형에 적笛피리이 있으면 선인부수 형국이다.
- 와혈은 삼태기처럼 오목한 혈로 부혈이다. 가운데가 솟아야 물이 없다. 전순이 확실해야 명당이 된다.
- 겸혈은 여자의 음부처럼 생긴 혈을 에워싼 양지각이 안으로 굽어져 있어야 하고 전순이 확실해야 명당이 된다. 앞에 골이 지면 재물이 모이지 않는다.
- 둥글고 오목한 혈 와혈 겸혈로 음 혈이라 한다.

청룡과 백호를 보고 혈을 정하다

청룡은 혈의 왼쪽에 있는 산줄기로서 혈에서 앞을 향해 서서 왼쪽이다.

백호는 혈의 오른쪽에 있는 산줄기다. 혈을 사이에 두고 청룡과 백호가 서로 마주본다. 청룡, 백호가 여러 줄기 있을 때는 안쪽 것을 내청룡, 내백호 바깥쪽 것을 외청룡, 외백호라고 부른다.

청룡과 백호는 혈판을 궁포로 교쇄하여 호위하는 산맥을 말하는 것이며, 청룡 백호는 두 팔을 활짝 벌려 무엇을 감싸안으려는 형상으로 유정하여야 하며 말단이 우각과 같이 생겨야 상격으로 본다.

예부터 풍수설에서 혈을 중심으로 하여 좌우에 산맥이 사를 일러서 호위한다고 했고 전후에 산을 일러서 명당을 조응한다. 전해 오는 바이것이 바로 사수호신 청룡 백호 현무 주작을 칭하는 말이다. 청룡, 백호의 어깨가 낮거나 또는 청룡, 백호의 허리가 낮으면 바람이 충사하여 명혈의 기가 산기되어 화를 필연적으로 입게된다 하였다.

청룡, 백호의 상부위에 입석이 있으면 문장에 능통한 선비가 배출된다 하였고, 청룡산의 상부위가 절단되면 장자손에 대가 끊기고 청룡산맥이 바늘과 같이 가느다란 사라면 매일 조석으로 시비가 난다고 하였다.
　청룡이 그쳤다가 불쑥 솟으면 그 자손이 객사하게 되고 청룡이 등을 보이며 돌아가면 부부가 불화하고 생이별을 하게 된다 하였다.
　청룡산맥이 험하고 역리가 되면 자손 중에 역적이 난다 했다. 백호봉이 둥글게 일어나면 외손이 등과가 이루어진다고 하며 백호산 안에 작은 산이 있으면 자부, 손부 중 과부가 생긴다 하고, 백호산이 배반하면 정처를 버리고 가출하게 된다 하였다.
　청룡산맥 밖에 봉이 있으면 자손에게 횡재수가 있고, 백호산 허리가 끊어지면 비참한 형벌이 있게 된다. 청룡의 말미는 우각과 같아야 상격이고 말미가 반거하면 주인을 사시하는 호위병의 자세로 보여 혈을 기만하는 형이 되어 불길하고 백호의 말미는 준거함이 상격이고 쳐들어 무엇을 제압하는 형상이 되면 혈은 위압을 받으니 불길하므로 청룡은 완연하여야 하고 백호는 걸터앉은 모양이어야 한다. 청룡과 백호는 중중첩첩으로 명혈을 환포함이 아름답다 하였다.
　그로인하여 내명당 중명당, 대명당이 형성되기도 하고 대지의 묘자리도 이루어지기도 한다. 청룡, 백호가 높으면 천혈 높은 곳에 정혈하고 청룡백호가 낮으면 지혈낮은 데에 정혈한다.
　만일 청룡이 짧거나 없으면 오른쪽으로 당겨서 정혈하고 물의 흐름을 잡아서 청룡에 대치한다. 백호가 없거나 짧으면 왼쪽으로 밀어서 정혈하고 물을 백호의 대역이 될 수 있게 한다. 청룡이 수려하고 유정하면 왼쪽으로 정혈하고 백호가 수려하고 유정하면 오른쪽으로 정혈한다.

청룡이 밀어내는 기운이 많으면 백호에 의탁하여 정혈하고 백호가 압세하는 기운이 많으면 청룡에 의지하여 정혈하고 청룡과 백호가 모두 유정하면 중앙에 정혈한다.

청룡은 있으나 백호가 없으면 우궁수세로 당겨서 정혈하고 백호는 있으나 청룡이 없으면 좌궁수세에 대치해서 정혈하고 청룡과 백호는 없는 기복과 속기가 있으면 괴혈이니 세심히 살펴 결혈된 곳을 찾는다.

행룡의 강약과 기복 절 언덕의 용맥은 행룡의 변화가 있으니 국궁의 세를 잘 살펴서 응용하고 대치하여 결된 곳을 찾아야 한다. 결혈은 정혈 기혈 괴혈에서 이루어 진다는 것을 명심하여라.

명당 대지혈은 산의 열매이다. 금력과 권력으로 얻을 수 없다

　인간은 자기도 모르는 사이에 양택주택이나 음택자리 혈을 우연히 얻어 행복을 누리며 자손대대로 영화를 누린다. 하늘이 비장한 혈은 반드시 선행한 사람만이 얻을 수 있다. 인류문명과 함께 풍수지리학도 발달해 이 학설에 달관한 학자가 있어도 쉽게 발설하지 않았고 선행을 한 사람이 있으며 인도한다.
　또한 혈은 안다고 해도 금력이나 권력으로 안되는 것이다 하겠다. 혈이란 하늘이 설계하여 땅이 지은바 되고 창조주께서 깊이 비장한 보물 중의 보물이다. 비장하여 유덕군자를 기다리는 것이다. 산천의 정기는 용맥을 통해 흐르는 것이니 마치 인체의 혈맥이 흐르는 것과 같다. 용이 진하고 맥의 끝이면 정령이 응취하여 혈이 된다. 혈이란 창조주의 헤아릴 수 없는 현묘한 공적으로 인간의 부귀영화와 생사화복을 관장하는 근간이다. 그러므로 대지혈중에 인골을 매장하면 안개와 같은 옥로가 응결되어 있으나 이는 욕맥의 정기가 응취한 까닭이다. 대지대혈에 양택을 지으면 옥내에 영기가 있음을 알 수 있으니 이는 천고의 비전이다. 혈중 토질은 비토비석으며 순계화 오색토로 긴밀하고 기름을 뿌린 것과 같이 광윤하고 또한 난기가 응결되어 있는 것이니 혈이 아니면 그렇지 않다. 혈에 유골을 매장하면 운명을 개조할 수 있다. 하나의 산맥이 행룡하거나 간룡, 행룡시 돈복처 즉 휴식지처 또는 지룡 낙맥처 등 수없이 많은 대소혈이 결실되어 있으나 주혈은 단 하나다. 이 주혈만이 용 중의 최대혈이다. 수백리 수천리의 산천은 가까이 또는 멀리 회환하여 공립하여 호위한다. 이러한 중봉 중에 주인봉이 있다. 이 주인봉이야 말로 혈을 맺는 가장 존귀한 산봉이다. 이 주인봉 아래서는 반드시 산천의 정기를 한데 모아 응결채 곧 혈을 이룬다.

이 산의 열매는 불과 1~2평 정도의 좁은 공간이지만 생성의 극치인 창조주의 현묘한 원리가 충만하다. 불과 1~2평 정도의 혈은 마치 계란과 비슷해 외피와 내피가 있고 중심에 노란자위가 있듯이 토피와 내피가 있고 중심에 혈토가 있다. 이 혈토는 산천의 정기 응결처라 기름을 뿌린 것과 같이 광택이 있고 오색찬란한 비석과 비토로 밀가루 같이 매우 부드럽고 습기가 적당해 황홀하다. 그러나 이러한 토질은 1~2평을 벗어나면 완전히 달라진다. 하나의 용맥이 태조산에서 처음 출맥할 때부터 그 용맥의 기본성격 즉 명당은 한마디로 산맥의 열매이고 지상에 존재하는 모든 물체는 열매를 맺으니 산맥이 열매를 맺는 것은 지극히 당연하다. 지구 표면을 수 놓은 모든 산은 곤륜산의 고봉에서 발원해 지구 표면에 마치 칡넝쿨 같이 퍼져나가 세계 도처에 산의 열매를 무수히 맺었는데 이를 명당이라고 한다.

또한 지상의 어떤 산이든 곤륜산의 고봉과 연결되어 있다. 유명한 명당은 수 백년 또는 천 여년간 비결록으로 전해오기 때문에 도처의 명혈대지에는 대부분이 혈 근처에 많은 묘가 산재해 있는 곳도 있다. 풍수지리학에 관심이 있는 사람은 어느 지방 어느 산에 여하한 명당이 있는 것을 알기 때문에 명당 근처에 산 주인 몰래 묘를 썼을 것으로 여겨진다. 그러나 혈법을 정확히 알지 못하기 때문이다.

안산의 길흉은 이러하다(1)

안산에는 일자문성, 부봉형, 아미형, 일산형, 횡적형 등이 있다.

안산에 흉격인 쌍계곡이거나 큰 바위가 서 있는 경우 험한 바위 누더기 바위 같은 느낌이 드는 안산들이 흉한 격이라고 할 수 있다.

인산이 썩 잘 생긴데다 득수까지 길상인 경우라면 귀인이나 뛰어난 미인이 나게 된다. 득수가 길상이 아닐 경우 그 후손들이 관직이 봉직하는 정도로 입신을 한다.

안산이 쌍둥이 계곡에 있는 경우 이것은 쏟아지는 눈물 격이니 집안에 눈물 흘릴 일이 자주 생긴다.

안산에 긴 골짜기가 있는 모습도 나빠서 전염병이 잘 걸린다고 한다. 명당이 되려면 안산이 길해야 한다.

안산과 조산을 보는 법은 안산의 앞에 거울과 같이 맑은 호수가 있으면 용모가 아름다운 현부가 나온다.

안산에 칼 끝 처럼 생긴 돌이 서 있으면 살상의 변이 있다. 안산이 혈을 핍박하는 모습이면 자손 중에 눈 먼 자가 나오게 된다. 혈 앞에 눈물을 흘리는 모습의 사가 있으면 자손들이 일찍 죽게 된다.

안산이 없는 것을 취하면 의식이 궁해진다. 안산이 삐뚤어지면 자손의 눈이 부정하고 안산이 산란하면 자손이 타향으로 본산되며 안산이 치마를 걸어놓은 형상이면 음란한 자가 많이 나오고 안산에 넓은 들이 층층으로 있으면 두통과 귓병이 따른다.

안산이 문을 닫은 모습이면 귀한 자손이 태어나고 호랑이를 닮은 바위가 보이면 그 후손은 교통사고를 당할 위험률이 높으므로 조심해야 한다.

안산이 지저분하고 누추하면 그 자손이 거지가 되거나 관재 구설 혹은 불구자를 낳는다.

안산 외에도 청룡 백호를 제외한 산들을 조산이라 한다. 지가서에 보면 여러 제후들이 천자에게 허리 굽혀 조회를 하는 형국이라 했다.

안산이나 조산을 혈 앞에 솟은 기로 여기는데 이들 안산과 조산은 혈의 길흉과 관계가 깊다.

일반적으로 조산이나 안산은 후덕하게 잘 생겨야 길한 상태이지만 안산에 사태가 심하게 패여 나가거나 산줄기가 길게 뻗어내려 얼굴을 돌린 듯한 형국은 흉한 격으로 친다. 사격이라 함은 혈을 중심으로 전후 좌우에 있는 산과 들 하천에 이르기까지 모든 지형을 말한다. 혈도 중요하지만 사격이 길해야 더 큰 복을 받고 사격이 흉하면 그만큼 화가 미친다. 일반적으로 명당혈을 찾기 위해서 풍수가 점거 해야 할 항목은 내룡 입수, 좌청룡, 우백호, 선익, 전순, 안산, 조산이 갖추어 지면 반드시 진혈이 있고 나르는 듯 도망가면 결코 좋지 못하다.

장법에 이르기를 외양의 수려한 천만 산이 가까운 몸에 일포한 안산만 못하다 하였다.

조산은 가희 머리가 깨져서는 안되고 안산은 얼굴이 깨져서는 안된다. 조산과 안산이라 하는 것은 혈 앞에 있는 사격이니 혹 산이나 봉만이 높고 낮고 평평하고 둥글고 팔짱낀 듯 읍하는 듯 절하는 듯 하니 제후가 천자에 조회하는 것과 같으므로 이를 일러 조산이라 하였고 또 귀인이 책상을 점거하고 정사를 나누는 것도 같으므로 안산이라 한 것이다.

또 이르기를 안산은 높으면 눈썹에 가지런하고자 하고 낮으면 가슴에 응 하고자 한다.

안산의 길흉은 이러하다(2)

안산은 일명 주작이라고도 한다.

묘의 정면에 있는 산을 말한다.

혈 앞에 솟은 산으로서 앞의 산이 중첩되어 있을 경우 혈에서 가장 가까운 앞산을 내안산이라 하고, 내안산 뒤에 있는 산을 외안산 조산이라 한다.

안산은 공안이다. 높으면 눈썹의 높이요 낮으면 심장의 위치이다. 왼쪽으로 끌리거나 오른쪽으로 치우치지 않아야 참다운 안산이라 할 수 있다.

왼쪽으로 끌리면 청룡의 선궁이요, 오른쪽으로 끌리면 백호의 선궁이니 안산이 아니라 안산은 반드시 가운데 있어야 기관의 책상 같아서 대소 관원이 함께 편안히 앉아서 사무에 임하는 것이다.

혈 앞의 안산은 소관이 매우 중하다. 손을 뻗쳐 안산을 잡을 듯 보이면 재물을 천만관이나 쌓는다고 했고 또 이르기를 외방에 수려한 봉이 천 봉이나 있다 해도 전면에 하나의 면궁만 못하다고 하였다.

부하고 귀하게 되고 벼슬길을 가장 빠르게 하는 것은 바로 안산에 있는 것이다. 즉 안사가 좋으면 문인과 관원이 많이 난다. 혈 앞에 낮은 산으로서 비유하자면 귀인이 일상 중에 사용하는 물건에 해당한다.

옥계 횡금 면궁 대횡 석모 아미 천마 서대 옥인 같은 형으로 조산의 산 끝을 가려 주어야 한다.

앞에서 예를 든 것과 같은 물형을 갖추지 않아도 단전하고 아름답게 혈장을 감싸기만 하면 길하다고 볼 수 있다.

반면에 달아나는 형세나 첨사 파쇄 조대 반배한 것은 흉이다. 지나치게 가까워서 혈장을 압박하는 것은 좋지 않다는 것과 순수냐 역수냐 하는 것은 관계없이 유정만포하고 개면향혈만 하면 안산의 임무는 다한다.

안산은 본신에서 출신하여 감싸는 것도 있고 외래산 수관원진수하여 이룩된 것도 있고 혹은 산이 없어 저수가 안산의 대역이 되는 것도 있다.

안산이란 묘 앞에 가까이 보이는 산을 말하는데 산의 모양이 단정하여 기가 머물러야 하고 모양은 서로 마주 대하여 절하는 듯 읍하는 듯 공수하는 듯하면 길한 것이다.

안산이 긴 것과 짧은 것은 모두 불길하며 안산의 형이 아니다. 또 혈처가 높은 즉 마땅히 안산의 위치가 먼 것이요 혈처가 얇은 즉 가까운 것이 당연한 것이라 하였다.

안산은 본래 주산의 수족과 같으므로 항상 주산을 도와주는 것이며 만약 안산에 귀성이 의지하지 않고 비어 있는 자는 안산이 아니라 안산은 모든 것을 걷어 들여 그 기를 보내주는 것이 안산이다.

만약 안산이 없으며 이는 모름지기 국을 말하고 순수국은 반드시 역수로 안산을 짖게 되면 비로소 힘이 있다. 횡수국은 순으로 안산이 되고 또 역으로 안산이 되어도 다 좋은 것이고 역수국은 반드시 순수로 안이 된다. 그렇지 아니하면 두려운 것은 그 기가 재촉하여 소멸된다. 안산은 반드시 한 점 영광이 있으므로 혈을 바라보고 그 영광의 빛을 비추어야 반복이 된다.

동쪽에서 달이 뜨면 땅에 그늘이 지는 것과 같다. 이와 같으므로 주성은 영광의 형체가 되고 안산은 영광의 그림자가 되므로 그림자는 반드시 형체를 따르게 된다. 땅 위에 한 조각 그림자를 살펴봐도 형을 알 수 있는 것이다.

청룡백호와 안산이 없고 혈穴자리만 좋은 곳을 괴혈壞穴이라 한다

- 사산이 모두 균평을 이루면 혈은 그 중앙에 세워야 한다.
- 낙산이 등 뒤로 온 것은 역량이 매우 크고 아름답다. 혹 병풍 화개 삼태 옥침 염막 복종 둔고는 지극히 귀격이다.
- 용호 증혈은 청룡이 유력하면 혈이 왼쪽에 의지하고 백호가 유력하면 혈이 오른쪽에 의지한다.
- 청룡백호가 낮으면 바람을 피하여 낮은 곳을 찾고 높으면 느르는 것을 피하여 높은 곳을 찾아야 한다.
- 청룡이 물을 거스르면 혈이 왼쪽에 의지하고 백호가 물을 거스르면 혈이 오른쪽에 의지한다.
- 청룡이 유정하면 혈이 왼쪽에 있고 백호가 유정하면 혈도 오른쪽에 있다.
- 청룡 백호가 모두 유정하여 높지도 낮지도 않으면 혈이 중앙에 있다.

- 청룡이 혈을 누르거든 백호에 의지하고 백호가 누르면 청룡에 의지하다.
- 청룡이나 백호 중 어느 한 쪽이 없는 경우 청룡이 없으면 물이 左宮으로 두르는 것을 요하고 백호가 없으면 물이 우궁으로 두르는 것을 요한다.
- 청룡백호사 어느 한쪽이 안산으로 내려가 청룡 백호 재전 안산 삼태봉이나 귀사를 만들면 백만장자에 고관이 난다.
- 귀성증혈이란 청룡 뒤에는 반드시 귀성이 있다. 혹 혈에 대해 횡으로 쌓거나 혹은 한쪽 면이 반대로 앉거나 혹은 가운데로 반드시 버틴다. 이는 모두 혈의 증거가 된다. 횡혈은 거성이 없으면 진혈이 아니다. 진혈은 반드시 귀가 있다.
- 횡룡결지에는 베게처럼 모양의 山이 막아 주어야 진혈이다. 점혈하는 법은 먼저 혈기 살피고 가혈에도 귀성이 있는 경우가 있으니 신중하지 않으면 안 된다. 횡룡은 또한 귀성이 없어도 결혈이 된다.
- 혈후에서 하사사가 기를 반대로 막아주면 이것 또한 한쪽을 역으로 감싸는 귀성과 같다.
- 귀성이 높은데 있으면 혈도 높은데 있고 낮으면 혈도 앉은데 있다.
- 귀성이 왼쪽에 있으면 혈도 왼쪽에 있고 오른쪽에 있으면 혈도 오른쪽에 있다.
- 귀성이 가운데 있으면 혈도 정중에 있고 귀성이 양방에서 공포하면 효순귀라 하여 형이 중앙에 있게 된다.
- 청룡백호와 안산이 없고 혈자리만 좋은 곳을 괴혈이라 한다.

- 괴혈은 언덕바지에도 있다. 추한 가운데 황색의 마사토인 혈토가 있다.
- 작국이 없는 괴혈이라도 수는 있어야 한다. 그래야 발복을 받게 된다. 최소 봉분 앞에 3~4m 정도는 여기가 있어야 한다.
- 괴혈은 높은 곳 음지 북향인데도 아침부터 하루 종일 햇빛이 드는 곳이라야 괘등혈이다. 돌이 없고 흙이 부드럽고 물이 나지 않는다. 어둡기 때문에 등잔 밑에 있어야 한다.
- 당처가 추졸하여 보기에 흉하나 괴혈은 전미하지 못하여 혹 한쪽이 파하고 깨어져 불과 한 듯 하나 그 중에 일석지기가 있는 것이다.
- 괴혈은 한쪽 백호가 없으면 수水가 대신해 주고 청룡이 없으면 물이 대신해 주며 또 안산이 없어도 물이 대신해 주어야 이것이 괴혈이다.
- 괴혈은 대개 큰 산에 대기가 있다. 높은 산에는 연소형제비집의 혈이 있고 등잔걸이와 모양이 비슷하다.

산이 높아도 높은 줄 모르고 평지에 있는 듯하다. 이러한 형태를 괴혈이라 한다

- 괴혈은 언덕바지에도 있다. 흙은 홍황색 혈토가 있고 또 산이라면 소나무 색깔이 노란색을 띄고 있다. 모든 산과 모든 물이 와서 모인다. 또 땅이 깨끗한 산 위의 이마에 결작하여 천요의 형이 있는 경우가 있다. 이러한 혈장에 오르면 활연히 명랑하고 국세가 너그럽고 평평하여 산이 높아도 높은 줄 모르고 평지에 있는 듯하다. 이러한 형태를 잘 분간하기 어려운 것을 괴혈이라 한다.
- 인덕적선을 해야 길지를 얻는다. 천복박덕하게 살아 수용 할 바가 못 되니 덕의 유무를 보고 가르쳐 주어야 한다.
- 괴혈은 심산 속에 몰리형이 있다. 땅이 평평하고 와한 곳에 있는 혈이다. 천풍에 살풍이 닿아도 혈자리에 오르면 따뜻한 곳이다. 바라보면 노풀된 곳 필 괴혈이란 특이한 곳에 특한 형태로 결혈되는 4상혈, 와겸 유돌을 벗어나서는 진혈이 될 수 없다.

- 괴혈은 거의 명혈 대지가 되는 것이다.
- 괴혈은 발복혈의 성정대로 속발하고 시효가 끝날 때까지 좋지 않은 곳도 있다.
- 직류혈 앞에 물이 곧게 빠져나가는 괴혈이 직유혈이다. 물이 곧게 나가는 곳은 생기가 새어 나가는 것이어서 안 좋게 보이나 직유혈의 경우는 다르다. 물이 나간 곳의 양쪽 산이 빽빽하게 솟아 있어야 좋다. 이러한 혈에는 제후가 난다.
- 분합혈은 물이 위에서 나뉘고 아래에서 합친 것으로 구첨 소팔자 대팔자가 있다.
- 기혈추악은 산세가 거칠고 웅대하고 추악하고 혹 돌이 많아 봉우리가 너무 커서 아름답지 못하고 연하지 못한 것을 말한다.
- 준급은 산세가 급하고 험하여 오르내리기가 어려운 산형
- 단한이란 언덕이 되어서 산이 된 산으로 외로는 산으로 맥도 없고 혈이 아니다.
- 빈궁은 고독하고 과부가 나고 절사하게 된다.
- 허모는 용맥이 허약하여 뱀쥐가 드나드는 곳으로 혈이 아니다.
- 요결은 움푹 파이고 들어간 곳으로 인정이 막힌다.
- 추악은 산세가 지나치게 크고 흉하고 가파른 곳
- 금시 발복지란 혈상이 밝아서 특이하고 광채가 나는 곳 또는 용세입수 혈상 부위에 황색의 귀암이 노출된 곳 광중의 흙이 미세하고 단색으로

밝은 곳

- 장중계손법은 청룡이 길하면 남자 장손 백호는 여자 차손이 발복한다.
- 청룡이 백호보다 약하면 월형으로 보완해서 받쳐주어야 한다. 자손이 관직에 올라도 삭탈 당하게 된다. 묘 뒤 주산이 둥근 부봉으로 받쳐주면 자손이 장수하고 부와 귀가 있다. 묘 앞이 경사지는 곳은 봉분 주위의 흙을 긁어모아 평탄하게 보완해야 한다. 단 봉분 밑의 흙은 다치치 않아야 한다. 기가 상한다. 산능선에 걸쳐 좌청룡이 있고 우백호는 없는 경사가 심하면 묘 쓸 자리가 못된다. 보완을 강하게 하여도 좋지 않다. 딸 며느리 요절하고 묘 뒤 받쳐주는 산이 없는 곳에 정상 가까이 묘를 쓰면 장자가 요수하게 된다. 묘 앞이 골이 빠지는 것은 재물도 없어지고 모이지도 않는다.

높은 산에는 평평한 곳에 길지가 있으며 혈穴을 정하면 부귀겸전富貴兼全

- 높은 산에는 평평한 곳에 길지가 있으면 혈穴을 정하고 낮은 산에는 완만하고 평평한 곳에 평탄한 산에 경사진 곳에 정혈 하여야 한다.
- 증혈법 : 혈의 앞에서 구하면 조안이 아름답고 명당이 바르고 수세가 모였는가를 살펴야 한다.
- 혈의 뒤에서 구하면 낙산과 귀성이 사귀어 있고 左右의 용호가 유정하며 전호가 있어 얽어 보호하는가를 살펴야 한다.
- 혈의 밑에서 구하면 전순이 반듯한가를 살펴야 한다.
- 4방에서 십도가 정확한가를 살펴야 하고
- 분합에서 구하면 나누고 합한 것이 정확한가를 살펴야 한다.
- 길혈삼증 : 산천정기가 멈추는 것이 첫 번째 혈의 증거이고 맥이 멈추고 통통하게 살찐 두 번째 증거이고 또 통통하게 살찐 다섯 발자국 아래 남은 여기가 전순을 이루는 것이 세 번째 혈의 증거이다.

- 가장 관계 할 것은 혈후의 한마디가 오는 맥이 길고 짧음을 관찰하고 혈 아래 모든 사격은 당연히 순기가 단단한 자리인지 단단하지 못한 자리인가를 살펴야 하고
- 혈후에 온전한 맥이 벗으면 가문을 오래 이어갈 수 없다.
- 혈하에 독산이 있으면 다른 사람의 자식으로 대를 잇게 된다.
- 조안증혈 : 멀리 있는 조산보다 가까이 있는 안산이 유정한가를 위주로 해야 한다.
- 수응하는 산이 왼쪽에 있으면 혈도 왼쪽에 있고 오른쪽에 있으면 혈도 오른쪽에 있다.
- 조산이 높고 가까워 혈 누른 듯 하면 혈필상취로 천혈을 택해야 한다.
- 안산의 고저는 높으면 눈썹 정도가 가장 알맞다.
- 명당은 반드시 반듯해야 혈이 된다.
- 명당은 수성을 등지지 않아야 혈이 된다.
- 전순증혈은 혈 밑에 남은 기운이 발로된 것을 말한다.
- 전순은 마치 귀인의 앞에 절하는 자리가 있는 것과 같다.
- 무릇 진룡이 결혈하는 곳에는 반드시 여기가 토로되어 전순이 되므로 그곳에 혈이 머무른다.
- 전순이 있는 혈은 부귀국이 된다.
- 낙산증혈은 혈 후의 일절이 묶여 있으면 기가 왕성하고 묶여있지 않으면 기가 약하다. 또한 맥의 굴곡은 속기와 서로 같다.

- 혈 뒤에 솟아있는 산을 말한다.
- 산룡이 혈을 맺을 때는 반드시 의지할 베게 삼는 침락이 있어야 하며 낙산이라 한다.
- 낙산은 산형이 어떠하던지 혈 위에서 보이는 것이 최상이요 명당 가운데서 보이는 것은 그 다음이다.
- 횡룡결혈은 반드시 낙산을 베개 삼는 것을 요하며 낙산이 없으면 진혈이 아니다.
- 낙산이 왼쪽에 있으면 혈도 왼쪽에 있고 중앙에 있으면 혈도 가운데 있고 오른쪽 있으면 혈도 오른쪽에 있다. 낙산이 좌우으로 있으면 혈도 쌍혈을 맺거나 또는 중앙에 일혈을 맺는다.
- 낙산을 멀리 있는 것보다 가까운 것을 짧고 긴 것이면 긴 것을 적고 많은 낙산이 있으면 많은 곳을 의지하여 혈을 정함이 옳다.
- 낙산이 너무 고대웅장하면 혈을 억압하여 누른다. 그러므로 왼쪽산이 고대하면 혈은 오른쪽에 오른쪽 산이 웅장하면 혈은 왼쪽에 앞의 산이 누르면 혈은 뒤쪽으로 빼고 뒷산이 누르면 혈은 앞으로 빼서 세워야 한다.

용천수湧泉水 혈穴 주위에
자생自生으로 솟아나는 물

- 유방의 규산은 주부에게 크게 흉하고 집안에 재화가 연이어 난다.
- 진방에 규산이 혈을 넘겨보면 장남이 죽고 흉악한 강도가 든다.
- 해방에 규산이 있으면 부귀하게 된다.
- 계간수는 계곡에 흐르는 물 직유충사 소리가 크게 나면 인상손재가 난다.
- 원진수는 혈의 양쪽 골이 바로 빠지는 물 계곡으로 자손에 재물이 없다.
- 용천수는 혈 주위에 자생으로 솟아나는 물
  ① 곧은 골짜기에서 나면 도적이 나고
  ② 선익 밑에서 나면 안질병자가 나고
  ③ 당판 밑에서 나면 익사자가 나고
  ④ 백호 밑에서 물이 나면 여자가 음란하고
  ⑤ 전순 밑에서 나면 부귀하게 되고

⑥ 득수 밑에서 물이 나면 성현이 난다.
- 호수는 모인 물과 용출한 물이 합수 저장된 물로 앞에 있으면 대소를 막론하고 맑으면 부귀왕정의 귀한 물이다.
- 구혈수는 봇 도랑물 굴곡유회 길하나 직유격지하거나 지당수는 저수지 연못에 고여 있는 물로 청정하면 吉하나 탁한 물은 흉수이다.
- 평전수는 혈 앞의 논밭에 빈번하게 고여 잇는 물이다. 부귀 길수이다.
- 구혈수는 저수지 못물 옆에는 묘를 쓰지 못한다.
- 구곡수는 횡수국 명당에 굽이굽이 돌아 흐르는 물로 대부현귀한다.
- 반궁수는 반대로 휘어져 흐르는 물 묘 주택에 흉한 자리 재물이 나간다.
- 조수국은 안산 밖에 보이는 물
- 쌍입수는 2개의 능선이 내려와 혈을 맺는 것
- 조입수세는 물이 들어오는 것이 보이는 수세
- 황천수는 지하천수가 우수가 광내에 침입되는 것을 말한다.
  ① 묘에 황천냉수가 침입하면 유체가 늦게 부패되어 오랜 기간 재패 인패 병폐 등의 해를 당하게 되고 우수의 침입은 유체의 소골은 빠르나 자손에 대한 해는 크다.
  ② 혈이나 내당에 황천수단 직래 직거 배궁 사수 등은 살수로 패가망신 당하므로 황천수와 같다고 한다.
- 황천살은 묘를 쓸 때 가리는 흉성이 있는 방위 풍수의 출입을 금기시한다.
- 묘지 이장을 할 때에 일진의 오행이 묘의 입수룡이나 좌의 오행을 극하

면 황천살이라 한다. 정오행으로 본다.

- 구빈황천은 아침에는 가난했으나 저녁에 부자가 된다.
- 능격살은 집이나 몰르 보고 흉하는 살 상처 당한다. 앞에 물이 있으면 괜찮다.
- 무기살이란 후룡이 무맥하고 평탄 연약하며 탈살이 되지 않고 입수가 분명치 않아 사괴인바 나성을 놓으면 생룡 2글자 중간으로 쌍행하지 않고 3글자를 함께 먹는 용이다. 이를 용상 무기라고도 한다. 무기를 범하면 가정에 안정이 벗고 인패 재패 관재 음란 질병 등 불행이 닥친다.
- 편혈방혈은 산의 한쪽으로 치우친 묘잘 장애인이 나온다. 좌우를 맞추어 계곡을 만들고 아래 축을 쌓아 보완해야 한다.
- 첨원방정은 산세의 모양 뾰족하고 둥글고 평탄하고 바른 것이다.

광중에 샘물이 나면 패가 절손하게 되고
재패 인패 병패가 있게 된다

- 금성나성은 파구처에 있는 금성은 자손이 부귀하게 된다.
- 파구처에 옆으로 적게 보이는 연지수는 귀로 벼슬이 자손에 이른다.
- 한 여름에 손이 시려울 정도의 찬물이 나는 곳은 극음의 기를 받은 곳으로 융결되지 않아 기가 새어 나가 가산을 탕진하게 된다.
- 화표는 망두석 코끼리 사자 거북 같은 산이나 암석은 모든 격 중에서 하나만 있어도 속발하게 되어 많은 것을 구할 필요가 없다.
- 파구에 산과 바위가 쌍으로 대하여 문을 막아주는 독봉이 있다면 화려한 벼슬과 임명서를 받는다.
- 청룡사가 낮고 청룡사 밖에 물이 보이면 또 백호사 낮고 밖으로 물이 보이면 청춘과부를 어찌 막을꼬. 남자 손이 요절하게 된다.
- 파구가 산란하거나 역수하여도 종쇠하고 물이 혈을 배반하면 가운이 빈한하고 쇠퇴한다.

- 파구에 양대석은 대대로 충신이 난다.
- 파구가 일그러지고 넓고 텅 비어있으면 사람과 재물이 자연히 흩어지고 없어져 망하게 된다. 비록 지금은 부자라도 다음 세대까지 있지 못한다.
- 파구 앞에 큰 봉우리가 있는 것은 혈의 국세가 큰 것으로 크게 발복하고 대대로 과거에 이름이 나게 된다.
- 파구내에 귀암석이 서 있어 가문에 벼슬이 연이어 끊어지지 않고 높은 관직에 세도하게 되고 부귀 속발한다.
- 겹사 : 내 파구는 속발을 외 파구는 대발복을 누워있는 와우석이면 자손이 귀하게 되고 첩원봉사는 부와 귀를 같이 받는다.
- 수구가 양 득수, 양 파구라면 집안이 불화하고 생이별이 있게 된다. 양수 양사에 골육상쟁이 있게 된다.
- 백호 족에 물이 충하여 비치면 자손에게 위장병이 있고 또 재패 인패가 있다.
- 당판 뒤가 허하여 호수가 열려 넘겨다보이면 몹쓸 병 간질병이 있다.
- 득수처에 샘물이 보이면 성현이 나고 전순 밑에 샘물이 보이면 부귀발복한다.
- 혈장 앞 암석에서 샘물이 나는 것은 부귀가 큰 것이요 혈 뒤의 암석에서 샘물이 나면 쌍둥이를 출산한다.
- 곧은 골자기에 샘물이 보이면 도둑이 나고 선익 밑에 샘물이 나면 안질

병이 연이어 나고 재패 인패 병폐가 많이 난다.
- 패가 절손하는 것은 묘광중에서 샘물이 나는 것이요 질병이 많은 것은 광중에 물이 들어가는 것 재패 인패 병폐로 보는 것이다.
- 묘지 앞의 물이 황색이나 연지못이라면 자손 모두에게 내장질환이 많다.
- 급유 충수사에는 남자요절이 남녀자손 모두에 불구의 병환이 생긴다.
- 양택이나 음택이나 물은 화와 복이 바로 응한다. 명당에 득수 하는 것이 가장 긴요하다.
- 좋은 물이라도 수법에 맞으면 복이 되고 맞지 않으면 화가 된다. 옛말에 한 방울의 물이라도 새면 아니 된다고 하였다.
- 득혈자는 발복이 적어도 득수자는 필히 발복하게 된다. 그러므로 화복의 관건은 용혈에 있다기 보다 수법에 있음을 많은 경험을 통해서 체득한 진리라 할 수 있다.
- 물은 재록을 말하는 것으로 큰 물가에는 부유한 집과 유명한 마을이 많다. 비록 산중이라도 또한 시내와 관수가 모이는 곳이라야 여러 대가 이어가며 오래동안 살 수 있는 터가 된다. 또한 물이 적은 것을 여수로 흘러든 것은 길하다.

득수처得水處는 멀어야 길하고
파구破ㅁ는 가까워야 길하다

- 전착후관 앞이 좁고 뒤가 넓은 것 묘자리는 長子가 좋지 않다.
- 전저후고는 앞이 낮고 뒤가 높은 곳묘자리:30도 정도의 경사가함
- 생왕사절은 포태법자손 재물 죽음 끊김 득수는 멀고 가까운게 좋다.
- 자생향은 용맥이 없고 안산이 없는 곳에 묘를 쓰는 것 원두막 논두렁을 보고 그것도 없으면 물이 흘러가는 것을 보고 향을 쓴다. 자손은 이어갈 수 있으나 부귀는 없다.
- 수맥봉 : 숨을 멈추고 잡념을 버리고 정중한 자세로 체크해야 한다. 스트레스 하기 식직후 기분상태에 따라 내려가면서는 감지가 안 됨. 마음속으로 수맥이 있다고 생각하면 수맥이 잡힌다. 지표수에 잡초가 많으면 수맥이 있고 모래성분이 많으면 수맥이 있고 아주 부드러운 흙이 있으면 수맥이 없다. 추는 손을 가슴에 위치하고 팔을 들고 체크한다. 묘 봉문에서 좌우로 흔들리면 여자는 시계방으로 입력하면 시

계방향으로 돌고 남자는 좌우로 흔들린다.
- 풍수에서는 득수처 보다 파구의 위치와 형세를 더 중요시한다.
- 물은 유유히 흘러야 吉하고 물소리가 나면 흉한 물이다.
- 혈을 감싸고도는 회류수는 吉하고 혈을 등지면 흉수이다.
- 득수처는 멀어야 吉하고 파구는 가까워야 길하다.
- 물은 여러 곳에서 파구는 여러 갈래면 흉하다.
- 래거수는 다같이 지자현자로의 구곡수는 길하나 직거수는 흉하다
- 수심이 깊고 많아야 吉하고 얕고 적으면 흉수이다.
- 물은 맑아야 吉하고 탁하면 흉수이다.
- 여러 골짜기의 물이 명당 앞에 합쳐 모이면 대부지지라 한다.
- 혈이 맺히는 곳을 보는 법 : 현무 조산 안산의 높낮이를 보고 혈자리를 정하고 혈자리 터를 보고 정하는 것은 소명당 중명당 대명당과 좌청룡 우백호의 세에 따라 혈자리를 정한다.
- 형국을 알면 안산을 알게 되고 안산을 알게 되면 격을 알게 된다.
- 물형론은 모호함이 있어 혹 참작은 할 수 있어도 깊이 빠져서는 안 된다.
- 용진혈장이 좋아야지 물형에만 집착하여서는 안 된다.
- 금성형국에는 조류새 형이 많고 목화성 형국에는 사람의 형이 많고 수성형국에는 용뱀이 많고 토성형국에는 짐승의 형이 많다. 그런데 물형은 단편적으로 이루어 지는 것이 아니고 전체적인 꾸밈새를 보아

야 한다. 예를 들면 군군만마기고사가 벌려 있으면 장군형국이다.
- 회룡고조혈은 혈에서 태조산을 바라보는 혈자리 회룡에는 대개 회룡고조혈형이 많다. 용세가 U자형으로 돌아 주산을 다시 쳐다보고 결혈하는 형세인 것이다. 주산 안산이 되어 크게 도와주는 관계로 만약 높은 곳이라면 명혈대지가 된다.
- 고산의 회룡고조혈이라면 윗대 조상이 도와주는 한편 모든 인사들이 도와주는 명혈대지로서 자손이 관직에 나가고 부귀겸전하게 된다.
- 야산에서도 회룡고조의 결혈이 되는데 당대 30년 발복지이다. 속담에 빈한 자손을 귀족으로 안산을 조종산이 도와주기 위해 우선 부만 당대 발복하는 자리를 도와주는 것이다.

혈㐀자리에 물이 드는 것은 묘지 조성에 문제 자손에 흉사

- 두두룩하게 솟은 혈 유혈 돌혈은 양혈이라 한다.
- 양혈+양룡 또는 음혈+음룡을 취하면 대단히 흉격이다. 양혈+음룡 또는 음혈+양룡을 취해야 길격이다.
- 괴혈은 청룡 백호 안산 주산도 없는 혈 바람도 없다 위험하다 큰 자리는 발복이 성하다 급히 끝난다. 안산이 멀면 자손이 가난하다.
- 산맥의 형상 오성체의 수형산은 부드러워 구불구불하게 흐르는 용맥으로 물결이 종횡으로 층층이 중첩된 듯 떠다니는 구름같이 구불구불하고 굽은 듯하면 길한 것이고 힘없이 늘어지면 흉한 것이다. 혈은 코, 귀, 머리꼬리 수형산에서 안산 중심에 귀봉이 보이면 과거 급제 부귀 금시발복이다.
- 목형산은 곧게 높이 솟은 용맥으로 우뚝 솟아 기울지 않아야 하고 윤택함이 길하다. 혈은 가슴 배꼽 음부부분이며 방위는 동이며 봄이기 때

문에 맑고 깨끗하면 발전한다. 인물은 기대하지만 재물은 약하다. 목산에 둥글고 귀봉이 있으면 군수급 자손이 많이 나온다.

- 화형산 불꽃처럼 뾰족뾰족 솟은 용맥으로 활활 타오르는 격이면 길하고 너무 크면 좋지 않다. 혈의 위치는 가슴 배꼽 음부 속성속패하고 타인과 정이 없으면 판단력이 예리하다.
- 토형산은 평평하고 묵직한 일자문성의 용맥으로 창과 같고 병풍 같고 후중하고 웅장하면 잘하다. 기울고 패하면 흉이다. 혈은 모양에 따라 다르다. 재물과 전답이 풍부하다.
- 금형산은 맑고 둥글고 지룡이 많은 용맥으로 철모를 엎어 놓은 모습과 같다. 둥글고 기울지 않고 윤택하고 광채가 나면 길하고 결혈의 위치는 중간쯤에 있고 경사가 두 번째 진 곳에 있다. 날개 머리 배꼽 등 맑고 수려하면 귀한 것으로 높은 벼슬이 나고 만일 탁하면 대도가 난다.
- 혈광중에 해 : 수렴은 혈자리에 물이 드는 것. 터 또는 묘지 조성에 문제 자손에 흉사
- 목렴 땅 힘이 없는 자리 나무뿌리가 혈 속에 들어간다. 자손에 우환
- 충렴은 개구리 쥐 뱀이 있다 뱀은 희고 쥐는 생쥐 절대 죽이지 말 것
- 화렴 풍렴은 진흙땅 뼈 마디마디가 상한다. 물이 들어가서 생김
- 모렴은 진흙땅 자연적으로시신의 머리카락 손발톱이 자라 있다.

수세론 이러하다

- 산은 음이요 수는 양이다.
- 수구 득수 물의 처음 발원처와 합 여러 곳의 물이 모이는 곳과 파구 물이 흘러나가다 모습을 감추는 곳을 말한다.
- 물은 여러 곳에서 득수하여 한 곳으로 흘러가야 길하며 나누어지면 흉하다.
- 물은 지자현자처럼 구곡수로 흘러야 길하며 직거수는 흉하다.
- 물은 수심이 깊고 수량이 많아야 길하며 얕고 적으면 흉수이다. 단 산세와 조화를 이루어야 한다.
- 물은 깨끗하고 맑아야 길하고 탁하고 오패수는 흉이다.
- 물은 유유히 흘러야 길하고 급류에 격한 소리가 나면 흉수이다.
- 물이 혈을 감싸고 도는 화류수는 길하고 등지고 배반하면 흉수이다.
- 물이 혈을 포옹하면 길하고 혈을 화살처럼 충하면 흉하다.

옛말에 혈전에 금빛 같은 양명한 보국이 두른 것이 물이 두른 것만 못하다

- 풍수의 법술은 득수가 으뜸이고 장풍은 다음이다. 물을 먼저 보고 다음에 장풍 여부를 본다.
- 천문지호 득수처 물이 오는 방향을 천문이라 하고 물이 가는 방향 파구를 지호라 말한다. 천문은 넓어 산과 물이 맑아야 하고 지호는 밀폐된 듯 보이지 않아야 좋다.
- 득수처물의 발원처는 장원하고 물이 많아야 잘하고 파구는 가깝고 좁아야 길하다. 재물이 모이게 된다.
- 물은 여러 곳에서 득수하여 한 곳으로 흘러가야 길하다. 여러 갈래로 나뉘어 가면 흉격이다.
- 파구에 한문 화표 나성 북신 수성 같은 것이 있으면 급히 나가는 물을 느리게 멈추어 주므로 대길한 것이다.
- 물 가운데 암석은 금성이라고 하며 기타 파구에는 한문 화표 나성 북신

으로 요약한다.

- **수법 자손 길흉 간법**: 산법에서 향을 보고가 달리 수법은 반대로 묘 앞에 서서 분방 하니 좌백 우청으로 된다. 상주가 독자인 경우 안산 위가 왕길하면 장차 후손이 번창하게 되고 2자인 경우에는 백호 변이 장자방이 되고 청룡변이 차자 방이 된다. 발복의 여부와 선후는 파구 가 길하면 장자가 발복하고 득수가 길하면 차자가 왕성하게 되며 득수 파구가 모두 吉하면 속발하게 된다. 상주 3자인 경우는 안산 위가 길하면 발복한다고 한다.

- 6곡구수는 여러 곳의 물이 명당 앞에 합쳐 모이면 대부지지라 한다. 동서쪽의 득수가 많고 맑으면 여손이 귀하게 되고 남북쪽의 득수가 많고 맑으면 남자손에 무관 출이라 한다.

- 옛말에 혈전에 금빛가은 양명한 보국이 두른 것이 물이 두른 것만 못하고 물이 두른 것이 물이 모인 것만 못하고 물이 두른 것이 물이 모인 것만 못하고 물이 모이면 당을 하수사로서 거스를 것이요 하수사로 당혈을 거스르면 사물을 부름이라 물이 혈전을 돌게 되면 기가 온전하게 되고 물이 모인 즉 룡이 모이고 용이 모인 즉 그 혈기는 큰 것이다.

- 파구는 혈장에서 가장 가까운 파구를 보고 그 외 먼 곳은 보지 않는다. 파구는 천간방위로 난 것은 상격으로 지지방위로 난 것은 중격으로 흉한 방위로 난 것은 더욱 흉격이다.

- 득수가 어디서 오던 당판 앞을 지나야 파구라 한다.

- 파구 밖에 부봉산이 있으면 결재하는 도장을 차는 자손이 연하여 난다.
- 명당의 형국에 따라 파구의 원근은 이루어지고 청룡 백호는 첩첩으로 내 파구와 외 파구가 이루어지는 것이니 내 파구는 속발 하고 외파는 재 발복한다.
- 요금경에 거수지에 묘를 쓰지 마라. 발 돌릴 사이도 없이 가계가 기울어진다.
- 묘 앞에 물이 곧게 달아나면 천석재산도 하루아침에 흩어진다. 형제 불화에 인패 결식하는 자손이 난다.
- 파구가 멀고 득수가 가깝고 텅 비어 있으면 재산이 모여 들지 않는다.
- 래거수 및 종횡수는 다 같이 지자나 현자 모양의 구곡수는 길하고 직수는 흉격이다.
- 맑은 청명수는 길격이요 탁하고 악취가 나면 흉격이다.
- 물은 유유히 흘러야 길격이요 격하게 소리 나고 급류는 흉격이다.
- 혈을 감싸고 도는 회류수는 등지고 배반하면서 급류로 흘러가면 흉격이다.

묘자리에 흙은 어떤 것이 좋은가?

- 개진혈칙진혈은 덮여있고 천장지비하늘이 감추고 땅이 비밀리하고 이대유유덕지인덕이 있는 사람을 기다리고 있다.
- 명당은 흙색이 맑고 밝으며 습기가 적으며 토질이 단단하여 사태가 나는 일이 없다. 또 양지바른 위치에 있고 잡초나 잡목이 없으며 잡다한 돌이 섞이지 않은 특징도 지니고 있다.
- 좋은 묘자리에는 땅의 생기가 모여들게 되므로 그 속에 유골이 잘 보전됨은 물론 황골이 된다.
- 예부터 면례나 묘지 이장을 하는 경우에도 유골이 황골이 되었으면 그 자리가 명당이므로 구태여 다른 자리로 옮겨 모실 이유가 없다. 그런 줄도 모르고 욕심만 내다가 오랜만에 만났던 명당자리를 버리는 사람도 더러 있다. 이런 경우에 백회를 많이 부어 다시 덮어 모시는 것이 좋다. 묘자리가 될만한 곳에서는 잡초가 별로 나지 않고 잔디만

무성하게 잘 자란다.

- **좋은 땅은 이러하다(1)**

    (1) 흙의 생깔이 황색이고 약간 흰 부분을 함유하고 있는 윤기 있는 지질은 사는 사람에게 건강과 재복을 준다.

    (2) 흙의 색깔이 황색과 흑색을 겸한 윤기 있는 지질은 사는 사람에게 행운을 준다.

    (3) 흙의 색깔이 자색을 띤 윤기 있는 지질은 명예와 재복을 부른다.

    (4) 흙이 단단하고 자연히 윤기가 있는 지질은 번창할 지상으로 그곳에 사는 사람까지 건강해진다.

    (5) 흙이 단단하고 윤기가 적은 지질은 주거지로써 사용하는데 번영할 지상이다.

    (6) 아침저녁으로 적절한 습기가 생기는 지질은 흙이 좀 단단하지 않아도 번영을 부르는 지상이다.

    (7) 모래땅은 번영할 지상이라고는 말할 수 없으나 초목이 잘 자라는 지질이라면 지장이 없다.

- **좋은 땅은 이러하다(2)**

    (1) 검고 푸른 빛을 띠고 찰기가 있는 지질에서 살면 건강을 해칠 뿐만 아니라 번영은 전혀 기대할 수 없다.

    (2) 나무가 타고난 재와 같이 먼지가 일어나는 토지는 사업에 가장 마이너스가 된다.

(3) 돌이 많아 흙을 보기 어려운 토지는 주거지로써도 사업장으로써도 부적당하다.

(4) 흙이 그냥 무너지는 단단하지 못한 지질은 모든 것이 불안정하게 된다.

(5) 검붉은 색깔을 띄고 마치 초토불에 타서 검은 땅와 같은 지질은 뜻 밖의 재난을 당하는 쇠퇴의 땅이다.

(6) 지질에 전혀 습기는 없고 희어보이는 토지는 정신적 안정이 없어지게 된다.

(7) 초목이 전혀 나지 않거나 난다해도 흙이 적은 땅은 주택지로서 사용할 경우 건강이 나빠지고 사업은 파탄을 초래하기 쉽다. 물론 이것만으로는 풍수의 모든 것을 판단 할 수는 없지만 지상을 보는 데는 가장 중요한 것이다.

- 묘자리 크기별로 발복이 다르다.
- 혈묘의 크기별로 제일 큰 혈묘의 경우 폭이 9m에 길이가 13m쯤 되고 반대로 작은 혈묘자리은 폭 3m, 길이 5m쯤 된다.
- 위의 크기보다 더 크거나 더 작으면 대부분 옳은 진혈이 아니다. 혈은 작은 쪽이라면 발복기간이 대략 30년쯤 지속되고 반대로 크기가 대혈이면 볼복이 500년을 넘기는 경우도 있다.
- 먼저 혈의 크기를 셋으로 나누어 이름을 붙이면 국반혈 중도반혈 소향반혈의 상급이면 제왕지지의 혈이다. 부자와 장관급 이상의 자손이

태어난다.
- 중도반급이면 도지사 이상의 자손이 태어나고 소형급 혈묘 지방장관, 군수, 경찰서장급이 태어난다.

혈토穴土는 강유剛柔를 막론하고 색이 밝은 것은 속발速發한다

예를 들어 용향이 박잡(어긋나고 썩으면)을 이루면 흉이 따르고 용향이 순정하면 길이 발복함과 같다.

- 야산에서 결혈되면 당대 30년 발복지기로 속담에 빈한 자손을 귀하게 되도록 조상이 1대만 도와준다는 것이다.
- 혈토는 강유를 막론하고 색이 밝은 것은 속발 한다.
- 고서에 혈창의 토질이 강하고 주위에 귀석 귀암이 황색을 띠면서 몽골몽골 마모된 암돌이면 속발한다.
- 명당 국세가 넓으면 많은 부하를 거느리게 된다.
- 청광 할 때 혈토가 한 가지 색으로 되어 있으면 장사 후 광중에 물이 날 염려가 없다.
- 천광의 오색토가 강하면 장사 후 광중에 물이 고인다. 오색토가 부드러우면 물이 생기지 않는다.

- 청광 할 때 부서진 차돌이 줄지어 있으면 이것은 수맥이 있는 것이다.
- 혈토의 생기 있는 곳의 천광은 이렇게 한다. 혈토는 비석비토에 있다. 마사토 석비래 혈토에 가장 좋은 것은 부드럽고 가늘수록 좋다. 혈토는 비석비토에 거친 곳에서도 황골의 색상이 특이하게 좋은 것이다. 혈토의 색상이 밝은 곳에서 백골이 이상적으로 속발하는 것은 모두 흙이 밝은 곳이다.
- 혈전 토출된 여기가 불필요하면 이러한 기운을 잘라버리는 것을 절장이라 한다.
- 좌우전의 전순을 아름답게 싸안지 못할 때나 양수와 함께 흘러와서 합쳐져 나가지만 청룡백호 밖으로 벗어 나가면 기가 흩어진다.
- 취기(기를 모이게 하려면) 좌우의 산이 환포되도록 혈전의 새부리 같은 것을 잘라 버려서 혈이 정중이 되도록 하여야 하니 절장을 하게 되는 것이다.
- 고산결혈지는 높은 산에 맺는 혈은 돌혈이다. 대간용이 횡으로 달려 산의 이마에 그치거나 허리에 그쳐 좌국이 준고하지만 급하지 않고 기울지 않고 평평한 곳에 작혈되니 전후좌우 산이 가지런히 옹위하고 긴요하게 막고 서서 바람을 들이지 않고 혈하에 날카로운 사격들이 보이지 않으며 혈전에 평평하게 물이 모여드는 내명당이 없고 흐는 물이 없어도 대귀가 나니 그래서 산중에서 물을 논하지 말고 야중에서는 바람을 논하지 않는다고 한다.

- 고서에서도 연속 여러 날 비가와도 진창이 되지 않고 연속 날이 가물어도 흙먼지가 나지 않는 땅이 비석비토를 말한다.
- 유택을 선정할 때 사면이 아는 하여 바람을 피할 수 있고 태양이 밝게 드리워 따뜻하고 물이 침범치 않으며 잔디가 잘 사는 땅을 선택하여 부모님의 유택을 정하여 모셨을 때 효행의 길흉에도 분명한 가장 큰 효행 일 것이다.
- 독룡에는 만두결혈이나 산맥 끝 부위에 들판까지 사두혈형이 생겨야 결혈이 되며 발복이 시작되면 부귀겸전에 귀족으로 영원하다. 만대영화지지이다.
- **팔문결** : 건곤간손 자오묘유방은 팔괘 들어간다. 이 여덟 방향의 산봉우리가 오목하게 들어 간 것을 팔문결이라 한다. 팔방위 모두 높은 산봉이 없어 그 곳으로 바람이 충하면 혈의 기가 산산이 흩어지고 만다. 그의 자손들은 편안하게 살기가 어렵고 온갖 고초를 겪으며 빈하게 살게 된다. 고관의 집이라도 굶어 죽는 자손이 난다.
- **지리법의 삼강** : 1기맥 2명당 3파구 1용맥의 생기유무로 부귀빈천을 론하고 2 명당의 사수로 땅의 아름답고 추한 것을 살피며 3 파구의 방위로 입수와 향의 생왕사절을 보는 것이 가장 중요하다.

진흙땅에는 묘를 쓰지 말라
부득이 한 경우 혈토를 환치하라

- 큰 능선의 결혈은 작은 충사는 관계하지 않는다.
- 내 명당만 있고 외 명당이 없으면 발복 기간이 오래가지 못한다. 쌍분을 할 수 없는 자리로 좁은 자리
- 청룡 백호가 없는데도 명당이 있고 반대로 청룡 백호가 온전해도 흉지가 될 수 있다. 그래서 혈자리가 중요하다고 할 수 있다.
- 청룡 백호가 없던지 멀리 있으면 대국지 대명당이 될 수 있다. 발복이 늦게 되고 오래 지속된다. 단 중간에 충하는 계곡이나 사가 없어야 한다.
- 주산뒤 낙산 귀성이 貴하게 있으면 장자가 장수하고 발복을 받는다.
- 사격은 매우 다양하게 생겨서 그 모양에 따라 산의 정기가 달라딘다. 예를 들어 혈전에 이 있으면 귀인이 나고 문필봉이 있으면 대 문필가가 나고 또 현군사가 혈전에 있으면 남녀 모두가 음탕해 지고 주의 할

것은 똑같이 생긴 사격이라도 용과 혈이 어떤가에 다라 그 기운과 먹히는 역량이 달라진다. 같은 이라도 이면 대귀인이 나고 중격이면 소귀인이 나며 청룡백호가 없거나 하격이면 귀인을 얻지 못한다.

- 사砂는 명당을 증명하고 물은 직혈을 증명한다.
- 나무 뿌리가 바람에 흙이 날려 드러난 경우가 있으며 이런 바람을 풍수지리로 곤신풍이라고 한다.
- 평평한 산기슭에 한 쪽에 치우친 종적을 찾아 취하면 잠시는 부를 기약할 수 있다. 또 만대에 걸쳐 장구한 복록을 바라거든 역수로 된 용을 찾아야 한다. 백년 발복은 순수국이 마땅하다.
- 과협이 우측 사격이 길면 우순에 결혈되고 좌순이 길면 좌순에 결혈된다.
- 혈이 맺힌 여기가 앞으로 나아가 전순이 되는데 평평하게 펼쳐져야 하며 속기가 굴곡의 모양이 없어야 한다. 이러하기 때문에 용을 찾는 법은 단지 혈후의 기를 위주로 하고 후룡의 기가 일절에 흘려 들어와 穴에 그친다.
- 생기란 무형, 무체, 난량으로 무궁무진한 것이다.
- 자리는 기가 모이는 곳을 찾아야 한다.
- 옛날의 파구처, 파묘자리나 번창했던 집터에 잡목이 우거져서면 흉지로 묘를 쓰지 못한다.
- 진흙땅에는 묘를 슬 수 없다. 만약 천광해서 검은 흙이 나오면 멸도의

마사토로 복토를 해서 써야 한다.
- 평평한 산기슭에 한쪽에 치우친 혈을 찾아 취하면 잠시는 富를 기약할 수 있다. 만대에 걸쳐 장구한 발복을 바라거든 역수로 된 용을 찾아야 하고 백년 발복은 수수국이 마땅하다.
- 과협 행룡이 극히 크고 높게 일어나면 불과 수3절에 혈이 맺고 행룡이 몸이 작고 서서히 일어나면 반드시 멀리서 결혈결국한다.
- 호수가에서 과협하면 혈도 지호수에 맺고, 고산과협하면 혈도 높은데 결혈 과협이 우측 사격이 길면 혈도 우측에 좌측이 길면 혈도 좌측에 결혈 한다.
- 낙산은 횡락하는 혈에서 응락하는 산이다. 또 동쪽에서 직래하는 것이 특락이고 횡으로 와서 용신에 붙은 것이 차락이고 조산안산 넘어 산을 뒤로 가려주는 것이 조락이고 혹은 둥글고 혹은 모나고 혹은 날개를 만들면 貴함이다.
- 젊은 나이에 요절해서 명당에 들면 황골이 되고, 노년에 수를 다한 후에 명당에 들면 백골이 된다.
- 혈은 향을 존중하니 무릇 혈은 묘터를 정할 때에는 길흉은 정한 향에 따라 일어나므로 결코 혈은 자리로서 길흉이 정해지는 것이 아니다.

명당이란 여러 날 비가와도 땅이 꺼지지 않고 신발에 흙이 묻지 않는다. 여러 날 가물어도 먼지가 나지 않는다

우리는 부모님이나 일가친척이 돌아가시만 가장 먼저 하는 것이 묘자리 잡는 일이다. 문중 산이나 자기 소유의 산 밭이 있으면 최고의 명당 묘자리를 찾는 것이 우리네의 풍습이다. 마찬가지로 집을 지을 때도 명당이라는 곳을 골라서 집을 짓는 것이 우리 민족의 선호사상이다. 우리는 왜 명당을 찾는 것일까? 이유는 간단하다. 바로 풍수지리의 이치 때문이다.

좋은 터에 집을 짓거나 명당 묘자리를 잡는다는 것은 결코 쉬운 일이 아니다. 흔히들 풍을 바람으로 잘못 알고 장풍바람이 감추어지는 곳 한 곳 즉 바람이 없는 곳을 가려 묘를 쓰면 좋은 것으로 판단하여 맥이 갈리는 분기점 오목한 곳에 묘를 많이 쓰는데 이러한 곳은 대개 앞쪽이 골이 지거나 낭떠러지 일 수가 있다. 이러한 곳은 그의 자손들이 제 아무리 돈을 벌어와도 돈이 모이지 않으며 자손들이 총명하지 못한 자손들이 태어나기도 하며 이런 곳에는 대게 건수빗물가 말고 따뜻하고 양지 바른 곳이나 잡초가 없고 비가 와도 신발에 흙이 묻지 않고 여러날 비가 와도 땅이 꺼지지 아니하고 아무리 날씨가 가물어도 먼지가 나지 않은 땅이 집터이든 묘터이든 아주 좋은 땅이다.

산도 앞과 뒤가 있고 올라가는 산 내려가는 산이 있다. 산의 앞쪽은 산세가 완만하고 부드럽고 토종 소나무들이 많고 바위돌과 땅에 까린 잡석돌이 없다. 뒤편뒤쪽에는 바위돌과 언덕이 심하고 나무들이 잡목이 많고 산세가 험상굳고 경사도가 급하다. 올라가는 산 내려가는 산이란 것을 찾을 때 그 지방의 주산 제일 큰 산을 먼저 찾아야 한다.

주산 쪽에서 뻗어 오는 산을 보고 올라가는 산인가 내려가는 산인가를 보고 내려가는 산에 혈이 맺힌 곳에 묘자리를 찾아야 하고 만약 명당의 묘자리를 얻지 못하면 최소 한도의 살을 피해야 하며 또한 정혈을 얻지 못할 바에는 양지바른 곳에 물을 피하여 장사해야 하고 그러나 북향의 대지가 남향만 못하다는 말은 북쪽으로 뻗은 용은 대게 사룡이 많고 토질 자체도 습이 많고 단단하지 못하고 푸석푸석하고 생기 없는 부식토가 많다. 반드시 대지를 구하려 하지 말라. 조선 중엽에 남사고 선생이 자기 부친 무덤을 구천십장을 하였을 때 비몽사몽에 선인이 나타나 생사괘지 어디 두고 사사괘지 왠 말이냐 하면서 사라져 자기 친산을 살펴보니 죽은 용에 장사되었음을 알고 내 복이 이뿐이었구나 하고 통탄 했다 한다.

　결국 지나친 과욕으로 자기 부친 무덤을 진지에 모시지 못하고 화를 입은 것이다. 흔히들 집안이 번창하면 자녀가 잘 된다 사업이 잘 된다 가정에 우환 없이 화목하면 그 집은 조상이 도와 준다고 흔히들 말한다. 보통 어른들의 말씀이지만 여기에는 깊고 오묘한 영적이 통한 말씀이다. 우리는 자녀들이나 집안에 젊은이들에게 열심히 노력하면 노력한 만큼 반드시 대가가 있다.

　그러나 대가가 많고 적음은 너희 분복에 맡겨라 라고 말한다. 그러나 풍수의 이치는 천인지 삼재가 융합된 가운데 완성된다. 조상이 가져다 준 운과 땅이 준 생기에다 인간의 주체적인 정심자의 노력이 결부 되어야 명당을 얻을 수 있다.

대삼자리와 토와土瓦는 체백體魄에
금상첨화錦上添花라

　사람이 죽으면 누구나 명당 묘자리를 찾아서 장사를 지낼 때의 제반 조건을 결정하는 장택매장법은 시신에게 영향을 미치는 모든 요소들이 완벽하게 조화를 이루도록 만든 법칙이다. 매장의 중요한 요소는 진혈 묘지의 좌향 매장의 일시 시신의 수의 관 그리고 망인과 후손들의 사주 등이다.
　이처럼 자연 지리 인사가 서로 조화를 이뤄야 비로소 완전한 진혈이 되면서 시신에서 좋은 생기가 발하여 후손이 발복한다.
　이는 지리적으로 아무리 좋은 형세를 가진 혈장이라도 망인을 매장하는 과정에서 장법이 올바르지 못하면 여러 조건들이 파괴되기 때문에 시신을 버리는 것과 같다는 뜻이다. 청오경에도 이를 경계하며 다음과 같이 말하였다.
　혈이 좋더라도 장사일이 나쁘거나 매장법에 맞지 않으면 시체를 아무렇게나 버리는 것과 마찬가지라 하였다.

　요즈음 사람들은 신후지지를 사전에 교통이 편리한 곳에 잡았다가 바로 그곳에 장사를 지내는데 옛날부터 수의는 명주로 많이 하는데 명주는 썩지 않고 체백에 붙으므로 인하여 좋지 못한 영향을 받게 되므로 사용하지 않는 것이 좋으며 수의는 반드시 깨끗하게 잘 썩는 마포 삼베만을 사용 하는 것이 좋으며 목관은 운반 관으로만 사용하면 좋을 것이다,

　옛날에 저소득층에서 사용하던 대발쌈이 최고라는 것은 결코 틀린 말은 아니다. 필자가 어린시절만 해도 가난한 집에서는 갈대로 자리를 만든 삭자리로 사람이 죽으면 목관 대신 싸서 매장을 하기도 하고 대나무를 사람 키높이 길이와 같이 잘라서 색기로 엮어서 장사를 했는데 요즈음 와서 묘지 이장을 하게 되어 파 보면 체백이 아주 깨끗하게 탈골이 되면서 두산이 반듯하다. 이러한 것을 보면 풍수지리학을 연구하는 필자로서 생각할 때 앞으로는 목관 석관 대신 대발 쌈으로 체백을 싸고 그 위에 부드러운 흙을 덮고 토와를 좀 크게 부와로 만들어 목관 석관 대신 위에 덮고 생석회를 흙과 50대 50으로 혼합하여 덮으면 체백에 목근과 충도 방지되고 육신은 빨리 없어지고 뼈만 남게 되고 대발쌈의 나무로 인하여 약간의 습이 있는 혈장이라도 시신의 유골에는 습이 닿지 않으며 흙과 토와와 시신과 삼위일체의 조화가 되므로 토와를 부와로 크게 제작하여 사용하면 금상첨화라 할 것이다.

　또한 석관 사용에 대한 그 이유는 천광 내에는 수증기가 발생함에

따라 이를 흡수하여 습도를 자체 내에서 조절되어야 하나 돌은 수증기를 흡수하지 못해 조절을 못하며 또한 이슬이 맺혀 다시 체백에 떨어짐으로써 체백과 습기는 상극인 고로 쉽게 손상을 입게 되고 또한 체백이 축축하게 되면서 새까맣게 된다.

우리는 이러한 이치를 모르고 석관을 사용함으로서 목근이나 기타 충 종류가 침범하지 못할 것이라는 고정관념에서 오는 소치로서 체백에 막대한 피해를 줌을 알아야 한다.

석관은 고려초기에서 조선조 초기까지 조개 껍질을 불에 구워서 석회질 성분이 된 것을 빻아서 채로 친 가루를 술로 반죽을 만들어 사용했고 주선중엽부터는 석회원석을 사용했다.

흙과 사람이 어떻게 올바른 관계를 유지할 수 있는가?

풍수지리의 유례를 살펴보면 다섯 가지로 요약 할 수 있다.

첫째, 한국의 풍수사상은 중국으로부터 전례된 이후부터 계속 되어 왔다. 그리하여 조선 시대에는 지관의 자격을 얻기 위해 중국에 전례된 각종 풍수서책를 공부하여 과거에 응시하는가 하면 실제 국토를 답사로 하였다.

둘째, 풍수에서는 땅을 단순히 흙의 퇴적으로 보거나 경제적인 효용 가치로 보는 것이 아니라 거대한 생명체로 보았다. 그리고 이 땅에 생명을 부여하는 것을 기라고 생각하였다. 기는 모든 생명체의 활력의 원천이 되는 생명에너지이며 만물을 자라나게 하는 것으로 보았고 이 흐름과 인간의 삶을 서로 연관지어 생각했다. 땅의 기를 살펴 땅의 성격을 밝혀내고 땅과 사람이 어떻게 올바른 관계를 유지할 수 있는가를 살피는 것이 바로 풍수지리학자였다.

셋째, 묘지 풍수의 보급은 불교의 영향이 크다. 특히 승려의 풍수 행각임을 잊어서는 안 된다.

신라와 고려를 통해서 상하가 모두 불교를 존숭하여 사탑을 세우고 법회를 개최하는 일이 많았다. 승려도 수가 증가하였고 훌륭한 대우와 존경을 받고 있었다. 이처럼 민중이 불교를 믿고 승려를 존경하게 된 것은 불교가 나라를 지키고 집안의 재해를 막아주는 호국과 방재 때문이였으며 묘지 선정도 승려들이 주 종을 이루었다.

넷째, 우리 조상들은 묘지에 대한 관념과 신앙은 풍수를 받아 들이는 데에 가장 적합했다. 한국인은 죽은 사람의 뼈가 오랫동안 명당 속에 묻혀 있으면 그의 자손과 밀접한 교섭을 가진다는 신앙이 있었다. 크게 나누어 두 가지가 있다. 하나는 죽은 이의 뼈를 소중히 다루면 행운을 맞게 되고 소홀히 다루면 재앙을 맞는다는 것이다.

이러한 관념 신앙은 한국 고유의 것이다.

다섯째, 조상의 무덤이 후손에게 발복을 준다는 신앙이 있었기 때문에 이를 이용하여 행복을 추구하기 위해 풍수지리가 방편화 되었다는 것이다.

좀 더 자세히 설명해 보자면 묘자리가 명당자리이면 그 명당자리에 묻힌 조상의 뜻에 의해서가 아니라 명당자리의 지기 자동적으로 후손에게 복을 내린다는 것이다.

요컨대 풍수의 기에 의한 묘자리의 영향 개념을 부모에게 자식으로 전해지는 것은 유전인자 동기감응 이기에 지기가 전해진다는 것이다.

기한 우리 몸에 피가 통하는 것을 우리 눈으로 볼 수가 없고 이른 봄에 나뭇가지에 물이 올라 잎이 피는데 물오름을 볼 수 없듯이 지기란 것은 사람의 눈에 보이지 않으나 조상의 무덤으로 인해 지기를 그 자손이 받으면 부귀영화를 누리고 그 반면 조상의 유골도 편안하다고 한다.

생자는 기를 본인이 필요로 하지만 죽은 자는 본인이 기를 사용할 수 없기에 그 자손에게 전한다고 한다. 그 기를 전한다는 이치는 무선전화와 같은 것이다. 외국이든 이 지구상 어디든 전화통화를 할 수 있는 것처럼 부모와 자식 간 조상과 자손 간 명당이면 좋은 기 좋지 못한 묘자리라면 나쁜 기가 자손에게 전해지면 원인모를 각종 질병과 재패가 따르게 되고 더 심하면 자손들이 요절하기도 한다. 근대에 보면 납골당이 유행하고 있는데 조상의 산소를 함부로 파묘해서 화장하여 납골당에 모시는 것은 삼가 하여야 한다. 옛부터 묵묘 자손은 잘 살아도 화장하여 물이나 산에 뿌려 잘 사는 집이 거의 없다. 납골당도 예외는 아니다.

황골^{黃骨}만은 아니다. 백골도 있다

    명당이란 천기와 지기가 교합되어야 하고 수기와 풍기를 고르게 받을 수 있어야만 명당이 되는 것이다.
    또한 잔디가 잘 자랄 수 있는 정도의 수분은 지니고 있어야 하며, 건수가 광중에 드나들지 않아야 한다. 날씨가 추울 때 마다 서릿발이 크게 서는 곳은 건수가 많은 곳이며, 잔디의 뿌리가 들뜨게 되므로 해동하면 잔디를 잘 밟아주어 뿌리가 안정되게 해주어야만 잔디가 잘 자란다.
    또한 이러한 곳에서는 봉분 벌안 쪽을 높이고 앞이 약간 낮아지도록 손질하여 배수가 잘 되도록 해 주어야 한다.
    형상으로 보아 명당인데 수맥이 지나가면 당판봉분에서 수맥과 거리가 다섯 자 이상 떨어지도록 청광을 해야 한다. 그러나 수맥이 내맥과 입수 사이에 있거나 전순계절에 있는 것은 무관하며, 오히려 지기의 흐름을 조절하여 더욱 좋은 명당으로의 조건이 될 수 있는 것이다.

지기의 흐름은 기감을 아는 사람이면 그 흐름이 당판 심부로부터 솟아오르는 것인지 주산에서 흘러 내려오는 것인지를 구분할 수가 있다. 지기는 그 감이 온화하고 맑아야 좋은 것이다. 그래서 기감이 탁하면 아무리 좋은 조건을 갖추었어도 명당이 될 수 없는 것이다. 지기는 음기로써 양기인 천기와 교합하고 조화를 이러면서 맑고 밝은 감이 있어야 명당이 되는 것이다.

이것은 천지의 기가 감응되지 않을 때에는 교세가 사격 모두가 소용없는 허상에 불과하기 때문이다. 따라서 명당은 수맥의 흐름과 지기의 머무르고 흐르는 이동이 있어야 하고 기가 흐름이 부드럽고 정기를 띠어야 한다. 이러한 곳이 지수화풍의 기와 천기가 잘 교합되는 곳이다. 이렇게 모든 자연조건이 제대로 구비되어 질 때 넘치고 모자람이 없는 곳 즉, 충이 없는 대명당이 될 수 있는 것이다.

명당에 모신 유해는 황골로 변하게 되고 또한 황골로 변해야만 명당이라고 주장해 왔다. 이것이 아주 틀린 말은 아니라고 할 수 있으나 명당이라도 황골이 되지 않는 경우가 허다하게 있을 수 있다는 것을 알아야 한다. 형기론과 이기론 양자 모두 학문적으로는 많은 발전이 있었으나 무덤을 파묘하고 묘지 이장을 체험하면서 알 수 있는 것은 유골의 변화를 체계적으로 검증해 놓은 자료들이 전무한 실정이라 해도 틀린 말은 아닐 것이다.

아주 최근에 와서야 일부 몇몇 사람들이 관심을 기울이고 있으며,

기회가 있으면 이런 때에 따라서 확인해 보려는 노력을 조금씩은 하고 있다.

하지만 그나마 화복론에 얽매이고 자신의 주장과 상반되는 결론에 부닥치게 디면 이해관계 때문에 함구하며, 바른 관찰이나 발표를 하지도 못하는 실정인 것을 피부로 느낄 수 있다. 더군다나 인체에 관한 전문 지식 없이 시신이나 유골을 만지는 사람들이라 더더욱 바른 판단을 기대할 수도 없거니와 과거의 이론만 도습하고 있는 현실이 오늘날 풍수지리학계의 실증이다.

명당이란 습하지 않아야 하고 수기의 영향력으로부터 피해야 하며, 지기를 잘 받을 수 있도록 그 심도를 조절하여 매장해야만 명당으로서의 가치가 있는 것이다. 아무리 국세가 좋고 사격이 좋다 하더라도 기맥을 조절하지 못하거나 수맥의 영향력을 피하지 못하게 되면 망지가 되는 것이다.

화장과 납골당 및 납골묘지 현실과 미래

화장을 하는 것은 무덤을 남기지 않기 위하여 하는 것이다.

그런데 화장을 해서 납골당을 만들어 모시는 것은 오히려 이중으로 일을 번거롭게 하는 것이다.

차라리 무덤에다 시신을 모시든지 아니면 화장을 해서 땅속에 가족 단위로 묘 봉분 ○○공 이하 가족 묘지라 기록하여 그 이하 자손들이 매년 성묘를 하고 1년에 한 두번이라도 한 장소에 모이게 되면 한 가족도 화합하고 일가도 서로 알게 되면 이것이 한 사회가 단결되고 국가가 크게 발전 할 것이다. 화장을 해서 뼈 가루를 다시 부도탑이나 납골당에 모실 바에는 땅의 평수가 조금 더 들더라도 매장하는 것이 시신을 덜 학대하는 것이 아니겠는가. 납골당과 부도탑이 오래되면 무덤만도 못한 것이다.

무덤은 오래 되면 자연 산화 붕괴 되지만 돌로 된 부도탑이나 납골당은 오래도록 뼈 가루를 담은 채 얄궂은 냄새가 풍기며 나중에는 보기 흉한 몰골의 골치 덩어리가 된다. 영원히 보존 할 것 같이 정부의 지원을 받아 납골당을 만들었지만 그 뼈 가루를 오래도록 보존하여 무엇에 쓰겠다는 것인가. 역사에 길이 남을 일도 아니고 그렇다고 후손들이 아이고 우리 몇 대조 할아버지하며 반길 일도 아니며 문화유산으로 남을 일도 아니고 결국은 언젠가 없어지게 된 것이 아닌가. 화장을 했으면 물에도 뿌리지 말고 반드시 산에 양지 바른 곳에 뿌리든지 땅속에 습기가 없는 곳에 묻든지 하고 아니면 묘 한기 쓸 땅만 하면 몇 십기를 땅속에 모실 수 있다. 이렇게 해서 제단 하나만 설치면 몇 대고 자손들이 설 추석 명절이나 시월 묘사 때 한자리에 모여서 조상에게 제사를 지내든 참배를 하던 하면 좋을 것이라 사료된다. 정말로 서운한 마음이 들면 사진과 위패만을 모셔두고 제사를 잘 지내주면 되는 것이다.

자식된 도리로서 조상을 천당에 가게끔 하는 것이야 말로 진정한 의미의 효도이다. 조상은 영혼이 자기의 무덤이 있어야 거기서 머물러 계신다고 한다.

옛날이나 지금이나 초혼장 사람이 죽은 날짜와 장소는 알아도 시체를 찾지 못하여 혼을 불러 무덤을 만듬을 하는 것과 사람이 죽은 날짜와 장소도 생사도 모르면 의관장입던 옷 관 귀중품 등을 하여 무덤을 만들었다.

요즈음 절에 가보면 만년위패라는 것을 모시고 있는데 이것도 이치에 맞지 않는다. 만년 위패를 모실 것이 아니라 5년이나 10년 정도해서 위패를 모시는 것이 좋을 것이다. 더욱이 납골당이나 부도탑을 만들어 뼈 가루를 보존하는 행위는 더욱 사람들을 기만하는 장사꾼의 행위이다. 사람은 죽어 이름이 남는 것으로 명성이 천년을 갈 수도 있지만 사람은 살아 바야 백년 살기 어렵고 납골당은 세월이 오래가면 유령의 집으로 변하게 되면 이 사회의 골칫거리가 될 것이다.

납골당은 바깥쪽에서 큰 자물통을 놓아 잠구어 두는데 생전에 사람이 살아서 죄를 지으면 감옥에 가두어 바깥쪽에 자물쇠를 놓은 것으로 안다. 왜 아무 죄도 없는 조상의 유해를 돌 감옥에 가두어 둔다 말인가. 사람은 한번 태어나서 살아가다가 죽으면 흙으로 돌아가는 것이 도리인 것이다.

사람은 죽으면 혼비백장 魂飛魄葬 이라 하는데 화장을 하면 양지 바른 곳 땅 속에 묻어야 한다

혼비백장이란 사람이 죽으면 혼은 날아다니고 백은 땅에 묻힌다. 풍수에서는 혼비백장의 의미를 혼과 백으로 나누어 생각한다. 백은 육신의 것을 뜻하는데 사람의 생명은 혼과 백의 결합 양상으로 죽음을 혼백의 분리 현상으로 이해한다. 조상의 육돌이 좋은 땅에 모시고자 하는 곳은 산이 멈추어 뭉치고 물이 감아 돌면 자손이 번창한다. 산이 달려나가는 형상이거나 물이 일직선으로 빠져나가면 재물이 궁색하고 묘지 주변에 잡석이 덤성덤성 있으면 천한 자손이 출생하고 묘자리가 작아도 단단하게 뭉치면 귀한 자손이 나고 묘앞이 길게 토하는 듯 설기되면 자손 중에 걸식자가 나오고 묘자리가 경사가 심하면 파산이 있게 되고 묘 뒤에 도로가 있거나 끊겼으면 무후자손 난다.

조상의 유골이 묻힌 당의 좋고 나쁨에 따라 그 후손에게 영향을 줄 수 있다고 하는 믿음은 우리에게 지금까지도 강한 힘을 갖고 있는 것이다. 그러나 이 때 기존의 풍수술과 다른 점은 옛날 중국 정자와 주자 모두 후손의 번성과 그 덕분으로 제사가 끊이지 않게 하는 것이 좋은 당에 조상을 모시는 목적이었다. 자손의 번창 부귀 장수 등 모든 인간이 갈망하는 것을 가져다주는 근원적인 이익이 무덤에 있다고 보는 만능 원익 관념은 동기 감응론으로 이어지며 그것은 조선조에 암장 투장 평장 의분묘분별이 힘들게 한 것 늑장강제로 묘 쓰는 것등 다양한 방법의 불법적인 매장 형태를 불러왔다. 지금 문제가 되고 있는 것은 매장 문화와 풍수지리 그 자체가 아니라 이를 왜곡하고 악용하면서 빚어진 그릇된 사회관습이다.

묘자의 국토 잠식을 풍수 탓으로 돌리지만 풍수에서 반드시 묘지를 전제하고 있는 것이 아니라 풍수지리의 핵심이론 동기 감응론이다. 조상을 좋은 땅에 모시면 후손에게 좋고 나쁜 땅에 모시면 후손에게 나쁘다는 중장이다.

지금 도처에서 볼 수 있는 무덤의 대부분은 좋은 땅이라 할 수 없는 곳에 조성되어 있다. 차라리 그럴 바에는 화장을 하여 양지바른 땅 속에 묻어 흔적이 없는 것이 후손에게 해가 없다는 것이 풍수 논리이다. 화장을 정책적으로만 밀고 나갈 것이 아니라 화장을 권장하는 이유와 배경을 제대로 알고 풍수지리와 상관관계를 잘 이해시킴으로서 스스로 화장을 선택하되 사회 분위기를 만들어야 할 것이다. 조상을 나쁜 땅에 모시는 것 보다는 아예 묘지의 자취조차 없는 것이 후손에게 좋다는 데야 누가 이의를 제기하겠는가? 풍수지리는 곧 자연의 이치다. 과학은 자연의 이치를 하나하나 실험하고 검증하는 것으로 그 영역을 넓혀왔다고 할 수 있다. 그러나 설명할 수 없는 자연의 영역은 여전히 광범위하다.

태어난 집과 조상의 묘지가 복을 부르고 화를 부른다면 도대체 인간이 할 수 있는 일은 무엇인가? 우리는 때로 자연의 재해를 천벌이라 부르기도 한다. 인간의 한계를 넘어서는 천지간의 조화를 아우르는 분야가 곧 풍수학일 것이다. 냉정히 생각해보면 묘지로 인한 국토 잠식은 골프장 건설이나 전국 도처에 들어서는 유흥지 및 러브호텔에 비한다면 그다지 절실한 이유가 되지 못한다. 신라, 고구려, 조선 이후 조성된 그 많은 무덤들이 지금까지 남아 있는 게 얼마나 되는가? 남아 있는 것은 호화분묘들이다. 불과 두 세평에 비석도 상석도 없이 들어서는 민초들의 무덤들은 무제가 되지 않는다고 생각한다.

묘혈墓穴 자리는 오악五嶽으로 찾아야 하며
화장火葬을 하면 양지바른 땅 속에 묻어라

흙이란 땅이요 생명체가 생장하는 바탕이며 죽어서 묻히는 곳이므로 죽으면 자기 스스로 묻히는 게 아니라 살아 있는 사람의 손을 빌려야 하며 죽은 체백을 땅속에 묻는 일을 장사라 하여 그 자손이 부모의 체백 시신을 안장하기 위해 오랜 옛날부터 풍수지관을 불러 그 부모의 만년유택을 부탁한다. 풍수사는 부탁을 받고 산에 오르면 멀리서 그 산천의 형세를 살펴보아 생각해 보고 물이 들어오고 나가는 것을 보아 산에 대한 깊은 애정을 가지고 살아있는 생명체로서 산을 대해야만 한다.

산을 보는 경험이 쌓이고 마음이 태고의 평정을 찾으면 산은 한갓 흙과 돌무더기가 아니라 풍운 조화를 일으키는 용으로 보이게 되는 것이다. 그렇게 되어야 풍수라 할 수 있다. 풍수사는 남의 조상의 묘를 보고 이러쿵 저러쿵 말을 해서는 안된다. 풍수사는 명당길지의 답사만 할 것 아니라 불명당도 많이 보아 열심히 공부를 해야한다. 살아 있는 사람도 잘사는 사람보다 못사는 서민층이 더 많듯이 묘자리도 명당 보다는 보통 길지의 산소가 더 많은 것이다. 묘자리를 찾을 때는 오악이 분명해야 명당이다. 오악이란 입수 혈 좌선익 우선익 전순이다. 다음은 청룡 백호 안산 등을 보아야 한다. 너무 잘 생겨도 좋은 묘자리가 아니다. 또한 모든 주변사가 조화의 균형이 이루어져야 생기를 받는다. 이러한 명당에 앉아 보면 편안하며 쾌적 할 수가 없구나 하고 느껴지면 좋은 명당이다. 결코 대지를 바라서는 안 된다. 그것은 욕심이며 땅의 기운인 지기는 인간의 욕심을 허용치 않는다. 무릇 대지는 하늘이 감추고 땅이 비밀이 하고 있다.

평소에 살아오면서 적선적덕이 없다면 가히 엿볼 수 없는 것이다. 필자의 경험에 의하면 권력층, 지식인층, 부유층, 서민층 사이를 불문하고 사람들 풍수지리 사상을 믿고 있는 것으로 보았을 때 꼭 조상의 무덤의 탓이 아니라고 하여도 집안에 심각한 우환이 생기는 경우는 예외 없이 조상의 산소에 대해 이러니 저러니 말들이 오고간다. 이러한 경우에는 청오경에서는 개장, 묘지 이장, 면례 하는 데는 다섯 가지 조건이 있었다. 첫째, 아무 까닭 모르게 무덤이 가라앉으면 옮겨 쓴다. 둘째, 무덤 위의 잔디가 말라 죽으면 묘지 이장을 한다. 셋째, 그 묘를 쓴 뒤 집안에 간음죄를 지은 가족이 생기거나 소년이 변사하는 일이 있으면 옮겨 쓴다. 넷째, 장사 지낸 뒤 가족 중에 패륜을 범하거나 중죄를 짓거나 크게 다쳐 불구자 생기면 옮겨 쓴다. 다섯째, 가족의 사망, 재산, 몰락,

송사가 주자 일어나면 옮겨 쓴다. 이 밖에도 조건에 해당되지 않아도 부득이 옮겨 써야 할 경우가 있다. 또한 국가시책으로 인한 개발, 도로, 주택단지 또는 붕괴될 우려가 있을 경우를 제외하고는 묘지 이장을 해서는 안 된다.

오늘날 고관대작 부호가 들은 명당을 찾아 호화 분묘를 쓰는 일을 자제해 주었으면 한다. 못사는 서민층은 묘를 쓸 땅도 없고 땅을 살 돈도 없어 화장을 해서 물에나 산에 뿌리기도 한다. 아무리 묘지의 땅이 없어도 물이나 산에 뿌려서는 안 된다. 화장을 하여 납골당에 모시게 되면 벌레가 생기고 썩기도 한다. 이것은 생명력이 있다는 증거이오니 화장한 유골을 따뜻한 양지바른 쪽의 당에 묻어주시면 그의 자손도 작은 발복을 받는다.

도선국사道詵國師의 전설傳說

　도선국사道詵國師의 어머니는 최 씨이며 속가의 성은 김 씨이고 이름은 옥룡 법명은 도선 출신의 전남 영암군 구림 리이다. 어느 날 스님의 어머니 최 씨가 개울가에서 빨래를 하는데 오이가 떠 내려왔다. 최 씨가 이를 먹고 잉태하여 아이를 낳았지만 남 보기가 창피하여 뒷산 숲에 갖다 버렸다.

　며칠 후 그의 어머니가 불쌍한 생각도 들고 어찌되었는지 궁금하여 가보았더니 수많은 비둘기들이 모여 젖을 먹이고 있었다. 이를 신기하게 여긴 최 씨의 어머니가 다시 데려와 길렀다. 그래서 그 숲의 이름을 비둘기 숲 즉 구림이라 불렀으며 현재까지 전남 영암군에 있다.

　도선 국사의 총명함은 세 살부터 두드러졌다. 한 번 일러 주면 잊어버리는 게 없었고 그 때 부터 문자를 익히기 시작했으며 불법에도 관심을 보였다.

영암 사람들은 자기 고을에 천재가 태어났다라고 기뻐했다. 최 씨 부인은 대견하고 자랑스러웠다. 그러기에 험한 일 궂은 일 가리지 않고 오로지 아이의 뒷바라지에 열심을 다하였다.

어머니로서 눈물겨운 헌신이었다.

도선이 13세 되던 해 배를 타고 당나라에 갔다. 당나라 일행 선사가 언젠가 제자들에게 말하길 고을 물이 거꾸로 흐르면 나의 도비보설을 전할 사람이 올 것이라 말한 적이 있는데 하루는 제자들 가운데 그 말을 기억하고 있던 한 사람이 오늘 고을물이 거꾸로 흐름이다 라고 말을 했다.

일행 선사가 그 말을 듣고 장삼을 입고 마음을 단정히 한 후 문밖으로 나가자 도선이 막 도착하였다. 일행 선사가 반갑게 맞이하여 말하길 기라린지 오래되었다. 왜 이리도 늦게 왔단 말인가 하며 크게 기뻐하면서 도선을 머물도록 하였다.

도선이가 일행 선사의 술법을 터득한 후 떠날 뜻을 비치자 일행 선사는 꽁꽁 봉해진 책 한권을 전해주면서 조심해서 다뤄야 하며 절대로 일찍 열어보아서는 아니 되네 그대에게 왕씨 일가를 부탁하니 앞으로 7년이 지나기를 기다렸다 열어보아라. 이제 나의 도가 동쪽으로 가게 되었구나 하면서 작별인사를 하게 되었다.

도선의 비보설은 당나라 일행 선사에게 배웠다고 알려지고 있으며 그 내용이 전해지는 바에 의하면 부처님은 사람의 육체와 정신적인 병을 다 고쳐주는 최고의 의사이다.

땅에도 사람과 같이 병이 있는데 특히 너의 나라 지세를 보면 산들이 험준하고 물살이 매우 급해, 땅의 기운은 뻗쳐 달아나고 졸지에 죽은 봉황이 된 것이다.

도선은 일행 선사에게서 비보설을 다 배운 다음 당나라에서 신라 헌강왕 1년 귀국하니 그의 나이 49세였다.

그는 태안사에 머물러 있었는데 모친이 위독하다는 전갈을 받고 급하게 달려갔다. 어머니 최 씨는 이미 숨을 거둔 직후였고 도선은 슬퍼할 겨를도 없이 어머니의 묏자리를 잡았다.

월출산 기슭에서 비봉포란형의 명당자리를 얻을 수 있었다. 봉황 알을 품고 있는 자리이니 장차 성인군자가 나올 명당 가운데 명당이었다.

이러한 곳은 둥근 바위가 길하다. 바위가 없는 흙산에는 바위가 있는 곳이 명당이고, 흙이 없는 돌산에는 흙이 있는 자리가 명당이란 말이다.

바위는 사람으로 비교해 뼈와도 같아 뼈가 없으면 힘을 쓸 수가 없다. 산도 마찬가지다.

흉한 바위가 많으면 패가망신하지만 둥근 모양의 좋은 바위가 있다면 금상첨화이다.

도선은 "어머니 불효자식을 용서하시고 편히 쉬소서"하고 산에서 내려왔다.

풍수학에 능한 세종대왕
자기의 신후지지 답산 이야기

세종대왕은 풍수학에 능하여 자기의 신후지지를 구하기 위하여 양주 광릉일대를 직접 답산하였다는 전설이 있다.

세조가 답신하며 다니던 당시 가평군 상면 설동리에 연안이씨인 이생원이라는 유명한 지사가 있다는 말을 듣고 평민복으로 이생원을 찾아가는 도중에 어떤 사람이 친상을 당하여 장례를 치르는 광경을 보고 산지에 일가견을 가진 분이라 가서 보니 그 자리가 매우 불길하여 그대로 보고만 있을 수 없어 상주에게 다른 곳으로 옮기라고 이르고 그 근처에 자리를 알려 주었으나 그 상주가 극빈하여 다시 묘지 이장할 힘이 없음을 보고 휴대 중이던 돈 300냥을 주고 그 자리를 잡아 준 지사가 누구인가를 물으니 당신이 지금 찾고 있는 이생원임을 알고 속으로 이생원이 풍수학의 실력이 천박한 사람이라는 생각이 나서 심방길을 그만 두려고 하다가 여기서 불과 지척이라는 말을 듣고 처음 마음먹은 대로 이생원을 찾았다.

그의 문 앞에 이르러 이생원을 찾으니 이생원은 비바람을 가리지 못할 정도의 산간두옥에서 방문을 열고 내다보며 의복이 없어 못나가니 방으로 들어오라고 하는지라. 세조는 과객이라고 인사한 후 저 아래 마을에서 지금 장사 지내는 광경을 보고 온 말을 하고 그 자리의 길흉을 물으니 이생원 말이 그 근방에 길지가 있으나 그 곳은 장래일이고 현장지는 당장 300냥의 큰돈이 생길 곳이므로 극빈자인 그 상주에게 우선 금시 발복할 자리를 정해 주었다고 하는지라. 세조는 그 말을 듣고 감탄하여 그와 같이 잘 아는 사람이 이러한 산골에서 왜 고생을 하고 사느냐고 물으니 비록 두메산골이지만 국왕이 친림하실 곳이므로 이곳에 자리잡았다고 대답한 후 밖으로 나가더니 공석짚자리을 문밖에 깔고 엎드려 백배사죄 하는지라 과연 이생원의 풍수학이 놀랄만하다고 탄복하고 사람을 시켜 의복 일습을 갖다 주어 갈아입게 하고 동행하여 산지를 같이 구하러 다녔다고 한다.

세조는 그 당시 포천군 내촌면 내리 능곡에 한 자리를 심중에 정해 놓고 이생원에게 먼저 그곳을 보이니 능지로는 부족하다 하여 광릉자리로 이정 하였으나 결국은 능자리로 책정되었던 자리라 하여 지금까지 능곡이라 불러온다. 능곡에서 광릉으로 가는 중간 약 5km 지점에 포천군 내촌면 마명리가 있다.

세조가 이곳에 오니 세조가 탄 말이 광릉 쪽으로 향하여 울었다. 그리하여 광릉 쪽을 향해 전진구산 하였으므로 그 곳을 마명리라고 전해온다.

그 후 광릉자리를 이생원의 제의로 능자리로 정하였으며 수년 후에 세조가 돌아가 장례를 모시려고 땅을 파니 물이 나는지라 아무리 명당이라 하더라도 물이 나는 곳에 장사 지낼 수 없다고 고민 중이었는데 어느 지사가 한 곳을 파 보라고 하여 그 곳을 파니 여기서 물이 나고 능지에는 물이 끊어져 예정대로 장례를 모셨는데 이것은 광릉 자리가 여자의 유방과 같이 생겨서 젖을 건드리니 젖이 나온 것인데 그 젖줄은 다른 곳으로 돌린 것이라고 하며 이 지사가 누구라는 말은 전해지지 않는다.

광릉은 유방을 향하여 왼쪽이 세조의 능이고 오른쪽이 왕후 윤씨의 능이다.

칠삭둥이 한명회의 발복

조부의 산소에 성묘를 하고 내려오는데 늙그스래한 중년 사내가 허리에 지남쇠가 달랑 거리며 산으로 올라가는 품이 지관의 품새였다.

한씨는 구질한 행색을 보고도 한껏 미소를 떠 올리며 옆으로 비켜섰다. 얼결에 등 뒤로 서게 된 중년의 사내가 "잠시 시생의 말을 듣고 가시는 게 좋을 것입니다." 하며 중년의 사내는 한씨를 향해 공손히 인사를 한다.

중년의 사내가 말하기를 "조부의 묘를 쓴 자리는 반월형의 명당이므로 점점 만월이 되어 천하를 환히 비추는 것과 같은 이치이므로 선비님께선 초년을 잘 넘기셔야 영달 할 것입니다."라고 한다.

성묘를 하고 돌아온 후 부인에게 태기가 있은 지 일곱 달 만에 관골이 갖춰지지 않은 사내아이를 낳았다.

이가 한명회였다.

부친이 아이를 집안에 들여놓지 않으려 하자 노비가 극진히 아이를 돌보아 몇 달이 흘러간 후 아이의 등에 별 모양의 사마귀가 나타나 괴이한 일로 여기게 되었다.

일찍 부모가 세상을 뜨자 한명회는 종조부인 참판 상덕의 집에 의지하였다.

상덕은 한명회를 볼 때 마다 그로 인해 집안이 일어난 것이라 단언했다. 많은 글을 읽었으나 늘 과거에는 낙방하다가 문종 2년 1452년에 문음으로 경덕궁직이 되었고 어린 단종이 즉위하자 친구인 교리 권람의 주선으로 수양 대군을 만나 계유정난을 일으킨다.

김종서 등을 척살한 공으로 세조가 보위에 오른 후 좌부승지에 동덕좌익공신이 되었다가 곧 우부승지로 승차하여 예종 성종 때에 요직을 두루 거쳤다.

종조부의 예측대로 한명회는 벼슬길에 나가 부원군에 이르렀고 두 딸이 왕비가 되었으나 선덕이 부족한 탓인지 한결같이 세상을 일찍 떠나 버렸다.

한명회 그는 중국 송나라의 승상인 한충헌에게 자신을 빗대어 스스로 권력이나 부귀를 탐하지 않는다는 평을 듣고 싶어 강건너 경치 좋은 곳에 정자를 짓고 갈매기와 친하다는 의미로 정자 이름을 구정 또는 압구정이라 하였다.

이 정자에서 명나라 사신을 맞이하며 잔치를 베풀었는가 하면 자신의 세도를 믿고 군왕의 행차 때에만 이용되는 용봉차일을 쳐 군신들의 탄핵을 받아 정배되는 일도 있었다.

팔도의 수령 방백들이 보내는 진상행렬이 줄을 이었으나 정자의 이름과는 달리 갈매기 한 마리 얼씬거리지 않았다.

그러므로 대다수의 선비들은 이를 풍자하여 친할 압자 대신 억누를 압으로 풍자하여 시를 지었다.

흥미로는 것은 한명회의 제종형인 문종공 한계회에 대한 기록이다.

그는 워낙 가난하여 나물에 조식으로 끼니를 이었는데 그나마도 자신의 처지에 과분하다 하여 양을 반으로 줄이는 인물이었다.

부원군인 한명회는 이점이 항상 마음에 걸렸다.

일가친척이 어렵게 사는 것도 문제였지만 한계회로 인한 자신의 처지가 난처해 진 것은 사실이었다.

한명회가 누구인가. 상당부원군이다.

그의 입김이면 멀쩡한 목도 달아나고 염라부 사자라도 불러내어 죽은 목을 붙일정도였으니 그의 주장은 빈 하늘을 꿰뚫어 가는 화살처럼 거칠 것이 없었다.

한명회는 네 차례의 일등 공신으로 많은 토지와 노비를 하사받아 호부를 누렸지만 왕비가 된 두 딸은 일찍 요절하는 비운을 맞았다.

일인지하 만인지상의
황희 정승을 태어나게 만든 명당 이야기

　청백리의 대명사의 황희 정승은 조선 초기의 명재상으로 잘 알려져 있는데 풍수지리 세계에서는 황희 정승을 태어나게 했다는 명당 이야기가 전설처럼 전해 내려오고 있다. 그래서 풍수지리를 배우거나 관심 있는 사람들이 제일 먼저 찾는 곳이기도 하다.

　황희 정승의 조부 묘는 남원시에서 서쪽으로 비홍재를 넘어 순창으로 가는 24번 국도변에 있는 남원시 대강면 풍산리 산촌마을 뒷산 중턱에 자리 잡고 있다. 산촌마을 앞 국도에서 동쪽으로 산촌 마을 뒷산을 유심히 바라보면 묘소가 보인다. 마을을 통과하여 산길을 따라 올라가면 상하장으로 여러 기의 산소가 보이는데 제일 위쪽에 있는 묘가 황희 정승 조부의 묘소이다.

　여기를 묘를 쓰게 된 인연이 있다. 황희 정승의 아버지인 황군서가 고려 말에 전라북도 장수로 귀양을 왔는데 장수 현감이 황군서를 귀찮게 하자 남원으로 와서 지금의 광한루원에 서재를 짓고 후진양성에 힘쓰면서 살았다. 그러던 어느 날 스님이 머리에 콩테를 매어 놓은 채 젊은 사람들에게 끌려 다니는 도중 황군서 집 앞을 지나가게 되었다. 이 때 황군서가 스님을 구해 주었다. 이 스님이 바로 나옹대사1320-1376였다. 나옹대사는 남원 조산에 사는 오부자와 뜻이 통하는 친한 사이로 오부자의 신후지지를 잡아 주기로 약속하고 미리 시주를 많이 받아 불사를 하는데 사용했다.

나옹대사는 오부자의 신후지지를 잡기 위해 여러 차례 답산을 하여 대명당을 찾기는 했으나 정확히 재혈을 하지 못하고 있었다. 그 후 여러 차례 답산을 하여 정확히 재혈을 하게 되어 혈자리를 표시해 두고 오부자를 찾아 갔는데 마침 오부자가 출타 중이었다. 그 때 오부자 아들들이 그 동안 시줏돈만 받아 가는 나옹대사에 대해 심한 악감을 가지고 있었던 차에 명당을 쓰기 위해 산채산신제를 지낼 때 태우는 비단값으로 많은 돈을 아들에게 요구하다가 봉변을 당하게 된 것이다.

이때에 황군서는 제자들의 도움을 받아 산채 값을 마련하여 주고 나옹대사에게 얻은 명당에 자신의 아버지인 황균비를 묘지 이장하였다.

이후에 황군서의 부인에게 태기가 있었는데 장차 아이를 큰 인물로 키우려면 서울로 가야한다고 하여 당시의 서울인 송악으로 이사를 했고 황희는 고려 말인 공민왕 12년에 개성에서 황군서의 둘째 아들로 태어났다.

이 곳 풍산리 산촌마을 지명은 뒤에 있는 풍악산에서 유래한 지명으로 풍산리는 산촌 양촌 곡촌 3개 마을로 되어 있다.

아마 홍곡단풍이란 형국의 이름은 비홍치 곡촌 풍악산의 글자를 적당히 조합하여 만든 것으로 보인다.

그러나 대명당이기는 하지만 아쉬운 점이 있다. 후현무 좌청룡 우백호 전주작 어느 한 곳 빈틈없이 잘 짜여져 있으나 묘 주변이 건곡이 되어 물을 전혀 찾아 볼 수 없고 묘 앞으로 흐르는 소량의 계곡물과 강물은 찾아 볼 수가 없다.

풍수지리에서는 물을 재물로 뜻하는데 재물과는 인연이 멀다.

황희 정승은 영의정을 19년이나 지냈지만 명당의 혈이 증명이나 하듯이 살아생전에도 청렴하여 세상을 떠난 후에 황희 정승의 재산으로는 세종대왕이 하사한 지팡이 한 개만 남겼다고 한다.

방랑시인 김삿갓 묘지유지앵소형
삿갓 쓰고 죽장 짚은 사연 이야기

　세인들은 김삿갓 하면 한평생을 해학과 풍자로 방랑하던 천재 시인이자 기인으로 기억한다. 그러나 한 점 뜬구름 같고 한 줄기 바람 같았던 그의 기구한 삶의 이면을 아는 이는 드물다. 그만큼 그의 생애는 널리 알려진 명성과는 달리 신비에 싸여있다.
　김삿갓 일가가 숨어 살던 집터와 그의 묘소가 근래에 발견 되었다고 한다.
　왜 김삿갓은 방랑 시인이 돼 세상을 떠돌게 됐을까
　당대 제일의 세도가였던 안동 김씨 문종에 태어난 김삿갓의 본명은 김병연, 1807년(순조37년) 3월 13일 김안근과 함평 이씨 사이의 둘째 아들로 태어났지만 출생지는 아직 확실치 않다고 한다. 다만 그가 말년에 지은 난고 평생시에 초년자위득락지 한북지오생장향이라고 써 한강 이북이 확실시되나 사학자들은 지금의 양주군 회천읍 회암사 인근 마을쯤으로 추정하고 있을 뿐이라고 한다. 다만 김삿갓이 이름도 지우고 고향도 잊은 채 평생을 방랑하게 된 결정적인 동기는 1811년 썩은 세상 둘러 엎고 새 세상을 만든다며 군사를 일으켰던 홍경래의 난을 들 수가 있다.

이때 김병연 김삿갓의 나이는 만 5세 당시 그의 조부 김익순은 선천 부사 겸방어사였으나 홍경래에게 항복하고 목숨을 부지했다. 그러나 이듬해 봄 난이 진압되자 김익순은 모반죄로 처형당했고 집안 역시 풍비박산이 나고 말았다.

멸문지화는 면했지만 역적의 자손으로 고향에서는 더 이상 살 수가 없어 집안 식구들이 뿔뿔이 흩어지게 되었다. 김삿갓 7세 되던 해에 부친이 화병으로 세상을 뜨자 과부가 된 어머니는 삼형제를 이끌고 경기도 가평을 거쳐 강원도 평창에서 조금 살다가 다시 영월로 이사해 농사를 지으며 살았다. 어려운 살림 속에서도 꾸준히 공부했던 김병연은 20세가 되던 1827년 영월 동헌에서 과거 예비고사격인 백일장에 참가하여 장원을 차지했다. 이때의 시제는 홍경래 난 때 가산군수의 충절을 노하고 김익순의 하늘에 사무치는 죄상을 한탄하라였다. 김병연이 집에 와 어머니께 장원 소식을 전하니 기뻐할 줄만 알았던 노모가 울음을 터뜨리며 그제서야 집안 내력을 들려 주었다. 김병연은 하늘이 무너지고 땅이 꺼지는 충격을 받았다. 자신이 역적의 가문이다는 사실을 알게 된 것도 충격이었지만 조부를 욕하는 시를 지어 장원까지 했으니 어찌 머리를 똑바로 들고 하늘을 쳐다보며 살 수 있었겠는가. 그 이후 2년여 동안 번민하던 김병연은 가출을 결심한다. 이때가 1년 연상의 장수 황씨와 결혼하고 맏아들 학균이 태어난 직후였다.

삿갓으로 하늘을 가리고 죽장으로 죄인의 모습을 한 뒤 바랑을 메고 정처 없이 떠도는 나그네가 된 김병연은 세상사람 누구에게도 자신의 성은 물론 이름도 가르쳐 주지 않았다. 김삿갓이니 김립, 김사립, 김대립 등은 세상 사람들이 붙여준 별명에 지나지 않는다.

김삿갓은 육신 대신 시심만 남아 있다. 김삿갓은 꼭 자신의 이름을 필요로 할 때면 김난이요 자는 이명이라고 둘러댔다.

김삿갓이 한 평생의 이승 방랑을 끝내고 저승 방랑에 들어선 곳은 강원도 영월군 하동면 와석리 노루목 마대산 기슭의 양지 바른 곳이다. 풍수가들은 이곳의 지형을 유지앵소형 즉 버드나무 가지의 꾀꼬리집과 같은 형국의 명망이라 한다.

머슴의 아들이 중국의 천자가 된 이야기

옛날 춘천시 북산면 내평리에 한 씨 성을 가진 마음씨 착한 머슴이 살고 있었다. 어느 날 이 머슴이 사는 집에 스님 두 명이 찾아와 하룻밤 쉬어 갈 수 있게 해 달라고 간청했다. 그러나 야박한 주인은 방이 없다며 냉정하게 거절하다가 못 이기는 척 하더니 머슴방이라도 좋다면 거기서 묵고 가라고 했다. 머슴은 스님들을 정중히 자기 방으로 모셨다. 그러자 봇짐을 푼 스님들은 머슴에게 달걀을 세 알만 구해 달라고 부탁했다. 머슴은 스님들이 육식을 하지 못하니 대신 달걀이라도 먹으려나보다 싶어 얼른 구해 와 먹기 좋게 쇠죽 끓이는 데다 삶아서 갖다 드렸다. 머슴은 혹시 더 필요한 것이 없을까 싶어 문 가까이 갔다가 스님들이 조심스럽게 나누는 대화를 그만 엿듣게 되었다. 스님들은 가리산에 있다는 명당터를 확인하러 온 사람들이었다.

스님들의 대화는 이러했다.

가리산 명당 터에 달걀을 묻어 두고 기다려 보아 이것이 축시오전 1~3시 사이에 부화돼 홰를 치면 천자가 나오는 터가 틀림이 없고 인시오전 3~5시 사이에 부화하면 역적이 날 자리라는 것이었다. 이 소리를 엿들은 머슴은 웃음이 나왔다. 삶은 달걀에서 웬 병아리 하면서도 엿들은 사실이 탄로날까봐 차마 그 이야기를 털어놓지를 못했다.

한밤중이 되자 스님들은 잠자리에서 일어나 집을 나섰다. 옆에서 잠자는 척했던 머슴도 슬그머니 일어나 스님들의 뒤를 따르기 시작했다. 스님들은 어느 산자락에 이르러 달걀을 파묻어 놓고는 부화되기를 기다리고 있었다. 그런데 천자가 나온다는 축시가 지나고 인시까지 지나도 아무런 기척이 없었다. 머슴은 아무렴 삶은 달걀에서 무슨 병아리가 나온다고 야단들일까 머슴이 중얼거리고 있는 사이에 어느 덧 묘시 오전 5~7시 사이가 되었다. 그런데 이 때 삶은 달걀을 묻어 놓은 곳에서 닭이 튀어 나오자 홰를 치는 게 아닌가. 그러자 스님들은 투덜거리며 일어났다. 에이 하필 묘시에 닭이 나올게 뭐람 천자도 역적도 나올 자리가 아니다.

그런데 한 스님은 못내 아쉬운 듯 하면서 한마디를 보탰다. 닭이 묘시에 홰를 쳤더라도 금으로 만든 관을 쓰고 황소 백 마리를 잡아 제사를 올리면 천자가 나올 수 있는 명당이 될텐데. 그런 정성을 쏟을 사람이 어디 있겠는가 그러더니 두 스님은 산을 내려가 버렸다. 집에 돌아온 머슴은 스님들의 이야기가 귀에서 떠나지 않았다.

머슴은 궁리 끝에 금관을 대신해 노란 밀짚보리 자기 아버지의 시신을 싸서 묻었다. 그러나 머슴팔자에 황소를 백 마리를 잡아 제사를 지낼 수는 없었다. 그러나 생각 끝에 주인의 하얀 황소 한 마리를 몰래 잡아 제사를 올렸다. 황소 백 마리 그리고 나서 한방 중에 뇌성벽력 같은 소리가 들려왔다. 너는 빨리 일어나 아이를 데리고 집을 떠나라 소리가 들려 놀라 잠자는 아이만 깨워 급히 산으로 올라갔다. 갑자기 쏟아지는 폭우로 온 동네는 물에 잠겨 버리는 게 아닌가. 겨우 목숨을 구한 머슴 부자는 살 길을 찾아 북으로 북으로 올라갔다. 그러자 어느덧 중국을 넘어가는 국경 근처에 이르게 되었다.

그 때 중국에서는 천자가 죽고 후사가 없어 새 천자를 구하고 있는 중이어ㅆ는데 그 방법이 독특했다. 관리들이 길가에서 짚으로 만든 북을 쳐서 둥둥 소리가 나면 중국의 천자가 되는 것이다.

이때에 머슴의 아들이 북을 치니 둥둥 소리가 나와 중국의 천자가 되었다고 전해 오는 이야기이다.

토정비결 이지함 선생의 묘이야기
인물 나고 묘를 쓰나 묘를 쓰고 인물 나나

사람 나고 묘를 쓰나, 묘를 쓰고 사람 나나 라는 말은 풍수지리의 핵심을 찌르는 질문이다. 사람 나고 묘를 쓴다고 주장하는 사람은 풍수지리를 믿지 않는 사람일테고 묘를 쓰고 사람난다라고 주장하는 사람은 풍수지리를 믿는 사람이라고 생각하기 쉽다.

그러나 묘를 쓰고 인물도 나지만 인물 나고 묘를 쓰기도 한다. 인물 나고 명당을 볼 수 있는 경우가 이토정 선생이다.

토정 이지함(1517~1678)선생은 충청남도 보령시 청라면 장산리 복병이 마을현재 생가 터만 남아 있음에서 막내아들로 태어났고 14살의 어린 나이에 아버지를 여의었다. 처음에는 장형인 지번(1508~1575)에게 학문을 배웠으며 나중에는 화담 서경덕(1489~1546)의 문하에서 가르침을 받았는데 천문지리 인사 모든 방면에 능통하여 세상에 모르는 것이 없었던 인물로 숱한 기행과 이적을 남겨 지금도 전해져 내려오는 이야기가 많다. 토정선생은 부귀와 명예와는 거리가 멀었고 성리학에도 얽메이지 않은 자유분방한 이인이며 기인이었다. 수백 년 전 아산이라는 마을에 이지함이라는 벼슬아치가 살았다. 그는 문둥병 치료제를 발견하는 것이 자신에게 주어진 생의 임무라고 생각했다.

이 끔찍한 병의 정체를 연구하기 위해 자신이 직접 병에 걸려 연구하는 것이 빠른 길이라고 생각하여 문둥이가 되었다. 치료법의 첫 번째 시도는 당시에 이 나라에서 가장 일반적으로 행해졌던 치유법으로 지네의 집을 먹은 뒤에 밤 한 톨을 삼키는 것인데 만약 환자가 밤을 먹지 않으면 죽게 된다고 한다. 이지함은 처방대로 지네의 집을 먹은 다음에 아전을 불러 밤 한 톨을 사오라고 명했다. 그런데 아전은 거액의 공금을 착복한 자였기에 이때를 이용하여 지함을 죽이려고 진짜 밤 대신에 나무를 교묘하게 깎아 만든 가짜 밤을 나리에게 바쳤다. 지함이 속은 것을 알았을 때는 이미 늦었다. 그러나 그는 숨을 거두기 전에 아전의 비리를 폭로하였고 이 일이 일어난 뒤로 아산 지방의 아전들은 다른 지방의 아전에 비해 훨씬 낮은 대우를 감수해야 했다고 한다. 나병에 걸려 치료약을 개발하려고 노력한 사실이나 아산 현감 재직시에 걸인청을 만들어 구제 사업을 펼쳤던 일이나 백성이 없으면 임금도 없다며 백성을 사랑해야 한다는 상소문을 올린 사실은 토정 선생의 민본주의와 애민 사상이 얼마나 강하였는지를 진솔하게 보여주고 있다.

이렇게 토정 선생의 이타행의 값진 삶은 현재를 사는 우리에게 많은 교훈을 주고 있다.

　토정 선생이 손수 묘자리 잡은 토정 선생의 부모 묘는 충청남도 보령시 주교면 고정리 바닷가 야산에 있다. 최근에 문화재 자료 제319호로 지정되어 있고 보령화력발전소로 가는 도로에서 보이는 가까운 곳에 있어 쉽게 찾아 갈 수 있다. 토정 선생은 부모와 형님의 묘 뿐만 아니라 자신의 신후지지를 미리 잡았는데 실제로 보게 되면 과연 명당임에 틀림이 없다는 것을 알 수 있다. 이곳에는 토정 부모의 묘를 비롯하여 삼형제 내외 토정 선생의 아들 내외 조카 등 가족 공동묘지로 14기의 묘가 밀집되어있다. 일반적으로 순서대로 묘가 쓰여져 있으나 이곳에는 아래대가 위에도 묘가 쓰여져 있다. 쉽게 말하자면 역장으로도 되어 있다.
　명당은 한 자리 뿐인데 4대가 한 곳에 밀집되어있다.

흥선대원군 선친 남연군 묘
이대천자지지二代天子之地 이야기

　흥선대원군은 잘 알려진 대로 영조의 현손으로 안동김씨 세도정치 밑에서 왕족이면서도 한직을 전전하며 불우하게 지냈다. 살아남기 위해서 불량배와 어울려 파락호로서 궁도령이라는 비칭으로까지 불려왔다.

　파락호란 행세하는 집의 자손으로 난봉꾼인 사람을 지칭하는 말이다.

　흥선군은 안동김씨들의 감시를 피하면서 철종의 후사가 없는 것을 기화로 조성하를 포섭하여 대왕대비 신정왕후 조씨에 접근한다.

　조성하는 신정왕후의 친정 조카로 흥선대원군이 정권을 잡은 뒤로는 민씨 일파와 손을 잡고 흥선대원군 배척에 힘쓰기도 한 인물이다.

　여하튼 흥선군은 풍수지리 공부를 시작해 지리에 관한 서적이라면 공부를 시작해 지리에 관한 서적이라면 모조리 구해 읽었다. 이론을 익힌 뒤에는 답산도 했다.

지리에 밝은 지관을 반드시 찾아 문답을 하기도 했다. 이렇게 명당을 찾은 지 10여년 만에 한 지관이 흥성군을 찾아왔다. 정만인 이라고 알려진 그 지관은 흥선군에게 덕산의 가야산 동쪽에 2대에 걸쳐 천자가 나오는 자리와 광천 오서산에 만대에 영화를 누리는 자리를 권유했다.

흥선군은 만대영화보다는 2대의 천자가 나온다는 덕산 땅을 선택했다. 흥선군은 아버지 유골을 경기도 연천에서 5백리 떨어진 곳에 면례했다. 면례한지 7년째 되는 1852년철종3년에 둘째 아들 재황을 낳았다.

어렸을 때 이름은 명복이었다. 재황이 11년 뒤인 1863년 12월 철종에 이어 조선조 21대 왕위에 오른 고종황제다. 그리고 고종에 이어 순종이 왕위에 올랐다. 흥선대원군이 만대영화보다는 2대 천자를 택한 그대로 이루어진 것이다.

흥선대원군이 고종과 순종을 낸 이대천자지지 명당을 쓰는 일도 순탄치만 않았다. 지관 정만인을 따라 명당자리에 도착해보니 가야사라는 절이 있었다. 묘를 쓸 자리는 법당 뒤 높은 언덕위에 있는 5층 석탑 자리였다. 그 석탑은 나옹대사가 고려 공민왕 7년1357에 세웠다고 전해진다.

또 조선조 정조연간에 편찬된 여지도서의 덕산읍지에 따르면 산록이 내려오다 멎은 언덕에 높은 대지가 있는데 그 모양이 바둑판 같다고 한다.

그 한가운데 5층 석탑을 세웠는데 그 상륜부를 구리쇠를 씌우고 네

모서리에 철사를 꼬아 만든 줄을 걸어 늘어뜨렸다. 그리고 그곳에 풍경을 달았다고 한다. 그 형태가 웅장하고 만든 방법이 기이하고 교묘하여 다른 탑과는 달랐다고 한다.

또 탑 아래 동쪽에는 73층짜리 사다리를 만들었는데 그 위 양쪽에는 돌짐승사자이 있었다고 적고 있다.

아무리 통이 크고 비범한 홍선군이라 해도 폐사가 아닌 절의 웅장한 탑 자리에 선친의 묘를 묘지 이장한다는 것은 보통 일이 아니었다.

그래서 홍선군은 우선 가얏골 땅이 영조 때 판서를 지낸 윤봉주가 받은 사패지임을 알고 윤판서 후손을 찾아가 남연군을 묘지 이장한 땅을 얻어냈다. 그 위치는 지금의 남연군묘에서 북서쪽으로 약 400m 떨어진 곳이었다. 지금도 움푹 패인 이 자리를 마을 사람들은 구광터라고 부른다.

황현이 쓴 『매천야록』에는 홍선군이 가재를 팔아 만든 2만 냥의 절반을 절의 중에게 뇌물로 주고 절을 불사른 뒤 곧 묘지 이장했다고 기록하고 있다.

부처님의 공덕으로
명당 집터를 얻은 이야기

겨울에 많은 눈이 내리면 이듬해 풍년이 든다는데 그러나 가난한 서민들에게는 한겨울 나기가 쉽지 않다.

쏟아지듯 눈발이 날리는 날 최 선비는 아무리 오가는 사람들에게 먹을 것을 내어 주어 바야 가난 구제는 나라님도 하지 못한다지 않던가. 일년 내내 농사지은 나락 가마가 바닥나는 것도 멀지 않아 보였다.

느닷없이 집에서 기르는 황구가 컹컹컹 거리며 잔뜩 웅크리더니 앞산을 향해 뛰어 나가며 으르렁거렸다. 황구야 왜 그러느냐 눈이 많이 오는게 싫은게로구나 하고 내다보니 큰 눈 덩이가 대문 안으로 들어와 박살났다. 그 순간 최 선비가 눈이 휘둥그레질 상황이 벌어졌다. 깨어진 눈 덩이 속에서 노승 한 사람이 구르듯 옆으로 튀어나온 것이다. 승복 자락에 묻은 눈을 툭툭 털며 노승은 멋쩍은 듯 씨익 웃었다. "이게 어찌된 일입니까? 허어 이것 참 낭패로세 아 글쎄 소승이 산마루에서 잠시 쉬는 동안 잠들었지 뭐겠소. 그러다 깨어보니 이 모양일세. 아니 스님 이렇듯 추운 날씨에 잠이 들어여. 아하하하 그러게나 말입니다."

저 산 넘어 김씨 댁 환갑잔치가 있었습니다. 그 댁에서 곡차술 몇 사발 마신 것이 워낙 독했지 뭐겠소. 산마루에 오르다 깜빡 잠이든 모양인데 이곳까지 굴러 올 줄 뉘 알았겠소. 그것 참 노승은 계면쩍은 듯 앞을 바라보며 혀를 찼다. 잠시 몸을 녹였다 들어가라는 최 선비의 말을 기다리기나 한 것처럼 노승은 방안으로 얼른 들어갔다. 젖은 승복을 벗고 최선비의 옷으로 갈아입은 노승은 하루 이틀 미적거리다가 다음 해 봄이 되어서야 자리에서 일어났다.

노승은 최 선비의 의중은 아랑곳없이 그 마을의 백호쪽 산자락 밑에 터를 가리키며 저 집터는 최씨의 집터이다. 저곳은 와혈소구리터이 오니 그곳에 터를 닦아 집을 지어 살면 3년 동안에 집안이 크게 번창 할 것이니 생활하기 협소하여 불편해도 개축이나 증축은 하지 마시오. 하고 떠나갔다.

최 선비는 노승이 일러 주는 대로 집을 짓고 이사하였다. 바로 그 날 점심때쯤 어디선가 매 한 마리가 날아와 나무 위에 앉아 날아갈 줄을 몰랐다. 저 매는 누군가 훈련시킨 듯한데 주인 있는 곳으로 날아가질 않으니 길을 잃었는지 모르겠다. 우선 방을 붙여 주인을 찾아 주는게 도리일 것 같다. 최 선비는 즉시 방을 붙였다. 그 동안 배를 곯지 않도록 해주었다. 세 달이 지났을까 싶었을 때 매 주인이 찾아왔다. 집에서 기르는 매가 어떤 연유로 이곳까지 왔는가를 모르겠습니다. 그동안 먹이를 주셨으니 그 고마움을 무엇으로 갚아야 할지. 별말씀 다 하십시오. 새는 어디든지 날아갔다 돌아오는 영물이 아닙니까? 잠시 저희 집에서 쉬었다 간 것으로 생각하시면 마음 편하실 것입니다.

매의 주인은 미리 준비해 온 조그만 상자를 최 선비 앞에 꺼내 놓았다. 물경 3천 냥이나 되는 거금이었다. 이 돈은 제가 드리는 것입니다만 사실은 지난밤 길 떠나기 전에 꿈을 꿨지 뭡니까. 부처님께서 현몽하시어 이곳으로 갈 때엔 3천 냥을 준비해 가라는 말씀이었습니다. 이것은 시생이 드리는 것이 아니라 부처님께 올리는 것으로 받아 두십시오.

몇 번이나 거절하였지만 매의 주인은 거금을 내놓고 돌아갔다. 최 선비는 그 돈으로 인근 고을의 논밭을 사서 부자가 되었다. 재물이 날이 갈수록 늘어나 쌓아 둘 곳이 없을 정도였다. 이러한 집터에는 증축이나 개축을 해서는 아니 된다.

조상 묘를 잘 써 왕이 된 이성계 이야기

이성계는 대체 어떤 땅에 아버지의 묘를 썼기에 왕이 되었을까? 고향인 함흥에서 아버지가 돌아가시자 이성계는 좋은 묏자리에 장사지내기 위해 공부를 많이 한 지관을 찾아 백방으로 노력하였으나 뜻을 이루지 못했다. 그러던 어느 날 이성계의 집에서 부리던 종아이가 간에 나무하러 갔다가 스님 두 사람이 산을 오르내리며 앉기도 하고 서기도 하면서 이야기를 나누는 것을 보았다. 나이가 더 들어 보이는 스님이 젊은 스님에게 물었다. 이곳에 왕이 날 땅이 있는데 너도 아느냐? 세 갈래로 내려온 산 중에서 지맥이 떨어져 짧은 기슭을 이루고 있는 곳이 있으니 바로 그곳이 정혈인 것 같습니다. 그러자 나이 많은 스님이 혼자말로 아래 것은 비록 지법에 응하기는 하나 장상이 날 자리에 불과하고 약간 위의 것은 당대에 왕이 날 자리이니라. 라고 하였다. 두 사람의 이야기를 들은 종아이는 급히 이성계에게 달려가 사실대로 아뢰었다. 이성계가 안장을 얹을 사이도 없이 그대로 말을 달려 가보니 멀리서 두 스님이 길가에서 지팡이를 멈추고 쉬고 있었다. 이성계가 말에서 내려 큰 절을 올리며 "저희 집이 누추하기는 하지만 스님께서 잠시 들렀다 가시기를 원합니다."하고 공손하게 청하였다. 하지만 두 사람이 갈 길이 멀다며 사양하자 이성계는 포기하지 않고 다시 절을 한 다음 머리를 조아리며 성의를 다해 간청하였다. 그러자 두 스님은 지극한 정성으로서 청하니 헛되이 욕보일 수도 없지 않소? 하고는 마침내 허락하였다. 집으로 돌아온 이성계는 두 스님을 조용한 방에 머물게 한 후 예의와 정성을 다해 대접하였다. 그들은 다음 날 떠나려 했지만 이성계의 간청에 하루 더 묵기로 하였다. 이성계는 두 사람에게 절을 하고는 "제가 부친상을 당하였습니다. 좋은 곳을 가려서 모시고자 하는데 스님께서 가르쳐 주시옵소서"하고 청하였다. 그러자 두 사람은 옷깃을 떨치고 일어나며 말했다. "빈도는 단지 구름처럼 떠돌아다니며 놀 뿐이오" 하였다. 이성계가 황급히 맨땅에 엎드려 절을 하고 눈물을 흘리며 두 사람을 붙들고 다시 간청하자 나이 많은 스님은 잠자코 있는데 젊은 스님이 남의 성의를 어찌 차마 져버리겠소. 라고 말하였다. 그러면 어찌할 것이오? 그곳을 가르쳐 주면 좋지 않겠습니까? 두 사람은 산으로 올라가 지팡으를 꽂고 이성계에게 일렀다. "첫째 혈은 왕후의 조짐이 있고 둘째 혈은 장상의 자리이니 이 둘 가운데서 하나를 고르시오" "첫째 것을 가지기를 원합니다." "너무 지나치지 않소?" "대체로 사람의 일이란 큰 것을 얻으려 하여도 작은 것을 겨우 얻게 되는 법이므로 그렇게 말한 것입니다." 이성계의 말을 들은 두 사람은 웃으며 원대로 하시오. 돌아보지도 않고 가버렸다. 이 이야기는 차천로(1556~1615)가 쓴 오산 설림 초고에 실려 있는 것이다. 늙은 스님은 무학대사의 스승인 나옹대사이며 젊은 스님은 무학대사이다. 이성계는 나옹과 무학이 점지해 준 명당에 아버지를 장사 지낸 지 얼마 되지 않아 고려 왕씨를 대신해 왕위에 등극하였다. 이성계는 고쳐 충숙왕 4년(1335년) 10월 11일 지금의 함경도 영흥군 순령면 흑석리의 외가에서 태어났다.

태조 이성계의 생가 이야기

　이성계는 고려 충숙왕 4년(서기 1317년 10월 11일) 지금의 함경남도 영흥군 순령면 흑석리에서 태어났다. 이성계가 왕이 된 것은 이성계의 태를 부근의 정자리 용연못에 묻었기 때문이라고 전해진다. 태를 묻은 곳은 준원전이라고 부르는데 준원전과 태어난 본가 사이는 약 십리 거리로 경관이 수려한 구릉이 펼쳐져 있다. 뿐만 아니라 노송이 울창하고 판판한 암반이 많이 널려져 있으며 서북쪽으로 용흥강이 굽이쳐 흐르는 것이 내려다보인다.

　일찍이 이곳을 지나던 무학대사는 왕기가 일어날 수 있는 지역임을 깨닫고 이성계의 아버지 이자춘의 집에서 귀인이 탄생할 것이라고 예언했다. 그 후 임신했다는 소문을 듣고 다시 찾아와 쌀과 콩 그리고 간장을 주면서 왕자임에 틀림없으니 잘 키우라고 이르고는 그의 태를 반드시 용연에 깊이 묻으라고 일렀다는 것이다. 그 후 왕이 태어 날 수 있는 집이란 풍수지리적 조건이 갖춰져야 한다는 생각이 조선조 사회의 신앙으로 번졌다. 그리하여 자연히 풍수지리에 대한 연구도 발달할 수 밖에 없었다.

흥선대원군 이하응은 득세하기 전 방탕생활을 하면서도 풍수지리서 만은 열심히 공부해서 명당을 찾아 생부인 남연군의 묘를 충남예산에 써서 결국 고종을 낳았다. 고종이 즉의 하자 이하응은 대원군이 되어 천하를 호령한 것이다. 이렇게 발전한 풍수지리 중 특히 대중들의 흥미를 유발한 것은 형국론이다. 풍수지리의 이론이 중국에서 들어온 것으로 알고 있으나 중국의 전통지리서에는 없는 형국론이 한국에만 있는 것으로 보아 자생한 것이 아닌가 하는 견해를 가진 학자도 있다. 그리하여 그 형국론의 대표적인 경우가 경북 풍산군 하회마을인지도 모른다고 주장하고 있다. 풍산 유씨의 집단부락이 있는 이곳은 형국론으로 행주형과 연화 부수형이 겹친 땅이다. 그런데 행주형의 지세는 배의 형국에 따라 돛과 닻으로 보충하면 길한 지형이 되고 샘을 파면 불길한 땅이 되며 연화부수형은 자손이 영구히 번성하고 청사에 남을 유명 인사들이 나오는 형세라고 한다. 풍산 유씨들이 오기 전에 이곳에는 허씨와 안씨들이 마을을 이루고 살았으나 이들이 모두 번창하지 못했다.

연화부수형의 연꽃은 물 밖이나 물속에서 피지 않고 수면에 떠서 피는 꽃이므로 집터는 앞에 흐르는 강물의 수면 높이보다 높게 잡아도 좋지 않고 낮게 잡아도 효력이 없는데 허씨와 안씨들의 집터가 바로 이런 집터였다고 한다. 그리하여 결국 그들은 번창하지 못하고 객지로 나가게 되었고 풍산 유씨들만이 수면 위치에 집을 지어 유성룡과 같은 유명인사가 많이 나왔다고 한다. 집의 위치는 이렇게 까다로울 뿐만 아니라 그 구조도 제약이 많다.

작제건作帝建이 용궁에 용녀와 결혼을 하게 된 이야기

왕건의 할아버지인 작제건은 어려서부터 총명하고 용맹 하였으며 서예와 활쏘기에 뛰어났다. 오륙 세 되던 해 그는 어머니로 부터 자신의 아버지가 당나라 황제인 숙종이라는 사실을 듣게 되었다. 열여섯 살 때 아버지가 남겨 주고 간 활과 화살을 받아 들고 기뻐하며 이를 쏘니 백발백중이라 사람들이 모두 신궁이라 하였다.

아버지를 그리워하던 작제건은 마침 당나라의 사신으로 가게 된 신라 사람 김량정의 배에 타게 되었는데 바다 한복판에 이르자 구름과 안개가 자욱하여 배가 사흘 동안이나 움직이지 못하였다. 그 때 김량정의 꿈에 백발노인이 나타나 그대가 만약 고려인을 내려놓으면 순풍을 얻을 것이다. 라고 말했다. 이 말을 들은 작제건은 활과 화살을 들고 바다로 뛰어 내렸는데 다행이 바위 위에 떨어져 살 수 있었다.

그러자 안개가 걷히고 순풍이 불어 배는 나는 듯이 가버렸다.

얼마 지나지 않아 한 노인이 나타나 나는 서해의 용왕입니다 그런데 요사이 매일 저녁나절쯤 늙은 여우 한 미리가 부처의 형상을 하고 공중에서 내려와서 일월 성전을 운무 중에 늘어놓고 소라 나팔을 불고 북을 치면서 이 바위 위에 앉아서 경을 읽습니다. 그럴 때마다 나는 머리가 매우 아픕니다. 듣기로는 장군이 활을 잘 쏜다고 하니 원컨대 그 궁술로 나의 원을 들어 주십 시오 라고 하소연을 하였다.

저녁때가 되니 노인의 말대로 하늘에서 풍악 소리를 울리며 부처의 모양을 한 자가 나타났다. 그러나 작제건이 감히 활을 쏘지 못하자 노인이 다시 나타나 그것은 늙은 여우가 분명하니 의심하지 말고 쏘아라. 라고 재촉하였다. 이에 작제건이 화살을 날리자 과연 늙은 여우 한 마리가 떨어져 죽었다.

서해 용왕은 작제건을 용궁으로 데리고 가 은혜를 갚고자 하였다. 그대는 앞으로 당나라로 들어가서 천자인 아버지를 만나겠는가 아니면 칠보七寶를 가지고 동쪽 송악으로 돌아가서 어머니를 모시겠는가?

용왕의 물음에 작제건이 나의 소원은 동방의 임금이 되는 것입니다 라고 하자 용왕은 동방의 임금이 되려면 건建자가 붙은 이름으로 삼 대를 거쳐야 한다며 다른 소원을 들어 주겠다고 하였다. 작제건이 아직 왕이 될 때가 오지 않았음을 알고 주저하며 대답을 못하자 뒤에 있던 한 노파가 농 삼아 왜 그의 딸에게 장가를 들지 않는가 하는 것 이었다. 그제야 작제건은 뭔가를 깨닫고 용왕의 맏딸에게 장가를 들었다.

그가 칠보를 가지고 돌아가려고 하는데 부인인 용녀가 우리 아버지에게는 버드나무 지팡이와 돼지가 있는데 칠보 보다 귀중하니 그것을 달라고 해서 가지고 가도록 하세요. 하는 것이었다.

작제건은 부인이 시키는 대로 해서 칠보와 돼지를 얻어 가지고 돌아갔다.

작제건이 돌아오자 그가 서해 용왕의 딸에게 장가를 들었으니 실로 큰 경사라며 네 개와 주와강화 교동 하음 등 세현의 사람들이 모여 성을 쌓아 궁실을 지어 주었다.

그런데 일 년이 지나도록 데리고 온 돼지가 우리로 들어가려 하지 않았다. 하도 이상해서 풀어 놓았더니 돼지가 송악산 남쪽 기슭의 옛 강충의 거처에 자리를 잡는 것이 아닌가. 작제건은 그 곳에 새로 집을 짓고 영안성과 송악을 왕래 하며 삼십년을 살았다.

부인 용녀는 송악산의 새집 침실 밖에다 우물을 파고 그곳을 통해 서해 용궁을 드나들었는데 내가 용궁으로 돌아갈 때에는 절대로 보지 마세요. 만일 그리하지 않으면 다시는 돌아오지 못할 것입니다 라며 남편에게 늘 당부하였다.

고려 태조 왕건 조부 작제건作帝建 출생 이야기

    강충은 군의 향리가 되어 마가 갑을 거주지로 삼고 여기서 수천금의 재산을 모으고 두 아들을 낳아 막내를 보육이라 이름 지었다. 보육은 성품이 온화하며 매우 지혜로웠다.

    마가 갑에 암자를 짓고 중노릇을 하던 보육은 어느 날 송악에 올라 남쪽을 향해 오줌을 누었더니 삼한 천지가 오줌으로 넘쳐 은빛 바다가 되는 꿈을 꾸었다. 다음 날 보육이 형에게 꿈 이야기를 하자 형은 큰 인물이 날 꿈이라며 동생에게 딸 덕주를 주어 아내로 삼도록 하였다.

    이곳을 지나게 된 풍수지리학자 일행 선사는 반드시 당나라 황제가 나와 이 집안의 사위가 될 것이라 라는 말을 전했다. 보육은 뒤에 딸 둘을 낳았는데 막내를 진의라 하였다. 진의는 얼굴이 곱고 재주와 지혜가 뛰어났다. 어느 날 진의는 언니로부터 송악산 뒤쪽에 위치한 오관산 마루턱에 올라앉아 오줌을 누었더니 천학 온통 오줌으로 가득 차더라는 꿈 이야기를 듣고는 비단 치마를 주고 그 꿈을 샀다.

　마침 당나라 숙종이 황제에 오르기 전에 천하를 두루 유람하던 중 바다를 건너 예성강 서포에 이르게 되었다.

　그가 곡령에 올라 송악군을 보고는 이 땅은 장차 도읍지가 될 것이라고 하자 옆에 있던 시종이 여기가 바로 여덟 명의 신선이 사는 곳이라고 설명하였다.

　날이 저물어 숙종은 마가 갑 양자동의 보육의 집에서 묵게 되었는데 보육이 두 딸을 보고는 기뻐하며 해진 자기의 옷을 꿰매 달라고 하였다. 술사의 말이 거짓이 아님을 안 보육은 맏딸을 들여보내 시중을 들게 했으나 그녀는 문지방을 막 넘자마자 갑자기 코피가 터져 되돌아 나왔다. 하는 수 없이 동생 진의가 언니대신 들어가 잠자리를 같이 했는데 숙종이 한 달을 머무는 사이에 임신을 하였다.

　그러자 숙종은 만일 아들을 낳으면 전하라며 활과 화살을 주고 당나라로 돌아갔다. 뒤에 진의는 아들을 낳아 이름을 작제건 이라 하였다. 여기서 말한 작제건은 건 자 가 들어가는 이름 중 일대이다 물론 위의 신화가 사실이라고 믿기는 어렵다. 그러나 고려 왕씨의 시조인 호경이 송악산 산신과 대왕으로 모셔졌다는 것 그리고 그의 자손인 보육의 딸 진의가 당나라 숙종의 은혜를 받아 작제건을 낳았다는 이야기는 왕실의 권위를 드높이는 역할을 톡톡히 해냈다.

　고려 왕실의 시조와 왕건의 탄생 과정이 풍수와 밀접한 관련을 맺고 있음을 말해주는 이런 기록들은 풍수지리의 본질을 그대로 보여 주는 것이라 이 중에서 보다 흥미로운 것은 풍수지리에 능통한 신라의 팔원이라는 사람이 강충에게 송악산에 소나무를 심어 암석이 드러나지 않게 하면 삼한을 통일할 자가 태어날 것이라고 예언한 일이다. 팔원의 예언대로 그의 후손인 왕건이 삼한을 통일하여 고려를 세웠기 때문이다. 여기서 말하는 산 남쪽을 송악의 남쪽 기슭인 송도면 일대를 일컫는다. 그곳은 산수의 어우러짐이 빼어나 소위 풍수에 말하는 청룡 백호 주작 현무 사신사가 완비된 전형적인 명당이다.

풍수도참의 원조라 할 수 있는 도선 국사도 송악 명당기에서 만월형彎月形의 길지라고 말하고 있다.

이제 이러한 신화들을 통해 세조 융건이 왕건을 낳아 왕업을 열게 된 과정을 자세히 다음호에 알아보고자 한다.

아들 3형제 죽고 유복자가
큰 인물 된 이야기

　조선 중엽 안동시 풍천면 신성리 속칭 남성계에 살던 홍진사 집에는 아들 3형제가 있었다. 큰 아들과 둘째 아들은 이미 장가를 들어 고운 자부들을 보았으나 아직 손자들은 없었다. 이제 막내아들의 장가들 일에 집안 대소가에서 마땅한 규수감을 구하는 일로 분주했다.

　그런데 그보다 더 큰 일이 일어났으니 홍진사가 병으로 시름시름 앓다가 그만 세상을 떠난 것이다. 장례를 치루기 위해 지관을 모셔왔다.

　그런데 지관은 묘터를 잡기 전에 상제들 앞에서 매우 난처해 하는 것이었다. 아들들은 무슨 연유인지 거리낌없이 밝혀 달라고 요청했다. 지관은 만약 장례를 치루게 되면 3년 이내로 아들 3형제는 죽을 것이오. 그러나 후세에는 반드시 큰 인물이 나오리다 고 하였다. 이 말에 홍진사 댁은 발칵 뒤집혔다. 과연 장례를 치뤄야 하느냐 치루지 말아야 하느냐에 의견이 분분했다. 맏이와 둘째 아들은 후대를 이을 아들이 하나도 없이 모두 죽으면 어떻게 하느냐고 장례를 치루지 말자고 우겼고 막내는 아버님의 유택을 마련하지 못함은 불효막심하니 어찌 장례를 치루지 않고 시체를 그냥 둘 수 있느냐고 막무가내로 우겼다. 결국은 막내아들의 의견대로 장례를 치루게 되어 지관이 정한 자리에 무덤을 썼다. 1년 후 소상 때 모인 마을사람들은 그때까지 아무런 변고가 없는 홍진사댁을 보고 지관이 거짓말을 했는가 의아해 했다.

그런데 바로 그날 맏아들이 원인모를 병으로 급사하고 말았다.

그 후 대상 땐 둘째아들이 역시 원인모를 병으로 죽었는데 슬하에는 모두 자녀가 없었다.

지관의 말대로 2년 만에 남편들이 죽고 청상과부가 된 두 며느리는 신세타령을 하면서 시동생을 이 집을 떠나라고 했다. 집을 떠난 청년은 신분을 감추고 문전걸식을 하면서 지내던 중 요행이 큰 대감댁 하인으로 일하게 되었다.

그 하인은 어딘지 품위가 있었고 태도와 예의범절에도 다른 하인들과는 달리 밤늦도록 글을 읽기도 하여 주인은 그를 심상치 않게 주시하였다. 그 때 마침 그 댁에는 과년한 딸이 있었는데 청년의 남다름을 보고 남몰래 사모하게 되었다.

홀로 그리워하던 중 가을밤은 깊었는데 청년에 대한 사모의 정이 샘솟듯이 더해갔다. 대감의 딸은 음식상을 차려들고 하인의 방을 찾아갔다. 하인은 주인의 딸이 찾아온 것을 꾸짖었으나 마음은 서로 사모하고 있었던지라 음식과 술을 나누며 정을 맺게 되었다. 물론 하인은 왜 자신이 이렇게 살고 있는지 그 자초지종을 처녀에게 자세히 얘기했다.

새벽녘이 되어 지난 밤의 따뜻한 정에 아직도 가슴이 뛰던 대감의 딸은 청년에게 혼례에 대한 말을 하였는데 아무 반응이 없자 흔들어 보니 청년은 피를 토하고 죽어갔다. 청천벽력 같은 변을 당한 주인은 남몰래 시신을 수습하여 딸로 하여금 경상도 안동으로 내려가게 했다.

한편 시동생을 보낸 두 과부는 오직 시동생이 성공하여 돌아오기만을 기다렸다가 객사하여 돌아온 시동생 운구를 보고 까무러치듯 놀랐다.

홍진사의 묘소 아래로 3형제를 나란히 장사지낸 뒤에 막내며느리가 그날 밤으로 태기를 얻어 세 쌍둥이의 아들을 낳았다. 막내며느리는 꿈에서 아버지로부터 세 사람이 그 아들을 하나씩 맡아 기르도록 현몽을 받음으로서 세 청상과부가 길러 모두 기계가 뛰어나고 학문과 재주가 비상하여 현감 경상감사를 역임한 후에 일생을 조상이 묻힌 땅에서 번창하게 살았다고 한다.

풍수지리는 모든 종교를 초월한다.
윤보선 전 대통령 조상 묘 이야기

윤보선 전 대통령 가문에 전해지는 이야기에는 굶주려 쓰러져 있는 중을 구해주고 그 보답으로 명당을 잡아 주었다는 이야기는 풍수 설화에 오래 전부터 등장하는 소재이다.

흉년이 들었던 어느 해 이야기다. 하루는 윤보선 5대조 할아버지 댁 하인들이 길을 가다가 정신을 잃고 널부러져 있는 중 하나를 보게 되었다고 한다. 근데 그 모습이 하도 참혹하여 하인들은 이 참상을 어른께 고하였다. 중이란 본시 깊은 산골 절간에서 수행하는 사람들이니 시주 하는 사람들이 있어야 연명 할 수 있지 않은가. 그러나 그때는 흉년이 들어 시주하는 사람도 없고 양식도 떨어지고 거기다 병까지 얻어 혼자 어쩌지 못하다가 산에서 내려왔던 것이다.

이 말을 들은 5대조 할아버지께서는 즉시 그 중을 집으로 데려오게 하여 먹이고 약도 쓰고 하면서 그를 정성으로 돌봐주었다.

마침내, 그 중은 건강을 회복하여 절로 돌아가게 되었다. 그러나 중은 가진 것이 없어 은혜를 갚을 길이 없었다. 중은 생각 끝에 자기가 산세를 좀 아니까 묏자리 하나 봐드리고 싶다 했다. 그리고는 사람을 데리고 이산 저산을 다니다가 지금 산소가 있는 곳을 묏자리로 지명해 주었다.

그런데 그때 당시 산 임자는 이순신 장군 집안으로 되어 있었다고 한다. 그 땅은 사패지지賜牌之地로서 나라에서 이순신 장군에게 하사한 땅들이라는 것이다. 그러니 남의 땅에다 묏자리를 물색해 준 것이었다.

그러나 중은 이 명당자리에 산소를 정하려면 한 가지 꼭 지킬 것이 있다며 이런 말을 했다고 한다. 5대조 할아버지가 별세하면 일단 이순신 장군 산소 앞에 밀 매장을 하고 발각이 되면 부모님이 돌아가셨는데 어디 모실만한 곳이 없어 죽을죄를 지었다고 사죄하고 사람들이 보지 못할 산속에다 모시겠다고 하고 지금 그 명당자리에 모시라고 했다는 것이다. 지금도 깊지만 그때는 전혀 길도 없고 완전히 숲으로 덮여 있을 때였다고 한다. 좌우간 정확한 얘기는 알 수 없으나 산소를 여러 해 지킨 한 씨 노인은 이 어른 산소는 눈이 왔다 하면 제일 먼저 녹는다고 입버릇처럼 말했다고 한다. 그런 산세에 대한 이치는 모르지만 좌우간 이곳이 한적하고 양지 바른 곳이며 눈이 제일 먼저 녹을 만큼 정남향인 곳이라고 말을 한 이는 윤보선 전 대통령 영부인 공덕귀 여사 자서전에 있는 내용들이다.

이러한 풍수관은 조선조에 암장暗葬 투장偸葬 평장平葬 의분擬墳 늑장勒葬 등 다양한 불법 매장을 하였다.

암장暗葬이란 남의 땅에 몰래 매장하는 것이며, 투장偸葬이란 이미 잡아 놓은 남의 명당에 암장하는 것이며, 평장平葬이란 타인의 산에다가 암장을 하고 봉분을 만들지 않는 것이며 의분擬墳이란 묘 쓸 자리에 묘를 만들어 고총처럼 보이게 했다가 후에 매장하는 것이며 늑장勒葬이란 남의 명당 묘지를 권력을 동원해 강제로 빼앗는 것을 말한다.

그 밖에도 이미 명당을 차지하고 있는 유골 바꿔치기 명당의 기존 유골과 섞어버리기 등 명당을 차지하기 위해 다양한 방법을 동원한다.

윤보선 대통령 조상의 경우 암장 과 평장의 방법을 통해 먼저 묘를 쓰고 나중에 봉분을 서서히 만들어 나가는 방법을 썼다. 어느 정도 세월이 흐른 후 조금씩 봉분을 만들어가고 그 다음에 산 주인의 가문에 돈을 주고 사들였다.

암행어사 박문수가 직접 잡은 신후지지 장군대좌 형국

　　박문수(1691~1756, 숙종 17~영조32)는 8세에 부친이 세상을 떠나 외가에서 공부를 하는 등 어려운 환경 속에서 공부를 하여 33세에 과거 급제를 한 실력자로 조선 정조 때 암행어사 직책을 수행 하면서 숱한 일화와 행적을 남긴 인물이다.

　　암행어사의 대명사격인 박문수는 경학뿐만 아니라 풍수지리에도 대단한 실력자였는데 암행어 사로서의 신분과 활약상으로 풍수지리의 실력이 가려져 있었을 뿐이다. 박문수 어사가 강원도 오대산에 있는 상원사 적멸보궁을 찾아가 구경을 하고 감탄을 하면서 이렇게 좋은 명당에 부처님의 진신 사리를 모셔 놓았으니 중이 기와집에서 놀고먹는 이유를 알겠다고 말한 이야기를 미루어 생각하면 박문수 어사는 풍수지리학에도 상당한 실력이 있었을 것으로 추측되며, 또 자신의 신후지지를 생전에 미리 잡아 둔 명당자리에 묻혔다.

그러면 박문수 어사 자신이 명당자리를 직접 잡았다고 하는 박어사 묘소를 찾아가 보았다. 충청남도 천안시 북면과 병천면 경계에 있는 은석산銀石山 정상 바로 아래에 박문수의 묘가 있는데 풍수지리를 연구하는 풍수지리가의 명당 답산의 발길이 끊이지 않고 이어지고 있는 곳이다. 특히 이곳은 풍수지리를 전수하여 제자의 실력이 어느 정도에 도달했다고 판단되면 박문수 묘를 찾아가서 풍수지리상 형국을 제대로 알아맞히면 제자의 풍수지리 실력을 인정해 주는 최종 시험 장소로 잘 알려져 있다.

박문수의 묘가 특이하게 위치가 높고, 형국과 재혈을 파악하는데 난이도가 높은 자리라는 것을 강조하기 위한 말도 되지만 박문수 묘는 명당이면서 일반적인 명당과는 다른 점이 있다.

은석사는 신라시대 원효대사가 지은 절로 처음에는 규모가 컸으나 지금은 보광전 건물만 외롭게 지키고 있는데 조선 시대에는 불자佛者보다는 시인詩人 묵객들이 즐겨 찾아와 쉬어가는 곳이었다.

풍수지리적으로 보면 은석사 주변의 산이 높낮이가 서로 비슷하여 이런 곳은 누가 와서 살더라도 산의 단순함에 무료함을 이기지 못하고 잠시 머물다가 떠나는 터가 되기 때문에 절 관리가 제대로 안되고 겨우 명맥만 이어가는 정도의 절이 되는 운명이다.

풍수지리는 이렇게 자연을 있는 그대로 더도 덜도 없이 자연스럽게 보면 되는 것이고 풍수지리에 대한 안목이란 안만큼 느끼고 느낀 만큼 아는 것이다. 바꾸어 말하자면 자의적으로 해석을 하여 자연을 과대 또는 과소 평가하거나 불필요한 의미를 부여하면 안 된다는 말이다. 은석사를 뒤로 하고 10여분 정도 가파른 경사길을 올라가면 박문수의 묘가 나온다. 이렇게 높은 곳에도 명당이 있을까? 하는 의구심이 든다. 박문수 묘에서 주변의 산을 바라보면 똑같은 산인데도 조금 아래에 있는 은석사에서 바라보았던 산세와는 분위기가 전혀 다르다.

    묘에서 앞쪽을 바라보면 은석사와는 달리 천안시 병천면이 시원스럽게 보이고 묘를 중심으로 좌청룡과 우백호 그리고 후현무로 빈틈이 없이 꽉 싸여 있는 모습이다. 이묘의 물형은 장군대좌 형국의 명당으로 장군이 부장들과 같이 군사 회의를 하는 모습이다. 묘 앞 양쪽에 위엄을 부리지 않고 편안한 얼굴을 하고 서있는 장군석 1쌍은 예술적 가치가 뛰어나게 보인다. 박문수 어사는 문관인데도 묘소에 문인석은 세우지 않고 무인석만 세워져 있다.

이율곡 선생의 다섯 살 되던 해 굴밤나무가 나도 밤나무요… 놀란 호랑이가 도망간 이야기

　인천에 있던 율곡 선생의 아버지가 여가를 틈타서 본가로 오던 중 평창군 대화면 반정에 이르렀을 때 날은 저물고 피로에 지쳐 하루 밤을 쉬어 가려고 길가의 주막집에 여장을 풀었다.

　그날 밤 일찍이 혼자 몸이 되어 주막을 경영하던 주모의 꿈에 용龍이 가슴 가득히 안겨 오므로 이상한 일인지라 홀연히 꿈을 깨고 일어나 앉아 곰곰이 생각하게 되었다.

　주모는 이 일은 틀림없이 잉태할 꿈이며 비범한 인물을 하늘이 점지해 준 것이라고 생각하니 지식을 얻을 기회가 이제 왔구나 하였다. 주모는 자신의 처지를 돌이켜 보니 혼자의 몸인지라 그날 밤 만날 수 있는 사람은 주막에 묵고 있는 이원수공 뿐이라 여러모로 심사숙고한 끝에 그분은 예사 사람이 아니므로 여자의 수치심도 잊어 버리고 그 방에 들어가 손님 저를 물리치지 마십시오 하니 놀란 이원수공은 이 무슨 해괴한 짓이요. 내 그대를 행실 바른 여인으로 알고 묵으려 했는데 이러면 되겠소 하고 달래니 손님 제발 아무 말씀 마시고 하루밤만 인연이 되게 하여 주십시오 하고 애걸 했지만 원수공이 완강히 뿌리치는 지라 뜻을 이루지 못하였다.

그 무렵 율곡 선생의 어머니 사임당 신씨는 강릉 오죽헌 언니집에 머물러 있었다. 역시 하루밤 꿈에 용龍이 가슴 가득히 안겨오는 꿈을 꾸고 나서 즉시 귀가 하려고 하였다. 언니는 며칠 더 머무르기를 간곡히 권했으나 사임당 신씨는 이를 뿌리치고 그날로 100여리 길을 걸어서 집에 돌아와 있던 중 마침 원수공이 도착하였다.

신씨는 오랜만에 만난 남편을 대하면서 반기기는 고사하고 말도없이 표정도 묵묵히 대하였다. 이때 부인의 성품이 남다름을 잘 알고 있으므로 원수공 역시 아무 말없이 그날 밤 잠자리를 같이 하였는데 율곡 선생이 잉태하게 되었다. 그 후 9개월 만에 강릉 오죽헌으로 이사하여 율곡을 낳았다.

이원수공이 그 주막을 들으니 주모가 댁에서는 귀한 아들을 얻게 될 것입니다. 그러나 아기는 틀림없이 인시寅時에 낳을 것이니 다섯달을 넘기지 못하고 호랑이한테 해를 입을 것입니다. 이원수공이 당황하여 그것이 무슨 말이요 그 말이 사실이라면 앞일을 예견하는 당신은 그 화를 막을 수 있는 방법도 알 것이니 제발 묘법을 가르쳐 주시오 하고 간절히 말했다.

그러자 주모가 잠시 깊은 생각에 잠기는 듯 하더니 그러면 돌아가 사람을 천명 살리는 셈치고 밤나무 천 그루를 심으시오 그랬다가 다섯 살 되는 해 아무 달 아무 날에 금강산에서 어떤 늙은 중이 와서 아기를 데려가겠다고 하면 아기는 절대로 보이지 말고 나도 덕德을 쌓은 사람이니 아기를 함부로 데리고 갈 수 없다고 버티시고 덕을 쌓은 정을 보자고 하거든 밤나무 천그루를 보여 주십시오 그렇게 하면 화禍를 면할 수 있을 것이라고 하였다.

아닌게 아니라 다섯 살 되던 그 해 주모가 말한대로 금강산의 늙은 중이 와서 아이를 데려 가겠다 하였다. 이원수공은 놀라면서 나도 덕을 쌓은 사람이니 우리 아들을 데려가지 못하이다 하자 승려는 그러면 덕을 쌓은 것을 보자고 하자 원수공이 노축산에 밤나무 천 그루를 심었습니다 라고 하니 그렇다면 보여 주십시오 했다. 밤나무를 세는데 천 그루에서 한 그루가 모자라자 늙은 승려는 아이를 데려가겠다고 하자 뒤에 서 있는 굴밤 나무가 나도 밤나무요 하자 늙은 승려는 큰 호랑이로 둔갑하여 도망갔다고 한다.

풍수지관이 명당 못 차지하는 이야기

둔갑한 여우와 밀애에 빠진 소년 이의신은 인조 때 사람으로 명나라 주부의 벼슬을 했다는 기록이 있다.

서당에 다니던 이의신이 시름시름 앓고 늘 기분이 우울했다. 훈장이 사연을 알아보니 둔갑한 여우인 묘령의 미성과 밀애 중이었다. 훈장은 여우가 변한 이치를 일러주고 다시 만나 키스를 할 때 입속의 구슬을 뺏어 도망치라고 단단히 일렀다. 이의신은 훈장이 시킨 대로 정신없이 구슬을 입에 물고 달려오다 서당 마당의 디딤돌에 넘어졌다.

그 바람에 구슬이 목구멍으로 넘어가고 이의신은 얼굴을 땅바닥에 파묻은 채 정신을 잃었다. 물론 늙은 여우의 구슬픈 소리가 밤하늘에 길게 울려 퍼진 것은 말할 것도 없다.

그런데 훈장도 의기소침한 몰골로 마을을 떠나면서 한마디 중얼 거렸다. "아 아깝다. 하늘을볼 일이지 땅을 볼게 뭐람. 여의주가 지관 하나를 만들고 말다니 슬픈 일이로다. 그러나 세상은 명 지관을 하나 얻었다고 기뻐할 것이로다."

물론 이의신은 명지관이 되었다. 그런데 어머니가 죽자 명지관인 이의신은 명지관 답지 않게 엉뚱하기만 했다. 어머니 장지라고 잡은 묏자리는 더러운 물이 찔끔거리는 천하의 몹쓸 땅이었다. 사람들이 어찌된 일이냐고 묻자 그는 "어머니가 자식에 대한 도리를 다 못했으니 이만하면 걸맞다"고 말했다.

사람들은 이의신을 가리켜 그 학문이 아까운 천하의 불효자식이라고 손가락질 했다.

그 후 3년이 지나자 갑자기 나타난 이의신은 그 모친의 묘지 이장을 서둘렀다. 이번에는 그 자리가 딱딱해 누워 있기가 고생스러운 자리를 잡아 놓고는 어머니의 대한 자기의 원한을 한 겹 더 풀 것이라고 말했다.

막상 묘지 이장하는 날이 되자 이의신의 태도는 말과 달리 아주 정중하고 진지했다. 삽질 한번 곡괭이질 한번에도 신중을 기했다. 이제 곧 천관을 해야 할 차례였다. 이 때 한 초립동이 나타나 이의신 앞에 정중히 말하기를 "지금 사또께서 여기를 지나시다가 높으신 선생님이 그 모친의 장지를 닦고 계시는데 한번 뵙고 가르침을 받았으면 한다고 정중히 여쭙고 오라고 하옵니다." 라고 하였다. 이 말을 들은 이의신은 묘지 이장하는 인부들에게 이제 곧 양반이 나올 것인즉 연장을 조심해서 쓰고 암반아 보이면 나를 기다려 천관하라고 이르고 초립동을 따라 얼마를 가지 않았을 때였다. 분명히 앞에서 걸어가던 초립동이 보이지를 않는 것이 아닌가? 삽시간에 질린 얼굴이 된 이의산이 뒤돌아 장지에 이르는 순간이었다. 한 인부의 곡괭이가 땅에 닿는가 했더니 펑하며 그 자리에서 안개가 피어오르고 안개 속에서 한 마리의 새가 날개를 치며 날아가 버렸다.

"허사로다 하늘이 내 일을 막으니 사람의 지혜로 어찌 하늘의 이치를 당할 것인가?" 이의신은 탄식한 뒤 서둘러 묘지 이장을 마치라고 인부들에게 이르고 사라졌다. 이 자리는 왕이 나올 명당 자리였으나 하늘이 말려 그 같은 변괴가 있었다는 이야기 이다.

아무리 명지관이라도 다 사람팔자와 땅 팔자가 맞아야 하고 지관들이 명당을 못 쓰는 이유도 이러한 연유라고 한다.

경북 안동 임하면 천정동 의성김씨 종가댁 육부자등과지처

우리 조상들은 풍수지리학을 지금의 첨단 과학만큼이나 신봉해 있다. 경북 안동시 임하면 천 정동 산 밑에 의성김씨 종가 댁은 6부자 등과지처로 알려져 있다.

삼남(三南=충청도, 전라도, 경상도)의 4대 길지吉地의 하나로 알려진 이 집은 의성김씨의 종가댁으로 이곳에 집을 지어 살았는데 그의 아들 5명이 모두 대과와 소과 등에 급제하고 그 자신도 벼슬을 했다고 해서 육부자등과지처六父子登科之處로 알려진 곳이다.

이렇게 자손이 등과하는 명당도 지기地氣가 소멸되면 쓸데없다고 생각하여 후손에게 다음 명당터를 잡아주는 것 또한 잊지 않았다.

대청에서 볼 때 담 밖으로 지나가는 사람들의 갓 끝이 보이거든 땅의 정기가 다 된 증좌이니 다른 곳으로 이사하라는 말을 따른 것이다. 그래서 강원도 명주군 구정면 금광리에 집터를 마련해 주었다. 그런데 근래에 안동집 앞쪽에 국도가 생기고 통행이 빈번해지는 등 큰 변화가 일어나고 있어 중흥군의 예언이 맞았다고 생각하고 있다. 흥미 있는 것은 땅의 정기 즉 생기 가 있는 방이 있다고 생각하여 그 방에서만 아이를 출산하는 관습이다. 이른바 산방産房으로 대소과에 급제한 아들 다섯을 이 방에서 순산한 것은 두말 할 필요가 없다. 이런 명당의 산방産房도 출가외인인 딸들에게 그 특혜를 줄 수가 없었다. 주면 뺏긴다고 생각한 것이다. 영천의 영일정씨네로 시집간 딸이 산기가 있어 친정으로 왔다 이 방에서 첫째와 둘째 아들을 낳았다. 그 아버지는 남의 가문에 출가한 딸이 이 방에서 아들을 낳아 가면 자기 집의 지기를 잃게 됐다 고 믿었다. 그래도 그 방이 있는 한 어쩔 수 없이 출산시킬 수 밖에 없으니 아예 그 산방을 없애버리고 마루를 깔아 대청의 일부로 만들어 버렸다. 그 다음 산기가 있어 관습대로 친정에 온 딸은 셋째 아들을 다른 방에서 낳을 수 밖에 없었다.

　그 결과 예상대로 산방에서 출산한 첫째와 둘째는 대과급제하여 부귀를 누린데 비해 다른 방에서 낳은 셋째 아들은 아주 평범하게 살았다고 한다.

　의성 김씨 종가의 산방産房은 집안의 며느리는 물론 시집간 딸도 그 방에서 출산만 하면 영재를 얻는 길한 방이었다. 그런데 시집간 딸에게만 영험이 있다는 별난 집도 있다. 안동시 이씨 가문의 집인 임청각臨淸閣이 바로 그 집이다. 99칸이나 되는 이 대갓집의 평면도가 한문의 용用

자 모양이어서 용자 형국 양택으로 더 유명한 집이다. 용用자 형은 태양의 기氣를 받는다는 일日자 형국과 달의 기가 있다는 월月자 모양이 합쳐져 일월日月의 기가 있는 것으로 해 안동의 임청각은 동쪽에서 보았을 때 두 개의 대문이 있고 내부에 정사각형의 뜰이 네 곳에 배치되어 용用자 모양을 이루고 있다.

원래 이집은 동쪽과 서쪽에만 문을 내고 남쪽에는 문 없이 담을 쳐두었다. 그런데 지나가던 중이 남쪽에 작은 문을 내면 도적을 예방 할 것이라고 일러주었다. 그래서 생긴 것이 퇴도문退盜門이라 이 외에도 삼정승을 낳을 것이라는 삼상산실三相産室과 무병장수를 기원하는 불사간不死間도 있다.

문제는 이 집의 동북쪽에 있는 삼상산실인 영실이다. 상주군 낙동면의 류柳씨 집안으로 시집간 딸이 해산을 위해 친정으로 왔는데 그 딸이 영실에서 아이를 낳았다. 영의정 유심춘柳尋春이다.

열두 개의 둘레석으로 묘를 치장하고
웅덩이를 메운 이야기

한겨울에 산에 나무를 하러 갔던 총각은 나무짐 대신 노승을 지게에 지고 비지땀을 흘리며 집으로 모셔왔다. 뜨거운 물을 끓이고 지극정성으로 간병하니 사흘 만에 정신을 수습한 것이다.

노승은 깨어나자 우선 그 말부터 하였다. 스님은 총각에게 어떤 수를 써서건 벼슬 자리를 마련해 줄 터이니 해자가 들어 있는 고장에 부임하면 천냥의 돈을 주겠느냐 물었다. 이 총각은 호언장담했다.

그렇게만 된다면 어찌 천냥 뿐이겠습니까. 내 스님과의 약조는 반드시 지키겠습니다.

좋습니다. 그러시다면 약조 하십시오. 이 총각은 천지신명께 맹세했다. 다음날부터 노승은 길지를 찾아 이 총각의 어머니를 묘지 이장했다. 노승은 떠나면서 다시 한번 소승과의 약속은 부처님에게 하신 것입니다 하고 집을 떠난지 10년이 지났다. 과연 노승의 말대로 이 총각은 황해도 해주 감영의 감사로 부임했다. 감영의 잡다한 일을 마무리 지었을 때에 사환이 전갈을 가져왔다.

"사또 노승 한분이 찾아오셨습니다."

"어디서 왔더냐 10년 전의 약속 때문이랍니다." 이 감사는 어서 안으로 모셔 들이라고 채근했다. 노승이 들어오자 그동안 어찌 지냈는가를 묻고 좋은 음식으로 대접했다.

그러나 10년 전에 약속했던 천 냥의 돈을 지불할 생각은 전혀 없어 보였다. 사또께선 소승에게 천 냥을 주셔야죠. 하하하 천 냥이라 이보시오 스님이 돈이라는 것은 일반 사가에서나 필요한 것이지 어찌 사문에 든 스님께서 필요 하십니까 하며 이 감사는 열 냥의 동전을 꿴 꾸러미를 던져 주었다. 가시다가 요기나 하십시오.

뜬 구름처럼 떠돌아다니는 몸이 굳이 돈이 필요하시겠습니까. 사또께서는 이 열 냥이나마 아끼십시오. 노승은 열 냥의 돈을 방에 놓아둔 채 산사로 돌아왔다. 어릴 적부터 노승을 모셨던 상좌승은 몹시 분개했다. 스님께서 말씀하시기를 천 냥은 부처님과의 약속이라 하셨는데도 지키지 않았으니 이 감사는 벌을 받아야 마땅하다고 말하였다.

이 감사는 고향 산천에 모신 어머니 생각이 절로 났다. 얼마 후 이 감사가 고향에 돌아와 어머니 무덤을 돌아볼 때였다. 때마침 그 곳을 지나던 젊은 스님이 시주를 청했다.

혹여 스님께선 풍수를 아시오. 산에 들어와 배운 것은 줄곧 풍수공부한 것 뿐이오. 아 그렇다면 잘 되었소 이곳은 나의 모친이 누워 계신 곳이요. 묘자리 어떤지 좀 봐주시오. 이 감사가 이렇게 말한 것은 노승을 홀대하고 난 다음날부터 마음 자리가 불편하였다.

그러다 보나 덜컥 의심났다. 혹여 노승이 뫼 자리에 이상한 것이나 짓이나 하지 않았는가 싶었다.

젊은 스님은 잠시 뫼자리를 보고나서 안타깝다는 듯 혀를 찾다. 정말 아깝습니다.

정승 날 지리오. 한데 누군가가 이상한 일을 저질렀군요. 저 산 밑에 웅덩이를 파서 뫼자리의 기운氣運을 약하게 했습니다. 그러니 감사 밖에 할 수 없습니다. 지금이라도 손을 쓴다면 아직 늦진 않았습니다. 묘주변墓周邊에 열두 동물의 석물을 설치하고 저쪽 산 밑에 있는 웅덩이를 메우면 괜찮을 것 입니다.

감사는 스님의 말대로 열두 동물의 둘레석으로 묘를 치장을 하고 웅덩이를 메꿔 버렸다. 이로부터 다섯 달 후 이 감사는 원인 모를 병으로 신음하다가 죽고 말았다. 많은 사람이 괴이하게 생각한 이 감사의 변고는 바로 묏자리에 있었다.

그 곳은 금사복지형金蛇伏地形이니 뱀이 웅크리고 있는 형상인데 뱀 집에 해당하는 연못을 메우고 돌로 머리를 눌렀으니 오갈 곳 없는 뱀이 죽고 만 것이다.

큰 명당에 신분이 낮으면 관위官位를 추증하여 매장장사를 해야 한다

가난한 유생 선비가 서너 발짝 앞에 토막 난 고목나무 위로 많은 개미들이 이동하고 있는 것을 보았다.

갑자기 물이 불어난 탓에 고목 안에 있던 개미들이 아무래도 모두 떠내려가겠는 걸, 물에 빠져 허둥대는 개미들을 마른 땅에 옮겨주고 마 선비는 자리에서 일어났다. 여전히 빗발은 거세게 몰아치고 있었다. 바람에 벗겨지려는 우산을 거머잡은 채 겨우 집 앞에 이르렀을 때였다. 이보시오 날 좀 도와주시오. 노승이었다. 회색빛 승포 자락을 흥건히 물에 젖었고 물기를 머금은 바랑은 천근처럼 무게를 안겨준 모양이었다. 겨우 말 몇 마디를 하고 흙벽에 기댄 노승을 안방에 옮기고 군불을 때어 온기를 돋우었다. 노승은 그제야 집안 살림을 살피는 듯 방 안을 돌아보았다. 가재도구라곤 농과 책장과 책상 위에 서책들이 쌓여 있었다.

글은 마음을 부하게 한다고 진종 황제의 권학문에 그런 내용이 있지

요. 논밭을 사는 것보다는 책을 많이 읽어 입신출세를 하는 것이 바람직하다는 말이지요. 그러나 그것이 말처럼 쉽지가 않아 어려운 일을 겪게 되는 것이지요. 나무 관세음보살. 노승은 지그시 눈을 감은 채로 상대의 관상을 보더니 가볍게 손바닥을 두드렸다. 아하, 선비님께서는 많은 생명을 살리시면 액운이 멀리 떠남이니라. 마 선비는 물에 떠내려가던 개미떼들을 구해준 일을 조심스럽게 털어 놓았다. 하찮은 미물이라지만 그 역시 생명 있는 것 어찌 신험이 내리지 않겠습니까. 마침 그런 일이 있으니 더욱 잘 됐습니다.

노승은 두어 번 허드레 기침을 하고 나서 목소리를 한껏 낮추었다. 저 산허리에 가면 하얀 돌 네 개가 놓인 장소가 나타날 것입니다. 그곳은 천하에 둘도 없는 좋은 땅입니다, 앞으로 닷새가 지나면 비가 그칠 것이니 그곳으로 돌아가신 선비님의 부친을 묘지 이장하십시오. 아시겠지요.

노승은 다음 날 마 선비의 짚신까지 얻어 신고 제 절로 돌아갔다.

마 선비는 노승의 말씀대로 아버지 묘를 묘지 이장을 하고 한 달이 지난 뒤 아버지 산소에 성묘를 가서 보니 아버지의 주검이 봉분 밖으로 드러나 있었다. 이 무슨 해괴한 일인가 하고 마 선비는 정성을 다해 무덤을 다시 만들었다. 그리고 얼마 후 다시 무덤을 찾아보니 예전의 변괴가 다시 일어났다. 또다시 부친의 주검이 봉분 밖으로 삐져나온 것이다. 마 선비는 급히 노승이 머문다는 산사를 찾아갔다. 그러나 노승은 보이지 않고 나이 스물쯤 되어 보이는 행자 승이 무심한 눈길로 마 선비를 맞이했다. 노스님을 어찌 찾으십니까. 행자승의 목소리는 여전히 건조했다.

노스님께서 시생에게 좋은 땅을 일러 주셨는데 변괴가 일어나 찾아뵈었습니다.

행자승의 눈빛이 정겹게 빛을 뿜었다. 아 그러고 보니 마 선비님이시군요. 그렇잖아도 노스님께서 길을 떠나실 때에 그런 말씀이 있으셨습니다. 오늘쯤 선친의 무덤에 변괴가 있어 찾아오실 것이라고 하셨습니다.

행자승의 낯빛은 더욱 부드러워졌다. 마 선비님의 선친이 묻힌 그 자리는 大座 큰 명당의 땅이지요. 그러므로 신분이 낮은 사람을 묻으면 땅이 땅 밖으로 뽑아냅니다. 마 선비님의 선친은 신분이 낮은 분이셨기 때문에 산신이 몹시 노여워 한 것입니다. 그렇다면 어찌해야 합니까. 돌아가신 분의 신분에 대해 관위벼슬를 추종하여야 합니다. 마 선비는 집에 돌아와 금관 을 넣고 명정에 벼슬 이름을 써서 다시 장사 하였다. 그 후 다시는 주검이 바깥으로 나오는 일이 없어졌다.

묘지 이장移葬은 이렇게 하며 옛날에도 이렇게 하였다

　묘지 이장 천분 개장 면례라고도 하며 이미 쓴 묘를 부득한 사정으로 딴 곳으로 옮겨 쓰는 것을 말함. 현대에서는 국토개발의 차원에서 타의에 의해서 묘지 이장을 아니 할 수 없는 경우라든지 기타 가정의 사정으로 묘지 이장의 예가 흔히들 발생한다.

① 묘지 이장 시에는 묘지 이장을 하는 주인공의 연운과 택일 시 택시를 잘 해야 한다.

② 묘지 이장하려면 먼저 산신제를 올려야 한다.

③ 만약 선영이 있으면 맨 먼저 선영에게 제를 올려야 한다.

④ 구묘에 반드시 제물을 진설하고 제를 지내야 한다.

⑤ 산신제는 다른 사람에게 올리도록 한다. 그리고 묘지 이장 시에는

묘지 이장을 하기 위해 묘 봉분을 파묘 후 유골은 후손들이 이물질을 제거하기 위한 솔과 탈지면 소독수나 소주로 깨끗이 닦아서 모시되 유골의 위치와 순서에 오류가 범하지 않도록 세심한 주의와 정성을 다하여 정돈된 유골은 세상 바람을 다시 맞는다는 뜻에서 하룻밤을 후손과 같이 보내고 다음 날 모시는 관행이 바람직하나 근래에 와서는 시간적인 이유와 변모하는 시류에 따라 파묘 당일에 옮겨 모시는 것이 당연한 것으로 되어 있다. 이 모두는 각자의 사정에 따라 진행하되 유골을 깨끗이 닦아서 모시는 것은 정성을 다해야 할 것이다. 모든 자손들이 직접 닦아서 조상의 유골을 정돈함은 조상에 대한 경건한 마음과 친근감이 다시금 새로워 질 것이다.

옛날에는 묘지 이장을 이렇게 하였다.
① 이상시 천광을 판 후 마포를 바닥에 깔고 체백을 안치하여 초상 때와 같이 두상을 흙으로 고정시키고 마포로 덮은 후 명정을 펴고 천개를 토와로 덮고 점토까지 매립한 후 생석회를 흙과 혼합하여 골고루 더은 후 봉분을 만든다. 이 때에 천관의 넓이는 약 40cm정도로 파서 안장하면 토와 너비가 34cm~36cm이므로 활용이 가능하다. 이같이 천개를 토와로 사용함은 광내의 습기를 조절 또는 제거할 수 있어 더욱 좋다. 고대에 옹관을 사용했던 까닭이 바로 여기에 있다. 원래 석관은 고려초기에서 조선 초기까지 조개껍질을 불에 구워서 석회

질 성분이 된 것을 빻아서 채로 친 가루를 술 반죽하여 사용했고 조선 중엽부터는 석회원석을 채취하여 이를 빻아서 채로 친 가루를 술로 반죽하여 사용함으로써 몇 백 년이 지난 오늘날까지도 깨끗한 체백을 볼 수 있었다.

② 초장이나 육탈이전의 묘지 이장시에는 토와로 천개를 제작하여 사용하면 좋으나 대를 사용해도 깨끗이 부패되므로 무방하다.

③ 육탈이 안 되었을 때 체백을 깨끗하게 한다 하여 대칼을 사용 체백을 추려냄은 잘 모르는 불효자의 소행이므로 현 상태로 용사하여야 한다. 깨끗한 체백과 친 체백의 합장은 불가하다고 구전으로 널리 알려져 왔으나 이는 허무맹랑한 속설에 불과하다.

④ 속모태를 낼 수 없는 토질 부토에는 절대로 용사하면 안 된다. 여기에 용사하면 보존이 불가능하며 단시일 내에 손상이 되면서 그 영향이 즉시 자손에게 미친다.

묘지 이장 택일을 잘못하면 상주가 죽는다.

묘지 이장은 장압살이 들면 주상이 반드시 죽으니 주의해야 한다. 가령 갑자일에 묘지 이장을 한다면 주상이 갑자생이면 나쁘고 또는 망명이 갑자생이라도 갑자일에 묘지 이장 못한다. 60갑자 모두가 동일하다 또는 갑자일에 묘지 이장한다면 주상이 경오생이면 천간지지가 모두 충이 되므로 이것을 호충이 걸렸다 하여 묘지 이장을 하면 대흉일이다.

주택에서는 이사드는 날일과 시가 중요하고 장사葬事에는 연월일시가 중요하다

이광전이 말하기를 한자만 범했다면 구태여 기피할 필요가 없고 자식이 아버지를 장사지낼 경우 년극을 기피할 것이 없고 어머니를 장사지냄에 월극을 기피할 것이 없으며, 흉장인 초상에는 7일 이내는 산향의 신살 일절을 기피하지 않아도 된다 하였다.

이광전의 불기론에 이르기를 원기지사는 모든 법에만 구애받지 말고 기회와 여건에 따라 많은 법을 참작으로 활용함이 마땅하다 하였다.

유아산씨가 말하기를 피해야 할 많은 살은 비록 여러 번의 형태로 범한다 해도 반면에 여러 번의 정길하여지는 것임으로 피기하지 않아도 무관하다고 하였다.

모든 택일법은 참으로 복잡하다. 길일과 흉일을 다 가려서 택일을 하자면 참으로 복잡하여 택일을 할 수가 없으니 가장 중요하고 효과적인 택일법만 골라서 활용하는 것이 마땅하다.

산향이 살을 다 피할 수는 없는 것이다. 다만 경중을 참작하여 택일하는 것이 바른 길일 것이다. 공망일의 행사는 백사에 있어 피할 것은 없어 해는 없어서 무해는 하나 좋은 날을 잡아 길운을 받는 것과 같이 조운이 되지는 않는다 하였다.

한실일에 행사를 하다가 일을 마치지 못했을 경우 청명일에 그 일을 끝 마침하면 길하게 된다고 하였다.

묘지 이장에는 까다로운 장법 때문에 운을 맞추어 택일을 하자면 기일을 여유 있게 두고 택일함이 보편 타당하나 초상은 흉장과 달라서 그 무덤에 손을 댈 수 있나 없나를 살펴야 하고 좌를 택함에 있어 망인과 좌가 운이 맞아야 하는 것이니 망인이 출생한 태세와 좌를 대조하여 길흉을 분별하고 삼살 및 기타의 흉살은 피하여야 하는 것이며 택일은 반드시 새로 쓰는 묘의 좌에 의하여 택일을 하여야 하는 것이다.

좌를 택함에 있어 망인의 생년과 좌가 서로 운이 맞아야 하는 것이니 망인이 출생한 태세와 좌를 대조하여 길한 좌는 택하고 흉한 좌는 버리는 것이다.

묘지 이장을 함에 있어 합장합함을 할 경우에는 구묘의 광중을 건드리지 않는 것이 좋다.

그 이유는 분묘의 한편만을 열고 합장하는 것이니 합장의 행사로 보지 않고 묘지 이장으로 보는 것이니 공망일 생기일을 택하지 않아도 무해로 보는 것이다.

그러나 반드시 구묘의 혈을 다치게 해서는 안 된다. 묘지 이장하기 위해서는 새로 쓰는 묘의 좌와 망인의 본명으로 운을 보는 것이 가장 중요하다. 양택에서는 이사드는 날과 시가 중요하고 음택에서는 장사 지내는 연월일시가 중요하다.

때문에 비록 용혈사수가 길한 명당을 만난다 해도 장사년월일시가 흉하다면 묘의 운이 불합하니 사절쇠병을 면할 수가 없는 것이다.

양택에서 가장 큰 살은 삼살 겁살 재살 세 살이다. 합장을 하는데는 중상운을 가리고 새로 쓰는 묘가 그해에 삼살 좌살 세파가 걸리나를 살피고 기타 긴요하고 효과적인 법을 가리어 활용하되 합장은 언제나 먼저 쓴 묘의 좌나 좌우편에 새로 시신을 안장하는 것을 말하는 것이니 그 안장하는 방위에 삼살 당년태세기준 및 생왕방이 저촉되지 않게 하는 것이 중요하고 또 먼저 쓴 묘와 새로 합장하려는 망인의 생년과 살이 되지 않아야 한다.

편리함을 위한 묘지 이장은 현재보다 2배 이상 좋은 자리여야 한다

- **면례** : 사후에 임시로 가까운 동네 뒷산에 모셨다가 만 2년 후에 자리를 잡아 다시 장사를 지내는 것. 파묘시 유골이 황골이 되어 있으면 그 자리에 다시 백회를 붓고 덮어서 모시는 것이 좋다. 길지이다.
- 암장은 남의 산에 몰래 매장하는 것
- 평장은 남의 산에 몰래 쓰고 봉분을 만들지 않는 것
- 의분은 가묘를 만들어 놓고 후에 매장하는 것, 매년 산주인 몰래 벌초
- 신후지지는 좋은 곳에 신후지지를 미리 만들어 두면 건강하고 자손들도 복을 받는다.
- 고총식별법은 삽을 갖고 봉분과 주위를 찔러 무르게 쑥 들어가면 고총이다. 자연적인 볼록한 부분태극운은 주위와 같이 토질이 여물다.
- 고총을 무시하는 행위는 강도 행위와 다르지 않다. 고총은 그대로 두어야 하며 석축을 쌓아도 해가 미친다. 실수로 파헤쳐 유골을 발견하

면 새로 정성껏 묻어 주어야 하고 만약 명당이라고 해서 묘를 쓰게 되면 그 해는 이루 말 할 수 없다.

- 묘지 이장은 현재보다 두배 이상 좋은 자리라야 할 수 있다. 원래보다 못하면 자손들이 해를 받는다.
- 묘지 감정은 고조부모, 조부모, 부모까지 4대를 봐야한다.
- 묘지 이장을 꼭 해야 하는 경우
- 아무 이유 없이 봉분이 내려앉는다.
- 무덤 위의 잔디가 말라 죽는다.
- 남녀에게 패역 부도 체형 상해가 거듭 생긴다.
- 무고한 사망, 절손, 가산치패, 송사가 발생한다.
- 물, 불개미와 벌레등으로 근심이 있을 경우
- 묘지 이장을 하지 말아야하는 경우 약 40년 이상 된 묘. 자손이 번창한 묘
- 묘지 이장 시 다시 봉분을 봉축해야 하는 경우 : 검붉은 등나무 넝쿨이 관을 감싸고 있을 때 유골 보호
- 생기 있는 물건을 봤을 때 살아 있는 동물 벌레 살생을 금할 것
- 물 구슬이 물렁물렁하고 온기가 있고 안개 같은 서기가 있으면 묘지 이장을 하지 말아야.
- 유체가 황골이 되어 있으면 吉地로 굳이 묘지 이장을 할 필요가 없다. 백회를 다시 붓고 덮어 봉분을 지어 모시는 게 좋다.
- 삼구부동총 : 묘지 이장은 음력 3, 9월에는 삼가야 한다.

- 묘지 이장 시 시신에 벌레가 있으면 살충제로 없애고 묘지 이장한다.
- 묘지 이장 시 구묘는 흙을 채우고 나무를 심어 자연을 보호한다.
- 파묘한 곳 그 자리에는 묘를 쓰지 못한다. 묘를 쓸 경우에는 원래 자리보다 위쪽이나 좌우쪽으로 비켜보다 천광을 깊게 해야 한다. 특히 아래에는 묘를 쓰지 못한다.
- 후손들이 편리함을 위주로 조상 묘를 파묘해서 화장 후 납골당 또는 묘지 이장 하는 것은 피해야 한다. 반드시 그 후손들에게 재해가 있게 된다.
- 명당 조성은 이렇게 한다. 봉분 내에 물이 스며들지 않도록 봉분은 크게 주위를 경사지게 할 것.
- 봉분 뒤의 물이 봉분 좌우로 흘러내리게 뒷부분을 약간 볼록하게 올릴 것.
- 봉분 앞의 순절하는 곳은 물이 내려가도록 경사를 지우되 중앙을 약간 높이고 좌우로 앞은 낮게 하고 맨 끝부분은 약간 올려 물이 바로 흘러내리지 않고 좌우로 앞은 낮게 하고 맨 끝 부분은 약간 올려 물이 바로 흘러내리지 않고 좌우로 빠지게 할 것. 바로 물이 빠지면 재물이 나간다.
- 봉분 뒤는 절대로 담장처럼 바로 깎으면 안 된다. 비스듬히 긁어 내야 한다. 깎으면 기가 끊어진 것과 같다.

묘지 이장은 어느 한 자손이라도 반대하면 하지 말아야 하며 묘지 조성은 조상위주로 해야 한다

　장사葬事 묘지 이장移葬을 하여 묘지를 조성함에 있어서도 흔히 내실보다는 외관상 보기좋게 조성해야 한다는 그릇된 생각으로 묘자리를 사전에 정리하면서 가장 중요한 혈처穴處를 파괴하는 사례가 너무나 많다. 참으로 안타까운 일이다. 공부한 풍수지관으로 하여금 혈처를 찾아 용사하고 이를 중심으로 묘지벌안을 정리해야 한다. 같은 묘벌안 내에서도 토질혈토이 좋고 나쁨이 있다. 좋은 곳을 잘 가려서 안장한 후에 그 묘지에 알맞은 경관을 조성해야지 외부에서 보기 좋고 자손들이 편히 드나들 수 있게 하는 데에만 중점을 두고 묘지 조성하는 것은 조상위주가 아니라 자손위주가 되어버려 근본에 어긋나는 것이니 이를 명심해야 한다. 흔히들 명당을 구하는 목적이 후손들의 발복에만 기대를 갖는 경향이 있는데 이는 효의 기본 사상에 크게 어긋나는 발상이라고 아니 할 수 없다.

묘지를 조성함에 있어 대명당은 못쓴다 하더라도 최소한 무해지지 無害之地에 조상의 체백을 장사하여 액운을 사전에 방지해야 한다.

옛날부터 가문의 전통을 지켜오면서 그 사회의 훌륭한 인물을 배출하여 번창해 온 가문은 반드시 명당길지明堂吉地에 조상祖上 산소山所를 모셔온 가문이었고 산소를 함부로 모셔온 가문家門은 결코 번창하지 못하였으며, 그 자손들이 각처에 흩어져 살고 그 후손도 특출하지 못한 가문이었음을 어느 고을에서나 듣고 보아온 사실이다.

조상祖上과 체백유골을 명달길지에 안장安葬하면 이것이 효행의 최상이요 이로 인하여 자손들이 음덕陰德을 받는다면 금상첨화일 것이다. 조상의 유골이 건실해야 그 후손도 번성하듯이 조상을 길지에 안장함으로써 자손에게도 영향이 미침은 주지하는 사실인데도 이러한 참뜻을 망각하고 성묘하기에 편안한 곳에만 치중하여 명당길지도 아닌 흉지에 안장하는 것은 효행과는 엄창난 괴리가 있음을 숙지 또 명심해야 한다. 조상을 장사함에 있어서도 묘지 이장移葬 여부에 대한 형제간의 노란이 많은 바 그 중에서도 어느 형제든 이장에 반대하면 묘지 이장移葬을 하지 말아야 한다. 이는 명당에 선조先祖를 안장安葬하면 생활이 나아지는 정도가 아니라 가문家門에 재벌이나 인물이 나오는 등 자손이 흥왕興旺한다는 것을 모르는 소치인 것이다. 명당대지를 얻으려면 첫째 망인의 덕망과 적선이 있어야 하고 둘째 그 자손이 효와 공덕을 쌓아야 하며 셋째는 명지관을 만나야 한다.

명지관이란 혜안력慧眼力을 갖춘 정심자正心者라야 한다. 마음이 옳은 자라야 모든 사물을 정시正視할 것이요 바르게 보고 옳게 살펴야 한다.

명당대지明堂大地에 안장安葬하는 것은 망인亡人 자손子孫 지관地官 삼위 일체三位一體가 전제조건이지만 그 중에서 지관만이라도 잘 선택하여 안장하면 최소한의 길지에 안장할 수 있을 것이다. 외형상外形相 남에게 좋게 보이기 위하여 또는 후손들도 보기 좋게 해야 한다는 구실로 조성하다 보면 엄청난 오류를 범한 묘지를 많이 보아 왔다. 이러한 허식적인 사례에 대한 것을 촉구하며 항상 조상의 체백 안장에 치중할 것을 간절히 부탁하는 바이다. 이러한 호화분묘에서부터 공동묘지 이르기까지 묘지문제를 둘러싼 사회적 논쟁이 일다보니 풍수이론까지 죄 없이 지탄을 받고 있다.

청오경의 묘지 이장 천장법 이러하다

① 무덤 봉분에 풀이 말라 죽으면 묘지 이장하라
② 까닭 모르게 봉분이 가라앉으면 묘지 이장하라
③ 장후 변사자가 있으면 묘지 이장하다
④ 장후 패륜 중죄인 불구자가 나오면 옮겨야 한다.
⑤ 가족의 변사 사업의 실패 가산의 몰락이 있으면 옮겨야 한다.
⑥ 정부개발 정책에 따라 부득이 옮겨야 할 경우는 옮겨야 한다.
⑦ 후손이 번성한 오래된 묘는 개장하지 마라. 정자왈 땅이 아름다우면 그 땅에 묻힌 유골도 아름답고 후손은 복을 받는다. 공자왈 생전은 예로써 섬기고 시신은 예로서 장사지내고 사후는 예로서 제사하라. 주자왈 땅이 산화하면 목렴 수렴 풍렴 모렴 충렴 등으로 시신은 흉하고 후손은 멸한다고 하였다. 다산왈 시신은 거정에 싸거나 비단에 싸거나 말이 없다. 마지막 효는 장법에 있다. 정성을 들여 잘 모시어

라 후손이 길하느니라. 문정공왈 길지를 얻었으나 장사 마무리를 정성들여 하라 재혈과 분금 잘못으로 한치의 오차만 범하여도 복을 받기보다는 화를 받기 쉬우니라 하였다.

청오선의 10불상 청오선은 다음의 열 가지를 삼가 경계하라 하였다.

① 일불상 祖頑醜石 조완추석 혈을 보는데 첫 번째로 피해야 할 것은 용혈과 청룡 백호 등 주변 산세가 거칠고 딱딱하여 무디고 더럽고 추잡한 흉석이 많은 곳이다.

② 이불상 급수쟁류 골짜기가 경사가 심하여 물이 급하게 소용돌이 치면서 내려오면 매우 흉하니 피해야 한다.

③ 삼불상 궁원절경 궁원은 궁벽진 언덕이니 진룡이 있을 수 없다. 절경 또한 용맥과 산이 끊겨 괴암석으로 날카롭게 서 있는 땅이다. 이러한 곳은 혈을 결지하지 못한다.

④ 사불상 단독룡두 단산독룡은 주변에 보호하는 산이 없다.

⑤ 오불상 신전불후 신당 앞이나 사찰 뒤에는 고음 과양하여 음기가 너무 강하기 때문에 집터나 묘지로 쓰지 마라 대개 신당이나 절은 혈지에 자리잡았다 앞은 합수 지점이고 뒤는 입수룡과 과룡이기 때문에 혈지로는 부적합하다.

⑥ 육불상 묘택휴수 파묘자리나 패가한 집터와 감옥 자리는 비록 길혈일지라도 기운이 쇠퇴했기 때문에 발복하지 못한다.

⑦ 칠불상 산강요란 산세가 흩어지고 제각각으로 비주하여 달아나 무

정한 곳은 결지 불능이다.

⑧ 팔불상 산이 거칠고 웅장하여 다정한 것이 없으며 물이 험하고 급하여 요동치는 소리가 심하게 나고 바람이 맞불어서 울부짖는 소리가 나는 땅은 흉지다.

⑨ 구불상 주산은 높고 밝아 생왕하나 혈 아래는 낮고 연약하여 푹 꺼지고 결함이 많은 것은 기맥이 없는 사지이므로 피해야 한다.

⑩ 십불상 청룡이나 백호의 끝이 날카롭고 뾰족하여 혈을 향해 찌르는 형상이거나 청룡 백호 두 끝이 서로 마주보고 싸우고 다투는 모습이면 흉하다. 청룡 봉우리가 있으면 자손에 횡재수가 있다. 백호사에 허리가 끊어지면 자손에게 비참하고 끔찍한 형벌이 있게 된다.

백호 외에 칠봉이 있으면 문무의 과거가 그치치 않는다. 청룡사의 허리가 끊어지면 자손 중에 목이 잘리는 형벌이 있게 된다. 천봉이 한 사람을 구하지 못하고 한 물은 능히 백자손을 증언한다.

비록 물이 길함이 된다. 산이 뾰족하고 물이 깊으면 발복한다. 묘 앞의 물이 산거하면 빈궁하다.

무고한 묘지 이장을 하지 말라

　사람들은 부모가 돌아가시면 누구나 명당자리를 찾아 묘지를 쓰고자 한다. 그러나 자손이 잘못되거나 집에 우환이 겹치면 더 좋은 자리를 찾아서 서슴치 않고 移葬을 한다.
　그러나 묘지 이장은 함부로 할 일은 아니라 사료된다.
　묘지가 좋지 않거나 자손에게 문제가 있다고 무조건 묘지 이장을 추진하는 것은 금물이라 풍수지리의 인자수지는 준엄하게 사람들에게 경고를 하고 있다.
　묘지 이장을 하면 할수록 더욱 어긋나기만 하는 경우도 있으니 이는 땅이 사람을 그르치는 것이 아니고 사람이 그 절차를 모르고 그릇되게 한 때문이다.
　풍수의 최고 경전이라고 일컬어지는 청오경에서도 같은 무게의 엄중한 경고를 하고 있다.

땅에는 오불선이라는 것이 있다. 이러한 곳에 묘를 썼을 때는 묘지 이장을 하는 것이 좋다.

청오경에서 말한 오불선은 아마도 오불상일 것이라는 것이 풍수학에서 공통된 견해이다.

오불상이란 산소를 옮겨야 되는 다섯 가지 경우를 일컫는 말로 첫째 아무 이유 없이 무덤이 침하되는 경우, 둘째 무덤위의 초목이 말라 죽는 경우, 셋째 집안에 음사가 생기거나 아이가 죽고 고아 과부가 생기는 경우, 넷째 남녀에게 悖逆나 傷害 등이 거듭되는 경우, 다섯째 무고한 사망절손이나 家○○敗와 송사가 연첩하는 경우와 같이 흉사가 있는 경우 묘지 이장을 할 것이며, 그리고 파묘할 때에 상스러운 일이 있으면 파헤친 무덤을 다시 봉축해야 한다.

한편, 물 구슬이 맺히고 온기가 있거나 혹은 안개 같은 김이 나고 혈 가운데가 온돌방처럼 따뜻한 기운이 있으면 즉시 파헤친 무덤을 다시 덮고 봉분을 해야 하는 것이다. 그리고 묘지 이장 하지 말아야 할 위의 다섯 가지 경우 외에 두 가지가 더 있으니 묘지 이장한 뒤에 자손이 번성한 묘는 다시 옮기지 말아야 할 것이며, 연대가 오래된 묘는 가능한 묘지 이장하지 말아야 한다.

한편, 정자程子는 다섯 가지 옮겨야 하는 경우를 다음과 같이 말하기도 했다,

첫째 장차 도로가 될 염려가 있는 곳이거나, 두 번째 묘 부근에 城을

쌓거나 가옥을 신축할 일이 있는 경우. 세 번째 무너질 염려가 있거나 하천으로 변할 염려가 있는 경우, 네 번째 세력가에 점령을 당할 우려가 있는 경우, 다섯 번째 국가시책에 의하여 파묘를 해야 할 경우를 들고 있다.

그러므로 될 수 있는 한 묘를 옮기지 말아야 하는 것으로 부득이 옮기게 될 경우에는 반드시 풍수지리학에 밝은 사람에게 자문을 구하여 장소를 가려야 한다.

땅이란 전부가 명당자리가 아닌 것이다.

땅의 경중과 완급을 살펴야 하며, 만약에 재물은 있으나 자손이 성하지 않는 경우는 따뜻한 묘자를 구하고. 자손은 많으나 재물이 없으면 마땅히 좋은 물을 얻어 묘지 이장함이 좋을 것이다.

청명 한식에 성묘를 하고 묘지 이장을 왜 하는가?

　청명 한식은 농가에서는 한 해의 농사를 시작하기 위해 논과 밭둑에 가래질을 하는 날이다. 중국의 세시 풍속을 기록한 형초세시기에 따르면 춘추시대 진나라 사람 개자추가 국란을 단해 진의 문공과 함께 국외로 망명하여 방랑 생활을 하였다. 배가고파 거의 죽게 된 문공을 개자추가 자신의 넓적다리살을 베어 먹여 살렸으나 나라를 찾아 왕위에 오른 문공이 거들떠 보지 않자 노래를 지어 부르며 늙은 어머니를 모시고 개산에 은둔하였다.

　문공이 뉘우치고 나오라고 아무리 불러도 개자추가 나오지 않자 그를 나오게 하기 위해 산에 불을 질러 버리니 개자추가 홀어머니와 함께 나무를 껴안고 죽었다. 문공이 애도하는 뜻에서 그가 죽은 4월 5일에 사람들로 하여금 불을 피우지 못하게 하고 찬 음식을 먹었다고 한다. 개자추가 불에 타 죽었기 때문에 불을 피우는 것을 꺼렸으며 또 이날은 모든 신령이 불을 피우지 않는다고 하여 찬밥을 먹는 풍속이 생겼다고 한다.

한편 동지가 지난 지 백 여일 정도 되면 일기가 바람이 심하고 건조해 불이 나기 쉬운 때이므로 불을 금하게 된 것이라고 한다. 한식은 24절기에는 들어 있지 않으나 설, 단오, 추석과 함께 4대 명절의 하나로 여겨 나라에서는 종묘와 각 릉에 제향하고 민간에서는 주, 과, 포와 떡 탕, 적 등의 제물을 차려 제사를 지냈다.

또 여러가지 제물을 마련하여 성묘를 하거나 겨울을 나면서 산소가 상한 곳이 있으면 이를 손질하고 주위에 나무를 심기도 한다. 특히 묘자리가 좋지 않다거나 부득이한 사정으로 묘를 묘지 이장해야 하는 경우에도 이날을 잡아서 한다.

그렇다면 무엇 때문에 비석을 세우고 무덤을 고치고 옮기는 일 등을 청명이나 한식 또는 윤달에 한 이유는 신들이 하늘로 올라가는 날이기 때문에 어떤 일을 해도 부정을 타지 않고 동티가 나지 않는다.

그래서 집안의 물건을 움직이거나 고치고 짓고 이사하는 일, 또 묘의 풀을 깎거나 옮기는 일 모두 이 날 한다. 만일 하루에 일을 마치지 못하면 한식에 끝내야 한다. 윤달은 공달 덤달 여벌달 등의 여러가지 이름을 갖고 있다. 거저 생긴 달 덤으로 생긴 달이라는 뜻이다.

거저 생긴 달인만큼 아무런 액운도 없으리라 믿었던 것이다. 윤달에 궂은 일을 하려는 것은 윤달이 덤으로 얻은 공달이라 이때는 청명이나 한식처럼 신들이 모두 하늘로 올라가 일을 보지 않기 때문에 어떤 일을 해도 무방하다는 속신에서 비롯된 것이다. 청오경에 따르면 묘지 이장 조건으로 다음과 같다.

첫째 아무런 이유 없이 무덤이 가라앉거나 봉분 위의 풀이 말라 죽을 때 이런 경우는 마땅히 무덤 안을 살펴보아야 한다. 봉분의 풀이나 잔디가 처음부터 자라지 않은 것이 아니라 잘 자라다가 도중에 말라 죽은 것이라면 반드시 묘지 이장을 고려해 보아야 한다.

둘째 집안에 간음 같은 좋지 않은 일이 생기거나 젊은 사람이 죽거나 고아 과부가 생길 때 남여의 패륜이나 상해가 자주 일어날 때 혹은 무고한 사망과 절손 가산 몰락 송사 등 흉한 일이 자주 일어날 경우에는 묘지 이장이나 개장을 고려해 보아야 한다.

셋째 좋지 않은 곳이라 해서 무덤을 팠다고 해도 안개가 피어오르는 듯한 상서로운 서기가 있으면 다시 묻어야 한다. 예컨데 광중에 온기가 있거나 안개 같은 김이 서려 있다든지 혈 가운데 건조하여 개미 같은 벌레들이 없을 때는 지체 없이 파던 무덤을 다시 덮고 묘지 이장을 중지해야한다.

묘지 이장移葬은 이렇게 함이 좋다

　묘지 이장 시 천관을 판 후 마포를 바닥에 깔고 체백을 안치하여 초상 때와 같이 무상을 흙으로 고정시키고 마포로 덮은 후 명정을 펴고 천개를 토와로 덮고 점토까지 매립한 후 생석회를 흙과 혼합하여 골고루 덮은 후 봉분을 조성한다. 이때에 천관의 넓이는 35cm로 파서 안장하면 토와 너비가 34cm~36cm이므로 활용이 가능하다. 이같이 천개를 토와로 사용함은 광내의 습기를 조절 또는 제거할 수 있어 더욱 좋다. 고대에 옹관을 사용했던 까닭이 바로 여기에 있다.
　요즘은 석관을 많이 사용하는데 석관은 나무뿌리와 충을 예방 할 수 있으나 좋지 않다. 석관을 사용하게 되면 관 속에서 이슬이 맺히면 그 이슬이 물이 되어 관속에 모이면 흙이 굽꿉하게 습이 많이 차므로 결국 체백은 물에 잠긴 거나 마찬가지이다.
　원래 고대 조상들은 조개껍질을 불에 구워서 석회질 성분이 된 것을 빻아서 채로 친 가루를 술로 반죽하여 사용했고 조선중엽부터는 석회 원석을 채취하여 이를 빻아서 채로 친 가루를 술로 반죽하여 사용함으로써 몇 백년이 지난 오늘날까지도 깨끗한 체백을 볼 수 있었던 것이다. 현재 우리는 토와를 사용함으로써 간편하게 옛 석관의 역할을 창출하였던 것이다.

초장이나 육탈 이전의 묘지 이장 시에도 토와로 별도 천ㄴ개를 제작하여 사용하면 좋으나 대를 사용해도 깨끗이 부패되므로 무방하다.

또한 육탈이 안 되었을 때 체백을 깨끗하게 한다하여 대칼을 사용 체백을 추려냄은 잘 모르는 불효자의 소행이므로 현 상태대로 용사하여야 한다. 깨끗한 체백과 진 체백의 합장은 불가하다고 구전으로 널리 알려져 왔으나 어떠한 서적에도 그러한 조항이 없는 허무맹랑한 속설에 불과하다. 묘지 이장을 하려고 파묘를 했을 경우 김이 피어오르면 다시 덮어야 한다. 이 이야기는 예전부터 전해져 내려오는 이야기이다. 파묘하면 학이 나온다는 이야기는 김이 나온다는 이야기이다. 왜냐하면 묘자리는 기가 흐트러지지 않고 모일 수 있는 곳이어야 하는데 자갈이 많은 곳은 자갈과 흙 사이에서 공극이 생기게 마련이며 이 공극을 통해 공기의 유통이 생기게 되어 기가 흩어지고 물이 흐르는 곳 역시 물이 스며들기 위해서는 미세한 구멍이 생겨 그 구멍을 통해 기가 흩어진다. 그러나 그렇지 않고 좋은 자리는 지반이나 토양 자체가 안정되어 있어 기가 흐트러짐이 없고 안정되어 있기 마련이고 이러한 곳에 조상을 모셨을 경우 시신이 썩기 시작하면 반드시 미생물의 작용에 의해 가스가 발생하기 마련인데 그 가스가 빠져나가지 않고 그대로 있는 것이다.

김이라는 것이 바로 이 시신이 썩으면서 발생하는 가스인 것과 땅속에서 발산하는 온기인 것이다. 이러한 곳은 온돌방처럼 땅 바닥이 깨끗하게 바싹 말라 있다. 그래서 그 자리가 좋다는 것이며 그대로 다시 묻어도 발복한다.

묘지 이장 택일 잘못하면 상주가 죽는다는 말이 있다. 이는 장압살이 들면 주상이 반드시 죽으니 주의하여야 한다. 가령 갑자일에 묘지 이장을 한다면 주상이 갑자생이면 나쁘고 망명이 갑자생이라도 갑자일에 묘지 이장을 못한다.

장례와 수묘修墓 묘지 이장 택일은 이렇게 한다

묘자리가 좋기만 하면 장례일은 아무 날이라도 괜찮다. 그 무엇도 묘자리에 우선 할 수 없다.

좋은 자리를 구함이 묘자리의 목적이라면 장례일은 글자 그대로 예의 문제일 뿐이다. 자리가 좋지 않은데 날만 잘 잡는다고 풍수지리의 본질이 바뀔 리는 만무하다. 예란 것이 비록 형식이란 의미를 내포하지만 장례의 경우 결코 일과성의 형식에만 그치는 간단한 문제가 아니다. 그 참된 뜻은 조상의 영면에 지장이 없는 유택으로 적합한 자리를 잡는 데 있으므로 이는 백년대계 그 이상이다.

묘자리는 절대적 선행 조건이 충족된 뒤라면 날짜 따위에 얽매일 필요는 없다. 그러나 이러한 논지가 예를 무시하고자 함이 아니라 일의 선후와 경중을 헤아리고자 함이다. 그러나 묘자리가 완비되었다면 장사를 치름에 있어 굳이 예를 외면할 인륜적 당위성이 있는 것도 아니므로 기왕에 치르는 장례를 고래의 택일법에 따르는 것도 양속에 합당하다 할 것이므로 장례일에 관한 것들은 아래에 기술 하였으니 참고하시기 바란다.

- 망령 상충일 불가 예 축생의 망령은 미일을 피한다. 상충 인신 모유 진술 사해 자오 축미

- 묘지 이장 및 수묘 길일 경오 신미 임신 계유 무인 기묘 임오 계미 갑신 을유 갑오 을미 병신 정유 임인 계모 병오 정미 무신 기유 경신 신유 대한후 五日~입춘 전 三日 청명 한식이외에 월길일 및 입지공망일 등 책력매년 발간되는 대한민력에 상세히 기재되어 있으니 참고하기 바람.

　첫째, 망령 장손 생기 천의 복덕 선택

　둘째, 대공망일 책력 참고

　셋째, 책력 내용의 아래쪽에 있는 행사 길일 및 불길일 란의 옳을 의자 아래에 안장이 기재되어 있는 날

　넷째, 황도일 책력 참고

　월 → 일 보는 법

　예 11월은 청룡황도난의 신을 비롯하여 유 묘 자 오 축 일이 황도일로 길일이며 백호흑도 난의 인을 비롯하여 술 진 해 사 미 일은 흑도일로 흉일이다.

　일 → 시 보는 법

예 자일은 11월과 보는 법이 같으며 신 유 묘 자 오 축이 자일의 황도시가 되어 길시가 되고 인술진해사미는 자 일의 흑도시가 되어 흉시가 된다.

다섯째, 안장주당 보는 법

하관시에 행해지는 잠깐 동안 이를 보지 말라고 한다.

달이 크면 부에서 시작해 초하루부터 시계 방향으로 달이 작으면 모에서 시작해 시계반대 방향으로 향한다. 사에 해당하면 길이나 그 외의 글자에 해당하면 그 해당하는 사람은 하관시에 잠시 피한다.

위의 택일 조건 중 첫째에서 넷째까지 모두 해당하는 날이 있으면 좋겠으나 그렇지 않더라도 첫째 조건에만 해당하거나 아니면 둘째+셋째+넷째 조건에 해당해도 택일에 손색이 없다.

만약 상주나 백관이 해당 될 때에는 입에 생 솔잎을 입에 물고 하관을 지켜보면 아무 탈이 없다.

묘 앞에 도로가 있더라도
멀리 있어야 한다

- 물 없는 빈 계곡이나 산맥이 혈을 쳐서 살이 되면 해당되는 자손이 상하거나 죽게 된다.
- 묘지 뒤에 돌무더기가 있으면 목메어 죽는 자손이 나고 청룡사에 흉암이 있고 규봉이 있으면 눈 먼 자손이 난다.
- 입수 맥 후방이 풍살을 받으면 자손이 단명한다.
- 표 좌우에 깊은 못이 있으면 무후절손 되기 쉽다.
- 묘 좌우에 여울소리가 나면 혈육 간에 분쟁이 나고 불구 자손이 난다.
- 묘 주위에 사태자국이 있으면 정신질환자 교통사고 칼든 도적자손이 난다.
- 입수 뾰족하고 순허 앞이 비워 있으면 속발흥 속패하게 된다.
- 묘 앞에 괴음으로 진동을 받으면 정신질환 삭탈관직을 당하고 자손이 난다.

- 묘 앞에 도로가 있더라도 멀리 있어야 하고 낮은 산 구비를 돌아 나간다면 파구가 교쇄된 것이라면 길하다.
- 사사가 허술하고 광주리 같은 흉한 몰골의 산이다. 이러한 사가 정면으로 보이면 사람이 상하고 재물이 파하여 빈한하며 걸인이 된다.
- 삼태봉이 혈을 쏘아서 엿보이면 무당이 나고 불구자가 나는데 그치지 지 않는다. 만약 진혈에 삼합공 사격은 삼합이 난다.
- 혈전에 암석이 뾰족하면 충하면 자주 살인을 당하거나 하게 되고 상처를 당하게 된다.
- 묘지 좌우에 암석이 서 있으면 맹인이 나고 좁은 골짜기의 바람머리는 벙어리가 난다. 재물이 빠진다.
- 칼날 같은 봉이 나타나 규사로 있으면 과거 당하는 일이 난다.
- 톱날 같은 험석이 엿보이면 외눈박이 자손이 많이 난다. 또 화재가 연하여 난다.
- 입수가 기울고 당판이 허하여 약하면 반드시 과부 홀비가 나서 고독하게 된다. 당판이 허약하면 기형아가 출생한다.
- 암석이 험난하게 있으면 흉패가 많고 평평하고 미끈한 것이 발현하고 후부하다면 반드시 해가 없다.
- 용상이 험한 암석이라면 자손에게 해가 되는 것이요 묘 주위에 험한 돌이 산재해 있으면 가세가 빈한하게 된다.
- 혈장이 기룡으로 말 등설기같이 맺히면 자손이 가난을 면치 못하고

거지도 난다.

- 묘판이 공허하면 실속이 없고 약한 혈처 관이 뒤집히고 전순이 공허하면 목렴이 들고 자손이 가난하게 살게 된다.
- 주산이 높고 둥글고 후덕하고 청룡 백호가 안산까지 길게 감아주어야 발복이 끝이 없다.
- 청룡 백호가 높으면 혈은 높은 곳에 있고 낮으면 낮은 곳에 혈이 있다.
- 청룡이 좋고 백호사가 약하면 본손장자에 좋고 백호가가 좋고 청룡사가 약하면 차손 외손에 좋다.
- 청룡 백호가 왕성하면 본손 외손 모두 경사 나고 감싸 돌면 일문단취한다.
- 청룡백호가 곧고 길면 참되지 못하고 짧으면 혈을 맺지 못한다.
- 청룡 백호의 어병사가 멀리 있으면 혈에서 산이 가까이 보이도록 봉분을 크게 높이하고 중간의 전답 계곡이 안 보이도록 하면 된다.
- 청룡 백호가 단독으로 작국이 되어야 정상적인 작국이라고 본다.
- 청룡작국은 우선입수라 하고 백호작국은 좌선입수라고 한다. 작국에 청룡백호가 한 곳에서 생겨나 작국이 되면 비정상으로 진혈이 될 수 없다. 풍수 속담에 입수꼭지가 썩었다 하는 것이 바로 이것을 말함이다.

혈처용세穴處龍勢에
오솔길은 해害가 없다

- **혈의 복합적인 기운과 발복 기간**: 조상 중에는 명당에 모셔진 조상이 있는가 하면 좋지 못한 지세에 모셔진 조상도 있다. 후손에게는 좋은 기운과 나쁜 기운이 동시에 전해진다. 또 후손들 가운데서도 사람에 따라 그 영향은 특별히 많이 받는 자손과 그렇지 못한 자손이 있다. 조상 산소에는 부모, 조부모, 증조부모 등 여러 기가 있는 만큼 후손들은 대부분 여러 기운을 함께 받게 되어 좋은 일과 나쁜 일이 동시에 일어나기도 하는 것이다. 아무리 좋은 혈자리라도 발복 기간이 무한한 것은 아니고 일정 기간이 지난 후에는 그 효력이 조금씩 감소하게 된다. 혈자리의 발복 기간은 혈판 구성요소와 청룡백호와 같은 사신사 그리고 혈에 연결된 용맥의 길이에 따라 정해진다.
- **명당사미**
  ① **나성주밀**: 혈판 중심으로 사방팔방 수려하게 환포되어 있는 미사가

명당을 응기하고 공읍하며 모든 물이 궁회하여야 하고

② **용호환포**: 청룡백호가 좌우에서 겹겹으로 유정하게 관쇄하면서 환포 되어야 하고 기왕하고 조윤하면 길조이다.

③ **관왕조당**: 생왕관대 당수가 명당을 유정하게 궁회하고 파구는 진술축미로 물이 모여 나감을 길수로 본다.

- **부귀화복의 분별법**
- 모든 사에 양명한 것은 귀함으로 보고 후덕한 사는 부한 것으로 본다. 사격은 산의 형상에 문무부귀가 다 있는 것으로 간주하되 사격이 멀리 있으면 후대에 발복이요 가까이 있으면 당대발복으로 본다. 중첩에 의한 사격은 1대 30年으로 추산한다. 사격의 형상이 웅장한 것은 높은 벼슬이 나고 암석으로 된 사격이 빛이 나면 왕기가 서리는 격이나 제왕사격으로 본다.
- 혈처용세에 오솔길은 해가 없다 옛날 마차나 요즈음 자동차가 다니는 도로라면 흉하고 그 기지가 진동을 받기도 하고 팔요풍을 맞을 수도 있다. 묘지에 소음이나 괴음이 진동을 받으면 정신병이나 삭탈관직의 해를 보게 된다. 묘지 앞에 도로가 있더라도 멀리 있어야 해가 적고 낮은 산굽이를 돌아 나간다면 파구가 교쇄된 것이어서 길한 것이다.
- 인걸은 지령이라, 좋은 산천에서 명석한 인물이 나는 것은 너무도 당연한 이치로 대자연의 섭리이다.
- 사격에도 황색이 비치면 귀석이요 검은색의 큰 돌이 함께 있으면 흉한

것이다.

- 평평한 암석이 결혈 주위에 너럭바위로 둘러싸여 있다면 그 혈상은 세도를 누릴 수 있는 명혈이다.
- 청룡 백호 어깨에 병풍 같은 암석은 장사가 나고 장군이 난다.
- 묘 주위에 둥근 암석이 있는 것은 혈상에 대해 더욱 길한 사격이 되어 큰 벼슬을 낼 수 있다.
- 혈상 입수 주위에 검고 호랑이처럼 무섭게 생긴 암석이 있으면 장손이 요수하고 전좌우에 있으면 있는 곳에 따라 자손이 요절하게 된다.
- 검은 암석이 청룡에 있으면 남자 쪽이 백호에 있으면 여자 쪽이 죽게 된다.
- 묘 봉분과 상석사이를 가로 그어서 백호 상 부위는 딸과 시어머니로 하 부위는 며느리로 본다.

옛말에 삼대三代 가난없고 삼대三代 부자집 없다

공자께서 말씀하시기를 덕이 있으면 외롭지 않으니 반드시 이웃이 있다.

이 말은 덕의 중요성을 일깨워주는 말이라고 할 수 있다. 논어의 이인 편에 나오는 말이다.

의미를 풀어보자면 덕을 쌓은 사람은 어느 시대 어느 사회에서나 외로울 것이 없다. 남 보기에는 어쩌다 외로울 때가 있을지 모르지만 후한 집에 이웃이 몰리고 덕을 쌓지 못한 집안의 자손은 돌담 밑에도 서지 않는다는 말이 있듯이 명당은 아무에게나 욕심대로 주어지는 것이 아니다.

망인이 생존 시에 적선과 덕망을 쌓고, 그 자손이 또한 선덕과 효행을 쌓아야 하며, 마음씨 올바른 명지관을 만나야 하는 이 삼위일체가 갖춰 져야 명당을 얻을 수 있다.

그러나 요즈음 사람들은 위와 같이 적선 적덕 한다는 것이 자원봉사 활동이니 무엇이니 하면서 자기 부모님에게 불효하는 사람들이 점차 늘어나고 있다.

옛 부터 적선 적덕은 부모님에게 효도하는 것이 가장 큰 적선 적덕이란 기본정신에 귀를 기울이지 않는다.

또 옛날부터 명당의 주인은 따로 있다고 했다.

그러나 사람은 산다는 것 자체가 죄인인 것이다. 그 이유는 숱한 생명체를 밟고 죽이고 하면서 자신의 생활 길지를 영위해 나가고 있기 때문이다.

적선이란 우리들의 일상생활 속에서 최소한도로 남을 괴롭히지 않는 데서 이루어지는 것이다. 그러므로 가난하고 바보 같은 사람은 남을 괴롭히지 않음으로써 삼대 안에 명당 집에 살 수 있고 명당에 조상의 체백을 모실 수 있다.

부자는 그 재산을 지키기 위한 행위 또는 더 부자가 되기 위한 심리적 작용 등으로 죄가 축적되어 삼대를 못가서 폐망하는 예가 많은 것이다.

옛날에 적선지가에 필유여경이란 말이 있다.

가난하고 정직하고 바보 같은 사람은 막노동 일이나 시장에 노점 장사하는 서민들이야 교육도 충분히 받지 못하고도 자녀가 출세하는 경우를 들 수 있다. 이는 대대로 죄를 짓지 아니하고 최소한도로 남을 괴롭히지 않는 적선의 기본을 지키며 살아간다.

큰 명당 자리는 하늘이 감추고 땅이 숨기기 때문에 누구에게나 주는 것이 아니다.

적선과 덕망 없이 재력을 가졌다고 해서 명당에 살 수 있고 명당에 조상 묘를 쓸 수 있는 것은 아니다. 이는 명당이란 아무에게나 주어지는 것이 아니며 명당은 함부로 나타나지 않을 뿐 아니라 악한 자에게는 알려주어도 길지라 불허하고 흉지를 선택하게 되는 사례가 많았다.

그만큼 덕을 쌓는 일은 중요한 것이다. 덕은 학문을 쌓는 일도 될 수 있을 것이며 효도를 다하는 일 친구들이나 형제들과 우애있게 지내는 일 등등 살아가는데 필요한 모든 것은 덕에서 시작된다고 보아도 과언이 아닐 것이다.

명당에 묘를 써도
덕인德人이어야 발복을 다 받는다

　풍수지리 이치로 사람이 태어나는 데는 지역적 환경과 가문의 환경이 있고 가장 중요한 것으로는 자기 부모의 정신적 환경이 있다고 할 수 있다.

　그래서 맹모삼천지교를 숭배하는 것이라 가르치고 다듬어야 큰 재목이 될 수 있다. 타고난 팔자도 중요하지만 더욱 중요한 것은 후천 팔자일 것이다. 부모가 가르치고 자기 자신이 개발하고 개척하는 것이다. 명당이 먼저가 아니다.

　그래서 옛 유교 시절에는 선비의 도와 위선조상을 위하고의 도가 복생복하는 이치였다. 다시 말하면 선비 도의 사상이 효도하였고 효도사상이 조상을 위하게 되어서 다시 선비가 태어나게 연속되고 하였다는 것이 바로 생활철학의 풍수사상이다.

　선비사상으로 수양하고 적선적덕의 마음 가진 선비의 성품이 태어나야 명당의 발복을 바로 받게 되는 것이고 부귀영화가 바른 이치 속에서 이루어지는 것이 소위 명당발복이다.

구천십장남사고 명사나 도사들은 명당을 만나게 되면 덕이 있는 사람을 골라서 주었다는 전설이 전해지고 있다.

이와 같은 뜻에서 난 말인지도 몰라도 조상을 위하는 선비의 바탕이 되었기 때문이다. 선비의 도란 효였다. 또 위선 사상의 근본도 효였으니까 선비사상의 근본 바탕이 되어왔던 것이다.

그래서 풍수지리는 선비 사상에서 무한한 명당의 발복을 하였고 덕인이어야 발복을 할 수 있다는 말까지 나올 수 있었던 것이다.

덕망이 높은 가문에서 명당을 써야 그 명당의 발복을 전부 받을 수 있다는 말도 있다. 어떻게 생각하면 그것이 바른 진리인지 모른다.

우리나라의 민족정기인 선비의 사상이 조선 말엽까지만 하더라도 선비의 사상인 신뢰성과 예의 도덕성이 이어져 오면서 동방의 예의지국이라는 좋은 호평을 들을 수 있었다. 그러나 그 후 일제 치하에 선비의 도나 풍수사상은 탄압을 받아 무너지게 되었다.

그 당시 선비 사상의 원리는 일본으로 가져가 자기 나라의 어린이 교육에 사상을 심었던 것이 현재 선진 문화를 만들고 있는 실정이다.

다시 말하면 현재 일본의 예의 도덕이나 신뢰성 등은 우리나라 선비의 도를 도입하여 자기 나라 풍습에 맞도록 다듬은 것이다.

요즘은 일본 문화 제품이 세계적 신용도를 독차지해 가는 실정에 이르렀다. 이것이 모두 우리나라의 조선말까지 다듬어 온 선비의 도를 가져다 자기네 것으로 만들었던 혜택일 것이다.

우리에게 시급한 것은 옛 선비의 사상을 현 문화에 맞도록 다듬어서 어린이 교육에서부터 새로 심어나가는 것이다. 그리하면 우리나라의 문화발전이 일본을 앞설 날이 멀지 않을 것이다.

그 당시 일본은 우리나라 풍수지리 학문까지 가져다가 실행해 보았으니 국토가 산형 지세의 산천 정기가 없어서 풍수진리는 이용하지 못했다. 일본 땅은 화산이 터져서 만들어진 마치 제주도의 토질과 같아서 음택풍수는 이용되지 못하나 모든 연구에서 끈질긴 일본은 현재까지도 음택풍수를 버리지 않고 현재 대학가에서 깊이 연구하고 있다고 한다.

사람은 일생동안 부지런히 살려고 노력하다 돌아간다. 돌아가는 곳이 어디인가

　사람은 태어나서 일생동안 부지런히 살며 참되게 살려고 노력하다 돌아간다. 돌아간다는 말은 온 곳으로 도로 간다는 말이다. 온 곳이 어디인가. 고향 산천이다. 인간은 모두 죽을 수밖에 없는 유한한 존재이기에 돌아 갈 수밖에 없는 것이다.
　고향은 인간의 모체이다. 인간은 편안한 마음으로 모체인 고향으로 돌아가 영원한 안식처인 만년유택에 가게 된다. 돌아갔을 때 자식들은 부모의 죽음에 애통하지 않을 자식이 어디 있겠는가. 부모님이 편안히 돌아가실 수 있도록 먼저 가신분의 방에서 북쪽으로, 죽은 사람의 머리는 동쪽으로 가게 모신다. 이러한 것은 돌아가신 분이 다시 소생하기를 기원하는 뜻이다. 이렇게 모셔놓고 풍수사에 연락하여 입관, 길시를 받아 입관하고 장례일과 하관길시, 정상방위, 상주불복방위, 상주취토 방위를 받는다. 정상방위란 상여를 내려놓는 자리를 말하고, 혼백을 모셔놓고 문상객을 받는 곳을 설연이라고 말한다.

상주불복방위란 설연자리가 확정된 곳에서 상주가 손님을 받기 위해 있는 자리를 말한다. 취토방위란 화관을 하기 위해 상주가 상복자락에 흙을 받는 위치를 말하며, 흙을 떠 주는 상두군이 서는 곳을 말함이다. 이리하여 상주가 상복자락에 받은 흙을 관널상에서 하쪽으로 뒷 걸음질 하면서 '애고애고'를 '아이고아이고'하며 곡을 하고 관 뒤에 흙을 붓는 것이 하관이다. 하관이 끝나고 나면 상두군들은 흙을 다지며 달구질 하면서 한 사람이 앞소리를 하면 뒷사람들은 "워 워루 달구여!" 한다. 묘 봉분이 다 조성되어 갈 때까지 달구질을 부르며 상두군들은 묘 중심 작대기에 새끼줄을 걸어놓고 상주 백관들을 상대로 고인이 황천길 가는데 노자돈 드리라며 홀수로 3회 또는 5회를 달구질 가사를 부른다.

달구질 가사는 대개 이러하다.

"여보시오 상주님네! 천하명당 여기로다. 안산을 바라보니 부귀영화 할 터로다. 좌청룡을 돌아보니 대대문장 날 터로다. 우백호를 돌아보니 만석꾼이 날 터로다. 돌아가신 고인께서 아들내들 찾으신다. 내 띠집 짓는 데는 상량식도 아니하나 너의 형제 기를 적에 오매불망 하였는데 내 마지막 가는 길에 노자 한 푼 주지 않노. 명사십리 해당화야 꽃이 진다. 잎이 진다. 슬퍼들 마라. 명년 삼월 봄이 오면 꽃피고, 잎 지건만 내 띠집에 들어가면 온들 아나 간들 아나. 어화세상 사람들아 마지막길이 이것인가. 황천길이 이것인가. 초루 같은 우리 인생 한번 낫다 죽어지면 만당 같은 내 집 두고, 천금 같은 자식 두고, 문전옥답 다 버리고 십이군정 어깨 빌려 만첩청산 들어왔네. 구척천광 깊이 파고 칠성으로 요를 삼고 뗏장으로 이불삼아, 살은 썩어 물이 되고 뼈는 썩어 진토 되어 산혼칠백 흩어지네. 창해유수 흐르는 물은 다시 오기 어렵거늘 인제가면 언제 오나. 조그마한 조약돌이 광석이 되면 내가 오마. 한심하고 가련한 게 우리 인생 아닐런가. 용하도다 용하도다 어이그리 용하던가. 성지도사 용타해도 이런 터는 못 잡았네. 엄동설한 풍설 중에 노루 한 쌍 자던 터라. 봉학이 알을 품어 알 까던 터 분명하고, 신선·선녀 모여 앉아 장기·바둑 희롱할 때 양수겹장 부르던 터, 이 터가 분명치 않나. 상주네 복 있는가 죽은 망인 복 있는가. 아무리 생각해도 상주네 복이로다. 금강산이 좋다한들 이 산만은 못하구나. 권력 좋은 진시황은 만리장성 쌓건마는 이런 터를 못 구했네. 잘 있거라. 잘 있거라. 북망산천으로 나는 간다."

조상묘는 민족의 전통문화 유산이며
효의 교육장이다

　필자는 한평생 경험과 강의와 답산으로 많은 시간과 세월을 보내면서 한 결 같이 느꼈던 것은 전통가문을 지켜오면서 번창해 온 집안들은 선조로부터 소중한 명당길지를 이어받아 잘 보존해 온 가문들이었고 그렇지 못한 집안들은 번성도 일시였다는 말을 어느 고을에서나 들을 수 있고 필자 자신도 또한 현장에서 그걸 확인 할 수 있었다. 그러면서 최근 잘못 개정된 매장 문화와 풍수 지리학상을 바로잡아야겠다는 생각을 해왔다. 인간은 누구나 부모님이 살아계실 때 잘 모시는 것을 사람의 근본 된 도리로 여기지만 특히 우리 민족은 사후에도 조상의 유백을 길지에 안장영면게 해 드리는 것이 가장 큰 효도로 여겨왔다. 그런데 오늘날 우리 주변을 살펴보면 조상의 묘소를 분수에 넘치는 맥을 동강내어 혈을 파괴하거나 인위적으로 보토를 하거나 깎아내어 묘지를 조성하고 있다. 또 후손들의 교통편의만을 추구한 나머지 기존 좋은 조상

묘를 함부로 파묘 화장하여 납골당에 모시는 것을 본다. 여기서 우리가 분명히 알아야 할 것은 풍수지리는 우리 민족의 전통과 맥을 같이 하는 소중한 정신적 문화유산으로 우리 선조들의 혼이 담겨 있는 생활철학이며 천기 지기가 동기감응하는 대자연의 정수임과 동시에 경험 실증 과학이라는 것이다. 인걸은 지령이라 하였거늘 세계 어느 국가에 견주어도 비교할 수 없는 영검한 국토와 천연적인 지기를 갖춘 우리나라는 온 국민이 지혜를 모아 이 지리적 특수성을 살려 현재와 미래 자자손손이 번영을 누릴 수 있도록 합심 노력해야 할 것이다.

풍수지리학은 신비스럽고 오묘하여서 학문적 분야가 너무나 다양하고 광범위하기 때문에 쉽사리 이해 할 수 없는 분야다. 게다가 아직까지 풍수지리학이 정도와 정설이 왜곡되어 있지만 이를 바로잡지 못하고 있는 실정이다. 최근 개정된 매장 및 묘지 등에 관한 법률은 사후 60년이 지나면 체백을 화장하여 납골당에 모시도록 강제하고 있으니 이는 참으로 한심스럽고 개탄할 일이다. 이러한 현실에서 풍수지리학을 평생 연구하고 있는 한 사람으로서 또한 풍수계에서는 국내 최초로 풍수지리 실무 해설집이 약 人800페이지를 근간에 발간된다. 필자는 각 신문사 연재와 사회 기관에 교양과목 강의 할 때도 잘못된 정부 묘지 정책을 계도 할 수 있을까 하고 노력도 해 보았다.

그러나 조상의 묘소는 가정과 사회교육에 있어서 효의 교육장으로서의 가치가 있다 할 것이라. 어린애들에게는 돌아가신 선조의 묘지

문화를 통해서 숭조정신을 함양시킬 수 있고 성인들에게는 죽음이란 것을 생각할 기회를 줄 수 있을 것이며 선산 앞에서 자손들의 단합된 마음의 다짐을 가지는 장이 될 수 있기 때문이다.

후손들이 선대의 묘 앞에서 성묘나 묘사 등으로 예를 표하면서 우리 고유의 전통미풍양속을 유지하는 장소로 활용하게 되는데 화장 문화로 인하여 선대에 대한 증표가 없을 때에는 그와 같은 인화를 도모할 기본을 잃게 된다.

많은 사람들은 생각하고 사고하는 면이 좁아 지기의 오묘한 이치를 터득하지 못하고 경제적 어려움만 내세워 화장하는 경향이 있다. 또한 지기의 참 뜻은 이해하지 못하고 국토가 잠식 되어간다는 단순한 생각으로 화장을 권유하는 정책은 잘못된 것을 알아야 한다.

뼈대 있는 명문가란?

　뼈대 있는 가문이란 고귀한 인물을 많이 배출한 훌륭한 가문이란 말이다. 이 말은 수백년 전에 조상을 명당에 모시어 조상의 체백유골이 아직도 잘 보전되어 남아 있다는 뜻이다. 잘되는 가문은 고목에도 꽃이 핀다. 잘되는 가문은 가시나무에도 호박이 열린다. 무엇이 도왔길래 저렇게 잘 될까. 돈이 사람을 따라야지 사람이 돈을 따라서는 되는 일이 없고 억지로 되는 것도 없다. 잘 사는 사람과 못사는 사람이 있고 고귀한 인물과 비천한 인물이 있고 장수하는 인물과 요절하는 인물이 있게 마련이다. 이런 차이는 어찌하여 생길까. 어떤 사람은 불행하게 살고 어떤 사람은 행복하게 살고 어떤 사람은 명예를 얻어 존경을 받으며 산다. 가난하고 비천하여 멸시를 받으며 사는 사람도 많이 있다. 옛날에 진시황제는 장사꾼의 자손으로 태어나 중국 천하를 통일하고 만리장성을 쌓은 황제가 되었다. 사람이 노력하지 않고 무엇을 얻겠는가? 본인이

하고 싶고 하기 쉬운 일부터 열심히 노력하다 보면 운이 오고 때가 되면 기회를 잡을 수 있을 것이다.

우리의 훌륭한 조상님들은 이렇게 살아오셨다. 농사에 투자하면 두 배의 이익을 얻고 장사에 투자하면 열배의 이익을 사람에 투자하면 고귀한 인물이 된다고 믿고 후 세손에게 전하라며 우리 조상님들은 조상을 명당에 모시고 살이 있는 사람의 집을 자연 이치인 풍수지리에 알맞게 지어 살면 당사자는 물론 후손이 영리하고 착하며 고귀한 인물로 태어나 국가에 큰일을 할 것이라 하였다.

과거나 현재의 훌륭한 인물을 배출한 가문을 답사 연구해 보면 그 나름대로 조상의 묘소와 사는 집이 풍수 이론에 알맞게 되어 있다.

가난하고 비천한 처지에 있는 많은 사람들은 그들의 조상 묘소와 집과 주위 환경이 풍수지리 이론에 어긋나 있다. 흥망성쇠를 직접 답사 연구하여 보면 실제 그대로 되어 있으나 풍수지리 이론은 수 천년동안 경험한 통계 과학이라 생각한다. 어떤 학생은 공부를 잘해서 훌륭한 인물이 되는데 다른 학생은 열심히 노력해도 집중이 되지 않고 정신이 산만해 엉뚱한 생각에 사로잡혀 하위권을 맴돌다 결국 실망하여 불량배와 어울리다 불행의 수렁에 빠지는 일이 허다하다. 명당 지역에서 귀인이 나고 험준한 두메산골에서 비천자가 출생한다.

어떤 마을에서는 수백 명의 선생님, 교수가 나고 어떤 마을에서는 쌍둥이가 많이 태어나고 어떤 마을에서는 명필 문장가, 화가가 많이 태어나기도 하고 어떤 마을에서는 큰 부자가 많이 태어나기도 한다.

　이러한 마을들은 주위의 산세가 아름답고 모체가 되는 주산이 우뚝하여 거기서부터 내려오는 산줄기가 힘차게 살아서 비산비야에 고귀한 명당 길지가 양명하고 단단하여 귀한 혈명당이 머물렀다. 주위의 청룡 백호가 잘 감싸주어 살풍을 막아 장풍 되었고 앞산이 아름다웠다. 우리나라 대재벌 그룹 총수들은 특별히 복을 선택받은 인물일까? 아닐 것이다. 이 재벌들은 대개 산을 등지고 단독 주택에 살고 있다. 풍수지리는 예부터 뼈대 있는 명문대가에 깊숙이 뿌리내려 궁궐이나 마을, 집 조상의 묘소를 정하는데 삼국시대, 고려, 조선시대에서 널리 이용하였다. 부귀를 누리는 가문은 조상을 명당 길지에 편히 모시어 그 후손들이 부귀를 누리고 번창하였다.

조상에 대한 효행을 근본으로 하면
자신과 자손은 발복을 받는다

사람이 죽게 되면 혼승체장이란 말이 있다. 혼은 하늘로 올라가고 체백육신은 땅에 묻힌다는 말이다.

사람이 죽으면 영혼은 하늘에 계시다가 육체가 피곤하면 자기가 묻힌 묘소에서 쉬고 있다고 한다. 자기 체백이 편안하면 자손에게도 편안하게 되고 체백이 불편하면 자손에게도 불편함을 준다.

우리는 흔히 새 집 짓고 3년, 새사람 들어오고 3년, 죽고 3년이 무사하면 좋은 일이 겹쳐진다고 믿고 있다.

사람이 죽어 땅 속에 묻히면 좋은 명당 길지에서 3년 정도면 육탈이 다 되지만 좋지 못한 땅 속에 묻히게 되면 육신이 육탈 되는 데는 오랜 시일이 소요 되는데 이 기간 동안 현 세상에서 살면서 굳혔던 모든 의식이 소멸하게 되는 것이다.

한 인간이 이 세상에 태어나는 것을 한 쌍의 남녀가 서로 사랑하면서 사랑을 통해 헌신적으로 자신의 온갖 정력을 쏟아내어 하나의 생명을 잉태하게 된다.

이 오묘한 섭리에 의해서 아버지로부터는 하늘에 속하는 천기와 정신을 이어받고, 어머니로부터 땅속에 있는 지기와 육신을 부여 받아서 고유의 개성인 기질을 받고 태어나게 된다. 그러므로 누구나 이 생명의 법칙에 따라 자기들의 부모로부터 고유한 유전인자를 받는 것이다. 그러기 때문에 형제자매가 서로 얼굴과 몸체가 닮는 것이며 조상의 모습과 비슷하게 되는 것이다.

그래서 풍수지리학은 조상에 대한 효행을 근본으로 자신과 후손이 잘 살 수 있는 길을 연구하는 학문으로서 이는 음양오행의 이치에 적합한 양택주택과 음택묘지를 마련하여 천지 이치에 순응하는 것을 근간으로 하고 있다. 다시 말해서 음택과 양택을 길지에 마련하면 부모님을 사후에 편안하게 잘 모실 수 있고 자신과 자손을 영화로운 발복을 맞이하게 되는 것이다.

자연의 이치가 이러한 것으로 미루어 보아 자기 생명의 뿌리는 부모와 조상의 체백이라고 볼 때 자기생명의 뿌리인 조상의 유골을 어찌 소홀하게 방치 할 수 있겠는가를 다시 한 번 되새겨야 할 것이다. 곧 부모와 조상의 체백의 기가 자식과 후손들에게 전이되는 것이니 이것을 논리적으로 연구해 보면 죽은 사람의 체백이 땅 속에서 기를 자기의 동기인 자식과 후손들에게 그대로 보내게 되는 것이다. 이것을 풍수지리학에서는 동기감응이라고 말한다.

우리가 살고 있는 현대 과학 만능 사회에서도 인간이 삶을 영위하는 데 있어서 무엇이라고 딱 집어 정확히 설명할 수 없는 어떤 영적인 힘이나 섭리가 지배하고 있음을 인지하게 되는 경우가 있다. 이것은 우리 겨레에 뿌리 깊게 내려오는 근본철학의 효 사상이다. 그러므로 예로부터 효는 백행의 근본이라고 했다.

자기 부모나 조상에게 효도를 할 줄 아는 사람은 먼저 웃어른을 공경하고 자기 자신의 몸가짐을 근신하고 언행을 조심하고 가족과 사회생활에서도 처신이 원만해서 인간다운 인간 즉 윤리도덕에 어긋나지 않아 중인으로부터 친근감과 신뢰를 받게 되는 것이다.

소학에서는 공자께서 증자에게 일러 말씀하시기를 몸과 터럭과 살갗은 부모에게서 받은 것이니 감히 헐고 상하지 않음이 효도의 시작이요 몸을 세우고 도를 행하여 이름을 후세에 빛내어 부모를 드러냄이 효도의 마침이며 부모를 섬기는 데서 효도가 시작되는 것이라고 하였다.

조상 산소에 성묘를 가면

조상 산사에 성묘를 가면 묘 벌안 좌우로부터 위아래 부분에 이르기까지 물이 고일 우려가 있는 곳이나 움푹 팬 곳을 메우고 밟아 다지어야 물이 스며들지 않는다.

평지에 묘 봉분을 만들 때는 묘 벌안을 쟁반을 엎어 놓은 것처럼 공사를 해놓고 묘를 쓰면 물이 광중에 들어가는 것을 막을 수 있다. 조상의 산소에 석물을 할 때도 물이 들어가지 않게 공사를 잘 해야 한다. 묘의 봉분에서 약 30미터 이내의 거리에는 뿌리가 멀리 뻗어가는 나무는 다 없애야 한다. 나무뿌리는 거름기가 많은 체백을 찾아 들어가서 그 유골의 진기를 빨아 먹고 유골을 친친 감아서 압박을 하면 압박 받은 그 부위에 자손들이 신경통 질환 등이 생기고 잘 되던 사업도 어렵게 된다는 것이다.

이렇게 나무뿌리가 드는 무덤 주위의 토질이 진흙 성분이나 토질이 단단하지 못하거나 돌과 흙으로 반반씩 이루어진 곳이나 부식토즉 무른 땅나 잡초가 많이 나 있는 곳이 나무뿌리가 멀리 뻗어간다. 즉 풍화작용이 덜된 돌과 흙으로 형성된 땅에 부모와 조상의 묘를 쓰면 관 안에 나무의 잔뿌리가 엉켜 붙어 있기도 하고 작은 뼈라도 뼈 사이 구멍으로 지나가 있기도 하다.

또한 관속에 있는 나무뿌리가 햇빛을 보면 녹아 없어지는 경우도 있고, 녹아 없어지지 않는 나무뿌리는 바깥에서 들어간 나무뿌리들이다. 산소 벌초 할 때는 벌 안에 나무뿌리를 캐내고 자르지 말아야 한다. 아니면 이른 봄에 나뭇잎에 건사미라는 농약을 뿌려주면 나무가 말라 죽는다. 벌초는 1년에 한 번이라 하지만 일년에 3번 덩도 하면 더욱 좋다.

무덤 관 속에 뱀, 구렁이, 쥐새끼, 거미줄, 지네, 개구리 등이 있는 묘도 있다.

이러한 무덤은 밀폐된 어두운 관 속에 쥐들이 무엇을 먹고 사는지도 신기한 일이다. 이런 쥐, 뱀, 개구리 등이 있는 관 뚜껑을 열면 햇볕에 거의 녹아 없어져 버리는데자연자생 또한 신기한 일이다.

광중 속에서 생기는 이유는 여러 가지가 있겠으나 풍수지리설 전문 용어로는 묘자리가 음절불배합으로 음기가 집중된 곳에 생긴다고 보고 있다.

여름철에 잘 된 고추밭에 가보면 통풍이 잘 안 되는 밭고랑 안쪽에 매달린 고추는 단단하지 않고 무르며, 잎사귀에 진딧물 같은 미세한 벌레가 많이 생기는 것을 볼 수 있다. 음기가 집중된 곳이다. 바람도 음양이 있어야 생긴다. 그래서 고추밭에 약을 뿌리지 않고 밭고랑에 말뚝을 박고 새끼줄을 치면 통풍이 잘 되어 없어진다.

우리 조상님들은 이러한 지혜를 써왔다. 산소의 멀리까지 나무를 베어 음기가 심한 곳을 양기를 불어 넣어 주어야 한다. 또 무덤 속에 공간을 만들어 주어서는 안 된다. 자식 된 도리로 부모의 체백에 직접 흙을 다진다는 것은 애석한 마음이 들겠지만 흙으로 공간을 메워야 한다. 공간이 있으면 비가 오고 나면 빗물이 들어 갈 수도 있고 주위가 탄탄한 땅에는 들짐승들의 집으로 사용 될 수 있기 때문이다.

이러한 곳에는 석회석으로 잘 다져주면 빗물도 막을 수 있고 들짐승과 나무뿌리도 막을 수 있다. 산소의 흙이 진흙 땅에 가까우면 유골이 불이 탄 것처럼 되어 있는 현상이다.

불에 탄 것 체백의 땅은 대개 뒤쪽의 땅이 단단한 반면 앞쪽의 땅이 진기가 무른 경우 일어난다. 또한 한쪽으로 기운 형태로 묘를 쓰면 풍렴이 생긴다. 묘 벌 안에 나무뿌리가 드러나 있는 곳도 풍렴이 드는 곳이다.

명당에는 딸이든 아들이든 발복에 상관없다. 부모님을 편안히 모시는 자손이 발복을 받는다

명당明堂이라 함은 발복해야만이 명당이다. 물론 발복하지 않을 수도 있다.

땅은 거짓이 없기 때문에 나쁜 짓을 많이 한 사람은 발복하지 않는다. 그것은 그 땅에서는 좋은 기가 나와서 발복하도록 도와는 주지만 나쁜 마음을 품고 있으면 사악한 기가 자신을 감싸고 있기 때문에 좋은 기가 그 사람한테로 들어가지 못한다. 그래서 발복이 되지 않는다. 또한 평소 명절에도 부모님을 찾지 않던 사람이 돌아가신 다음에 효도를 한답시고 명당에 모시겠다는 것은 벌써 그 사람은 사악한 마음과 자신만의 이기주의가 팽배한 사람이기 때문에 발복하지 않는다.

땅은 진실하며, 명당에 조상의 시신을 모시고 자신이 착한 마음으로 생활해 갈 때 비로소 발복이 되는 것이다. 자신은 사악하고 나쁜 짓만 골라 하면서 명당자리에 조상의 시신을 모셨다고 해서 발복하리라고 생각하는 것은 오산이다.

　조상의 시신을 모신 묘基자리만 발복하는 것이 아니라 자신이 사는 집이나 자신이 근무하는 사무실, 자신이 묻힐 신후지지身後之地도 명당일 경우에는 발복한다. 그곳의 기운을 직접 받기 때문이다.

　우리가 명당을 찾는 이유가 무엇인가. 조상을 편안한 자리에 모시겠다는 것은 물론이거니와 그보다도 명당에 모심으로 해서 자신이 복을 받지 않겠느냐는 것 또한 부인할 수 없는 사실이다. 집이나 사무실도 좋은 자리를 찾는 것은 그곳에서 좀 더 좋은 기운을 받고자 함이다. 살아 생전에 효도하고 사후에 명당에 모셨거나 모든 것을 정상적으로 생활하고 명당에 모셨을 때는 반드시 발복한다. 그것이 하루아침에 벼락부자로 만들어 주지 않을지는 몰라도 시간이 걸리더라도 천천히 지속적으로 발복하는 것이다.

　어느 정도 시간이 흐른 뒤에 뒤돌아보면 발복이 되었다는 것을 스스로 느낄 수 있을 것이다. 사람이 못된 짓만 일삼고 남이 잘되는 것을 못 본다든가 악한 마음을 항상 가지고 있으면 발복이 되지 않는다. 앞서 설명했지만 명당터에서는 계속적으로 좋은 기가 발산되지만 자신을 감싸고 있는 사악한 기와 나쁜 기로 인해 좋은 기가 들어가지를 못하는 것이다. 그렇다고 명당에 조상을 모셨는데 발복이 안 된다고 불평만 할 게 아니라 자신을 먼저 생각해야 한다. 즉 발복이란 조상의 시신체백을 영당에 모시도록 적극적으로 힘을 쏟은 사람에게 대부분 발복을 하고 또한 조상에 대해 관심이 많고 조상 모시기에 신경을 많이 쓰는 사람에게 발복한다.

　필자의 경험에 의하면 흔히 여자들은 출가외인이라 하여 친정부모의 묘자리의 발복이나 재앙과는 상관없는 것으로 생각하기 쉬우나 큰 잘못된 생각이다. 친정부모가 명당에 편안히 모셨으면 그 자식들 중에서 여자든 남자든 여건만 되면 발복한다. 또한 흉지에 모셨으면 마찬가지로 그 자식들 중에서 여자든 남자든 구별 없이 재앙이 온다. 이것은 부모님 섬기기에는 딸이든 아들이든 상관없다. 누구든 자신을 편안하게 해주는 자손에게 발복을 하는 것이다. 그러나 명당자리에 조상을 모셨다고 해서 영원히 명당으로 보존되는 것이 아니다.

　지하의 조건은 지상과 마찬가지로 수시로 변화한다. 지상의 환경변화에 따라 지하도 변화하는 것이다. 가끔 묘자리를 진단하다 보면 예전에는 발복하던 자리가 지금은 재화를 가져다주는 자리로 변한 곳을 가끔 보게 되는데 이것이 바로 지상에 댐이 들어서거나 산속 터널 등이 있으면 모든 지하변화가 있을 수 있다.

조상이 꿈에 보이면

　부모나 조상의 체백(體魄-시체)을 명당이나 흉지(凶地)에 모시게 되면 명당의 지기나 흉지의 악기가 어떻게 자손들에게 전달이 되며 자손들이 행복과 불행을 겪게 되는가?
　명당에 주택을 지어 사는 사람들에게 좋은 기가 전달된다는 사실은 쉽게 납득이 되겠으나 부모와 조상의 체백을 명당에 모시지 못한 자손들은 쉽게 납득하기 어려울 것이다.
　그러나 사람의 뼈 조직을 포함한 모든 물질은 진동체인데 부자간에는 동일한 진동수(振動數)를 가진다. 한편 음전기를 띤 지구표면 80km 지점부터는 양전기를 띤 전리층 그 사이는 정전기장이 형성되어 있는 동조 체계에 따라 부모 조상의 뼈가 길지(吉地)의 혈(穴)에 모시게 되면 뼈가 안테나 역할을 하여 자손에게 행운의 기운이 전달이 되어 친자감응을 이루게 된다고 한다. 따라서 부모조상의 체백을 길지에 모시면 자손번

영의 확실한 터전이 됨은 의심할 여지가 없다고 하겠다. 만약 묘터가 흉지일 경우 혼령은 묘소가 자기의 집이라고 집착하는 의식 때문에 자손에게 집이 물에 잠긴다거나 홍수로 떠내려가려고 한다거나 죽은 영혼이 물구덩이에서 허우적거리거나 햇볕이 잘 들지 않아 춥다거나 어두운 얼음 굴에서 헤매거나 하는 등의 령파가 꿈을 통하여 그 자손들에게 보냄으로써 그 자손들의 가정에 불화가 일어나고, 재앙이 들끓는 경우가 종종 있다. 이럴 경우에는 당연히 묘지 이장移葬을 하여야 한다. 화장을 했을 경우에는 지상과 령백과의 사이를 연결해 주는 매개체인 육체가 없어져 버린 까닭에 묘소로 인한 길흉의 영향은 받지 않지만 화장 후 다시 매장을 한다면 묘소의 영향을 다소 받는다고 한다.

    그러나 부모와 조상의 기氣의 비중은 부모의 기를 가장 많이 받으며 윗대로 올라 갈수록 기의 받음이 약해지는 것이나 부모의 직접적인 간섭의 기는 그의 자손들에게 정신적 육체적 온갖 질병과 재산 명예 등에서 환난에 시달리고 또한 병사를 하거나 비명횡사를 해도 운명 타령 팔자 타령만 하다가 인생 낙오자의 일원이 되어 한가정의 가장으로서의 소임도 다 하지 못한 채 허무하게 소멸되는 것이다. 부모와 조상의 체백이 고통을 받으면 그 자손도 정신적 육체적으로 고통을 받는다. 또한 그 체골(體骨-뼈)이 썩으면 그 자손도 정신적 육체적으로 썩어간다. 우리는 이와 같이 사실이 진리이며 철칙이라는 것을 깊이 인식해야 할 것이다. 그러나 조상의 유골이 좋은 명당혈묘明堂穴墓에 안장安葬되면 자연의 정서가 응축되어 잘 보전되고 그 환생처인 자손에게 환원 동조되면서 좋은 환경의 기氣를 받으며 지나친 욕심을 버리고 선업을 쌓으며 세상을 살아가는 사람은 건강하고 그 운세도 상승하여 천수를 누린다. 이러한 자연의 진리에 의하여 좋은 묘터의 자손은 창성화목하고 나쁜 묘터의 자손은 정신적 육체적 고통을 받으면서 쇠퇴해 가는 것이 원리인데도 대다수의 우리는 명산과 명당에 대해 막연하게 관념적 추상적으로 동경해 왔을 뿐이다. 물이 먹음어 있는 흉지에 부모님을 모셔 놓고도 그로 인해 화를 당하는 인생살이의 온갖 환란과 고통의 근원을 알지 못해 인간의 능력으로서는 도저히 개선할 수 없는 절대적 사실로만 받아들여 미리 체념하며 숙명이라고 자탄만 한다.

사람은 죽으면 혼비백장魂飛魄葬이라 하는데 화장을 권장하는 이유와 배경을 제대로 알아야 한다

혼비백장魂飛魄葬은 사람이 죽으면 혼은 날아다니고 백은 땅에 묻힌다. 풍수에서는 혼비백장의 의미를 혼과 백으로 나누어 생각한다. 혼은 기운상의 것 백은 육신의 것을 뜻하는데 사람의 생명은 혼과 백의 결합 양상으로 죽음을 혼백의 분리 형상으로 이해한다. 조상의 유골을 좋은 땅에 모시고자 하는 곳은 산이 멈추어 뭉치고 물이 감아 돌면 자손이 번창한다. 산이 달려나가고 물이 일직선으로 빠져나가면 재물이 궁색하여 남의 집 밥을 빌어먹는다. 서출동류서쪽에서 동쪽으로 흐르는 물 하면 재물이 무궁할 것이고 세 번 돌고 네 번 내지르면 관직이 갈수록 높아지고 구곡처럼 구불거려 마치 물가에 모래 물결처럼 겹겹이 관새 되면 최고의 벼슬길 에 오른다.

조상의 유골이 묻힌 땅의 좋고 나쁨에 따라 그 후손에 영향을 줄 수 있다고 하는 믿음은 우리에게 지금까지도 강한 힘을 갖고 있는 것이다.

그러나 이때 기존의 풍수술과 다른점은 옛날 중국 정자와 주자 모두 후손의 번성과 그 덕분으로 제사가 끊이지 않게 하는 것이 좋은 땅에 조상을 모시는 목적이었다. 자손의 번창 부귀 장수 등 모든 인간이 갈망하는 것을 가져다주는 근원적인 이익이 무덤에 있다고 보는 만능원익萬能源益 관념은 기계론적 동기감응론으로 이어지며 그것은 조선조에 암장 투장 등 다양한 방법의 불법적안 매장 행태를 불러왔다.

지금 문제가 되고 있는 것은 매장문화와 풍수지리 그 자체가 아니라 이를 왜곡하고 악용하면서 빚어진 그릇된 사회관습이다.

묘지의 국토 잠식을 풍수 탓으로 돌리지만 풍수에서 반드시 묘지를 전제하고 있는 건 아니다. 풍수지리의 핵심이론은 동기감응론이다. 조상을 좋은 땅에 모시면 후손에게 좋고 나쁜 땅에 모시면 후손에게 나쁘다는 주장이다.

지금 도처에서 볼 수 있는 무덤의 대부분은 좋은 땅이라 할 수 없는 곳에 조성되어 있다. 차라리 그럴 바에는 화장을 하여 땅속에 묻어 흔적을 없애는 것이 후손에게 해가 없다는 것이 풍수 논리이다. 화장을 정책적으로만 밀고 나가려 할 것이 아니라 화장을 권장한 이유와 배경을 제대로 알고 풍수지리와의 상관관계를 잘 이해시킴으로써 스스로 화장을 선택하게 되는 사회 분위기를 만들어야 할 것이다.

조상을 나쁜 땅에 모시는 것보다는 아예 묘지의 자취조차 없는 것이 후손에게 더 좋다는 데야 누가 이의를 제기 하겠는가. 풍수지리는 곧 자연의 이치이다. 과학은 자연의 이치를 하나하나 실험하고 검증하는 것으로 그 영역을 넓혀왔다고 할 수 있다.

그러나 설명할 수 없는 자연의 영역은 여전히 광범위하다. 태어난 집과 조상의 묘지가 복을 부르고 화를 부른다면 도대체 인간이 할 수 있는 일은 무엇인가. 우리는 때로 자연의 재해를 천벌이라 부르기도 한다. 인간의 한계를 넘어서는 천지간의 조화를 아우르는 분야가 곧 풍수학일 것이다.

냉정히 생각해보면 묘지로 인한 국토 잠식을 골프장 건설이나 전국 도처에 들어서는 유흥지 및 러브호텔에 비한다면 그다지 절실한 이유가 되지 못한다. 신라 고려 조선 이후 조성된 그 많은 무덤들이 지금까지 남아 있는 게 얼마나 되는가. 남아 있는 것은 호화분묘들이다. 불과 두서평에 비석도 상석도 없이 들어서는 민초들의 무덤들은 문제가 되지 않는다고 생각한다.

조상의 무덤과 제사에 효도를 행하면 행복하고 창성한다

우리 역사상 묏자리만큼 말도 많고 탈도 많은 것도 없다. 단군 이래 우리 조상들은 의례 잘 되어도 조상의 음덕 때문이요, 못되어도 조상의 탓으로 돌려 왔으나 출세하고 잘난 사람들은 조상의 무덤을 업신여긴 사람은 하나도 없다. 하나같이 효자이자 선산섬기기를 지극한 정성으로 효도했던 것이다.

이러한 자손들은 생전의 부모와 조상에게 최선의 정성을 다하여 효도를 행해야 하는 것 못지않게 돌아가신 부모와 조상에게 정성껏 효도를 다해왔다. 제삿날이 되면 흩어져 살던 자손들이 모여서 정성껏 제례祭禮를 올리고 정답게 음식을 나누어 먹고 부모와 조상의 생전의 덕담德談을 나누는 우리 가문들의 모습이나 명절이면 부모와 형제를 상봉하고 조상에 감사하는 제례를 올리고 선산先山에 성묘省墓하기 위해 오랫동안 흩어져 있던 혈육이 가슴을 설레며 피로도 잊고 즐거운 마음으로 앞을 다투어 고향을 찾는 민족의 대이동을 방불케 하는 모습들을 우리는 해마다 두 세 번 보고 있다. 이러한 사실은 부모와 조상으로 인한 한 가정의 단결의 표상이요, 한 사회를 단결하는 힘이요, 나아가 국가를 위해 국민을 단결케 하는 힘의 원천이 되는 것이다.

한 가정이 무너졌을 때 그 무너진 파편은 사회를 불안하게 하는 요소가 되며 사회의 불안은 국가를 불안하게 하는 요소가 되는 것이다. 동물은 조상과 부모 형제를 모른다. 일정 기간 자란 후에 그 어미와 헤어진 동물 중에 이 세상 어디에 그 부모 형제와 조상을 알거나 찾아 숭배하는 동물이 있는가? 동물은 일정 기간 자라서 독자적으로 살아갈 수 있을 때 까지만 어미의 보호가 필요할 뿐이다. 또한 어미가 새끼를 일정기간 보호하는 것도 단순한 본능에 불과한 것이다. 이 지구상의 수많은 동물 중에 자신의 생명이 다 할 때까지 그 자식을 잊지 못하고 오매불망 사랑하며 위하고 기르기만 한다면 이는 본능에만 의존하여 생존하는 동물과 무슨 차이점이 있겠는가?

효행은 백가지 행위의 근본이며 만가지 복을 짓는 근원根源이다. 효행하는 사람은 불의와 악행을 저지르지 아니하고 또한 불화할 줄 모르고 평화와 화합을 신봉한다. 그러므로 인仁 의義 예禮 지智 신信이 갖추어진 윤리 도덕적의 실천자가 되는 것이다. 효행하는 자손의 가정은 행복하고 창성昌盛한다. 그리고 그러한 가정이 많은 사회는 평화롭고 안정되고 나아가 국가 발전의 저력 있는 원동력이 된다.

내 부모와 조상에게 효도하고 내 부모와 조상을 신봉信奉하라. 내 부모와 조상은 생전이나 사후를 막론하고 거짓이란 없고 오로지 진실뿐이다. 생전의 부모와 조상의 진실은 오직 애정과 희생뿐이며 사후의 조상의 진실도 오직 희생뿐이다. 그것은 무덤 속에 까지도 자손에게 생명 에너지를 공급하면서 그 유골이 소진되어 가기 때문이다.

말하자면 죽어서 땅속에 까지도 자신의 뼈를 깎으면서 오로지 자손을 위하여 희생하는 것이다. 그러나 생전의 부모와 조상을 섬기는데도 예의 법도가 있듯이 돌아가신 보모와 조상을 섬기는데 있어서 가장 중요한 참 효행은 그 유택幽宅을 자연의 진리에 맞는 안정된 묏자리를 마련하여 안장安葬하고 그 묘역을 잘 관리 보존함으로서 자손의 도리를 하는 것이다.

조상은 자손의 근본으로 나무의 뿌리와 같다. 자손은 조상의 기氣를 받는다

봄이 되어 나무에 새싹이 트고 꽃 피면 방에 있는 밤도 싹튼다. 겨울이 지나고 봄이 되면 나뭇가지에 새싹이 핀다. 이는 봄기운에 감응함이다. 가을에 수확하여 저장해 두었던 밤이 겨울을 지나 봄이 되어 나뭇가지에 새싹이 돋아 발아함은 봄기운에 감응함이다. 나무와 밤도 봄이 되면 새싹이 돋아나서 발아하는 것은 온기 감응의 본성을 가지고 있기 때문이다. 영민한 본성을 가진 만물의 영장인 사람이 동일한 유전자의 동기 감응 하는 것은 조상과 자손 사이에 유전 인자를 이어받아 동기 감응함이다. 이 역시 기가 서로 감응함이다.

물류란 이러하니 장사인들 어찌 그러하지 않겠는가? 대대로 내려오는 효자는 진실로 복이 응하리라는 생각을 감히 꿈꾸지 않았으며, 어리석고 천한 무리들은 음덕이 주입되어 모임은 필연의 이치로 알고 살아가는 책략으로 좋은 땅을 구하려 급급하다. 부모의 유골이 편안함을 얻게 함이 풍수의 이치이니 그 보람은 부모의 안위를 근심함에 있다. 사람은 부모의 정자와 난자를 조화시켜서 만든 몸을 받는다. 조상의 조상의 근본으로 나무의 뿌리와 같다. 조상인 뿌리에서 줄기, 가지, 잎, 꽃, 열매가 생긴다. 조상과 후손 사이에 동일한 유전자로 동기 감응한다. 자식은 부모가 남겨 놓은 몸이다. 모든 사람은 부모의 몸으로부터 삶을 받는다.

이것은 부모로부터 유체를 받음이 자손이다. 부모의 유골이 생기를 받으면 자손이 음덕을 받는다. 조상과 자손은 영기의 감응으로 자손에게 좋은 영향을 미친다. 조상의 유골이 좋은 생기를 받지 못하는 흉지에 묻히면 사기를 받아 자손에게 나쁜 기를 보내어 감응하니 흉한 일이 생긴다. 자손은 조상이 죽어서 좋은 산천 정기가 많이 모이는 진혈에 장사지내면 육체는 썩지만 유골은 오랫동안 산천 정기의 길함은 스스로 나타난다.

기가 길하면 산은 밝고 물은 아름다워 형이 반드시 길하다. 기가 흉하면 산은 거칠고 물이 급하면 흘러서 반드시 형은 흉하다. 길한 산이란 일어나고 엎드리고 전환하고 꺾이고 날개 치듯이, 춤추듯이, 아름답고, 곱고, 세련된 것이다. 물이 둘러 감싸 안고 멀리 날리고 물이 잔잔히 고여 꽉 차서 거울 같음이다. 산을 구하고자 하면 반드시 활동하는 곳에서 세를 구하고 물은 반드시 고요한 곳에서 묘한 것을 관찰하여야 한다. 또한 산의 흙을 잘 보아야 한다. 흙이란 기의 몸체로서 흙이 있는 곳에 기가 있다.

흙이 없는 곳엔 기가 머무를 수도 흐를 수도 없다. 기는 형체가 없으니 흙이 있어야 기를 저장하여 만물을 생성 성장 시킬 수 있으니 흙이 있는 곳에 기가 있다. 기는 형체가 없고 흙 속에 저장되어 있어서 흙을 빌려 흐르므로 흙은 기의 몸이 된다.

사土는 사계절에 나뉘어 왕성하고 오기는 모두 땅 속으로 흐른다. 오행의 생기는 스스로 생성 성장할 수 없고 흙 따라 생성 성장하니 흙이 머무는 곳에 기도 역시 따라 머문다. 기는 물의 어머니라 기가 있는 곳에 물이 있다. 음기와 양기가 분출하여 교구하여 어울지면 바람이 되고 상승하여 구름이 되고 하강하여 비가 된다. 비는 물이니 기의 작용으로 물이 생기게 되니 기가 있는 곳에 물이 있다. 산은 귀하고 물인 수는 재물이니 산세가 좋으면 귀한 인물이 많이 나고 큰 강이나 바다를 끼고 발전하는 상공업 도시는 재물이 많이 유통된다.

또한 산천이 기복함은 생기이니 기복함이 둥근 것은 생기의 생함을 알 수 있다.

하는 일이 잘 안 될 경우에는 조상 산에 성묘하고 빌어야 한다

- 나쁜 집터에서 생활하게 되면 지치고 피곤한 몸에 계속 나쁜 기운이 더해진다.
- 한 곳에 오래 산 사람과 오랜 된 건물일수록 이사와 변동에 의한 길흉반응이 신속하게 나타난다.
- 나쁜 집에 나쁜 운기의 사람이 살게 되면 집안이 망하고 가족이 뿔뿔이 흩어져 살게 되고 온 재앙이 온다.
- 집에 빈 방을 오래 두지 말고 수시로 출입 사용하라. 공부방 옷장을 두어 냉기와 음습한 기운을 없애고 항상 훈기 있게 관리.
- 집에 귀한 자손이 태어나도 기념 식수는 하지마라 - 운명을 같이 하게 된다.
- 스트레스가 많이 쌓이면 빨간 장미나 녹색 화분을 동쪽 방향에 놓아둔다.
- 하는 일이 잘 안 될 경우에는 조상 산소에 성묘하고 빌어야 한다.

- 돈이 없고 저축이 안 될 때는 침실 위쪽에 황색, 분홍색 스탠드를
- 서쪽에 노란색 꽃이나 그림을 장식하고 액세서리는 황금, 은으로 치장한다.
- 통장을 초록색 천으로 감싸 북쪽이나 동쪽에 놓으면 새나가지 않는다. 오복, 수, 복, 강, 건강, 부자, 출세, 다남, 장수
- 건강해야 하고 마음이 편안하고 어진 덕을 닦아 명대로 살고 편안히 죽음
- 남아를 원하면 새벽 3시에서 동트기 전까지에 합궁하면 좋다. 남성의 기가 강할 때 임신되면 남자
- 여아를 원하면 초저녁에서 새벽1시까지 합궁 총명한 자녀를 얻고자 하면 술, 고기 불순한 음식을 먹지 말고 비가 많이 오거나 바람이 불거나 설 추석 초상 제삿날 1년 24절기를 피하고 새벽녘에 임신 되면 총명하고 남자 아이가 출산된다.
- 임신 중에는 침대 가구를 바꾸거나 위치도 바꾸지 말 것. 과일도 반듯한 것. 모서리에 앉지 말 것. 자세도 항상 반듯하게 가질 것
- 집에서 가꾸어도 좋은 나무와 나쁜 나무 회나무 잡귀를 막아주는 수호목으로 좋다. 대추나무 석류 앵두 어디든지 좋다. 향나무 담장을 따라 한두 그루 정도면 좋다. 모과나무는 습기를 없애므로 좋지 않다. 오동나무가 집에 있으면 재물손재가 있다. 구기자는 우물가에 심으면 장수한다. 복숭아 : 잡귀를 불러들인다. 좋지 않다. 나무에도 서로 상극

이 있다.

- 집 주위에 대나무는 어릴 때는 재운이 따르나 울창해지고 대나무가 집을 덮고 누르게 되면 재운이 쇠퇴하게 되므로 좋지 않다.
- 집 주위에 뽕나무 단풍나무가 많으면 크게 자란 후 가족들이 만성질환에 시달리게 된다.
- 큰 나무가 가옥의 처마나 대문을 덮으면 귀신이 모여 든다고 하여 장수목은 심지 않는 것이 좋다.
- 집터가 넓다고 해서 사방에 나무를 심던지 넓게 사용하면 재물이 흩어지게 된다. 집터와 알맞게 경계를 지어 구분하는 것이 좋다.
- 수석은 선물로 받지 않는 게 좋다. 특히 실내에 두면 겨울에는 추위를 여름에는 더위를 느끼게 되고 크면 실내가 답답함을 느끼게 되어 좋지 않다.
- 몸이 허약한 어린 아이의 방에 난과 같은 잎이 있는 화분을 두면 좋다. 특히 소화기관이 약하고 기생충이 있는 아이에게 좋다.
- 남향집에 남동향 대문을 두면 생기택으로 부부해로하고 가족이 건강하고 영예로운 일이 많아 대대로 영화를 누린다.
- 남향 집에 대문이 서쪽에 있으면 여자가 가정을 주도하게 되며 상속인 남자를 얻을 수 없게 된다.
- 남향집에 동사택 방위에 대문이 있으면 자손대대로 창성하게 된다.

조상의 영혼이 고통스럽고 불편하면
자손에게 주파수를 보낸다

우선 시각적으로 보아서 누구나 쉽게 알 수 있는 방법부터 설명하고자 한다. 이른바 명당이라고 일컬어지는 자리는 묘 봉분이 깨끗하며 잔디가 잘 자란다. 봉분이 시간이 지나도 손상되지 않고 그대로이며 잔디가 빈틈없이 잘 자라고 있으면 일단 명당으로 판단해도 무방하다.

하지만 봉분의 일부나 전부가 꺼져 내려앉아 잔디가 잘 자라지 못하거나 잔디가 일부 또는 전부가 죽어 없어지고 난 뒤에 쑥이나 억새풀이 봉분을 뒤덮는다든지 그렇지 않으면 잡초가 자란다든지 아예 잡초조차도 자라지 않는 산소는 모두가 이른바 좋지 못한 터이다. 옛말에 "쑥밭되었다"라는 말이 있는데 이 말은 이미 끝난 자리라는 뜻이다. 그리고 비석이나 상석이 기울어지기도 하는데 이러한 현상들은 모두 수맥의 영향으로 나타나는 현상들이다. 수맥이 있는 곳은 땅속의 생기生氣가 다 빠져 나가기 때문에 잔디가 살 수 없는 척박한 땅으로 변해 버리고 수맥이 없다고 해도 토질이 나쁘거나 지기地氣가 나쁜 곳도 마찬가지로 봉분이 지저분하게 변한다. 이러한 터는 시신屍身에 생기의 공급이 중단되어 그 속에 묻힌 영혼은 불편함을 호소하게 되는데 이것이 후손에 재앙으로 나타나는 것이다.

살아 있는 사람은 자신이 살아가는 집이 휴식처이고 가장 편안한 장소이다. 마찬가지로 죽은 자는 자신의 유골이 놓인 자리가 바로 살아 있는 사람에 비하면 곧 영혼이 편히 쉴 수 있는 집과 마찬가지다. 살아 있을 때는 특수한 육체와 영혼이 절대로 분리될 수 없다.

그러나 죽으면 비로소 육체와 영혼이 분리된다. 육체의 생명력이 끊어지면 육체와 영혼을 묶고 있던 끈도 끊어져 버린다. 그러나 살아 있을 때와 마찬가지로 죽어서도 육체와 영혼은 같은 주파수의 파장을 띠게 되며 묘자리가 좋지 않으면 육체의 주파수가 묘자리의 나쁜 파장으로 인하여 주파수의 교란이 오게 되고 같은 주파수인 영혼의 주파수를 잡음이 섞인 나쁜 주파수로 만들어 버리기 때문에 영혼은 고통스럽고 불편한 것이다. 마치 항상 두통에 시달리는 환자처럼 영혼도 역시 고통스럽고 불편한 것이다.

그래서 그런 곳에 자기 자신을 묻은 자손을 원망하게 되고 자신을 고통 속에서 해방시켜 달라는 메시지를 후손에게 보내게 되고 그 후손은 우환과 재앙에 시달리게 되는 것이다. 후손들은 재앙에 시달리게 해야만 한 번쯤 조상의 묘자리가 좋지 않아 이런 일을 당하는 것이 아닌가하고 생각하게 되는 것이다. 묘자리가 좋지 않음에도 불구하고 후손이 잘 된다면 그 후손은 자신의 조상 묘자리가 좋아 자신이 잘 되는 줄 알고 절대로 묘자리를 건드리려고 하지 않는다.

그래서 후손에게 재앙을 안겨 주는 것이다. 그러나 좋은 자리라면 그렇지 않다. 살아있는 사람도 남에게 은혜를 입었다든지 고마운 사람이 있으면 그 사람에게 고마움의 표시로 나에게 남들이 더욱 호감을 가지고 대하게 되며 그로 인해 대인관계가 원만해져서 일이 쉽게 풀려 나가게 되는 것이다.

반대로 나쁜 터에서 생활하는 사람은 향기 대신에 고약한 냄새가 배어있어 누구나 이유 없이 자신을 기피하거나 싫어하게 되어 잘 되어 나가던 일도 꼬이게 되는 경우가 허다하다.

점포 역시 명당터는 지나가는 향기가 나는 곳으로 자신도 모르게 사람들이 발길을 옮기게 하는 것과 마찬가지로 손님이 끊이지 않게 되는 것이다.

초혼장招魂葬과 매장埋葬은 이렇게 한다

　사람들이 실묘를 하거나 부모, 조상의 시신이나 유골을 찾지를 못한 사정이 있어 자손 된 도리로 초혼을 하는 경우가 있는 것인데 이것은 유골체백이 땅속에 들어서는 것보다는 못해도 그 효력을 발생할 수 있도록 할 수가 있다.

　유골 대신을 재래종在來種의 밤나무로 깊은 산속 닭소리 개소리가 들리지 아니하고 조용하고 흠久이 없이 큰 것 가운데에서 한마리가 곧게 자라고 가지가 사람의 팔 다리 같이 붙어 있는 가지를 골라서 껍질을 깎아서 음지에서 말린 후 나무와 뿌리 부분部分이 되는 곳을 상上 시신의 머리 부분으로 하고 나뭇가지가 하늘 쪽으로 한 부분을 아래下: 시신의 다리 부분으로 해서 유골遺骨을 대신하고 삼베나 한지로 염을 하고 명정에 본관과 생년生年을 써서 유택에 모실 때에 초혼招魂을 하는 하관을 하면 된다.

초혼을 하는 것에 누구나 되는 것은 아니라 할 것이나 자손이 조상에 대한 도리를 다하려고 하는 정성을 같이 한다면 자손으로 인해 초혼이 되지 않을 조상은 없을 것이다.

이래서 천지신령에서도 협조가 따를 것이고 조상이 자손과도 조화됨이 있을 것은 물어 무엇 하겠는가?

또한 초혼장을 하는 일이 조상을 생각하고 자손의 도리를 생각한다고 해도 그 자리가 좋고 나쁜 것에 대한 양함이 생장生葬을 해서 유골이 든 산소와 운運과 같은 것이니 신중을 기해서 유택을 구하고 모실 것이지 함부로 하고 함부로 결정할 바가 아닌 것이다.

그리고 초혼장을 생장이나 유골장과 같이 하지 못하게 하는 일은 하늘에서 금하는 법이고 초혼장은 부부가 쌍분으로나 다른 곳에 혈판을 잘 보존해서 작업을 할 때 넓게 파서 자리를 상하게 하는 것이 좋을 것 없다. 될 수 있는 대로 좁게 천광을 파서 주변을 상하게 하지 아니하는 것이 명당 자리를 보존해서 지기를 제대로 받도록 해야 한다.

아무리 좋은 명당이라 해도 본 혈판을 넓게 파고 상해서는 지기를 받을 수 없다. 우리 조상들은 묘자리를 깨끗하게 보존하고 제대로 시신을 육탈肉脫시키고 유골만 남게 해야 한다.

또한 묘지 이장을 하다가 보면 관에 옻칠을 해서 시신은 관속에서 육탈이 되지 아니하고 관속에 수액水液이 밖으로 흘러내리지 못해서 물속에 담겨져 있는 경우가 많아 이러한 곳에 후손들이 고생이 많거나 우환 재물 손재 등이 많다.

목관만 하관 할 경우 관 바닥에 구멍을 뚫어 물이 빠지도록 해 주어야 한다. 또한 목관 뚜껑을 덮게 되면 공간이 생겨서 나무가 되면 나무판이 내려앉으면서 시신의 중부를 압박해서 위장병이나 성불구자가 되는 경우가 있거나 재물 손재를 보게 된다. 이래서 하관을 할 적에 관 뚜껑을 덮어서는 안 된다.

시신을 땅속에 묻을 때는 흙과 배합이 되게 시신만 혈판에 모시어 자연의 순리를 따르는 일이 되어야 죽은 영혼에도 유골에도 좋고 자손에도 좋은 것을 물어볼 것이 없는 일이다.

예로부터 산소를 들일 때 석회石灰를 쓰는 일이 나무뿌리나 풀뿌리가 유골에 피해가 되는 일이 없도록 하기 위한 일이다. 또한 산에 올라 혈자리를 잡아 주변의 산세를 보면 혈판을 높이고 낮추어야 할 곳이 있는 것인데, 이것을 판단하지 못해서 입수를 잘라서 묘를 쓰는 경우가 있다.

음덕陰德이란 선대先代의 후광後光이다

　음덕이란 무엇인가 화복론을 주장하는 사람들의 말을 빌린다면 명당에다 묘지를 쓰게 되면 그 후손에게 돌아오는 복이라 설명한다. 이는 한자가 뜻하는 의미를 정확하게 이해하지 못한 데서 기인된 잘못된 해석이라 하겠다.

　음덕이란 아무에게나 풍수가 명당을 찾아 준다고 해서 그 자손들에게 반복되는 덕이 아니라 고인이 살아생전에 남모르게 쌓았던 음덕이 고인이 영면에 들고 난 후 즉 금잔디를 이불로 덮고 나서야 천지가 이를 밝혀내어 축복으로 후손들에게 그 덕을 되돌려 주는 것이 올바른 해석이다. 음덕이라는 음자는 음덕의 음그늘 음에 풀초를 덮은 음가리울 덮을 음자다. 쉽게 풀이한다면 고인이 주어진 수명을 다하고 지하에 묻혀 있어도 살아생전에 베풀고 쌓았던 적덕의 비중만큼 아니면 그 몇백배로 배가된 축복으로 자손들에게 좋은 영향을 미치게 되는 것이라 하겠다. 살아 있을 때 남모르게 베풀었던 그 음덕이 사후에야 밝히 들어나게 되어 이웃 사람들의 눈과 귀를 통하여 많은 사람들이 알아주고 생각 했던 그 이상으로 하늘은 그 후손들에게 되돌려 주는 것인데 올바르게 공부하지 못한 풍수는 음덕이라는 후광이 자연스럽게 발현하는 것인 줄도 모르기 때문에 평생을 금수보다도 못하게 욕심만 부리고 살다가 죽은 자도 명당에만 들어간다면 발복이 된다는 주장을 장황하게 늘어놓으면서 사람들을 현혹하고 있다. 그러니 그렇게 살아왔던 그 사람들에게 어떻게 명당을 찾아 줄 수 있겠는가. 명당이 있어도 그런 자에게는 권할 수도 없고 권해서도 안 되는 일이라는 것쯤은 풍수들이 지녀야 할 기본윤리의 덕목이라는 것을 먼저 배우고 나경반을 만져야만 명당을 올바르게 찾아 줄 수 있는 것이다.

명당은 교만한 풍수의 눈을 가진다. 살인 만행을 저지르거나 나만 잘 되겠다는 욕심에 사로잡혀 올바르게 살지 못하고 다른 사람을 괴롭힌 자들이나 그를 도와주었던 자를 살펴보면 형상론적 명당에 들어갈 수는 있어도 형기론적 명당에는 절대로 들어가지 못했다는 것을 풍수지리학을 공부한 사람이라면 대부분 나름대로 짐작하고도 남을 것이다.

한 시대를 주름잡았던 사람에게 일류풍수가 잡아준 명당자리가 미사여구만 펼쳐놓은 허구의 명당이었으며 망지였다는 것을 풍수를 접해본 사람이라면 다들 알고 있는 사실이다. 크나 큰 수맥이 지나가는 사실을 감지하는 능력도 없으면서 어리석게도 수맥 위에다 외관상의 치산명당을 꾸며 놓고 결과가 자신의 주장과 반대로 나타나자 이제 와서는 자신이 골라준 자리가 아니라고 서로 발뺌하고 책임을 회피하는 비굴한 모습들이 매스컴을 타고 전국으로 보도된 사건이다. 그 후손들에게 발복은커녕 고통에 시달리며 살아가는 모습들을 보며 풍수가 아닌 사람들도 다 같이 동정하고 포근하게 생각하지만 애꿎은 풍수만 무능하다고 나무랄 수는 없는 것이다.

　부덕한 자가 명당을 찾아 평안하게 들어가는 것을 하늘이 그냥 보고만 있지 않았기 때문이다. 풍수의 눈을 가리어 명당을 찾지 못하도록 방해하여 버렸으니 그 누가 나서더라도 부덕한 자에게는 명당을 찾아줄 수 없는 것이다. 살인자들에게는 그에 상응하는 자리가 기다리고 있겠고 부덕한 자에게는 그에 걸맞은 자리가 기다리고 있는 것이 천지자연의 조화이며 이치가 아닐까. 음덕을 쌓으면서 사람답게 살다가 돌아가는 것이 좋을 것이다.

동기同氣 감응感應은
어떻게 후손에게 전해지는가

부모는 사람이 생겨남의 근본이라 하였다. 부모의 유해가 오행의 생기를 얻어 타게 되면 부모의 유체인 자식으로서 어찌 그 부모의 음덕이 주는 복을 입지 않는다고 할 수 있겠는가.

이에 혈중에 감응이 살아있는 자식에게 미친다고 하였다.

우리나라의 풍수 원조로 추앙되는 도선국사에게 풍수를 가르쳤다고 속설이 전하는 당대의 저명한 풍수학인 일행선사는 또 이렇게 주석을 달았다. 급남경의 저자 곽박이 청오경을 인용한 것이라고 하면서 또 말하기를 살아 있으면 사람이요 죽어 있으면 귀신이다.

부모가 돌아가서 장사를 지냈는데 그 분들이 지기를 얻으면 같은 종류의 기가 서로 감응하게 되고 살아 있는 자손들에게 응험이 있을 것이다.

그것은 마치 구리광산이 서쪽에서 무너지는데 영험스러운 종이 동쪽에서 울리는 것과 같은 이치다고 하였다. 이 비유에 대해서는 장설이 보다 더 구체적으로 다음과 같이 설명을 덧붙였다. 한나리 미앙궁에서 어느 날 저녁에 아무 이유없이 종이 스스로 울었다. 그것을 보고 임금이 괴이쩍어 주위를 둘러보며 물으니 마침 곁에 시립하고 있던 동박삭이 이는 반드시 구리 광산이 무너진 일이 있을 것이라고 하였다. 아닌게 아니라 얼마 되지 않아 서쪽 땅 진령에 있는 구리 광산이 무너졌다는 소식이 왔는데 날짜를 헤아리니 바로 미앙궁의 종이 아무 이유도 없이 스스로 울린 그 날이었다.

신기하게 여긴 왕이 동방삭에게 어떻게 그리 된 줄 알았느냐 물었다. 동방삭이 대답하기를 구리 종을 만든 구리는 바로 구리 광산에서 나온 구리로 만든 종이 스스로 우는 것은 마치 돌아가신 부모의 뼈가 동기인 자식에게 기가 전해지는 것이니 이는 모두 자연의 이치인 것이다.

영험한 종과 구리 광산의 감응에 대한 비유에 이어 금낭경은 다음과 같은 비유를 하나 더 들고 있다. 즉 봄이 되어 나무에 꽃이 피면 방안에 있던 잡곡에서도 싹이 튼다. 이 비유를 곽박은 이렇게 해석하였다. 농부가 가을에 밤을 따다가 사랑방 설경에 얹어 두었는데 봄에 밖에 있는 밤나무에 꽃이 피면 방안에 두었던 밤톨과 오곡 씨앗도 싹이 튼다. 대개 본성의 근원이 기를 얻으면 서로 감응함이 마치 부모의 장사지낸 유골 뼈이 생기를 얻으면 자손이 왕성한 번성을 한다.

부모의 체백시신으로 기를 받는 것은 살이나 피가 아니고 뼈를 통해서이다.

뼈는 사망한 사람의 생기라 매장묘을 하면 뼈만 홀로 남는다. 장사란 기를 되돌려 뼈에 들임으로서 자손에게 음덕을 입히는 것이다.

자손은 이에 조상의 뼈로 인하여 정기가 결합하면 자손에게 감응케 하니 살아 있는 사람 역시 기인 까닭이다. 만물은 기로서 서로 감응치 않는 것이 없고 역시 기로서 길흉화복이 되지 않는 것이 없으니 인간의 행복과 재앙은 비록 밖에서 와서 이르는 것이지만 기가 실은 사람의 일신의 사이로부터 나오지 않는 곳이 업다. 따라서 사망한 사람일지라도 뼈가 있어야 생기를 받을 수 있는 것이고, 뼈마저 모두 썩어 흙으로 돌아가고 또한 화장을 했다면 그 후손은 무엇을 통해서 생기를 받을 수 있겠는가. 흙은 모은 땅이나 검은 땅 비가 오면 물이 고였다가 빠져 나가는 땅에는 뼈가 소골 되므로 이러한 곳에는 집을 지어서도 안 되고 묘를 써서도 안 된다.

해마다 청명 한식 때면
왜 조상 묘소를 돌아보아야 하는가

해마다 4월 5~6일 청명 한식 때면 애석한 마음과 지극한 정성으로 조상의 산소를 돌아보게 된다. 돌아가신 부모와 조상을 섬기는데 있어서 가장 중요한 효행은 법식에 맞는 안정된 묘터에 조상을 모시고 그 묘역을 관리 보전하는 일이다.

그러나 자신이 사는 집은 한 방울의 물이 새고 한 가락의 찬바람이 들어와도 법석을 떨고 수리하면서도 부모와 조상의 유골이 안장되어 있는 유택은 봉분이 무너져서 물과 바람이 교댈 들락거리면서 썩어가고 있는데도 잘못된 인식과 관습 때문에 개수하지도 못하고 방치해 두고 있는 것은 도덕적으로도 대단히 잘못된 일 뿐 아니라 원리적으로도 잘못된 것이다.

합리적으로 원칙에 맞도록 묘지 이장을 하거나 개수를 하는 것은 함부로 손대거나 잘못 건드리는 것이 아니므로 그러한 비합리적인 인식과 관습은 고쳐야 할 것이다.

함부로 손대고 잘못 건들서 피해를 당하게 되는 사례들을 보면 다음과 같은 경우들이다.

　현재 있는 묘소의 상황을 정확하게 파악하지 못한 채 어림짐작으로 묘를 파서 좋지 않은 곳에 묘지 이장했을 경우 묘지 이장한 묘지가 좋지 못하면 씬의 유골이 안정을 찾지 못하고 산화되면서 자손에게 피해를 준다.

　현재 있는 묘자리보다 묘지 이장한 묘자리가 비록 좋다 하더라도 묘지 조성을 잘못하여 묘에 물이나 바람이 들어갔을 경우와 묘의 위나 가까운 주변을 함부로 파서 그곳을 통해 묘에 물이나 바람이 침입했을 경우나 묘 가까이에 나무를 심을 때 구덩이를 파거나 하여 땅이 물러져서 그곳을 통하여 묘에 물이나 바람이 들어갔을 경우나 묘의 봉분을 다시 하면서 공사 시행착오로 묘에 물이나 바람이 들어갔을 경우 또는 상석이 놓여 있는 대부분의 공사현장을 보면 묘 앞을 파고 상석의 밑받침을 놓기 때문에 그곳을 통하여 비가 올 때마다 묘 속으로 물이 스며든다. 둘레석도 마찬가지로 거의 전부 공사의 시행착오로 물과 바람이 침입하도록 되어 있는 실정이다.

　이런 둘레석의 경우엔 공사가 잘못되면 물과 바람이 직접적으로 흘러듦으로써 안정되어 있던 유골의 기가 흔들려서 비정상적인 간섭너지로 돌변하여 수년 안에 그 피해를 당하게 된다.

요즘 사람들은 나이가 들거나 가난하게 살다가 치부를 하거나 출세를 하면 모처럼 조상에게 효도도 하고 자기의 체면과 집안의 체면도 세울 겸 조상의 묘에 각종 석물로 치장을 하는데 거의 전부가 잘못된 공사를 함으로써 물과 바람의 침입을 받아 그 자손들이 오히려 피해를 당하는 사례를 볼 수 있다.

자손이 부모와 조상에게 생전에 못 다한 효도를 하겠다는 그 정성이야 매우 갸륵한 일이지만 자연으로 돌아간 조상의 체백과 영혼의 진실은 살아 있는 사람의 인식의 실체와는 별개라는 것이다. 자손들이 눈으로 보아서 기분이 좋고 찬사를 받아서 즐거운 것은 살아 있는 사람의 만족일 뿐이지 조상의 영혼이 즐겁거나 그 유골이 편안한 것은 아니다.

생전의 부모와 조상에게 그토록 효도하려고 애쓴다면 그 부모와 조상은 당연히 기쁘고 즐겁겠지만 돌아가신 부모와 조상은 자연의 진리로 돌아가신 것이기 때문에 그렇지가 못하다.

천광(穿壙)은 얼마나 깊이 파야 하나

천광을 팜 파서 관을 넣는 곳을 이름 산의 지층은 보편적으로 다섯 가지 층으로 본다.

① 표피층 풀과 나무가 뿌리를 박고 자라는 산화된 토질층이 흙은 대개 부식토이다.

② 맥피토층 흙이 불으면서 조금 단단해지는 층이다. 맥근층을 보호하고 있다.

③ 맥근토층 혈심토로서 소위 혈토가 있는 토질층이다.

④ 맥골층 산의 뼈대로서 주로 암석으로 형성되어 있다.

⑤ 맥골심 뼈대의 중심부에서 가장 강한 암석이다. 온 지구가 한 덩이로 연결된 층이다. 천광은 맥근토층의 중심까지 파야한다. 이 맥근토층의 중심으로 산맥의 에너지가 흐른다. 혈토는 그 조직이 단단하고 윤기가 있으며 비석비토로서 다색 할 수록 좋다. 토질층이 얇은 것도

있고 두터운 것도 있으므로 천광을 할 때에는 주의 깊게 관찰해서 맥근토층의 중심까지 뚫어야 최선의 에너지를 받을 수 있다. 천광을 할 때는 절대 포크레인 등의 중장비는 사용하지 말아야 한다. 왜냐하면 중장비 기사들이 자기의 힘만 생각하고 마구잡이로 천광을 하다 보니 혈심토를 파괴시킨다. 천광은 조심스럽게 정성을 다하고 마치 수술을 하듯이 최선을 다해야 한다. 또한 무슨 좌향에는 혈심의 깊이가 몇 자라고 공식을 정해 놓은 경우도 있지만 지질층이 두텁고 얇음이 각각 다르므로 그린 공식에 의해 혈심의 깊이를 결정하는 것은 비합리적이다.

고려 조선시대에 왕릉의 천광 깊이는 얼마나 될까. 일반적으로 보통 무덤들은 4자1.2m 정도로 깊이로 파며 아무리 깊은 것도 6자1.8m를 넘지 않는다.

흔히 민간에서는 무덤을 팔 때 상투 끝이 보일락 말락 할 때까지만 파라라는 속설이 있어 깊이 묻는 것을 꺼린다. 그러나 왕릉은 10자3.1m 정도 파고 시신을 묻는다. 보통 무덤에 비해 배가 넘는다. 무엇 때문에 왕릉은 10자나 파는 것일까? 임금 왕자가 십자의 상하를 막은 모양이기 때문에 10자 깊이가 바로 왕기를 받는 위치라고 알려져 있다. 그래서 왕기는 땅 속 10자 깊이에서 난다고 믿었다. 이러한 믿음이 일반에 알려지면 너도 나도 이 방법을 따라 할 터이니 왕릉에 참여했던 지관들 사이에서는 이를 비밀로 하는 것이 불문율로 전해져 왔다고 한다. 그러나 이러한 속설과는 상관없이 왕릉을 이처럼 깊게 판 것은 중국의 깊게 묻는 심장법을 따른 것이다.

중국에서는 황제의 능이 도를 당하지 않도록 깊게 묻는 심장법을 써 왔다. 첫째 10자 정도의 깊이에 시신을 묻으면 빗물이나 습기가 이르지 못해 온기를 보존해 줄 뿐만 아니라 한기도 막아주어 겨울에도 시신이 어는 것을 방지해 준다. 둘째, 깊게 묻으면 무덤 속에 벌레나 뱀, 개구리, 나무뿌리 등이 침범하지 못하기 때문에 시신을 온전하게 보존 할 수 있다. 셋째, 깊게 묻었기 때문에 도굴을 방지 할 수 있다. 얕게 묻으면 도굴로 인하여 부장품의 도난은 물론 시신까지 해를 입을 수 있기 때문이다. 그러나 왕릉에 비해 일반 무덤들은 대개 얕게 판다. 그것도 왕릉의 절반도 안되게 파고 시신을 묻는다. 만일 깊게 팔 경우 물이 나올 가능성이 그만큼 더 커지기 때문이다.

그래서 지관들은 자신이 잡아 준 묏자리에서 물이 나올 것을 염려해서 가능하면 얕게 파도록 한다. 조선시대 왕릉의 가장 큰 특징은 하나같이 언덕바지나 구릉에 자리 잡고 있다. 웬만한 깊이에선 물이 나지 않는다.

천광穿壙을 할 때 북소리처럼 울려야 좋을 혈穴자리이다

- 천광을 팔 때 북소리처럼 울려야 좋은 묏자리다.
- 천광 할 때 맥에 접하고 맥의 중앙을 뚫고 묘를 쓰면 사기를 범하게 된다.
- 천광 혈토는 비석비토로 단단해야 좋은 혈 자리이다.
- 천광을 팔 때 금방 암반이 노출되는 곳이면 인위적으로 깊게 길게 파고 배수가 잘되는 양질의 흙으로 바꾸는 방법도 생각해 보아야 한다. 흙이 배수가 잘 안되면 보형의 침범을 받으므로 배수 방법을 꼭 검토해야 한다. 그래야 자손에 해가 없다.
- 천광은 부토를 걷어내고 생토 밑에 마사토가 나온다를 찾는다. 생토는 별도로 모아 두었다가 매장 할 때 관 밑자리와 주위에 외부 흙을 넣지 말고 생토를 다시 넣는다.
- 비석비토 단단해 수, 나무뿌리, 벌레가 침범을 못한다.

- 혈토는 금빛이 나면 속발되고 한 가지 색이면 물이 없는 곳이다.
- 매장 후 체백이 황골이 되어야 명당이라고 본다.
- 성분하고 난 후에 생토를 사용하고 뫼두를 만들어 주면 수입방지가 된다.
- 평지는 봉분을 크게 하고 뒤가 조금 낮아야 수입방지를 할 수 있다.
- 하관시에 운자 청실은 왼쪽 가슴 위에 아字와 홍실은 오른쪽 무릎 위에 놓는다.
- 시신 벌레가 발생하지 않도록 잣나무 가지 3개를 올려 놓으면 앤이라는 벌레가 생기지 않는다.
- 하관 시 맥관이 소나무 잎을 입에 물고 있으면 호충을 방지한다.
- 명당 가까이 전순 앞 청룡 백호 현무 있는 쪽 흙으로 봉분을 지으면 상주에게 害가 미친다. 재혈 할 때 지렁이, 뱀, 곤충 등 살생하지 마라
- 묘 봉분을 지을 때 상석 앞은 약간 낮게 하고 광중에 물이 들지 못하게 상석아래 축대까지 배례하는 자리는 끝을 약간 높인다. 재물이 안 빠지게 양 옆은 조금 낮게
- 봉분은 최소 반지름 1.5m 이상이어야 좋다. 우수 침수방지
- 산 돼지가 많은 곳에는 천광 할 때 시신위에 횡대를 산짐승을 방지할 수 있다.
- 봉분 조성 시 석회를 사용하는 것은 나무뿌리와 동물이 침입 못하게 방지 하는 것이다.

- 묘 봉분 앞이 경사가 심할 때는 석축을 하지만 낮은 곳은 잔디 축이 좋다.
- 풍살을 받을 경우 비보하는 방책으로 정도로 따라 회양목 사철나무 향나무 등으로 가리는 것도 좋다.
- 화장을 한 경우 유골은 고인이 평소에 자주 다니던 산에 양지 바른 곳에 1m 정도 깊이 파고 묻는 것이 가장 좋다. 강이나 산에 뿌리지 말라.
- 합장 : 부인이 먼저 죽으면 후에 남편은 합장이 가능하나 남편이 먼저 죽으면 후에 부인은 합장이 불가능하다.
- 묘지 이장인 경우는 합장이 가능하다.
- 합장 할 때는 남자 쪽을 약 20cm 정도 밑으로 모신다.
- 체백이 안 보이도록 가운데를 가린다. 관 뚜껑을 덮으면 자손에게 해가 된다.
- 주묘에 통문을 내면 절대 안된다. 구묘의 체백을 봐서도 안 된다.
- 역장 : 입향조 주위, 고총 주위 생왕방 문중일가묘 벌안 가까이 묘를 쓰면 안 된다. 해가 자손에까지 미친다.
- 한 능선에 묘를 같은 좌로 쓰지 않는다. 지현품자 형태로 쓴다.
- 배토장 : 천광을 파지 않고 땅 위에 안장 봉분을 짓는 건 지기가 위로 뜨는 혈일 때 가능
- 천광을 할 때 바로 암반이 나올 경우 흙을 까고 바로 봉분을 크게 짓는다.

칠성판七星坂은 잡귀를 막아 준다

관 속 바닥이나 천광 바닥에 깐 판 얇은 널조각의 북두칠성을 본 따서 일곱 구멍을 뚫어 그 위에 한지와 삼베를 깔아서 일곱 매로 체백을 묶어서 땅 속에 모신다. 주로 이상 할 때 많이 사용한다.

수 백 년 된 묘를 파 보면 관 속에서 북두칠성 모양의 구멍이 뚫린 관 크기의 판자가 많이 나온다. 이를 칠성판이라 한다. 예전에는 보통 관속에 칠성판을 깔고 차조를 태운 재를 4cm 정도 깐 다음 그 위에 시신을 안치했다. 관 바닥에 이렇게 조를 태운 재와 칠성판을 까는 무슨 이유는 재는 수 천 년이 지나도 변하지 않으며 사물로서 정령이 없기에 시신에서 해가 되는 개미나 벌레 등과 같은 생물의 침범을 막아 주는 성질을 가지고 있기 때문이며, 또 덜 탄 재에는 화성이 남아 있어 물기가 스며들지 않는다고 한다.

그래서 관 바닥에 차조를 태운 재를 깔아 물이 스며드는 것을 방지하여 습기를 없애주고 나무뿌리의 침범을 막아 시신을 온전하게 보존하고자 하였다.

또한 입관 후 시신에서 분비되는 수액을 흡수해 주고 매장 후에는 유골이 썩어 없어지지 않도록 하였다. 칠성판은 관에 들어갈 정도의 크기로 만드는데 5푼 정도 두께의 송판에 북두칠성 모양으로 일곱 개의 구멍을 뚫은 다음 옻칠을 한다. 칠성판은 전한 때 왕망이 북두칠성의 위엄을 빌어 군대를 통솔하기 위해 열 가마나 되는 구리로 두자 반 정도의 북두 모양을 만들어 위두라 하고 자신이 출입 할 때마다 이것을 지고 뒤따르게 한데서 비롯되었다. 그래서 후세 사람들은 이 위두를 묘지에 묻어 지하의 사귀를 누르고자 하였다. 칠성판에 북두칠성 모양의 구멍을 뚫는 것은 북두신에게 빌어 죽음을 구제받기 위한 것이다. 즉, 북두는 죽음을 관장하고 남두는 산자를 관장한다. 따라서 관 바닥에 칠성판을 깔아 죽음을 구원받고 묘광의 사귀를 쫓고자 하였다. 그러나 석관을 주로 쓰던 고려 시대에는 칠성판을 쓰지 않았다. 칠성판이 거의 필수적으로 쓰이게 된 것은 상례를 주자가례에 의거해 치르기 시작한 조선 초부터였다.

또 광중의 잡귀를 쫓는 것으로 방상씨라는 것이 있다. 방상씨는 망나니가 도사처럼 관복을 입고 방상씨 가면을 쓴 다음 한 손엔 창을 다른 한 손엔 도끼를 들고 상여 좌우에 서서 길을 인도하는 것이다. 4품 이상인 관원의 장례에는 눈이 네 개의 방상씨를 쓰고 5품 이하는 눈이 두개만

달린 방상씨를 쓴다. 왕비의 국상에서는 네 개의 방상씨가 각기 네 대의 수레를 타고 발인 행렬 앞 양쪽에서 잡귀를 막으며 길을 안내한다. 영구가 장지에 도착하면 먼저 방상씨가 광중으로 들어가 창으로 광중의 네 구석을 쳐서 잡귀를 몰아내고 시신을 안치한다. 우리나라의 방상씨 가면은 신라 때 능인 경우 호우총에서 처음으로 출토된 바 있다. 고려에서는 섣달그믐 전날 밤 구나의식잡귀를 쫓는 의식에 사용되었다. 구나 규제에 따르면 악공 22명 중 방상씨 한 사람은 네 눈이 달린 황금빛 탈을 쓰고 곰 가죽으로 만든 검정옷에 붉은 치마를 입고 오른손에 창을 왼손에는 방패를 들고 역귀를 쫓아낸다 하였다.

    이처럼 상사에 주로 방상씨를 세우는 것은 영구와 광중에 드는 잡귀를 쫓기 위한 것이다. 칠성제 지내는 날은 주인공의 생기 복덕 천의일에 제사를 지내면 좋은 날이다.

명주는 썩지 않는다.
대쌈자리와 토와土瓦는 체백體魄에
금상첨화錦上添花라

　사람이 죽으면 누구나 명당 묘자리를 찾아서 장사를 지낼 때의 제반 조건을 결정하는 장택매장법은 시신에게 영향을 미치는 모든 요소들이 오나벽하게 조화를 이루도록 만든 법칙이다.

　매장의 중요한 요소는 진혈 명당의 묘지 좌향 매장의 일시 시신의 수의 관 그리고 망인과 후손들의 사주 등이다. 이처럼 자연 지들의 사주 등이다. 이처럼 자연 지리 인사가 서로 조화를 이뤄야 비로소 완전한 진혈이 되면서 시신에서 좋은 생기가 발하여 후손이 발복한다. 이는 지리적으로 아무리 좋은 형세를 가진 혈장이라도 망인을 매장 하는 과정에서 장법이 올바르지 못하면 여러 조건들이 파괴 되기 때문에 시신을 버리는 것과 같다는 뜻이다. 청오경에도 이를 경계하며 다음과 같이 말하였다. 혈이 좋더라도 장사일이 나쁘거나 매장법에 맞지 않으면 시체를 아무렇게나 버리는 것과 마찬가지라 하였다. 요즈음 사람들은 신후지지를 사전에 교통이 편리한 곳에 잡았다가 바로 그곳에 장사를 지내는데 옛날부터 수의는 명주로 많이 하는데 명주는 썩지 않고 체백에 붙으므로 인하여 좋지 못한 영향을 받게 되므로 사용하지 않는 것이 좋으며 수의는 반드시 깨끗하게 잘 녹는 마포 삼배만을 사용 하는 것이 좋으며 목관은 임시관으로만 사용하면 좋을 것이다. 옛날에 저소득층에서 사용하던 대발쌈이 최고라는 것은 결코 틀린 말은 아니다. 필자가 어린 시절만 해도 가난한 집에서는 갈대로 자리를 만든 삭자리로 사람이 죽으면 목관 대신 싸서 매장을 하기도 하고 대나무를 사람 키 높이 길이와 같이 잘라서 색기로 엮어서 장사를 했는데 요즈음 와서 묘지 이장을 하게 되어 파보면 체백이 아주 깨끗하게 탈골이 되면서 두상이 반듯하다.

    이러한 것을 보면 풍수지리학을 연구하는 필자로서 생각할 때 앞으로는 목관 석관 대신 대발쌈으로 체백을 싸고 그 위에 부드러운 흙을 덮고 토와를 좀 크게 부와로 만들어 목관 석관 대신 위에 덮고 생석회를 흙과 같이 혼합하여 덮으면 체백에 목근과 충도 방지되고 육신은 빨리 없어지고 뼈만 남게 되고 대발쌈의 나무로 인하여 약간의 습이 있는 혈장이라도 시신의 유골에는 습이 닿지 않으며 흙과 토와로 시신과 삼위일체의 조화가 되므로 토와를 부와로 크게 제작하여 사용하면 금상첨화라 할 것이다.

또한 석관 사용에 대한 그 이유는 천광내에는 수증기가 발생함에 따라 이를 흡수하여 습도를 자체내에서 조절되어야 하나 돌은 수증기를 흡수하지 못해 조절을 못하며 또한 이슬이 맺혀 다시 체백에 떨어짐으로꺼 체백과 습기는 상극인 고로 쉽게 손상을 입게 되고 또한 체백이 축축하게 되면서 새까맣게 된다. 우리는 이러한 이치를 모르고 석관을 사용함으로서 목근이나 기타 충 종류가 침범하지 못할 것이라는 고정관념에서 오는 소치로서 체백에 막대한 피해를 줌을 알아야 한다. 석관은 고려초기에서 조선조 초기까지 조개껍질을 불에 구워서 석회질 성분이 된 것을 빻아서 채로 친 가루를 술로 반죽을 만들어 사용했고 주선 중엽 부터는 석회원색을 채취하여 이를 빻아서 채로 친 가루를 술로 반죽하여 사용함으로써 몇 백년이 지난 오늘날까지도 깨끗한 유골을 볼 수 있었던 것이다. 현재 우리도 토와와 대쌈자리를 사용함으로써 간편하고 옛 원석관의 역할을 창출하였으면 한다.

합장은 이렇게 한다

합장은 합묘 또는 동택이라고도 하는데 구묘에서 새로운 시신을 모시는 것은 동서를 막론하고 불택길일하여도 크게 탈이 없지만 구묘를 신묘에 옮기거나 구묘끼리 파서 옮기는 것은 여간 신중하지 않으면 안 된다.

왜냐하면 구묘의 향방이나 좌방이 각기 틀리며 옮겨오는 쪽의 향이 극을 받지 않으며 받아들여 맞이하는 좌향이나 서로의 시신이 살이나 끼지 않았는지가 문제이기 때문이다.

사람은 흔히 육안으로 보아 산색이 수려하고 용사가 그럴 듯하면 묘를 옮겨 합장하는데 이것은 얼음을 가져다 불에 넣는 격이며 소금을 쇄통에 넣는 격이다.

대개 묘지 이장이나 합장하는 것은 생활수준이 전보다 좀 윤택하여 졌기 때문인데 어느 묘의 음덕이 조명하였는지 확실히 모르고 지기를 파서 마구 옮기니 어찌 개탄하지 않겠는가.

  첫째, 옮겨 가는 쪽이 좌살 겁살 세살 등 삼살이 닿지 말아야 하며 망자 또는 양좌가 오행이 상극되지 말아야 하며, 충을 부르지 말아야 한다.

  모든 것이 구비되어도 비 또는 눈이 올 때에 구묘를 파서는 안되며 또한 구묘를 뚫어 통문을 내어서는 더욱 흉사를 자초한다.

  만약에 통문을 내면 구묘의 정기가 새어 버리며 수광신이 놀래서 혼비백손 혼비백산하여 패가망신 하는 것이다.

  둘째, 동총법 보아 구묘에 삽질을 하여도 무방한가를 보아야 한다.

  아무리 오행이 맞고 좌향이 상응한다 하여도 무덤에 삽질을 하면 침살이 되어 낙사, 압사 등이 생기며 절손 될 수 있으므로 반드시 동총법을 보아서 삽질을 하여야 한다.

  셋째, 시파하는데 선처를 택하여야 한다. 다시 말해서 첫 삽질을 하는데 어느 방향을 먼저 파야 시신이 안위하는가 하는 것이다.

  유의할 것은 자오묘유의 향을 먼저 시삽하여야 하며 진술축미방은 복살이 있어 불길하다.

  넷째, 공망일을 택하여 쓰는 것도 묘지 이장하는데 필요하다.

  만약에 이것을 모두 보기가 힘이 들거나 부득이한 경우는 산왕경을 독송하고 나무아비타불을 백팔번을 외우면 오방내외의 신이 안위 되는 것이다.

⑴ 삼살 자남삼살 축-동삼살 인-북삼살 묘-서삼살 진-남삼살 사-동삼살 오-북삼살 미-서삼살 신-남삼살 유-동삼살 술-북삼살 해-서삼살

⑵ **동총법**: 임자 계축 병오 정미좌 대길년-진술축미년, 소길년-자수묘인년, 대흉년-인신사해년, 간인 갑묘 곤신 경유 좌 대길년, 자오묘인년, 소길년-인신사해년, 대흉년-진술축미년, 울진 손사 신술 건해좌, 대길년-인신사해년, 소길년-진술축미년, 대흉년-자오묘유년

⑶ **시파법** : 1,2,3월-남방시파 4,5,6월-북방시파 7,8,9월 동방시파 10,11,12월-서방시파 묘를 옮기지 않고 파서 화장하는 데는 좌향이 삼살과 대장군방이면 삼가야 하는데 만약 위패를 절에 모시고 독경을 하여 천도를 할 것 같으면 년년이 호년이요 월월이 호월이며 일일이 호일이오 시시가 호시인 것이다. 왜냐하면 모든 살은 천도식에서 제거되기 때문이다.

물이 없으면 명당이 될 수 없다

산은 천지의 근원을 바라보고 물은 천지의 끝을 본다. 라는 말이 있다.

산은 그 성질이 움직이지 않아 정이며, 물의 성질은 동이다. 산은 음이고 물은 양이다. 산수가 서로 어울리면 음양이 화합하고 생기를 발하게 마련이다. 그러니 山水가 서로 만나는 곳은 길지가 된다.

풍수에서 물을 중요시 하는 진짜 이유는 물의 본성 그 자체에 있다. 산은 수가 보내지 않으면 오는 바를 밝힐 수 없고, 혈은 물을 만나지 않으면 그 그침을 밝힐 수 없다고 한 것처럼 물이 없다면 기의 흐름을 알 수 없고 또 어디에서 멈추었는가를 살피기도 어렵다. 즉 물을 통하여 기의 흐름과 멈춤을 알아 낼 수 있다는 말이다. 풍수라는 명칭도 생기는 바람을 타면 흩어지고 물을 만나면 머문다고 한데서 비롯된 것이다.

생기를 모이고 흩어지게 하는 바람과 물이 글자 그대로 풍수가 된 것이다.

그래서 풍수의 법은 득수가 우선이고 장풍이 그 다음이다 라고 까지 했다. 그러면 풍수에서 득수란 구체적으로 어떤 지세를 가리키는 것일까. 음양론에서 본다면 산과 물이 상응하면 음양이 화합하고 양자가 상극하면 음양이 떨어져 불화를 이루게 된다. 그러므로 산수가 화합하는 곳에 생가가 모이고 그 곳이 바로 명당길지인 것이다. 이렇듯 득수는 생기의 멈춤과 취집물이 모이는 곳이라면 면에서 풍수에서 매우 중요하게 친다. 이는 유동과 변화를 그 본성으로 하는 물도 산과 더불어 조화를 이루지 않으면 안 된다는 음양의 화합을 강조한 것이라 할 수 있다. 물 없는 산이란 생각도 할 수 없듯이 장풍바람을 갈무리은 반드시 득수와 함께 다루어지는 것이다. 그렇다면 물은 어떻게 흘러야 하며, 어떤 방향으로 흘러야 길한 것인가.

풍수에서는 그 성국을 이루는 물이 흘러들어오는 것을 득이라 하고 흘러나가는 것을 파라고 한다.

즉 청룡과 백호 사이로 흘러 들어오는 물이 처음 보이는 곳을 득이라 한다면 명당 앞을 지나 흘러 나가는 물이 마지막으로 보이는 곳이 파인 셈이다.

또 청룡 쪽에서 흘러내리는 물을 양수라 하고 백호 쪽에서 흘러내리는 물을 음수라 한다. 이는 음양오행설에서 동은 청색 양이고 서는 백색 음이다.

또한 물의 흐름은 일정하지 않다.

물은 길방에서 흘러들어와 흉방으로 나가야 좋다. 그래야만 산의 내맥이 복록을 싣고 들어오고 흉 방향으로 흐르는 물이 흉액을 실어가 버리기 때문이다. 이렇듯 물은 생기를 가져다 줄 뿐만 아니라 흉액을 없애 주는 역할도 한다. 또 물은 산맥인 용을 멈추게 하여 기가 모이게도 하지만 반대로 앞에서 들어오는 기를 막아주는 역할도 한다.

명당에서는 물의 흐름이 안 보이는 것이 좋다. 물의 흐름이 보이는 것은 길하지 않다고 본다. 또한 물은 맑아야 하고 탁하거나 냄새가 나서는 안되며, 혈묘 앞에서 절을 하듯 유순하게 흘러야 한다. 물의 흐름이 지나치게 빠르거나 곧거나 또는 혈을 향해 내지르거나 쏘는 듯해서는 안 된다.

즉 남녀가 서로 절을 하듯 산수도 따로따로 쏘는 듯해서는 안 된다. 즉 남녀가 서로 떨어지지 않고 상생하여야 한다.

이런 물의 성질과 상태는 인간이 살아가는 데에도 반드시 필요한 이치일 것이다.

물맛이 달면 사람이 건강하고 미인이 많고 물이 깊은 속에 부자가 많다

- 내룡의 입수를 살피고 오행의 순역을 정한다. 묘에서 생방과 왕방을 포태법으로 길흉 조정을 한다. 물이 처음 보이는 곳을 득수라 하고 물이 돌아가 숨는 곳을 파구라 한다. 길한 방위에서 들어오고 흉한 방위로 물이 나가면 합당한 수법水法이다.

- 생방과 왕방이 같이 물이 이르면 인물과 재물이 융성한다. 태방에 물이 이르면 아들을 낳고 관방에 물이 이르면 자손이 많다. 애 병 사 묘 절 방향에서 물이 들어오면 득수 안 되고 나가는 것 파구만 좋으며 욕방에서 명당으로 물이 들어오면 몰락하거나 묘에 넝쿨과 풀만 있다. 혹 이 수법水法이 맞지 않으면 복은 사라지고 화를 부른다.

- 소나 말의 발자국에 고인 물에서는 용이 나지 않는다. 산천도 아무렇게나 생긴 곳에서는 대인代人이 나지 않는다는 말이다. 명산名山에 명당明堂이면 대인大人이 나고 천산이나 쑥대밭에는 천인이 난다.

- 물맛이 달면 사람이 건강하고 미인이 많고 물이 깊은 곳에 부자가 많고 얕은 곳은 가난한 사람이 많다. 물이 모이는 곳에 사람이 많이 모이고 물이 도망간 곳에는 사람이 오래 살지 못한다. 물이 오고 감을 살피면 화복이 이를 증명한다.

- 용맥을 따라 물이 보이거나 이곳에 두렵게 물이 들어오면 극한 형육에 처해지고 참혹한 앙화가 안방까지 미친다. 물이 들어오는 흉한 방위는 묘의 좌에 관계없이 축인과 을진방위이고 후룡의 방위를 논할 때 정오행을 위주로 하고 이기는 쌍산 오행으로 하는데 운용법을 알면 매우 묘하다. 건방의 용에서 진방의 물이 보이면 흉이 길로 변한다. 묘방과 유방은 비록 도화수이나 물이 맑으면 여자가 어질다. 목육수를 득수를 겸하면 자식은 병마에 탄식한다. 옛 글에 묘유청정은 여귀에 자오활대는 무장이 출하고 생방득수는 백자천손 원이라 했다. 즉 묘서방에서 맑고 깨끗한 물을 얻으면 여자가 귀하게 되고 자오방에서 넓고 많은 물을 얻으면 병권을 쥔 장군이 나고 많은 자손을 얻으려면 장생방에서 맑고 깨끗한 물을 얻어야 한다는 말이다.

- 내룡에 충이 되는 곳으로 파구가 되면 양자를 두는 묘지이며 15도 좌측에 해당된다.

- 5성수 금성수는 둥글게 돌아가는 물의 수水로 가장 귀하다. 부귀쌍전하고 세상의 존경을 받고 충효현량하며 이로운 인물과 호남아가 난다.

- 목성수는 물이 성문처럼 되어있다. 나무토막을 앞에 가로놓은 것처럼

곧게 흐른다. 진룡이면 귀함은 있으나 부함은 말하기 어렵다. 성품이 곧고 강직한 자손이 대대로 난다.

- 수성수는 총명수려함이 어디에 있었던가 물에 얽이여서 성을 이루고 곡곡으로 굽어 지나가면 돈이 남아돌고 의식이 넉넉해진다. 진룡이면 권세를 잡는 벼슬을 한다.
- 화성수는 화성으로 성문을 만들면 크게 상서롭지 못하다. 인성이 옮나하고 강곡하다. 혈이 충실하여 둥글면 번개같이 성공하나 한번 패하면 잿더미처럼 되리라 하였다.
- 토성수는 토성문을 만든다. 그 모양이 토성으로 단정하여 기울어지지 않으면 인정부귀를 겸하고 믿음이 강하며 대대로 이름을 얻는다.

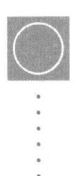

명당은 주택 좌에서 볼 때, 물의 흐름은 서출 동류가 길상이다

- 남향집에 북동향 대문이면 오귀택으로 화재, 재패, 병폐위장병가 나고, 부자간 형제간 부모 간에 불화하게 되고 결국은 집이 망하게 된다.
- 서향집에 남쪽 대문, 남향집에 동쪽 대문은 길상이다.
- 서향집에 북쪽에 대문이 있으면 질병이 많고, 크고 작은 실패가 많아서 가운이 쇠퇴한다.
- 서사택에 북서쪽 대문이면 무병장수하는 행운을 누린다.
- 정원마당이 정사각형이면 길吉사택이고, 직사각형이면 흉凶사택이다.
- 현관 방문이 집의 중앙에 위치하면 흉사택이 되고, 방문과 방문이 일직선상에 마주하는 것도 좋지 않다. 한 쪽이 해가 된다.
- 대문이나 현관문이 맞지 않을 때는 겹문을 내어 흉을 피하라.
- 대문은 안쪽은 밝고 평탄해야 좋다.
- 대문에 물이 새든지 기둥이 삐뚤어지면 흉하다.

- 대문이 앞집과 서로 마주보게 되면 두 집 중 한 집은 패가망신하게 된다.
- 대문이 흘러가는 시냇물처럼 성문 사찰 직접 마주보면 집안에 명자가 생기고, 흉한 일이 생긴다. 주택의 좌에서 볼 때 물의 흐름은 서출 동류가 길상이다.
- 건물 전체의 방향은 남향 혹은 동남향을 보고 있어야 좋고, 양의 기운을 발산하는 아침 해의 영향을 듬뿍 받는 것이 좋다.
- 주택의 길흉은 동서사택의 배합보다 배산임수가 우선이다.

- **색별의 운**
- 녹색 : 스트레스 저지하고 기운을 돋아준다. 남쪽 남동쪽에 장식
- 청색 : 자립심, 독립심을 키운다. 동쪽 창문 밑 황 노란색 : 금전운, 기대감을 돋운다. 식욕, 쌀 황금 : 해바라기 황국화 서쪽에 놓아둔다. 홍색 빨강 생명, 행운, 장미꽃, 빨간 꽃, 동쪽 갈색 : 침착, 중압감, 건재한 기운을 느낀다. 재기의 기운
- 황갈색 담갈색 : 성공적인 새로운 출발을 의미, 희망이 없는 곳에서 새로운 가능성을 싹 터 오르게 하는 색. 분홍색 : 활기를 느낀다. 사랑과 순수한 감정, 기쁜, 낭만을 상징. 독신자에게 좋은 의미를 가지지만 결혼한 사람에게는 파개적인 의미를 담고 있다.
- 회색 : 좌절과 희망이 없음. 단, 홍복은 오색을 균일하게 혼합하여 만든 색

- 흑색 : 강한 개성과 최고의 지위를 나타낸다. 장신은 금물
- 주황색 : 행복과 권력과 힘의 상징 옛 황실의 장식 오렌지색 : 창조적이고 예술적인 색. 자극적이고 활동적이며 재미있고 즐거움을 상징한다. 동쪽에 녹색 빨간색을 꼭 장식할 것. 꽃 그림 화분 등. 국화주를 장기간 마시면 절기를 돕고 노화예방에 수명이 연장된다. 황국 : 해독 효과. 백국 : 피로회복. 자국 : 천식, 폐 기능 개선
- 꽃집은 북, 동 남동쪽에 출입문을 내면 길상이다. 단, 그 쪽으로 배수구를 내면 흉상이다.

배산임수背山臨水 원칙에 따라 집을 지어야 한다

배산임수란 산을 등지고 낮은 곳을 향하라는 뜻 배산임수를 거역하면 흉가가 된다.

도시에서는 택지 선택에 있어서 높은 언덕은 불길하고 낮은 언덕은 길하나 농촌에서는 낮은 언덕도 불길한 것이니 국세지형가 미약한 관계이기 때문이다. 도시에서는 높은 언덕일 때는 언덕 아래를 선택하고 낮은 보국이라도 되었는가 살펴 언덕을 뒤로 두고 낮은 곳을 향해야 배산임수가 된다.

평지에서도 주택의 정원이 길보다 낮은 주택은 흉가로 본다. 배산임수란 살풍골짝바람을 피하고 보국된사방이 둘러싸인 곳 택지의 안정을 찾아 천기지기天氣地氣의 조화된 정기로써 가족의 건강과 수명장수 약속되는 길한 배치 방법이다. 또한 남향집은 햇빛을 가장 많이 받는 집으로서 주택의 대표적인 배치방법 중 하나이다. 평탄하고 넓은 대지에서나 대지의 경사가 북쪽이 높으면 남쪽이 낮은 땅 즉 대지 형태가 남과 북으로 걸게 늘어진 경우에는 남향으로 배치하는 것이 가장 이상적이다.

그러나 이외의 대지 조건에서는 주택을 남향으로 배치하는 것이 오히려 흉가를 만드는 것과 같기 때문에 지을 때 각별한 주의가 필요하다. 특히 도심에서는 좁은 땅에 집을 짓게 되는 경우가 많기 때문에 남향보다 생기를 더욱 많이 받을 수 있는 주택의 배치 방법을 적용시켜야한다. 배산임수 배치 방법은 한국의 전통 건축의 가장 대표적인 방법이다. 궁궐과 사찰은 물론 소규모 주택에 이르기까지 대부분의 건물은 배산임수 배치방법을 적용했으며 이것은 오늘날까지 가장 이상적인 배치 방법으로 이용되고 있다. 즉 지면에서 약간이라도 높은 부분에 건물을 짓고 지대가 낮은 쪽에 마당을 설치함으로서 내려다보도록 하는 배치를 말한다.

그리고 지면의 고저가 확실하게 구분되지 않거나 강이나 바다 등이 직접 보이지 않는 지세에서는 빗물이 흘러 내려가는 방향을 낮은 쪽으로 하여 마당을 설치함으로써 건물에서 빗물이 내려가는 쪽을 바라보도록 배치한다. 생기는 강물과 육지가 음과 양으로 조화를 이루는 낮은 지역에서 발생되어 바람을 타고 지상으로 옮겨진다. 생기 있는 바람을 받아들이기 위해서는 집이 생기가 불어오는 쪽을 향하고 있어야 한다. 물이 내려가는 낮은 쪽을 향해 집이 들어선 경우가 바로 생기를 많이 불러들이는 형태이다. 남쪽 지면이 높고 북쪽 지면이 낮은 대지에서는 지면이 높은 남쪽이 건물 후면이 되고 지면이 낮은 북쪽이 건물의 전면이 되는 북향 배치가 배산임수에 따른 배치 방법이다. 북향으로 배치를 해야만 북쪽에서 불어오는 생기를 받아들일 수 있기 때문이다. 만일 이런 지세에서 남향집을 짓는다면 남쪽의 햇빛을 많이 받아들이는 장점은 있지만 지대가 낮은 건물 뒷면을 석축이나 콘크리트로 받치고 집을 짓기 때문에 집이 뒤로 넘어지는 형태를 하고 있다. 이런 형태의 건물에서 앞을 보면 정면에 높은 산이 가로 막고 있어 중압감을 느끼게 되고 산이 하늘을 가로막아 넓은 하늘을 바라볼 수 없다. 물론 하늘로부터 마당을 통해 들어오는 생기의 양도 부족해 주택 내부에는 불행한 기운으로 가득 차게 된다. 또 북쪽에서 불어오는 생기를 막고 반 대 쪽을 바라보고 있는 형상이기 때문에 오히려 생기를 빼앗기게 될 뿐만 아니라 산으로 올라가는 바람이 주택 내부에서 회오리바람이 주택 내부에서 회오리바람을 발생시켜 주택의 기운을 빼앗아 가게 된다. 이러한 주택은 여러 가지 불행을 겪게 된다.

득수처得水處에 샘물이 보이면 성현이 나고 득수는 차자가 부귀한다

- 혈 앞에 평평하게 고인 물은 길격이요 경사가 심해 급히 흐르면 흉격이다.
- 수왈 녹이요 사왈 귀다 당판의 결응은 부로 보고 양명한 산은 귀貴로 보고 지룡은 처궁과 자손으로 보고 주변 사의 유 무정은 자손의 충효와 부귀로 본다.
- 혈 앞에 물이 보이되 오는 물가는 물이 보이지 아니하면 백만거부가 부럽지 아니하다고 하였다.
- 수래 조 하면 재물이 불어나고 수水가 혈을 에워싸면 기가 온전하고 명당에 모여 들면 후덕하게 된다. 물이 현무에 모여 들면 자손이 영귀하고 장원하게 된다.
- 대강大江이 평만하면 왕하고 수심하면 복이 많고 물이 잦아들면 복 또한 많지 못하도다.
- 내수來水가 짧고 거수가 길면 발복은 짧고 부자는 흉하고 빈한 자는

장수하고 내수 장 거수 단 하면 부자는 장수하고 빈한 자는 흉하다. 혹 자손 중에 부자가 먼저 망하는 사람이 있다.

• 대해수大海水가 가려짐이 없이 전면이다. 보이면 결혈이 될 수 없으니 가려주는 사가 있어야 비로소 결혈이 된다. 만강수 대해수도 가려주는 사가 있어야 길수吉水이고 계곡수는 길게 보이면 凶하다.

• 수水는 대개가 다 좋은 것으로 보나 거리는 1.5km이내가 좋고 물의 전체가 보이는 것은 재물이 나가게 되고 물의 꼬리만 보일 듯 말 듯 한 것이 길수로 재물이 쌓이게 된다.

• 명당이 평탄하면 물이 모여들어 재물이 모이고 경사지면 물이 빠르게 흘러나가 재물도 빠르게 빠져 나간다.

• 묘 앞이 망망대해가 보이면 일조파산의 불가장지이다.

• 처에서 물소리가 들리면 곡소리가 나게 된다. 북을 울리는 소리가 들려오면 자손이 위세 당당하다.

• 혈 앞의 암석에서 샘물이 나는 것은 부가 큰 것이고 혈 뒤의 암석에서 샘물이 나면 자손에게 중풍우환이 들고 묘 머리 위에서 샘물이 나면 과부가 나며 기형아 출산도 있다. 물이 나지 않아도 억새풀이나 수맥이 있는 곳이다.

• 곧은 골짜기에 샘물이 나면 도둑이 나고 선익 밑에 샘물이 나면 안질병이 연하여 나고 재폐 인폐 병폐가 연하여 많이 난다.

• 당판 밑에 샘물이 나면 우물에 빠져 익사하게 되고 백호 밑에 샘물이

나면 여자가 음란하다.
- 전순 밑에 샘물이 보이면 부귀가 크게 발복한다.
- 득수처에 샘물이 보이면 성현이 나고 득수는 차자가 부귀한다. 파구에 연못이 있으면 장자가 발복한다.
- 혈장에 환포되어야 할 물이 없어도 조 안산이 중첩되면 혈이 이루어진다 하였다. 명당 안의 마당을 물로 보기 때문이다.
- 혈 앞에 사협수가 있으면 뜻밖의 재앙으로 사람이 죽거나 다른 사람을 살해하게 된다. 혹은 전사하거나 사형을 당하게 된다. 사협수는 충심수와 같이 이것이 보이는 곳에는 묘를 쓰거나 주택을 짓지 말아야 한다.
- 안산의 광평석에 물이 흘러내리는 형상이면 맹목사라 하고 맹인 자손이 난다.

파구 앞에 깊은 연못이 있으면
대대로 부귀가 연連이어 난다

- 수래 조하면 재물이 불어나고 수水가 혈을 에워싸면 기가 온전하고 명당明堂에 모여 들면 후복하게 된다. 물이 현무에 모여 들면 자손이 영귀하고 장원하게 된다.
- 득수물의 처음 발원처와 합여러 곳의 물이 모이는 곳과 파구물이 흘러 나가다 모습을 감추는 곳를 말한다.
- 물은 여러 곳에서 득수하여 한 곳으로 흘러가야 길吉하며 나누어지면 흉하다.
- 물은 지자之字 현자玄字처럼 구곡수로 흘러야 길吉하며 직거수는 흉이다.
- 물은 수심이 깊고 수량이 많아야 길吉하고 얕고 적으면 흉이다. 단 산세와 조화를 이루어야 한다.
- 물은 깨끗하고 맑아야 길하고 탁하고 오폐수는 흉이다.
- 물은 유유히 흘러야 길하고 급류에 격한 소리가 나면 흉이다.

- 물이 혈을 감싸고 도는 회유수는 길하고 등지고 배반하면 흉이다.
- 물이 혈을 포옹하면 길하고 혈을 화살처럼 충하면 흉이다.
- 혈 앞에 논에 고여 있는 물은 평전수 창판수라 하여 吉하고 경사가 심해 급히 흐르면 흉이다.
- 파구 수구에 산과 바위와 쌍으로 마주 볼 때 쌍으로 대하여 문을 막아주며 파구에 독봉까지 있다면 화려한 관직의 임명서를 받는다.
- 파구 밖에 둥근 봉우리가 서 있으면 자손이 연하여 결재하는 도장을 차게 된다. 원봉은 부봉사 귀봉사도 된다.
- 파구를 막아주는 것은 재물이 모이는 것으로 보고 독봉사가 있는 것은 대국세에나 있는 형세이다.
- 비록 길지라 하더라도 첩사가 있으면 충하는 것으로 흉사이고 비혈이라도 수려하고 귀하면 길한 것이다.
- 파구 앞에 수답이 많이 보이면 높은 관직 자손이 많이 난다.
- 파구 앞에 깊은 연못이 있으면 대대로 부귀가 연이어 난다. 심연은 당대에 부귀가 속발하게 된다.
- 파구 앞에 봉우리가 있으면 대대로 관직에 이름이 나게 된다.
- 파구 앞에 목형의 화표의 큰 봉우리가 보이면 대지의 결혈이다.
- 파구 앞에 둥글고 후덕한 부봉사가 있으면 대대로 높은 관직의 자손이 난다.
- 파구의 물이 두 번 나타나면 부부가 같은 때에 함께 죽게 된다. 또 도적

을 당하거나 사기를 당해 파산한다.

- 엿보이는 물이 양쪽으로 보이면 여자 중에 장님이 나고 재물에 손해가 있다.
- 파구는 혈에서 보이지 않는 것이 좋다. 재물이 빠져 나간다. 나무심기 등 보완해야 한다.
- 파구는 혈에서 멀지 않아야 한다. 100보 이내에서 소수해야 좋다. 파구에는 드러난 형질 화표라도 혈에서 보이지 않는 것이 吉하다.
- 파구는 황천수라고 보지 않는다. 득수처나 물이 모이는 곳이면 황천수라고 한다.
- 산사태가 난 곳을 보고 묘를 쓰면 3년 후에 광중에 물이 난다.
- 용맥과 좌향을 같이 쓰면 모두 충이 된다.
- 광중에 물이 난다고 묘 앞쪽에 구덩이를 파면 재물이 빠져나가게 된다. 묘의 양 옆을 파서 작은 돌로 채워 두면 물이 차차 빠져 나간다.

욕실 공간은 건조하게 하고 배수와 환기가 잘 되어야 한다

　예전의 재래식 화장실은 집에서 멀리 떨어질수록 좋았다. 대문大門과 서로 마주 보이는 곳도 피하라하였고, 특히 대문 바로 옆에 화장실이 있는 집은 매우 흉凶하다 하여 드나들기를 꺼려했다. 대문가 서로 마주 보는 화장실은 대문을 들어서는 사람과 화장실에서 나오는 사람이 마주칠 경우 서로가 겸연쩍기 때문이며 대문 바로 옆의 화장실은 그 집을 드나들 때마다 부패 가스가 코를 자극하니 자연히 발길이 뜸해질 수밖에 없기 때문이다. 그 결과 드나드는 사람의 발길이 잦지 않으니 사람들과의 사이도 멀어지고 사회생활에서도 능률이 점점 저하되어 간다. 귀貴의 기운이 들어오는 장소가 대문이라고 앞에서도 언급했듯이 대문 옆에 화장실이 있는 집에서는 절대로 사회에서 존경받을 인물은 없다고 보아야 한다.

　수세식 화장실은 분명 악취 발생요인을 위생적으로 처리한 좋은 실례이다. 재래식 화장실이 위생적인 수세식으로 바뀌면서부터 화장실은 욕실과 같이 쓰는 한 공간으로 인식되어 집 내부로 들어온다. 이제 좁은 집에서는 공동을 사용하는 화장실 한개만 설치되는 반면 넓은 집에서는 공동으로 사용하는 화장실과 프라이버시와 편리함을 추구하여 개개의 방미다 따로 화장실을 설치하여 사용하는 경우도 많다. 그러니까 한 집안에 한 개 또는 여러 개의 화장실이 설치된 것이다. 화장실은 집에서 멀리 떨어져야한다고 했던 옛 어른들의 말씀이 무색해졌다. 화장실이 욕실과 겸하게 되면서부터 악취 발생은 없어졌지만 대신 물을 많이 쓰는 곳으로 그 성격이 바뀌었다. 방수와 배수시설을 완벽하게 할 필요가 생긴 것이다. 주택이 단층일 경우라도 방수와 배수시설이 완벽하지 않다면 오수汚水가 스며들어 악취가 나며 콘크리트도 악화시키고 철근까지 부식시킨다. 하물며 위층 화장실의 방수와 배수시설이 불량하면 그 결과는 어떠할까. 방수가 불량하면 오수가 스며들어 벽체의 미세한 틈을 타고 아래층 벽까지 침투하여 시멘트와 철근을 부식시킨 독기毒氣를 방안으로 뿜어대고 배수 시설이 불량하여 누수가 되면 아래 층 천장 속으로 오수가 직접 떨어져 고이면서 그 또한 좋지 못한 기운을 뿜어 댄다. 오래된 주택이나 건물을 헐어낼 때 방수와 배수가 제대로 되어 있지 않은 화장실 부분의 벽체를 눈여겨보면 그 주위가 벌겋게 심하게 오염되어 있는 것을 한눈에 알아볼 수 있다. 앞의 사항을 종합해 보면 어떤 결론이 나올까? 화장실을 많이 만들면 가족의 건강에 해롭다는 것이다. 그렇지 않아도 시멘트에서 나오는 독소나 화학제품에서 나오는 독소 심지어는 뜨거운 수증기에서도 독소는 나오는데 설상가상으로 화장실에서 조차도 시공이 불량하여 독소가 머리 위에서 뿜어져 나온다면 가족의 건강이 어떠하리라는 것은 불 보듯 뻔한 일이라 하겠다.

그래서 오랜 시간 수면을 취하는 방 바로 위나 수시로 드나드는 현관 바로 위에는 화장실을 만들지 말라는 것이다. 단층일 경우에도 화장실이 많다면 좋다고는 보지 않으나 위층에 화장실이 많다면 다시 한 번 되새겨 볼 필요가 있다. 화장실 환기가 잘 되도록 하고 사용하지 않을 때는 건조한 상태로 유지하는 것이 생활의 지혜라 하겠다. 주거 환경 중에서 가장습기를 많이 받는 곳이 목욕실이다. 더구나 현대인들은 예전보다 많은 시간을 씻고 몸단장을 하느라 욕실에서 보내므로 그 풍수적인 중요성이 커졌다.

깨끗한 물이 있는 곳엔 훌륭한 인물이 부유하고 건강하게 성장한다

　물이란 강江, 바다海, 호수湖, 못澤, 시내川, 개울澗 도랑構을 포함한 모든 물을 일컫는다. 뿐만 아니라 실제 물이 고이지 않은 낮은 지대와 흐르지 않는 내 개울 도랑도 풍수에서는 물이라 한다. 그러므로 평평한 지형이나 허영청하게 넓은 평양平洋에서는 평면보다 한치一值만 높아도 산山으로 보고 평면보다 한 치만 낮아도 물로 보는 것이다. 즉 가뭄에는 물이 없거나 흐르지 않더라도 비가 오면 약간만 낮아도 낮은 곳으로 물이 고이거나 흐르기 때문에 이를 취하여 물이라 한다.

　지형적으로 완연히 나타나는 강, 바다, 호수, 못, 시내, 개울, 도랑 등은 그 형상을 알기 쉬우나 혈장(穴場: 묘자리) 즉 소명당小明堂 안에서의 물과 평양지의 혈 가까운 곳의 물은 아주 은미한 굴屈로 되어 있으므로 알아보기가 어려우니 세밀히 살펴야 그것이 물인지 아닌지를 알 수 있다.

물에는 맑은 물과 탁한 물을 비롯해서 여러 종류가 있다.

풍수로 볼 때 맑고 깨끗한 물이 있는 곳에서는 훌륭한 인물이 태어나고 사람들이 건강하게 성장한다. 물이 깨끗하지 못한 곳에서는 사람들이 정상적으로 성장하지 못하고 기운도 약해진다.

그러므로 물이 깨끗한 곳에서만 명당이 이루어진다.

물 명당이란 물 가운데에 혈묘자리을 맺는 경우를 말한다. 물 가운데라 함은 연못 또는 호수 가운데에 산무더기가 돌출하여 그 상부上部에 혈을 맺는 것을 물 명당이라 하는데 물 중앙에 있는 혈은 사반四畔이 모두 물이라 내맥來脈이 기이奇異하고 종적이 괴이하여 맥이 홀연히 종적을 감춰 오고간 흔적이 없으므로 찾기가 매우 어려운 것인데 이는 용맥이 물 아래 깊은 땅 속으로 이어져 맥기脈氣가 통합이니 그 맥기의 여부나 혈의 길흉은 오직 법안(法眼: 공부를 많이 한 풍수)이나 도안道眼이 아니고서는 찾을 수 없는 것으로 속사(俗師: 공부를 적게 한 풍수)가 망령되어 점 혈 할 바가 못 되는 것이다.

그래서 오래전부터 사람들은 물을 찾아 물이 가까운 곳에 마을을 이루며 살아 왔다.

풍수지리 이론으로 분석하더라도 물은 명당을 이루는 가장 중요한 요소다. 풍수 곧 바람과 물이라는 용어에도 나타나듯이 물이 있어야만 명당이 이루어진다.

주역의 기가 발생하는 순서에서 보듯이 물은 모든 생명체에 가장 우선적으로 필요한 것이다. 어느 땅이나 반드시 물이 있어야 한다. 물과 짝한 다음이라야 생성의 묘$妙$를 다할 수 있다. 기는 바람을 타면 흩어지고 물을 만나면 멈춘다. 강이나 바다가 있는 지역에서도 물의 형태에 따라 기운이 모이는 위치가 달라진다. 그러므로 풍수지리에서도 지세를 볼 때 물을 제일 중요하게 여긴다. 물은 재록을 맡은 것이므로 큰 물가에 부유한 집과 유명한 마을이 많다.

산과 물은 활동성으로 나눈다면 산은 음이며 물은 양으로 해석된다. 산은 인사를 관리하고 물은 재물을 관리하므로 산과 물이 어우러져야 비로소 조화를 이룬다. 물이 지세에 어떤 영향을 주는지를 알기 위해서는 물의 성격을 따져 보아야 한다.

풍수에서는 물의 성격을 분석하는 방법으로 물의 규모, 흐름의 상태, 수질, 물이 흐르는 방위 등을 살핀다.

명당은 물의 기운과 불의 기운이 균형을 이루는 곳에 명당자리가 있는 것이다.

수맥水脈은 인체에 어떻게 영향이 미치는가

　수맥 위에서 잠을 자면 깊은 잠을 자지 못한다. 수맥에 의해 전자파를 방사하기 때문이다
　수맥파는 땅속에서 수맥이 땅을 스치고 지나가면 수맥파가 발생되는 것이 흙의 틈새로 방사되기 때문에 이가 곧 수맥파인 것이다. 이런 상태에서는 선잠이 들고 비몽사몽하다 밤을 새게 된다.
　아침에 일어나도 머리가 무겁고 아프며 피로가 회복되지 않고 짜증만 난다. 병원에 가서 건강진단을 해도 별 이상이 발견되지 않는다. 그러나 본인에게는 괴로움이 아닐 수 없다. 취침 전에 술을 마시거나 수면제를 복용하는 딱한 경우도 있다. 그러면 수맥 위에서 잠을 자면 누구나 그 영향을 받을까 하는 것이다. 지금까지 밝혀진 바로는 수맥파에 예민한 사람이 따로 있다는 것이다. 수맥을 타는 사람이 전체인구의 50%라는 통계도 나와 있다. 그러나 평소 수맥을 타지 않는 사람도 나이가 들고

기운이 떨어지면 수맥파의 영향을 받게 되고 병약자는 더욱 민감하고 피로해진다.

어머니가 아이를 기를 때 조심해야 할 사항이 있다. 유아를 수맥이 지나가는 수맥선에 뉘어서 기르는 일이 허다하다. 그 자리는 바꾸지 않고 항상 그 자리에 아이를 뉘어서 기르는 습관이 있다.

어머니가 2-3세 되는 유아를 수맥 위에 잠을 재우다 보면 저쪽으로 굴러가는 일이 있다. 그러면 그 어머니는 왜 그 쪽으로 가느냐며 다시 수맥 위의 본래 자리로 데려다 놓고 잠을 재운다. 얼마 후 자다보면 다시 저쪽으로 굴러간다. 그러면 어머니는 다시 누이고 자장가를 부르면 잠을 재운다. 그러면 왜 아이가 저쪽으로 굴러 가는가. 그것은 어린아이가 수맥파에 의하여 시달리니까 몸부림치다가 그쪽으로 굴러가는 것이다. 그것을 모르는 어머니는 이를 다시 데려오는 것이다 그래서 옛날 홍역 치르다가 죽는 아이가 많았다.

그 방 그 자리에서 4-5세까지 기르는데 어느 날 홍역으로 인하여 갑자기 열이 오르는 것은 수맥파에 의하여 뇌졸중에 걸리어 소아마비라는 불치의 병에 걸리는 것이다.

그 어머니가 잘못하여 아이의 종신병을 만들어 놓고 그 어머니는 아이의 사주팔자가 안 좋아서 병신이 되었다고 하니 한심하기만 한 것이다.

수맥전문가 보고서에 의하면 장애인 수용소의 환자들을 임상 실험한 바 90%정도가 자기가 거처한 방에서 수맥파로 얻어진 병이라 하였다. 우리가 일상 자기가 자리한 방에서 잠을 자다가 숙직실이나 친척집으로 잠자리를 옮겼을 때 잠이 오지 않는 일이 있다. 이는 자기 방에서는 수맥파가 없었는데 옮겨서 자는 그 방에는 수맥이 흐르기 때문이다 또 어린이를 외갓집이나 또 친척집 딴 방에 가서 재우면 잠을 안자고 우는 일이 있다. 그러면 어머니는 애는 잠 뜻을 한다고 아기를 때려 가면서까지 항변을 한다. 그 집 어른들에게 미안하기 때문이다. 참으로 안쓰러운 일이 아닐 수 없다. 수맥파의 영향은 어린이에게 민감하게 나타나기 때문에 그러한 현상이 생기는 것이다.

그러므로 대자연은 우리 인류에게 이익을 주며 또 한편으로는 불이익을 주는 것을 알아야 하며 수맥의 영향은 땅 위에 사는 동식물動植物 모두에게 피해를 주어 수맥이 흐르는 곳에서 생활하면 건강이 나빠져서 인체人體에 질병이 발생한다.

수맥이 흐르는 지점에서는 초목도 자라지 못하고 말라죽는 것이다. 그러므로 고혈압 환자는 수맥이 흐르는 방에서 살면 중풍으로 쓰러지며 수맥파가 병을 가중시키므로 이를 피해야 한다.

주택에 물[河]과 길[道]이 어떻게 미치는가

　가상학에서는 하천이나 길을 같은 개념으로 보고 있다. 그 이유는 하천의 경우에서는 물이 퇴적과 침식을 일으키는 요인이 되므로 수리학적인 측면에서 볼 때 저지대가 된다거나 물이 굽어지는 곳은 침식과 침수의 영향을 받게 된다는 것은 몇 번 겪어본 홍수 피해를 생각하면 더 이상 설명이 필요 없는 부분이 된다. 길의 경우에서는 사람이 통행하고 차가 주행하는 곳이기 때문에 통행하는 사물이나 사람과 관련지어 생각해 보면 일반 도로에서 볼 수 있는 안내표지 중에 급커브조심 이라는 표지는 커브길에서 일정한 속도가 유지되지 않으면 관성에 의해 진행하던 방향으로 차가 쏠리거나 전복을 당하게 된다. 그러므로 급커브가 되는 곳은 생각지도 않은 교통사고를 당하게 되기로 하고 통행 하는 길과 집이 마주쳐 있게 되면 너 나 할 것 없이 자연적으로 마주치게 되는 집을 쳐다보게 되므로 괜한 호기심을 유발하기도 하여 도둑을 불러들일 수도 있게 되는 것이다. 또한 바람의 이동은 어느 장애물에 부딛치게 될 때 방해를 받지 않는 곳의 발마과 합류하여 그 세기가 더욱 강하게 되어서 흐르기 때문에 골목이나 하천변은 바람이 항상 다른 곳에 비해 강하게 흐른다. 그러므로 주변의 먼지까지도 함께 휩쓸어 가므로 강한 외기의 침범과 함께 먼지 등의 공해까지 받아들이는 요소가 되는 것이다. 양택에서 물은 재록을 주관하는 요소가 되므로 물의 흐름이 맑고 흐림에 따라 길흉이 다른데 이는 세계적으로 큰 도시의 발달이 강을 중심으로 이루어지고 있는 곳에서나 우리나라의 도시는 물론 유명한 인물이 배출 된 곳은 그곳이 산수가 수려한 곳이라는 것을 알 수 있게 된다.

그래서 예로부터 물이 고이는 곳에 부호가 나오고 인걸이 배출된다고 하였다. 물의 흐름은 멈추지 않고 흐르되 급하지 않게 흘러야 되고 물의 색은 속이 훤히 들여다 보일 듯 맑아야 하고 물이 오는 모습은 관망하듯 완만한 곡선으로 감싸 안고 있어야 하며 물이 공격하듯 정면으로 들어오면 침수나 침식의 해를 당하게 된다. 복개 된 하수 위에 건물을 지으면 침수 침하 부패한 공기의 악영향을 받게 되므로 길이나 물이 갈라져 흐르는 곳의 삼각지는 침수 침식 등 외부로부터 예기치 않은 피해를 당하게 된다. 길이 꺾어지는 마주치는 곳에 집이 있게 되면 여러 가지로 불리하게 되고 막다른 골목길을 마주쳐 집이 위치하면 역시 예기치 않은 재난을 겪게 된다.

길이 건물의 좌우를 감싸 안은 듯 하고 있는 모습을 겸수지격이라 부르며 이렇게 생긴 곳에서는 타인으로부터 긍정적인 이해와 협심을 받아 모든 일이 순조롭게 진행되고 특히 금전 등 재운이 크게 따르는 주택이 되게 된다.

도로가 건물의 좌측에서 건물의 뒤편으로 감싸고도는 형국으로 이두성격이라 하는데 이러한 형국을 갖게 되면 후손이 있다 할지라도 대를 이을 수 없게 되고 양자를 들이거나 법적인 절차를 밟아야 상속이 되는 땅이 되고 만다. 특히 이러한 집은 처음엔 제법 땅땅거리는 것 같지만 주택의 복이 당대에서 소모된다.

건물의 우측으로부터 길이 와서 좌우를 활처럼 감싸고 있는 모습으로 아주 좋은 격이라 하는데 모든 일이나 일상생활이 안락함을 누릴 수 있는 주택이라고 보는데 실제로는 뜻하지 않은 일을 자주 겪게 되고 눈물 흘릴 일이 많아지게 되는 집터이다.

주택 밑의 수맥이 있으면 잠자는 위치만 바꾸어 주면 되는 손쉬운 방법이 있다

수맥이란 인간의 실핏줄같이 땅 밑에 거미줄처럼 퍼져 있는 물줄기를 말한다. 이 물줄기[水脈]는 항상 일정량의 수분물을 공급받아야 할 필요가 있기에 땅을 갈라지게 하여 그 틈새로 물이 흘러들 수 있도록 하게 하려는 힘을 내포하고 있다. 그 힘에 단단한 콘크리트 덩어리조차도 이겨내지 못하고 갈라진다.

이러한 수맥을 조사하지 않고 집을 짓거나 건물을 세운다면 오래지 않아 지하실 바닥이 갈라지고 벽이 갈라지는 불상사를 초래한다. 그것뿐만이 아니라 정밀한 기계 또한 고장을 자주 일으키며 설상가상으로 수맥 위에 잠자리를 마련했다면 인체에 많은 해를 받게 될 것은 지명한 일이다. 고혈압으로 인한 뇌졸중, 심장병, 원인을 알 수 없는 만성두통과 심하면 유산까지도 유발된다. 충분한 숙면을 취했어도 피로가 풀리지 않거나 항상 몸이 무거울 때는 일단 수맥을 의심하고 예방책을 구해야 한다.

그 방법이란 어려운 일이 아니다. 그냥 잠자는 위치만 바꿔주면 되는 손쉬운 방법이다. 인간이 만물의 영장이지만 조물주는 동물처럼 방향감각이나 땅 밑으로 흐르는 수맥을 감지하는 능력을 부여해 주지는 않았다. 그러니 신체의 상태가 좋지 않으면 조금 옆으로 옮기면 될 것을 한사코 그 자리를 옮기지 못하고서 어리석게도 약과 병원의 신세만을 지려고 한다. 이제는 처음부터 택지를 선택하는 과정에서 수맥의 유무를 살펴서 건강한 생활을 유지하도록 해야 한다.

참고로 수맥을 방지하는 재료로써 동판銅版이 있는데 건물을 지을 때 기초 판 밑으로 수맥이 있는 분분에다 깔거나 기존 건물일 경우에는 수맥이 지나가는 방바닥 전체에 빈틈없이 겹 쳐서 깔아주면 수맥에 의한 피해는 어느 정도 막을 수 있다. 그러나 동판도 완전하게 수맥을 차단하지는 못하니 수맥을 피하는 것이 가장 현명한 방법이다.

안타깝게도 우리는 수맥의 영향을 대수롭지 않게 여기고 터파기 공사를 강행하다가 지반이 침하하여 주변의 기존 건물이 파괴되었다거나 옆으로 기울었다고 하는 뉴스를 종종 듣게 된다. 터파기 공사를 하기 전에 지층 분석을 소홀히 하였기 때문이다, 수맥의 유무를 판별하지 않고 터파기를 하다가 수맥이 흐르는 통로를 절단하면 주위의 토사가 그 통로를 따라 유출된다. 그 결과 주변의 건물이 지반침하의 영향으로 심각한 손상을 받는 것은 자명한 일이다.

조금만 소홀히 인력낭비, 자금낭비 등 쓸데없는 여러 가지 복합적인 낭패를 가져다준다. 반면에 미리 완벽한 조사와 기술적인 검토를 마치고 공사장으로 유입되는 수맥의 길목을 차단하고 지하수를 지상으로 뽑아 올렸다면 이 같은 손해는 미연에 방지 할 수 있었을 것이다. 또한 수맥과 주거 환경이란 것은 상당히 중요한 개념이다.

지금에는 사라졌지만 연탄보일러가 아닌 온돌 아궁이를 단순히 연탄 아궁이로 개조해서 난방 하던 시절이 있었다. 그 난방방법은 보일러에 의해 물을 데워서 이 온수를 순환시켜서 난방 하는 방식이 아닌 땔감을 때던 아궁이를 단지 연탄을 때는 방식으로 개조한 것에 불과 했다. 그런 방에 수맥이 흐르면 지반의 침하와 융기에 의해서 바닥이 갈라진다.

월동 준비하느라고 바닥의 갈라진 틈을 메우는 공사를 다 했다고 안심하고 생활하다가 연탄가스로 사망한 사람이 허다했다. 그것은 갈라진 틈을 메웠다고 해서 그대로 있는 것이 아닌 것이다. 수맥이 있는 한 그 메워진 틈을 또 다시 수맥이 갈라지게 만드는 것이다.

조상 산소와 주택에 수맥과 지표수는 임산부에도 영향을 받는다

우리가 집에서 잠을 자거나 남의 집에서 잠을 잘 때 잠이 잘 오지 않는 경우를 경험한 일이 있을 것이다.

그러나 우리는 외출을 하게 되면 평상시 자기가 잠을 자던 방의 환경과 맞지 않아 잠이 잘 오 지 않는다. 또 야외에 나가 휴식을 취할 때도 어떤 장소에는 유독 불편함이 느껴지는 곳이 있는데 이 경우 십중팔구 지하에 수맥이 있다. 고층 아파트라도 자고 일어나도 몸이 몹시 무겁고 머리가 아프며 기운이 없는 경우나 사무실에도 복사기 컴퓨터 등 정밀 기기가 보편화되어 있는데 이들 모두가 수맥을 피해야 할 것들이다. 제품을 생산하는 공장의 기계는 말 할 것도 없다. 또 공장을 지을 때도 기계가 놓일 자리에 수맥이 지나가는가를 알아보아 미리 수맥을 피하는 것이 좋다. 그래서 수맥은 정밀 기기에도 커다란 영향을 미친다.

임산부가 수맥 위에서 생활하면 기형아이가 생기며 신체부자유아 정신박약아 대부분이 수맥을 타는 체질이라고 주장하는 사람도 많다.

축사 밑으로 수맥이 지나가게 되면 가축도 사람과 똑같은 피해를 입게 된다. 심하면 가축들이 떼죽음을 당하기도 한다. 가축이 사람에 비해 더 많이 죽는 이유는 사람보다 가축이 몸에 물을 더 많이 함유하고 있고 사람은 밀폐된 방에서 생활하지만 가축은 우리 밖에서 생활하기 때문에 사망률이 더 많은 것이다. 옛날 우리 조상들은 정월 대보름이면 머슴 밥상에 청어 한 마리와 조기 한 마리를 차려주면 그 해는 논두렁과 밭두렁이 여름장마철에 무너지지 않는다고 온마리 고기를 대접했던 것이다. 그러나 여름 장마에 논두렁 밭두렁이 무너지는 것은 지하에 수맥이나 지표수 물이 있기 때문이다. 이것을 모르고 주인마님은 머슴고 용인에게 호통을 치기도 하지만 논두렁 잘못하여 두렁이 무너지는 것이 아니라 지하에 수맥이 있기에 논두렁 밭두렁 산사태가 나는 것이다.

이와 같은 곳을 모르고 그 위에 집을 짓거나 묘를 쓰게 되면 큰 피해를 당하는 것이다.

요즘은 집안에 우물이 있는 주택이 드물지만 집터에 수맥이 강할 때는 우물을 파서 물 에너지가 분출할 숨통을 터주는 것도 하나의 지혜이지만 우물물을 알맞게 뽑아내는 것도 강한 수맥의 피해를 줄일 수 있는 하나의 지혜. 수맥이 강하지 못한 곳에 우물을 파서 우물 바닥이 마르도록 뽑아낼 경우에는 오히려 땅의 지기가 허약해져서 집안 여자들의 건강이 나빠지거나 집안의 운세가 기울 수도 있다.

그래서 우리 조상들은 집안에 있는 우물물은 나누어 쓰면 재수가 없다고 금기시 해왔다.

또한 묘의 광중에 침입하여 유골체백에 피해를 주는 물이 지하 수맥의 물인지 비가 올 때 지표면에서 스며들어간 물인지를 구별하지 못하여 물 때문에 피해를 당하는 산소는 무조건 수맥 때문이라고 판정을 내리는 수맥풍수들이 있다. 큰 수맥은 주로 산과 산 사이의 골짜기와 산 밑 또는 평평한 곳에 지하 수십 미터 이하의 암반 밑에 형성되며 산 능선의 중심 부분이나 혈장의 조건을 갖춘 묘에는 큰 수맥은 형성되지 않는다. 그러므로 묘에 침입한 물은 대부분 묘 터 조건이 부족한 곳인 데다가 장법을 잘못하여 어떠한 경로를 통해서든지 빗물이 지상에서 스며드는 경우가 대부분이다.

상가에 손님이 북적거리는
가게로 만들고 싶다면

상업 건물은 대부분 한 면 이상이 도로에 접해 있으면서 그 면에는 유리창을 설치하고 물건을 전시해 지나가는 사람들의 구매 욕구를 불러일으킨다. 도로에 접한 건물 길이가 길면 가게 앞 진열창을 넓게 만들 수 있고 좀 더 다양한 물건을 전시할 수 있다. 또 상가를 여러 개로 분리할 수도 있다. 따라서 상가 건물을 신축할 때 되도록 도로에 많이 접하게 만들려는 경향이 있다.

풍수로 볼 때 가게 앞 진열창이 넓고 깊이가 얕은 상가는 흔히 생각하는 것과 달리 사업이 잘 되지 않는다. 사업이 잘 되는 상가는 길이보다 깊이가 깊은 점포이다. 밖에서 봤을 때는 가게 앞 진열창이 작고 앞면 길이가 짧기 때문에 작은 점포로 보이지만 일단 점포에 들어서면 깊은 곳까지 물건이 쌓여 있어 고객에게 안정감을 즉 구매 욕구를 불러일으킨다. 반대로 가게 앞 진열창이 넓고 앞면 길이가 긴 점포는 지나면서 보기에는 구매 욕구를 불러일으키지만 점포에 들어서면 깊이가 얕기 때문에 물건이 적고 다시 물건을 보기 위해서 전시된 진열창을 바라보게 된다. 그러다 보면 길에 지나가는 사람과 차들을 보게 되고 물건을 구입할 생각보다 밖으로 나가고 싶은 충동을 느낀다. 사업 승패는 점포 내부에 의해 결정된다. 점포 내부 공간에 기운이 모여 있으면 사업이 잘 된다. 점포 내부에 기운이 없는 점포는 성공하기가 쉽지 않다. 기운이 모이려면 겉에서 보이는 것보다 내실 있는 상가를 만드는 것이 중요하다. 점포 형태의 길흉 이론은 산 형태에 따른 기운 이론을 따른다. 기운이 모이는 산은 깊이가 깊은데 반해 깊이가 얕은 산에는 기운이 모이지 않는다. 또한 상가 손님이 북적거리는 가게로 만들고 싶다면 상점의 방위가 장사를 번창하게 하는 문제의 관건이 된다. 왜냐하면 그곳을 통해서 손님들이 드나들기 때문이다. 가게가 발 디딜 틈도 없이 물건을 사가려는 사람들로 대만원을 이루려면 북동쪽이나 남서쪽으로 고객이 출입하는 출입문을 내서는 안 된다. 동북쪽 귀문간방위鬼門艮方位이라 하고 남서쪽 후귀문곤방위後鬼門坤方位이라 하는데 두 방위는 음기가 강하고 팔방위에서도 가장 까다로운 방위에 속하기 때문에 풍수에서는 꺼려하는 편이다. 따라서 그 두 방위에 출입문을 만들어서 장사를 할 경우에는 생업이 날로 쇠퇴해져서 발전이 없으며 포부를 크게 펼칠 기회를 얻지 못한다. 더구나 상점 문이 북동쪽으로 나 있을 경우에는 겨울철에 한랭한 계절풍의 영향을 받게 되므로 피하는 것이 좋다. 그러나 상업 입지에 있어서 우리가 제일로 치는 것은 길가의 조건인데 도로의 폭과 종류 구조 등이 고려된 후 도로가의 종류에 따라서 인구를 끌어들이거나 내보내는 기여도에 따라 상권 가치의 영향을 미치고 있다. 일반적으로 상업지라 함은 교통인구가 하루에 5~6천 명 정도 보행인구가 되면 상업화 할 수 있는 지역으로 보게 된다. 그러나 도로 폭이 너무 크면 건너편의 보행 인구를 차단하게 되고 너무 좁으면 보행에 지장을 주게 되므로 상업의 종류와 점포 규모에 따라 입지를 결정해야 한다. 상가는 대부분 같은 업종끼리 모여서 상권을 이루는 집재성 점포나 국부적으로 중심지에 입지하여 있는 집중성 점포가 서로 일정한 간격을 두고서 있어야 유리한 산재성 점포 등 업종에 따라 입지하는 유형이 다르게 된다.

주택 상점 주어진 현실 여건 속에서 비보법裨補法을 한다면 행복한 생활에 도움이 될 것이다

    요즘 사람들은 햇볕을 선호하는 사상思想때문에 동쪽이나 남쪽으로 산이나 높은 건물이 솟아 있는 곳에도 햇볕을 많이 받기 위해 동남향으로 집을 많이 짓고 썼다. 이러한 곳에 집을 지어야 할 경우 맨 윗 층 한층이라도 바르게 향向을 하면 흉가凶家가 길吉하게 되므로 참작하시기 바란다. 뒤가 낮고 앞이 높은 집터를 한 예를 들면 등바지 없는 의자에 앉아서 일을 해보면 등바지가 있는 의자는 안정감이 들고 편안하지만 등바지가 없는 의자에 앉아 있으면 뒤로 넘어 질까봐 불안한 마음이 들것이다. 이러한 것들이 자연의 이치인 것이다. 내 집 앞 가까이 이웃집이 높이 솟아 있으면 집이 어둡고 그늘지고 위압감을 받게 된다. 이러한 집들은 바깥에 창문 유리를 요철형 거울 유리로 대치하여 앞 좌우 집들이 비스듬이 넘어가는 것처럼 보이게 하면 흉함을 예방 할 수 있으며 집은 적은데 대문이나 현관문이 큰 집에는 문에다가 요롱(방울)을 달아

주면 문이 열릴 때마다 소리가 나면 흉함을 면 할 수 있고 대문이나 상점 같은데 협소하면 거울을 부착하면 두 배로 넓어지므로 길하게 된다.

또 지하로 수맥이 흐르는 경우에는 방바닥에 동판을 깔아주면 지하수로 인한 습기를 막을 수가 있다. 벽이나 벽체가 많이 갈라진 곳도 수맥이 지나가는 곳이니 동판이나 은박지 등으로 예방하시기 바란다. 집의 마당에 나무가 지붕보다 높은 나무가 있어도 좋지 않으며 나무가 창문 가까이 있어도 좋지 않다. 나무는 낮에는 산소를 뿜어내지만 밤에는 사람에게 해로운 탄산가스를 뿜어낸다. 요즘 땅값이 엄청나다 보니 주택을 지을 때 대지를 최대한 활용하며 또 주택의 방향도 천편일률적으로 짓는 경우가 많다.

풍수지리학 상으로 보았을 때 이것은 매우 잘못된 방법이다. 집은 대지와 건물과의 공간 배분에 있어 집의 외기外氣와 내기內氣간의 원활한 순환을 염두에 두어야 한다. 좌우 방벽이 담의 구실을 하는 집 세모진 땅에 그대로 세모나게 담장이나 집을 짓는 집 앞뒤로 공간을 많이 남긴 집 가깝게 담장을 쌓아주고 세모진 대지에는 아깝다 생각 말고 세모가 많이 진 쪽으로 담장을 원형으로 쌓아주면 길하게 된다. 이러한 영향을 가장 강하게 받는 곳은 역시 우리의 주택을 양택이라 한다. 양택이란 음택인 돌아가신 분의 묘 터와 반대되는 말로써 살아 있는 사람이 거주하는 곳이다. 즉 살아 있는 사람은 양이 되고 돌아가신 분은 음이 된다. 풍수지리에서는 환경 에너지가 사람의 건강과 운세에 끼치는 역량이 매우 큰 것이다. 특히 주거 환경을 우리 가족과 더불어 함께 먹고 쉬고 잠을 자는 곳이므로 더욱 중요하다. 인구 증가와 국토의 협소로 인해 개개인의 욕망에 충족될 수 있는 완벽한 주거 환경을 만들기는 어렵다고 하지만 주어진 현실 여건 속에서 최선을 다한다면 가족의 건강과 행복한 생활에 많은 도움이 될 것으로 생각한다. 예로부터 우리 조상들은 자연적인 좋은 환경 조건을 선택하기 위해 노력해 왔을 뿐만 아니라 인위적으로도 선성에너지의 방향 선택과 집의 외부 모양[家相] 및 내부 배치구조 등에 이르기까지 많은 지혜를 발휘해 햇볕과 습도 바람의 순환 조절을 도모함은 물론 선성의 공간 및 입체 에너지 선에도 상당한 노력을 기울여 왔다. 오늘날 우리들은 이러한 지혜로운 조상들의 업적을 인식하고 이 분야를 더욱 합리적으로 탐구하고 연구하여야 한다.

돈을 많이 버는 금전 운은 이러하다

인간이 돈을 버는 금전 운에는 내부의 노력과 외부의 화려함이 함께 존재해야 한다. 이 내부의 표시는 곧 밝음으로 표현된다고 할 수 있다. 그러므로 풍수에 있어서는 밝음과 청결이 가장 중요시된다.

색채도 마찬가지이다. 밝은 색은 운이 있는 색이고 검거나 어두운 색상은 흉상이다. 밝은 색은 마음을 움직이는 밝음의 기초가 되기 때문이다.

그래서 집안에 여러 가지 인테리어를 하기 위해서는 되도록 밝은 색을 택하라고 권한다.

밝은 색이 있으므로 밝고 깨끗한 마음을 만들기 때문일 것이다.

집안에 꽃을 장식하고 조명으로 환하게 비치고 붉은색이나 녹색 황색이 들어 있는 그림을 벽에 걸고 침대 시트나 잠옷에 꽃그림이 들어있는 옷을 입으라 하는 것 등은 모두 이와 같은 이유 때문이다.

기분이 좋으면 좋은 기운이 발생하므로 좋은 운이 되고 금전 운이 된다는 것은 빈 말이 아니다. 그래서 풍수는 환경을 밝고 아름답게 라는 이치를 우리에게 강하게 강조하고 있다.

그래서 사람은 가장 오랜 시간을 보내게 되는 집의 환경을 밝고 깨끗하게 하라는 뜻은 이 때문인 것이다.

돈이 없는 사람은 언제나 얼굴만 봐도 어둡다. 그러나 돈이 있는 사람은 언제나 밝다. 이것이 돈이 어디서 나온다는 것을 알게 하고 있다.

그러므로 마음을 밝게 하는 노력이 필요할 것이다. 기氣가 살아 있고 죽어 있는 것은 얼굴 표정에서 쉽게 나타난다. 그러므로 금전 운을 높인다는 것은 바로 기분을 밝게 한다는 데에 있는 것이다. 그래서 집안 곳곳에 밝은 색과 청결히 할 것을 권한다.

돈과의 인연은 몸의 구조나 집안 환경 실내구조도 밀접한 관계가 있다.

따라서 재물 운을 길하게 하기 위해서는 자기 몸에 액세서리를 부착하고 다니는 것이나 살고 있는 실내 인테리어를 돈과 관련된 것으로 개선해야 할 것이다. 그렇다면 어떤 방법들이 통장에 잔고를 두둑하게 쌓아 올리는 방법이 될까.

첫째, 안경이나 반지, 귀고리, 팔찌류의 액세서리를 할 때 은이나 금으로 된 것을 선택하도록 하며, 지갑, 열쇠고리, 라이터 등도 황금색으로 한다.

둘째, 가구는 둥근 것으로 선택해야 좋다. 모서리나 문양이 지나치게 예리하고 돌출이 많은 것은 돈이 들어오는 길을 막는다고 판단되므로 좋지 않다.

비교적 원만한 느낌이 드는 화장대나 장롱, 오디오류를 선택하고 가구의 무늬도 무난한 것들이 좋다.

이런 것들이 돈을 붙게 하는 것들 이다.

또한 사람들 가운데 열심히 일하는데 도대체 왜 나는 돈이 모아지지 않는지 억울해 하고 의문스러워 하는 이들이 많다. 노력에 의해서 자신의 수중에 들어오는 돈은 미미하다는 것이다. 이런 경우 그 원인을 가상학적으로 따져 보면 자신에게 연결되는 금전적인 면의 운세가 막혀 있고 좋은 운이 엉뚱한 곳으로 다 새어 나가기 때문이다.

따라서 풍수상의 처방은 길운吉運이 새어나가는 것을 막고 금전 운이 막혀 있는 통로를 시원하게 뚫어 주는 것이다.

온종일 쉴 틈도 없이 바쁘게 일하는데도 도무지 돈을 만져볼 수 없는 사람이라면 온 동네 집터가 평탄한 곳에서 살고 동쪽에 빨간색의 옷이나 문구류를 놓고 서쪽에 황금색 종류의 그림이나 도배지 등을 해서 금전 운을 상승시켜야 한다.

집안에 환경을 깨끗하게 장식하면 돈이 많이 벌린다

　인간이 돈을 버는 금전운에는 내부의 노력과 외부의 화려함이 함께 존재해야 한다. 이 내부의 표시는 곧 밝음으로 표현된다고 할 수 있다.
　그러므로 풍수에 있어서는 밝음과 청결이 가장 중요시 된다. 색채도 마찬가지이다. 밝은 색은 운이 있는 색이고 검거나 어두운 색상은 흉상이다.
　밝은 색은 마음을 움직이는 밝음의 기초가 되기 때문이다. 그래서 집 안에 여러 가지 인테리어를 하기 위해서는 되도록 밝은 색을 택하라고 권한다. 밝은 색이 있으므로 밝고 깨끗한 마음을 만들기 때문일 것이다. 집안에 꽃을 장식하고 조명으로 환하게 비치고 붉은 색이나 녹색 황색이 들어 있는 그림을 벽에 걸고 침대 시트나 잠옷에 꽃그림이 들어 있는 옷을 입으라고 하는 것 등은 모두 이와 같은 이유 때문이다. 기분이 좋으면 좋은 기운이 발생하므로 좋은 운이 되고 금전운이 된다는 것은 빈말이 아니다.

그래서 풍수는 환경을 밝고 아름답게라는 이치를 우리에게 강하게 강조하고 있다. 그래서 사람에 있어서 가장 오랜 시간을 보내게 되는 집의 환경을 밝고 깨끗하게 하라는 뜻은 이 때문인 것이다. 돈이 없는 사람은 언제나 얼굴만 봐도 어둡다. 그러나 돈이 있는 사람은 언제나 밝다 이것이 돈이 어디서 나온다는 것을 알게 하고 있다.

그러므로 마음을 밝게 하는 노력이 먼저 필요할 것이다.

기가 살아있고 죽어있는 것은 얼굴 표정에서 쉽게 나타난다. 그러므로 금전 운을 높인다는 것은 바로 기분을 밝게 한다는 데에 있는 것이다.

그래서 집안 곳곳에 밝은 색과 청결히 할 것을 권한다.

우리의 눈은 시각을 통해 색채를 분별하게 되는데 그 색채에 따라 마음의 움직임이 있다는 것이다.

풍수인 가정환경학은 인테리어가 행운과 연관이 있다는 것을 밝힌 것이다.

여기에는 적절한 처방이 필요하다. 우선 자신의 환경을 기에 맞게 바꿔주어야 운기가 열릴 수 있다.

고생하고 노력해야만 돈을 버는 것은 아니다. 물론 노력 없이도 된다는 것은 아니겠으나 자신이 가진 운기가 생각보다 빨리 돌아 올 것이다.

돈을 많이 벌고 싶다면 금전 운을 관장하는 서쪽에 열쇠가 있다.

벽의 틈새 천장의 비 새는 곳 등을 살펴 금운이 빠져 나가는 곳이

서쪽에 있는가를 잘 살펴볼 필요가 있다. 서쪽방위는 주로 집안의 현금을 관리하는 방위라 할 수 있지만 곧 흘러빠져 나가버리면 돈이 모일 기회는 생겨지지 않을 것이다. 그래서 이 방위에서 얻어진 돈은 즐거운 마음에서 사용될 수 있는 기쁨의 돈이 된다 라고 하면 이 돈은 다시 돌아와 쌓이게 된다. 이러한 서쪽 황금 운은 방위를 높일 수 있는 꽃은 역시 노란색이다.

즉 노란색은 황금을 의미한다. 만약 돈 버는 것이 소원이라면 방 중심에서 서쪽으로 향해서 노란 황금색 꽃을 장식하면 황금기운이 높아진다는 것은 두 말할 여지가 없다.

꽃을 장식할 때 일반적으로 자신이 좋아하는 꽃을 장식하게 되지만 특별히 방위에 따라 각 방위의 기운을 높이는 색상이 필요하다. 서쪽 황금색인 노란색 북서는 흰 색깔의 꽃을 택하되 흰색 중에서도 내가 좋아하는 꽃을 택해서 부채형 꼴로 장식한다. 북동은 역시 흰색상의 꽃을 전시하되 그 꽃봉오리가 커야 한다는 것을 염두에 둘 필요가 있다. 이렇게 해서 방위에 합당한 꽃을 전시하게 되면 돈이 쌓이고 벌리게 되어 있다.

돈을 모으자면 기(氣)가 빠지지 않아야 한다

우리의 생활에 돈처럼 중요한 것은 없다. 부는 곧 삶의 힘이라고 할 수 있기 때문이다. 이 때문에 돈을 많이 모으고 싶어한다. 이것은 돈을 많이 벌고 싶다는 의미와 같은 뜻일 것이다. 그러나 돈을 아무리 많이 벌어도 모아지지 않으면 소용이 없고 돈을 모으려고 해도 또한 벌리지 않으면 모아지지 않는 것이다.

이것은 손등과 손바닥과 같은 사이므로 끊을 내야 끊을 수가 없다. 그러므로 잘 조율을 할 수가 없다면 부를 축적 할 수가 없다. 이럴 때는 벌어들이는 것보다는 모아진 돈이 빠져나가지 않도록 하는 것이 더더욱 중요하다고 할 수 있다. 집안 또는 방안 어디에서 기(氣)가 빠져 나가는 곳이 있는가 없는가를 자세하게 살필 필요가 있을 것이다, 아무리 돈을 많이 벌어들인다 하더라도 빠져나가면 소용이 없기 때문이다.

혹시 현관에서 사무실이나 방에 들어서면서 정면에 창문이 없는지 있는지를 살펴볼 필요가 있을 것이다. 창이란 빠진다고 하는 구멍이 될 수 있기에 그렇다. 사무실 문을 막 열면 정면에 창문이 있어서 들어선 기氣가 빠지는 것이므로 돈이 모이지 않고 빠져 나가는 것이라 할 수 있다. 이런 경우에는 회사나 아니면 가정 경제가 어렵게 된다고 할 수가 있다. 이런 회사나 가정 운은 아무리 영업실적이 많고 반면에 가정에서는 돈을 벌어들여도 모여지지 않는다. 계속 빠지는 상태에서는 경영이 어려워지고 가정에서는 돈이 모아지지 않는다고 할 수 있다. 또 창문도 창문이겠으나 방에 들어가 보면 벽에 금이 가 있고 천장이 뚫려 있는 경우가 있다. 이 경우는 모두가 빠진다고 하는 의미가 된다. 그러므로 회사의 경우라면 아무리 영업실적이 좋아도 소용이 없을 것이다. 방안도 역시 이와 같다고 할 수가 있다. 특히 서방이나 서북간 방 위에 틈이 있거나 아니면 구멍이 뚫려 있다고 하면 돈은 절대 모아지지 않는다. 이럴 때 풍수 용어에 있어서는 누재택 운이라고 하게 된다. 그러므로 이런 점을 면면히 관찰하고 예방하지 않으면 안 된다. 그러나 이러한 누재택 운에 있어서 전혀 예방이 없는 것은 아니라 기氣가 창문으로 나가지 못하게 막아야만 하고 벌어진 틈새가 있고 구멍이 있으면 막아야 하는 것이 가장 중요하다. 틈새 같은 곳은 단순히 그 위에 종이를 땜질을 하더라도 바람이나 기가 세어 나가지 않도록 하는 것이 곧 재물이 빠지지 않는 것이다. 그러므르 창문이나 틈새 구멍 등은 없도록 해야만 할 것이다.

그리고 정면에 창문이 있다고 하면 지나치게 햇빛이 들어오지 못하게 가리개로 창문을 가려야만 하고 겨울 같으면 두꺼운 면 커튼을 늘어뜨려 들어온 기가 빠지지 않도록 하는 것이 무엇보다 중요하다. 그리고 사무실이나 방 같은 곳에 두꺼운 판 가리개를 양쪽에 세워 창문과는 일직선이 되지 않도록 해야만 한다. 그것은 기는 일직선으로 가기 때문에 창문으로 빠지는 기의 길을 꺾어서 돌려놓으려는 이유이다. 즉 흐르는 기를 나가지 않도록 하는 것이 무엇보다 소중하다고 할 수 있을 것이다. 이렇게 해 놓으면 기가 열어진 창문 밖으로 빠져 나가지 못하게 되고 자연히 사무실이나 방안에 잔류하게 된다. 기가 오랫동안 머문다고 하는 일은 그만큼 중요하다고 할 수 있다.

자연 소재 공간에는 항상 좋은 일이 머리 속에 그려진다

오늘날과 같은 경쟁 사회에서 살아남으려면 스스로의 열심히 노력과 자기 개발이 필요하다. 어제의 친구가 오늘은 적이 되어 적과 친구동지의 구분이 더욱 어렵고 치열한 생존 경쟁은 사람들을 놀라게 한다.

그렇다고 뒷짐만 지고 마냥 물러서 있을 수 없듯이 자신의 미래를 위한 노력은 나이와 경력에 상관없이 절실하다. 그 중에서 가장 중요한 것이 심리적 안정과 미래에 대한 긍정적인 사고방식 이라고 생각된다. 강한 정신력만이 능사는 아니지만 패배주의적 사고방식은 결국 자신을 패배자로 만들 뿐이기 때문이다. 우리가 참고 할 것은 아무리 강한 정신력의 소유자라 할지라도 주택 공간이나 작업 공간이 흉한 곳이라면 어쩔 수 없이 무너질 수 밖에 없다는 사실이 다. 이렇듯 우리가 내일을 위한 휴식과 미래를 위해 긍정적인 정신 상태를 유지하려면 최소한 자신이 거주하는 공간을 자연과 어울리는 공간이 되도록 해야 하며 그런 공간에서만이 긍정적인 사고가 형성될 수 있다.

항상 좋은 일을 머리속에 그리게 되면 자연히 좋은 일이 더 많이 생기고 이런 과정 속에서 저절로 심리적 물질적 여유도 생기게 된다.

그러므로 우선 집 안을 자연의 생기가 통하도록 꾸미고 매사에 정성을 다한다면 성공은 당연히 할 것 이다.

직장을 구한다거나 배우자를 만나고 훌륭한 2세를 기대한다면 우선 자신의 집을 자연 소재 공간으로 만들어야 한다. 자신의 처지나 신세를 한탄하는 시간에 부지런히 집안을 조화롭게 꾸미고 가족이 처한 현실적 문제점을 해결하기 위한 방안으로 실천해 보다 만족할 만한 결과를 기대해도 좋을 것이다. 그러나 사행심이나 과욕 이기심의 발로에서 이런 방법을 사용한다면 크게 후회 할 것이다. 삼가 자연에 감사하며 진지하게 자신의 미래를 위해 열심히 노력하고 항상 좋은 생각을 그리면 좋은 일이 많을 것이다.

그러므로 자기가 살고 있는 고층아파트라면 자연소재로 된 물품이나 베란다에 황토 흙으로 화단을 만들면 더욱 좋을 것이다. 화단 할 공간이 없으면 화분이라도 아침으로 등산 다니며 비닐봉지에 맑고 깨끗한 흙을 가져와 우선 집 안을 자연의 생기가 통하도록 꾸미고 어린이와 노약자는 흙을 많이 밟도록 한다. 옛 부터 황토 흙은 민간요법에 약으로 쓰여 왔다. 독버섯이나 복어알 먹고 중독에는 황토 흙을 물에 풀어 그 물이 가라앉은 다음 그 물을 마시면 치료가 되고 감기가 들면 고춧가루

한 숟가락 술에 타서 먹고 황토방 구둘 목에 잠 한심 자고나면 고뿔이 다 나가고 임산부가 무국이나 미역국을 먹고 산후 조리를 뜨끈뜨끈한 황토방 구둘 묵에서 몸조리하고 한 칠만 지나면 부엌일 농장 일을 하여도 아무 탈 없이 아들딸 많이 놓고 기르며, 우리 조상 어머니 할머니들은 살아 왔다. 그러므로 자연소재로 집을 꾸미고 공간을 만들어 생활 한다면 성공은 당연할 것이다.

소심하고 내성적인 자녀의 방은 천장이 높은 방을 쓰도록 하고 자유분방한 자녀의 방은 작은 방을 쓰도록 한다. 호텔이나 대연회장에 가보면 높은 천장을 볼 수 있는데 이럴 때 사람들은 마음이 확 트이는 것을 느낄 수 있다. 반면에 천장이 낮은 곳을 가서 보면 왠지 모르게 가슴이 조여 드는 것 같고 답답해져서 엉거주춤하게 자세를 낮추게 된다. 일반적으로 천장이 낮은 집에 생활하게 되면 소극적이고 완고한 성격이 되기 쉽다.

신혼 초에는 평탄한 지대에
주택을 갖고 있어야
아들을 얻고 재물을 모을 수 있다

- 집에도 주인이 중앙에 자리해야하고 기둥 방의 숫자는 홀수가 좋고 성공의 방위는 남향의 창문에 달려 있다. 밝게 하라
- 신혼 초의 길상은 북쪽에 있다. 북쪽이 알맞게 튀어 나온 터는 2세운이 좋다.
- 신혼 초에 평탄한 지대에 주택을 갖고 있어야 아들을 얻고 재물을 모을 수 있으며 집의 뒤가 조금 나온 곳이 좋다.
- 집의 대지가 울퉁불퉁하고 경사진 곳이면 딸이 많고 집에서 육교나 다리가 보이면 재물이 모이지 않는다.
- 임신 중에 집수리, 가구 이동을 하지 마라. 태아에 해가 미친다. 유산
- 주방은 북쪽이 길하다.
- 주방이 서쪽에 있는 경우 오랜 기간이 지나고 나면 재운이 쇠퇴하게

된다. 그러므로 서쪽의 주방은 빛이 들지 않도록 창문이나 물을 가리는 것이 좋고 환풍은 잘 되도록 해야 좋다.
- 식탁은 원형이 좋다. 집에 대체적으로 사각형이기 때문에 음양의 조화를 이루게 된다. 원형은 양의 기운 사각형은 음의 기운이다.
- 주방의 물과 가스는 될수록 멀리 있는 게 좋다.
- 집 안에 냄새 제거 : 담배-원두커피 찌꺼기, 곰팡이-녹차잎, 잡냄새 비린내-촛불을 피워라. 비린내 나는 음식은 물에 식초를 한 방울 탄 물에 담가두었다 건져 요리하면 냄새가 없다.
- 주택에 창문이 너무 넓으면 좋지 않다. 복이 빠져나간다.
- 방문과 마주보는 창문이 있으면 재물이 빠져 나간다.
- 현관과 주방의 문이 마주 보면 재물에 손해가 난다.
- 주방의 가스레인지가 외부 문과 마주 보면 흉하다.
- 주방의 싱크대와 가스레인지는 멀리 있어야 좋다. 水剋火
- 주방문과 침실 문이 마주 보면 흉하다.
- 창고 문과 대문이 마주 보면 재물이 빠져나간다.
- 실내가 너무 밝은 것도 좋지 않다. 氣가 새어나간다.
- 현관은 집 전체의 운을 정한다. 복이 출입하는 곳이다.
- 현관 정면에 거울을 걸어두면 흉하게 된다. 들어오는 복도 되돌아 나가게 된다. 그림은 좋다.
- 현관 출입문에서 문이나 창문이 바로 나있으면 재물 운이 나간다.

- 현관문에 종이나 소리 나는 물건을 장식해두면 좋다. 기를 흐르게 한다.
- 현관은 항상 밝고 깨끗이 하고 화초하얀 꽃도 가꾸어 놓으면 좋다.
- 현관에 수석 옥돌 등 장식물을 놓아두면 좋다.
- 신발을 포개어 벗어 놓는 사람은 바람기가 있다.
- 거실은 보다 밝은 것이 좋다. - 포근한 분위기 화목하다.
- 동쪽의 방은 아들에게는 좋으나 딸은 말괄량이 성격이 된다.
- 대문 앞 도로가 기울어진 곳은 좋지 않다. 묘 앞의 전순과 같다.
- 도로 쪽에서 머리를 두고 자면 좋지 않다.
- 집 천장은 조금 높은 것이 좋다. - 안정감, 진취적 기운
- 천장은 돔 형태가 가장 이상적이다. - 기가 집중되며 재물, 출세
- 천장이 낮은 집 소극적이고 우울하고 완고한 성격
- 천장이 높은 집 과욕과 허세를 부리는 성격
- 방이 작으면 성격이 침착해지고 인내심도 길러진다. 질투심, 욕심이 많아진다.
- 방이 넓으면 자유분방한 성격으로 주위가 산만해진다.
- 방이 너무 어두우면 내성적인 성격이 된다.
- 좋은 집에서 자게 되면 숙면하고 자고나면 개운하고 몸이 가볍다.

돈을 많이 벌게 하는 풍수비법

　돈과의 인연은 몸의 구조나 집안 환경 실내구조도 밀접한 관계가 있다. 따라서 재물 운을 길하게 하기 위해서는 자기 몸에 액세서리를 부착하고 다니는 것이나 살고 있는 실내 인테리어를 돈과 관련된 것으로 개선해야 할 것이다. 그렇다면 어떤 방법들이 통장에 잔고를 두둑하게 쌓아올리는 방법이 될까?
　첫째, 안경이나 반지, 귀걸이, 팔찌류의 액세서리를 할 때 은이나 금으로 된 것을 선택하도록 하며 지갑, 열쇠고리, 라이터 등도 황금색으로 한다.
　둘째, 가구는 둥근 것으로 선택해야 좋다. 모서리나 분양이 지나치게 예리하고 돌출이 많은 것은 돈이 들어오는 길을 막는다고 판단되므로 좋지 않다. 비교적 원만한 느낌이 드는 화장대나 장롱, 오디오류를 선택하고 가구나 오디오의 무늬도 무난한 것들이 좋다. 이런 것들이 돈을 붙게 하는 것들이다.

또한 사람들 가운데 열심히 일하는데 도대체 왜 돈이 모아지지 않는지 억울해 하고 의문스러워 하는 이들이 많다. 노력에 의해서 자신의 수중에 들어오는 돈은 미미하다는 것이다. 이런 경우 그 원인을 가상학적家相學的으로 따져보면 자신에게 연결되는 금전적인 면의 운세가 막혀있고 좋은 운이 엉뚱한 곳으로 다 새어 나가기 때문이다. 따라서 풍수상의 처방은 길운吉運이 새어 나가는 것을 막고 금전 운이 막혀 있는 통로를 시원하게 뚫어주는 것이다. 온 종일 쉴 틈도 없이 바쁘게 일하는데도 도무지 돈을 만져볼 수 없는 사람이라면 동쪽에 빨간색의 옷이나 문구류를 놓아서 금전 운을 상승시켜야 한다. 서쪽 방위에 황금색의 장식장을 놓거나 노란색의 커튼 노란 꽃을 꽂은 화분 등으로 하여 금전 운을 배가시키는 색깔노란색은 금전운의 색깔을 활용하도록 한다.

또한 통상적으로 집문서나 패물, 통장 등의 귀중품을 보관해 두는 장롱은 비밀, 감춤, 저축, 안전의 상징의미를 파생하는 북쪽 방위에 놓도록 한다. 그리고 인감도장이나 신용카드 통장 귀금속의 패물 등을 초록색 천으로 잘 싸서 보관해야 금전 운이 절대로 외부로 빠져 나가지 않게 되어 통장에 잔고를 늘리고 부자가 되게 할 것이다. 또한 서쪽을 살펴보아야 한다. 서쪽에 집 벽에 금이 가 있다든지 비가 센다든지 하면 아무리 황금 노란색을 부착하고 알맞은 치장을 하였더라도 오히려 좋지 못한 일만 발생하니 잘 살펴보기 바란다. 금전 운은 관장하는 서쪽에 열쇠가 있으므로 자기 집의 서쪽에 어떤 문제가 없는지 살펴야 한다. 벽의 틈새, 천정의 비새는 곳, 혐오한 공간의 유무 등 서쪽에 행운을 갖다 주는 노란색을 활용하도록 한다. 서쪽에 행운을 갖다 주는 노란색을 장식하도록 한다. 서쪽에 노란색 그림을 걸어둔다든지 노란 꽃을 꽂아 두도록 한다. 노란 열매의 그림을 걸어 둔다. 황금색 돈지갑을 휴대한다. 돈을 많이 벌고 싶으면 이 점을 유의하라.

① 가구는 모난 것보다 둥글둥글한 것을 택하라.

② 화장대는 서쪽 양 옆에 노란색 갓을 씌운 스탠드를 놓는다.

③ 장롱은 홍황색 순수 나무 색상을 택하라.

④ 벽시계 태가 황금색이어야 하고 둥글둥글한 시계를 동쪽 창문 옆에 걸어라.

⑤ 본인이 가지고 다니는 악세사리는 금색, 은색을 착용하라

⑥ 서쪽 방위에 노란색을 장식하라

⑦ 동쪽 방위에 빨간색을 두어라

⑧ 북쪽은 옷장, 통장이나 귀금속류는 녹색 천으로 감싸 놓아둔다.

⑨ 침대는 밝은 색으로 머리는 동쪽으로 벽에 붙지 않게 방문에서 대각선으로 보이도록 놓아둔다.

⑩ 방바닥에 황색 계통의 장판을 깔아라.

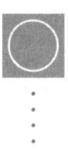

인간의 후천적 운명은 풍수지리로

사람은 누구나 일생동안 행복한 생활을 하고자 하고 모두 건강한 육체를 가꾸어 무병장수하기를 원한다. 그리하여 고토 없는 노년을 보내다가 임종을 맞아 이 세상을 떠나가게 되기를 바란다.

그런데 동양 역학의 관점에서 보자면 행복과 불행은 자신의 주어진 운명 및 운세 즉 선천운先天運에 의해 일생을 살아간다고 하는데 여기 후천적後天的인 노력이 결합되어 행복한 일생을 살기도 하고 불행한 일생을 살기도 한다. 선천적先天的 운명殞命이란 사주 관상 손금이 있으며 후천적 운명에는 이름성명학과 풍수지리가 있다.

그런데 이름은 자신의 의지가 아닌 부모의 의지에 의해 주어지므로 훗날 개명하기 전까지는 선천 운명과 같은 영향력을 행사한다. 우리는 후천 운 부분에서 어떤 노력을 해야 할까? 그것을 이론상 풍수지리 뿐이므로 거기에 관심을 가질 수 밖에 없다. 풍수이론은 산 사람의 집을 보는 양택 풍수와 죽은 사람의 집무덤 유택幽宅을 보는 음택풍수가 있다.

여기에서 우리가 논할 것은 바로 산 사람들의 집을 위한 양택주택풍수이다. 양택陽宅은 생존자의 주거지로서 도읍 촌락 등 집단적으로 생활을 영위할 환경環境에 자연自然이 주어지니 산山, 물水, 바람風, 불火의 취기된 곳이라야 한다. 또는 양택은 음택과는 다르게 지 기地氣보다는 主山硃算 주변건물周邊建物이 잘 감싸 안아 주면서 일조日照량이 많아 온난하고 장풍득수藏風得水가 잘 되며 주변환경에 중점을 두어야 하며 환경과의 자연 호화를 최대한 유리하게 활용하는데 있다.

햇볕과 공기와 물과 지기야말로 가장 근원적인 자연 환경이 아니던가. 자연환경과 조화를 이루고 그것을 올바르게 활용함으로써 자신에게 주어진 생활환경 운세를 개선 할 수 있다.

그리고 보다 활기차고 건강한 삶을 살아갈 수 있는 것이다.

집이란 맑은 공기가 원활히 소통 되고 햇볕이 잘 들며 맑고 깨끗한 물길이 집 주변을 감싸 흐르는 집 그리고 생기生氣를 방출放出하는 땅에 지어진 집이야말로 양택 명당이라고 하게 된다.

그러나 인간은 어디에서나 살다가 보면 정들고 그 정든 곳이 바로 가장 좋은 집이 아니겠는가! 하는 생각이겠지만 실제로 주변을 조금만 신경 써서 살펴보면 하다못해 셋방이라도 세를 살던 사람들이 모두 잘 풀려서 나갈 때는 큰 집을 사가지고 나간다든가 또는 아들을 낳지 못하다가 아들을 낳아 가지고 나갔다든가 또는 어떤 집은 주인만 바뀌면 흉사凶事가 나타나게 된다든가 하는 이야기를 종종 듣게 된다.

그러나 좋은 집에 대한 인간들의 욕구는 옛날부터 지금까지 계속되어 왔다. 또한 좋은 집이란 어떤 집을 말함인지 단정하여 결론 내리기는 어렵고 일반적으로 생활하기 편리한 집이라고 하겠지만 풍수학으로 보았을 때는 그렇지 않다. 우리 인간은 의식적이든 무의식적이든 자연의 법칙에 순응하면서 사는 것이 가장 자연적이기 때문에 그 변화에 따른 영향을 가장 조화롭게 해 주는 것이 바로 주택이며 어떻게 볼 때 주택은 인간에게 있어 작은 우주이다.

그러나 요즘은 주택들을 보면 그러한 자연법칙을 무시하고 인간들의 편리한대로 지어지고 있다.

예로부터 들이 넓고 햇볕이 잘 들고 물이 맑고 흙이 깨끗하고 주변 산세들이 아름답고 수려하면 큰 인물이 난다 하였고 강물이 맑고 휘어 감아 흐르는 곳에 사는 사람은 부유하고 심성이 넓다 하였다.

집터와 주택은 조금만 신경 써서 살펴보면 좋은 주택을 찾을 수 있다

 일반적으로 양택은 땅의 생기生氣를 받는 것도 중요하지만 집의 형태와 위치방향을 더욱 중요시 하며 좀 더 세분화하여 대문 안방 부엌 화장실 등을 보는데 이것을 양택 삼요결 이라 하는데 풍수지리에서는 이 양택 삼요결을 인간생활의 가장 중요한 법으로 보고 있으며 이 법을 따르면 자연에 순응하는 것으로 천지 이치에 맞아 부귀하며 그렇지 않은 경우에는 흉사가 있다고 한다.
 그러나 좋은 집이란 과연 있는 것인가 하는 의문을 갖고 있는 사람들이 많다. 어디라도 살다가 보면 정들고 그 정든 곳이 바로 가장 좋은 집이 아니겠는가 하는 생각이겠지만 실제로 주변을 조금만 신경 써서 살펴보면 하다 못 해 셋방이라도 세를 살던 사람들이 모두 잘 풀려서 나갈 때는 큰집을 사 가지고 나갔든가, 아들을 낳지 못하던 사람들이 아들을 낳아 나갔든가 또 어떤 집은 주인이 자주 바뀌고 흉사가 나타나게 된다든가, 하는 이야기를 종종 듣게 된다.

좋은 집에 대한 인간들의 욕구는 오랜 옛날부터 지금까지 계속 되어 왔다. 그러나 좋은 집이란 단정하여 결론을 내리기는 어렵다. 쉽게 말하자면 생활하기 편리한 집이라고 생각하겠지만 풍수학 상으로 보았을 때 이러한 생각은 위험천만한 생각이다. 그렇다면 그 집에 사는 사람과 가장 조화가 잘 되는 집이라야 한다.

인간은 의식적이든 무의식적이든 자연의 법칙에 순응하면서 사는 것이 가장 자연적이기 때문에 그 변화에 따른 영향을 가장 조화롭게 해주는 것이 바로 주택이며 이렇게 볼 때 주택은 인간에 있어서 작은 우주이다. 그러나 요즘의 주택들을 보면 자연법칙을 무시하고 인간들의 편리한 대로 마구잡이로 지어지고 있다.

옛날부터 햇볕이 바람이 잘 들고 산세가 좋고 물이 맑고 흙의 빛깔이 좋아야 큰 인물이 난다고 하였고 집터에 흠집이 있거나 움푹 패인 곳 꺼진 곳이 없어야 하고 강물이나 계곡에 의지 하여 평탄한 곳을 가장 좋은 곳으로 보았다. 그렇다고 좁은 터를 넓게 하기 위하여 함부로 땅을 파내면 도리어 나쁜 터가 된다 하였다.

집에 대해 가장 큰 기준이 되는 것은 각 방의 배치이며 배치 상에서 가장 신경을 써야 하는 것은 환기와 채광이라고 한다.

환기와 채광이 조건에 어긋나게 지어졌을 때 그 집은 흉한 집이 되고 항상 신선한 공기를 접할 수 있고 적당량의 햇볕을 쬘 수 있으면 좋은 집이라 할 수 있다. 동쪽이 높고 서쪽이 낮은 집이나 남쪽이 높고 북쪽이 낮은 집은 흉가로 치는 이유는 바로 햇볕과 밀접한 관계이다. 주택이란 어디까지나 가장 편안한 공간으로 휴식할 수 있는 곳이어야 한다.

그래서 가장 중요한 것은 침실이다. 잠을 잘 때 숙면을 취하지 못하고 꿈자리가 뒤숭숭하여 잠을 설쳐 아침에 일어나도 머리가 무겁고 잠을 잔 것 같지 않을 때는 방의 배치상이 잘못되어 있는 것으로 보아야 한다. 이 경우에 가구배치가 창문을 가리거나 수맥이 흐르거나 자력대 놓여 있는 경우가 많다. 침실이 자력대 위에 놓이거나 자력이 센 곳에 놓이게 되면 생체 에너지 영향을 피로가 쌓이거나 각종 질병을 유발하게 된다.

방의 구조나 구조물의 배치도 신경을 써야 하는데 특히 집의 중앙부는 집안에서 가장 중요한 부분이므로 빈 곳을 잘 활용하지 않고 빈방으로 방치한다든가 부엌 화장실 창고 등 다소 중요하지 않은 시설이 놓여지게 되면 집안 전체에 나쁜 영향을 미칠 수 있다.

풍수는 비를 못 오게 할 수 없지만
우산을 쓰면
비를 맞지 않듯 흉함을 피할 수 있다

　양택陽宅 풍수론은 사람이 살기에 쾌적하고 안락한 주거환경을 찾는 것이다. 그런 주거 환경에는 택지 주택의 외부 모양 즉 가상家相과 방향 높낮이 주택의 내부 배치 구조 및 대문의 위치 마당정원 수의 유무와 규모 등도 모두 포함된다.
　요즘 일본. 대만. 홍콩, 미국 등도 주택의 외부 모양 관찰함은 물론 그에 따라 설계도를 작성하고 실내 인테리어 및 각종 가구 등을 배치하는데서 비롯된 명칭인 바, 관상학이나 수상학과 같은 차원으로 이해하고 있음을 알 수 있다. 그러나 우리나라에서는 전통적으로 좋은 산소자리를 찾기 위한 묘지풍수 즉 음택 풍수론이 이론의 주류를 이루었고 주택에 관한 풍수는 보통 양택陽宅 풍수라고 지칭하고 음택 이론의 다음으로 중시했다.

고대의 실학자 남사고 선생을 비롯해 후기 대부분의 실학자들은 양택 풍수론에 대해서는 오히려 부정적인 견해를 보였던 반면 음택론陰宅論은 대체로 긍정적인 경향을 나타내기도 했다.

우리나라에서는 전통적으로 음택론이 강세를 보여 왔지만 오랜 기간 연구를 해온 필자는 음택 풍수가 양택 풍수보다 더 중요하다고 본다.

그 까닭인즉 음택 발음은 일단 조상이 세상을 떠난 후 무덤에 묻혀서 육탈되고 소골 되면서 발생하는 기氣와 그 후손들 가운데 특히 동조 작용을 현저하게 보이는 후손의 기가 감응을 일으켜 길흉화복에 영향을 받게 되므로 그 작용이 서서히 일어나지만 양택론의 경우엔 그 집에 살고 있는 사람들이 뚜렷하게 직접적으로 빠르게 영향을 받기 때문이다.

음택 풍수에 있어서 진혈眞穴에 이어지는 내룡來龍의 맥세가 살아있고 수려하며 용龍의 과협過峽이 확연히 드러나면서 혈장血場을 둘러싼 주작, 현무, 청룡, 백호, 안산, 조산, 전순, 선익 등이 포함되는데 양택에 있어서의 명당 집터가 혈장묘지보다 넓고 내룡에서 혈장으로 이어지는 생기맥生氣脈이나 왕기맥旺氣脈의 유무가 음택 중에서 중요한 것처럼 주택의 방향이나 위치 외부 모양을 중요시한다는 것이 차이점이다.

그런데 사람이 태어나고 성장하고 새 식구를 맞아들이고 나날의 일상생활을 이루어 나가는 곳은 우리가 흔히 말하는 가정家庭이다. 가정은 바로 주택으로서 사람의 생로병사生老病死, 희노애락喜怒哀樂 등의 제반 사항이 이 집을 중심으로 벌어지고 있는 것이다.

물론 사람으로서 감당하고 견뎌야 하늘 생로병사나 희노애락 등의 추상적인 일들이 아니라도 집은 한 사람이 생활하기 위해 직장을 갖고 건강을 돌보고 온 가족이 생활하는 공간으로서 내일을 준비하고 계획하며 하루의 일과를 끝내고 집에 돌아가 휴식과 수면을 취함으로써 내일을 위한 에너지 충전하는 것이다. 사람의 수면시간은 활동시간에 비해서 적은 시간이지만 인생을 통해 두고 볼 때 3분의 1에서 4분의 정도를 차지할 만큼 엄청나게 많은 시간이다. 많은 시간을 보내는 주택은 현실의 보금자리이자 미래를 위한 충전의 공간으로써 사람이 추구하는 부귀富貴와 건강을 뒷받침하는 곳이다. 사람에게 영향력을 미치는 운세 작용을 풍수지리 뿐만 아니라 작명 등이 있다.

이름과 풍수지리는 인간이 의지에 의해 얼마든지 바꿀 수 있으므로 후천운에 속한다. 풍수지리는 비가 오는 날 비를 못 오게 할 수 없지만 우산을 쓰면 비를 맞지 않듯이 풍수 공부를 하게 되면 흉함은 피할 수 있다.

좋은 주택의 배치는 어떻게 활용되는가

 인간이 잠이나 휴식 등으로 소비하는 시간은 일생의 3분의 1 이상을 차지한다. 어떻게 집과 휴식을 통하여 낮 동안 소비된 에너지를 재충전 하고 쌓인 피로를 풀어 계속적인 활동을 할 수 있는 것이다. 예로부터 집의 내용에 따라 5허 5실五虛五實이라 했다. 집은 작은데 사람이 많이 살거나 집에 비해 문이 외소한 편이거나 담장이 튼튼하거나 작은 집에 육축 등을 많이 기르거나 동남쪽으로 물이 흐르는 가상을 5실이라 하고 반면에는 집은 큰데 사는 사람이 별로 없이 허성해 보이거나 담장이 완전치 못하고 금이 가서 기울어지거나 대문이 유난히 크거나 우물이 제자리에 나 있지 않은 집 등을 5허라고 말한다. 이러한 원리에서도 주택이란 사람이 사는데 알맞아야 한다. 너무 호화롭게 지어서 토지과다보유세의 대상이 되고 있는 주택처럼 부가 상징화가 되어서는 나쁘다는 것을 알 수 있다. 주택은 어디까지나 사는 동안의 휴식공간이란 개념으로 이해되어야 하는 것이다. 휴식의 공간 중에서도 가장 편안하게 쉬는 잠을 자는 방 안이 가장 세심한 배려가 되어야 한다. 잠을 잘 때 숙면을 하느냐 하지 못하느냐에 따라서 피로가 풀리기도 하고 축적되기도 하기 때문이다. 보통 꿈자리가 뒤숭숭하여 잠을 자주 설친다거나 아침에 일어나도 몸이 거뜬하지 않고 계속 나른하다거나 하는 것은 우선 방의 배치 상에 문제점이 있다고 보는 것이 좋다.

이와 같은 경우는 방이 위치한 곳이 수맥이 흐른다거나 강한 자력대 위에 놓인 경우가 많다. 침실이 수맥대나 자력이 센 곳에 놓이게 되면 자력의 영향에 의해 소위 에너지라 불리우는 인체 내부의 에너지를 계속 소비하는 결과가 된다. 이에 따라 피로가 쌓이게 되는 것이다. 또 억제하게 되면 다른 신경계통을 자극하여 신경이 쇠약해짐으로써 정서적 불안감이나 정신질환의 합병 증세를 유발시킨다. 따라서 반드시 잠을 자는 방은 지구자기의 영향관계와 집기 등의 전기적 작용 등을 고려해야 한다. 방은 대체적으로 부부나 주인이 거처하는 안방과 자녀들이 지내는 자녀방 노인이 거처하는 방 등 사용자에 따라 각기 정해져 있다. 조선시대는 왕손 중 다음 대를 이을 장손이 거처하는 곳을 동궁이라 불렀는데 이는 방위학에서 동쪽의 상징이 장남 등을 뜻하는 주역사상에서 유래된 것으로 궁중의 동쪽에 장남의 거처를 만들게 된 후부터 불리게 된 것이다.

이처럼 어느 특정한 방위에 방을 배치함으로써 더욱 운기 백배하는 상승작용을 받을 수 있도록 도와주는 길잡이가 바로 양택술인 것이다. 주택에서 방과 부엌 등의 배치에 대한 평면계획을 세울 때는 건물의 중심선을 기준으로 해서 어느 방위에 속하는가를 따져 적부를 가린다.

그리고 기존의 건물인 경우는 개축이나 용도를 바꿔 알맞도록 사용하여야 하는 것이다. 주택은 모든 방이나 구조물의 배치를 건물의 중심을 기준으로 보는 것처럼 중앙부는 집안에서 제일 중요한 부분이 되므로 이곳이 잘 활용되지 않는 빈방으로 방치된다거나 화장실이나 부엌 목욕탕 창고 등과 같은 것이 위치하면 아주 나쁜 영향을 집안 전체에 미치게 되는 것이다. 집안이 노인이나 어린아이가 있는 경우는 동남쪽이나 남쪽에 위치한 방을 사용토록 하는 것이 가장 이상적인 배치가 된다. 서재나 공부방 등 조용하면서도 집중력과 혼자만의 공간으로 이용하고자 하는 방은 북서쪽이 제일 좋은 곳이다.

주택 건물 풍수지리로 볼 때에 남향배치 건물보다 더 좋은 배치가 있다

풍수지리로 볼 때에 남향 배치보다 더 좋은 배치가 있다. 바로 배산임수 배치다.

배산임수 배치란 문자 그대로 산을 등지고 물이 있는 쪽을 향해 건물을 짓고 지대가 낮은 쪽에 마당을 둬 내려다보게 하는 배치다.

지면의 높낮이가 확실하게 구분되지 않거나 강이나 바다가 직접 보이지 않는 제세에서는 빗물이 흘러가는 방향을 낮은 쪽으로 해서 마당을 만들어 건물에서 빗물이 내려가는 쪽을 바라보게 설치한다.

일반적으로 생기는 강물과 육지가 음과 양으로 조화를 이루는 낮은 지역에서 생겨나 바람을 타고 지상으로 옮겨진다. 생기 있는 바람을 받아들이기 위해서는 집이 생기가 불어오는 쪽을 향해야 한다.

생기 있는 바람은 물에서 일어나 산의 능선을 따라 위로 올라가는 바람이다. 그러므로 집을 배치할 때는 물이 있는 쪽에서 불어오는 바람을 집안에 받아들이도록 하는 것이 원칙이다.

바람이 불어오는 쪽으로 건물을 배치하는 것이다. 바람은 낮에는 대류 현상에 따라 지대가 낮은 물가에서 시작해서 지대가 높은 산 쪽으로 불고 밤에는 산에서 낮은 곳으로 내려온다.

주로 낮에 활동하는 사람에게 필요한 바람은 물가에서 올라오는 바람이라 이 배치는 또한 집의 전망을 넓어 보이게 한다. 일반적으로 물이 있는 쪽은 전망이 트여 있는 곳을 말한다.

물을 등지고 산이 있는 쪽을 바라본다면 산이 앞을 가로막는 형상이 되어 전망이 넓어질 수가 없다. 배산임수 배치는 물가에서 불어오는 바람으로 실내 공기 압력을 높이는 방법이다.

바람이 집 안에 불어오는 쪽으로 건물을 배치하면 집안 기압이 바람으로 인해 조금씩 높아진다. 기압이 높아지면 그 안에 사는 사람도 기운을 받아 건강해진다.

바람을 등지고 건물을 배치하면 뒤에서 불어오는 바람이 집 앞부분에서 회오리 바람이 되어 집 안 기운을 훑어 나간다. 그러므로 집 안 압력은 오히려 떨어지고 여기 사는 사람은 떨어진 압력으로 인해 기운을 잃기 마련이다. 기운을 잃게 되면 제일 먼저 건강을 잃게 될 것은 당연한 결론이다.

건강을 잃으면 다른 일들도 잘 풀리지 않을 것 역시 당연하다. 반대로 남쪽 지면이 높고 북쪽 지면이 낮은 대지에 집을 배치할 때는 지면이 높은 남쪽이 건물 앞면이 되는 북향 배치가 배산임수에 따른 배치 방법이다.

그래야 북쪽에서 불어오는 생기를 받아들일 수 있기 때문이다. 이런 지세에 남향집을 지으면 햇빛을 많이 받아들이는 장점은 있지만 지대가 낮은 건물 뒷면을 돌이나 콘크리트로 받치고 집을 짓기 때문에 집이 뒤로 자빠지는 모습을 하게 된다.

더구나 건물 정면을 높은 산이 가로막고 있어 중압감을 느끼게 되고 산이 하늘을 가로막아 넓은 하늘을 바라볼 수 없다. 하늘에서 마당을 통해 들어오는 생기의 양도 부족해 집 안에 불행한 기운이 가득 찬다.

또 북쪽에서 불어오는 생기를 막고 반대쪽을 바라보고 있는 형상이기 때문에 오히려 생기를 빼앗길 뿐만 아니라 산으로 올라가는 바람이 집터에 회오리 바람을 일으켜 집 안의 기운을 빼앗아 간다. 이런 집에서 살면 우선 건강을 잃고 직업을 잃거나 손해를 보는 등 여러 불행을 겪는다.

배산임수 배치 방법은 가장 대표적인 한국 전통 건축법이다. 궁궐과 사찰은 물론 개인 주택에 이르기까지 대부분 이 방법을 적용했으며 오늘날까지도 가장 이상적인 배치 방법으로 이용되고 있다. 건물에는 햇빛보다 기압이 더 중요하다는 것이 풍수지리 이론이다.

양택은 주변 자연환경과 잘 조화돼야

　사람은 누구나 일생동안 행복한 생활을 하고자 하고, 모두 건강한 육체를 가꾸어 무병장수하기를 원한다. 그리하여 고통 없는 노년 老年을 보내다가 임종을 맞아 이 세상을 떠나가게 되기를 바란다. 그런데 동양 역학의 관점에서 보자면 행복과 불행은 자신의 주어진 운명 및 운세 즉 선천운에 의해 일생을 살아간다고 하는데 여기에 후천적인 노력이 결합되어 행복한 일생을 살기도 하고 불행한 일생을 살기도 한다. 선천적 운명이란 사주, 관상, 손금이 있으며 후천적 운명에는 이름성명학과 풍수지리風水地理가 있다. 그런데 이름은 자신의 의지가 아닌 부모의 의지에 의해 주어지므로 훗날 개명 하기 전까지는 선천 운명과 같은 영향력을 행사한다. 우리는 후천운 부분에서 어떤 노력을 해야 할까. 그것은 이론상 풍수지리뿐이므로 거기에 관심을 가질 수밖에 없다.
　양택은 생존자의 주거지로서 도읍, 촌락 등 집단적으로 생활을 영위

할 환경에 자연이 주어진 산·수·풍·화의 취기된 곳이라야 한다. 또한 양택은 음택과는 다르게 지기 보다는 주산주변 건물이 잘 감싸 안아주면서 일조량이 많아 온난하고 장풍득수가 잘 되며 주변환경에 중점을 두어야 하며 환경과의 자연조화를 최대한 유리하게 활용하는데 있다. 햇볕과 공기와 물과 지기야말로 가장 근원적인 자연 환경이 아니던가. 자연환경과 조화를 이루고 그것을 올바르게 활용함으로써 자신에게 주어진 생활, 환경, 운세를 개선할 수 있다.

주택 풍수는 가족의 평생 행복을 좌우한다

고대광실高大皇室의 훌륭한 집에 살아도 재난災難은 면할 수 없고 초가삼간草家三間에 살아도 자손창성子孫昌盛에 건강장수를 한다. 물론 작자가 타고난 분복이 다르겠지만 태어난 자리와 자라온 주거지 환경이 평생을 좌우한다.

때문에 타고난 분복도 중요하지만 어떠한 집에서 먹고 자면서 살아가느냐에 따라 화복禍福이 작용된다.

살아 있는 사람이 거주하는 곳을 양택이라고 하고 죽은 이가 묻혀 있는 곳을 음택陰宅 또는 유택幽宅이라고 한다. 그런데 우리 인간 뿐 아니라 모든 동물들 즉 날짐승과 길짐승 심지어 벌 개미 따위의 곤충에 이르기까지도 아무데나 집을 짓지 않고 각각 나름대로 살기에 편리하고 적으로부터 공격을 받지 않는 곳을 가려서 집을 짓는다.

제비는 반드시 사람이 살고 있는 집 방문 앞 추녀 밑에 집을 짓는데 이는 사람의 보호를 받기 위해서이다. 만약에 사람이 살지 않는 빈집이나 사람의 눈에 잘 뜨이지 않는 곳에 집을 짓는다면 뱀 따위의 침입을 받을 위험성이 있기 때문이다. 또 까치는 높은 나뭇가지 위에 다 집을 짓고 출입문은 동남東南으로 향하지를 않는 것은 비를 피하기 위해서라고 한다.

동물들도 이러하거늘 하물며 우리 인간들이야 동물에 비할 바가 아니지만 예로부터 좋은 터에다 삶에 편리한 구조로 건물의 좌향에 출입문의 선정이며 큰방과 부엌의 위치는 피흉취 길이 되도록 세심한 배려를 해서 집을 짓고 살아왔다. 그 뿐 아니라 죽은 이 섬기기를 산 사람 섬기듯 하는 마지막 효심으로 조부가 돌아가신 후에도 유택幽宅의 선택에 있어 양택陽宅 이상으로 중요시 해온 것이 사실이므로 이를 승조사상이라 하며 묘를 잘 쓰면 발복되고 잘못 쓰면 화패禍敗를 당한다는 인습에서도 길지吉地에 안장安葬하려고 한다. 이러한 우리 조상의 습관이 현재에도 풍수지리에 대한 관심도가 높아 산리山理에 밝은 지관을 초빙하여 좋은 자리를 찾으려고들 한다.

그러나 아직도 양택주택에 대해서는 별 관심을 가지지 않는다.

주택 풍수는 온 가족의 평생 행복을 좌우한다. 사람에게는 인상相 면상面相 수상手相 등이 있다는 것을 누구나 잘 알고 있을 것이다. 그러나 우리가 살고 있는 주택에도 가상家相 풍수가 있다는 것을 아는 사람은 그다지 많지 않다.

한 체의 가옥이 자리 잡은 위치나 겉모습 대문의 구조 그리고 실내에 있는 침실 주방 칸막이의 배치 등에서 그 주택의 길흉화복을 판단 할 수가 있다. 이것이 바로 주택풍수이다.

어떤 사람은 풍수를 단순히 미신이라고 치부해 버리거나 예로부터 전해져오는 과학적 근거가 없어 믿을 것이 못된다고 생각하는 사람도 많다. 만약 당신도 이런 생각을 가지고 있다면 그것은 확실히 잘못된 생각이다. 가령 당신이 편안하고 안전하며 멋있는 집에 거주하고 있다면 당신은 매우 유쾌하여 모든 일에 의욕이 넘치지만 그 반대로 햇빛도 잘 들지 않고 어둠침침한 방에 살고 있다면 항상 불쾌한 기분으로 타인과 다투거나 가족들과도 화목하게 지내지 못할 것이다.

주택을 마련할 때 교통과 대지의 값만으로 따져 결정한다. 교통이 편리하고 주택이 외국의 주택처럼 들어가고 나오는 것이라면 멋있다고 하여 얼른 사게 되는데 요철이 심한 대지나 주택에서는 그만큼 변화무쌍한 人生살이를 하게 된다.

집터가 아무리 반듯하더라도 이웃집들이 들쭉날쭉하면 좋은 주택이 아니다.

주택은 지형중심과 안방, 거실, 대청, 마루를 주主로 삼고 집을 지었다

　주主라고 하는 것은 주택 내부에서 가장 중심이 되는 공간장소를 뜻하며 높은 곳 넓은 곳 힘氣이 뭉쳐 있는 곳이 주의 위치가 된다. 현재의 가옥 구조상으로 본다면 마땅히 주인이 거쳐 하는 안방이 되거나 아니면 거실이 중심이 되어야 한다. 그렇지만 주主는 가옥의 형태에 따라 고정불변의 특성이 있으며 안방이 동쪽에 있다거나 남쪽에 있다 해서 이리저리 옮겨 다니는 것이 아니다. 따라서 가옥의 설계 시 주의 위치에 안방이나 거실을 배치시킬 필요가 있다. 높은 곳의 주主란 예를 들면 옥상으로 올라가는 계단실 옥탑 바로 옆에 방을 만들고 그 곳에 사람이 거주할 경우를 두고 일컫는 말로써 옥탑 바로 옆방의 위치가 주가 된다는 말이다.

　一자 집이든 ㄱ자 집이든 아니면 불규칙 형태의 집이건 간에 상관없이 위층에다 방을 만들었다면 그 방이 주主의 위치가 된다. 넓은 곳의 주란 정확한 주主를 정할 수 없는 불규칙적인 형태를 가진 주택에서 주의 위치를 판별하는 방법으로 내부 구조상 평면적이 가장 넓은 곳 즉 거실이 주의 위치가 된다. 힘이 뭉쳐 있는 곳의 주란 직사각형의 一자집은 정 가운데가 주의 위치가 되고 ㄱ자 집은 꺾인 부분이 주主의 위치가 되는 다시 말하면 주의 위치가 고정불변인 주택을 말하는 것이다.

가로 세로의 비율이 1:2가 넘지 않는 직사각의 나무토막은 부러뜨리기가 매우 힘들며 대나무의 마디나 나무의 꺾이는 부분은 다른 부분과 비교가 되지 않을 정도로 단단하다는 것이 주主의 위치가 고정불변이 되는 이유다.

현대 주택에서는 주의 위치를 이와 같이 판별하지만 우리 전통한옥과 새로이 짓는 한옥의 주는 어떻게 판별을 할까? 현대 주택과는 달리 한옥은 나무를 써서 기둥과 보를 만들고 그 위에 서까래를 걸치고 기와를 덮는 구조로 되어 있다. 평면 모양은 중부지방까지는 거의가 一자집이다.

ㄱ자 집 모양이며 북쪽으로 갈수록 종가 집들은 ㅁ자 집이 주가 되며 ㄱ자 집인 꺾인 부분이 주가 되고 ㅁ자 집은 꺾인 부분이 네 군데가 되니 전부 다 주가 되는 것일까 아니다. 한옥은 거의 대부분이 대청마루 있는 곳이 주主가 된다. 한옥은 삼량三樑 오량五樑 드물게는 칠량七樑의 구조로도 지어지는데 그 구조가 훤하게 보이는 곳이 바로 대청이다. 대청에서 올려다보면 천장 맨 윗부분을 가로질러 놓여 있는 기다란 부재가

있는데 그곳 중앙에는 거의가 삼량문이 적혀 있다. 한옥에서는 바로 그곳이 주의 위치다. 간혹 새로 짓는 한옥 중에서 대청이 없는 평면 형태를 가진 집이 있는데 그런 집은 대청이 없는 것으로 간주하고 앞에서 찾는 방법으로 주土를 찾으면 된다. 주택지형 중심일치 시켜야 한다. 주택은 물론 일반적인 건물도 산의 지형 중심의 좋은 기氣를 받고 지형 형태와 조화를 이루도록 배치하는 것이 가장 이상적이다. 산이 있는 지형의 주택 배치는 산 정상으로부터 내려와 능선 중심과 평탄한 중심 축에 주택을 일치시키고 배산임수 원칙을 따른다. 이렇게 배치를 하게 되면 지기地氣를 많이 받는 장점이 있을 뿐만 아니라 산 형태와 건물 형태가 아름답게 조화를 이루어 좋은 분위기를 만든다. 여러 개의 건물이 들어설 경우에는 그 중 가장 크고 중심적인 건물이 주土가 되도록 산山 중심과 지형 중심에 일치되도록 하고 그 좌우에 부속 건물을 배치한다. 옛날 전통 사대 부 가옥, 사찰, 궁궐, 서원 등이 이러한 배치 방법을 썼다.

가상학家相學은 주택 위치에 따라 생활문화가 변하고 주택구조에 따라한다 길흉화복吉凶禍福을 초래招來한다

　인생이 태어나서 죽는 날까지 몸을 의지하고 살고 있는 곳이 주택이며 보금자리인 것이다. 이렇게 우리 인간에게 없어서는 안 될 주택에 대하여 깊은 관심을 갖고 외형적外形的으로만 관찰하여 현대식現代式으로 깨끗하게 잘 지어 있으면 좋은 집으로 알고 전건대식으로 되어 있으면 안 좋은 집으로 간주하니 여기서 문제가 있는 것이다. 집의 내면적內面的으로 보아땅 밑으로 수맥水脈이 지나가는가 또는 땅 기운이 모이는지 건물의 구조가 잘 되어 있는지 그 집의 위치가 정위치正位置인가를 잘 살펴보아야 한다. 그래서 제반이 잘 구비具備되어 있으면 그 집이 좋은 주택이며 이들이 잘 갖추어져 있지 않으면 이 집이 흉가凶家인 것이다. 길가吉家와 흉가에서 살면서 길흉화복吉凶禍福을 겪는 것을 주택운이라 한다. 인간이 출생하여 사망하기까지에 대자연이 어떠한 영향을 주는가를 알아서 그를 피해 나기면 헛고생을 하지 않은 것이라 할 수 있다. 이러한 원리를 무시하고 생활하면 각종질병에 걸리고 여러 가지 흉화凶禍를 자초自招하는 것이니 자연학을 전수專修하여 생활철학의 길잡이가 되기를 기대하는 것이다. 땅은 분명 좋은땅과 나쁜 땅이 있는 것이다. 향촌에도 윗집은 잘 사는데 아랫집은 못사는 것은 왜 그럴까? 이는 윗집은 땅 기운이 모이는 곳에 집을 지어 살고 있으며 아랫집은 수맥이 있는 곳에 집을 짓고 있으므로 못사는 것이다. 그러므로 마을에 명가明家와 흉가凶家가 있는 것이다. 그것은 집터의 영향이 있기 때문이다. 농촌마을 부자富者집에서 머슴 살던 사람이 주인主人이 이사를 가고 그 집을 머슴 살던 사람이 살면 그 사람 역시 부자富者로 잘 사는 것을 볼 수 있다. 우리가 집을 짓고 사는 것은 자연으로부터 풍수적風水的으로 피해를 막고 집을 짓고 사는 것은 다 아는 사실이다. 집을 지을 때나 묘를 쓸 때에는 반드시 바람을 막고 지하地下의 물이 흐르는 수맥水脈을 살피어 피해야 한다. 이와 같이 가상학家相學은 주택의 위치에 따라 생활문화生活文化가 변하고 주택의 구조에 따라 인간생활에 길흉이 초래되는 것을 말한다. 또한 땅속에 지기地氣가 모이는 곳이 있으니 이를 지기의 위치位置에 따라 기氣의 유무有無와 위치 여하에 따라 기 모이는 곳으로 갈 수 있고 기氣 없는 곳으로 갈 수 있다는 것이 다. 지기가 모이는 자리는 일반인 눈으로도 자세히 살펴보면 그 위치는 흙의 색깔은 밝고 맑으며 홍황 백색이 나타나고 그 땅위의 잡초들이 자란 것을 보아도 알 수 있는 것이다.

흙의 색상은 당처堂處로 보이는 곳은 딴 곳보다 약간 황색을 띄고 있어 구분하기 쉬울 것이다. 또한 그곳은 뒤가 높거나 양 옆이 가로 막혀 있음을 알 수 있을 것이다. 이러한 자리를 배산임수背山臨水라 하며 뒤는 산이고 앞은 물이 있어야 하는 것이다. 그 자리는 지평地平을 이룬 것이라 해도 약간 솟아높음있어 밥솥을 엎어 놓은 것 같이 되어 있고 밥그릇의 뚜껑을 엎어놓은 것 같이 소복한 형태를 이루고 있을 것이다. 그 자리가 집터인 것이다. 이 자리는 지형이 천연적으로 만들어져 있어 일반인의 눈으로도 관심 깊게 살펴보면 알 수 있을 것이다.

처음 와본 곳인데도 내 집처럼 편안하고 아늑하다는 느낌을 받는 곳이 명당 집터이다

현대인은 실내에서 생활하는 시간이 조금씩 늘어나고 있다. 농경시대에는 밖에서 활동하는 시간이 많았지만 산업이 발달하면서 사무실이나 공장 점포처럼 건물 내부에서 생활이 이루어지게 되었다.

실내 기운은 그 곳에 거주하는 사람들에게 공기 바람 분위기를 제공하고 사람은 이 기운을 받아서 활동력을 얻는다. 실내 공간의 기운이 전달되듯이 실내에서도 하늘 땅 바람의 기운이 사람에게 전달된다.

실내 공간은 그 기운에 따라서 달라진다.

가장 이상적인 실내 공간은 활동력이 강한 기운으로 가득 찬 공간이다.

어떤 낯선 공간에 들어섰을 때 분명 처음 와 본 곳인데도 어쩐지 내 집처럼 편안하고 안 그러하다는 느낌을 받는 경험을 누구나 한 번쯤 해 봤을 것이다.

물론 그 반대인 경우도 있다. 어떤 집이나 사무실을 방문했는데 왠지 불안하고 불편해서 빨리 벗어나고 싶은 생각이 드는 경우다.

이런 현상은 그 공간이 사람에게 전달하는 기의 작용으로 생긴다. 모든 공간은 저마다의 기운을 만들어낸다. 공간의 기가 좋아서 사람에게 좋은 기감을 주면 편안하고 아늑한 느낌을 받게 되고 기운이 좋지 않으면 사람들은 불편하고 불안하다. 이것은 언제나 움직이고 살아야 숨 쉬는 기가 사람이 인위적으로 만든 여러 구조물에 의해 변하기 때문이다.

그것은 집 안 내부에서도 마찬가지다. 집 위치 기둥 굴뚝 대문 창문 지붕 층계 화장실 부엌 안방 등의 구조 가구배치 등에 따라 공간의 기가 좋아질 수도 나빠질 수도 있다. 실내 기운은 공간 형태와 배치에 따라 달라진다. 좋은 기 곧 생기가 가득한 공간을 만드는 것은 사람의 몸과 마음을 건강하고 활동력 있게 만드는 일이다.

여기서 활동력이란 공기나 바람 이외에 기를 포함한다. 실내 공간의 기는 자연에서 유입되는 기 외에도 건물을 구성한 건축 재료나 벽과 천장 등의 비례와 형태 색깔 같은 여러 요소에 따라 달라지게 마련이다.

풍수에서 요구하는 좋은 공간이란 생기가 가득 차 있는 공간인데 이러한 공간 평면 형태 개구부 방위 등으로 나누어 살펴 볼 수 있다. 집은 우리가 건강한 생활을 유지하고 휴식과 안정을 얻는데 가장 중요한 기본 공간이다. 집이 건강하고 생기가 넘쳐야 그 속에 사는 사람들 역시 건강하고 활기차게 생활 해 나갈 수 있다.

같은 집이어도 새 가구를 들여 놓거나 가구 배치를 달리 했을 때 또는 집을 개축하거나 구조를 변경 했을 때는 전혀 새로운 기분을 느끼게 된다. 그래서 무언가 새로운 기분을 느끼고 싶을 때 집안 인테리어를 바꾼다는 여성들도 자주 본다. 같은 공간에서 느끼는 새로운 기분 보이지도 잡히지도 뚜렷이 설명할 수도 없지만 첫 느낌으로 받게 되는 새로운 기분 그것이 바로 공간이 만들어 내는 기氣다.

이처럼 기氣는 땅에서 뿐 아니라 우리가 살고 있는 집 건물 아파트 빌딩에서도 살아 움직이며 사람들에게 영향을 준다. 좋은 기가 흐르는 공간에서 생활하면 삶도 활기가 넘치지만 나쁜 기가 흐르는 공간에 오래 있으면 왠지 피곤하고 불안할 뿐 아니라 건강도 잃게 된다.

서구에서 인테리어에 풍수 개념과 원칙을 도입 하는 것도 바로 그런 이유다. 생활공간이 건강해야 삶도 건강하고 행복해 질 수 있기 때문이다.

자기 집을 생기가 흐르는 좋은 공간으로 만들기 위해서는 집 내부 배치 뿐 아니라 크기나 모양도 중요하다. 또 필요 없는 물건들은 쌓아두지 말고 과감히 처분하고 생기가 가득한 느낌을 주도록 해야 한다.

우리 조상들은 집 한 채를 새로 지을 때도 반드시 풍수지리학에 근거를 둔 명당 길지를 찾았다

　우리의 조상들은 집 한 채를 새로 지을 때도 반드시 풍수지리학에 근거를 둔 명당 길지를 찾아 지었던 것이고 한나라의 궁궐을 짓게 되었을 때도 반드시 그렇게 했던 것이며 살아있던 부모와 조상이 죽은 다음에도 자자손손 번영을 누려 갈 명당 길지를 찾아 매장을 했던 것이다.

　그러나 오늘날처럼 인구가 급증하고 도시 집중 현상이 두드러진 시대에서 명당 길지 찾기란 그야말로 하늘의 별따기 만큼이나 어렵다는 게 현실인 것이다. 그 첫 번째 원인은 땅값이 고가화라는 점이고 그 둘째가 환경을 생각하게 된 시대가 열렸기 때문이라 하겠다.

　요즈음 도시 서민층들은 자기 집을 가져 보는 게 평생의 소원인만큼 집에 대한 애착이 강한 사람들이 되고만 것이다. 그래서 다른 곳보다 땅값집값이 조금 싸다고 생각되면 그 땅이 흙 한 점 없는 바위땅이건 돌밭이건 미나리나 심어 먹을 수밖에 없는 습지이건 상관하지 않고 마구잡이로 땅을 사고 집을 지어 일약 거부가 되려면 땅에다 투자해야 한다라는 부동산투기 붐이 일어났던 것이다.

그러나 그것이 우리 사회에 끼친 영향이 너무나 크기 때문에 그런 짓을 하지 못하도록 막고 나선 것이 정부의 부동산 투기책 이라는 것이다. 그러나 정부의 시책이 그렇다하여 거의 개발을 해버린 도시지역이 다시 전원택지 지대로 바뀔 수 없다는 것은 자명한 일이라 하겠다. 그러나 제 아무리 자연 경관이 수려하고 위치가 좋은 지역이라 할지라도 암반 위에나 습지에다 집을 짓고 사는 사람들에게는 결코 좋은 발전이 있을 수 없다. 그 이유 중에 하나가 사람이 집터를 잡고 살아가야 할 땅이라면 음양의 조화가 이루어져야만 한다는 음양조화의 법칙 때문인 것이다. 그 같은 지역에서 살게 된 사람들이 제 아무리 풍부한 수돗물을 공급받고 살아간다 할지라도 지기자체가 너무 건조하기 때문에 그곳 주민들의 심성은 메마를 수 밖에 없고 민심의 융화가 힘든 경향이 나타나기 마련이다. 좋은 집터는 이러하다.

햇볕과 안전감이 있는 집터는 생기는 땅에서만 받는 것이 아니라 태양으로부터도 받는다. 또한 모든 생물은 햇볕을 필요로 하는데 같은 햇볕이라도 기가 일어나는 아침 햇볕을 받아야 한다. 저녁 햇볕은 오히려 생기를 잃게 하는데 서향의 아파트 베란다에 있는 화초가 싱싱하지 못하고 죽어가는 이유도 바로 여기에 있다. 안정감이란 대지의 형태뿐 아니라 건물 자체에도 적용된다. 이를테면 교회 건물 같이 뾰족한 것은 교회같이 특수한 의미에서나 가치가 있을는지 모르지만 보통 가정집으로는 부적격이다. 경사가 심하여 불안한 형태의 가옥이 매매 때 그 가치성이 떨어지는 것 또한 바로 이러한 연유 때문이다. 아무리 좋은 명당이라도 사람이 쓸 수 있을 때 명당이다. 다시 말하면 이용 가치가 없는 물건은 아무리 좋은 물건이라도 효용 가치가 없다는 것이다. 따라서 교통이 좋아야 귀한 손님도 오고 복도 들어온다.

교통의 중심지는 바로 상권이 발달하고 인간생활의 중심이 되기 때문이다. 풍수지리에서는 물이 만나는 주위에 집터가 있는 것으로 본다. 그런데 양택에서는 도로를 바로 물로 보기 때문에 도로가 만나는 곳에 좋은 집터로 간주한다.

주택 가상家相 배치의 길흉 주택은 개보수 절대금물

길한 건물배치에서 부귀가 나는 법이다. 건물배치는 지세가 생긴대로 배산임수와 전저후고 해야 길하다 대지의 형태에 따라 건물의 상을 구상하되 정원의 상을 고려하여 배합가상으로 한다.

길한 대지에 길상이라도 독채만 세우는 것은 외로운 상이다. 부속건물이 낮게 배치되어야 한다. 대문은 쾌로 보는 것이니 대문의 상이 화려해야 경사가 겹치게 된다. 대문은 건물에 비해 크거나 작아도 흉상이다. 부속건물에다 내외문을 설치하는 것이 바람직하다. 옛날의 솟을 대문도 귀에 뜻을 두어 이룩된 것이다. 옛날의 대가집을 구자형으로 배치한 것은 전착후관에 뜻이 있고 정원에서 기의 조화를 이용했으니 지리를 숭상한 시대의 일이다. 궁궐에 부속건물을 3면으로 배치한 것도 양택법에 의한 가상법이다. 길한 가상에서 인재 미인이 난다. 길한 가상이란 건물이 길상으로 후부하며 기가 길한 공기로 변화한다. 건물배치에서 흉상이 되면 동서사택의 구별이 필요 없이 흉가이다. 남향만을 고집하여 3면이 정원이 되면 공기순환이 불순하여 인체에 해로운 공기이니 정시의 장해가 된다. 앞의 건물이 높고 주택이 작고 낮으면 큰 건물에 부딪치는 바람이 질풍이 되어 해로운 것이다. 건물이 충하면 사람이 상한다. 한 원내 두 건물이 같이 배치되면 재패 파산한다. 정원이 좌우에 위치하면 처궁이 불길하고 산재한다. 앞의 건물과 뒷 건물 사이가 협소하면 외부의 길한 공기도 내부에 들어와 흉충으로 변화되는 가운데 비천자가 출생하게 되는 것이다. 두뇌가 좋아지는 것은 수안시 기의 조화된 정기를 호흡하는데서 이루어진다. 주택은 개보수 절대금물이다.

① 건축 된지 얼마 안되는 집은 수리하여도 무방하나 가급적 않은 것이 좋다.

② 단층건물에서 살다가 중간에 2층 건물 증축하는 것은 삼가는 것이다.

③ 집을 지은 지 오래된 집은 증·개축을 하였을 경우 주인의 생년과 증·개축 하는 년도에 따라 주인에게 반드시 액운이 뒤따른다. 다행히 사람에게 액운이 없으면 집에서 기르는 가축이라도 상해를 입는 일이 생긴다.

④ 옛날 집이라도 이사한 지 얼마 안 되는 집 식구에게는 영향이 적다.

⑤ 오래 살던 집 본채의 밑에 지하실을 만들면 반드시 각종 재난이 뒤따른다.

⑥ 집의 내부를 크게 개축하는 공사나 기둥과 벽을 많이 수리하는 공사

는 끝난 후에 사고가 잘 난다.
⑦ 대문을 옮기면 반드시 무슨 일이 생기는데 나쁜 곳으로 옮기게 되면 바로 영향이 온다. 대문의 수리와 이전이 가장 영향력이 큰 것이다.
⑧ 집의 외부를 수리하는 것이 내부를 수리하는 것보다 영향력이 적다. 즉 부속건물 같은 것은 큰 영향이 없다. 또한 흉가는 주택이나 건물의 평면 형태에 의해 발생하는 경우가 많다. 일자형이나 ㄱ자와 같은 장방형 주택은 기운이 좌측과 우측으로 분산되어 흉가가 되기 쉬우므로 건물 조건에 따라 다음과 같은 방법으로 증축하면 좋은 집이 된다.

정사각형 평면으로 증축한다. 건물이 평면 형태가 장방형이거나 ㄱ자 경우에는 중심 부분의 전면이나 후면을 증축하여 정사각형에 가까운 가로와 세로의 비율이 5:6=4:7=3:5의 평면 이하로 정사각형에 가깝도록 한다.

운명을 개선할 최적지는 이러한 곳이다

　사람은 누구나 일생동안 행복한 생활을 하고자 하고 모두 건강한 육체를 가꾸어 무병장수하기를 원한다. 그리하여 고통 없는 노년을 보내다가 임종을 맞아 이 세상을 떠나게 되기를 바란다.
　그런데 동양 역학의 관점에서 보자면 행복과 불행은 자신의 주어진 운명 및 운세 즉 선천운에 의해 일생을 살아간다고 하는데 여기에 후천적인 노력이 결합되어 행복한 일생을 살기도 하고 불행한 일생을 살기도 한다.
　선천적 운명이란 사주, 관상, 손금이 있으며, 후천적 운명에는 이름 성명학과 풍수지리가 있다. 그런데 이름은 자신의 의지가 아닌 부모의 의지에 의해 주어지므로 훗날 개명하기 전까지는 선천 운명과 같은 영향력을 행사한다.

우리는 후천운 부분에서 어떤 노력을 해야 할까. 그것은 이론상 풍수지리뿐이므로 거기에 관심을 가질 수밖에 없다. 풍수 이론은 산 사람의 집을 보는 양택풍수와 죽은 사람의 집무덤 유택을 보는 음택풍수가 있다. 여기에서 우리가 논할 것은 바로 산 사람들의 집을 위한 양택주택풍수이다. 양택은 생존자의 주거지로서 도읍 촌락 등 집단적으로 생활을 영위할 환경에 자연이 주어진 산수 풍화 취기 된 곳이라야 한다.

또는 양택은 음택과는 다르게 지기보다는 주산주변건물이 잘 감싸 안아주면서 일조량이 많아 온난하고 장풍득수가 잘 되며 주변 환경에 중점을 두어야 하며 환경과의 자연조화를 최대한 유리하게 활용하는 데 있다. 햇볕과 공기와 물과 지기야 말로 가장 근원적인 자연 환경이 아니던가. 자연 환경과 조화를 이루고 그것을 올바르게 활용함으로써 자신에게 주어진 생활 환경운세를 개선할 수 있다. 그리고 보다 활기차고 건강한 삶을 살아갈 수 있는 것이다. 집이란 맑은 공기가 원활히 소통되고 햇볕이 잘 들며 맑고 깨끗한 물길이 집 주변을 감싸 흐르는 집 그리고 생기를 방출하는 땅에 지어진 집이야 말로 양택의 명당이라고 했다.

요즈음 도시나 농촌에서도 양택 명당을 찾는 사람들이 많고 명당에 대해 풍수 강의를 하는 곳도 점점 늘어나고 있다. 또한 풍수지리적인 명당 이론도 많아서 대부분의 독자들은 이토록 어려운 풍수 그것도 명당론의 서적으로 배워 어떻게 명당길지를 찾는단 말인가 하며 포기하고 말 것이다. 그러나 모든 이론에 앞서는 것이 사람들 각자에게 존재하는 느낌이나 여기서의 느낌이란 일종의 영감과도 같은 것이다. 명당 혈자리 하나 찾아서 조상을 모시고 주택을 앉히는 것 역시 같은 이치로 생각하면 될 것이다.

첫째, 어릴 때 본능적으로 느꼈던 어머니의 품속 같은 편안함과 따뜻함이 느껴지는 곳이라면 그 땅이야 말로 부모님에게 최적의 명당인 것이다.

둘째, 이성에 따라 따져보고 계산한다거나 발복을 바라는 이기적인 욕심에서 벗어난 후 단순한 산과 흙을 마치 살아 있는 사람인 양 바라보게 되면 사람의 혈기가 느껴지듯 산과 흙의 지기가 느껴질 것이다. 이때도 중요한 것은 순수한 마음을 바탕으로 한 직관력인 것이다.

셋째, 부모에 대한 지극한 효성심과 사랑이다. 그런 마음으로 앉아 있게 되면 그 땅이 효성에 감응하고 돌아가신 분을 받을 건인지 아닌지 의사 표명을 해 올 것이다. 이런 세 가지의 느낌을 거치게 되면 묘지 주변을 바라보았을 때 그 땅이 돌아가신 부모(조상)가 좋아할 명당인지 아닌지 판단이 설 것이다. 땅은 거짓도 없고 욕심도 없다. 그저 무대일 따름이다.

인간이 영혼을 갖고 있는 숭고한 생명체이듯
아파트도 혼을 갖고 있는 거대한 생명체이다

    도시의 인구 집중은 높은 지가 편리한 내부시설 관리의 편리성 등 여러 가지 요인에 의해 아파트에 대한 선호도가 점점 높아지고 있다. 심지어 최근에는 도시 뿐만 아니라 농촌에까지 아파트가 세워지고 있는 실정이다. 공간에서 발생하는 기운은 그곳에 사는 인간에게 정신적 육체적 영향을 미치고 있다. 아파트 공간도 예외는 아니다. 따라서 아파트의 공간이 인간적인 분위기를 충분하게 제공하고 있는지 엄밀하게 분석되어야 하며, 그 결과에 따라 보다 인간적인 공간을 만들도록 해야 한다. 아파트에 대한 개념은 단순히 인간을 보호해 주는 공간으로서만의 도구적 개념이 강하다.
    서구의 공간 개념은 가치 추구를 물리적 육체적인 측면에서만 찾는 경우가 많다. 그러나 인간이 영혼을 갖고 있는 숭고한 생명체이듯 인간에게 생명을 주는 아파트도 혼을 갖고 있는 거대한 생명체다. 집은 사람의 기를 만나 생명을 갖게 되고 사람은 집의 기를 통해 생명을 얻는다.

따라서 생명력이 없는 공간에서는 인간성도 상실하게 된다. 현대 건축의 세가지 중요한 기준은 공간의 기능성 구조의 안정성 형태적 아름다움이다. 아파트 내부 공간은 기능적인 면에서는 많은 성과를 얻었다. 또 구조적 안정성 문제에 대해서는 부실공사가 없는 것은 아니지만 건축을 하는 사람이라면 누구나 안전한 건물을 짓기 위해 노력하고 있고, 아름다운 집 도시에 맞는 집을 짓고 싶어 한다. 그중에도 또 아름다운 집을 짓는 이들도 있다. 그러나 집이 이렇듯 기능성과 안정성 아름다움만 갖추면 완전한 집이 될 수 있을까? 지금 우리가 살고 있는 아파트는 광녀 이러한 기능을 모두 갖추고 있는 것일까? 일단 우리가 살고 있는 아파트를 한 번 살펴보자. 대부분의 아파트는 단위 세대의 내적인 기능을 향상하며 가급적 많은 사람들을 수용하는데 주안점을 두고 만들어진다. 그러다 보니 많은 사람들을 채워 넣기 위한 이른바 닭장 식 아파트가 대부분이다.

따라서 아파트 공간의 형태가 사람에게 미치는 영향이나 자연과의 조화측면은 전혀 고려되지 않고 있다. 또 우리나라 사람들이 지나치게 남향집을 선호하다 보니 아파트를 남향으로 지은 경우들이 많다. 물론 예로부터 남향집에 살려면 3대가 적선해야 한다는 속담이 있을 정도로 남향집은 다른 집보다 가장 길한 집이라고 믿어왔다. 실제로 남향집이 햇빛을 가장 오래 받는 좋은 집이기는 하다. 그런데 모든 집이 다 남향일

수는 없는 것이다. 더욱이 수십 세대가 함께 사는 집인 경우 모두 남향집을 지을 수는 없다. 그러나 대부분의 아파트들이 남향으로 지어지고 있다. 그러다 보니 아파트 한 동의 크기는 웬만한 산 하나의 크기와 맞먹는데 아파트 형태를 풍수지리적인 측면에서 산 형태에 따라 적용시켜 보면 지금의 아파트가 매우 좋지 않은 형태임을 알 수 있다.

아파트의 지붕 형태는 전체적으로 수평선을 이루면서 중간에 엘리베이터실이 돌출되어 중심점을 이루지 못하고 있다. 이런 평슬라브 지붕 형태는 풍수지리의 산 형태로 보면 수산 형태에 속한다. 수산은 중심에 기운이 모이는 공간이 없고 좌우로 분산되는 형태이다. 또 산의 품격이나 체형에서 주인격과 강체의 산은 등고선 형태가 정사각형이나 원형을 이룸으로서 중심에 기운이 모이는 형태이다. 그러나 보조격과 약체의 산은 중심부분에 기운이 모이는 공간이 부족한 형태이다.

별장과 전원주택지는
음택陰宅 풍수로 보아야 한다

　전원주택도 단독주택에 의하여 설명이 되어야 한다고 생각하겠지만 그렇지 않다. 전원주택이나 별장에서는 양택론보다 음택론의 입장에서 보아야 비로소 올바른 판단을 할 수 있다. 그 이유를 설명하자면 주변이 일반 주택지처럼 건물이나 주변 터가 인위적으로 만들어진 것이 아니라 자연상태 그대로의 산야와 강이기 때문에 전원주택이나 별장의 경우는 주변 환경이 바로 그러한 자연적 환경에 의하여 길흉의 영향이 달라지기 때문이다. 이것은 묘자리 주변의 자연현상과 같기 때문에 음택론의 입장에서 접근하여야 한다는 것이다.
　별장과 전원주택은 우선 그 터가 죽었는지 살았는지를 보아야 한다. 터가 죽었는지 살았는지는 흙으로 알 수 있는데 흙의 색깔이 붉고 황토색으로 밝으면 살아 있다고 볼 수 있으며, 대지는 단단하여야 한다. 그리고 그 자리를 싸고 있는 산줄기가 지之자 모양을 하였거나 현玄자 모양으로 좌우로 변화를 하거나 위아래로 변화가 뚜렷하여야 한다. 변화 없이 밋밋한 산은 색이 좋아도 죽은 산이며 또한 산줄기가 깡마르고 뼈만 앙상하게 남아있으면 좋지 않다. 산줄기가 벗어난 곳에 집을 짓거나 비탈진 곳 계곡 곁에 집을 지으면 좋지 않다. 전원주택이나 별장에서 더욱 중요한 것은 주변경관이 너무 화려한 곳은 피해야 한다.

흔히 생각하기에 전원주택이나 별장이라고 하면 경관이 빼어난 곳에 지으면 좋을 것이라 생각하는 경향이 있다. 그러나 그런 곳은 잠시 쉴 곳으로는 적당하나 오래 머물 곳은 못된다. 그렇기 때문에 명산이나 강가, 댐 근처, 큰 호수 관광지 근처는 피하고 큰 산에서 한참 내려온 비산비야가 좋다. 그 다음이 산줄기의 기를 얼마만큼 받고 있는가를 보아야 한다. 산줄기가 뻗어 내려와 집까지 이어지는 곳이 매우 좋은 터이다.

특히 별장이나 전원주택은 젊었을 때 보다 노년에 여생을 즐기기 위해 마련하는 것이 보통이라고 생각한다. 그러나 별장이나 전원주택이 있는 곳은 자연을 훼손하는 경우가 많아 좋지 못한 곳이다. 젊고 건강할 때는 이러한 변화에 별 무리가 없이 견딜 수 있겠지만 나이가 들어 병약해지면 이러한 변화에 쉽게 댕으할 수 없어 더욱 쇠약해진다. 늙어서 편안하게 자연 속에 묻혀 자연을 즐기며 생활하겠다고 강가나 호수 산골에 거처하는 것은 수명을 단축하는 결과가 된다.

또한 이러한 자연현상 이외도 자력의 변화나 풍수상에서 고려되어야 할 좌향의 관계득수와의 관계 등을 면밀히 검토해야 하고 자기가 처음 태어난 그 환경이 늙어서까지 이어지기 때문에 태어난 사람은 도시 속에 살더라도 공원주변이나 산 밑 가까운 곳에 사는 것이 가장 좋은 곳이다. 제 아무리 절경에 둘러싸인 별장이라도 묘지부근이거나 파묘했던 곳이나 절터 마을의 산제당 터 근처는 피해야한다. 바람이 직접 닿는 곳은 또 피해야 한다. 강풍이나 폭풍 등의 양질의 생기가 머물러 결집되지 못하고 흩어져 버리게 된다. 깎아지른 듯한 절벽이나 높은 언덕의 전후 어느 곳에든지 있는 집별장 혹은 전원주택이라면 집안에 흉사가 겹쳐서 싸움이나 시비소송이 잦아지게 되며 큰 화를 겪게 된다.

    초목이 잘 자라지 않아서 황량해 보이는 땅이나 산은 별장이나 전원주택지로 부적합하다. 지기가 결핍되었거나 흉한 기운이 흐르는 곳이기 때문이다. 집안이 망해서 나간 집터나 별장을 사들이면 자신도 그와 같은 처지가 될 확률이 높다. 그런 집은 피해야 한다.

주택과 대지가 음양조화를 이루어야 …

요즘 대도시는 어디를 가더라도 ∞이다. 한 치도 발을 들여 놓을 ∞ 없는 주택과 아파트 그리고 빌라 거기다 도시 교통난의 가중으로 ∞오염이 가득 찬 이런 주거환경에서 주택의 좋고 나쁨을 논하는 것 자체가 아무런 의미를 갖지 못한다.

그러나 예부터 음식은 가려 먹지 않아야 복을 받는다고 했고 이사와 잠자리는 가려 자야 발복을 받는다 했다. 이사를 잘못 했거나 집을 잘못 지어 병을 얻기도 하고 대문을 잘못 내어 갓 태어난 아기가 기형아기로 태어났다는 말도 가끔 듣는다.

이처럼 택지를 마련하고 집을 지을 때는 전문가들에게 물어보고 나쁘다는 곳보다는 좋다는 곳으로 옮기는 것이 이사를 가도 기분이 좋다. 양택도 크게 보아 음택묘지 이론과 다를 바가 없다. 굳이 나눈다면 집터를 중심으로 기지론과 가상학으로 살펴봐야 하는데 집터의 경우 음택은 묘지 중심의 맥을 중요시하고 양택은 보국을 중요시 한다.

도시의 경우 산이 있어야 청룡 백호 안산 현무가 있을게 아니냐고 물을 지 모르지만 자기 집 주위의 다른 주택이 청룡 백호 안산의 역할을 하고 있는 것이다.

흔히 주택을 구입하러 다녀보면 앞이 탁 트여 경치가 좋고 좌우에 알맞은 건물이 있어 바람을 막아주므로 겨울은 춥지 않고 여름은 시원한 터가 집이 좋다.

풍수에서는 팔택가상법을 논하는데 팔택가상법은 동4택 서4택을 말한다.

동4택은 양택의 3요소를 일컫는 대문과 안방 주방이 있는 집을 뜻하고 서4택은 모여 있는 집들을 말하는데 이 기준에 맞추어 좋고 나쁨을 가린다.

택지를 구입할 때는 무엇보다도 쓰레기 매립장이나 낮은 곳을 모은 메운 땅이 아니어야 하며 물이 나는 곳, 메운 땅, 습기가 많거나 산맥을 깎아내린 곳 등의 집터는 좋지 않다. 옛날에 전쟁터나 가축 도살장 묘지를 파낸 곳 감옥이 있었던 곳이라면 더욱 피해야 한다.

간혹 집을 사서 이사를 했는데 꿈자리가 뒤숭숭하고 꿈에 모르는 사람이 나타나 이 땅은 내 땅이라고 한다면 밤이 무서워지고 이런 집은 자연히 싫어지게 된다.

요즘같이 택지가 부족하여 틈만 있으면 아파트나 빌라를 건축하니 이런 곳에 새나 짐승이 우는 경우도 많은데 이런 주택은 결코 가운이 일거나 가장의 지위가 격상되지는 않을 것이다.

　가옥과 대지는 서로 음과 양의 조화를 이루어야 한다.

　가령 대지가 넓으면 집 또한 커야 하고 대지가 좁으면 집은 작아도 되는 것이 원칙이지만 땅이 좁아 마당을 없애고 건물만 꽉 차게 짓는 도시 주택에서 행복을 추구한다는 것은 있을 수 없다.

　가옥의 지붕은 사람의 머리 모양과 같아서 외관상 복잡하거나 너무 높아도 흉상이다.

　지붕은 평범한 것이어야 하고 가옥의 구조는 머리 부분인 안방과 허리나 다리 부위인 부엌이 분명해야 한다.

　예를 든다면 안방이 사랑방 보다 작은 경우에는 주객이 전도되어 마치 머리와 다리가 바뀐 셈이 된다.

　대문의 모양은 가옥과 비교하여 너무 크지도 작지도 않아야 한다.

집을 고를 때 알아 두어야 할 기본적인 사항과 바람직한 집의 구조를 통해 명당을 만들어 보자

먼저 집을 고를 때 가능하면 다음 사항들을 염두에 두는 것이 좋다.

안방은 대문에 들어섰을 때 바로 보여서는 안 된다. 해가 뜨는 동쪽으로 창이 나게 하여 아침 햇살이 듬뿍 들어오도록 한다.

침실은 현관문에서 가능한 먼 쪽에 두는 것이 원칙이다. 대문이나 현관과 가까우면 항상 다른 사람이 나타날까 무의식적으로 경계하게 되며 그 결과 깊은 잠을 못 이루어 건강을 해칠 염려가 있다. 잠 잘 때 머리는 동쪽이나 남쪽을 향해야 한다. 특히 북쪽으로 향하면 자기장이 뇌파를 끊임없이 자극하여 신경질적이거나 삐뚤어진 성격이 형성된다.

거실은 문과 정문으로 마주 보는 곳을 피해 주인과 손님 모두 문 쪽을 면하고 있는 것이 좋다. 그리고 가능한 밝게 하고 소파의 배열은 손님이나 주인 모두 현관문 쪽으로 면해 앉도록 하는 게 바람직하다. 소파는 마주보는 형태보다는 ㄱ자나 ㄴ자 형태로 놓는 것이 좋다. 서로 마주

보는 형태로 배열하면 서로의 기가 충돌하여 잠재의식적으로 경쟁을 낳기 때문이다.

공부방에서 가장 중요한 것은 책상의 위치이다. 아이들 공부방 책상은 문과 대각선상에 위치하는 것이 좋다. 반면 문을 등지고 앉도록 하면 문을 통해 들어오는 기가 아이에게 직접적으로 영향을 미치기 때문이다.

대문 옆에 화장실이 있거나 현관문을 열자마자 곧바로 화장실이 바로 보이지 않도록 하는 것이 좋다. 화장실은 보는 순간 무의식중에 불결하다는 생각이 들게 되어 순간적으로 마음이 손상되어 비위가 약한 사람은 소화기가 위축되는 현상이 올 수 있기 때문이다.

화장실은 입구를 칸막이로 막거나 발을 치거나 육각형 거울 등을 달아 놓아서 기 흐름을 나쁜 기에서 좋은 기로 바뀌도록 해야 한다. 동쪽이나 남쪽에 위치하면 좋지 않다.

대문이나 현관을 열었을 때 부엌이 바로 마주 보이면 좋지 않다.

아무래도 부엌은 여자들이 시선을 피하는 것이 좋다. 이런 집에 사는 여자들은 바람 날 확률이 높고 밖으로 나돌기를 좋아한다.

조명은 거주인들의 기분이나 분위기 그리고 일의 능률에 적지 않은 영향을 미친다. 태양을 상징하는 조명은 기의 순환에 필수적인 요건으로 밝을수록 좋다. 집안이 좁거나 어두울 경우에는 벽과 가구의 색상이 밝아야만 실내에 생기를 불어 넣을 수 있다. 예컨대 침실이나 욕실의 경우 파란색 분홍색 녹색 등의 부드러운 색깔이 마음을 안정시킬 수 있어 좋다.

우리나라 민간 신앙에서는 전통적으로 집에 나무를 심을 때 조심스럽게 다루었다. 이유는 담장 안마당에 나무를 심을 경우 빈곤할 곤자가 되거나 한가로운 한 자는 불길한 기운을 가져다준다고 믿었기 때문이다. 집안의 큰 나무는 땅의 지력을 지나치게 소모시킬 뿐만 아니라 통풍이나 채광에도 방해가 된다. 또한 땅 속 깊이 뻗어가는 뿌리는 건물의 토대를 상하게 한다. 울창한 나뭇가지는 지붕을 상하게 할 수 있다. 때문에 큰 나무를 금기시 했다. 집 안에 나무를 심을 때는 처마 이상 올라가지 않는 나무여야 한다. 그러나 담장 안에 있는 나무가 모두 나쁜 것은 결코 아니다. 대체로 매화나무 작은 대나무 등은 선비 정신을 상징하고 모란이나 작약 철쭉 등은 부귀를 가져다준다.

"5실五實" 취하고 "5허五虛" 버려야 좋은 주택

우리 조상들이 후손들에게 물려준 최대의 풍수 비결 중에서 주택에 고나한 지침으로 유명한 것은 5실을 취하고 5허는 버리라는 말이다.

사실 이 5실 5허에 관한 내용은 가장 오래된 '황제택경'에 적혀 있는 것이다. 이 책에 따르면 5실의 조건을 갖춘 주택에서 살면 재물이 늘어나고 복록이 따르지만 5허 조건에 해당되는 집에서 살면 살림이 갈수록 궁핍해지고 가세가 기운다고 하여 경계하고 있다.

• 5실五實 = ① 크기는 아담하고 작은 듯 하지만 사는 식구가 많은 집 ② 집의 크기규모에 비해 대문현관문이 다소 작은 집 ③ 가축이 잘 자라고 나무나 화초정원수가 잘 자라는 집 ④ 담장이나 울타리가 바르게 세워진 집 ⑤ 집 주변의 물길이 집을 감싸듯이 흐르되 남쪽이나 남동쪽을 향해 흐르는 곳이는 집의 남쪽과 남동쪽의 전망앞이 막히지 않고 확 트여야 한다는 의미이다.

• 5허五虛 = ① 집의 크기규모에 비해 사는 가족이 적은 집아파트 풍수의 경우에는 특히 평수가 적당해야 한다. 1인당 5~10평이 적당하므로 4인 가족이라면 20평에서 40평 정도가 알맞다. ② 집은 작은데 대문현관문이 지나치게 크고 높이 솟은 집 ③ 담장이나 울타리가 없는 집 또한 담장이나 울타리의 부분이 무너지거나 올바로 세워지지 않고 기울어져 있는 집 ④ 집은 작은데 마당이나 뜰 정원이 너무 넓은 집 ⑤ 부엌의 위치가 올바르지 않은 집

초승달형 집터에 집 짓고 왕위에 오름

임금을 만든 집에 대한 첫 공식 기록은 삼국유사에 나타나있다.

신라 제4대왕인 탈해왕은 어렸을 때 경주 토함산에 올라가 7일 동안 머물면서 경주성 중에 대성할 집터가 있는가를 살펴보고 초승달 형국의 집터가 있음을 발견했다고 하지만 그곳에는 이미 호공의 집이 자리 잡고 있었다.

탈해는 그 집을 차지하기 위해 꾀를 냈다. 주인 몰래 숫돌과 숯을 집터에 묻어두고 다음날 이른 아침 그 집을 찾아가 옛날 우리 조상의 집이라고 우겼다. 이 사실을 알게 된 관가에서는 증거를 대라고 했다. 어린 탈해는 우리는 본래 대장장이였는데 잠시 시골에 가 있는 동안 다른 사람이 빼앗아 살고 있으니 그 땅을 파보면 알 것이라고 했다. 그 말대로 파보니 과연 숫돌과 숯이 나와 그 집을 차지하게 되었다. 당시 왕은 남해왕이었다. 왕이 이를 알고 슬기있게 생각해 공주를 아내로 삼게 하니 바로 아미부인이었다. 남해와의 아들 궁레왕이 죽은 뒤 서기 57년 6월 탈해가 신라 4대왕이 되었다. 결국 집 때문에 왕이 된 셈이었다. 그는 바다 건너에서 온 사람으로 그 아버지가 아들이 없어 기도를 올렸는데 7년 뒤 큰 알을 낳게 되었다. 이것을 괴이하게 생각한 그는 알을 궤짝에 넣어 바다에 뛰어보내 신라까지 오게 되었다. 까치들이 바닷가에서 마구 울어대 궤짝을 풀어 보니 알에서 그가 나왔다고 해서 이름을 탈해라고 했으며 성은 남의 집을 빼앗았으므로 석씨 또는 까치로 인해 궤를 열게 되었으므로 작자에서 조자를 떼고 석씨라고 하였다고도 전해진다.

이 때 부터 우리 선대들은 초승달 형국 또는 초승달에 대한 의민느 장래 발전에 길하고 상서로운 심벌로 여기기 시작했다. 백제가 명망한 전설에도 이런 상징적인 얘기는 잘 나타나 있다.

백제 마지막 임금 의자왕이 재위시절 왕이 주색에 빠져 정사가 거칠고 나라가 혼란에 빠지자 나라 안에 불길한 일들이 계속해서 일어났다. 예를 들면 서기 659년 백제 조회사또는 조합사에 커다란 붉은 말이 나타나 주야 여섯 번이나 절을 돌아다녔으며 2월에는 여러 마리의 여우가 궁중에 들어왔는데 그 중 백여우 한 마리는 대신의 책상 위에 올라 앉기도 했다. 또 4월에는 태자궁에서 암탉이 작은 새와 교접하는 희귀한 일이 일어났으며 5월에는 부여의 강언덕에 큰 고기가 나와 죽었는데 이것을 먹은 사람은 모두 죽었다 뿐만 아니라 우물이 핏빛으로 변하고 고목이 사람처럼 울부짖었고 밤에는 귀신이 우는가 하면 개들이 길 위에 모여서 짖다가 헤어졌으며 한 귀신은 백제는 망한다. 백제는 망한다. 하더니 곧 땅 속으로 들어갔다. 이것을 이상하게 생각한 왕이 땅을 파보니 깊이 세자 되는 곳에서 거북 한 마리가 나타났는데 그 등에 다음과 같은 글씨가 쓰여 있었다. 백제원월윤 신라여신월 무당에게 물으니 원월윤은 둥근 달바퀴로 달이 찼다는 것이니 차면 이지러진다는 것이고 여신월은 초승달 같다는 말로 차지 못한 것이니 점점 커진다는 것이라고 했다. 왕은 화가 나서 무당을 죽였는데 이런 일이 있은 뒤 3년 만에 백제는 망하고 말았다. 초승달 형국은 양택은 물론 음택에서도 길지로 여긴다. 아직 우리 국민들이 양택에 대해 큰 관심이 없다. 조금만 잘 살펴 좋은 터와 집에 살면 한 가족은 편안히 잘 살 수 있다. 많은 관심 갖기를 바란다.

길가와 흉가에 살면서 길흉화복을 겪는 것을 주택운이라 한다

　인생이 태어나서 죽는 날까지 몸을 의지하고 살고 있는 곳이 주택이며 보금자리인 것이다. 이렇게 우리 인간에게 없어서는 안 될 주택에 대하여 깊은 관심을 갖고 외형적으로만 관찰하여 현대식으로 깨끗하게 잘 지어 있으면 좋은 집으로 알고 전근대식으로 구형으로 되어 있으면 안 좋은 집으로 간주하니 여기서 문제가 있는 것이다.

집의 내면적으로 보아 땅 밑으로 수맥이 지나가는가 또는 땅 기운이 모이는지 건물의 구조가 잘 되어 있는지 그 집의 위치가 정위치 인가를 잘 살펴보아야 한다.

　그래서 제반이 잘 구비되어 있으면 그 집이 길가이며 이들이 잘 갖추어져 있지 않으면 이 집이 흉가인 것이다. 길가와 흉가에서 살면서 길흉화복을 겪는 것을 주택운이라 한다. 대자연이 어떠한 영향을 주는가를 알아서 그를 피해 나가면 헛고생을 않는 것이라 할 수 있다.

이러한 원리를 무시하고 생활하면 각종 질병에 걸리고 여러 가지 흉화를 자초하는 것이니 자연학을 전수하여 생활철학의 길잡이가 되기를 기대하는 것이다.

땅은 분명 좋은 땅과 나쁜 땅이 있는 것이다.

향촌에도 윗집은 잘 사는 향촌에도 윗집은 잘 사는데 아랫집은 못사는 것은 왜 그럴까? 이는 윗집은 땅 기운이 모이는 곳에 집을 지어 살고 있으며 아랫집은 수맥이 있는 곳에 집을 짓고 있으므로 못사는 것이다. 그러므로 마을에 명가明家와 흉가凶家가 있는 것이다. 그것은 집터의 영향이 있기 때문이다. 농촌마을 부자富者집에서 머슴 살던 사람이 주인主人이 이사를 가고 그 집을 머슴 살던 사람이 살면 그 사람 역시 부자富者로 잘 사는 것을 볼 수 있다. 우리가 집을 짓고 사는 것은 자연으로부터 풍수적風水的으로 피해를 막고 집을 짓고 사는 것은 다 아는 사실이다. 집을 지을 때나 묘를 쓸 때에는 반드시 바람을 막고 지하地下의 물이 흐르는 수맥水脈을 살피어 피해야 한다. 이와 같이 가상학家相學은 주택의 위치에 따라 생활문화生活文化가 변하고 주택의 구조에 따라 인간생활에 길흉이 초래 되는 것을 말한다. 또한 땅속에 지기地氣가 모이는 곳이 있으니 이를 자기의 위치位置에 따라 기氣의 유무有無와 위치 여하에 따라 기 모이는 곳으로 갈 수 있고 기氣 없는 곳으로 갈 수 있다는 것이 다. 자기가 모이는 자리는 일반인 눈으로도 자세히 살펴보면 그 위치는 흙의 색깔을 보아도 약간 다른 색이 나타나고 그 땅위의 풀 자란 것을 보아도 알 수 있는 것이다.

　흙의 색깔은 혈처로 보이는 곳은 딴 곳보다 약간 노란 색깔을 띠고 있어 구분하기 쉬울 것이다.

　또한 그곳은 뒤가 높거나 양 옆이 가로 막혀 있음을 알 수 있을 것이다. 이러한 자리를 배산임수背山臨水라 하며 뒤는 산이고 앞은 물이 있어야 하는 것이다.

　그 자리는 지평을 이룬 것이라 해도 약간 솟아 높음이 있어 밥솥을 엎어 놓은 것 같이 되어 있고 밥그릇의 뚜껑을 엎어놓은 것 같이 소복한 형태를 이루고 있을 것이다. 그 자리가 집터인 것이다. 이 자리는 지형이 천연적으로 만들어져 있어 일반인의 눈으로도 관심 깊게 살펴보면 알 수 있을 것이다.

최적의 집터는 수구(水口)가 닫히고 들이 펼쳐진 곳

『택리지』의 저자로 알려진 사람은 이중환1690~1752년이다. 『택리지』는 조선조 사대부들이 남에게 보여주지 않고 자기들만 은밀히 숨겨 놓고 터를 잡는데 활용했던 책으로서 이 글에 의하면 첫째, 먼저 지리적 조건을 보아야 하고 두 번째, 그 땅에서 얻어 낼 수 있는 경제적인 이익이 있어야 하며 세 번째, 그 고장의 인심이 좋아야 하고 다음에는 아름다운 산과 물이 있어야 한다. 이 네 가지 조건을 하나라도 충족시시키 못한다면 살기 좋은 땅이 아니다 라고 하였다.

풍수지리에서 먼저 물이 흘러나오는 곳 즉 수구를 보고 그 다음으로 들의 형세를 본다. 또 산의 모양을 보고 흙의 빛깔을 본다. 멀리 보이는 높은 산과 물 즉 조산은 주산, 안산, 청룡왼쪽 산, 백호오른쪽 산에서 멀리 떨어져 있는 산이 집터나 묘터 주위를 둘러싸고 있는 고대한 산을 말한다. 물이 흘러나오는 곳이 엉성하고 넓기만 한 곳은 비록 좋은 밭과 넓은 집이 있다 해도 다음 세대까지 살지 못하고 흩어지게 된다.

그러므로 집터를 잡으려면 반드시 수구가 꼭 닫힌 듯하고 그 안에 들이 펼쳐진 곳을 골라야 한다. 그러나 산중에서는 수구가 닫힌 곳을 쉽게 구할 수 있지만 들판에서는 수구가 굳게 닫힌 곳을 찾기 어려우니 반드시 거슬러 흘러드는 물이 있어야 한다. 이것은 마을이나 집 뒤는 높고 앞은 조금 낮고 평탄하며 양 옆도 평탄해야 한다는 뜻이다.

마을 앞에 큰 내가 마을을 휘감아 돌고 물이 마르지 않고 계속 흐르는 곳은 항상 맑고 밝은 기가 충만하다고 여긴다. 따라서 하늘은 맑고 밝은 빛이어야 하고 만약 하늘이 조금만 보이는 곳이 있으면 그곳은 결코 살 곳이 못된다. 그러므로 넓은 들이 펼쳐진 곳일수록 그 터는 더욱 좋은 곳이라 말할 수 있다. 왜냐하면 해와 달과 별빛이 항상 환하게 비치기 때문이다. 그 곳에 바람과 비 등의 기후가 고르고 알맞은 곳이면 인재도 많이 나고 질병도 적다.

사방의 산이 높아서 해가 늦게 뜨고 일찍 지며 밤에는 북두칠성마저 보이지 않는 곳은 가장 꺼려지는 곳이다. 그런 곳은 맑고 밝은 빛이 적고 음냉한 기가 쉽게 침입하여 잡귀가 모여들기도 한다. 또 아침저녁으로 산천을 뒤덮는 안개와 잡귀가 사람을 병들게 하기 쉽다. 따라서 산골에 사는 것이 대체로 넓은 곳에 사는 것보다 못하다. 그래서 집터는 묘자리와는 달리 물이 있어야 한다. 물은 재물의 운과 관계가 깊어서 큰 물가에 부유한 집과 유명한 마을이 많다.

주택과 주택지에 따른 길흉吉凶 (1)

　돌아나가는 물길의 발원지 부위가 약간 꺾여져서 가옥의 중심부위를 향해 직사한 경우 흉험과 파괴 등 재난과 장해가 발생된다.
　둥글고 맑은 연못이나 방죽은 풍부한 재물과 높은 지위를 얻어 입신출세할 재능 있는 인물이 나오고 자손들의 인품이 준수 청명하다.
　모양이 단정하며 모서리가 각이 진 연못이나 방죽은 높은 지위를 차지하고 권력을 행사하는 귀한 신문에 오를 걸출한 인물이 나오나 형체가 훼손되고 기울고 일그러질 경우는 인명과 재물의 파괴 불상사고 객사 신병 우환 장해 등 풍파와 험난이 닥친다.
　집터주위를 살짝 감싸고 돌아나가 본류와 합쳐지는 물길이 있으면 장차 입신양명하고 귀한 신분에 오르는 자제가 배출되어 부귀를 누린다.
　가옥의 측면부위에 위친한 연못이나 홍수 창극의 모양을 닮은 것은 집안의 손재 신병과 말썽 장해 및 자손들에 돌발 사고나 불행 낭패 등 궂은 일이 닥친다.

　창극의 모양을 닮은 연못이나 호수로 흐르는 물이 되짚어 올라 유입되었다가 빠져나오는 형태는 재물과 사람의 손상 낭패와 파괴 우환사고 불행 등 흉험을 겪는다.

　재물이 흩어지고 집안에 흉험한 사고 및 재난과 손실이 발생되는 왼쪽에 물길이 있으면 주로 가장에게 파괴 신병 등 낭패가 생기고 오른쪽에 물길이 있으면 자손에게 돌발사고나 실족 추락사의 흉액이 닿는다.

　빠른 물살이 좌충우돌의 곡선을 그리며 흐르면 풍족한 살림의 안정과 명예의 흥왕 등 부귀를 누리게 된다.

　집의 서남쪽이 구릉지에 접해 있는 터는 부귀영달하여 입신출세하고 자손 중에 널리 명망을 떨치는 인재가 나온다.

　집의 동북쪽간방이 구릉지에 접해 있는 집터는 유성 발전하여 부귀영화를 누리고 많은 재물과 높은 명예를 지니는 출세자가 생긴다.

　집의 앞쪽에 흐르는 물길이 있고 뒤쪽의 구릉지에 분묘가 있는 집터는 재산 파탄 및 식솔들의 분산 사고 말썽 손실 등 풍파와 재앙이 닥친다.

　집의 동쪽 부위나 왼쪽 옆으로 분묘가 있는 집터는 집안이 산란하고 재물이 흩어지며 우환 말썽 신병 사고 등 궂은 일이 발생하게 된다.

　집의 동쪽이 큰 산과 접해 있는 집터는 재난과 손실 말썽 장해 등 궂은 일이 많이 생기고 고독과 빈궁을 면키 힘들다.

　집의 앞뒤로 산줄기가 근범해 있는 집터는 집안사람이 빈궁옹색함을 면키 힘들고 불량과 범죄를 저지르고 형벌을 받는 사람이 생기며 파괴 우환 분산과 장해 및 풍파가 따른다.

집 앞 전면 오른쪽 모서리 동남 방위가 부족하고 뒤쪽이 단정 반듯한 곳은 집안이 융성하고 부귀영화를 누리며 식솔들 중에 뛰어난 점술객이 생긴다.

집의 후면 오른쪽변 동북 방위 모서리가 부족한 곳은 점차 발전 번성하여 슬하 자손이 흥왕 부귀하고 재물이 풍부하여 안정과 영화를 누린다.

집의 후면 왼쪽 모서리가 부족한 곳은 재물이 번성하고 명예와 지위가 높아지며 오랫동안 부귀와 풍요로운 번영 및 안정을 누린다.

주택의 좌우 사면이 평평하고 단정 반듯하며 주변이 원만한 터는 집안이 번성 안정되고 부귀와 영화를 누린다.

둥글게 솟아오른 언덕바지의 중심 부위에 크고 높게 지어진 타원형 건축물은 재물과 복록이 흥왕하고 사람이 귀하게 되어 입신출세 번영한다.

집 주변의 지세가 서쪽은 높고 동쪽이 낮은 구도는 대략 공업류가 흥왕하는 터로 재물이 번성하며 후대에는 큰 부호가 나온다.

주택과 주택지에 따른 길흉吉凶 (2)

집의 동남쪽 진사 방위에 방죽이나 연못이 있는 터는 가업이 번성 발전하고 자손이 준수 총명하며, 부귀영화를 누리게 된다.
- 집의 서쪽 방위부근에 연못이나 방죽 등 물길이 있는 집터는 재물이 흩어지고 집안에 풍파 손실 장해 및 인명의 낭패 위험 등 궂은 일이 생긴다.
- 집의 서북쪽 방위에 연못 내지 방죽등 물길이 있는 집터는 재물과 인명의 낭패 손상 및 재난과 우환 사고 병액 등 액화와 불행이 닥친다.
- 집모양이 남북으로 길고 동서 너비가 좁으면서 단정한 구도는 부귀와 안정을 누리고 자손이 높은 지위에 오르는 등 가문이 번창 융성하다.
- 집이 남향으로 왼쪽 앞면 모서리가 짧고 오른 쪽 전면이 반듯 단정하면 의식과 복록이 흥왕하고 재물이 풍성해진다.
- 집의 앞쪽 동남 방위가 부족한 곳은 진사 방위가 공허한 것으로 집안

살림이 융성 번창하여 부귀와 안정을 누린다.
- 집의 배후 정북 방위가 구릉지에 접해 있는 집터는 관록과 재물이 번창하며 군자는 명예와 지위를 획득하고 평민은 재물의 흥왕을 누린다.
- 집의 배후 서북 방위가 구릉지에 접해 있는 부귀 번창하고 가문 흥왕하며 후손들이 출세 양명하여 고관대작의 귀한 신분에 오른다.
- 집의 전면과 후면인 정남과 정북방위가 구릉지에 접해 있는 집터는 길흉이 교차하여 득실상반의 희비가 엇갈리는 도구이다.
- 집 앞 전면 오른쪽 서남 방위가 부족한 곳은 재물이 흩어지고 사람이 번성하지 않는 낭패와 파탄이 생기며 신병 사고 등 불행이 생기고 어리석은 자손들이 나온다.
- 집 앞쪽에서부터 후면으로 차츰 좌우 폭이 벌어지며 넓어지는 곳은 부귀와 번창이 따르고 재물 복록과 자손이 흥왕하고 입신양명하는 융성을 누린다.
- 집의 전면 부위로 갈수록 점차 좁아지는 곳은 재물과 인명의 소실 파괴 및 재난과 풍파가 발생되어 우환과 불행을 겪는다.
- 집의 좌우측 방향을 둥글게 굽어 도는 물길이 있는 집터에서는 풍요로운 재물의 번성과 더불어 높은 지위에 올라 입신출세하는 인재가 배출된다.
- 주택지가 동남과 서북이 높고 서남과 동북이 평탄한 집터는 부귀 번성하고 입신 영달하는 풍요를 누린다.

- 집터의 후면 부위는 높다랗게 돌기하였으나 좌우로 내려오면서 양측면이 낮아지며 내리막이 되는 곳은 고독 이별 신병 및 재물 파탄과 풍파 장해 등 불상사가 발생한다. 옛 사람들이 집을 지을 때는 4척 5촌 옛날의 거리 단위는 현대와 차이가 있다.을 일보로 하며 매 한 걸음마다 길흉의 분변을 가하였다.

- 집의 전후 방위에 산이 서로 호응하고 왼쪽의 물과 오른쪽의 자갈밭 내지 모래사장이 있거나 혹은 오른쪽에 사구가 있고 왼쪽에 연못이나 방죽이 있는 곳은 부귀 장수하고 입신 영달하는 번성을 누린다.

- 집 앞에 큰 산이 높여져 전방을 갑갑하게 가로막은 집터는 재물이 흩어지고 사람이 손상되는 장해 및 우환 낭패 등 궂은 일이 생긴다. 집터의 배후를 감싸는 뒷산이 둘러졌을 경우 재물과 식솔이 번성하고 풍부한 복록과 안정을 누리게 되며 자손 중에 만석 거부가 나온다.

- 집의 동북쪽 방향이 산자락에 접하고 남쪽이 차츰 낮아지는 집터는 재물이 풍성해지고 자손이 귀히 되어 높은 지위에 오르게 된다.

- 집의 전면과 후면 방위 쪽에 높다란 사구가 형성되어 있는 곳은 재물이 흥왕 번창하고 높은 지위와 명예를 차지하여 입신양명하는 인물이 배출된다.

양택지陽宅地는 지세地勢가 넓어야 하고 집터가 좁으면 좋은 주택지가 아니다

사람이 살아가는 기지, 양택은 음택에 기준하지만 약간의 다른 점들은 국세가 관대하여야 하고 또한 그 땅의 위치가 어떠한가를 보아야 한다.

산곡이라면 요풍이 가장 무서운 것인데 요풍의 풍취가 심하면 기가 흩어지므로 살아가기에는 불안한 곳이므로 산곡에서는 장풍의 위주가 되고 평양에서는 득수가 먼저이니 평양은 넓어 호탕하므로 풍취함을 두려워하지 않는다.

물이 감싸면 그 물의 외기가 되므로 외기는 내기를 취적케 한다.

그런 곳에 살게 되면 복을 얻게 된다. 그러므로 평양은 득수들어오는 물 먼저이다.

양택의 먹적 중 하나는 지리법에 의하여 좋은 자리를 잡아 좌를 운에 맞게 정하는 방법이고 또 하나는 성조운건물을 짓는 운 및 연월일시를 가리는 방법이다. 뿐만 아니라 집을 수리하고 창고 별채 변소 장독 우물 등을 설치하고 파는데 좋은 날을 가리는 것을 모두 양택이라 한다.

양택은 살아있는 사람의 집을 짓는데 필요로 하는 모든 방법이고 음택이란 죽은 사람의 자리를 마련하고 장사 지내는 것 등을 말한다. 산 사람은 양에 속하고 죽은 사람은 음에 속한다.

양택에서 가장 요하는 것은 지세가 관평하여야 하고 당국이 핍착함은 마땅치 않는다. 음 양택에서는 조산뒤쪽 산의 내룡이 과협잘록한 곳으로 내려오다가 성봉산봉우리을 일으키고 더불어 용호청룡 백호 조안앞에 보이는 산 수구물이 나오는 곳가 모두 하나하나 함께 갖추어야 함은 똑같다.

음택과 양택이 다른 것은 양택의 혈장은 크게 넓고 음택 혈장은 좁고 잡으니 소위 양지는 일편이요 음지는 일선이라는 말도 있으므로 양택은 지세가 관평하고 당국이 활대함을 요하고 핍착하여 좁은 곳은 여러 사람이 살기 어려운 곳이므로 불리하다.

양택 자리를 선정할 때는 절대로 터를 다듬어서 양택 자리를 들면 수백 년이 지나도 지기의 힘이 솟아오르지 않으므로 큰 인물이 태어날 수 없다. 하늘과 땅의 조화로 인하여 봉이 보금자리를 만들어 놓은 것처럼 갖추어져 있는 곳을 선택하여야 하며 양택이 좌향은 남향이라야 하고 남향에서 봉황의 알이 정면을 보여야만 대명터라고 할 수 있다. 보통 이런 자리는 넓은 터가 나올 수 없으며 집 한 채 정도 지을 수 있을 정도의 좁은 터가 나타나는데 이 때 중요한 것은 넓은 집을 짓기 위하여 더 주위를 고르면 지기는 달아나 버린다. 또한 산세의 길흉에 따라 인간상 반영되는 길흉화복은 어떤 것들이 있는가?

① 산이 수려하여 그 위용이 아름다우면 무병장수하고 복록을 누린다.
② 마치 병졸이 진을 치고 있는 듯한 형상을 보이는 산세가 집을 둘러싸고 있으면 무예로 장차 그 이름을 빛내게 된다.
③ 등을 돌리고 있는 듯한 형국의 산이 집 가까이 있으면 집안의 사기 배신을 당하는 일이 자주 있게 된다.
④ 산세가 한쪽으로 몰려 있으면 아첨하는 사람이 많이 난다.
⑤ 산의 자태가 아름답고 빼어나면 미인과 존귀한 인물이 난다.
⑥ 산봉우리가 서로 등을 대고 있는 형국이면 떠돌이 생활을 하는 이가 생기고 여자는 바람이 난다.
⑦ 산세가 흐트러져있고 산란해 보이면 방탕한 사람이 생긴다.
⑧ 산 끝이 들쑥날쑥하면 전염병에 약해지고 화재가 발생하기 쉽다.
⑨ 산봉우리가 옆으로 기울어져서 기우뚱한 형상이면 집안 후손 중에서도 도적이 생긴다.

택지宅地와 택상宅相의 빈부를 선별하는 요령

　대지나 주택의 모양에도 빈상貧相 즉, 불안하고 가난하게 보이는 모양과 부상富相 즉, 안정되고 넉넉하게 보이는 모양이 있다.
　주택이나 건물의 모양을 동그란 원 모양에 넣을 때 건축면적 즉, 평면도, 정면도, 측면도 등이 서로 크게 차이가 나지 않고 안정되어 원안에 가득하게 되면 부상富相이고 일부분만 차고 나머지는 텅 비어 있으면 균형이 잡히지 않고 보기에도 어쩐지 불안정한 모양은 빈상이다.
　교회의 십자가 칼모양 뾰족탑 등의 건너편에 있는 건물에는 유리나 거울을 부착하여 불운을 막는 처방을 내리고 있다.
　또 주택이나 건물의 중심이 높아야 길하며 반대로 중심이 낮고 좌우가 높으면 서로 좌우가 대립하여 싸우는 모양이므로 흉하다.
　풍수지리상으로 지기地氣를 충분히 받을 수 있도록 주택의 경우는 1,2층이 좋고 높아도 3,4층 정도가 적당하다고 본다.

물론 일조권을 고려하여 햇빛을 받을 수 있도록 짓는 것이 좋다. 그러나 주택은 지나치게 고명하게 짓지 않아야한다. 양陽이 성하면 백魄을 상하다. 또 심하게 비암卑暗치도 말아야 한다.

음陰이 너무 성하면 혼을 상하게 된다. 밝으면 커튼을 내리고 어두우면 이것을 걷어 올리는 것이 좋다. 도선밀기에 희산稀山에는 고루高樓 다산多山에는 평옥平屋이라 하여 음양조화를 꾀하였는데 우리나라는 다산多山이므로 고옥高屋을 세우면 좋지 않다고 했다. 택지는 새 땅이어야 하고 매립한 땅은 불가하다. 돌출한 땅은 주택을 지어서는 안된다. 주위 사방을 막아주지 않는 곳은 택지로 불가하다. 움푹 패어 있는 곳은 택지로 불가하다. 묘 터에 주택을 지으면 불가하다.

화장실 터에 주택을 지으면 불가하다. 물소리 바람소리 나는 곳에 택지는 불가하다. 직통도로의 막다른 주택도 불가하다. 주택건물을 향하여 직선도로가 건물을 충하면 불길하다. 주택 뒤 도로가 나 있으면 불가하다. 주택 뒤에 우물이나 못이 있으면 불가하다. 주택 뒤에 수로가 옆으로 흘러가면 불가하다. 주택 내에 큰 나무가 있어도 불가하다. 건물 내에 지기地氣모이는 곳을 선별하면 명가明家이다. 건물 내에 수맥이 지나가면 흉가이다. 뒤가 높고 앞이 낮아야 길지이다. 동남쪽이 낮아야 좋고 서북쪽이 높아야 좋다. 집앞에 새파란 큰물이 조금 보이면 대 길지이다. 양택은 향을 위주로 하고 묘는 좌와 주산을 위주로 하여 택지를 결정한다. 이는 24방위별로 각각 응험이 있기 때문이다.

그러므로 남향집이라면 지남철指南鐵의 상좌上座를 북쪽 자子에 놓고 하향下向을 남쪽 오향午向에 맞추면 남향집이 된다.

반대로 북향집을 지으려면 상좌上座를 남쪽 오午에 놓고 하향下向을 북쪽 자향子向에 맞추면 북향집이 된다.

또한 택지의 모양에 따라 환경도 다르게 된다. 풍수지리에서 사신사의 개념인 청룡 백호 현무 주작의 상징적 의미와 배경을 설명에 의해 이해하기란 힘들지만 양택에서도 택자의 모양에 따라 미치는 환경이 다르게 되는데 이것은 땅이 어느 쪽으로 기울어져 있느냐에 따라 판단하는 방법과 어느 쪽이 길고 어느 쪽이 짧느냐로 보는 방법과 필지의 외형의 요철상태 등으로 보는 방법이 대중을 이룬다.

어느 한쪽도 전혀 기울어지지 않고 거울처럼 평평한 것은 사실상 만들기도 힘들겠지만 대체적으로 평탄한 경우를 길상吉相으로 보고 있다. 대지의 좋은 토질은 배수가 잘 되는 비석비토非石非生의 생토를 최고로 친다. 이런 토질이어야 기氣의 조화가 원활하여 정신이 맑아지고 건강해진다.

주택지를 상세히 살펴야 한다

① 주택지의 앞쪽이 높고 뒤쪽이 낮아 집터가 뒤로 기울면 항시 불안하고 심란하므로 자손이 불성패절이라 한다. 그러한바 집터는 전후가 자연적인 현상에서 평탄해야 태평안거에 전재가 창성한다.

② 집터의 동쪽이 높고 서쪽이 낮아 집터가 동서로 기울면 재물의 손재와 관료를 바라보기 어려울 것이다. 이러한바 집터는 동서가 평탄해야 재물도 얻고 벼슬도 얻게 된다.

③ 집터의 남쪽이 높고 북쪽이 낮아 남북이 기울면 매사에 어려운 일이 많아지고 패가 빈곤하고 종종 맹인이 출생한다. 그러한바 집터는 남북이 평평해야 안거치북安居致北하는 것이다.

④ 집터가 팔풍이 취돌吹突: 높은 곳에 외롭게 노출되면 사람이 포악하고 관재 소송이 끊어지지 아니하고 빈곤하게 살아간다. 그러한바 집터는 바람을 타지 않아야 하고 물을 피하는 곳이라야 한다.

⑤ 길 아래 낮은 집터는 가산이 늘지 않고 집 뒤에 길이 있으면 집안의 근심 걱정이 떠날 날이 없다. 그러한바 길 아래 낮은 주택지는 취하지 말아야 한다. 이러한 집터나 집에 살면 모든 일이 하는 것마다 풀리지 아니한다.

⑥ 절벽 위나 절벽 아래에나 낭떠러지 근처 위험한 곳에 있는 주택에 살면 다재多災 가곤家困하고 가환患害으로 편안할 날이 없다.

⑦ 택지의 네 면이 완전히 도로에 둘러싸였다면 그것은 대흉상이다. 네 면 모두 도로에 둘러싸인 주택지는 매우 희귀한 일 같지만 절대 발생하지 않는 것도 아니다. 이러한 주택은 흉상 중에도 흉상이다. 또한 세 면이 도로인 주택도 흉상이다.

⑧ 비탈진 곳에 주택지는 좋지 않으며 주택 정면에 뾰족한 산 언덕 도로 오패수인 연못 등이 있는 주택은 좋지 않은 주택이고 건물에도 또한 혼이 있으므로 헌집을 수리한 식당은 적자운영이 되고 제일가는 요리사를 채용해도 허사다. 주택 사방이 단정 반듯하지 않고 굴곡져 불거지거나 마당에 큰 나무 혹 마당 가운데 벽돌로 화단을 만든 것 등은 흉하다. 대문 앞쪽이 밝고 평탄해야 길하다.

⑨ 주택의 거실과 방은 크고 많은데 그 집에 사는 식구들이 적은 것은 흉험재난에 불결하게 되므로 가능한 한 사람이 방을 여러 개 쓰도록 노력해야 한다. 여러 식구가 모여 살면서 다소 비좁은 듯 지내는 것이 빠른 발전 형통의 비결이다.

⑩ 주택의 향向이 바로 정기精氣가 태양의 기氣를 얼마나 받을 수 있느냐의 문제로서 우리나라 지형조건상 남향집이 좋은 것은 누구나 다 아는 사실이다. 북향집은 별로 없겠지만 어둡고 햇빛이 들기 힘들고 집이 추우며 동향집은 해가 들 때 잠깐 햇볕을 볼 수 있으나 하루 종일 햇볕이 없어 어둡고 특히 여름에는 해가 뜰 무렵에는 햇볕이 집 안 깊숙하게 들어오기 때문에 상당히 덥다. 서향집은 동향집과 반대이지만 해가 질 무렵의 여름햇볕은 질소가 많이 함유되어 견디기 힘들 정도로 후덥지근하다.

⑪ 건축된 지 얼마 안 되는 집은 수리하여도 무방하나 가급적 않는 것이 좋다.

⑫ 단층 건물에서 살다가 중간에 2층 건물을 증축하는 것은 삼가야 한다.

⑬ 집을 지은 지 오래된 집은 증개축을 않는 것이 좋다. 만약 증개축을 하였을 경우 주인의 생년과 증개축하는 년도에 따라 주인에게 반드시 액운이 뒤따른다. 다행히 사람에게 액운이 없으면 집에서 기르는 가축이라도 상해 입는 일이 생긴다. 옛날 집이라도 이사한 지 얼마 안 되는 집 식구에게는 영향이 적다. 사람이 집을 누르면 집안형세가 좋아지고 집이 사람을 누르면 액운이 온다.

좋은 집터 고르기

풍수지리에서는 양택 3요결陽宅 三要訣을 인간생활에 가장 중요한 법으로 보고 이 법에 따르면 자연에 순응하는 것으로 천지이치가 맞아 부귀가 약속되는 것이며 그렇지 않으면 비천과 궁색이 따른다고 보고 있다.

우선 좋은 집에 대한 개념은 첫째, 따뜻해야 한다. 풍수지리가 자연의 섭리를 이용하고자 하는 학문임을 감안한다면 양택에서 풍風은 적절한 공기의 소통을 도모하고 맞바람을 막아야 한다는 의미가 있다. 그런데 기온을 따뜻하게 하려면 집의 방향이 남향이어야 하므로 집은 북이나 북서쪽에 등을 대고 남쪽이나 동남향을 하고 있으면 자연히 따뜻하기 마련이다. 만일 그 반대 방향이면 우리나라의 경우 겨울에는 북서풍이 여름에는 동남풍이 불어오기 때문에 겨울이면 춥고 여름이면 오히려 덥다. 자연적으로 따뜻하다는 것은 밝은 것을 의미한다.

그러므로 그늘져 어둡거나 음침한 집은 일차적으로 가격 면에서 불리하지 않을 수 없다.

둘째, 햇빛과 안정감이 있어야 한다. 생기生氣는 땅에서만 받는 것이 아니라 태양으로부터 받는다. 또는 모든 생물은 햇볕을 필요로 하는데 같은 햇볕이라도 기氣가 일어나는 아침 햇볕을 받아야 한다. 저녁 햇볕은 오히려 생기를 잃게 한다. 안정감이란 대지의 형태 뿐 아니라 건물 자체에도 적용된다. 이를테면 교회 건물 같이 뾰족한 것은 교회같이 특수한 의미에서는 가치가 있을는지 모르지만 보통 가정집으로서는 부적격하다. 경사가 심하여 불안한 형태의 가옥이 매매 때 그 가치성이 떨어지는 것 또한 바로 이러한 연유 때문이다.

셋째, 교통이 편리해야 한다. 아무리 좋은 명당이라도 사람이 쓸 수 있을 때 명당이다. 다시 말하면 이용가치가 없는 물건은 아무리 좋은 물건이라도 효용가치가 없다든 것이다. 따라서 교통이 좋아야 귀한 손님도 오고 복도 들어온다. 교통의 중심지는 바로 상권이발달하고 인간생활의 중심이 되기 때문이다.

넷째, 도로에 인접해야 한다. 교통이 편리하다는 것과 일맥상통하지만 교통이 편리하다고 해도 부자 연장과 같은 위치는 바람직하지 못하다. 대지의 사면 중에서 최소한 한 면만은 도로에 접해야 하는데 그보다 더 좋은 것은 도로의 교차점으로 코너가 되는 대지이다. 풍수지리에서는 물이 만나는 주위에 혈穴이 있는 것으로 본다.

그런데 양택에서는 도로를 바로 그러한 물로 보기 때문에 도로가 만나는 곳에 양택이 있는 것으로 간주한다.

다섯째, 집 앞의 전경이 좋아야 한다. 활동의 근원지이며 성장의 요람인 주택의 전경은 그 집에 사는 인간에게 정신적인 안정과 정서적으로 좋은 영향을 주어 건전한 사고를 하게 만든다. 그리하여 건전한 사고의 인간적 질환이 건강하고 오래 산다. 또한 집터를 고를 때는 큰 강이나 바닷가를 멀리하는 것이 바람직하다. 시골강가 경치 좋은 곳에 정자를 지어 놓은 것을 쉽게 볼 수 있다. 정자는 사람들이 모여서 더위를 식히고 시원한 바람을 쏘이는 쾌적한 공간으로서 대체로 강이 시원하게 바라보이는 곳에 세운다. 그러나 이러한 정자 위치도 명당하고는 거리가 멀다. 정자는 바람을 쏘이는 공간은 되지만 바람을 받아들이는 공간은 되지 못하기 때문이다.

따라서 밤에 정자에서 잠을 자서는 안 된다. 바람에 사람의 기운도 날아가기 때문이다. 그러므로 정자터와 같이 전망 좋고 시원한 곳은 경치는 좋아도 명당터나 집터로는 좋지 않다. 산소자리도 강가나 바닷가는 좋지 않다.

주택에도 빈부상貧富相이 이러하다

　　주택이나 건물의 모양에도 빈상貧相 즉 불안하고 가난하게 보이는 모양과 부상富相 즉 안정되고 넉넉하게 보이는 모양이 있다. 물론 모든 사람들은 빈상 보다는 부상富相을 좋아 할 것이며 그러한 주택이나 건물에 살고 있는 사람들의 운세도 가상오년家相五年이라 하며 통상 5년 이상 거주하면 부지 불식 간에 주택이나 건물의 모양에 영향을 받기 마련이다. 주택이나 건물의 모양을 동그란 원圓 모양에 넣을 때 건축면적 즉 평면도, 정면도, 측면도 등이 서로 크게 차이가 나지 않고 안정되어 원 안에 가득 차게 되면 부상富相이요 일부분만 차고 나머지는 텅 비어 있으며 균형이 잡히지 않고 보기에도 어쩐지 불안정한 모양은 빈상貧相: 가난한 상이다.

　　따라서 복잡하지 않은 사각형 팔각형 원통형 그리고 직사각형 모양의 건물들이 좋은 모양이나 용마루를 정면으로 보는 것과 칼날이나 뾰족한 탑 등의 모양은 기피하고 있다. 교회의 십자가 칼모양 뾰족한 탑 등의 건너편에 있는 건물에는 유리나 거울을 부착하여 불운을 막는 처방을 내리고 있다.

또 주택이나 건물의 중심이 높아야 길하며 반대로 중심이 낮고 좌우가 높으면 서로 좌우가 대 립하여 싸우는 모양이므로 흉하다. 주택이나 건물의고도 역시 건축법상의 여건 대지와 건축면적 주위의 건축물 높이 등을 고려하여 균형과 조화를 이루도록 지어야 할 것이다.

풍수지리상으로는 지기地氣를 충분히 받을 수 있도록 단독 주택의 경우 1, 2층이 좋고 높아도 3, 4층 정도가 가장 적당하다고 본다. 물론 일조권을 고려하여 햇빛을 잘 받을 수 있도록 집을 짓는 것이 좋다. 그러나 주택은 지나치게 화려하게 멋을 내는 주택으로 짓지 말아야 한다. 너무 화려하고 지나친 모양을 부리면 이것은 사람들의 입에 오르내리면 좋을 것이 없다. 또 집을 낮게 짓거나 어둡게 지어서도 안 된다. 옛부터 사람은 주변 환경을 그대로 받는다고 했다. 그래서 시골에서 태어났으면 도시에 살아도 시골과 비슷한 곳에 살아야 건강하게 살 수 있다고 본다. 사람은 유년 시절 1세~9세까지의 살아온 환경이 평생을 살아가는데 좌우한다. 도선밀기道先密記에 희산稀山: 산이 낮고 들이 넓은 곳에는 고루高樓 다산多山에는 평옥平屋이라 하여 음양조화陰陽調和를 꾀하였는데 우리나라는 다산多山이므로 도시의 아파트도 높아도 15층 정도가 적합하다고 생각된다. 현재 대구에서 45층 건물들이 들어서고 있다.

고층 건물에 살면 전망은 좋을런지 몰라도 바람 잘 날이 없을 것이다. 고려 태조 이래 궐내에는 고옥을 짓지 않고 민가에서도 그러했다.

한편 큰 집은 옥屋이라하고 작은 집은 사舍라 하는데 옥屋자는 송장에 이른다는 말이요 사舍자는 사람이 길하다는 뜻이니 큰 집에 사는 사람은 화禍를 받고 작은 집에 사는 사람은 복을 받는 것 이라는 집 사치 기피의 사상이 옛 선조들에게는 널리 퍼져 있었던 것이다. 옛 우리 선조들은 황제택경에 나오는 오실오허五實五虛를 주생활의 헌장처럼 지켜왔다.

그 내용은 다음과 같다. 집에 오실五實이 갖추어지면 그 집에 사는 사람들은 부귀하게 된다는 것이다. ① 실 - 집이 작은 사람이 많이 살 때 ② 실 - 집이 크고 대문이 작을 때 ③ 실 - 담벽이 두텁고 높을 때 ④ 실 - 집이 작고 육축이 많을 때소, 말, 돼지, 염소, 개, 닭 ⑤ 실 - 하수구가 동남쪽으로 흐를 때

5허五虛 ① 허 - 집이 크고 사는 사람이 적을 때 ② 허 - 집 문이 큰데 비해 집이 잘을 때 ③ 허 - 담 벽이 허술할 때 ④ 허 - 샘과 부엌이 적처에 있지 않을 때 ⑤ 허 - 집터가 너른데 집이 작을 때

주택은 묘 앞 뒤 양옆 물소리 바람소리 고압선을 피해야 한다

　명당에서는 산이 바람을 막아 잔잔한 바람이 불고 물소리도 바람소리도 들리지 않고 사람들의 마음을 평화롭고 포근하고 아늑한 느낌을 준다. 그러나 산 후면에 위치한 지세地勢에서는 바람이 강할 뿐만 아니라 바람소리 물소리가 흉하고 무서워 사람들의 마음을 불안하게 한다. 특히 밤에 몰아치는 비바람 소리와 산짐승 같은 동물들의 울음소리가 흉하게 들리는 주택 묘터에서는 정신질환자가 발생하기도 한다. 시골 외딴 농가 중의 흉가는 대부분 나지막한 야산의 후면에 위치하고 있거나 언덕 난간 바지에 있어 바람이 강하게 불면 동시에 흉한 소리가 공통적으로 들린다. 그리고 강한 전류가 흐르고 있는 지역은 주거 공간으로 적합하치 않다. 특히 고압선 바로 아래에 있는 주택은 사람에게 좋지 않은 영향을 주므로 가급적 피하는 것이 좋다. 하늘의 공기 중에 통하고 있는 전기는 천둥이나 번개를 일으키고 벼락은 땅이 갖고 있는 전기에 흡수되어 분산된다. 이처럼 지표면과 지하에 흐르고 있는 것을 지전류 地電流라고 하는데 지하에 흐르는 지전류의 위치에 따라 강하게 흐르는 곳과 약하게 흐르는 곳 등 일정하지 않다. 침실 위치를 지전류가 강하게 흐르는 곳에 둔 채 오랫동안 생활하게 되면 여러 종류의 질병에 걸린다.

최근 독일의 한 작은 도시에서 병으로 일찍 죽은 사람들의 침실을 조사해 본 결과 모두 강한 지전류가 흐르는 지역인 것으로 밝혀졌다. 뿐만 아니라 대를 이어 그 침실을 사용하게 되면 아들 역시 그와 유사한 병으로 일찍 죽게 된다는 사실도 밝혀졌다. 그리고 강한 지전류가 병원 지하에 통과하는 경우 이 강한 지전류 상부에 있는 환자들의 병세는 악화되는 것으로 보고되었다. 또한 집에서 기르는 고양이들은 강한 지전류를 좋아해 지전류가 흐르는 곳에 모여든다고 한다. 하지만 침실 하부에 흐르는 지전류를 피하기 위해서 건물을 새로 지을 수 없는 일이다. 다만 기존의 건물에서 그대로 살되 동시에 지전류에 의한 피해를 방지해야 할 것이다. 또한 주택이 살아있는 사람들의 안식처라면 무덤은 죽은 사람들의 안식처라고 할 수 있다. 생生과 사死가 공존하는 인간살이지만 생사生死 그 자체는 서로 반대편에 서 있어서 상극이 된다.

따라서 생기와 사가는 상극이므로 주택의 가까운 주변에 묘가 있으면 사기死氣가 집으로 들어와 불운을 재촉한다고 본다. 이런 까닭에 우리 선조들은 조상의 묘는 생전에 주택으로부터 멀리 떨어진 것을 선호하였다. 묘지墓地를 쓸 때 주의 할 사항을 정리하면 다음과 같다.

- 무덤 뒤에 주택이 있으면 패가망신하게 된다.
- 주택을 무덤구총자손이 없는 묵묘 위에 집을 지으면 자손이 죽게 된다.
- 주택의 북동간에 가까운 공동묘지가 있으면 어린 아이가 죽는 경우가 많아진다.
- 공동묘지를 파내고 아파트를 지어놓은 곳에서 투신자살하는 사람이 생기고 기세가 점점 기울어지고 각종 병자가 많이 생긴다.
- 파묘한 자리에 집을 짓게 되면 조졸자가 생기고 가세도 점점 기울어진다.
- 무덤 앞에 뒤에 옆에 무덤의 시야가 가리워지게 집을 지으면 그 집 사는 온 집안 식구들이 각종 질병이나 교통사고사 등을 당하거나 심하면 그 가족 중 가장 총명하고 장래가 밝은 사람이 죽게 되고 그 가족에게 꿈에 선몽을 한다. 이 무덤에 제물을 많이 장만하여 제사를 지내주면 다소 면할 수 있다

방의 배치는 사람들의 건강에
막대한 영향을 미칠 수 있다

방의 배치는 사람들의 건강에 막대한 영향을 미칠 수 있다. 특히 침실의 경우 일생의 3분의 1을 보내면서 피로를 풀고 휴식을 취하는 곳이므로 더더욱 그러하다. 부엌은 재물에 대한 가족 의 접근을 의미한다. 그리고 현관은 가정의 첫인상을 나타내며 또한 기氣의 입구 역할을 하는 곳이다.

현관 근처에는 서재 거실 그리고 텔레비전 등이 배치되는 것이 가장 바람직하다. 현관에 들어섰을 때 우선 거실이 눈에 띄게 되면 식구들이 긴장을 풀게 되고 편안함을 느끼게 될 것이다.

만약 서재가 시야에 들어오면 식구들이 독서나 공부 등 생산적인 활동에 전념 할 수 있게 된다.

비슷한 이치로 현관에 들어서자마자 부엌과 마주치면 온 가족이 먹는 것에 탐닉하게 될 것이다. 그러나 사실 집의 구조란 다시 헐어내 짓지 않는 이상 변경하기가 힘드므로 주어진 조건에서 최선의 효과를 살리는 것이 바람직하다.

안방은 해가 뜨는 동쪽으로 창문이 나게 하여 아침햇살이 듬뿍 들어오도록 한다. 그래야만 아침의 좋은 기氣가 방안 가득히 들어올 수 있어 좋다.

침실은 온 가족이 생활의 3분의 1을 보내면서 피로를 풀고 휴식을 취하는 곳이므로 현관에서 가능한 먼 쪽에 두는 것이 좋다. 대문이나 현관과 가까우면 항상 다른 사람이 나타 날까봐 의식적으로 경계 하게 되며 그 결과 깊은 잠을 못 이루게 되어 건강을 해칠 염려가 있다. 거실은 문과 정면으로 마주보는 곳을 피해야하고 주인과 손님 모두 문 쪽을 향하지 않는 것이 좋다.

공부방은 가장 중요한 것은 책상의 위치다. 아이들 공부방 책상은 문과 대각선상에 위치하는 것이 좋으며 반면에 문을 등지고 안도록 하면 안 된다.

문을 통해 들어오는 기가 아이에게 직접적으로 영향影響을 미치기 때문이다. 그리고 누군가가 갑자기 방문을 열고 안으로 들어서게 되면 몸 전체를 급히 돌리다가 허리 디스크나 목 디스크가 염려 된다.

또한 약하고 소심한 아이에게는 동쪽 햇볕이 생기가 가득하고 음양오행상 생명이 싹트는 나무木요 봄春방위에 잠을 자게하고 아침 해가 품고 있는 신선하고 활력이 넘치는 에너지를 마음껏 받아들이며 원기를 충만케 하는 방위에 부부들의 침실이나 가족의 건강을 책임지는 부엌 등은 동쪽에 배치하는 것이 좋다.

또한 동쪽은 명랑한 기운이 강한 방위이므로 체력이 약하거나 소심한 아이 또는 노인에게 침실을 만들어 주면 건강하고 활동적인 성격이 된다.

남쪽은 하루 종일 햇볕을 받는 집에서 가장 좋은 방향이며 밝은 곳이다.

주택에서 채광의 중요한 창구이기에 거주자의 공동생활 공간인 거실로 적당한 곳이며 침실로는 너무 밝고 차분하지 못하여 편안히 수면을 취할 수 없어 부적합하다. 또한 부엌도 하루 종일 온도가 높아 음식이 부패하기 쉽기에 가족의 건강상 피해야 한다.

아이들의 방으로는 초등학생 까지는 남향 방이 성격이 활발해져 좋지만 중학생 이상 학생들의 공부방은 햇볕이 많이 들므로 정신상 좋지 않다.

방의 크기는 사람의 성격을 변화시키며
방은 이렇게 나누어 쓰면 좋다

　가족 수에 비해서 집이 너무 커서 빈 공간이 많고 남아도는 방을 빈 채로 오래 놓아두는 것도 안 좋지만 자신이 주로 쓰는 방의 크기가 너무 크고 넓은 것도 좋지 않다. 그럴 경우엔 그 빈자리에 무언가 채워 놓고 싶다는 과욕이 앞서고 뭔가 큰 일 좀 더 눈에 띄는 일을 해야 한다는 과욕이 생겨서 밖으로 나가고 싶어진다. 따라서 정신적으로 안정이 안 되는 사람 주의력이 산만한 어린이들에게는 다소 작은 방에서 지내게 하는 것이 좋다.

　심리적인 안정을 되찾아 침착해지고 인내력이 길러지며 정신집중이 잘 되어 학습효과도 높인다. 반대로 내성적이고 소심한 사람은 넓은 방을 쓰게 함으로써 활달하고 솔직한 성격 대담한 성격으로 탈바꿈시켜 주는 풍수적인 효험을 볼 수 있다. 방의 크기나 규모 장식은 너무 부담스러워도 흉하고 지나치게 초라하고 좁은 것도 흉하다. 그 안에 있는 사람을 포근하게 감싸주듯 편안함이 느껴지는 방이 자기 자신에게 이로운 작용을 미치는 것이다.

예를 들어 내성적인 사람이 쓰는 방은 천장을 높이고 주위가 산만하고 자유분방한 사람의 방은 좁게 한다. 호텔이나 대연회장에 가보면 높은 천장을 볼 수 있는데 이럴 때 사람들은 마음이 확 트이는 것을 느낄 수 있다. 반면에 천장이 낮은 곳을 가서 보면 왠지 모르게 가슴이 조여드는 것 같고 답답해져서 엉거주춤하게 자세를 낮추게 된다. 우리 선인들이 지어 놓은 한옥들은 방바닥에 앉아서 생활하기에 알맞도록 지었기 때문에 침대를 놓는다든가 책상을 놓고 의자에 앉아 생활하는 사람의 사고가 편협하고 소심하게 된다. 일반적으로 천장이 낮은 집에 기거하게 되면 소극적이고 우울하고 완고한 성격이 되기 쉬우며 반대로 천장이 높은 주택에서 생활하게 되면 과욕과 허세를 부리려는 심리적 작용에 동요되기 쉽다. 또한 주위가 산만하고 자유분방한 아이들은 작은 방에서 지내도록 해주면 성격이 침착해지고 인내력도 길러진다. 반면에 너무 내성적이어서 남의 앞에 말할 수도 없고 사교성도 없는 아이의 경우 방이 작으면 질투심, 욕심 등이 강해질 수 있으므로 이런 아이는 조금 넓은 방을 사용하게 하여 활달하고 솔직한 아이가 되도록 배려해 주는 것이 좋다. 우리 집 가족들은 어떻게 방을 나누어 쓰면 좋을까. 대개 어느 가정 없이 큰방을 제일, 어른이 쓰고 방의 크기에 따라 장남, 차남 또는 큰딸, 작은 아들 순으로 정하기도 하고 이층일 때는 아래층이

어른 이층을 아이들 방으로 많이 쓰기도 한다.

우리가 직장을 방문 했을 때 흔히 출입문을 열고 들어가면 계급이 낮은 순으로 앉아 있다. 맨 끝에 앉아 있는 사람이 제일 높은 사람이라는 것을 알 수 있다. 그런데 만약 출입문 쪽에 부서장이 앉아 있다면 외부 출입자는 부서장에게 누구를 찾아 왔다고 하기 때문에 귀찮아서라도 자리를 바꾸자고 할 것이다. 이와 같이 가정에서 아버지, 어머니, 장남, 장녀, 차남, 차녀 등 각자가 거처해야 할 방위가 정해져 있다.

또한 주역 팔괘에 따르면 건乾은 아버지를 뜻하기 때문에 북서 방위가 되며 곤坤은 어머니를 의미하기에 남서 방위에 해당하며 진震은 장남을 의미하기에 동쪽에 해당 된다. 그리고 장녀는 손巽이므로 남동 방위에 해당되며 차남은 감坎이므로 북쪽 차녀는 이離이므로, 남쪽 간艮은 3남 이하3녀 이하는 태兌 서쪽에 해당한다. 이와 같이 옛 선현들은 방을 나누어 썼다.

공부방에서 가장 중요한 것은 책상의 위치이다

먼저 집을 고를 때 가능하면 다음 사항들을 염두에 두는 것이 좋다. 안방은 대문을 들어섰을 때 바로 보여서는 안 된다. 해가 뜨는 동쪽으로 창문이 나게 하여 아침 햇빛에 듬뿍 들어오도록 한다. 침실은 현관문에서 가능한 먼 쪽에 두는 것이 원칙이다.

대문이 현관과 가까우면 항상 다른 사람이 나타날까 무의식적으로 경계 하게 되며 그 결과 깊은 잠을 못 이루어 건강을 해칠 염려가 있다. 잠을 잘 때 머리는 동쪽이나 남쪽을 향해야 한 다.

특히 북쪽으로 향하면 자기장이 뇌파를 끊임없이 자극하여 신경질적이거나 삐뚤어진 성격이 형성된다. 거실은 문과 정문으로 마주 보는 곳을 피해 주인과 손님 모두 문 쪽을 면하고 있는 것이 좋다.

그리고 가능한 밝게 하고 소파의 배열은 손님이나 주인 모두 현관문 쪽으로 면해 앉도록 하는 게 바람직하다.

소파는 마주보는 형태보다는 ㄱ자나 ㄴ자 형태로 놓는 것이 좋다. 서로 마주 보는 형태로 배열하면 서로의 기가 충돌하여 잠재의식적으로 경쟁을 낳기 때문이다. 공부방에서 가장 중요한 것은 책상의 위치이다. 아이들 공부방 책상은 문과 대각선상에 위치하는 것이 좋다. 반면 문을 등지고 앉도록 하면 문을 통해 들어오는 기가 아이에게 직접적으로 영향을 미치기 때문이다.

대문 옆에 화장실이 있거나 현관문을 열자마자 곧바로 화장실이 바로 보이지 않도록 하는 것이 좋다. 화장실은 보는 순간 무의식중에 불결하다는 생각이 들게 되어 순간적으로 마음이 손상되어 비위가 약한 사람은 소화기가 위축되는 현상이 올 수 있기 때문이다. 화장실은 입구를 칸막이로 막거나 발을 치거나 육각형 거울 등을 달아 놓아서 기 흐름을 나쁜 기에서 좋은 기로 바뀌도록 해야 한다.

동쪽이나 남쪽에 위치하면 좋지 않다. 대문이나 현관을 열었을 때 부엌이 바로 마주 보이면 좋지 않다.

아무래도 부엌은 여자들이 드나드는 곳이기 때문에 외부인들의 시선을 피하는 것이 좋다. 이런 집에 사는 여자들은 바람 날 확률이 높고 밖으로 나돌기를 좋아한다. 조명은 거주인들의 기분이나 분위기 그리고 일의 능률에 적지 않은 영향을 미친다.

태양을 상징하는 조명은 기의 순환에 필수적인 요건으로 밝을수록 좋다.

집안이 좁거나 어두울 경우에는 벽과 가구의 색상이 밝아야만 실내에 생기를 불어 넣을 수 있다. 예컨대 침실이나 욕실의 경우 파란색 분홍색 녹색 등의 부드러운 색깔이 마음을 안정시킬 수 있어 좋다.

우리나라 민간 신앙에서는 전통적으로 집에 나무를 심을 때 조심스럽게 다루었다. 이유는 담장 안에 마당에 나무를 심을 경우 빈곤할 곤자가 되거나 한가로운 한 자는 불길한 기운을 가져다준다고 믿었기 때문이다.

집안의 큰 나무는 땅의 지력을 지나치게 소모시킬 뿐만 아니라 통풍이나 채광에도 방해가 된다.

또한 땅 속 깊이 뻗어가는 뿌리는 건물의 토대를 상하게 한다.

울창한 나뭇가지는 지붕을 상하게 할 수 있다. 때문에 큰 나무를 금기시 했다. 집 안에 나무를 심을 때는 처마 이상 올라가지 않는 나무여야 한다. 그러나 담장 안에 있는 나무가 모두 나쁜 것은 결코 아니다.

대체로 매화나무 석류나무 작은 대나무 등은 선비 정신을 상징하고 모란이나 작약 철쭉 등은 부귀를 가져다준다.

사무실 책상 배치와 최고 경영자의 방은 이렇게 배치한다

여러 사람이 함께 근무하는 사무실에서는 우선 책임자를 좋은 자리에 배정하고 중요한 부서 순으로 나머지 자리를 잡는다. 실내 배치에서 가장 중요한 것은 책상 위치를 정하는 일이다. 책상은 오랫동안 앉아서 중요한 일을 수행하는 공간이다. 그러므로 책상은 사무실에서 생기가 많이 이루어지는 곳에 놓아야 한다.

먼저 배산임수 이론에 따라 벽을 등지고 앉아야한다. 실내 벽은 산으로 창문은 물로 보기 때문이다.

창문을 등지고 앉는 경우가 많은데 특히 창문 가까운 자리에서 창문을 등지고 앉는 배치는 절벽을 등지고 앉아 있는 것과 같아 좋지 않다.

창문은 되도록 멀리 있는 것이 좋다. 출입문도 멀리 있는 것이 좋으며 출입문으로는 사람뿐만 아니라 바람도 드나들어 출입문 가까이 있으면 바람을 맞는 형상이어서 좋지 않다. 실내 전용화장실이 있는 경우에는 화장실과 멀리 떨어진 곳에 책상을 놓도록 한다. 가장 좋은 책상 배치는 실내 중심을 바라보게 하는 것이다. 그렇게 하면 실내 중심에서 발생하는 생기를 온 몸으로 받아들일 수 있기 때문이다. 벽을 바라보는 배치는 안정감은 있지만 오래 앉아 있기 어렵다.

실내 폭이 다른 경우에는 좌우가 넓고 천장이 높은 곳의 중심 부분에 책상을 배치한다. 응접용 소파나 회의용 테이블도 집무용 책상만큼 중요하므로 위치를 잘 선정해서 배치해야 한다. 응접용 테이블을 책상 바로 앞에 두고 그 주변에 의자를 배치하는 경우가 흔한데 이 방법은 책상에서 응접용 테이블을 내려다보는 형식이 되므로 주인이 권위를 내세우게 되고 그로 인해 거기 앉아있는 손님은 불쾌감을 느끼게 된다.

따라서 응접용 테이블은 책상과 떨어진 자리에 배치하는 것이 바람직하다. 응접용 의자는 얕으막한 테이블이 위쪽 중심 자리를 상좌로 해서 그 왼쪽과 오른쪽 곧 삼면에 배치하는 것이 좋다. 이렇게 되면 중심 자리가 상좌가 되고 상좌에서 내려다보아 왼쪽이 오른쪽보다 상좌가 된다. 그러나 왼쪽과 오른쪽의 상하관계는 방 상태에 따라 달라지는데 벽을 의지하고 있는 쪽이 상좌가 된다. 응접용 테이블은 생기가 모이고 안정된 방위상으로 좋은 위치를 선정해서 배치한다. 원형 테이블에서는 출입문에서 가장 멀리 있으면서 벽을 등지고 앉는 자리가 상석이다. 상석을 중심으로 왼쪽이 차석이 되고 다 다음이 오른쪽이며 출입문을 등지고 앉는 자리가 말석이다.

최고경영자의 방 사무실 위치를 선정하는 과정에서 가장 중시해야 하는 것이 회사 최고 경영자 방이다.

이 방은 생기가 제일 많은 곳에 위치해야한다. 책임자는 회사 운영에 가장 중요한 부분을 담당하고 있으며 이런 업무를 효과적으로 수행하기 위해서는 가능한 많은 생기를 받아야 하기 때문이다.

오늘날 도심지에 있는 업무용 빌딩은 대개 10층 내외로 고층 건물이며 위로 올라갈수록 전망이 좋기 때문에 꼭대기 층을 가장 고급 층으로 여긴다.

그러나 풍수 이론에 따르면 높은 층보다 낮은 층이 좋다. 지표면에 가까울수록 생기가 강하게 모이고 높이 올라갈수록 적어져 건강을 해칠 우려가 있기 때문이다. 따라서 5층 아래 곧 2층이나 3층에 두는 것이 가장 이상적이다. 낮은 곳에 있으면 높이 올라갈 힘을 갖게 되지만 높은 곳에 있으면 내려가는 힘이 크게 작용한다.

사장실은 같은 층이라도 건물 형태에 따라 기운이 모이는 곳에 두어야 한다.

거실은 늘 맑고 밝아야 하고
어떻게 꾸미면 좋은가!

　양택 풍수에서는 집안의 주요 공동 공간으로 사용되는 거실을 매우 중요시한다. 주택이란 인간 생존의 구체적 공간이다. 그 가운데서도 거실의 중요성이 날로 높아지는 것은 거실이야말로 그 집안의 가족들과 함께 모여 생활하는 공간이기도 하며 그 집안의 문화수준과 생활수준도 보여주기도 한다.
　직업, 취미, 교양, 재산, 사회적 신분, 가족사적인 이력집안내력 등은 바로 이 거실을 통해서 드러난다.
　특히 외부의 공기가 현관 출입문을 통해 들어와서는 거실을 거치는 동안에 그 집의 가족들에게 알맞은 기氣가 순환되고 다듬어진 기로 바뀌게 된다. 이런 중요한 기능을 담당하고 있기 때문에 거실이 풍수 인테리어 상으로 길상吉相인지 흉상凶相인지에 따라서 집안이 속히 번창하기도 하고 횡액을 만나서 패가망신하기도 하는 것이다. 어쨌든 거실은 현대인들에게 있어서 가족 구성원들이 공동체 의식을 확인하거나 서로를 확인하는 가족 교류의 장場이기 때문에 거실에는 늘 맑고 밝은 기운이 가득 차 있어서 가족들에게 생기를 공급할 수 있어야 제 기능을 다한다고 하겠다. 거실의 기가 혼탁하고 흉기凶氣가 가득 차서 기의 소통이 막히게 되면 가족 간의 대화와 이해가 단절되고 주장이 각기 달라서 뿔뿔이 흩어져 살게 되므로 결과적으로 거실의 풍수상 흉 작용이 집안의 몰락을 재촉했다고 해석할 수 있을 것이다. 거실의 소파나 장식물, 책장, 커튼, 오디오나 텔레비전 등의 가전제품류는 거실 규모에 비해서 너무 크거나 빽빽하게 채워져 있어서는 안 된다. 기의 흐름을 막아서 답답한 느낌을 줄 것이다. 물론 거실은 큰데도 불구하고 간단하게 좋다고 장식물을 거의 놓지 않는다면 이 또한 좋지 않다. 외풍이 들어와서 장식한 가구들을 통과하면서 순환되는데 이런 장식물이 없다면 실내의 기가 순환되지 못한 채 가족들의 호흡을 통해 신체로 흡수되므로 부정적인 영향을 받게 되는 것이다.

   거실의 풍수적인 원칙은 생기가 충만하여 집안이 번창할 수 있도록 자리배치 즉 공간배정이 이루어져야하며 내부 장식도 알맞게 이루어져야 한다는 것이다.

   따라서 거실 풍수를 살필 때에는 크게 소파, 현관문, 부엌, 창문과의 위치 등 4가지를 고려하게 된다. 그 중에서도 소파의 위치가 어느 쪽으로 배정되는가에 따라서 길흉의 작용력이 큰 폭으로 달라진다. 소파는 집안 전체의 분위기에 어울리는 색상과 재질을 선택해야 한다. 집안 분위기에 따라서 천 종류의 소파가 좋을지를 결정하며 색깔이나 디자인 또한 밝고 깨끗한 것이 좋은지 다소 중후한 느낌을 주는 무겁고 전통적인 색상이나 디자인의 것이 좋은지를 결정한다. 그런 다음 가장 중요한 것은 소파를 놓는 위치이다. 소파의 배치가 중요한 것은 거실의 기를 원활히 유통시킬 수 있는지의 여부가 가장 많이 좌우되는 것이 바로 소파이기 때문이다. 거실에 머무를 때에는 소파를 타고 흐르는 기氣의 영향을 받게 된다.

구체적인 내용을 통해서 살펴보면 이해하기 쉬울 것이다. 소파와 벽면과의 사이가 너무 넓은 경우에는 기의 순화가 제대로 이루어지지 않아서 흉상凶相이다. 또한 소파의 바로 뒤쪽이나 바로 옆에 출입문 현관이 있는 경우 좋지 않다. 손님이 오자마자 숨 돌릴 겨를도 없이 가구에 직면하게 되면 손님으로서는 심리적으로 불안감과 당황스러움을 느낄 수밖에 없을 것이다..

또한 외풍이 바로 소파에 닿기 때문에 불리하다. 그리고 소파가 현관의 출입문과 마주보고 있는 경우도 흉상凶相이다.

흙으로 된 방바닥은 만병통치약, 온돌방은 건강을 지켜준다

초가집이나 기와집은 우리 조상들이 살았던 따뜻한 온돌방 아랫목에 집안 식구가 옹기종기 모여 앉아 화로 불에 군밤 구워먹은 모습이 연상된다. 하지만 요즘 건축 방식에서는 이러한 정겨운 모습을 보기는 어렵다. 세상이 변해 방바닥은 시멘트로 바르고 파이프로 배관하여 기름이나 가스로 덥혀진 온수가 방바닥을 데우는 난방식이 온돌방의 주종을 이루고 있다. 여기다 서구식 생활방식인 침대 생활이 보편화되어 이제는 구들장을 등에 대고 잠을 잔다는 순수한 온돌방은 사라져 가고 있는 게 현실이다.

양택풍수에서는 주택기능 중에 자연과 인간과의 조화를 통한 건강과 질병의 자연 치유적인 기능을 중요시하여 주택을 지었던 것이다.

특히 일생의 2/3 이상을 온돌 바닥과 피부를 접촉하여 살아야 하는 온돌방에 대해서도 음양오행상 상생의 원칙을 적용하였던 것이다. 물은 나무를 살리고 나무는 불을 살리고 불은 흙을 흙은 쇠를 쇠는 물을 살린다는 수생목水生木, 목생화木生火, 화생토火生土, 토생금土生金, 금생수金生水라는 서로 살리는 상생의 원칙을 주택의 건축에도 도입하였던 것이다.

전통 가옥의 온돌 구조는 방바닥을 돌로 고이고 그 돌 위에 황토를 깔고 돌 밑을 불기운이 통하게 여러 갈래로 골을 만들어 아궁이 더워지는 구조를 가지고 있다.

불을 때는 아궁이는 오행상 화火로 보기에 불을 살리는 나무를 때고 아궁이의 불은 돌과 흙으로 만든 온돌방을 살리는 화생토火生土 사생의 기운으로 승화되어 전통 온돌방이 거주자의 건강을 순리에 의해서 완벽하게 지켰던 것이다. 우리 고유의 온돌방이 건강에 어떻게 좋은가를 살펴보자.

구들장 방은 원기 회복에 좋다. 만병에 구들장이라는 말이 있다. 감기몸살이나 관절염 일을 많이 하고 피곤할 때 등 어지간한 병은 하룻밤 따뜻한 아랫목에 누워서 자고 나면 씻은 듯이 낫는다. 그래서 옛날 궁중에서도 임금님의 원기회복용으로 황토 온돌방을 이용하였다. 또한 예전의 우리네 어머니들이 보통 아이를 낳았어도 며칠 온돌방에서 산후조리를 하고 나면 건강하게 다시 논밭에 나가서 일을 하시던 것을 보면 분명 전통 온돌방의 효과가 큰 것을 알 수 있다.

이런 효과는 황토와 구들이 아궁이에서 때는 불과 작용하여 방사되는 원적외선과 자연소재에서 발산하는 기운이 인간의 건강을 지켜주는 역할을 하는 것이다. 요즘 유행하는 흙침대 돌침대 황토방이니 하는 것이 삭막한 콘크리트 문화에 길들여진 현대인의 건강에 좋다고 확산되는 것은 일리가 있는 것이다. 실제로 온통 사방을 황토로 만든 방에 온돌바닥까지 흙으로 마감 된 황토방에 들어가면 따뜻한 열기와 흙냄새가 우리 몸에 와 닿는다. 이런 곳에서 한증을 하고 나면 피부가 윤택해지고 피로가 쉽게 풀어진다.

    이러한 기능은 한약을 달이는 전통 약탕기에서도 증명된다. 흙으로 만든 전통 약탕기가 일반 화학소재로 만든 약탕기보다 약효 추출효과가 수배 이상 된다고 한다. 이렇듯 자연친화적이고 건강지향적인 우리 고유의 온돌방 구조를 깊이 연구하여 현대의 주택건축에 적극적으로 활용하는 지혜가 필요할 때라 생각한다.

실내 공간 형태와 평면의 비율은
이렇게 하면 좋다

　풍수에서 말하는 가장 이상적인 공간의 핵심은 그 근원을 자연형태에서 취하고 있다. 흔히 볼 수 있는 동물의 알은 생명체의 기운이 가장 강하게 밀집된 형태다.

　알의 형태가 바로 생기를 많이 갖고 있는 형태다. 꽃봉오리도 그렇고 여성의 자궁이 그렇다. 풍수지리의 산에 대한 해석 이론에서도 그 형태가 알처럼 둥근 형태를 취하고 있는 것을 생기가 가득 찬 산으로 말하는 이유도 같다.

　실내의 기를 형성하는 요인은 바람의 회전 공간에서의 진동이 주를 이룬다. 바람은 상하좌우로 회전이 가능한 알의 형태에서 완성된 기운을 만들 수 있기 때문이다. 실내 공간은 바닥, 벽, 천장을 구분한다. 바닥에 벽이 세워지면 방이 하나 만들어진다. 가장 이상적인 방의 형태는 무엇일까? 앞에서 언급한 알의 형태를 기준으로 볼 때 정사각형이 가장 이상적인 평면이라고 하겠다. 정사각형이 기운이 많이 모이고 기운의 회전이 가장 용이하기 때문이다. 방의 형태에 따라 공간의 기운이 달라지고 그 공간에 거주하는 사람의 길흉이 달라진다. 실내 공간의 형태는 가로와 세로가 같고 길이 비율이 일대일인 경우가 가장 일반적이지만 기운이 회전하기 쉬워 생기를 많이 만드는 공간이다.

　방이 원형인 것은 보기 드물지만 이런 방은 기운을 강하게 집중시키는 효과가 있어 매우 좋다. 원형은 하늘을 의미하며 하늘은 강한 힘을 갖고 있기 때문이다. 원형 공간은 기운이 회전하기에도 매우 적합하다. 원형 평면에서는 안에 칸막이가 없어야 이상적이다. 원형 실내에 칸막이가 들어서면 기氣의 회전이 불안정해지고 사용하기에도 불편하다. 칸막이가 들어서야 할 경우라면 오히려 정사각형 평면이 바람직하다. 이때 가로와 세로 비율은 1:1.73:5이 좋다. 평면 비율이 정사각형에서 직사각형으로 길어질 경우, 곧 비율이 1:2 이상으로 늘어날 경우에는 효과적인 바람의 회전이 불가능해진다. 평면 형태 에서 가로, 세로 비율이 1:2가 되는 순간 부 터 기운이 좌우로 분리되는 형상을 이루기 때문이다.

　기운이 분리되는 공간은 물론 생기가 부족하다. 공간의 성격상 정사각형과 직사각형의 중간 위치로 3:5정도 비례가 무난하다고 본다. 정사각형 평면에서 기를 더 강하게 만들 수 있는 방법은 한 쪽 벽을 불룩 튀어나가게 하는 것이다. 한 면이나 두 면, 또는 사 면 모두 튀어나가게 해도 된다. 다만 이런 경우 튀어 나가는 부분이 벽면 중심부에 위치하게 하는 것을 원칙으로 한다. 이렇게 튀어 나간 면은 곧바른 실내 기운이 원활하게 회전 할 수 있게 해주고 공간의 울림을 좋게 해서 기가 많은 실내를 만든다. 이와 반대로 중심 부분이 좁아지는 평면은 기운이 좌우로 분할되어 좋지 못하다. 기둥을 배치하는 경우에도 실내 중심점에 큰 공간이 형성되고 벽 모서리를 갈수록 기둥 간격이 좁아지는 형태가 바람직하다. 이 때 기둥의 수는 짝수가 되고 칸 수는 홀수가 되는 것이 가장 이상적이다. 중심부에 기둥이 있어서는 안 되며 반드시 빈 공간으로 남아 있어야 된다. 공간을 세간으로 나누는 경우라면 가운데 칸이 가장 넓고 좌우 칸은 약간 작은 것이 생기를 만드는 구획이다. 실내를 다섯 공간으로 구획하는 경우라면 중심부분에 큰 공간을 두고 좌우에는 작은 공간을 만들어야 한다. 실내공간을 네 칸이나 여섯 칸 등 짝수로 나누는 것은 좋지 않다. 집안의 실내장식이 지나치게 많고 화려하면 병환이 오고 성패成敗를 심하게 한다.

잘 이은 지붕에는 비가 새지 않는다

　남의 허물을 보지 말라. 우리는 내 잘못을 인정하기 보다는 남의 탓으로 돌리는데 익숙해져 있다. 잘되면 내 덕이요, 못되면 조상 탓으로 돌린다. 사람은 서로 상대방의 장점을 발견하여 존경하는 마음과 사랑하는 마음으로 베풀고 도와가며 살아야 한다.
　서로의 결점을 꼬집어 경멸하고 싫어하다 보면 자연히 처음에는 사소했던 것이 시간이 지남에 따라 점점 커져 큰 원한으로 변하기도 한다.
　남의 허물은 쉽게 눈에 띄지만 자신의 허물은 눈에 띄지 않고 감추려고 한다. 사람은 태어나면서부터 신분의 차이가 있는 것이 아니라 각자의 전생前生의 업보業報에 따라 차별을 받는다. 지혜는 남에게서 얻는 것이 아니라 자기에서 얻어질 때 참된 가치가 발휘된다. 조선시대朝鮮時代의 해동성자海東聖者로 추앙 받았던 퇴계 이황 선생은 노년에 자기 제자와 친한 친구들로부터 처사處士로 불러지기를 원했다. 총명한 사람은 지혜로운 사람과의 생활이 짧을지라도 진리眞理를 금방 깨닫는다. 마치 혀가 국 맛을 알듯이 우리에게 주어진 시간은 마치 화살과도 같이 흐르는 것이어서 그리 많지 않는다.

그러나 우리에게 주어진 시간時間은 수행을 하여 인생의 참된 가치를 깨닫기에는 모자라지 않는 양이기도하다. 단지 얼마나 집중하여 시간을 보내는가 하는 것에서 그 가치가 정해지기 마련이다. 자기가 지은 것은 뿌린 대로 거두어 받게 마련이다. 누구도 대신 할 수 없다. 좋은 일을 하면 좋은 결과를 얻게 되고 나쁜 일을 하면 나쁜 결과를 얻되 반드시 자기 자신이 받게 되는 것이다. 이런 인과의 진리를 소홀히 생각하면 스스로의 앞길을 막는 결과를 낳게 될 것이다.

자신의 미래가 잘못 되기를 바라는 사람이 세상에 어디 있겠는가? 어리석고 천한 사람은 많이 배운 사람이 지식을 무기로 삼아 자기 자신만을 내세우고 진실한 자를 경멸하며 스스로 교만하여 이웃을 불편하게 한다면 그 사람이 바로 어리석고 천한 사람인 것이다.

또한 많이 갖고 있으면서도 더 많은 것을 욕심내고 인색하여 분배의 질서를 어기고 이웃의 재물財物을 착취하여 가난한 이를 고통 받게 하는 사람이 있다면 그가 바로 천한 사람이다. 우리 서민들은 조그마한 근심이나 고통이 어디서 오는지도 모르고 그저 피하려고만 한다. 우리의 고통은 우리의 업에서 오는 것이다. 그것이 과보過報이다.

우리들의 일상 행위나 행동을 불교에서는 업業이라고 한다. 또 그 행위에는 반드시 결과가 따라오게 마련인데 이것을 업보業報라고도 한다. 우리의 작은 행동이 원인이 되어 자업자득의 결과와 인과응보가 생긴다. 그림자가 실체를 따르듯이 좋은 행위에는 좋은 결과가 나쁜 행위에는 나쁜 결과가 따르게 된다. 이것이 인간人間의 행위 법칙인 것이다. 인과의 법칙을 아는 사람은 지혜로운 사람이다라 하고 자신의 고통 받는 원인을 모르는 사람은 어리석은 사람이다. 과거의 내가 어떻게 살았는지를 알기 위해서는 지금의 나를 보라고 했고 미래의 나를 알고 싶거든 내가 지금 하고 있는 바를 보면 된다고 했다. 남의 허물을 보지말라 지혜롭게 살아야 한다. 또한 마음의 때를 씻으라.

신혼부부는 이렇게 잠자리를 하면

　요즘 시대 성이 많이 달라졌다고는 하지만 아직도 우리들 주변에는 아들 선호사상이 오랜 옛날처럼 그대로 팽배해 있다고 해도 지나친 말이 아닐 줄 안다. 아들을 낳지 못한 산모産母가 고통에서 탈출 하는 방법은 어떤 대가를 치루더라도 아들을 낳아야 하겠기에 마지막으로 찾아 가는 곳이 먼저 병원 교회 성당 사찰 무당집 철학관 등을 찾게 되는데 그 어느 곳을 찾아봐도 특별한 실마리들을 찾지 못하고 여자만 죄인이 되어 평생을 고민하며 살고 있는 사람들이 얼마나 많은가? 여자가 그 가운데 시집가서 아들을 낳지 못하면 칠거지악七去之惡에 들어 그 집에서 추방당하는 이유가 되기도 했고 궁중비화宮中秘話 등에서는 더욱 흔한 예로 아들을 못 둔 죄로 곤욕을 치룬 아녀자의 슬픈 설화가 한두 가지가 아닌 것을 우리는 너무나 잘 알고 있는 것이다.

　명문대가 일수록 아들 못 낳는 아녀자는 더욱 혹독한 푸대접을 받아

왔다. 지난 70년대에 각종 잡지 광고란에는 아들 딸 맘대로 낳는 법이 있다며 가르쳐 주고 돈을 버는 사람들이 성업한 적이 있었으며 모 산부인과에서는 아들 딸 맘대로 조절 할 수 있다며 말해 이를 믿고 찾아가는 많은 젊은 부부들이 있었던 것을 독자들께서도 기억하리라 생각된다. 후에 들은 소문에 그 광고를 보고 찾아갔던 사람들이 피해를 봤다는 후문도 많았지만 요즘에는 각종 잡지 등에서 눈에 띄지 않는 것으로 봐서 성업한 사람들이 실패한 것이 분명하다 하겠다.

우리 조상들은 지혜와 오행학술五行學術과 방위학술 12신살법 개운비법으로 남아 여아를 조절해 온 것이다. 그 중 가장 쉽게 할 수 있는 것을 열거하겠다.

그 내용을 보면 부부 생활 할 때 누구나 잠을 자는 방의 구조에 따라 적당한 방향으로 남성만 머리를 향해 잠을 자도록만 하면 복성福星이 비치어 기氣가 강强해지는 것이니 결코 어렵지도 복잡하지도 않은 이 방법 한 가지만 지킨다면 남성의 기氣가 왕성해지므로 정자精子와 난자卵子의 혼류 중에 남성의 승리로 남아男兒 인자가 잉태 되어 출산 시에 득남得男의 소원을 이룰 수 있다고 옛 선인들은 12신살神殺 개운비법을 이용해 온 것이다. 사실상 과학의 첨단시대이지만 생명에 관한 암수 판별은 조물주나 삼신할머니의 고유의 권한이라고 여겨 왔던 것이 사실이 아니겠는가?

그러나 불가사의한 이론이지만 어느 부부가 딸만 두었고 아들을 두지 못하였다면 이는 누구의 탓이란 말인가? 단언하거니와 여성의 탓이 절대 아니고 남성의 소임이거나 탓으로 보아야 한다.

필자의 견해로서는 생산능력은 남성에게서부터 시작되는 것이기 때문에 이 소임은 여성이 질 것이 아니고 남성이 져야만 타당하다고 생각한다. 왜냐하면 남성은 씨氏 씨앗 을 뿌리는 농부이고 여성은 그것을 가꾸고 길러내는 농토인 것이다. 여지껏 논술論述한 12신살 개운비법은 이러하다.

사유축생은 잠을 잘때 술 방위서 북간으로 머리를 향해 잠을 자고 인오술생寅午戌生은 미 방위未方位 남서간으로 잠을 잘 두침을 하고 해묘미생은 진방위辰方位 동남간으로 머리가 향하도록 잠을 자고 신자진생은 잠을 잘 때 축 방위 북동간으로 머리를 두고 잠을 자고 어린 아기에서부터 노인까지 이 방법대로 잠을 자면 건강해지므로 한번 해 보시기 바란다.

또한 불순한 음식을 먹지 않고 청명한 날씨 새벽에 임신이 되면 총명한 남자가 잉태 된다. 꼭 실천 해 보시기 바란다.

침실의 침대는 어떻게 놓는 것과 방위가 좋은가?

　침실이란 부부가 잠을 자는 안방을 말한다. 옛날에는 모든 사람들이 안방에 잠을 자고는 이불을 개서 장롱 속이나 쌀뒤주 위에 올려놓기도 하고 손님이 오면 손님맞이도 안방에서 맞이하고 식사도 안방에서 손님과 함께 했었다. 따라서 전통적인 양택론에서 안방과 부엌 대문을 가리켜 삼요三要라 했다.

　특히 부부의 안방인 침실은 가상학적家相學的으로 방위에 기를 가장 많이 받는 것으로 알려져 있다. 가족을 부양하는 만큼 기가 집중 되는 것은 당연한 이치이다. 안방의 가상학적 길흉은 부부의 성공과 발전 건강운 뿐만 아니라 가족 전체의 운세 길흉까지 그 영향력을 미치고 있다.

　그렇기 때문에 침대의 위치를 결정하고 장식물을 배치할 때는 가장 신경을 많이 써야 할 부분이기도 한 것이다. 일반적으로 안방의 방문과 현관문이 일직선으로 마주보지 않아야 하며 거실에서 보았을 때도 너무 방안이 훤하게 보여도 좋지 않다.

첫째, 침대는 문과 일치하게 놓아서도 안 되고 침대를 벽에 붙여서도 안 된다. 침대를 벽면에 바짝 붙이게 되면 방안에 흘러 다니는 길흉 작용을 하는 기의 흐름이 차단되어서 풍수상의 에너지를 제대로 받을 수 없게 되기 때문이다. 침대는 문과 대각선으로 놓여 있되 벽에서 약간 떨어져 있도록 배치하는 것이 가상학家相學에서 권장하는 이상적인 배치 방법이다.

둘째, 침대 머리가 창문과 수평으로 놓아서 창문과 맞닿아 있어서는 안 된다. 왜냐하면 방 안을 흘러 다니는 독특한 풍수의 에너지를 발산하는 기氣는 창문을 통해서 들어오기도 하고 빠져 나가기도 하기 때문이다. 만약 침대 머리가 창문과 수평으로 있고 더군다나 창문이 있는 벽에 침대가 바짝 붙어 있다면 신체 부위 중 가장 중요한 역할을 하고 있는 머리가 기의 출입 통로가 되어서 숙면을 취할 수 없게 될 뿐만 아니라 정신이 산만해지고 그 결과 전반적인 운세까지 흐트러지는 폐해를 초래한다. 불가피하게 침대 머리를 창문 쪽이나 창문과 평행으로 놓아야 할 경우에는 침대 사이에 작은 탁자나 의자를 놓아서 공간을 약간이라도 만들어 주는 것이 좋다. 이러한 풍수 개운법을 실행하게 되면 가상의 흉상凶相이 미치는 부적인 영향력이 줄어들어서 정신적으로 집중이 잘 되고 수면 시에도 길기吉氣로부터 보호받을 수 있게 될 것이다.

침실은 사람들이 생활의 3분의 1을 보내면서 피로를 풀고 휴식을 취하는 곳이므로 그 중요도는 이루 말할 수 없다. 따라서 침실은 현관문에서 가능한 먼 쪽에 두는 것이 원칙이다. 대문이나 현관문과 가까우면 항상 다른 사람이 나타날까 무의식적으로 경계하게 되며 그 결과 깊은 잠을 못 이루게 되어 건강을 해칠 염려가 있기 때문이다.

침실의 기능은 수면에도 이 기능을 충족시키기 위해서는 외부와의 차단이 필요하고 집 안에서도 사생활이 보장되어야하며 안전한 곳이어야한다.

이런 조건을 갖추기 위해 풍수에서는 역시 방위方位를 중요시 한다.
① 동쪽의 침실-신선한 기가 활동력을 치솟게 해서 의욕이 충만한 생활을 하게 하는 특히 젊은 부부들에게 아주 좋은 방위의 침실이다.
② 동남쪽의 침실-모든 일을 순조롭게 발전시켜 성공할 수 있는 암시의 방위다. 교우관계도 넓어지고 독신자가 이 방위의 침실을 쓰면 좋은 인연을 맺을 가능성이 많아진다.

황토黃土 흙으로 된 온돌방은
건강을 지켜준다

　초가집이나 기와집은 우리 조상들이 살아왔던 집을 보면 건의 외형 外形보다는 아늑하고 따뜻한 온돌방 아랫목에 집안 식구가 옹기종기 모여 앉아 화로불에 군밤 구워먹던 모습이 연상된다. 하지만 요즘 건축 방식에서는 이러한 정겨운 모습을 보기는 어렵다. 세상이 변해 방바닥은 시멘트로 바르고 파이프로 배관하여 기름이나 가스로 덥혀진 온수가 방바닥을 데우는 난방식이 온돌방의 주종을 이루고 있다. 여기다 서구식 생활 방식인 침대 생활이 보편화되어 이제는 구들장을 등에 대고 장을 잔 다는 순수한 온돌방은 사라져 가고 있는 게 현실이다.

　양택주택 풍수에서는 주택기능 중에 자연과 인간과의 조화를 통한 건강과 질병의 자연 치유적인 기능을 중시하여 주택을 지었던 것이다.

　특히 일생의 2/3 이상을 온돌바닥과 피부를 접촉하여 살아야 하는 온돌방에 대해서도 음양오행상 상생의 원칙을 적용하였던 것이다.

물은 나무를 살리고 나무는 불을 살리고 불은 흙을 흙은 쇠를 쇠는 물을 살린다는 수생목水生木 목생화木生火 화생토火生土 토생금土生金 金生水금생수 라는 서로 도우는 상생의 원칙을 주택의 건축에도 도입하였던 것이다.

전통 가옥의 온돌 구조는 방바닥을 돌로 고이고 그 돌 위에 황토를 깔고 돌 밑을 불기운이 통하게 여러 갈래로 골을 만들어 불을 때면 화기火氣가 안을 돌아 방바닥이 데워지고 방안이 더워지는 구조를 가지고 있다. 불을 때는 아궁이는 오행상 나무로 불을 살리 고 불은 돌과 흙으로 만든 온돌방을 살리는 화생토火生土 상생相生의 기운으로 승화되어 전통 온돌방이 거주자의 건강을 도우며 순리에 의해서 완벽하게 지켰던 것이다.

우리 고유의 온돌방이 건강에 어떻게 좋은가를 살펴보자.

구들장 방은 원기회복에 좋다. 만병萬病에 구들장이라는 말이 있다. 감기 몸살이나 관절염 일을 많이 하고 피곤 할 때 등 어지간한 병은 하룻밤 따뜻한 아랫목에 누워서 자고 나면 씻은 듯이 낫는다. 그래서 옛날 궁중에서도 임금님의 원기 회복용으로 황토 온돌방을 이용하였다.

또한 예전의 우리네 어머니들이 보통 아이를 낳았어도 며칠 온돌방에서 산후조리를 하고나면 건강하게 다시 논밭에 나가서 일을 하시던 것을 보면 분명 전통 온돌방의 효과가 큰 것을 알 수 있다.

이런 효과는 황토와 구들이 아궁이에서 떼는 불과 작용하여 방사되는 원적외선과 자연소재에서 발산하는 기운이 인간의 건강을 지켜주는 역할을 하는 것이다. 요즘 유행하는 흙침대, 돌침대, 황토방이니 하는 것이 삭막한 콘크리트 문화에 길들여진 현대인의 건강에 좋다고 확산되는 것은 일리가 있는 것이다. 실제로 온통 사방을 황토로 만든 방에 온돌바닥까지 흙으로 마감된 황토방에 들어가면 따뜻한 열기와 흙냄새가 우리 몸에 와 닿는다. 이런 곳에서 한증을 하고 나면 피부가 윤택해지고 피로가 쉽게 풀어진다.

이러한 기능은 한약을 달이는 전통 약탕기에서도 증명된다. 흙으로 만든 전통 약탕기가 일반 화학소재로 만든 약탕기보다 약효 추출효과가 수십 배 이상 된다고 한다.

이렇듯 자연 친화적이고 건강지향적인 우리 고유의 온돌방구조를 깊이 연구하여 현대의 주택건축에 적극적으로 활용하는 지혜가 필요할 때다.

좋은 주택은 편안한 상태로
잠을 이루게 해준다

    주택은 인간의 건강과 정신 등에 영향을 미친다. 채광採光이 좋을 뿐만 아니라 공기도 잘 통하는 방房은 거주자에게 건강을 선물해 준다.

    즉 추위와 더위 비와 바람 습도 등 대자연 현상이 인체에 영향을 미치지 않도록 거주자를 보호해 주는 것이다.

    이처럼 거주자를 유쾌하고 편안하게 생활 할 수 있도록 해주는 주택이라면 좋은 주택으로 속한다.

    주택 선택을 할 때는 반드시 건강과 정신적인 면을 고려해야 한다. 이 두 가지 조건이 모두 좋다면 거주자의 심신心身도 건강을 얻게 되는 것이다. 좀 더 구체적으로 살펴보면 통풍이 잘 되는 방은 항상 신선한 공기를 호흡할 수 있으므로 두뇌 회전이 빠르고 유쾌하며 소화도 잘 되어 심신의 건강에도 도움이 된다.

    또한 온가족이 발달하고 화목하여 자녀들은 아무 근심 걱정이 없으므로 공부에 전념 할 수 있고 어머니는 어진 마음으로 살림을 꾸려 갈 것이며, 아버지는 집 걱정 없이 사회에서 마음껏 활약함으로써 출세할 확률이 높다.

그러므로 이러한 가정은 부부가 화목하고 항상 가운이 좋을 것이다.

이와 반대로 통풍이 잘 안 되는 방은 욕실이나 주방의 습기가 실내에 머물고 실내의 신선한 공기가 소통 되지 못해 음식이 쉽게 부패한다. 또한 이곳에 거주하는 사람은 사고력과 결단력이 부족하여 쉽게 판단을 내리지 못하고 항상 불안에 사로잡혀 안절부절 못하게 된다. 좋은 집이란 간단히 말하면 좋은 기氣가 충만한 곳이다. 좋은 기가 모여 있는 곳은 사람이 수면을 취하면서 무의식 상태로 잠을 자더라도 편안한 상태로 잠을 이루게 해준다.

정신과 육체적인 노동으로 지치고 피곤한 몸에서 나쁜 기운을 빼내고 좋은 기운을 불어 넣어 잠이 깨어났을 때 활기찬 하루를 영위 할 수 있도록 해준다.

그런데 나쁜 집에서 생활을 하게 되면 지치고 피곤한 몸의 나쁜 기운을 빼내주기든 커녕 나쁜 기운을 더한 것과 마찬가지이기 때문에 피로가 풀리지 않고 계속 누적되는 결과를 초래한다. 그러나 사주팔자가 좋은 사람이 좋은 주택에서 생활하면 가장 이상적인 관계라고 하겠다. 운기가 나쁜 사람도 길상吉相의 집에서 생활하면 아무 재앙 없이 편안한 삶을 유지할 수 있다.

한편 좋은 운기를 지닌 사람도 집터나 주택이 좋지 못한데서 생활하면 운기가 좋은 시기에도 발전이 없이 심신이 편치 못하게 되는 경우가 있다. 더욱이 나쁜 운기의 사람이 나쁜 집에 거쳐하면 집안이 망하여 가족은 뿔뿔이 흩어지게 되고 재앙이 계속된다.

이처럼 양택풍수는 사람의 행과 불행을 가름하는 중요한 역할을 맡고 있다.

땅속의 기氣는 암반을 타고 흘러 생토生土로 이어진다. 여건이 맞지 않아 땅의 운기를 못 받게 되면 방위상의 기운감응感應 조치라도 취해야 한다. 이는 집의 위치와 방향에 따라서 기를 얻을 수 있기 때문이다.

햇빛을 많이 받기 위해서 남향주택을 짓는 것도 중요하지만 지세地勢의 자연스러운 생김새에 따라 현무뒤쪽 주작앞쪽 청룡좌측 백호우측 맞추어 방위를 정한다면 굳이 남향이 아니라도 무방하다. 재물을 많이 얻고자하면 땅이란 완벽히 좋을 수만은 없다.

그 경중輕重과 완급緩急을 살펴 물과 땅이 겸비된 터를 마땅히 찾아야 되는 것이다. 재물은 우측의 백호가 많이 좌우한다.

혼자 우뚝 솟은 집은 풍파가 끊이지 않고 재물이 모이지 않는다. 한겨울에 한빙을 받기 때문이다.

창문과 출입문 어떤 방향에 있어야 좋은가

창문은 햇빛과 바람이 들어오는 방향으로 만든다. 그러나 구조상 외부로 면하는 벽이 한 면 밖에 없으면 여기에 창문을 설치할 수밖에 없다. 창문이 외벽에 설치된 경우에는 주된 창문을 바람이 불어오는 쪽을 향해 열어야 좋다.

바람이 불어오는 쪽을 향해 열면 실내가 바람을 마주하게 되며 이 경우 바람이 실내에 생기를 만들어 준다. 창문을 바람이 지나가는 옆이나 지나가는 쪽을 바라보는 면에 두면 실내 기운을 빼앗는 형상이 되므로 좋지 않다. 바람이 실내 기운을 훑어 나가기 때문에 실내 압력이 약해지고 실내 압력이 약해지면 기운이 약해져 이곳에 사는 사람들이 기운을 잃기 때문이다.

출입문 또한 바람이 불어오는 쪽에 있으면 출입문이 열리는 순간 바람이 와서 실내에 압력이 강해지고 강해진 압력은 사람에게 기운을 넣어준다. 바람이 빠져나가는 쪽으로 출입구가 있으면 바람의 기운이 실내 기운을 빼앗아 가기 때문에 압력이 약해지고 사람도 기운이 빠진다. 물가에 있는 집은 지세가 낮은 물가에서 올라오는 바람을 좋은 바람으로 보기 때문에 올라오는 바람을 마주하는 쪽에 출입문과 창문을 만드는 게 좋다.

창문은 벽 중심에 설치하는 것이 가장 이상적이므로 벽에서 발생하는 진동이나 바람 소리가 아름답게 울린다. 창문이 한쪽에 치우쳐 있거나 모서리에 있으면 진동이나 바람 소리가 불안정해진다.

따라서 두 벽면에 걸쳐 있는 이른바 코너 창문은 좋지 않다. 창문은 공기가 들어오거나 나가면서 생기生氣 혹은 흉기凶氣가 교류되는 통로이자 구멍이다.

또한 햇빛에 의한 화기火氣가 스며들어가서 음침한 곳을 밝게 해주는 중개자 역할을 하기도 한다. 뿐만 아니라 집안에서실내에서 바깥세상을 굽어다 볼 때 사용되는 시각적인 통로 역할을 하고 있으므로 창문의 방향은 그 위치가 어디인지에 따라서 인생의 길흉화복을 좌우하는 영향력을 갖고 있으며 창문이 위치하는 방향에 따라서 다음과 같은 영향을 받게 된다. 창문을 동쪽으로 내면 원하는 일이 성취된다. 창문을 남쪽으로 내면 가업이 번창하여 가문의 부귀영화가 계속된다. 창문을 서쪽으로 내면 여자로 인한 구설수가 따르고 재물이 흩어진다. 창문을 북쪽으로 내면 안과 질환이 자주 발생한다.

창문을 남동쪽으로 내면 온 가족에게 활력이 넘치고 가문이 부귀창성한다. 창문을 남서쪽으로 내면 재난과 질병이 따르고 부인은 산부인과 질환에 걸릴 확률이 높다. 창문을 북동쪽으로 내면 기운이 차츰 쇠퇴하여져서 흉한 결과를 초래한다. 창문이 지나치게 많으면 가정의 내기內氣가 안정되지 않아서 가족들이 밖으로 나돌고 부녀자의 바깥출입이 많아진다. 서향西向집일 경우에는 남쪽으로 창문을 내면 길하다. 창문은 건물의 눈이다. 창문은 건물 외관을 구성하는 주요 요소일 뿐 아니라 가상의 운세를 나타내는 주요 요소가 되기도 한다. 창은 원시시대 부터 햇볕이나 공기를 집 안에 빨아들여 그 집에서 생활하는 사람들의 건강과 향락을 유지시켜 주는 역할을 했기 때문이다.

창은 말 할 것도 없이 개방부로서 열림을 뜻하고 그 열림은 그 집에 사는 사람들의 운세가 소모되거나 쇠퇴하는 것을 암시함으로 가상적으로 볼 때는 열림이 없는 것이 좋다.

그래서 창문은 적을수록 좋다는 이론이다. 그러나 창문이 하나도 없는 집에서는 사람이 오래 견뎌내지 못 한다. 집밖의 공기가 항상 같은 상태로 유지되어야 한다.

대문은 집의 얼굴이다.
대문은 이러한 방위 위치에는 흉하다

대문은 한 집의 얼굴이자 집 자체의 품격을 나타내며 또 그 안에 사는 주인의 신분을 나타내는 요소가 된다. 대문은 집과 외부를 구분하고 연결시키는 통로에 해당되므로 외부의 사람이나 가축이 들어오기도 하고 사람의 기氣가 들어오기도 하며 집안에 고인 나쁜 기운 흉기凶氣가 빠져 나가도록 하는 중요한 부분이다. 따라서 양택풍수에서는 부엌, 안방과 더불어 양택삼요陽宅三要라고 하는 것이다. 대문 안에서 물이 새면 흉하다.

- 대문이 변소와 마주보면 흉하다재래식 화장실의 경우 밖으로 나와 있었다.
- 대문의 기둥이 삐뚤어져 있으면 흉하다.
- 대문이 동쪽에 있으면 부귀영화를 누리고 발전한다.
- 대문이 남쪽에 있으면 자손 대대로 창성한다.

- 대문이 서쪽에 있으면 여자가 가정을 주도하게 되며 상속인의 남자아들를 얻을 수 없다.
- 대문이 북쪽에 있으면 질병에 걸릴 우려가 크고 실패가 많아서 가운이 쇠퇴한다.
- 대문이 북동쪽에 있으면 변화가 많고 우환, 질병, 재물 손실이 있다.
- 대문이 북서쪽에 있으면 무병장수하는 행운을 누린다.
- 대문 앞에 묵은 나무가 있으면 병자가 생긴다.
- 대문이 담보다 높으면 집안에 흉측한 일이 발생한다.
- 대문은 큰데 집이 작으면 가운이 점차 기울어진다.
- 대문이 흘러가는 시냇물, 성문, 절 등과 직접 마주보게 있으면 집안에 병자가 생기고 흉한 일이 생긴다.
- 대문이 앞 집과 마주보는 위치에 있으면 두 집 중의 한집이 패가망신하고 불길하다. 이러한 대문이나 아파트 현관문이 서로 마주보면 한 집은 흥하나 한 집은 패한다. 천관사복天官賜福이라 써서 현관문이나 대문에 붙이면 부친 집은 아무런 해가 없다. 이것은 이 집은 하느님이 복과 벼슬을 주신 집이다고 해가 없어진다.
- 대문 쪽을 향해 물길, 도로가 공격해 들어오는 형국이 되면 집안이 쇠퇴하고 고질병자 내지 벙어리가 생긴다. 사찰, 교회, 사당, 관공서 문과 맞 부딪치는 정면에 놓여지면 질병, 재난, 우화 등 흉험이 발생한다.
- 대문 아래에 물이 솟아나거나 질픽거리는 등 습기가 많을 경우 재물이

늘지 않고 곤궁을 치른다.
- 대문간 주위에 우물을 파면 집안이 산란하고 사기와 잡기 때문에 우환과 재액의 낭패 및 손실이 생긴다.
- 변소나 오물 저장 위치가 문과 충돌될 때는 질병과 우환, 사고, 파괴 등 액화와 낭패가 생긴다.
- 창고 문이 외부를 향해 대문 방향으로 놓여 질 경우 집안이 퇴패하고 우환, 병고의 불행이 닥친다.
- 돌절구가 대문간에 놓여 지면 식솔들이 외방으로 흩어져 나돌고 학문과 글을 멀리하는 폐단이 생긴다.
- 대문 앞에 직선형 가옥 모서리나 용마루, 담장모서리, 전봇대, 큰 나무 등이 있으면 파괴와 실패, 손상 등 흉험과 궂은 일이 발생한다.
- 동남과 동북 방위에 문이나 창이 뚫려진 것은 재난과 액화 등 흉험과 파괴를 부른다.
- 집의 근처에 주인 없는 묘소가 있거나하면 집을 지어서는 안 된다. 이러한 곳에 사는 사람이 재물의 손실 보다 더 큰 불행한 일이 닥친다. 이것은 묘소의 시야을 가려진 집에는 사람이 죽고 묘지 옆쪽에 사는 집이나 묘소 뒤쪽으로 사는 사람도 거의 패가 하는 것을 많이 보았다.
- 집을 사서 이사를 가도 그 집에서 형편이 풀려서 나가는 집에는 들어가 살면 재물과 명예가 오른다. 망해서 나간 집에 이사를 들어가면 역시 또 망한다.

주택 현관 배치와 청결하고 깨끗해야 길吉하다

　　현관은 마당의 생기가 집 안으로 들어오게 하는 통로 역할을 한다. 따라 서 현관은 생기가 많은 곳에 위치하고 있어야 집안에 생기가 모이므로 집 중심축 곧 건물 중심에 설치하는 것이 가장 이상적이다. 집 내부 기능에 따라 중심에 설치할 수 없는 경우에는 약간 벗어나도 무방하지만 건물 끝 부분이나 모서리에 설치하는 것은 바람직하지 않다. 현관문은 대부분 밖으로 열도록 되어 있다. 문이 안쪽으로 열리게 되면 현관 내부가 좁아져 불편하기 때문에 편리성을 추구한 것이다. 실제로 주장이나 경기장처럼 많은 사람이 한꺼번에 출입하는 곳에서는 만일의 사태가 일어났을 때 피난하거 쉽도록 바깥쪽으로 문을 열도록 규정되어 있기도 하지만 집 현관문은 안쪽으로 여는 것이 좋다. 문이 안쪽으로 열리면 문이 열림과 동시에 바람이 집안으로 들어오지만 문을 밖으로 열면 동시에 집안 기운이 밖으로 빠져 나가기 때문이다.

바람은 곧 그 집의 기운과 재물에 영향을 미친다. 현관은 현대 가상학에서 중요시 하는 까닭은 대문이 울타리 안 집 전체의 출입구로서 기氣출입구이다. 현관의 방위를 팔괘에 의해 분류하면 8방위가 되어 다음과 같이 그 길흉吉凶을 점칠 수 있다.

① 북의 현관이 집의 중심에서 정북正北일 때 집안에 환자의 출입이 많고 나쁜 교우관계가 생긴다고 본다. 남녀 간의 문제나 골치 아픈 일이 자주 생긴다. 현관은 정북을 피해야 한다.

② 남서의 현관 북쪽과 마찬가지로 건강에 좋지 않다. 특히 내과계통의 질병이 예상되며 여성에게 그 증세가 심하게 나타난다고 해석하고 있다. 흔히 이귀문이라고 부른다. 동북쪽의 표귀문과 같이 변화가 심한 곳이므로 출입구는 적당치 않다고 본다.

③ 동의 현관 항상 신선한 기氣에 차 있고 운이 발전한다고 본다. 새로운 분야를 적극적으로 밀고 나갈 수 있는 힘과 의욕을 샘솟게 한다. 장남이 집에 붙어 있지 않고 부모와 따로 살게 된다고 해석한다.

④ 동남의 현관 많은 사람들로부터 신용과 신뢰를 얻고 사업도 번영 발전하는 상이다. 사람의 출입도 많고 먼 곳으로부터 방문객도 많다.

⑤ 서북의 현관은 융성해 보이지만 신분에 맞지 않게 행동한다고 본다. 그래서 항상 정신적으로 불안하다. 집의 방위상 이곳은 가장이 차지해야 할 안방의 위치인데 이곳에 개방문 부위가 있어서 가장의 권위가 없어진다고 본다. 어쩔 수 없이 서북쪽에 현관을 내야 할 경우 약간

중심을 피해 서쪽이나 북쪽으로 치우치는 것이 좋다.
⑥ 서의 현관이 재산이 흩어진다고 보는 곳이다. 물론 돈이 모이지 않을 뿐 아니라 수입 이상으로 쓰임새가 많다는 뜻이다. 또 남녀 관계도 순탄치 않다고 본다.
⑦ 동북의 현관 표귀문의 방위로서 이 방위에 있으면 사람이 싫을 정도로 방문객이 많거나 갑자기 뚝 끊어지는 등 기복이 심하다고 본다.
⑧ 남의 현관-기분이 안정되지 않고 항상 쫓기는 듯한 상태로 생활한다. 아이들도 공부가 안되고 머리를 쓰는 직업의 사람에게 불리하다. 가정에 있어서 현관은 풍수상 각종 질병출입을 통제하는 예방장소이기도 하다. 설사 불행을 당했다 하더라도 이곳에 인테리어를 철저하게 한다면 가족의 건강을 지켜주는데 특별히 질병을 사전에 예방할 수 있다. 첫째 현관을 밝아야 한다. 둘째 깨끗하고 청결해야만 한다. 셋째 정리정돈을 잘 해야 한다. 넷째 인테리어로 철저하게 흉액을 미연에 방지해야 한다. 현관이 어둡다고 하는 것은 음기陰氣가 강하고 지저분하다고 하는 것은 흉기가 머무는 것이다.

아파트 세대마다 이중현관문으로 설치해야

전착후관의 법칙은 현관에서 찾아야 한다. 다시 한 번 말해두지만 전착후관은 대문大門에서 들어오는 곳은 좁으면서 내부로 들어오면 넓게 되도록 하라는 뜻이니 아파트 현관부분이 여기에 해당되며 현관문을 이중으로 만들면 된다. 현관문을 열고 들어서서 거실로 들어가기 전에 문을 하나 더 설치하여 현관을 독립된 공간 즉 완충공간으로 만들면 되는 것이다.

대개 넓은 평수의 아파트에는 이중문이 설치되어 있으나 평수가 작은 아파트는 거의가 현관문 하나만 있다. 성질이 다른 내외內外의 기운이 급속하게 섞이는 것을 방지하는 것이 완충공간의 역할이라 했듯이 현관문이 하나만 있다면 건강상에도 불이익이 되며 가상家相의 3대 묘소 중에 하나가 미비된 모양으로 재산이 불어나기엔 다소 어려움이 뒤따른다 하겠다. 전착후관에 부귀여산富貴如山이라 했다. 아파트 평수의 크기를 떠나서 현관은 이중문이 설치된 완충공간으로 만들 필요가 있다. 그러나 현실적으로 볼 때 평수가 작은 아파트는 이중문을 설치할 여유 공간이 거의 없는 실정이다. 그렇다고 그대로 둘 수는 없다. 우리의 지혜를 모아서 방법을 구해보자. 대개 작은 평수의 아파트 현관을 들어서면 한쪽 옆으로 벽면으로 되어 있고 거실과는 바로 이어지는 구조를 보인다. 바로 이 부분이 거실로 이어지는 옆쪽 부분에 바닥에서 천장까지 투명한 유리나 경량 칸막이를 설치하면 박스형의 공간을 이룬다.

그리고 나머지 한 부분 즉 내부로 들어가는 방향에 천장에서 성인의 허리높이 정도로 발을 늘어뜨리면 완벽하지는 못하지만 이중문의 역할을 대신하는 훌륭한 방법이라 하겠다. 다음은 각 세대의 현관문 위치에 관계된 요소를 알아볼 차례다. 편복도식 아파트는 복도를 따라 각 세대로 들어가는 출입문이 전부 같은 방향을 향해 설치되어 있으므로 각 세대 상호간의 불이익을 초래하는 영향이 없으나 중복도식 아파트와 계단식 아파트는 어떻게 현관문을 설치하느냐에 따라 영향력을 받는다. 우리나라 대부분의 중복도식 아파트와 계단식 아파트는 서로 마주보는 세대의 현관문이 일직선상으로 서로 마주보도록 되어 있다. 아파트의 구조 특성상 엘리베이터가 있는 고층 아파트에서 이러한 유형을 보이는데 서로 마주 보는 현관문은 주택 편에도 말했듯이 마주 보는 두 세대 중에 한 세대는 쇠락의 길로 접어든다. 이때 천관사복天官賜福: 하느님이 복과 벼슬을 주신 집 현관문에다 써서 붙이면 재앙이 없어진다. 그러나 공동주택이라는 이점으로 인해서 완전히 몰락한다거나 하는 그러한 경우는 드물고 단지 약간의 하향 선을 보이다가 더 이하로는 내려가지 않는 평행선을 유지할 따름이다. 이러한 영향을 서로 받지 않게 하려면 마주보는 세대 간의 현관문의 위치를 엇비껴서 설치할 필요가 있는데 계단식 아파트는 그 특성상 현관문을 서로 엇비끼도록 하기엔 어려움이 따르지만 중복도식 아파트는 조금만 설계에 관심을 기울인다면 현관문이 서로 마주 보는 실수는 더 이상 저지르지 않을 것이다.

그러면 계단식 아파트 현관문의 설치는 어떻게 해야 좋은 것인가. 현관문이 서로 같은 방향으로 향하도록 설치하면 각 세대 간 불이익을 초래하는 불상사는 없어진다. 이러한 실례는 엘리베이터가 없는 저층 아프트에서 주로 보이는데 고층 아파트일지라도 이와 같은 방법을 설계에 반영시킨다면 위와 같은 불상사는 미연에 방지할 수 있다.

대문은 집의 부속물이 되면서
집의 지체와 주인의 신분을 나타낸다

대문은 집의 부속물이 되면서 집의 지체와 주의4 신분을 나타내는 요소가 되고 있다. 그래서 과거에는 대문을 만들 때 공청이나 궁궐 사대부士大夫의 집 등에서 볼 수 있던 고주삼문高住三門: 일명 솟을대문이라 하여 가운데 정문이 있고 좌우로 협문을 만들어서 가운데 정문은 행랑지붕보다 높이 지붕을 세우고 협문은 행랑채나 좌우 건물의 높이가 같게 만들었고 일반적으로 행랑채나 문간방 또는 외양간 등과 나란히 어울려 만든 동문이라는 것을 만들었으며 지체가 낮을수록 싸리 등으로 엮어 만든 사립문을 만들어 달기도 했다.

제주도 지방에서는 돌기둥 사이에 막대기를 끼워넣는 식의 특이한 형태까지 다양하게 있다. 문의 역할은 외부와 집의 통로출입처가 되므로 사람과 가축이 출입하거나 바람이나 수기水氣등 외부의 기氣가 들어오기도 하고 내부의 나쁜 기운을 내보내기도 하는 통로通路가 되기도 하므로 문의 중요성을 약택에서 삼요三要에 의한 판단법 중에 대문이 삼요 중의 하나가 되는 것만 보아도 그 중요함을 알 수 있게 된다. 그래서 집의 향을 이야기 할 때 ○○택하게 되면 대지의 중심에서 대문이 어느 방향에 있는가를 가지고 따지는 것이고 ○○향 건물을 하게 되면 현관이 보고 있는 향을 가지고 건물의 향을 말하게 되는 것이다. 그 이유는 그 내부에 있는 자가 문을 나서면서 어느 방향의 기氣를 받게 되는가를 따지기 때문으로 기문둔갑술 등에서는 방위의 중요성이 크게 차지하고 있음 위치가 중요함은 말할 나위가 없는 것이다, 대문은 규모에서 집과 비교해서 너무 크거나 너무 작으면 균형이 맞지 않기 때문에 둘 다 나쁜 것으로 치게 되는데 집은 허름한데 대문만 화려하게 만들어졌다면 겉멋만 부리는 격이므로 항상 실속 없는 사람이 되게 되며 집에 비해 대문이 너무 작으면 들어올 복도 들어오지 않는 항상 허덕거리는 생활을 하게 된다.

그러므로 대문은 집의 형태에 따라 집이 장엄하면 대문도 장엄하게 집이 아담하면 대문도 아담하게 서로 격이 맞는 규모여야 하는 것이다. 대문과 현관출입문의 중심선한옥의 경우에서는 대청이 같은 방향으로 나란히 일직선상에 있게 되면 우선 남의 시선이 쉽게 집안의 내부를 들여다보게 됨으로써 개인의 사생활 침해도 따르지만 도둑을 잘 맞게 되기도 한다.

또한 외기가 대문을 통해 거름이 없이 직접 현관을 통해 집안으로 들어오기 때문에 흉한 일이 잘 일어나는 집이 되므로 대문과 현관은 서로 일직선상에 두면 안 되는 것이다.

- 곡물의 양편에서 두 집의 대문이 직각선상으로 똑바로 마주보고 있게 되면 문을 열고 집을 나설 때마다 마주치게 됨으로써 어색한 맛도 있지만 서로가 서로를 경계하게. 되고 더 나아가서는 어느 한집이 쇠퇴해 지게 된다. 이러한 집 문에 천관사복天官賜福이라고 써서 붙여 놓으면 흉함은 없어지고 이 집은 길한 집이 된다.
- 막다른 골목에 있는 집은 대문이 향해 있는 방위의 지지地支에 해당되는 해예로써 문이 남쪽수의 방향을 향해 나 있으면 오午의 해年를 말함에 주인이 직업을 바꾼다거나 이사를 한다거나 하는 등의 신상에 변동을 주게 되며 큰 액을 당하게 된다.
- 낡은 대문은 새로이 수리하거나 교환하면 좋은 일이 생긴다.
- 출입문을 열고 들어서면 마주보는 창문이 있으면 창문너머로 재물이 바깥으로 나가게 된다. 이러한 창문에는 커튼이라도 쳐서 가려주면 다소 흉함을 면 할 수 있다.

주택과 정원은 남편과 아내에 비유 될 수 있다

정원의 위치는 남향 건물이 앞마당에 조성된 정원이 이상적이다. 정원은 흩어지지 않고 안정되어야 집 안에도 훈훈한 기운이 감돈다. 뒷마당에 조성된 정원은 첩과 숨은 재를 의미하는데 후원이 앞의 정원보다 크고 넓으면 돈이 많은 후처를 맞이할 운이라 할 수 있다. 때문에 양택 원리에도 어긋나는 흉상이라 하겠다. 먼저 집 복판에 나무가 들어 있는 것은 곧 곤困자가 되므로 괴롭고 가난한 생활을 연상하게 되므로 기피했다.

주택 안에 있는 각종 크고 작은 나무는 내정금초內庭金草라 해서 작은 약초 나무를 심었고 외정미수外庭美樹라 해서 담장 밖에 보기 좋고 아름다운 나무들이 있는 것은 그 집에 행운을 불러들인다 했다. 그러나 울안에 있는 큰 고목나무는 햇볕을 가리우고 가족의 건강을 해치고 가운을 쇠퇴시키는 요수妖樹라 한다. 그러므로 집에 나무는 상록수나무, 암초

나무, 매실나무 등 작은 과일나무를 심으면 좋은 것이다.

옛말에 올안 창송청죽 늘 푸른 소나무와 대나무는 집에 재산을 이루어 주고 그 가문을 번창하게 집에 재산을 이루어 주며 그 가문을 번창하게 해준다 했으나 너무 울창하면 도리어 가세를 쇠퇴시킨다고도 하였다. 큰 나무는 집안에 사는 가족에게 지령과 근심을 준다고 하고 지붕을 덮는 큰 나무가 백년이 넘었으면 함부로 나무를 베지 말라 하였다. 또 과수果樹가 집의 좌우에 무성하면 병귀病鬼가 든다고 하여 어느 한 쪽의 나무를 자르는 것이 관례였다. 큰 나무의 밑둥에 집을 낮게 짓거나 문을 그 밑둥에 대서 짓는 것도 기피했다.

특히 술방남서戌方南西에 큰 나무를 심는 것을 크게 꺼렸으며 지붕 위에 임목林木이 덮으면 귀신이 온다하여 기피했고 문전의 고목枯木과 목음목木蔭木도 기피했다. 동청東菁:木, 서백西白:金, 남주南朱:火, 북흑北黑:水, 중황中黃:土의 연상에 따라 꽃의 색깔과 방위를 선택하여 심되 음양의 균형도 깨뜨리지 않고 상극을 피하고 오행상생의 원리를 살려서 동도류 서자유 즉 산뽕나무와 느릅나무, 남매조, 북내행즉 은행나무도 색과 방위를 고려하여 선정한 것이지만 예컨데 북이 틔여 흑기가 강한 집에는 붉은 꽃을 남쪽에 심지 말고 북쪽에 심으면 집안에 온기가 돌며 조화가 된다는 것이다.

가상학적으로 어느 방위에 어떤 나무를 심을 수 있을 것인가를 보면 전방위길목全方位吉木-사철나무, 대나무, 라일락, 장미 방향성화초芳香

性花草-향나무 동방길목東方吉木-소나무, 매화나무, 은행나무 서방길목西方吉木-떡갈나무, 느릅나무, 대추나무, 석류 남방길목南方吉木-키가 작은 관목 류灌木類 2m 내외로 자라는 나무 매화나무 북방길목北方吉木-키가 큰 교목喬木나무 북동길목北東吉木 관목류, 매화나무 남동길목南東吉木-매화나무, 자양화, 거지뽕나무 남서길목南西吉木-목단, 작약, 구기자나무 북서길목北西吉木-주목나무, 석류나무, 향나무 등이다.

마당에 나무를 심어도 유독 잘 자라지 못하거나 정원의 화초가 시들시들한 집일 경우에는 지질이 나쁘고 지기가 탁하고 죽어 있다는 증거이므로 가족들에게 결코 좋지 않다.

모든 식물은 지력地力과 태양의 광합성 작용에 의해 살아가기 때문에 광합성 작용에 의해서 산소를 공급해 주는 자원이며 또한 녹색이 주는 정서적 안정감 등 우리 지구상에 없어서는 안 될 귀한 자원이다.

정원과 마당은 네모반듯해야 길하다

　대지 위에 집을 앉히고 난 나머지 공간이 정원이다. 좌左 우右에 있거나 앞뒤에 있어도 성격이 달라지는 것은 아니지만 건물 앞쪽으로 있는 것이 원칙이다. 정원은 다른 말로 뜰이라고도 하지만 정확히 어원을 살펴보면 특히 잘 가꾸어 놓은 넓은 뜰을 가리켜 정원이라 한다고 되어 있다. 다시 말해 정성을 들여야만 정원이란 호칭을 하는 것이며 비어 있다 공간이라고 해서 모두 정원은 아니란 뜻이다. 정성이 결핍된 그런 땅을 우리는 집 둘레에 평평하게 닦아 놓은 빈 땅이라는 뜻으로 마당이라고 부른다. 이렇듯 정원과 마당은 한 집안 식구들의 근면함과 직결되어 그 의미를 달리한다. 정원은 어떤 모양을 가져야 좋은가. 정원의 공간이 없는 집도 있을 것이며 장방형직사각형도 있을 것이며 삼각형 모양참고로 정원의 모습이 삼각형이면 집에 우환이나 재패가 따르게 된다도 있을 것이며 부채꼴 모양도 있을 것이며 불규칙형도 있을 것이다. 하지만 정원을 높낮이가 없이 반듯한 정반형정사각형 모양이 가장 이상적이다.

정사각형 대지 위에 ㄱ자건물을 앉혔을 때도 정사각형 모양의 공간을 정원으로 만들 수 있다. 그렇다면 왜 이렇게 정원의 생김새를 정사각형에 가깝도록 만들려고 강조를 하는지 그 이유를 살펴보면 정사각형 공간 내에서는 공기의 순환이 매우 순조롭기 때문이다.

공기는 원래 둥글게 순환하는 습성을 가지고 있다. 그래서 원형의 공간이나 정팔각형 공간 또는 정육각형 공간으로 정원을 만든다면 공기 순환은 더욱 부드럽고 순조로워지겠지만 일반적으로 생각할 때 우리가 당면하고 있는 택지의 여건상 그런 모양으로 정원을 만들기란 매우 불합리하고도 비능률적이라 하겠다. 그런 반면 원형의 모양에 가장 근접한 정사각형 모양은 합리적이고도 택지의 효율성도 높일 수 있는 장점을 가지고 있기에 정원의 모양은 가능한 한 담장의 모양에 굴곡이 없는 반듯한 정사각형 모양으로 하라는 것이다. 공기의 순환이 불순하면 건강에 해를 입는다.

부속건물이 있을 때라도 본 건물과 부속 건물 사이의 정원은 정사각형이 되어야하며 정원 중심부는 불필요하게 많은 초목草木은 심지 말고 잔디공간으로만 남겨 두는 것이 좋다. 나무와 화초는 담 벽을 따라 조성하되 정원 구석의 각진 부분에 큰 나무지붕높이 보다 높지 않은 나무를 심으면 담으로 둘러싸인 사각형 모양의 정원은 원형에 가깝도록 유도되어 공기의 순환은 더욱 부드러워지고 아늑한 느낌마저 들게 된다.

정원석도 정원을 둥글게 만드는데 한몫을 한다. 전원 구석에 나무 심을 공간을 정원보다 조금 높여 둥글게 만들 때 자연석을 조금만 이용하면 운치가 있다. 그러나 필요 이상으로 많은 양을 쓰거나 덩치가 큰 자연석을 쓰면 도리어 해롭다.

정원석은 흙에 비해서 햇볕에 쉽게 데워지고 쉽게 식어 낮에는 뜨거운 열기를 가졌다가 밤에는 싸늘한 기운을 발한다. 달리 표현을 한다면 여름에는 정원의 기온을 올려주는 역할을 하고 겨울에는 내려준다. 정원석이 적다면 영향을 미치지 못하지만 많으면 낮과 밤의 기온차이가 많이 난다. 이렇게 기온의 급격한 차이를 보이면 우리의 신체는 온도의 차이에 적응하기를 매우 힘들어하며 그 결과 신체의 이상을 부르는데 머리가 어지러워지고 다리에 힘이 빠진다. 그래서 집안에는 옛 부터 내정금초작은 약초나무를 심는다 했다.

맹사성 이야기 집안에 큰 나무는
영기靈氣를 머금어 사람에게 해를 준다

　세종조에 맹사성이 한 때 경상도 안동 부사로 부임한 적이 있었다. 그 당시 안동부에는 많은 양반들이 살고 있었는데, 그 중 경주김씨의 위세가 가장 드높아 김씨가의 의중을 살피지 않고는 아무리 뛰어난 부사라도 행정을 제대로 시행할 수 없고 결국에는 관을 떠나지 않으면 안 될 정도였다.

　그래서 신임 부사는 만사를 제쳐놓고 제일 먼저 경주 김씨가를 방문하여 부임 인사를 여쭙는 전통이 생겼다.

　맹부사 부임하여 많은 관리와 백성들의 마중을 받으며 관내로 들어가긴 했지만 먼저 행차가 들어간 곳은 관아의 문門이 아니라 경주 김씨 내의 대문이었다. 그는 속으로 분개 하였지만 측근에게서 자세한 내막을 들은 후 겉으로는 부드럽게 김씨가에 예를 표했다.

　그러나 그런 그의 심중은 편치 않았다. 이러한 관습은 부사로서는 굴욕일 뿐만 아니라 안동부를 다스리는 데 장애가 되는 까닭에 신임 부사 맹사성은 어떻게 해서든지 이를 철폐 해야겠다고 다짐하였다.

그래서 맹부사가 곰곰히 경주 김씨가의 가운을 연구하던 중 그 가택이 잠두산누에의 머리모양을 한 산 아래에 있고 그 남쪽에 통나무 숲이 무성한 것을 알았다. 잠두산이 뽕밭을 앞에 두게 되면 그 땅은 풍수상 절호의 길지임을 풍수에 일가견이 있는 맹사성 부사는 누구보다도 잘 알고 있었다. 맹부사는 김씨가의 가운이 이 뽕나무 숲에 있음을 간파하고 관내의 거리 정비를 구실삼아 안막에서 낙수로 직류하는 물줄기를 우회시켜 김씨의 가택과 뽕나무 숲 사이로 흐르게 하고 또 그 제방 위에 옻나무를 심었다. 누에는 옻나무 잎을 먹으면 금방 죽어 버린다. 그렇게 되면 잠두산의 생기는 쇠망하게 되고 따라서 김씨가의 가운도 절멸될 것이 틀림없다고 생각한 것이다. 과연 맹사성 부사의 예상이 적중해서 그 후 그렇게도 위세를 떨치던 경주 김씨가는 점차 가운이 쇠퇴하여 자취도 남기자 못하고 영락 해 버렸다고 안산案山인 셈 이었다.

또한 대대로 전해 내려오는 집안의 금기에는 큰 나무가 집안에 있으면 땅이 말라서 윤기가 없고 스스로 영기를 머금어 사람에게 해를 준다는 내용도 있다. 나무를 숭상하고 나무의 기가 강하면 사람의 기를 나무에게 빼앗긴다고 생각한 탓이다.

인간人間이 집을 지었다는 것은 자연을 정복했다는 뜻이며, 일부의 자연을 파괴 했다는 의미도 된다. 하지만 인간人間은 자연 없이는 삶을 영위營爲할 수 없음을 깨닫는다. 그리하여 결국 인간은 자연을 다시 불러들여 정원이라는 것을 만들게 되는 것이다.

특히 집터가 나무 없이 삭막하면 땅의 기가 소멸된다고 믿어 더욱더 그 욕구를 충족시키려 한다. 정원수는 산소를 배출하고 인간이 배출한 탄산가스를 흡수하여 인간에게 신선한 공기를 공급한다.

그런데 문제는 밤에 생긴다. 인간은 밤에도 산소를 마시고 탄산가스를 배출하지만 나무는 낮과는 반대로 밤에는 인간에게 해로운 탄산가스를 배출하기 때문이다. 나무가 침실 가까이 있는 것을 좋지 않게 여기는 이유도 유해성분의 가스가 창문이나 출입문을 통해 침실로 들어오면 수면 중인 사람에게 나쁜 영향을 주기 때문이다. 집안에 오동나무나 히말라야시다와 같이 큰 나무가 집에 지붕을 덮으면 그 집은 재물과 인상에 큰 피해가 있다. 그래서 옛 부터 집에 나무는 지붕 처마보다 높으면 우환과 재패가 따른다고 하였다.

새 집을 지을 때 헌 나무를 쓰면 패가망신하게 된다

- 주택住宅의 길흉吉凶을 보완補完 하는 법
- 두 집을 한 집으로 만들 때 앞으로 나가면 길하나 뒤로 물리면 흉凶하다.
- 부모의 집 터 내에 아들의 집을 별개로 지으면 좋지 않다.
- 부모와 자식이 한 집에 거주할 경우 부모가 위층에 아들이 아래층에 사는 게 좋다.
- 형제兄弟가 한 울타리 내에 집을 짓고 사는 것 = 한쪽이 쇠하게 된다.
- 살던 집에 다시 들어가 살면 해를 입는다.=보은재報恩齋라고 문門 위에 붙이고 들어간다. 부모나 자식이 살고 있을 때는 무방하다.
- 금괴방위金塊方位, 옥당방위玉堂方位는 술戌방위 대덕방위大德方位는 신申방위에 창문을 내면 자손이 총명하고 학문에 통달하여 명성을 떨치는 인재가 난다. 또 창고를 만들면 물이 풍족해진다.
- APT의 대지大地가 본래 생지生地위에 건립建立한 것인가를 살핀다.

- 아파트에서 바라보이는 산이 수려秀麗한가를 살핀다.
- 아파트도 남향 동남형南向 東南向이 좋다. 일조량 햇볕이 잘 받는 곳인 가를 살핀다. 아파트는 1,2층은 좋지 않다. 수목이 자라 전면을 가리면 햇볕도 들지 않고 먼지 등으로 건강에 도 해롭다.
- 아파트 주위의 도로가 곡선으로 감싸주고 있는가를 살핀다.
- APT의 기氣는 좋은 토질土質이면 9-10층까지 좋은 기가 있다. 높은 층에는 베란다에 흙을 놓아 식물을 가꾸는 것이 좋다.
- 아파트에서 바라볼 때 첨각교회 탑 철탑 또는 건물의 모서리 함몰된 구덩이가 바로 보이거나 충沖해오면 투신지가 나온다.
- 山 옆에 높게 지은 APT는 좋지 못하다.
- 담장이 있는 APT가 좋다
- APT는 각 세대各 世帶마다 이중현관문二重玄關門을 설치해야 재물이 나가지 않는다.
- APT의 베란다는 살다가 고치면 좋지 않다. 옛날 집의 마당과 같다.
- 집터에 개미가 살고 있으면 좋지 않다.―냉冷한 곳으로 지기地氣가 없다. 땅벌집 동물은 지기地氣를 알고 있다.
- 새 집에 가서 꿈자리가 어지럽고 계속 재화가 있으면 집 주위에 왕소금을 하루쯤 뿌려 액잡귀을 물리쳐야 한다.
- 집보다 담장이 높으면 흉凶하다. 가난해 진다.
- 정원庭園 가운데 고목古木 연못 괴석이 있으면 음기陰氣神로 흉하다.

질환 장애자 장애인이 난다.
- 집 주위에 기념식수 고목古木은 함부로 베지 마라. 재앙災殃을 받게 된다.
- 새 집을 지을 때 헌 나무를 쓰면 패가망신하게 된다.
- 헌 집을 새 나무로 수리해도 흉가가 된다.
- 살고 있는 집을 개축할 경우 입추立秋 전前 18일간日間은 피하라.
- 살고 있던 집을 증축1층을 2층으로 방을 확장 1개를 2개로 대문 이동 수리 등 주인에게 우환 재물 손재가 난다.
- 타인이 현관에서 안방이나 부엌이 바로 보이면 좋지 않다.
- 현관에서 거울이 바로 보이면 좋지 않다. 기氣를 반사反射시켜 버린다.
- 출입문出入門 창문窓門 도로 쪽으로 머리를 두고 잠을 자면 좋지 않다.
- 집안의 가구는 둥근 것이 가족의 화목和睦이 좋아진다.
- 집안에 동물의 그림은 좋지 않다. 노란색의 꽃그림이 좋다.
- 벽시계는 팔각형으로 황금색黃金色으로 목재테두리로 동쪽 창문 옆에 걸어라. 집의 기 삼 라만상三羅萬象의 기를 조정하는 역할을 한다. 즉 방위 별 운세運勢가 팔방위八方位이듯 풍수風水의 세계관일 뿐 아니라 기가 안정 되는 도형圖形이다.
- 침대는 벽에 붙이지 마라. 기의 통로를 막아 좋지 않다. 주먹하나 공간 정도 띄우는 것이 좋다.
- 침대나 방바닥에 잘 때도 잠자리의 위치는 남좌 여우男左女右가 좋다.

마당은 주택 연면적의 3배 적당하다

요즘 대도시는 어디를 가더라도 만원이다. 교통난의 가중으로 대기오염이 가득 찬 이런 주거환경에서 주택의 좋고 나쁨을 논하는 것 자체가 아무런 의미를 갖지 못한다. 그러나 예로부터 음식은 가려 먹지 않아야 복을 받는다고 했고 이사와 잠자리는 가려야 발복을 받는다 했다. 이사를 잘못 했거나 집을 잘못 사거나 대문을 잘못 내어 병을 얻기도 한 다는 말도 가끔 듣는다.

양택도 크게 보아 묘지 이론과 다를 바가 없다. 굳이 나눈 다면 지세, 주택의 방향, 위치, 구조 등을 살펴봐야 하는데 주택의 경우는 보국과 앞의 경관을 중요시하고 묘지는 뒷 산맥을 중요시한다.

요즘같이 택지가 부족하여 틈만 있으면 아파트나 주택을 건축하니 이런 곳에 살고 있는 가정은 결코 가운이 번창하거나 가장호주의 지위가 격상되지는 않을 것이다. 주택과 대지는 서로 음양의 조화를 이루어야한다.

가령 대지가 넓으면 주택 또한 커야 하고 대지가 좁으면 집은 작아도 되는 것이 원칙이지만 땅이 좁아 마당을 없애고 건물만 꽉 차게 주택을 건축해서는 안 된다.

마당은 주택 연면적의 넓이에 비해 3배를 가장 이상적인 것으로 보고 있다. 5배를 초과할 경우에는 마당이 너무 넓어 생기가 분산됨으로써 주택 내부에 전달되는 생기가 감소된다고 본다.

마당이 너무 넓은 경우에는 건물 3배 정도의 넓이를 안마당으로 하면 생기가 흩어지지 않는다.

집안에 어떠한 나무가 좋은가

큰 나무가 문간에 바짝 붙어 있으면 질병과 우환의 재앙과 장해를 겪으며 재물 손실이 많아진다.

나무들끼리도 서로 상극인 것들이 있다. 예를 들면 아카시아 나무가 무성하면 소나무들이 말라 죽어가며, 향나무 곁에서는 배나무가 타격을 받는다. 이는 향나무에서 성장한 해충이 배나무에 옮으면 보다 강력한 해충이 되기 때문이다.

이처럼 나무의 종류에 따라 같이 심어도 잘 자라는 것이 있는가 하면 서로 나쁜 영향을 주어 그렇지 못한 것들도 있다. 동물세계에서도 마찬가지이다.

서로 천적이 있는가 하면 서로 보완되는 종류가 있어 번성하는 경우가 있다. 또 사람에게 이로운 동물이 있는가 하면 해로운 동물이 있듯이 식물도 인삼 따위와 같이 먹으면 보약이 되는 것이 있는가 하면 잘못

먹으면 죽게 되는 독버섯도 있다. 식물과 인간과의 관계도 반드시 좋은 것만은 아니라는 것을 말해주는 것이다.

정원의 나라라고 불릴 만큼 자연을 축소하여 집 가까이 즉 정원에 옮겨놓기를 좋아하는 일본인들은 나무와 화초를 사랑해 키우다보니 사람과의 길흉관계도 비교적 상세히 경험한 듯 그 이론도 발전해 있다.

환경과 생활습관에 따라 의견이 있을 수도 있겠지만 그들이 경험한 나무의 길흉을 소개하면 다음과 같다.

즉 집의 중심에서 보았을 때 북동쪽과 남서쪽에 있는 거목은 좋지 않은 것으로 본다. 하지만 관목은 무방하다.

가정에서는 뜰 안에 큰 나무를 심는 것을 삼가며, 특히 북동쪽이나 남서쪽에 있는 것은 아주 싫어한다. 주택의 조건이 자연 상태에 있었던 옛날에는 채광이나 통풍을 가로막고 낙엽이 주택에 해를 입힌다고 생각하여 경계한 듯하다.

우리나라에서는 실학의 거두 정다산 선생이 그의 산림경제에서 집안의 큰 나무를 금기로 생각한 기록이 있다. 과수나무가 무성하여 가옥의 좌우를 덮으면 질병의 원인이 될 우려가 있으므로 꺼려했고, 또 큰 나무가 처마에 닿거나 대문 가까이 있음도 꺼렸다. 지붕 위의 마른 나뭇가지에는 귀신이 모여든다고 집안에 장수목을 심는 것은 불가하다는 등 민간신앙을 그대로 얘기하고 있다.

집 주위와 앞마당에는 키 큰 나무를 심지 않는다. 비록 과일나무라도 수목이 무성해져서 그림자 지붕을 뒤덮거나 대문을 가리는 것 등은 우환, 불길, 파괴 격이다. 나무를 심을 경우라면 서북쪽으로 심되 아주 멀리 떨어지게 배치하여 구조물이 나무 그늘의 영향권 밖에 놓이게 한다.

나무는 줄기를 양이라 하고 뿌리를 음이라 한다. 오래된 고목이 있는 곳은 태풍을 피하고 수맥파의 영향을 피하였으며, 탁기의 기운을 피한 좋은 자리이기 때문에 천연기념물로 지정되는데 수령이 한참 지난 나무가 있는 자리는 매우 좋은 길지이다.

대대로 전해 내려오는 집안의 금기에는 큰 나무가 집안에 있으면 땅이 말라서 기가 없고 스스로 영기를 머금어 사람에게 해를 준다는 내용도 있다. 나무에게 빼앗긴다고 생각한 탓이다.

향나무는 담장을 따라서 심는 것이 좋으며, 파초 소철 따위의 음성식물은 한두 그루 정도는 무방하나 많으면 좋지 않다. 우물가에나 집 가에 오동나무가 집을 덮으면 재물로 패가망신하고 우물가에 구기자나무가 있으면 장수하고 집안에 대추나무, 무화과나무, 석류나무, 앵두나무, 연산홍 등은 어디에 심어도 좋은 나무이다.

이러한 주택은 흉가이다

　본래 있었던 원채 건물의 좌측 방 뒷머리에다 작은 구조물小屋을 잇대어 만들면 인명의 손상, 자살, 고질병, 눈병창종의 우환 및 재물 파탄과 낭패 즉 흉험이 닥친다. 심하게 일그러지거나 비틀어졌다든지 요철凹凸의 형태를 이루는 등 움푹 패어지거나 불거진 모양의 집 구조나 집터에서는 변고와 우환 및 불구자가 흔히 생기는 파괴형 구조이다. 셋방이라도 가옥의 서북쪽 방위에 들어오는 사람들의 경우는 들어올 때는 힘들어도 다른 곳으로 옮겨갈 때에는 형편이 나아지는 예가 십중팔구이다. 그러나 서북쪽 방위의 방은 셋방으로 빌려주면 알맹이는 남 주고 주인은 빈껍데기만 차지하는 형국을 피할 수 없다. 적당히 불룩 솟아오른 것은 그 방위에 해당하는 길흉 영향자 및 가옥의 화복에 오히려 좋은 영향력을 행사하는 길상의 행운으로 간주한다. 임산부가 있을 때는 집을 새로 짓거나 이사를 한다든지 집안의 큰 구조물을 변형시켜 옮겨놓는 등 이동과 변경에 관련된 일은 매우 불길하며 파괴와 재난 등 풍파가 발생한다. 화장실과 주방 침대 등 옮겨 놓지 말아야 한다.

집터는 앞쪽이 평평하고 시야가 넓게 열리는 것이 좋고 뒤쪽은 아늑하게 여유가 있어야 하며 앞쪽은 지나치게 경사지지 않아야 하고 모양이 반듯하면서 좌우에 충분한 여유를 가지는 것이 좋다. 집터가 물이 잘 빠지지 않고 물이 고인다든지 습기가 지나치게 심한 경우와 남서쪽이나 동북쪽방위 방위에 배수구나 쓰레기장이 있는 경우는 우환이나 재난이 자주 발생하는 파괴 분산형국이며 어수선한 살림살이를 면하기 어려운 불길 형상이다.

안방문과 대문이 일직선상이라던지 대문 바로 곁에 침실이 놓인다던지 안방 바로 옆에 주방이라던지 침실 곁에 부엌이나 주방이 딸리는 가옥 구조는 모두 불길 액화 재난 형국으로 간주한다. 습기가 많은 집터에는 집을 짓지 않는다. 우환과 병액이 자주 생기고 재산 증식이 더디며 살림살이가 어수선해지는 불길 격이다.

집 주위와 앞마당에는 크게 자라는 나무를 심지 않는다, 비록 과일나무라도 수목이 무성해져서 그림자가 지붕을 뒤덮거나 대문을 가리는 것 등은 우환 불길 파괴 격이다. 나무를 심을 경우라던 서북쪽으로 심되 아주 멀리 떨어지게 배치하여 구조물이 나무 그늘의 영향권 밖에 놓이게 한다.

마당에다 나무를 심는 것도 좋을 것이 없지만 연못을 판다던지 우물을 파는 것도 좋지 못하며 마당을 완전히 포장을 한다든지 자갈을 깔아 땅을 전부 덮어버리면 우환이나 변고, 풍파, 재난이 든다.

왜소한 가옥에 비해 출입하는 대문이 너무 큰 것과 재목을 뿌리 쪽이 하늘로 향하도록 거꾸로 박아서 기둥을 만들거나 재질이나 모양이 굽어지거나 삐뚤어진 것을 사용하는 것은 재난과 풍파 및 파괴 등의 액화가 발생하게 되는 형국이다.

담장과 주택의 사이가 바짝 붙어 있는 것은 갑갑한 일이나 복잡한 사정이 자주 생기는 형국이며 집은 크고 식구가 적은 것도 불길 자초형으로 점차 재산이 줄고 형편이 곤궁해질 형국이다.

앞쪽의 터가 넓더라도 뒤쪽의 공간이 협착한 집은 외화내곤外華內困격으로 간주하고 좌우 폭은 상대적으로 넓으면서 앞 뒤쪽 간격이 비좁은 터는 우환과 풍파가 자주 발생되는 불행 파괴형 구조이다. 가파른 낭떠러지 밑이나 경사가 급격한 장소 및 협착한 위치에 바짝 붙여졌거나 너무 안쪽으로 들어가서 축조된 가옥은 재난 파괴격 불길 구조이다.

나쁜 집은 이렇게 가려내는
몇 가지 요령이다

집을 선택할 때 우선 제외시켜야 하는 사항을 간략하게 나누어 보면 다음과 같다

① 막다른 골목집은 좋지 않다. 양택에서 길은 물을 의미하는 것으로 막다른 골목집은 길을 막았다는 의미이며 바로 물을 막은 결과와 같다. 또한 물을 막은 것은 수침을 받는 것이며 결국 수력에 무너지므로 패가를 의미하며 또한 막다른 끝이라고도 생각하고 바람이 불면 모든 길가에 있는 쓰레기들이 골목에 몰리게 된다. 이러한 이유로 오랜 옛날부터 꺼려 왔던 것이다.

② 생토生土가 아닌 매립지는 좋지 않다. 땅의 기氣는 흙과 이어지기 마련이다. 따라서 풍수지리 이론은 땅의 기氣는 생토에만 있는 것으로 간주하여 기가 없는 매립토 위의 주택은 기를 받지 못한다고 생각하여 좋지 않게 여긴다. 이것은 양택의 원칙론일 뿐 그 길흉은 알 수

없다. 또한 현재도 도시계획상 매립지는 얼마든지 있으며 그 집에서 사는 사람들이 좋지 않다고 보는 것은 타당성이 있다. 그러나 기초를 생토에 세우도록 노력해야 할 것이며 여건이 맞지 않아 땅의 운기를 받지 못할 때는 방위상의 운기감응이라도 얻어야 한다는 것이다. 이것은 집의 형태는 물론이고 위치 방향에 따라 기를 얻을 수 있다고 보는 이론이다.

③ 집안에 지붕 보다 높은 나무가 있으면 좋지 않다. 나무가 크다는 것은 나무뿌리가 상대적으로 크다는 것을 의미하며 이는 집의 생기를 나무가 받아 거주자들에게 무익하다는 뜻이다. 실제로도 집안에 큰 나무가 있으면 번개와 낙뢰를 맞을 가능성이 크며 벌레들이 들끓어 병을 옮겨올 수도 있다. 뿐만 아니라 집이 나무 그늘에 가려져서 항상 습하고 음지가 되어 집안을 침울하게 만들 우려가 많다. 풍수지리에서는 또 나뭇가지가 집 바깥쪽으로 뻗어나가면 조상의 음덕을 받는다고 풀이한다.

④ 망해서 나간 집은 좋지 않다. 미신 같은 얘기라고 생각할 사람이 있을지 모르나 그 집을 사기 전에 망한 이유를 찾아보면 틀림없이 집의 좌향이나 대문의 위치 안방 부엌 등의 배합에 그 연유가 있음을 볼 수 있다.

⑤ 기존 두 집의 담을 터서 한 집으로 사용하면 좋지 않다. 이것은 출입문이 두 개 임을 뜻한다. 그런데 대문은 바로 모든 氣 또는 도로 물의

의미를 지니고 있으므로 기가 들어와 쌓이지 않고 나가버릴 우려가 있으며 문이 두개면 주인이 둘이 되어서 집안 꼴이 안 된다는 것이다. 합리적으로 불편하다는 뜻도 있지만 두 집을 가졌다는 것은 그만큼 재력이 있다는 실증이며 재산이 많다 보면 주인의 외방출입이 잦을 수 있고 그러다 보면 안주인이 둘이 될 수 있다는 해석도 나온다.

⑥ 형과 동생이 이웃에 나란히 집을 가지고 살면 좋지 않다. 풍수지리에 보면 한 혈장에 둘을 넣지 말라는 격언이 있다. 이것은 음택에서 합장을 하지 말라는 뜻인데 하나의 기를 둘이서 받으면 그 만큼 양이 반분되기 때문이다. 따라서 부득이한 경우가 아니면 합장하지 말고 따로따로 모셔 많은 기를 받아야 자손이 잘 된다는 이론이다. 실제로 형제가 같은 이웃에 살면 남자들은 형이나 동생에게 즉 잘되는 쪽에 의지하게 되며 동서간은 시샘을 일으키게 되어 형제가 화목하지 못하다는 것이다.

⑦ 사람이 살다가 집이 협소하다고 다시 허물고 새 집을 짓는 경우가 있는데 한 치라도 뒤쪽으로 물려서 집을 지으면 큰 흉화를 당한다. 이사도 집 뒤쪽으로 가면 큰 해를 보는 것이다.

⑧ 대문에서 안방이나 부엌문이 보이면 좋지 않다. 대문은 바로 물의 입구를 뜻하므로 안방이 직수가 되어도 좋지 않고 부엌 또한 마찬가지다. 실생활에 있어서도 외인이나 내방객의 눈에 안방이 들여다보이면 견물생심 도난의 우려가 있고 부엌이 바로 보이면 딸이나 마누

라가 외부와 연결되어 음탕한 일이 일어날 수도 있다.
⑨ 벽에 금이 가거나 물이 스며들면 좋지 않다, 기초공사가 부실한 것을 뜻하며 배수가 안 된 집이니 붕괴 우려가 있는 것은 당연한 일이다.
⑩ 집이 어둡고 그늘지면 나쁘다. 집이 어둡다는 것은 방향이 나쁘다는 뜻이며 그늘이 진다는 것은 앞서 예를 든 여러 조건과 같은 이치이다. 집 앞에 큰 빌딩이 가렸다든지 집 옆에 큰 집이 가려 있어도 집은 자연 어둡게 되고 자연 그 집의 운기는 쇠퇴해 지는 것이다.
⑪ 주택 내부를 바꾸어야 할 경우 주택내부 중심 부분에는 거실이나 안방과 같이 가장 넓은 방이 자리 잡고 있어야 좋다. 안방이나 거실 등 큰 방이 좌우 한쪽에 있다면 기氣가 한쪽으로 쏠리기 때문이다. 내부 중심에 작은 방이 있는 것도 좋지 않으므로 중심에 큰 공간을 두고 내부 공간의 기운을 안정시키도록 한다. 방의 형태는 정사각형이 가장 좋으며 단변과 장변의 길이가 1:1.7=3:5 까지를 좋은 형태로 본다. 그러나 1:2 이상의 장방형長方形은 좋지 못하다. 장방형이거나 ㄱ자 형태로 바꾸도록 한다. 천장은 중심中心이 낮거나 좌우가 불균형하면 균형을 잃고 기氣가 분산되므로 중심 부분을 높게 한다. 안방은 주택 내부에서 가장 생기生氣가 많이 모이는 곳에 위치하고 있어야 좋으므로 구석진 방을 안방으로 하고 있거나 방위적으로 좋지 못한 방을 안방으로 하고 있다면 위치를 바꾸도록 한다. 또 화장실이 주택 중심에 있는 경우는 구석으로 옮긴다. 현관 위치가 잘못되었다

면 현관위치를 변경하여 주택 내부의 기운을 생기로 변화시키도록 한다. 대문은 안정감이 있으면서 울타리 중심점이나 외부에서 잘 보이는 곳에 있어야 좋다. 도로나 건물 모퉁이 부분에 대문이 있을 경우 눈에는 잘 띄지만 안정감이 없어 좋지 못하다. 대문은 건물 방위와도 잘 맞는 곳에 있어야 하므로 건물 방위에 따라 변경한다. 현관 역시 방위에 따라 좋지 않은 경우에는 바꾼다.

⑫ 나쁜 기가 집안 곳곳을 흘러다니는 집은 사람이 살기에 적당치 않다. 나쁜 기가 흐르는 데는 여러 가지 원인이 있을 수 있다. 집 주변을 둘러싸고 있는 전후좌우前後左右의 국세를 말 하는데 가령 산과 들, 건물, 강, 도로 등 집을 포근하게 감싸주지 못하여 이로운 생각이 모여 들기 힘든 집.

⑬ 죽은 땅에 집을 지었을 경우 죽은 땅이란 집 뒤쪽으로 흘러 내려온 힘차게 뭉친 산줄기의 기맥氣脈이 집터로 연결되지 못하고 끊어져 있는 집을 가리킨다. 또한 집터 아래로 수맥水脈이 흐르거나 예전에 묘지였거나 산신당 감옥 전쟁터 소 도살장, 공동묘지, 사찰터, 교회 터, 관공서터, 물레방앗간 터 등은 흉가 집터이다.

⑭ 시골이나 도시를 막론하고 집 뒤쪽에 물이 없는 계곡이 있는 주택에 거주 하면 생활이 어려워진다. 도시나 농촌이나 집 뒤로 골짜기가 있는 마을 이나 개인 가정집이나 재산이 넉넉하게 잘 사는 집 없고 고귀한 인물이 태어나지 않는다. 특히 문중의 재실을 지어서도 안 된다.

좋지 않은 집터에 생활 하다보면 제아무리
사주와 관상을 타고 태어났다고 해도
흉기의 영향력을 받는다

좋은 집은 어떤 조건을 갖추고 있어야 하는가. 또 풍수지리학 상 가족에게 좋지 않은 집은 어 떤 집을 말하는 것인가. 양택에서 거론하는 좋은 집의 구분은 다양하다. 좋은 집의 개념을 선성 기를 잘 담고 있는 상자에 비유하기도 한다. 좋은 주택이란 것은 음택묘지 풍수에서 말하 는 장풍의 개념과 같다. 장풍이란 외부의 거친 바람을 찬란하다는 차원이 아니라 좋고 길한 기氣는 잘 간직하여 기를 갈무리한 곳이라 그러므로 가족을 이롭게 하는 좋은 기가 취합되어 있고 순조롭게 순환되고 있는 집이라면 잠을 자고 나면 활기에 넘치고 자연적으로 생활에 윤기가 흐르고 좋은 일들이 겹치게 된다. 그런데 명당 길지吉地에 자리한 주택으로서 좋은 기가 흐르면 운명을 개운開運 하는데 이롭게 작용하고 흉한 기氣가 흐르는 집이라면 그에 따른 흉작용凶作用은 불을 보듯 뻔한 것이다. 사람이 활동하고 있을 때라도 좋지 못한 주택에서 계속 살게 되면 그에 따른 결과는 몹시 좋지 않게 되겠지만 더군다나 무의식 상태로 장시간 잠을 취할 때 받게 되는 흉한 기의 작용은 뇌신경을 자극함으로 잠을 자고 일어나도 몸이 무겁고 개운치 않고 머리도 맑지 않아 정신집중이 저하되는 등 정신질환이 나타난다.

이러한 집에서 몇 년을 살다 보면 제아무리 좋은 사주와 관상을 타고 태어났다고 해도 흉기와 좋지 않은 영향력으로 인해 신체적인 허약 도모 하는 일의 실패 등의 불운이 닥치게 될 것이므로 그 사람의 삶의 행로 자체가 달라질 정도로 변화가 나타난다.

좋은 주택이란 자신이 살고 있는 집 뒤쪽으로 산이 있거나 알맞은 구릉이 있으면 거칠게 불어오는 바람이나 찬 겨울바람북서풍으로 부터 안전한 차단막이 형성되는 것과 같아 집의 생기生氣를 이롭게 한다.

따라서 집 뒤의 산은 낙맥落脈이 되어 버팀목 혹은 보호자의 구실을 하는 것과 같다. 또한 주택 앞에는 조금 떨어진 곳에 강물이나 연못 호수가 있으면 길성吉星의 기가 그곳에 융결됨으로써 자신이 살고 있는 집에 생기生氣와 왕기旺氣를 축적시키므로 가족 구성원에게 좋은 영향력 을 미치게 된다.

풍수 용어로는 택지는 전저후고前低後高 즉 집의 앞은 낮고 뒤는 높아야만 택지에 좋은 기氣가 모이는 것이다. 주택은 남쪽으로 향하게 한 남향집의 경우 햇볕을 가장 잘 받을 뿐만 아니라 사계절이 뚜렷한 우리

나라에서 겨울의 찬 바람을 가장 효과적으로 막아 낼 수 있는 방향이라고 하겠다.

길성吉星의 햇볕은 받아들이고 흉성凶星의 한기寒氣는 차단하는 남향집에는 그래서 자연적으로 사람에게 이로운 생기가 융결 되는 것이다. 이것은 인간 생활의 이치로 보아도 짐작이 가는 것이다.

만약 햇볕이 거의 들지 않은 음침한 방에 수년 이상 살다보면 정상적인 생활이 어려울 것이다. 또한 지을 때 기초 공사는 건물의 기반을 다지는 것임과 동시에 물이 잘 빠지도록 하기 위한 사전 조치를 해야 한다. 배수가 잘 되지 않는 지반에 서 있는 주택에는 땅 속에 습하고 탁한 기가 계속 축적되므로 그 집에서 거주하는 가족들에게 해로운 영향을 미치게 하는 것이 다.

이렇게 물기가 스며 있는 택지를 풍수상으로는 사기死氣의 토지로 부른다.

흉한 집터와 주택은 이러하다

경사가 심한 비탈 부위를 깎아서 집터를 조성하는 것과 마당 끝머리 아래쪽 부위가 내리막 져 비탈 형태를 이루어 앞이 끊어진 터에서는 재난, 구설, 손실 및 불행사가 발생하게 된다.

- 건축물이 낭떠러지를 앞둔 것도 불길 파괴 형국이지만 급경사 내지 드높은 절벽이나 축대가 전후좌우에 인접하였든지 계곡의 출입구 주위를 가로막는 형태일 경우 낭패, 파탄, 흉험 등 불행한 사태가 닥치게 된다.
- 주택지의 뒤쪽 면은 차차로 높아져 구릉을 형성하고 앞쪽 면은 점차 낮아지면서 평평한 구조를 이루며 전면에 널따란 공지空地가 있는 것이 최상이다.
- 각 형태를 이룬 건축물과 대지 및 어느 한쪽 부위가 움푹 꺼지거나 튀어나와 불거진 것 정면에서 바라볼 때 우뚝 치솟든지 쏙 들어가 요철

의 형상을 띠는 건물이나 집 외장外裝 등속은 집안이 산란해지고 우환, 손실, 파탄 및 불행지사 발생될 형상이다.

- 좌우의 양볼이 협착한 대지 위에다 건축물을 덩그러니 크게 지어서 방房 옆 길이가 아주 널따랗게 대칭으로 배치하는 것은 흉험 파괴의 형국이다.

- 건물의 앞면과 뒤면은 지대가 낮고 중간 부위가 높게 솟았는데 그 튀어 오른 부위에다 방을 들이는 것은 재물 파탄 및 우환 낭패가 발생되는 액화 형태다.

- 지대地帶가 평평하지 않고 경사가 심한 곳 또는 낮게 들어간 곳 울퉁불퉁 하거나 대지가 기울어서 동일 건물에 한쪽은 높고 한쪽은 낮아서 층이 지는 터에 집을 짓거나 방을 배치하는 것지하실 주택과 방은 본래 좋지 않다은 손재 파탄 및 말썽 우환의 불길 형국이다.

- 집을 짓거나 수리한다든지 신개축과 보수에 관련된 일에 손댈 경우 임산부가 있을 경우는 차후 흉험 및 불행사 등 재난이 발생 될 우려가 매우 높다.

- 동북 방위 또는 서북 방위 쪽으로 쑥 들어가거나 툭 튀어 불거진 지형이나 건축물은 흉험과 파괴의 형국이다.

- 건축물이 들어서는 땅이 메말라 버석거리고 끈기와 습기가 전혀 없는 경우와 건물을 짓기 위해 대지를 조성 할 때 옛 우물이나 수렁, 사궁창 등을 메워 터를 닦고 그 위치에 방부엌, 화장실을 배치하거나 집터의

하부에 나무의 뿌리나 고목 둥치가 매몰되었을 경우 우환, 사고 및 재물 파탄과 구설, 말썽 등 흉험이 발생된다. 습기가 많은 대지라도 흙을 두껍게 메워 성토를 튼튼히 하면 고층건물을 짓더라도 흉험은 닿지 않는다.

- 본래 있었던 건물을 개축해 방이나 주방, 화장실 등을 설치하는 것은 재난과 손실, 우환 등 파괴가 작용되는 불상사의 형국이다.
- 두 칸이었던 주택의 방 벽을 헐어서 한 칸으로 병합하는 경우와 심한 바람 받는 구조의 주택 형태는 집안에 풍파 및 재난 손실의 액화가 발생하게 된다.
- 단층의 가옥을 헐어 이층으로 개조 증축한다든지 집안 내부를 크게 뜯어 고치거나 건물 상부의 평평한 부위에다 구조물을 설치하는 것과 대문 및 화장실 부엌 등을 수리 개조할 때는 십중팔구 재난이나 우환, 말썽과 파괴 손실 등 궂은 일이 발생되기 때문에 길흉 분별에 각별히 신중해야 한다.
- 주택의 규모나 면적에 비해 너무 요란 복잡하게 장식물을 들여 놓거나 현란한 치장을 하는 것은 재물 파괴 및 우환 손실이 발생하는 흉상이다.
- 주택의 거실과 방은 크고 많은데 그 집에 사는 식구들이 적은 것은 흉험 재난의 불길 형국이고 가능한 한 여러 식구가 모여 살면서 다소 비좁은 듯 싶게 지내는 것이 빠른 발전과 형통의 비결이다.

자기가 하는 일마다 잘 풀리지 않는다는 동네 터와 집터는 어떠한 곳인가

　우리는 신문이나 잡지를 통해 심심찮게 풍수와 관련된 기사를 읽게 된다. 특히 근자에 와서는 아파트에도 흉가가 있다는 등 심심풀이로 읽기보다는 뭔가 찜찜한 여운을 남기는 요소가 많은 게 풍수와 관련된 기사들이다. 그렇다고 무턱대고 그러한 사실에 전전긍긍 할 수도 없고 무시해 버리자니 실제 길흉에 관한 사례가 나오고 하니 이럴 수도 저럴 수도 없게 되는 형편이다.

　그러면 과연 흉가라는 게 실제 존재하는가에 대해서부터 언급하자면 실제 있었던 사례부터 열거해 봐야 할 것이다.

　대구 모동 오거리에 보면 모 간판이 붙은 길 건너 옆집에 슈퍼마켓이 있고 전 20번 노선버스가 감아 도는 모 약국 집터가 삼각형 칼끝 같이 생긴 터에 집을 지으면서 칼 끝 부분을 잘라내고 집을 지어 약국을 경영하고 있다. 이 약국터가 길 건너 모 슈퍼마켓을 바르게 찌르는 형상으로 되어 있다. 여기에서 몇 년 전에 살인 사건이 발생하였다. 이것은 아무리 자기 집터가 반듯하게 좋다 하더라도 맞은편에서 건물이나 담장 벽이나 대지가 칼끝 같이 찌르는 듯 하면 이러한 사건이 일어난다고 여긴다. 또 모 아파트는 투신자살이나 음독자살 사건이 해마다 한 건씩 터지는 일이 있다는 이야기 등은 우연으로 돌릴 수만 없는 일이다.

풍수에 관한 연구는 다른 외국에서도 활발히 진행되고 있는데 가까운 일본日本의 경우는 아무리 일류설계사가 설계하고 일급 건설회사에서 시공한 집이라 하더라도 반드시 풍수 대가大家로 부터 감평을 받아야만 일급 주택으로 쳐주게 된다. 그러므로 집은 우리 인간이 거대한 우주 속에서 자연의 변화에 따라 순행하면서 그 변화에 따른 영향을 가장 최소화 되도록 해주는 또 하나의 작은 우주가 주택의 개념인 것이다. 그런데 요즘에 행하는 도시계획을 보면 너무 편의적 발상에 의한 선긋기 작업처럼 보인다.

주거환경이란 단순하게 벽과 지붕이 있는 구조물이 들어선다고 다 사람이 살 수 있는 주거환경은 아니다.

좋은 주택이란 주변 경관이 수려하고 토양과 좋은 공기가 있는 환경에 있는 주택이 더욱 좋은 주택으로 보는 것이다.

필자가 상담한 이야기를 기록 하고자 한다. 어느 날 하루 사무실에 혼자 있었는데 40대 중반쯤 된 한 청년이 찾아와서 대뜸 질문하기를 선생님 우리형님은 이사를 가는 곳마다 형편이 잘 풀려 재산이 늘어만

가고 건강도 좋아진다고 하며 저는 이사를 가는 곳 마다 하는 일이 잘 되지 않는다고 한다.

  아저씨 지금은 어디에 살고 있고 그 전에는 어디에 살았으며 집에 형님은 어디에 살고 있고 어디에서 살았느냐고 물으니 말하기를 자기 형님이 살던 곳은 대구 중구 전 경북고등학교 근처온 동네가 평탄하고 땅이 배수가 잘되는 곳임에서 살다가 지금은 대구 수성구 전 정화여자 중고등학교 근처 동네가 자연적으로 평탄함에서 살고 있다고 한다. 아저씨는 어디서 살았고 지금은 어디에 살고 있느냐고 물으니 그전에는 대구 서구에 야트막한 산을 집터로 하여 지어 놓은데 집터가 옆으로 기울어 진 곳에서 살았는데 재물손실이 많았다고 하고 지금 살고 있는 북향으로 된 동네인데 여기서 살고 있다고 한다. 우리가 생활하는 동네가 자연적으로 평탄하면 하는 일마다 잘 풀리고 자기가 살고 있는 동네 경사도가 심하고 옆으로 기울어 진 곳에 살면 수입보다 지출이 더 많아 진다고 여긴다.

주택에 이와 같은 방위에 구조와 결함이 있으면 재앙災殃이 빈번하다

본래 있었던 원채 건물의 좌측 방 뒷머리에다 작은 구조물을 잇대어 만들면 인명의 손상 자살 고질병 눈병창종의 우환 및 재물 파탄과 낭패 등 흉험이 닥친다. 심하게 일그러지거나 삐뚤어졌다든지 요철의 형태를 이루는 등 움푹 패어지거나 불거진 모양의 집 구조나 집터에서는 변고와 우환 및 불구자가 흔히 생기는 파괴형 구조다.

북쪽이 움푹 패어 진 것은 불구자나 과부가 생기며 집안이 산란해지고 도박과 잡기로 재물이 흩어지며 객사하거나 자식이 없어 후대가 끊기는 등 우환과 변고가 자주 생기며 화장실이 그쪽에 위치하면 정신질환자나 귀머거리가 생기기 쉽다. 남쪽이 패어진 곳에 화장실 및 하수구 등이 배치되면 눈병이나 시력장애 및 정신 질환자와 장님이 생기기 쉽다. 서북쪽과 동북쪽이 움푹하게 패어진 형태의 집에서는 절름발이나 다리에 이상이 있는 불구자가 생기기 쉽다. 동남쪽과 서쪽 및 서북쪽에 남의 묘자리라든가 화장실이 있다든지 오물 저장소 또는 더러운 것을 쌓아 두게 되면 정신질환자 신경성 질병이 생기기 쉽다. 동북쪽간과 서남쪽의 화장실 하수도 거름자리 우물 등은 동쪽과 남쪽이 밝고 넓게 트이지 않고 앞이 막힌 집터에서는 매사 불성의 형국이다. 부엌주방이 집의 한가운데 위치하는 것은 장해 파괴 형국이다.

북쪽이 볼록하게 튀어나온 집은 재물이 빨리 늘고 자식들이 태어나는 두뇌가 좋다. 성공도 빨라 발전 부귀하나 지나치게 불쑥 솟아나오는 것은 부녀자가 가장을 업신여기거나 자기주장이 강해서 풍파가 생기고 바람을 피우는 등 끝내는 파괴 재난이 닿는 불길 구조이다. 연못이나 풀장 우물은 절대 정남쪽에는 만들지 않는다. 변고와 단면 및 집안의 우환 등 파괴의 재난이 닿는다. 남쪽 방위에 결함이 있는 가옥이나 집터는 기관지 및 호흡기 질환 폐 기능 질병 계통의 병환이 발생하기 쉽다.

서남쪽 방위에 결함 있든 경우 위계양 위산 과다 계통의 질환이 생기기 쉽다. 서북쪽 방위에 결함이 있는 가옥이나 집터는 두뇌질환 고혈압 동맥경화 피부질환 계통의 질병이 생기기 쉽다.

셋방이라도 가옥의 서북쪽 방위에 들어오는 사람들의 경우는 들어올 때는 힘들어도 다른 곳으로 옮겨갈 때에는 형편이 나아지는 예가 십중팔구이다. 그러나 서북쪽 방위의 방은 셋방으로 빌려주면 알맹이는 남 주고 주인은 빈껍데기만 차지하는 형국을 피할 수 없다.

적당히 볼록 솟아오른 것은 그 방위에 해당 하는 길흉 영향자 및 가옥의 화복에 오히려 좋은 영향력을 행사하는 길상吉祥의 행운으로 간주한다. 항시 가옥의 세부구조 및 길흉을 판단할 때에는 팔방위 소속된 길흉 해당자가 누구인가와 주체요해에 대한 이론을 필수적으로 참고해서 일그러지거나 볼록하게 튀어나온 것 등의 갖가지 모양 및 구조에 대하여 차분한 검토와 길흉화복에 관한 고찰을 통한 최종적 판단에 임해야 한다. 바깥 대문을 열어 놓으면 부엌이 막바로 바라보이는 것은 불길형 구조로서 외부내곤 형국이며 가정의 살림살이가 어수선하여 좋지 않은 일들이 많이 발생되며 구설수와 집안 비밀이 밖으로 잘 흘러 나가는 비밀 누설 형상 이므로 주방은 주출입문과 일직선으로 정면 배치가 되지 않고 가려져 안 보여야 길하다. 대체로 동남과 서북을 향해 놓여 진 점포나 구조물은 발전이 더디고 장해와 곤란이 자주 생기는 방위이다.

가택풍수 금기사항

가택풍수에 얽힌 금기사항 50가지를 분야 구분 없이 살펴보면 다음과 같다.

1. 산등성이나 산곡의 입구에 집을 지으면 흉하다.
2. 정자 길의 꼭대기 부분에 집을 지으면 나쁘다.
3. 막다른막힌골목의 끝에 집을 지으면 나쁘다.
4. 대문 앞에 큰 나무나 고목이 있으면 나쁘다.
5. 주택 주위에 높은 건물이 있으면 나쁘다.
6. 용마루가 정면으로 보이면 아주 나쁘다.
7. 자녀 주택과 부모 주택 또는 형제 주택이 붙어 있으면 나쁘다.
8. 삼각형의 대지나 주택은 나쁘다.
9. 대지의 사방에 결이 있으면 나쁘다.
10. 끈기가 없는 토질의 대지는 나쁘다.

11. 숨고이 무성했던 땅에 뿌리를 제거하지 않고 집을 지으면 나쁘다.

12. 북동쪽 남서쪽에 요철이 있는 집은 나쁘다.

13. 고저가 있는 바닥의 집은 나쁘다.

14. 정면에 철자 형의 집은 나쁘다.

15. 현관이 대문에서 일직선이 되면 나쁘다.

16. 침실이 문과 일직선으로 위치하면 나쁘다.

17. 침실이 부엌 가까이에 있는 것은 나쁘다.

18. 부엌이 불이 외부에서 보이면 나쁘다.

19. 부엌이 남서쪽에 있는 것은 나쁘다. 동방 동남방은 길하다.

20. 욕실을 북동쪽이나 남서쪽에 만드는 것은 나쁘다.

21. 집 중앙에 변소를 만드는 것은 나쁘다.

22. 변소와 문간이 마주 보이는 것은 나쁘다.

23. 계단이나 붙박이 화로를 주택 중앙에 만드는 것은 나쁘다.

24. 집 중앙에 쓰지 않는 방이 있는 것은 나쁘다.

25. 북향의 창문은 나쁘다.

26. 대들보가 실하지 않는 집은 나쁘다. 기둥은 들보보다 중요하다.

27. 가옥을 부분적으로 개조하는 것은 나쁘다.

28. 2층으로 증축하는 것은 나쁘다.

29. 두 채의 집을 합쳐서 한 채로 하는 것은 나쁘다.

30. 가정에 임산부가 있을 때 신축개축 수리하면 나쁘다.

31. 재목을 거꾸로 쓰는 것은 나쁘다.

32. 창고 위에 주거 공간을 만드는 것은 나쁘다.
33. 정원에 크게 자라는 나무를 심는 것은 나쁘다.
34. 나무가 처마나 차양을 뚫고 뻗어나 있는 것은 나쁘다.
35. 정원에 돌을 많이 까는 것은 나쁘다.
36. 우물과 부뚜막이 나란히 있는 것은 나쁘다.
37. 안 쓰는 우물을 함부로 메우는 것은 나쁘다.
38. 대지의 남서쪽으로 배수하는 것은 나쁘다.
39. 장식이 많은 집은 나쁘다.
40. 외풍이 심한 집은 나쁘다.
41. 집의 뒤쪽에서부터 좌우로 물이 급하게 흘러 집 앞에서 합류하는 것은 나쁘다.
42. 낭떠러지 같은 곳에 위치한 집은 나쁘다.
43. 묘지 앞이나 묘지 뒤에 있는 집은 나쁘다.
44. 물소리와 바람소리 고압선 지전류를 피해야 한다.
45. 주택은 큰데 가족수가 적으면 나쁘다.
46. 주택의 목재와 가구의 위 아래가 맞지 않으면 나쁘다.
47. 집 안에 나무가 집을 덮으면 나쁘다.
48. 집의 터가 뒤쪽이 낮으면 나쁘다.
49. 집터가 옆으로 기울어진 집은 나쁘다.
50. 대문과 현관문이 마주보면 나쁘다.

주택은 실내가 골고루 밝아야 하고 채광과 환기가 잘 되어야 한다

주택에서 각 방은 채광이나 환기가 제대로 되어 있지 않으면 부유하는 세균과 먼지에 의해 자외선 소독이 차단되어 공기가 오염 되고 건강에 영향을 끼친다. 이러한 방들은 대개 처음 이 집에 들어가는 사람들에게 답답함을 느끼게 한다. 주택에는 채광과 조명이 주거 공간과 호흡을 같이 하도록 해야 한다. 채광에는 자연채광과 인공조명의 두 가지가 있는데 자연채광은 자연조명이라고도 하며 햇빛을 광원光源으로 한다.

창문의 주목적은 채광과 통풍이다. 고층 건물에서는 채광상 아래층일수록 창문을 조금 크게 만들어야 하는데 채광과 창문의 관계는 다음과 같다.

창문의 높이를 일정하게 하고 창문의 폭을 증가시킬 때 어느 한도까지는 실내의 조명도가 증가되지만 그 이상은 증가되지 않는다. 창문의 폭을 넓게 하고 높이를 증가시키면 실내조명도가 증가한다. 창문의 면적을 고정하고 그 위치를 변화시킬 때 창문의 높이가 높아질수록 조명도 증가한다. 일정한 높이 즉 앙각이 45이상이면 오히려 조명도가 감소된다. 창문의 면적을 변화시키지 않고 위치를 상하로 이동시킬 때 창문이 낮으면 창문 가까운 부근은 조명도가 크지만 창문에서 먼 부분은 어둡다. 대개의 위치가 높으면 창가는 어둡다. 동일한 면적의 창이라도 폭이 넓고 높이가 낮은 창보다 폭이 좁고 상하가 긴 창문이 거실 내부까지 밝다. 주택의 출입구나 창문은 외부 공기와 빛을 받아들이는 통로의 역할을 한다. 즉, 남쪽에 강이나 바다 가 있는 지형 지세에서 남쪽의 창문은 뜨거운 햇빛과 바다의 기운 강물의 기운을 동시에 받아들이게 되며 서쪽에 산이 있는 지세地勢 지형地形에서 서향을 하고 있는 개구부는 산의 기운과 서풍을 동시에 받아들이게 된다. 이처럼 주택은 창문과 환기통이 있는 쪽 앞하고 있는 방위에 따라 내부공기의 설질이 달라진다.

따라서 동일한 면적 주택이라 해도 배치된 방위의 기운에 의해 실내 분위기가 달라지며 그 결과 주택에서 사는 사람들의 정신적 육체적 영향도 달라진다. 동쪽이 높고 서쪽이 낮은 집이나 남쪽이 높고 북쪽이 낮은 집은 채광과 환기가 제대로 되지 않는다. 동쪽이 높다는 말은 아침의 밝은 기운을 받을 수 없다는 말이며 서쪽이 낮다는 말은 충만한 기氣가 아닌 쇠락하는 기운인 오후 태양의 기운을 오랫동안 받게 된다는 것과 다름이 없다.

또한 남쪽이 높다는 것은 인간에게 필요한 태양에너지를 충분히 받을 수 없는 것과 마찬가지이고 북쪽이 낮으면 북서풍의 영향으로 늘 냉기가 도는 그런 집이 되기 쉽다.

　주택과 거실 방은 크고 많은데 그 집에 사는 식구들이 적은 것은 흉험 재난에 불길하게 되므로 가능한 한 사람이 방을 여러 개 쓰도록 노력해야 한다. 여러 식구가 모여 살면서 다소 비좁은 듯싶게 지내는 것이 **빠른 발전 형통의 비결**이다. 또한 집안 분위기가 어두침침하다면 반드시 조명을 밝게 해 주어야 하고 조명이 미치지 않는 구석이 있다면 전등을 새로 설치해서 집안전체가 환한 느낌이 들도록 해야 한다.

　조명전등은 태양의 역할을 하는 풍수도구라고 말할 수 있다. 빛이 닿지 않는 곳은 항상 습하고 어두컴컴하여 왠지 모를 한기나 사기를 형성 시킨다. 그런 좋지 않은 가운데 가족들이 오랫동안 노출된 채 숨을 쉬고 잠을 자고 식사를 한다면 자신도 모르는 사이에 건강이 악화되고 매사에 자신이 없어져서 생활에 활기를 잃게 된다.

좋은 집은 아침 햇볕을 잘 받아야

지리에서는 양택삼요결을 인간생활에 가장 중요한 법으로 보고 이 법을 따르며 자연에 순응 하는 것으로 천지이치에 맞아 부귀가 약속되는 것이며 그렇지 않으면 비천과 궁색이 따른다고 보고 있다. 이에 대하여 풍수지리 연구가들은 양택론을 현대생활에 맞도록 풀이하여 주택의 선택 요령을 다음과 같이 종합하여 설명하고자 한다. 우선 좋은 집에 대한 개념은 다음과 같다.

첫째, 따뜻해야 하고 대지에 배수가 잘 맞아야 한다. 본인 사주에 맞아야 한다.

풍수지리가 자연의 섭리를 이용하고 하는 학문임을 감안한다면 양택에서 풍은 적절한 공기의 소통을 도모하고 맞바람을 막아야 한다는 의미가 있다.

그런데 기온을 따뜻하게 하려면 집의 방향이 남향이어야 하므로 집은 북이나 북서쪽에 등을 대고 남쪽이나 동남향을 하고 있으면 자연히 따뜻하기 마련이다. 만일 그 반대 방향이면 우리나라의 경우 겨울에는 북서풍이 여름에는 동남풍이 불어오기 때문에 겨울이면 춥고 여름이면 오히려 덥다. 자연적으로 따뜻하다는 것은 밝은 것을 의미한다. 그러므로 그늘져 어둡거나 음침한 집은 일차적으로 가격 면에서 불리하지 않을 수 없다.

둘째, 햇볕과 안정감이 있어야 한다.

생기는 땅에서만 받는 것이 아니라 태양으로부터 받는다. 또한 모든 생물은 햇볕을 필요로 하는데 같은 햇볕이라도 기가 일어나는 아침 햇볕을 받아야 한다. 저녁 햇볕은 오히려 생기를 잃게 하는데 서향의 아파트 베란다에 있는 화초가 싱싱하지 못하고 죽어가는 이유도 바로 여기에 있다. 안정감이란 대지의 형 뿐 아니라 건물 자체에도 적용된다. 이를테면 교회 건물같이 뾰족한 것은 특수한 의미에서는 가치가 있을지는 모르지만 보통 가정집으로서는 부적격하다. 경사가 심하면 불안한 형태의 가옥이 매매 때 그 가치성이 떨어지는 것 또한 바로 이러한 연유 때문이다.

셋째, 교통이 편리해야 한다.

아무리 좋은 땅이라도 사람이 살 수 있을 때 명당이다. 다시 말하면 이용 가치가 없는 물건은 아무리 좋은 물건이라도 효용가치가 없다는 것이다.

따라서 교통이 좋아야 귀한 손님도 오고 복도 들어온다. 교통의 중심지는 바로 상권이 발달하고 인간생활의 중심이 되기 때문이다.

넷째, 도로에 인접해야한다.

교통이 편리하다는 것과 일맥상통하지만 교통이 편리하다고 해도 부지연장과 같은 위치는 바람직하지 못하다. 대지의 사 면 중에서 최소한 한 면만은 도로에 접해야 하는데 그보다 더 좋은 것은 도로의 교차점으로 코너가 되는 대지이다. 풍수지리에서는 물이 만나는 주위에 혈이 있는 것으로 본다. 그런데 양택에서는 도로를 바로 그러한 물로 보기 때문에 도로가 만나는 곳에 양택이 있는 것으로 간주한다. 그리하여 실제로 코너 땅과 그 옆의 땅과는 가격차가 매우 크게 나타나고 있는데, 상업지역일수록 그 의미는 크다.

다섯째, 집 앞의 전경이 좋아야 한다.

활동의 근원지이며 성장의 요람인 주택의 전경은 그 집에 사는 가족들에게 정신적인 안정과 정서적으로 좋은 영향을 주어 건전한 사고를 하게 만든다. 그리하여 건전한 사고의 인간은 정신적 질환이 없어 건상하고 오래 산다.

내 집보다 좌우전 이웃집들이 높아
흉함을 받으면 길하게 할 수 있다

요즘 사람들은 햇볕을 선호하는 사상 때문에 동쪽이나 남쪽으로 산이나 높은 건물이 솟아 있는 곳에도 햇볕을 많이 받기 위해 동남향으로 집을 많이 짓고 있다.

이러한 곳에 집을 지어야 할 경우 맨 위층 한 층이라도 바르게 향向을 하면 흉기凶家가 길吉하게 되므로 참작하시기 바란다. 뒤가 낮고 앞이 높은 집터를 한 예를 들면 등바지 없는 의자에 앉아서 일을 해 보면 등바지가 있는 의자는 안정감이 들고 편안하지만 등바지가 없는 의자에 앉아 있으면 뒤로 넘어 질까봐 불안한 마음이 들 것이다. 이러한 것들이 자연의 이치인 것이다.

내 집 앞 가까이 이웃집이 높이 솟아 있으면 집이 어둡고 그늘지고 위압감을 받게 된다. 이러한 집들은 바깥에 창문 유리를 요철형 거울 유리로 대치하여 앞 좌 우 집들이 비스듬히 넘어가는 것처럼 보이게 하면 흉함을 예방 할 수 있으며 집은 적은데 대문이나 현관문이 큰 집에는 문에다가 풍경을 달아주면 문이 열릴 때 마다 소리가 나면 흉함을 면 할 수 있고 대문이나 상점이 협소하면 거울을 부착하면 두 배로 넓어지므로 길하게 된다. 또 지하로 수맥이 흐르는 경우에는 방바닥에 동판을 깔아주면 지하수로 인한 습기를 막을 수가 있다. 벽이나 벽체가 많이 갈라진 곳도 수맥이 지나 가는 곳이니 동판이나 은박지 등으로 예방하면 된다. 집의 마당 에 나무가 지붕보다 높은 나무가 있어도 좋지 않으며 나무가 창문 가까이 있어도 좋지 않다. 나무는 낮에는 산소를 뿜어내지만 밤에는 사람에게 해로운 탄산가스를 뿜어낸다.

요즘 땅 값이 엄청나다 보니 주택을 지을 때 대지를 최대한 활용하며 또 주택의 방향도 천편일률적으로 짓는 경우가 많다. 풍수지리학 상으로 볼 때 이것은 매우 잘못된 방법이다. 집은 대지와 건물과의 공간 배분에 있어 집의 외기外氣와 내기內氣간의 원활한 순환을 염두에 두어야 한다. 좌 우 방벽이 담의 구실을 하는 집, 세모진 땅에 그대로 세모나게 담장이나 집을 짓는 집, 앞뒤로 공간을 많이 남긴 집, 가깝게 담장을 쌓아주고 세모진 대지에는 아깝다 생각 말고 세모가 많이 진 쪽으로 담장을 원형으로 쌓아주면 길하게 된다.

이러한 영향을 가장 강하게 받는 곳은 역시 우리의 주택인 집이며 이것을 양택이라 한다.

양택이란 음택인 돌아가신 분의 묘터와 반대되는 말로서 살아 있는 사람이 거주하는 곳이다. 즉 살아있는 사람은 양이 되고 돌아가신 분은 음이 된다.

풍수지리에서는 환경에너지가 사람의 건강과 운세에 끼치는 역량이 매우 큰 것이다. 특히 주거환경은 우리 가족과 더불어 먹고 쉬고 잠을 자는 곳이므로 더욱 중요하다.

인구 증가와 국토의 협소로 인해 개개인의 욕망에 충족될 수 있는 완벽한 주거환경을 만들기는 어렵다고 하지만 주어진 현실 여건 속에서 최선을 다한다면 가족의 건강과 행복한 생활에 많은 도움이 될 것으로 생각한다.

예로부터 우리 조상들은 자연적인 좋은 환경 조건을 선택하기 위해 노력해 왔을 뿐만 아니라 인위적으로도 선성 에너지의 방향 선택과 집의 외부 모양 및 내부 배치구조 등에 이르기까지 많은 지혜를 발휘해 햇볕과 습도 바람의 순환 조절을 도모함은 선성의 공간 및 입체에너지선에도 상당한 노력을 기울여 왔다.

오늘날 우리들은 이러한 지혜로운 조성들의 업적을 인식하고 이 분야를 더욱 합리적으로 탐구하고 연구하여야 한다.

좋은 주택단지는 배산임수背山臨水 산수회포山水回抱된 곳이라야!

우리 조상님들은 동대문에 남향집을 선호하는 것은 여름에는 동쪽에서 해가 떠서 바로 서쪽으로 넘어가므로 한 낮에도 지붕 그늘에 시원해지고 겨울에는 동쪽에서 해가 떠서 남쪽을 돌아 서쪽으로 해가 넘어가므로 하루 종일 따뜻한 것이다. 이래서 동대문 남향집에 살면 적선지가 필유경이라 했던가 싶다. 이래서 주택은 배산임수背山臨水 물은 뒤에서 앞으로 흐르고 보국保國이 잘된 곳에서 동대문 남향집이란 정말 찾아보기도 힘든 주택인데 지금 대도시에서는 어디에서든지 남향집을 짓고 있지 않은가. 남향집이라고 다 좋은 것도 아닌데... 하기야 집 장사를 해서 돈을 벌어야겠지만 진정으로 국가를 생각하고 국민들을 생각한다면 한 번 쯤은 주택을 어떤 곳에 지어야 하고 어떻게 지으면 그 주택에 입주자가 편안하게 살 수 있는가를 생각해 보아야한다.

우선 주택 업자야 집만 지어서 팔면 돈을 버는 것으로 생각 하겠지만 그 주택에 입주자는 두고두고 엄청난 피해가 되는 것을 생각해 보아야 하고 풍수지리 연구가에게 조언을 받아야 하는데 조언은 커녕 땅이라고 생기면 생긴 대로 그 땅의 모형대로 맞추어 주택 건설을 하는 것은 상식 밖의 주택 업자라 생각 된다.

이웃 일본만 해도 아파트 단지나 상가 주택도 풍수지리 연구가에게 조언을 받아서 좋은 주택 단지로 공인을 받는다고 하는데 우리나라 주택 업자들은 가정주부들의 기호에 맞는 주택에만 잔뜩 신경을 쓰고 있지 않은가. 정말 한심한 일이로다. 주택 업자와 행정관청에서 앞으로 풍수지리 연구가에게 조언을 받도록 해주었으면 한다. 정말 부탁이다.

옛 속담에 "3살 버릇이 여든 까지 간다"고 한다.

사람은 태어날 때 주변 환경이 한 평생을 좌우 한다고 한다. 그래서 사람이 나이가 들면 어린아이 시절로 돌아간다. 어린 시절에 시골에서 살았던 노인들은 도시에서도 시골 비슷한 곳에서 살면 더욱 건강해 진다.

우리는 처음 잘못 배우면 좀처럼 고치려고 해도 고칠 수 없는 것이다. 이래서 우리 주변 환경이 바르지 못하면 우리 자신도 모르게 환경의 지배를 받는 것이다.

옛 말에 맹모삼천지교孟母三遷之敎란 말이 있다. 맹자 어머니는 맹자를 키울 때 훌륭하게 키우기 위해 이사를 3번이나 갔다고 한다. 처음 살던 곳은 산골 공동묘지 가까운 곳에서 살았는데 맹자는 밖에 나갔다 오면 상여소리 산짐승 소리를 하는 것을 보고 맹모가 여기서 자식 교육시킬만한 곳이 못 되는 것을 알고 시장 옆으로 이사를 갔더니 장사하는 흉내만 내고 있어서 다시 글공부하는 서당 옆으로 이사를 했더니 그 때 부터 열심히 글공부하여 맹자가 대선비가 된 것이다.

그래서 말 없는 주변 환경이지만 집 뒤가 낮으면 하는 일미다 차차로 뒤로 넘어지고 대지가 옆으로 경사지면 하는 일마다 옆으로 간다는 것을 알고 있다면 이렇게 주택 건축을 하지 않으리라 생각된다. 주택이란 뒤가 높고 앞과 양 옆은 평탄하고 물이 산수회포山水回抱하면 좋은 주택단지이다.

남향집보다 더 좋은 건물은
배신임수 배지가 우선이다

풍수지리로 볼 때에 남향 배치보다 더 좋은 배치가 있다. 바로 배산임수背山臨水 배치다. 배산임수 배치란 문자 그대로 산을 등지고 물이 있는 쪽을 향해 건물을 짓고 지대가 낮은 쪽에 마당을 둬 내려다보게 하는 배치다. 지면의 높낮이가 확실하게 구분되지 않거나 강이나 바다가 직접 보이지 않는 지세에서는 빗물이 흘러가는 낮은 쪽으로 해서 마당을 만들어 건물에서 빗물이 내려가는 쪽을 바라보게 설치한다.

일반적으로 생기는 강물과 육지가 음과 양으로 조화를 이루는 낮은 지역에서 생겨나 바람을 타고 지상으로 옮겨진다. 생기生氣있는 바람을 받아들이기 위해서는 집이 생기가 불어오는 쪽을 향해야 한다. 생기 있는 바람은 물에서 일어나 산의 능선을 따라 위로 올라가는 바람이다. 그러므로 집을 배치할 때는 물이 있는 쪽에서 불어오는 바람을 집 안에 받아들이도록 하는 것이 원칙이다.

바람이 불어오는 쪽으로 건물을 배치하는 것이다. 바람은 낮에는 대류 현상에 따라 지대가 낮은 물가에서 시작해서 지대가 높은 산 쪽으로 불고 밤에는 산에서 낮은 곳으로 내려온다. 주로 낮에 활동하는 사람에게 필요한 바람은 물가에서 올라오는 바람이다. 이 배치는 또한 집의 전망을 넓어 보이게 한다. 일반적으로 물이 있는 쪽은 전망이 트여 있는 곳을 말한다. 물을 등지고 산이 있는 쪽을 바라본다면 산이 앞을 가로막는 형상이 되어 전망이 넓어 질수가 없다.

배산임수 배치는 물가에서 불어오는 바람으로 실내 공기압력을 높이는 방법이다. 바람이 집 안에 불어오는 쪽으로 건물을 배치하면 집안 기압이 바람으로 인해 조금씩 높아진다.

기압이 높아지면 그 안에 사는 사람도 기운을 받아 건강해진다. 바람을 등지고 건물을 배치하면 뒤에서 불어오는 바람이 집 앞 부분에서 회오리바람이 되어 집 안 기운을 훑어 나간다. 그러므로 집 안 압력은 오히려 떨어지고 여기 사는 사람은 떨어진 압력으로 인해 기운을 잃기 마련이다. 기운을 잃게 되면 제일 먼저 건강을 잃게 될 것은 당연한 결론이다. 건강을 잃으면 다른 일들도 잘 풀리지 않을 것 역시 당연하다.

반대로 남쪽 지면이 높고 북쪽지면이 낮은 대지에 집을 배치할 때는 지면이 높은 남쪽이 건물 뒷면이 되고 지면이 낮은 북쪽이 건물 앞면이 되는 북 배치가 배산임수에 따른 배치 방법이다. 그래야 북쪽에서 불어오는 생기를 받아들일 수 있기 때문이다. 이런 지세에 남향집을 지으면 햇빛을 많이 받아들이는 장점은 있지만 지대가 낮은 건물 뒷면을 돌이나 콘크리트로 받치고 집을 짓기 때문에 집이 뒤로 넘어지는 모습을 하게 된다. 더구나 건물 정면을 높은 산이 가로막고 있어 중압감을 느끼게 되고 산이 하늘을 가로막아 넓은 하늘을 바라 볼 수 없다. 하늘에서 마당을 통해 들어오는 생기生氣의 양도 부족해 집안에 불행한 기운이 가득 찬다. 또 북쪽에서 불어오는 생기를 막고 반대쪽을 바라보고 있는 형상이기 때문에 오히려 생기를 빼앗길 뿐만 아니라 산으로 올라가는 바람이 집터에 회오리바람을 일으켜 안의 기운을 빼앗아 간다. 이런 집에서 살면 우선 건강을 잃고 직업을 잃거나 손해를 보는 등 여러 가지 불행을 겪는다. 배산임수 배치 방법은 가장 대표적인 한국 전통 건축법이다.

주택건물은 마당 대문보다 지형 상 높은 곳에 배치되어야 배산임수 배치가 이상적이다

주택공간은 내부와 외부로 나누어지는데 외부공간인 마당은 조경이나 작업공간으로 이용된다. 그러니 마당보다 큰 중요성은 마당이 사람에게 절대적으로 필요한 생기生氣를 공급한다는데 있다. 마당의 기운氣運은 주택 내부에 그대로 전달되기 때문이다. 건물에서 발생하는 기운은 양陽의 기운으로서 이상을 추구하는 정신적 기운이다.

그러나 마당에서 하늘과 땅, 물 등 자연에 의해 발생되는 기운은 음陰으로서 사람의 건강, 재물, 여성의 기운 등이다. 주택과 마당이 서로 마주 바라보는 위치에 있으며, 마당의 기운이 주택 내부에 흡수되어 생기를 이루게 된다.

따라서 건물은 마당 출입문대문 보다 지형상 높은 곳에 배치되어야 배산임수背山臨水 배치가 이상적이다.

마당이 주택의 측면이나 후면에 있는 경우에는 마당의 기운이 주택의 기운과 결합할 수 없기 때문에 집 내부에 생기가 부족하게 된다. 마당은 정방형이 가장 좋다. 특히 정사각형의 마당에서는 공기회전이 자유로워 생기를 많이 발생하게 하는데 마당에 기운이 모이면 집안 재산도 많이 일어난다.

그러나 마당이 삼각형인 경우에는 뾰족한 기운이 발생되어 교통사고 등 불의의 사고를 당하거나 이웃 간 분쟁을 일으키거나 수입보다 지출이 의외로 많아지게 되는데 이러한 집에 셋방살이를 하여도 피해를 당하는 것은 마찬가지이다. 따라서 뾰족한 마당은 조경공사를 할 때 뾰족한 부분을 부드럽게 바꾸도록 해야 한다. 또한 마당이 장방형長方形인 경우도 마당의 기운이 제대로 순환되지 않아 질병을 초래할 수 있다.

마당과 건물이 모두 장방형인 경우에는 재물이 분산되고 단명하는 일이 발생하고 삼각형 마당에서 재산이 모이지 않고 가난을 면치 못한다.

건물형태가 남성에 해당된다면 마당은 여성에 해당된다. 따라서 마당에서 발생되는 기운은 여성에게 많이 작용한다.

건물에 기운이 뭉쳐 있으면 그 집에 거주하는 남자가 강력한 기운을 갖고 있고 건물 앞쪽 현관부분에 너무 많이 돌출하면 음이 강하여 여자가 내 주장을 하게 되고 마당에 기운이 뭉쳐 있는 경우에는 여성의 기운이 왕성해진다.

건물과 마당이 모두 강력한 기운을 갖고 있는 경우에는 남자와 여자 모두 왕성한 생명력을 갖게 된다. 건물과 마당이 음과 양을 마주보고 있으면 이런 주택에서는 여성과 남성이 1:1로서 원만한 관계를 유지하게 된다. 이것이 가장 이상적인 형태이다.

건물 뒷면에도 마당이 있는 경우가 있는데 앞마당과 뒷마당이 각각 있는 경우에는 이 집의 남자에게 두 여자가 생기는 경향이 있다. 뒷마당이 주택에 가려져 남들 눈에 잘 띄지 않는 것처럼 본 처 이외의 다른 여자는 남들 눈에 띄지 않는다. 그러나 뒷마당이 주택 전면에서 보이는 경우라면 여자관계도 공개적임을 의미한다. 이처럼 주택의 마당 수는 그 집 남자의 여성수와도 일정한 관계가 성립되는 경향이 있다.

그러나 뒷마당 규모가 매우 작은 경우에는 별도의 여성으로 해석하지 않는다.

이러한 경우 아파트에 있어서도 동일하다고 본다. 마당면적은 주택면적에 비례하는 넓이가 좋다. 주택 전면에 위치하고 있는 마당은 주택 연면적의 넓이에 비해 3배를 가장 이상적인 것으로 보고 있다. 5배를 초과할 경우에는 마당이 너무 넓어 생기生氣가 분산됨으로써 주택 내부에 전달되는 생기가 감소된다고 본다. 마당이 너무 넓은 경우에는 건물 3배 정도의 넓이를 안마당으로 하고 내부 울타리를 함으로써 생기가 흩어 지지 않도록 하는 것이 좋다.

아파트 단지 야산이 두르고
하천이 흐르는 곳이 최적지다

소규모 아파트단지 부지는 주변 여건에 그다지 구애를 받지 않는다. 부지가 완만한 경사를 이루고 있으면 배산임수 背山臨水 더 말할 나위 없이 좋다 하겠으며 평지를 보이더라도 아파트를 세우는 데는 별 어려움은 없다. 다만 그 부지가 장동사니로 매립된 곳이거나 복개천인 경우는 피해야 한다. 매립지 埋立地는 부패가스의 영향이 있는 곳이며 복개천 위에 아파트를 세웠다면 그곳 또한 복개천 내부의 부패한 기운이 거주인들의 건강을 위협한다. 이런 곳은 건물 자체의 안전성에 직결되는 많은 문제점과 아파트 건물의 수명에도 적지 않은 영향을 미친다.

우리나라의 도시나 마을이 들어선 입지조건을 살펴보면 그 나름대로의 입지 조건이 서로가 거의 비슷한 모습을 보이고 있다. 이는 곧 보국 형성이 잘 되어 있다는 뜻인데 한 결 같이 주산 主山을 뒤로 하고 주산에서 양옆으로 뻗어 나온 산맥이 도시나 마을을 감싸 안으며 그 안으로는 강이나 하천이 흐르는 모습을 하고 있다. 이렇게 본다면 신도시와 같은 대규모 아파트 단지의 부지도 신도시가 들어서기에 합당한 두 가지 필요조건이 선행 되어야 한다. 사방을 둘러보아서 야산이 꺼진 곳 없이 빙 둘러 싸고 있는 모양을 보이는 것이 첫 번째 조건이며 하천이 있는 것이 두 번째 조건이다. 야산은 바람과 소음 그리고 공해로부터의 피해를 막아주어 육체적 정신적 건강을 유지시켜주는 역할을 하며 하천은 정서적인 면에서 많은 도움을 주며 오염된 공기를 하천 주변에서 일어나는 대류운동에 의해 신선한 공기로 대체시켜 주는 역할을 한다.

이와 같은 조건이 충족되지 못한 대단위 아파트 단지는 하나의 도시로서의 기능을 오래토록 유지하기가 힘들다. 재개발이라는 허울 좋은 미명하에 건축폐기물 트럭에 실려 어디론가 떠나야 할 운명의 시간은 그리 멀지가 않다. 또한 상상하기도 어려울 만큼 쏟아져 나올 콘크리트 덩어리가 어마어마한 환경공해를 유발시킬 것은 자명하다 하겠으니 백년대계를 바라보고 아파트 단지 부지를 선정하는 지혜를 가져야 하겠다. 이러한 조건 외에도 전에는 아파트단지는 대도시에서 가까운 거리에 있어야 한다는 것도 중요한 조건 중의 하나였으나 도로망의 확충과 차량의 발달로 인해 그 설득력을 서서히 잃어버렸다.

아파트 단지 부지가 완만한 경사도를 보이는 경우를 먼저 배치해보자. 주택과 마찬가지로 높은 쪽을 뒤로 하고 낮은 쪽으로 건물 방향을 잡아야 한다.

동서남북의 향을 고려할 필요 없이 산맥이 흐르는 방향으로 자연스럽게 건물을 앉히면 된다. 아파트는 거실에서 바라보는 방향이 정면이 된다. 그러므로 거실의 방향이 낮은 쪽을 향하도록 하고 건물을 앉혀야 정상적인 배치가 된다 하겠다. 곧 배산임수背山臨水와 전저후고前低後高 두 법칙에 부합되는 배치 방법인 것이다. 따라서 공용 출입구도 낮은 쪽 앞쪽으로 내는 것이 정상이다.

그러나 실질적인 각 세대로 들어가는 현관은 아니기 때문에 높은 쪽 뒤쪽에 있어도 무방하다. 이렇게 거실에서 바라보는 방향이 낮은 쪽으로 되어야만 전망이 시원하게 펼쳐지니 마음도 넓어지고 원대한 포부도 생긴다. 반면에 높은 쪽을 향하여 돌아 앉아있는 모습을 하고 있으면 옹졸한 마음에 소갈머리 없는 폐쇄적 사고방식만 지닌 자들만 양산된다. 남향 선호 사상과 이윤추구가 목적인 건설회사의 합작품인 그릇된 배치방법은 물질적 욕구만 갈망하는 일그러진 사회상을 만드는데 한 몫을 하고 있다.

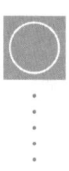

아파트는 5~9층이 로열층이다

아파트는 많은 사람이 공동생활 하는 곳이다. 단독주택은 한 울타리 내에서 생활하는 가족만이 좋은 기와 나쁜 기를 공유하여 그 영향력이 큰 반면 아파트는 그러한 기운을 많은 사람들이 공유하기 때문에 기의 영향력도 적다.

따라서 배합사택이라 하여 크게 잘되는 일도 없으며 불배합사택일지라도 그것 때문에 사람이 목숨을 잃는다거나 하는 그런 불상사는 일어나지 않는다. 주택에서 천(天: 지붕) 지(地: 계단과 정원) 인(人: 건물전체) 세 가지 요소가 충족되어야 올바른 가상家相이 성립되지만 아파는 이 세 요소 중 오직 하나인 인人과 천天 두 요소가 있거나 만약 최상층에 지붕이 있는 경우에는 인人과 천天 두 요소가 충족되는 불안전한 모습을 보인다.

그러나 대부분의 아파트는 옥상 층을 지붕으로 덮지 않고 슬래브로 처리한다. 이러한 아파트는 오직 인人의 요소 하나만 있고 천天과 천기天氣를 보존하는 지붕을 말하므로 최상층이 지붕을 덮혀 있다면 최상층 부분에 해당되는 세대는 그래도 귀貴의 영향을 받는 이점이 있는 반면에 지기地氣의 영향으로 본다면 아래층보다 덜 받는 불이익도 공존한다. 최상층 이하의 세대 천기보존 장소인 지붕이 없고 윗세대가 지붕을 대신하고 있는 모양을 보인다.

지붕 속은 정적인 공간으로 되어야만 수면 시 아무런 장애를 받지 않아 귀한 기운을 받아들인다 했는데 바로 위층의 공간이 같은 세대로 되어 있으니 천장에서 울려오는 여러 가지 소음은 수면을 방해하여 귀의 기운을 받을 수가 없는 불합리한 점이 있다.

따라서 최하층부터 최상층 바로 아래층까지는 오로지 인人의 요소만 있는 불완전한 세대가 된다. 층수로 보아 기존 아파트에서는 5층에서부터 9층 정도까지 소위 로열층이라 하여 다른 층의 세대에 비해 선호도가 높다.

전망이 좋은 곳에서는 더 높은 층이 되겠지만 풍수 개념으로 본 로열층은 9층 미만 5층으로 본다. 지기地氣가 미치는 범위를 나무가 자랄 수 있는 높이 즉 약 20미터 안팎이라고 볼 때 그렇다는 것이다.

이런 풍수이론은 현대과학으로도 설득력을 얻고 있다. 지상의 지자기는 0.5가우스로 측정되는데 위로 올라갈수록 점점 낮아져 아파트 4층 높이에서는 0.25가우스로 떨어진다. 이렇게 본다면 아파트는 고층보다는 지붕이 덮인 5층 이하의 저층이어야만 살기에 좋다는 결론이 나온다.

고층일지라도 5층 이하에 거주한다면 어느 정도 지기地氣의 영향을 받으니 그보다 높은 층에 사는 사람보다 좋은 영향을 많이 받는 이점이 있다.

아파트 주거 내에서 거실의 중요성은 매우 크다. 사회구조와 생활패턴이 바뀌어감에 따라 과거와는 달리 가족 중심의 생활방식을 지향하고 있기 때문이다.

따라서 오늘날의 생활로 본 아파트 거실의 성격은 가족의 단락團樂과 결속을 다지는 공간으로서의 기능이 충족되어야 한다. 거실은 아파트의 향向을 결정짓는 중요한 열쇠를 쥐고 있다. 가족들이 집안에서 가장 많은 시간을 보내는 장소이다. 거실의 모양새는 가족구성원의 성격 형성에도 많은 영향을 미친다.

따라서 네모반듯해야 하며 돌출된 부분이나 함몰된 부분이 없어야 한다. 아파트 좌우를 감싸 안 듯이 도로가 양쪽으로 흘러가는 형태의 위치에 자리잡은 아파트에는 재산 운과 금전 운이 매우 따르고 주변의 이해와 협조가 커서 모든 일이 순조롭게 이루어지며 집안이 번창하게 된다고 여겨서 길상吉相으로 판단한다.

양택은 주변 자연환경과 잘 조화돼야

사람은 누구나 일생동안 행복한 생활을 하고자 하고, 모두 건강한 육체를 가꾸어 무병장수 하기를 원한다. 그리하여 고통 없는 노년 老年 을 보내다가 임종을 맞아 이 세상을 떠나가게 되기를 바란다. 그런데 동양 역학의 관점에서 보자면 행복과 불행은 자신의 주어진 운명 및 운세 즉 선천운에 의해 일생을 살아간다고 하는데 여기에 후천적인 노력이 결합되어 행복한 일생을 살기도 하고 불행한 일생을 살기도 한다.

선천적 운명이란 사주, 관상, 손금이 있으며 후천적 운명에는 이름성명학과 풍수지리 風水地理가 있다. 그런데 이름은 자신의 의지가 아닌 부모의 의지에 의해 주어지므로 훗날 개명 하기 전까지는 선천 운명과 같은 영향력을 행사한다. 우리는 후천운 부분에서 어떤 노력을 해야 할까. 그것은 이론상 풍수지리뿐이므로 거기에 관심을 가질 수밖에 없다.

양택은 생존자의 주거지로서 도읍. 촌락 등 집단적으로 생활을 영위

할 환경에 자연이 주어진 산·수·풍·화의 취기된 곳이라야 한다. 또한 양택은 음택과는 다르게 지기 보다는 주산주변 건물이 잘 감싸 안아주면서 일조량이 많아 온난하고 장풍득수가 잘 되며 주변환경에 중점을 두어야 하며 환경과의 자연조화를 최대한 유리하게 활용하는데 있다. 햇볕과 공기와 물과 지기야말로 가장 근원적인 자연 환경이 아니던가. 자연환경과 조화를 이루고 그것을 올바르게 활용함으로써 자신에게 주어진 생활, 환경, 운세를 개선할 수 있다.

주택 건물 풍수지리로 볼 때에 남향배치 건물보다 더 좋은 배치가 있다

풍수지리로 볼 때에 남향 배치보다 더 좋은 배치가 있다. 바로 배산임수 배치다. 배산임수 배치란 문자 그대로 산을 등지고 물이 있는 쪽을 향해 건물을 짓고 지대가 낮은 쪽에 마당을 둬 내려다보게 하는 배치다. 지면의 높낮이가 확실하게 구분되지 않거나 강이나 바다가 직접 보이지 않는 제세에서는 빗물이 흘러가는 방향을 낮은 쪽으로 해서 마당을 만들어 건물에서 빗물이 내려가는 쪽을 바라보게 설치한다.

일반적으로 생기는 강물과 육지가 음과 양으로 조화를 이루는 낮은 지역에서 생겨나 바람을 타고 지상으로 옮겨진다. 생기 있는 바람을 받아들이기 위해서는 집이 생기가 불어오는 쪽을 향해야 한다. 생기 있는 바람은 물에서 일어나 산의 능선을 따라 위로 올라가는 바람이다. 그러므로 집을 배치할 때는 물이 있는 쪽에서 불어오는 바람을 집안에 받아들이도록 하는 것이 원칙이다. 바람이 불어오는 쪽으로 건물을 배치하는 것이다. 바람은 낮에는 대류 현상에 따라 지대가 낮은 물가에서 시작해서 지대가 높은 산 쪽으로 불고 밤에는 산에서 낮은 곳으로 내려온다.

주로 낮에 활동하는 사람에게 필요한 바람은 물가에서 올라오는 바람이라 이 배치는 또한 집의 전망을 넓어 보이게 한다. 일반적으로 물이 있는 쪽은 전망이 트여 있는 곳을 말한다. 물을 등지고 산이 있는 쪽을 바라본다면 산이 앞을 가로막는 형상이 되어 전망이 넓어질 수가 없다. 배산임수 배치는 물가에서 불어오는 바람으로 실내 공기 압력을 높이는 방법이다.

바람이 집 안에 불어오는 쪽으로 건물을 배치하면 집안 기압이 바람으로 인해 조금씩 높아진다. 기압이 높아지면 그 안에 사는 사람도 기운을 받아 건강해진다. 바람을 등지고 건물을 배치하면 뒤에서 불어오는 바람이 집 앞부분에서 회오리바람이 되어 집 안 기운을 훑어 나간다. 그러므로 집 안 압력은 오히려 떨어지고 여기 사는 사람은 떨어진 압력으로 인해 기운을 잃기 마련이다. 기운을 잃게 되면 제일 먼저 건강을 잃게 될 것은 당연한 결론이다.

건강을 잃으면 다른 일들도 잘 풀리지 않을 것 역시 당연하다. 반대로 남쪽 지면이 높고 북쪽 지면이 낮은 대지에 집을 배치할 때는 지면이 높은 남쪽이 건물 앞면이 되는 북향 배치가 배산임수에 따른 배치 방법이다.

그래야 북쪽에서 불어오는 생기를 받아들일 수 있기 때문이다. 이런 지세에 남향집을 지으면 햇빛을 많이 받아들이는 장점은 있지만 지대가 낮은 건물 뒷면을 돌이나 콘크리트로 받치고 집을 짓기 때문에 집이 뒤로 자빠지는 모습을 하게 된다.

더구나 건물 정면을 높은 산이 가로막고 있어 중압감을 느끼게 되고 산이 하늘을 가로막아 넓은 하늘을 바라볼 수 없다. 하늘에서 마당을 통해 들어오는 생기의 양도 부족해 집 안에 불행한 기운이 가득 찬다.

또 북쪽에서 불어오는 생기를 막고 반대쪽을 바라보고 있는 형상이기 때문에 오히려 생기를 빼앗길 뿐만 아니라 산으로 올라가는 바람이 집터에 회오리바람을 일으켜 집 안의 기운을 빼앗아 간다. 이런 집에서 살면 우선 건강을 잃고 직업을 잃거나 손해를 보는 등 여러 불행을 겪는다.

배산임수 배치 방법은 가장 대표적인 한국 전통 건축법이다. 궁궐과 사찰은 물론 개인 주택에 이르기까지 대부분 이 방법을 적용했으며 오늘날까지도 가장 이상적인 배치 방법으로 이용되고 있다. 건물에는 햇빛보다 기압이 더 중요하다는 것이 풍수지리 이론이다.

비석비토非石非土의 토질에는
고귀한 인물이 배출된다

    좋은 택지의 토질은 비석비토非石非土의 생토生土를 최고로 친다. 이런 토질이어야 기氣 조화가 원활하여 정신이 맑아지고 육체적인 건강도 보장되며 건강한 정신에서 고귀한 인물도 배출된다.

    택지는 넓은 도로에서 많이 떨어진 주거지역을 택할 것이며, 소음이 없고 땅을 타고 울려오는 진동이 없는 곳을 택해야 한다. 특히 땅을 타고 울리는 진동이 있는 곳에서 생활을 하면 수면 시 조금씩 스트레스가 축적 되어 좋지 않은 징조가 나타나며 심하면 정신적 장애와 임산부일 경우에는 유산과 기형아의 출산도 염려되므로 각별한 관심을 요한다. 물론 고귀한 인물 또한 배출되지 못할 것은 자명한 일이다.

    택지 바로 옆으로 자신보다 몇 배 이상 큰 건물이 있는 것도 흉하다. 건물에 부딪친 바람은 벽을 타고 소용돌이를 일으키며 불순한 공기로 바뀌어 인체에 해로운 영향을 끼친다. 배산임수背山臨水처럼 뒤쪽으로 자신 보다 조금 크거나 높은 건물이 있다면 좋다고 하겠으나 비교가 안될 만큼 큰 건물은 없어야 된다. 건물의 규모가 차이가 많이 나면 정신이 불순해지며, 몸이 허약한 자와 어린이에게 해로우며 질병에 자주 걸린다. 겉으로 봐서 구별이 되지 않은 매립지가 간혹 있다. 다른데서 가져온 깨끗한 흙일 경우 기초공사와 다지기를 철저히 했다면 해害가 없으나 기본적으로 살펴야 할 요소들은 땅 밑으로 흐르는 수맥이 있는지 조사하는 것이다.

이러한 수맥을 조사하지 않고 집을 짓거나 건물을 세운다면 오래지 않아 지하실 바닥이 갈라지고 벽이 갈라지는 불상사를 초래한다. 그것 뿐만 아니라 정밀한 기계 또한 고장을 자주 일으키며 설상가상으로 수맥 위에 잠자리 미련했다면 인체에 많은 해를 받게 될 것은 자명한 일이다. 이제는 처음부터 택지를 선택하는 과정에서 수맥의 유무를 살펴서 건강한 생활을 유지하도록 해야 한다. 현재 우리가 살고 있는 마을이나 도시를 수맥이 있나 없나를 잘 살펴보고 또한 보국형성保局形成:마을이나 도시를 둘러싸고 있는 산과 그 사이로 흐르는 하천 이 잘 되어 있다는 것을 알 수 있다. 곧 건물을 세울 수 있는 입지조건이 좋다는 것이므로 이런 곳에서 택지 선택을 할 경우 평지平地에서는 가능한 도로가 앞쪽으로 난 남향의 부지와 가옥을 선택하는 것이 바람직하다. 그리고 약간의 경사진 곳非山非野은 높은 쪽을 뒤로 하고 낮은 쪽을 향해 있는 택지와 가옥을 선택하기 바란다. 이는 곧 자연에서 순응하는 것이니 동서남북을 따질 필요는 없다.

그러나 지형지세에 순응하는 길늄한 방법이 있음에도 불구하고 남향을 선호해서 버젓이 앞이 꽉 막힌 산높은 곳을 향한 주택과 아파트와 빌딩이 허다한 실정이다. 이는 자연지세를 거스르는 좋은 실례라 하겠고 학부에서 건축을 전공했다는 건축가들의 한심한 작품들이 후손과 나라의 장래를 망치는 꼴이 된 것이다. 그러니 이제부터는 이러한 실수는 되풀이하지 않도록 해야겠다. 햇빛이 앞에서 비치건 뒤에서 비치건 간에 몸 하나 따뜻한 건 똑같다는 이치를 깨우쳤다면 이러한 실수는 범하지 않았으리라. 이런 배치를 하고 있는 건물에는 절대로 영웅의 기질을 가진 자 없으며, 소인 잡배만 들끓게 되니 어찌 우리의 앞날이 밝다고 하겠는가. 남향이 아니면 분양이 안 된다고 눈앞의 이익만을 추구하는 어리석은 주택업자들도 이제는 생각을 고쳐먹어야 한다.

산山과 인간은 어떤 관계를 맺고 있을까

산은 우리에게 무엇인가. 산과 인간人間은 어떤 관계를 맺고 있을까. 산은 베푼다. 일컬어 능히 기氣를 베풀고 퍼지게 하여 만물萬物을 생성하게 한다.

우리나라는 산의 나라이다. 우리 민족은 산에 둘러싸여 살아서 해가 뜨고 지며 강이 시작되고 온갖 생물이 자라나므로 산은 생명의 원천이었다,

우리 민족에게 산은 본원적인 그 무엇이었다. 우리 민족이 산을 전통적으로 어떻게 생각하고 대해 왔는지 산과 어떤 관계를 맺어 왔는지를 풍수지리사상의 입장에서 본 산에 대해 밝히고자 한다.

풍수지리에선 한자一尺만 높아도 산이라고 말한다. 산은 물과 함께 땅으로 보아도 무리가 없다. 또 인위적으로 만든 가산도 넓은 의미에서는 산에 포함된다. 천산은 넓은 의미에서 모든 산은 하늘의 정기가 아래

로 응결한 것이니 이른바 저 멀리 아득히 보이는 하늘아래 우뚝 솟은 산은 경외스럽고 신성한 대상이었을 것이다. 그 산은 천산이라 불렀다. 천산 관념은 인간에게 있어 산이 하늘을 대신하는 몸이 되는 과정으로 천지 인관계가 하늘을 위주로 구조화된 상태 의산 관념이다. 이후 천산 千山에서 삼신산三神山 사신사 오성 관념으로 발전하여 저 멀리 아득히 높은 산에서 마을 주위의 동산까지 각각이 일월오성의 기운과 상응한 것으로 인지된다. 우리민족의 산 관념은 풍수지리사상의 입장에서 보아 다음의 세 가지로 요약할 수 있다.

첫째, 한민족은 전통적으로 산을 숭배하였다. 산은 하늘의 신이 머무는 신령스러운 곳 이라 하여 백산이라 이름하였다.

둘째, 산을 용처럼 천변만화하여 조화를 지니며 길흉을 주는 산이라 하여 용산이라 하였다.

셋째, 하늘과 산과 사람을 한 몸으로 생각하며 허하고 결함이 있으면 조산하여 보완하고 지나치면 유화하는 비보압승 관념이다. 우리는 산천이 인물을 낳는다는 믿음을 갖고 있다. 지령은 인걸이라는 말에 이런 믿음이 잘 드러나 있다. 논두렁의 전기라도 타고나야 면장이라도 할 수 있다고 생각할 정도로 이 믿음은 우리 믿음 깊은 곳에 자리 잡고 있다. 한 신화를 들어보자.

옛날에 환인이 있었는데 그 아들로써 환웅이 있었다. 환웅은 항상 천하에 뜻을 두고 인간세상을 다스리고자 하였는데 아버지가 그 아들의 뜻을 알고 삼위태백三危太白을 내려다본즉 그 곳이 과연 인간 세상을 널리 이롭게 할 만한 곳이라. 이에 천부인 세 개를 주어서 환웅으로 하여금 인간세상을 내려가 이를 다스리게 하였다. 환웅은 무리 3천명을 거느리고 태백산 꼭대기에 있는 신단수 밑에 내려왔는데 이 곳을 일러 신시神市라고 한다. 이 때 곰 한 마리와 호랑이 한 마리가 같은 굴속에 살고 있었는데 항상 사람 되기를 환웅에게 기원 하였다. 환웅은 신령스런 쑥 한 심지와 마늘 스무 개를 주면서 말하기를 너희가 이것을 먹고 백일 동안 햇빛을 보지 않는다면 곧 사람이 될 것이다 라고 했다.

    곰은 이것을 받아먹어 삼칠일동안 근신하니 여자의 몸이 되었다. 그러나 호랑이는 근신하지 못하여 사람이 되지 못했다. 그와 결혼 할 상대가 없었으므로 날마다 신탄수 밑에 와서 잉태하기를 기도하였다. 이에 환웅이 임시로 사람으로 변하여 그와 혼인하였더니 이내 잉태하여 아들을 낳았다. 이가 바로 단군왕검이다.

    단군왕검은 평양성에 도읍하여 비로소 국호를 조선이라 불렀다. 기자를 조선에 봉하니 단군은 아사달에 숨어 산신이 되었는데 나이가 일천구백세(참고:삼국유사 권1) 고조선였다고 한다.

태조 왕건이 좋은 집터에서 태어나 임금이 되었다는 이야기

태조 왕건은 신라 헌강왕 3년 877년에 지금의 개성인 송악군에서 탄생하였다. 그의 조상에 대해서는 남겨진 기록이 없어 자세히 알 수는 없으나 할아버지는 작제건이고 아버지는 융건으로 그 지방에서 기반이 굳은 교양 있는 호족이었다. 이런 가문에서 태어난 왕건은 어려서부터 도량이 넓고 깊어서 세상을 다스릴 만한 인물이었다. 그는 스무 살 진성여왕 10년 때 부터 후고구려의 궁예 밑에서 벼슬을 하였고 사방을 평정하는 혁혁한 공을 세워 궁예의 신임을 받아 지금의 수상의 지위까지 올랐다. 고려를 개국해 왕위에 올랐을 때는 왕건의 나이 마흔 둘이었다.

한 나라가 세워지면 으레 개국시조와 건국 공신들을 미화시키는 갖가지 신비로운 신화와 전설들이 뒤따른다. 고려 왕건도 예외는 아니었다.

왕건 신화에 의하면 건 자가 붙은 이름으로 삼대三代 즉 삼건三建이란 왕건의 할아버지인 작제건, 왕건의 아버지인 융건, 그리고 융건의 아들인 왕건을 이른다. 그러면 고려는 왕실의 선대를 어떻게 미화하고 왕건은 어떻게 태어나 임금의 자리에 올랐는가.

왕건의 6대조요 고려 왕씨의 시조로 자처하며 개성에 처음 이주한 사람은 호경이란 이름을 가진 신라의 성골 출신의 장군이었다. 그는 백두산을 시작으로 명산을 두루 유람하다가 훗날 고려 왕궁이 자리 잡은 개성의 주산인 부소산송악산 왼쪽 산골짜기로 옮겨와 살았으나 자식이 없었다. 활쏘기를 잘 했던 호경은 하루는 마을 사람 아홉 명과 함께 매 사냥을 나갔다가 날이 저물어 바위굴 안에서 자게 되었다. 그런데 호랑이 한 마리가 굴 입구에서 큰 소리로 울부짖었다. 위험을 느낀 사람들은 각자 입고 있던 옷을 굴 밖으로 내던져 호랑이가 맨 처음에 무는 옷의 임자가 나가서 호랑이와 싸우기로 하였다. 그런데 계속 호경의 옷만 무는 지라 약속대로 호경은 굴 밖으로 나갔다. 그러자 호랑이는 간데없고 별안간 굴이 무너지는 바람에 안에 있던 아홉 사람은 다 죽고 호경만 살게 되었다.

호경은 이 사실을 관청에 알리고 그들을 장사지내 주기 위해 먼저 산신에게 제사를 지냈다. 이때 산신이 나타나 나는 본래 과부로서 이 산을 지키고 있다. 다행히 성골 장군인 당신을 만나 신정神政을 펼치고자 하니 당신이 이 산의 대왕이 되어 달라 라고 말하고는 호경을 데리고 사라졌다. 사람들은 호경을 대왕으로 봉하고 사당을 세워 제사 지냈다. 그리고 아홉 사람이 함께 죽었다 하여 산의 이름을 구룡산九龍山이라

고쳤다.

그 후 호경은 옛 부인을 잊지 못 하여 밤마다 꿈같이 찾아와 동침을 하여 아들을 낳았는데 그가 강충이다.

강충은 생김생김이 단정하고 근엄하며 재주가 많았다. 그는 장성해 부잣집 딸 구치의 에게 장가들어 송악산 뒤쪽에 위치한 오관산 마가갑 이란 곳에서 살았다. 이때 풍수지리에 능통한 신라 지방관 팔원이 라는 사람이 와서 말하기를 부소산이 산세는 좋으나 나무가 없으니 부소군을 산 남쪽으로 옮기고 소나무를 심어 암석이 드러나지 않도록 하면, 그 곳에서 삼한을 통일할 자가 태어날 것이다 라고 하였다.

풍수에서는 당시의 부소산처럼 바위가 많고 나무가 없는 산을 동산 童山이라 하는데 갓난아이의 머리털이 없는 것에 빗대어 붙인 명칭이다. 이에 강충은 부소군 사람들과 함께 산 남쪽으로 옮긴 후 산에 소나무를 심고 군 이름도 돌산이 울창한 송림으로 변했다 하여 송악군 이라고 고쳤다.

그가 한번은 꿈을 꾸었는데 어떤 아름다운 여인이 나타나 부인이 되기를 청하였다. 그 후 영안 성으로 가는 길에 한 여자를 만났는데 꿈속의 여자와 꼭 닮아 그녀와 혼인을 하였다. 뒤에 그녀는 위숙왕후로 추존되었다. 세상 사람들은 그녀가 어디에서 왔는지 알 수 없어 꿈에서 본 여인이란 뜻에서 동부인이라 불렀고 삼한의 어머니가 되었다고 하여 한韓씨라고도 하였다. 융건은 송악산 옛집에서 여러 해를 살다가 남쪽에 새 집을 지어 이사를 하였다. 그 곳이 바로 고려 연경궁 봉원전의 터이다. 그런데 하루는 전라도에 살던 도선 국사가 당나라에서 풍수지리를 배워 돌아오는 길에 백두산을 둘러보고 송악에 이르러 융건의 집을 보게 되었다. 집터를 둘러 본 도선 국사는 기장조을 심을 터에 왜 삼을 심었는가 하는 말을 남기고 홀연히 가버렸다. 기장을 뜻하는 제는 그 음이 왕을 뜻하는 제와 같으므로 왕씨가 왕이 된다는 것을 암시한 것이었다.

부인으로부터 이 말을 전해들은 융건은 황급히 따라가 도선 국사를 만났는데 둘은 마치 구면인 양 금방 친해졌다. 도선은 융건과 함께 송악산에 올라가 산수의 내맥(來脈 : 내려오는 산줄기)을 살폈다. 그는 이 땅의 지맥은 백두산에서부터 내려와 마두명당(馬頭明堂 : 말머리 모양의 명당. 고려의 왕궁 터)에 떨어졌으니 서른여섯 칸의 집을 지으면 천지의 큰 운에 부합하게 된다. 내년에는 반드시 슬기로운 아들은 낳을 것이니 이름을 왕건이로 지으라고 한 다음 그 아이가 장성하거든 전해 주라면서 비기를 주었는데 봉투에 삼가 글을 받들어 백번 절하면서 미래에 삼한을 통합할 주인인 대원군자大原君子에게 드리노라 라 썼다. 융건 도선의 말 대로 집을 짓고 살았는데 과연 부인 위숙왕후 한씨가 임신하여 아들은 낳았으니 그가 바로 고려 태조 왕건이다.

물론 이러한 신화를 그대로 역사적 사실로 볼 수는 없지만 도선 국사가 알려준 명당에 집을 지어 그 집터 덕으로 왕건이 태어났음을 강조하고 있다. 이처럼 고려는 풍수설을 빌어 국도인 송악을 신비로운 왕씨의 발상지로 미화하고 도선 국사 같은 풍수지리의 대가들을 끌어들여 태조 왕건의 출생 및 내력이 신성함을 증언하게 하였다. 이로써 삼국통일을 이룬 고려의 개국은 이미 정하진 하늘의 뜻이었음을 보여 주려 하였다. 또한 왕건이 비록 쿠데타를 일으켜 궁예를 몰아내고 고려왕이 되었지만 중국 당나라 황제의 핏줄이며 천자의 상을 입고 태어났기 때문에 그가 왕이 되는 것은 당연한 일이라고 백성들이 믿게 하였다. 한편으로는 왕건의 출생이 중국 황실과 관련이 있음을 내비쳐 왕건에 대한 도전은 곧 중국 황권에 대한 도전임을 시사함으로써 권력을 위협하는 정적들의 발호를 막고자 하였다. 한편 왕건이 집터가 좋아 왕이 되었다는 집터는 초승달은 점점 커져 만월이 되기 때문에 길한 것으로 여겨졌다. 반면 달은 차면 기울게 마련 둥근 보름달과 같다면 얼마나 답답하겠는가?

반면 궁궐이나 집이 초승달처럼 생긴 땅에 앉혀졌다면 아마도 아늑하고 편안한 기분이 절로 들 것이다. 그래서 풍수에서는 초승달처럼 생긴 땅을 훌륭한 길지로 여긴다.

또한 고려 태조 때도 양택주택 집터풍수인 주거 풍수가 성행하였음을 말해준다.

만석꾼 집 며느리 소원

재물이 쌓이는 천을택天乙宅이라도 부엌 위치에 따라 사정이 달라진다. 만석꾼의 집에 시집온 새 색시가 내가 손님을 치르려고 온 것인지 아니면 죽도록 일하려고 온 것인지 알 수가 없어 참 시아버님도 딱하셔 내 재산 귀한 줄 모르고 오가는 길손에게 퍼 준다면 장차 무엇이 남는단 말이야 며느리의 푸념은 갈수록 심해졌다. 아닌 게 아니라 이 집 주인은 재산 관리에 흥미가 없어 보였다.

가난한 선비며 떠도는 거렁뱅이가 찾아와도 언제나 따뜻하게 맞아 주었다. 하루를 쉬든 며칠을 먹든지 간에 전혀 개의치 않았다. 그러다 보니 많은 음식을 준비해야 하는 며느리는 이른 아침부터 늦은 저녁까지 눈 코 뜰 새 없이 바빴다. 잠시도 쉴 틈이 없어 푸념이 여간 아니었다.

그러던 어느 날 한 스님이 대문간에서 탁발경문을 외우면서 동냥하는 일을 청했다. 옳지 저 스님에게 말하는 게 좋겠어. 며느리는 한 뒤 박의 쌀을 들고 달리듯 대문간으로 가서 스님 한 가지 말씀드릴게 있습니다. 뭣인지요. 우리 집엔 너무 많은 사람들이 드나듭니다. 시도 때도 없이 찾아오는 손님 때문에 일하는 저만 죽을 지경입니다. 만석꾼 집에 시집오면 호강 한다는데 이러다간 제 명대로 살지 못 할 것 같습니다. 그러니 스님 우리 집에 손님이 오지 않게 하는 좋은 방도가 없을까요. 방법이야 있지요 다만 이런 저런 방법을 쓰고 나서 후회 할 일이 생기지 않을까 그게 걱정입니다. 나중에 일어날 일이 무엇이 걱정 입니까. 한시라도 쉴 틈이 없으니 그게 죽기보다 못한 고역 이지요. 스님은 알겠다는 듯 고개를 끄덕였다. 정히 그렇다 면 소승의 말대로 하십시오. 스님은 집이 서 있는 곳에서 전 후 좌 우의 산자락을 가리켰다. 특히 위쪽의 가리산에서 흘러나오는 물이 아래쪽에 고여 흐르는 곳과 만나는 징검다리를 가리켰다 저곳 돌다리 부분이 고양이 목에 해당 합니다. 스님은 다시 집 뒤쪽의 산을 가리 켰다. 별로 높지 않은 동산이 바로 쥐 산입니다.

스님은 잠깐 생각하고 나서 뒷말을 이었다. 부인께서 사시는 집은 재물이 쌓이는 천을택天乙宅입니다. 대문이 북쪽에 위치하고 안방이 북서쪽에 자리 잡은 상서로운 집이지요.

흔히 풍수가들은 천을택을 산기천중자귀현山起天中子貴賢 이라 한 다. 집안이 좋아 슬하에 아들 셋을 두고 부귀를 누리며 남자는 장수한다. 그러나 괴이하게 부인과는 상극이다. 이런 집이라도 부엌 위치에 따라 사정이 달라진다. 부엌을 서쪽으로 내는 방법이다. 스님이 집안 구조를 쓰윽 훑어본 것은 안방이 북서이고 부엌 역시 북서이기 때문에 더 이상 왈가왈부 할 필요가 없다고 결론지었다.

아무리 천을택이지만 북서쪽의 부엌은 아내와 상극이고 자식이 상하며 재산을 잃고 주색잡기에 빠지게 된다. 그런 점에서 스님은 별 부담 없이 며느리의 청을 들어 주었다.

집안에 손님이 끊지 않게 하려면 앞산이 있는 고양이 바위를 깨뜨리면 됩니다. 그런 다음 돌다리를 없애어 강물이 자연스럽게 흘려가도록 하십시오. 스님은 그 말을 끝으로 떠나 버렸다.

며느리는 집에서 부리는 하인 서넛을 데리고 다음날 일찍 고양이 바위로 올라가 망치와 정으로 바위 중심부에 하인들은 열심히 바위를 깨뜨렸다. 그리고 돌다리마저 치워 버렸다.

이로부터 두 달쯤부터 집안에 변고가 일어났다. 자꾸만 도둑이 들고 농사를 짓고 나면 도둑이 몰려와 가족들을 위협하고 재물을 빼앗아 갔다. 이래서 며느리는 재산이 없으니까 할 일이 없어 졌다.

반 풍수의 재주로 칠삭동이를 낳은 사람을 구한 이야기

　가난한 시골 선비 집에 시집온 새색시가 겨울은 닥쳐오는데 먹을 것이 없어 남편에게 이대로 가만히 있다간 온 식구가 굶어 죽겠소 하며 밑천 안들이고 돈을 벌어 올 수 있는 것은 풍수밖에 더 있겠소 하며 남편을 종용하였다. 선비는 색시가 주는 패철을 차고 밖으로 나갔으나 막상 갈만한 곳도 없었다. 그러나 이 마을 저 마을 다니던 중 어느 날 마을 어귀에서 서성거리는 중년 노인이 허리를 굽신 꺾으며 박 선비를 맞이했다.
　"나는 이 동네에 사는 최가요. 먼 길 오시느라 불편이 많았겠습니다."
　"며칠 쉬시며 좋은 묘자리나 물색 해 주십시오."
　자신을 최가라고 했지만 천석꾼 소리를 듣는 부자였다. 최 부자는 박 선비를 집으로 데려온 후 넉넉하게 음식을 대접했다. 박 선비가 도착하기 전 이미 그 곳에는 여러 명의 지관풍수사들이 저마다 찾아낸 명당에 대해 얘기들이 한창이었다. 그러나 박 선비는 일절 입을 열지 않았다. 일주일 동안 단 한 마디도 뻥긋하지 않자 이제껏 사람들을 눈여겨 본 최 부자는 박선비야 말로 뛰어난 풍수지관이라고 단정했다. 일단 모든 사람들에게 여비를 주어 돌려보내고 혼자 남게 하였다.

"오늘은 쉬고 내일 산으로 가는 게 좋겠습니다."

최 부자는 정중히 말을 하였다.

날이 새면 산으로 가야 하는데 풍수공부는 하지 않았으니 큰 걱정이 었는데 야심 삼경에 누군가 박 선비가 있는 방을 두드린다. 방문을 열어 보니 두 여인이 서 있었다. 하녀로 보이는 한 사람은 조촐한 술상을 든 채였다. 나이 듬직한 여인이 대신 술상을 받아 들고 안으로 들어오자 하녀는 문밖 동정을 살폈다.

"처음 뵈는 분에게 참으로 송구스럽습니다. 사정이 너무 다급하기로 무례를 저질렀으니 헤아려 주십시오."

박 선비는 여인에게 급박한 사정이 있는 것이라 생각했다. 여인은 흘러내리는 눈물을 훔치며 기박한 사연을 내비쳤다.

"제가 시집 온 것은 일 년 전 이랍니다."

부부금슬도 나무랄 데 없이 좋습니다만 지금은 후원 창고에 갇혀 있는 신세랍니다. 이렇게 나으리를 뵈올 수 있는 것은 모두가 친정에서 함께 온 하인 덕분이지요. 지금 문밖에 있는 저 아이랍니다. 여인의 사연은 이런 것이었다.

시집와서 사내아이를 낳았는데 그것이 칠삭둥이였다. 일곱 달 만에 낳았으니 시집오기 전 불륜한 짓을 하였다 하여 온갖 학대를 받았다. 걸핏하면 주먹질이고 이제는 아예 창고에 가둔 채 하루 한 끼 식사로 연명한다고 목이 메었다.

"부인 내가 도울 일을 말씀해 보시지요."

"오늘 아침 떠나간 사람 중에 친정에서 온 풍수사가 있었답니다. 산세를 살피고 나서 칠삭둥이를 낳을 수밖에 없다는 산세라는 거예요. 조상의 묘가 호랑이 혈이니 칠삭둥이를 낳으면 집안이 더욱 일어나고 벼슬자리에 나갈 후손들이 많이 태어난다는 거예요. 모든 그 사람만 의지하고 기다렸는데 웬일인지 아버님께서 모든 풍수사를 돌려보내고 나으리만 남게 했습니다. 그래서 이렇듯 찾아와 무례를 범했습니다. 누명 벗을 방도가 있었군요."

"내일은 아버님과 산으로 가서 어머님이 묻힌 곳에서 왼쪽으로 서른 걸음 떨어진 곳에 참나무 한 그루가 서 있을 거예요. 나무 가까이 가면 무슨 표시가 있습니다. 앞산을 바라보면 붉은 칠을 한 나무를 땅에 박아 둔 자리가 있습니다. 여기를 보고 향을 정하시면 됩니다."

다음날 박 선비는 최 부자 집의 우울한 분위기를 하루아침에 바꿔 주었다.

전통이사 풍속은 이러했다

우리 조상들은 이사를 할 때 풍수지리에 따른 이사 풍속을 지킴으로써 액운을 막고 길운을 부른다고 믿고 이를 반드시 지켜왔다. 우리 조상들의 이사 풍속은 이러했다.

① 호주나 세대주, 장자, 부인, 나이, 날짜, 일진, 방위들을 맞춰 이사했다.

② 세살, 겁살, 재살, 삼살방위, 대장군 방위에는 이사하지 않는다. 이사 갈 때는 반드시 길한 날을 택일하여 갔다.

③ 이사 갈 때 제일 먼저 가지고 가는 것 솥 안에 요강을 넣어서 먼저 가지고 가는 것은 의미가 크다. 솥과 요강은 인간의 기본적인 생리 현상을 담당하는 근본적인 기구로 생활이 순탄하게 영위되기를 바라는 뜻이다. 또 요강은 오줌을 뜻하는 것인데 이는 부정을 억누르는 것이라고 믿고 제일 먼저 큰 방 한가운데 들여 놓았던 것이다.

④ 대문 앞에 소금을 뿌리는 것은 소금이 부정을 막고자 함이고 소금자

루를 맨 뒤에 가지고 나오는 것은 이사 떠나기 전 최후까지 흉액을 막고자 함이다. 또 이사해서 먼저 소금을 뿌렸던 것은 이사 온 집에 있을지도 모르는 부정을 막기 위해서이다.

⑤ 떡을 해서 농 안에 넣어간다. 이것은 역시 풍년을 기원하는 뜻이 담겨져 있다. 왜냐하면 풍년이 들지 않고는 떡을 해 먹을 수가 없었기 때문이다. 또 붉은 팥떡을 해감으로써 농에 함께 붙어 올지도 모르는 악귀를 쫓고자 하는 의미도 있다.

⑥ 문구멍을 찢어놓고 가거나 방문을 열어놓고 가는 것은 살던 집의 복이 찢어 놓은 문구멍이나 열어 놓은 문을 통하여 따라 나와서 함께 가기를 바라는 뜻에서였다.

⑦ 장롱 밑에 빨간 색으로 왕자를 써 붙여 간다. 이렇게 하면 악귀가 따라오지 못한다고 생각하였다. 그래서 귀신이 가장 무서워한다는 붉은 색으로 왕자를 쓴 것은 왕권이 가장 큰 권력이므로 귀신도 겁을 먹고 따라 오지 않으리라는 데서 비롯된 것이다.

⑧ 이사하는 집 대문 위나 방문 위에 엄나무가시와 약쑥을 매다는 것은 우리 민속에서 쑥이 가지는 의미는 그 비중이 크다. 단군신화에서부터 약쑥은 신비한 힘을 지니고 있었다. 약쑥과 은진쑥은 독특한 향내가 있으며 약효가 인정되어 한약재로 쓰일 뿐만 아니라 엄나무도 약재로 쓰이며 귀신이 독특한 가시 때문에 잡귀를 쫓아내는데 효력이 있는 영초로 믿었다.

⑨ 바가지에 물을 떠 고추 숯 소금을 넣고 이사든 집 부엌에 두는 것은 이는 바가지 물 고추 숯 소금이 주력을 이용하여 부엌을 정화하고자 함에서였다. 부엌신조왕신은 한 가정의 영속을 관장하는 만큼 대단히 중요시 하였으며 부엌은 식생활과 직접 관계가 있으므로 그만큼 청결을 요하는 곳이다.

⑩ 이사 갈 때는 방을 쓸지 않는 것. 이사를 하게 되면 못 쓰는 물건이나 쓰레기가 많이 나오는데 이것은 지금까지 한 집안에서 생사고락을 같이하여 온 물건들이다. 여기에는 눈에 안 보이는 복이 서려 있다고 믿었으며 쓸어내 버림으로써 복을 버리는 결과가 된다고 생각하였던 것이다. 이것은 원시신앙에서 보이는 물신숭배사상에서 근거한 것이라고 볼 수 있다.

⑪ 이사를 들어갈 때는 맨 처음 어른이 들어가는 것은 가택신에 대한 예의를 차리는 것이고 또 어른이 먼저 들어감으로써 악귀내 재액을 물리치고 재액을 당해도 어른이 당하겠다는 의지가 담겨 있다.

택일擇日은 인간만사에 꼭 필요한 것이다

택일擇日은 천시天時 지리地理 인화人和 인간 만사에 있어서 무슨 일 하던 간에 택일은 꼭 필요한 것인데 이렇게 말을 하는 사람도 있다.

나는 오늘날까지 이사할 때나 개업할 때에 아무 때 하여도 내가 하고 싶을 때 하여도 탈 없이 잘 지내고 있네, 나는 종교인이라 그런 것을 보지 않고 내가 하고 싶은 대로 하고 있는데 큰 탈 없이 잘 지내고 있네, 등의 말씀들을 많이 들어 왔다.

이와 같은 사실대로 택일 하지 않고 결혼 이사 개업 상장 기조 등 해도 아무 탈이 없는 것은 그 사람이 자연으로 길한 택일이 되어졌기 때문이다. 한 예를 든다면 한 농부가 씨앗을 파종할 때 봄에 뿌려야 하는지 여름에 뿌려야 하는지 가을에 뿌려야 하는지 잘 모르고서 아무 때나 자기마음대로 뿌려 놓은 씨앗을 생각하여 보자. 그 씨앗이 잘 자라 수확 시기를 맞추어 뿌린 씨앗보다 좋아서 더 많은 수확을 기대 할 수 있겠는가를 생각해보자. 봄에 파종해야 할 씨앗을 모르고서 여름이나 가을에 뿌려보자 그 결과는 뻔한 일이 아니겠는가? 이렇게 하여 놓고서 자신의 잘못과 어리석은 행동은 생각하지 않고서 기도만 하고 있어야만 될 것인가. 또한 예로서 어느 부모가 딸이나 아들을 시집 장가보낼 때에 아무렇게나 생각나는 대로 사위 감이나 며느리 감이 좋아 보인다고 어리석은 농부처럼 봄에 파종해야 할 씨앗처럼 여름이나 가을에 뿌려놓고 잘 자라기를 바라는 식으로 결혼식을 올려놓고 잘 살아주기를 바라는 부모의 처사는 잘 한 것이라고 볼 수 있을까. 또한 신혼부부는 행복하게 살게 될 것인가를 생각하여 보자. 우리 부모들이 마음이 편안할 날이 있겠는가.

우리 선조께서 옛 성인 성현께서 자연의 이치인 동양철학을 연구하여 이런 때는 이렇게 하고 저런 때는 저렇게 하고 무슨 일을 하는 데는 택일을 어떻게 하여야 한다는 것을 공연스럽게 쓸데없이 연구를 하였겠는가를 생각하여 보면 택일은 꼭 필요한 것인가를 알게 될 것이다. 우리 민속속담에 새 집 짓고 3년 나기 어렵고 새 사람 들어오고 3년 묘 쓰고 3년 나기 어렵다는 말을 많이 들어 봤으리라 믿는다. 이는 택일이 잘못되면 3년 내 각종 흉화를 당하기 쉽다는 말이라는 것에 우리는 놀라지 않을 수 없다. 결혼 택일 이사 묘지 이장 안장 개업 택일 등 제반 일에 다 해당되며 반드시 3년만이 아니고 그 이상도 영향을 받는다는 것이다.

풍수지리와 택일은 미래를 보장 받자는 방법으로 쓰여 지는데 공통

점이 있다. 풍수지리는 먼 훗날에 자손들의 운까지도 포함이 되는데 비하여 택일은 주인공 당사자에 국한되며 변화의 초기 운만을 주재하며 길게는 미치지 못하는데 특징이 있다. 풍수지리는 생기生氣를 이용하므로 체질을 개선하고 출생과 창조를 인도할 수 있으나 택일은 고전古典에 보면 혼인문 상장문 이사문 기조문 등으로 분류하고 있다.

1. 혼인택일이란 인간의 일생에 한 번을 바라보고 원하는 결혼식의 택일이다.
2. 상장문 택일이란 초상집 장례식 묘지 이장 안장 등에 필요한 날짜를 선택하는 방법이다.
3. 이사 택일이란 우리가 살고 있는 집을 이사 할 때 필요로 하는 날짜이다.
4. 기조택일이란 집을 지을 때 필요로 하는 각종 택일을 말하는 것이다.
5. 일반 택일이란 모든 택일을 말한다.

　　택일이란 대단히 좋은 용어이다. 우리들의 생활 주변은 항상 흉과 길한 것이 맴 돌고 있으니 나쁜 것 보다는 좋은 것을 선택하는 것이 마음이 안정될 것이다.

풍수지리로 아파트나 단독주택을 고르는 방법은 이러하다

날씨가 풀리면 이사철을 맞는다. 보통 이사를 할 때는 집의 가격과 환경 등을 많이 고려하지만 풍수학적인 접근도 두드러지고 있다. 풍수학적으로 이사 방향을 결정하고자 할 때는 전체성을 두고서 이사 가고자 하는 집을 선정할 때 가고자 하는 집이 자기와 맞는 집이 되는가를 살피는 일이 가장 선행되어야 한다.

첫째, 집의 외형을 보고서 어느 쪽이 들어가고 나왔는가를 따지는 방법을 적용해서 살펴야 한다. 이 때는 각각의 방위별로 들어가고 나온 부분이 미치는 영향을 알아내는 방법인데 동북東北과 남서南西 방위로 움푹한 형상간 민艮 방위에서는 남자귀신이 출입하는 곳이고 곤坤 방위는 여자 귀신이 드나드는 방위이다. 은 피하는 것이 상책이다.

둘째, 대문을 봤을 때 대문이 낡아 삐거덕거리거나 녹이 쓸었다면 개수가 가능한가를 살핀 다음 대문과 현관이 나란히 놓여 있다면 피하는 것이 역시 현명하다.

셋째, 2층 구조로 된 주택인 경우 계단이 집안을 가로질러 중앙으로 나 있다면 역시 불합격점이 된다.

넷째, 집안의 방 중 북서쪽에 위치한 곳에 방이 있거든 절대로 남에게 세를 내어 주지 말아야 한다. 이 방위는 집 전체에서 볼 때 황금 방위이다. 즉 돈이 생기는 방이다.

다섯째, 현관과 마주쳐서 화장실 문이 나 있다면 역시 좋지 않은 것이다.

여섯째, 집의 앞을 가까이서 높이 막고 있는 건물이 있는 것도 안 된다. 또한 아파트일 경우라도 1~2층 곁에 나무를 심어져 있어 집의 시야를 가리어져 있다면 모든 하는 일이 잘 풀리지 않는다.

일곱째, 도로가 대문을 향해 와 닿는다거나 위로부터 아래로 내려오는 골목에서 갈림길이 된다거나 도로가 활 같이 굽어오는 형상이거나 하천이 집을 찌르는 것 같이 보이면 역시 흉한 주택이다. 이것은 큰 홍수가 났을 때 한꺼번에 밀려 닥쳐 수해를 당하는 것과 같은 형상이므로 이러한 주택에 살면 재물이 모이지 않는다.

여덟째, 담장이나 벽체 등에 금이 나 있는 곳이 있다면 수맥과 연관하여 생각하고 그 곳에 방이 있다면 분명히 그 집 안에 중풍환자 등 만성적 고질환자가 있나를 알아보라. 있거나 있다면 틀림없는 수맥의 영향을 받는 집이기도 하다.

아홉째, 대지의 생김새가 네모난 모습이 아니고 울퉁불퉁한 모습이 많으면 많을수록 복잡한 일이 많이 일어나는 집이 된다.

열 번째, 대지의 앞쪽이 절벽처럼 낙차가 심하거나 반대로 앞쪽이 높거나 또는 어느 한쪽으로 기울어져 있다면 역시 별로 이로움이 없으며 이러한 형상의 주택에 살게 되면 처음에 떵떵거리는 부자라도 얼마 가지 않아 재산은 기울어진다.

또한 묘지도 한쪽 옆으로 기울어져 있다면 자손들이 재산을 모으기가 힘들며 총명한 자식이 없다.

열한 번째, 집터의 명당과 묘 터의 명당은 어떤 점이 다른가. 집터의 명당은 산을 뒤로하고 양 옆이 감아주면서 자연적으로 평탄한 곳이며 토질이 맑고 깨끗하며 배수가 잘 되는 땅이어야 명당 집터이다. 묘 터의 명당은 높은 곳에 자연적으로 완만하고 평평하면 좋은 묘터가 된다.

묘터와 집터는 높고 낮음이 다르지 청룡 백호가 감아주어야 되는 것은 똑같다. 대도시의 아파트 택지 자체가 높은 곳에 위치한 곳이나 산자락을 자르고 평탄하게 만든 아파트 단지에 들어가 살아보면 재산이 모이지 않는다.

아파트라도 옆 동의 둔각이 찌르거나 옆 동이 대각선으로 내 집 아파트를 치는 형상의 아파트에서는 재화가 자주 있게 된다.

생활의 곤경困境에서 헤매는 사람이 개운開運이 트이려면 이사를 잘 하는 것이 최선책이다

생활의 곤경困境에서 헤매는 사람이 개운開運이 트이려면 이사移徙를 잘 하는 것이 최선책이라 할 수 있다. 우연하게도 길방吉方으로 이사를 가게 되면 개운이 열려 매사가 만사형통 하는 것이다. 옛말에 이사가서 3년 새 집 짓고 3년 묘 쓰고 3년이 무사하면 좋으나 3년 내에 유고가 있다하여 이런 말이 있는 것이다.

방위로도 길방과 흉방이 있으며 집에 수맥과 지기의 유무有無에도 절대 영향이 있는 것이다. 그러나 흉방凶方으로 이사를 하게 되면 종전보다도 액운을 만나게 되어 만사불통萬事不通이 되니 유의하기 바라는 것이다. 이와 같이 방위별로 흉방이 있고 길방이 있으며 주택별로도 흉가凶家가 있고 명가名家가 있는 것이다.

명가는 지기땅기운가 많이 모여 있는 집터이고 수맥이 통하지 않는 집터 이다.

흉가는 땅기운이 모이지 않고 수맥水脈이 통과하는 집터인 것이다. 그래서 지기가 모이는 자리를 찾으면 명가名家가 되고 수맥 있는 자리를 찾으면 흉가가 되는 것이다. 그러므로 수맥이 지나가는 집에서 절대 생활해서는 안 되는 것은 흉가이기 때문이다.

　부자로 사는 사람이 흉가로 빈한하게 살던 사람이 명가로 이사를 가면 부자富者가 되어 잘 사는 것이다. 그래서 생활의 방향을 개척하는 것이 자연에 대한 지혜인 것이다. 이와 같이 자연이 우리에게 미치는 영향을 알고 좋은 곳으로는 찾아가고 나쁜 곳으로는 피避하는 것이 생활의 지혜이며 수단과 방법方法인 것이다. 셋방살이하던 사람이 길방으로 이사하여 길지吉地에서 오래 살면 곧바로 자기 집 마련이 빨리된다. 그러나 흉방으로 이사하여 흉지에서 셋방살이를 시작하여 그 집에서 오래살면 생활이 어려워지며 빚 생활을 하게 된다. 길지의 명가에서 사는 사람은 가족이 건강하고 의욕적으로 생활하기 때문에 부富를 이루게 되는 것이다. 수입보다 지출이 적어서 저축하기 때문이다.

　그러나 흉지의 흉가에서 사는 사람은 가족의 건강 악화로 각종 질병으로 고생하며 빚생활을 하게 되는 것이다. 수입보다 지출이 많아서 채무생활을 하기 때문이다. 따라서 건강이 나빠져 무기력하게 생활하므로 빈곤한 생활을 하게 되는 것이다. 이는 직장생활 하는 데에도 적용되어 일터 그 자리에 땅 기운이 모이는 자리 같으면 잠시 근무하다 좋은 자리로 영전을 하게 되고 그 자리가 흉지이거나 수맥이 지나가거나 수맥이 도는 자리 같으면 병을 얻게 되고 직장에서 승진을 고사하고 나쁜 자리로 좌천을 가게 되거나 아니면 퇴출 대상자가 되는 것이다.

사무실에서 책상배치를 바꾸어보면 기분부터 달라짐을 느낄 것이다. 즉시 사무실 분위기가 달라지는 것이다.

여기에서 수맥탐사에 따라 수맥 없는 곳으로 자리를 바꾸면 금상첨화일 것이다.

따라서 직원끼리도 친소 관계가 변화하게 될 것이며 자녀의 공부방도 바꾸면 반드시 어떠한 변화가 있을 것이며 방을 바꾸는 것도 중요하지만 그 방에서도 방향과 위치를 바꾸는 것이 더 중요한 것이다.

이렇게 개인의 운세도 판이하게 달라지는데 집을 바꾸는 이사하는 것은 대이동이라 아니할 수 없다. 경우에 따라 아주 큰 변화가 있을 것으로 믿는 것이다.

이사 갈 집은 오전에 물색하라

이사를 가야 할 때 오후에 집을 구하러 다닌다. 그런데 오후에는 그 집이 좋은 집인지 아닌 지 알 수가 없다. 우리는 보통 오후 3시 이후나 해질 무렵에 집을 보게 되면 이사를 가서 생활을 할 주택이 아침이나 오전에 햇볕을 제대로 받을 수 있는 주택의 구조인지를 확실하게 알 수가 없다.

풍수상의 동남방위가 막히지 않고 확 트여 있어야 한다. 그리고 아침 햇살이 집안에 제대로 들어오지 않으면 집안이 어두컴컴하고 생기가 모이지 않는다고 여겨 흉상으로 보는 것이다. 따라서 집을 보러 다닐 때에는 오전 9시에서 오후 1시 안팎을 택하는 것이 좋다.

오전에 주택에 들어가 보아서 전체적으로 느껴지는 기분이 편안하고 쾌적하며 알맞은 햇볕이 들어와 집안의 분위기가 밝고 따스하다면 가히 좋은 집이라고 보아도 무방하다.

만약 오후 늦은 시간에 집을 보러 다닐 경우엔 좋은 느낌이라든지 밝은 느낌에 함정이 있을 수 있다. 오후에 둘러본 집이 밝고 따스한 분위기의 느낌을 받는다면 대개 서향 집이라던가 서쪽 창문이 있다거나 서쪽으로 집이 확 트여진 것이다.

대체로 서향 집들은 오후의 강렬한 햇볕을 직사광선으로 받게 되어 있다. 집안에 태양의 힘이 너무 오래 너무 지나치게 들이치는 것이다. 이것은 집안에 거친 양기가 너무 오래 들이친다는 의미이다. 즉 집안에 거친 양기를 너무 받아서 음양의 조화가 깨짐으로서 탁한 기운이 실내를 떠돌게 되고 결국 지세나 방위상으로도 흉상이 되고 마는 것이다.

그러나 풍수상으로 좋다는 주택은 대지 형태가 남과 북으로 길게 늘어진 곳에 남향으로 배치된 주택을 가장 이상적으로 보는 것이다.

그러나 흉한 집은 이런 것이다.

첫째, 집 앞이나 뒤, 좌우에 경사각도가 급하고 바람을 정면으로 받아들이는 곳은 가세를 기울게 하여 꺼린다.

둘째, 집 부근에 교도소나 법원, 사찰, 교회, 금속류의 공장, 군부대의 막사 등이 있는 곳은 강력한 지기가 자신의 집터에 고인 지기를 누르게 되므로 가족들 가운데 병약자나 방탕아가 생기기 쉽다고 여긴다. 그러나 이는 어디까지나 풍수지리학적인 추정일 뿐 과학적인 자료로 산출된 것이 아님을 염두에 두기 바란다.

셋째, 집 뒤의 산이 마치 음택陰宅:묘에서 말하는 규봉도둑 봉처럼 자신의 집을 엿보거나 들여다보고 있는 것 같은 경우에는 집안에 도둑이 들어 손재損財가 겹친다고 여긴다. 또한 지나치게 경사가 급하고 뾰족한 산이 집 뒤에 있는 것도 흉하다고 여긴다. 그런 산세가 보이면 경제적으로 윤택한 생활을 누리기 어렵고 사고나 살상 등의 변고를 겪게 된다고 간주한다.

　넷째, 난간과 같은 곳에 위치한 집은 좋지 않다. 시골에서야 이런 집이 거의 없지만 주택난이 워낙 심한 도시에서는 산비탈까지 파고 들어가 집을 짓는 관계로 종종 이런 유형의 집을 구경할 수 있다.

　다섯째, 마을 뒤쪽이나 집 뒤쪽으로 산맥을 끊고 도로가 나 있거나 집 앞쪽으로 산맥을 끊은 것이 보이면 인상 재앙이 따른다.

오랫동안 살면서 해(害)가 없었다면
이사를 하지 않는 것이 좋다

- 이사방위는 세대주의 생년월일에 따른 운수 일진 삼살 방위세살 겁살 재살 대장군 방위를 가린다.
- 오랫동안 살면서 해가 없었다면 이사를 하지 않는 것이 좋다.
- 오랫동안 빈 집에는 이사를 꺼린다. 반드시 문제가 있다.
- 천관사복 : 대문을 서로 마주하는 집에 붙여 놓는다. 자기 집 쪽
- 문구멍을 찢어 놓고 방문은 열어 놓고 간다.
- 이사한 집의 대문 방문 위에 엄나무가시 약쑥을 매어 단다. 귀신 추방
- 이사할 때 방을 쓸지 않는다. 복을 쓸어 낸다.
- 이사한 집에 어른이 먼저 들어간다. 가택 신에 대한 예의. 어린이 보호
- 이사 갈 때 찬밥 식혜 식초 탁주는 가져가지 않는다.
- 살던 집 뒤로는 이사를 가지 않는다. 퇴보 운이 쇠퇴한다.
- 부모와 자식 간에 아파트 위층 아래층에서 살지 않는다.

- 이사한 첫날 밤에는 거꾸로 잔다. 가택 신에게 잘 봐 달라는 인사.
- 이사 올 때 맨 뒤에 소금을 뿌리고 온다. 흉 부정 방지
- 불씨를 맨 먼저 살린다. 재물
- 팥죽 팥떡을 해서 뿌리고 나누어 먹는다. = 악귀 방지
- 상가상점 : 업종별 입문 방위 이러하다.
- 상점도 업종에 따라 방위의 영향을 받게 된다. 북동쪽 남서쪽 방위는 어느 업종이던 출입문을 내면 좋지 않다. 艮坤 방위 음기가 강한 귀신출입문 동, 동남, 남쪽으로 출입문을 내면 길상이다.

  서쪽 : 어느 업종이던 출입문을 내면 좋지 않다.

  동쪽 : 기획실 일반주택 제품고안실 꽃집 음식점 병의원 약국

  북쪽 : 목욕탕 북쪽 안경점 귀금속

  동남쪽 : 옷가게 음식점 꽃집 제과점 보석가게 슈퍼 구두 병의원 약국 양조장

- 의류점은 북 남동 북서쪽을 잘 활용해야 길상이다.
- 주유소는 사무실의 배치가 중요하다. 서북쪽에 사장 자리를 배치하고 북 북동 남서쪽에 변기 쓰레기통을 설치하면 안 된다.
- 식당 음식점은 북동 남서쪽 귀문 방을 청결히 하고 남 남동쪽 출입문에 주방을 동쪽에 두면 좋다.
- 제과점은 동남방 출입문이 좋고 북동 남서쪽은 항상 청결해야하고 북쪽에 화장실 쓰레기통을 두면 좋지 않다.

- 여행사의 출입문은 동쪽과 남쪽이 제일 좋은 방위다.
- 개인 병의원은 동쪽 출입문에 동 북쪽을 청결히 하고 귀문 방에 응급실 수술실을 두지 말며 원장실 북서쪽에 둔다.
- 보석상은 건물의 서북쪽이 길상이다.

윤달에는 송장을 거꾸로 세워도 탈이 없고 손 없는 날에 이사하면 탈이 없다는 속담이 있다

 윤달에는 송장을 거꾸로 세워도 탈이 없다는 속담이 있다. 민간에서는 이 때에 혼인, 건축, 가옥 수리, 이사, 묘지 이장, 사초, 수묘, 석물 등 공사를 많이 한다.

 또 노인들이 있는 가정에서는 윤달이 오면 수의壽衣를 미리 만들어 놓기도 한다. 다른 일들은 보통 달에도 길일을 택하여 하면 되지만 사람이 죽어서 입는 수의는 윤달에 만드는 것이 좋다고 생각하기 때문이다.

 수의를 만들되 뒷 바느질을 하지 않을 뿐만 아니라 실의 매듭을 짓지 않는다. 또 윤달에는 묘지 이장이나 사초도 평월에 택일하여 하기도 하지만 윤달에 많이 하는 것은 공달에는 모든 신들이 상천하여 아무일에도 관여를 하지 않는다고 생각하기 때문이다. 다시 말해 해를 끼치지 않는다는 것이다.

 사람이 윤달에 태어나거나 죽으면 생일잔치나 제사는 원달과 윤달에 각각 한 번씩 두 번 하는 사람도 있다. 24절기의 하나인 청명 한식이나 대한 후 5일 입춘 전 2일의 전날이거나 같은 날이 된다. 청명이나 한식 대한 후 5일 입춘 전 2일도 신들이 상천하여 임무교대를 하므로 인간이 하는 일에 관여를 하지 않는다고 하여 묘지 이장 등 묘소를 돌보는 일을 많이 한다. 다만 한식이 음력 3월에 들면 이 같은 일을 하지 않는다. 한식날에 천둥이 치면 흉년이 들고 비가 오면 풍년이 든다고 한다. 손 없는 날은 우리 생활 민속에서 은연중에 큰 비중을 차지했으며 오늘날도 어떤 일을 치르는 데 있어 손 없는 날을 따지는 경우가 많다.

손은 음양오행의 원리에 의하면 우주의 숙살을 주관하는 것으로 되어 있다. 숙살은 죽이는 기운이나 독하고 모진 기운을 뜻하는 무서운 마귀신으로 인식되어 왔다. 우리조상들은 손 없는 날을 택해 혼인, 집 수리, 건축, 이사, 묘지 이장 수의 만들기 등을 했다. 그러나 요즈음은 이사를 주로 많이 한다. 이사란 가옥이나 사무실 또는 점포 등을 이전하여 가옥이라면 안식을 위한 편리에 목적을 둘 것이고 점포나 사무실이라면 상리목적으로 이전을 하게 될 것인데 이 모두 필요에 따라서 실행에 옮기게 될 것이지만 사실은 간단한 것 같으면서도 깊이 숙고해야 되는 것이 이사에 관한 것이다. 반드시 이사를 하기 이전보다는 편리하다거나 수지가 맞아야 한다는 것이 전제되어야 하는 것이기 때문에 오행학적으로 분석도 해보고 따라서 정확한 이사 방법을 제시 하려는 것이다.